Évaluations, la compil

ÉTUDIANTS IFSI

DIRIGÉE PAR Nicole Loraux

Évaluations, la compil

64 cas cliniques officiels corrigés

Conseiller scientifique :

Jean-Claude Loraux

annales

Éditions Lamarre

1, rue Eugène-et-Armand-Peugeot

92500 Rueil-Malmaison

Directrice de la collection
Nicole Loraux

ISBN 2-85030-828-5

sommaire

introduction

Cet ouvrage a été construit à partir des sujets sur lesquels les étudiants ont été interrogés en 2000, 2001 et 2002.

Les cas sont regroupés par modules afin de constituer des unités de révision.

- Quelques principes peuvent vous aider à résoudre les problèmes posés à travers les cas concrets.
- Si vous ne trouvez pas d'emblée la réponse, essayez de retrouver un élément de connaissance voisin, un principe explicatif, une notion permettant de structurer votre raisonnement.
- Chaque cas, chaque situation est à analyser selon une approche systémique, car les fonctions du corps humain sont toujours en interaction.
- Identifiez les problèmes en considérant tous les éléments, tous les aspects de la situation, et en les reliant.
- Explicitez vos propositions, les objectifs, leur hiérarchisation, le sens des actions conduites, en prenant en compte le contenu du soin, la connaissance du patient, le contexte de soin.

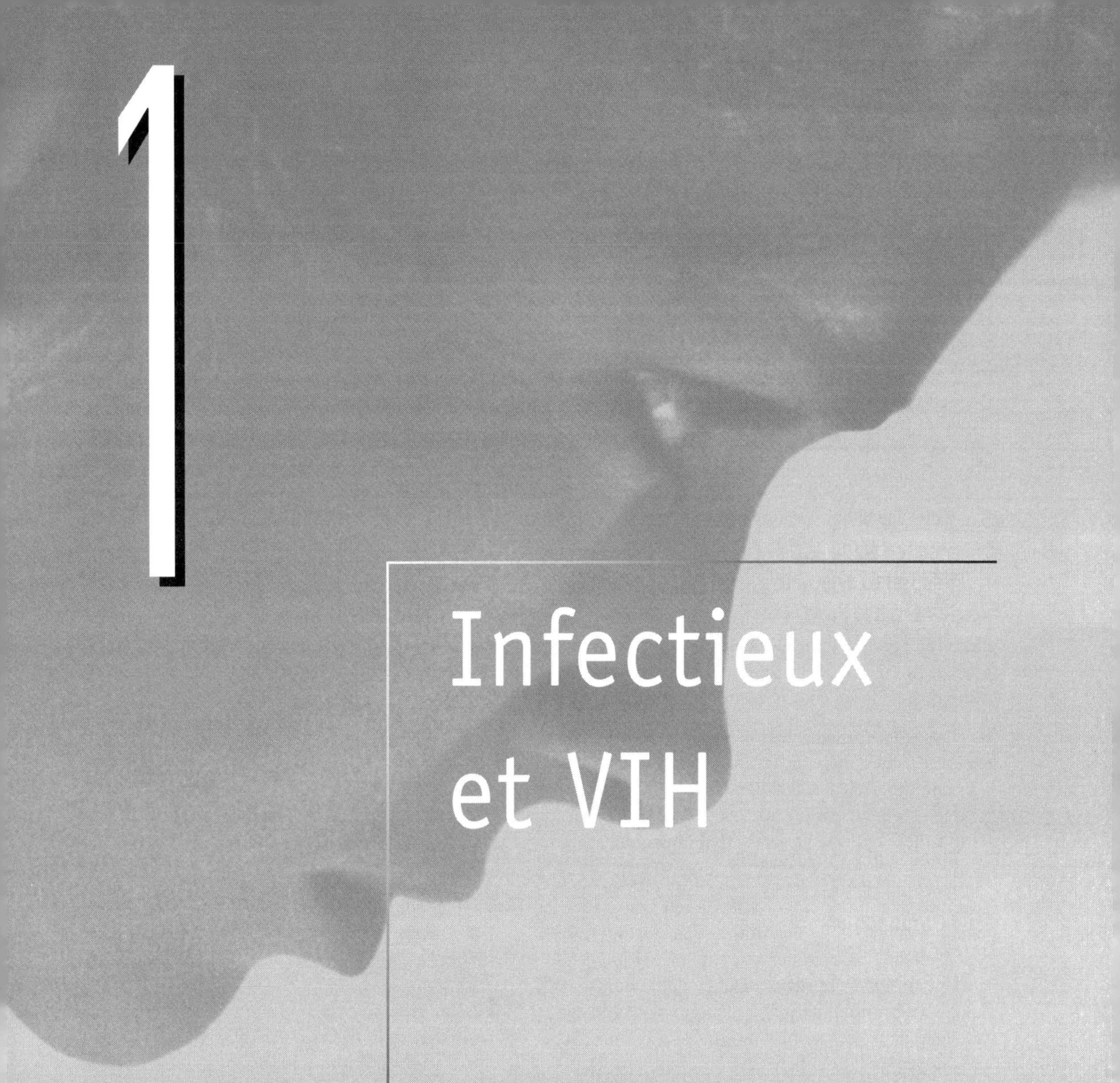

1

Infectieux et VIH

Mme B., 75 ans, est pensionnaire dans une maison de retraite. Elle y a été admise il y a 6 mois, suite au décès de son mari, car elle souffrait de solitude à son domicile.
Elle est mère de 3 enfants, qui habitent à proximité de la maison de retraite, où ils lui rendent souvent visite.
Mme B. était institutrice. C'est une personne qui n'a pas de problème sensoriel ni cognitif. Elle est de nature anxieuse, et est exigeante quant à l'information à lui apporter concernant la prise en charge de son problème de santé.

Depuis quelques jours, elle est très fatiguée, garde le lit, et ne s'alimente pratiquement plus.
Son médecin traitant l'a adressée au service de pneumologie où vous travaillez comme infirmière, car elle présentait une dyspnée permanente, accompagnée d'une toux grasse, d'une fébricule à 38,5 °C, et d'une perte de poids de 5 kg en un mois.
Mme B. a été installée dans une chambre seule.

Dans la lettre d'entrée, le médecin traitant précise que cette dame a présenté dans sa jeunesse une primo-infection tuberculeuse. Il ajoute que Mme B. est traitée depuis 3 mois par du SOLUPRED ® en comprimés (corticoïde) pour une polyarthrite rhumatoïde.

L'examen clinique effectué à son arrivée par le pneumologue montre, à l'auscultation, un souffle tubaire à l'apex droit, une diminution du murmure vésiculaire à la base droite, avec une matité à la percussion, ainsi que des signes de déshydratation.
Suite à cet examen clinique, le médecin demande une radiographie face et profil droit qui montre une opacité excavée du lobe supérieur droit et un petit épanchement pleural droit.

Une tuberculose pulmonaire est suspectée, et le médecin prescrit :
- mise en isolement ;
- numération sanguine : résultats perturbés (globules blancs à 12 200/mm^3) ;
- vitesse de sédimentation : résultats perturbés (VS élevée) ;
- intradermo-réaction à 10 unités de tuberculine : résultat positif ;
- recherche de BK dans l'expectoration : résultat positif à l'examen direct.

Le diagnostic de tuberculose étant confirmé, un bilan préthérapeutique sanguin est prescrit :
- dosage des transaminases ;
- dosage de l'urée et de la créatinine ;
- dosage de l'acide urique ;
- dosage de l'isoniazidémie, réalisée après la prise orale de 300 mg d'isoniazide.

Un examen ophtalmologique (fond d'œil, champ visuel, sens chromatique) est également demandé.

Dès confirmation de la présence de BK dans l'expectoration, le traitement quotidien suivant est mis en place :
- traitement *per os* antituberculeux (à prendre le matin à jeun) :
  - RIMIFON ® (isoniazide) : 5 mg/kg ;
  - RIFADINE ® (rifampicine) : 10 mg/kg ;
  - MYAMBUTOL ® (éthambutol) : 20 mg/kg ;
  - PIRILÈNE ® (pyrazinamide) : 30 mg/kg ;
- vitamines B1-B6 : 1 comprimé matin et soir ;

hydratation par perfusion veineuse : 2 litres de sérum glucosé isotonique avec 4 g de NaCl et 2 g de KCl sur 24 heures.
(Mme B. pèse 60 kg et mesure 1,65 m.)

Questions

1 *En faisant référence à vos connaissances anatomiques et physiopathologiques, expliquez la présence de l'épanchement pleural chez Mme B.* (1 point)

2 *La tuberculose est une maladie qui n'est pas sans lien avec les antécédents médicaux du patient. Expliquez comment, d'un point de vue physiopathologique, elle a pu se déclarer chez Mme B.* (2 points)

3 *Vous devez réaliser l'intradermo-réaction à la tuberculine de Mme B.*
a. *Quelles sont les règles à respecter lors de l'injection et de la lecture pour la fiabilité de l'examen ?*
b. *Quels sont le principe et le but de l'intradermo-réaction à la tuberculine ?* (2,5 points)

4 *Justifiez la prescription :*
- *de chaque examen sanguin de l'entrée et du bilan préthérapeutique ;*
- *du fond d'œil ;*
- *des comprimés de vitamines B1-B6.* (3 points)

5 *En tenant compte du profil psychologique de Mme B. :*

a. *Décrivez comment vous procéderez pour préparer cette patiente à l'examen de fond d'œil qu'elle doit subir.*

b. *Vous êtes chargée de mettre en place l'isolement prescrit par le médecin pour Mme B.*
Dites quels sont les objectifs à atteindre pour que cette mise en route soit correctement réalisée et citez les actions à mettre en place.
(Vous donnerez votre réponse sous forme de tableau.) (7,5 points)

6 *Sachant que l'armoire à pharmacie du service contient :*

- *des comprimés de RIMIFON® dosés à 150 mg ;*
- *des gélules de RIFADINE® dosées à 300 mg ;*
- *des comprimés de MYAMBUTOL® dosés à 400 mg ;*
- *des comprimés sécables de PIRILÈNE® dosés à 500 mg.*

a. *Donnez, pour chaque médicament prescrit, le nombre de comprimés ou de gélules que vous administrerez à Mme B. par 24 heures. (Toute erreur entraînera la note de 0 sur 2 points.)*

b. *Quels conseils éducatifs donnerez-vous à la patiente afin que ce traitement soit efficace contre le BK ?* (3 points)

7 *Le droit à l'information est un des points figurant dans la charte du patient hospitalisé.*
Citez 2 autres points abordés dans ce texte officiel. (1 point)

Réponses

1 Épanchement pleural

La présence de l'épanchement pleural chez Mme B. est la traduction de la réaction inflammatoire au BK, entraînant la production d'un liquide se collectant dans la cavité pleurale, qui se situe entre les 2 feuillets de la plèvre, séreuse enveloppant le poumon.

2 Déclenchement de la tuberculose chez Mme B.

Mme B. a présenté, dans sa jeunesse, une primo-infection tuberculeuse : son organisme a donc été une première fois en contact avec le bacille de Koch (BK).

La pénétration du BK au niveau pulmonaire a donné lieu à un chancre d'inoculation et une hypertrophie ganglionnaire, mais il n'y a pas eu de signes cliniques (lésions restées latentes, inaperçues).

Depuis la primo-infection jusqu'à ce jour, le BK est resté en sommeil dans l'organisme.

La maladie tuberculeuse s'est déclarée chez Mme B. à l'occasion de facteurs favorisants qui entraînent une diminution de ses défenses immunitaires, la prise de corticoïdes en l'occurrence, et l'âge.

3 Intradermo-réaction à la tuberculine

a. Règles à respecter lors de l'injection et de la lecture

Les règles à respecter lors de l'injection et de la lecture pour la fiabilité de l'examen sont les suivantes :

- injection :
  - dégraissage de la peau à l'éther (ou peau propre et saine) ;
  - injection de 10 unités de tuberculine (ou respect de la dose prescrite) ;
  - réalisation d'une peau d'orange (injection intradermique) ;
  - entourer (matérialiser) le lieu d'injection ;
- lecture :
  - 72 h après l'injection ;
  - palpation : mesure de l'induration et du diamètre.

b. Principe et but

Il s'agit de tester par l'injection de tuberculine la réaction allergique cutanée de l'organisme, vis-à-vis de la protéine du BK (la tuberculine), afin de savoir si la personne a été en contact avec le bacille.

4 Justification des prescriptions :

- examens sanguins :
  - NF et VS : pour dépister l'atteinte infectieuse (NF) et inflammatoire (VS) occasionnée par le BK ;
  - transminases hépatiques, urée, créatinine, acide urique : pour avoir des chiffres de référence pour la surveillance des effets secondaires des antituberculeux qui peuvent être hépatotoxiques (RIFADINE® et RIMIFON®), néphrotoxiques (MYAMBUTOL®) et augmenter l'acide urique (PIRILÈNE®) ;
  - isoniazidémie après la prise du RIMIFON® : pour adapter la dose ;

• examen du fond d'œil : car le MYAMBUTOL ® a une toxicité oculaire ;

• administration de vitamines B1-B6 : le RIMIFON ® présentant une toxicité neurologique, une vitaminothérapie lui est associée.

5 **a. Préparation de Mme B. à l'examen du fond d'œil**

En tenant compte du profil psychologique de Mme B., pour préparer cette patiente à l'examen de fond d'œil qu'elle doit subir, il convient de procéder à :

• une préparation psychologique :
– la laisser exprimer ses craintes, répondre à ses questions (être à l'écoute) ;
– lui expliquer le but du fond d'œil, le déroulement de l'examen, la durée, la gêne occasionnée par le collyre utilisé pour dilater la pupille (vision trouble) ;

• une préparation physique : instiller 1 goutte de collyre pour dilater la pupille dans chaque œil 15 minutes avant l'examen.

b. Mise en place de l'isolement prescrit pour Mme B.

Objectifs	Actions
• Éviter la propagation du BK dans l'atmosphère, et la contamination des soignants, des autres patients, et de l'entourage de Mme B.	• Faire porter un masque à toute personne entrant dans la chambre. • En faire porter un à Mme B. lorsqu'elle se rend en examen. • Garder la porte de la chambre fermée. • Procéder à un lavage simple des mains à l'entrée et antiseptique à la sortie de la chambre. • Mettre une blouse si contact avec les sécrétions (crachats). • Mettre le linge sous double emballage. • Mettre les déchets sous double emballage. • Procéder à la désinfection de la vaisselle dans la chambre ou utiliser de la vaisselle à usage unique. • Effectuer les soins, le ménage, la visite du médecin en dernier. • Protéger les prélèvements (enfermés dans un sachet plastique). • Décontaminer dans la chambre le matériel réutilisable (ou utiliser du matériel à usage unique). • Le dossier du patient doit rester à l'extérieur de la chambre. • Expliquer à Mme B. : – le but de la mise en isolement ; – la procédure d'application (décrite ci-dessus) ; – la durée probable (environ 3 semaines). • Informer l'entourage de Mme B de la nécessité de port du masque et du lavage des mains lors des visites rendues. • Informer l'équipe soignante de la mise en isolement de Mme B. • Veiller à l'application de la procédure.

6 **a. Calculs de doses :**

• pour le RIMIFON ® : 5 mg × 60 = 300 mg = 2 comprimés ;

• pour la RIFADINE ® : 10 mg × 60 = 600 mg = 2 gélules ;

• pour le MYAMBUTOL ® : 20 mg × 60 = 1 200 mg = 3 comprimés ;

• pour le PYRILÈNE ® : 30 mg × 60 = 1 800 mg $= \frac{1\,800}{500} = 3{,}6$ comprimés, soit 3 comprimés + 1/2 comprimé.

b. Conseils donnés à la patiente

Pour que ce traitement soit efficace contre le BK, il convient d'expliquer à la patiente que les médicaments sont à prendre tous les jours sans faute pour une guérison optimale, qu'il faut respecter la durée de prescription prolongée (6 à 9 mois) et respecter la posologie.

7 **Charte du patient hospitalisé**

(Deux points de la charte du patient hospitalisé peuvent être cités à partir de l'annexe 1.)

Annexe 1

Résumé de la charte du patient hospitalisé destiné à faire l'objet d'un affichage

Charte du patient hospitalisé annexée à la circulaire ministérielle n° 95-22 du 6 mai 1995 relative aux droits des patients hospitalisés

PRINCIPES GÉNÉRAUX

1. Le service public hospitalier est accessible à tous et en particulier aux personnes les plus démunies. Il est adapté aux personnes handicapées.
2. Les établissements de santé garantissent la qualité des traitements, des soins et de l'accueil. Ils sont attentifs au soulagement de la douleur.
3. L'information donnée au patient doit être accessible et loyale. Le patient participe aux choix thérapeutiques qui le concernent.
4. Un acte médical ne peut être pratiqué qu'avec le consentement libre et éclairé du patient.
5. Un consentement spécifique est prévu, notamment pour les patients participant à une recherche biomédicale, pour le don et l'utilisation des éléments et produits du corps humain et pour les actes de dépistage.
6. Le patient hospitalisé peut, à tout moment, quitter l'établissement sauf exceptions prévues par la loi, après avoir été informé des risques éventuels qu'il encourt.
7. La personne hospitalisée est traitée avec égards. Ses croyances sont respectées. Son intimité doit être préservée ainsi que sa tranquillité.
8. Le respect de la vie privée est garanti à tout patient hospitalisé ainsi que la confidentialité des informations personnelles, médicales et sociales qui le concernent.
9. Le patient a accès aux informations contenues dans son dossier, notamment d'ordre médical, par l'intermédiaire d'un praticien qu'il choisit librement.
10. Le patient hospitalisé exprime ses observations sur les soins et l'accueil et dispose du droit de demander réparations des préjudices qu'il estimerait avoir subis.

Monsieur T., 38 ans, présente une infection VIH découverte lors d'une pneumocystose inaugurale d'évolution favorable il y a 6 mois. Il a été admis le 15 octobre 2000 dans un centre médical en service de soins de suite de pneumologie. Ce centre est situé à 300 km de son domicile, à proximité du centre hospitalier où vous travaillez.

Aujourd'hui, le 13 novembre 2000, vous prenez en charge dans le service de médecine générale M. T., hospitalisé pour altération de l'état général depuis 5 jours. Il est marié, père d'un enfant de 14 ans. Sa femme est au chômage depuis un an.

M. T. est cuisinier de formation. Il a cessé toute activité professionnelle depuis trois ans et perçoit une allocation adulte handicapé.

Cette hospitalisation entraîne une prolongation de son séjour dans la région, ce qu'il accepte mal : « Je ne supporterai pas de rester plus longtemps ; il faut que je rentre retrouver ma femme et mon fils, mon séjour devait se terminer demain. » M. T. vous questionne sans cesse sur son devenir.

À la lecture du dossier de soins, vous relevez les informations suivantes.

Diagnostic médical

Déshydratation et candidose buccale.

Antécédents :

- hépatite C chronique non traitée ;
- candidose buccale à répétition :
- diabète insulino-dépendant depuis novembre 1999 ;
- syndrome dépressif traité (plusieurs épisodes dépressifs depuis novembre 1999) ;
- tabagisme : un paquet par jour ;
- toxicomanie à l'héroïne sevrée depuis 1988 sans substitution ;
- allergies : bêtalactamines.

Observations infirmières

M. T. est fatigué, faible sur ses jambes. Il se déplace lentement en traînant des pieds. Il a besoin d'une aide partielle pour sa toilette. Il présente parfois des troubles mnésiques. Il mange peu, dit avoir perdu le goût des aliments. Il n'aime pas la viande et n'a pas envie de manger. Il refuse de prendre son traitement de CRIXIVAN®, car il dit que cela lui coupe l'appétit. Il dort mal. Il présente surtout des difficultés d'endormissement car il s'angoisse et a des idées noires.

Il parle également de ses difficultés financières. L'aide-soignante signale que plusieurs fois dans son discours est apparu : « Je ne sers à rien, je ne suis plus bon à rien… »

L'infirmière de nuit a précisé dans sa transmission : épisodes de diarrhée, selles liquides nauséabondes, 4 fois cette nuit. Elle signale la présence d'une phlyctène douloureuse au niveau du sacrum et que M. T. se plaint d'une douleur à la déglutition.

Ce matin, l'infirmière a trouvé M. T. recroquevillé au fond de son lit. Il n'a pas dormi. Lors de l'évaluation de ses douleurs, M. T. lui répond : « Laissez-moi mourir. »

Paramètres :

- poids : 54 kg ;
- amaigrissement de 8 kg en 2 mois ;
- taille : 1,70 m ;
- température : 38,5 °C ;
- pression artérielle : 90/50 mmHg ;
- pulsations : 90/min.

Le médecin prescrit le traitement suivant :

- COMBIVIR® (lamivudine : 150 mg, zidovudine : 300 mg, antiviral ; comprimés) : 1 le matin et 1 le soir ;
- CRIXIVAN® (indinavir, antiviral ; gélules de 400 mg) : 2 le matin, 2 le midi et 2 le soir (en dehors des repas) ;
- BACTRIM FORTE® (sulfaméthoxazole : 800 mg, triméthoprime 160 mg, antibiotique ; comprimés) : 1 par jour à midi au milieu du repas ;
- PROZAC® (fluoxétine, antidépresseur ; gélules de 20 mg) : 1 le matin ;
- STILNOX® (zolpidem, hypnotique ; comprimés de 10 mg) : 2 le soir ;
- bain de bouche : solution de bicarbonate à 42 ‰ et FUNGIZONE® (amphotéricine, antifongique ; suspension buvable) : 100 mg/mL, 4 cuillères-mesure par jour ;
- ACTRAPID® (insuline), selon protocole en sous-cutané :
  - 8 UI si la glycémie est comprise entre 1 et 2 g/L ;
  - 12 UI si la glycémie est comprise entre 2 et 3 g/L ;
  - 16 UI si la glycémie est comprise entre 3 et 4 g/L ;
  - 20 UI si la glycémie est supérieure à 4 g/L.

M. T. est porteur d'une chambre implantable qui sert à l'alimentation parentérale suivante :

- VITRIMIX® (mélange nutritif intraveineux) : 1 L/24 h ;

• soluté glucosé à 5 % : 1 L de soluté avec 4 g de chlorure de sodium et 3 g de chlorure de potassium par 24 heures.

Ce matin, le médecin prescrit les examens suivants :
• ionogramme sanguin, créatinémie ;
• numération-formule sanguine, plaquettes ;
• TP-TCK ;
• électrocardiogramme ;
• bilan hépatique : bilirubine, phosphatases alcalines, gamma-GT, ASAT, ALAT ;
• culture bactériologique des urines ;
• coproculture ;
• diurèse ;
• hémocultures ;
• glycémie, hémoglobine glycosylée ;
• radiographie pulmonaire ;
• mesure des lymphocytes CD4 ;
• charge virale VIH.

Questions

1 *En tenant compte des informations du texte, analysez la situation de M. T. et déduisez 3 hypothèses de diagnostics infirmiers sous forme de PES (problèmes, étiologies, signes).* (25 points)

2 *Décrivez les différents modes de transmission du virus VIH.* (3 points)

3 *Indiquez les mesures universelles de prévention qui sont préconisées pour obtenir une sécurité optimale du soignant.* (6 points)

4 *Citez 5 signes précurseurs d'un malaise hypoglycémique.* (5 points)

5 *La charte du patient hospitalisé relative aux droits du patient hospitalisé (circulaire du 6 mai 1995) comprend 10 grands principes généraux.*
Citez 3 de ces principes. (3 points)

6 *M. T. est porteur d'une chambre implantable. Qu'est-ce qu'une chambre implantable ?*
Citez 4 grandes mesures à respecter scrupuleusement lors de la manipulation d'une chambre implantable. (6 points)

7 *Vous disposez d'ampoules de 20 mL de NaCl à 10 % et de 10 mL de KCl à 10 %.*
Combien d'ampoules de ces produits utiliserez-vous pour réaliser la prescription suivante :
• soluté glucosé à 5 % : 1 L de soluté avec 4 g de chlorure de sodium et 3 g de chlorure de potassium par 24 heures ;
• VITRIMIX® (mélange nutritif intraveineux) : 1 litre par 24 heures.
Calculez le débit de ces perfusions. (6 points)

8 *Au bout de 48 heures, M. T. présente une escarre au niveau du sacrum :*
• donnez la définition d'une escarre ;
• citez les causes pouvant engendrer une escarre ;
• expliquez les actions infirmières que vous mettez en place pour lutter contre les troubles trophiques et musculaires. (6 points)

Réponses

1 Analyse de la situation de M. T. et hypothèses de diagnostics infirmiers

Analyse sociale et familiale

Monsieur T., 38 ans, est marié. Il vit avec sa femme et son fils de 14 ans. Il est en invalidité depuis 3 ans (cuisinier de formation).
Actuellement, il est hospitalisé loin de sa famille (300 km). Cette hospitalisation est mal vécue car elle correspond à une prolongation de son séjour : attitude de retrait sur soi, refus de suivre son traitement.
Sa pathologie (infection VIH) ouvre droit à une prise en charge à 100 % par la Sécurité sociale car c'est une affection de longue durée. Pour le forfait journalier, il n'y a pas de renseignement sur une prise en charge éventuelle.
Ses ressources financières consistent en l'allocation adulte handicapé : risques de problèmes financiers (femme au chômage et enfant encore à sa charge).

Analyse de la maladie :

• infection VIH : infection par le virus de l'immuno-déficience humaine appartenant à la famille des rétrovirus et entraînant une destruction immunitaire. Cette destruction provoque un affaiblissement du système immunitaire favorisant la survenue d'autres infections telles que la candidose et la pneumocystose ;
• pneumocystose : infection à *Pneumocystis carinii*, germe intracellulaire devenant pathogène en cas de déficit immunitaire.

➡ **Analyse des antécédents :**

- déshydratation :
  - définition : situation d'urgence due à la perte d'eau et d'électrolytes ;
  - signes de déshydratation extracellulaire :
    - hypotonie des globes oculaires ;
    - présence d'un pli cutané et sécheresse des creux axillaires ;
    - hypotension artérielle ;
    - urée, créatinémie, natrémie, protéinémie augmentées ;
    - tachycardie ;
  - signes de déshydratation intracellulaire :
    - obnubilation, troubles de la vigilance, troubles confusionnels ;
    - sécheresse des muqueuses ;
    - fièvre ;
    - sensation de soif ;
    - perte de poids ;
  - complications :
    - collapsus ;
    - signes neurologiques et rénaux ;
- candidose buccale :
  - définition : atteinte de la muqueuse buccale par des champignons habituellement saprophytes mais qui deviennent pathogènes dans certaines conditions (immuno-dépression). Ici, pathologie fongique de type lévuriforme ; il s'agit d'une mycose cutanéo-muqueuse causée par les espèces du genre *Candida* ;
  - signes cliniques : muguet, associé souvent à une glossite ou à une perlèche ;
- allergie : réaction exagérée et souvent nocive du système immunitaire à des substances normalement inoffensives. La réaction allergique témoigne d'une lésion tissulaire causée par l'interaction entre un antigène et un anticorps (antibiotique de type bêtalactamine comprenant notamment la famille des céphalosporines et des pénicillines) ;
- syndrome dépressif :
  - définition : ensemble de symptômes qui consiste en une perturbation majeure de l'humeur, associant une tristesse profonde, une souffrance psychique intense et une vision péjorative du monde, et qui survient en général dans les moments de rupture de la vie d'un individu.
  - signes et manifestations :
    - asthénie ;
    - ralentissement psychomoteur ;
    - tristesse ;
    - dépréciation de soi ;
    - angoisse ;
    - perte d'appétit ;
    - désir de mort ;
- hépatite C chronique :
  - définition : affection atteignant l'ensemble du parenchyme hépatique. C'est une insuffisance hépatocellulaire grave ; prévalence de l'hépatite C dans la population française : 1 à 2 % de la population (environ 600 000 personnes) ;
  - étiologie : virale C ;
  - signes cliniques : souvent absents ; diagnostic sur bilan hépatique, recherche du virus C et ponction-biopsie hépatique ;
  - complications : risque de cirrhose, de carcinome, d'où l'importance de suivre un traitement ;
- diabète insulino-dépendant :
  - définition : diabète sucré de type I correspondant à une élévation de la glycémie liée à une insuffisance de la sécrétion d'insuline. Cette hormone sécrétée par le pancréas endocrine a pour rôle de faire pénétrer le glucose dans les cellules de l'organisme. Ce type de diabète se rencontre habituellement chez le sujet jeune ;
  - signes cliniques :
    - soif ;
    - polyurie ;
    - polyphagie ;
    - polydipsie ;
    - amaigrissement ;
  - traitement : il se fait par l'injection d'insuline. Il existe de 3 types d'insuline : action rapide, action intermédiaire, action prolongée.
- toxicomanie à l'héroïne :
  - définition de la toxicomanie selon l'OMS (élaborée en 1975 ; notion de pharmacodépendance) : « C'est une dépendance aux drogues. C'est un état psychique et physique résultant de la prise d'une ou plusieurs drogues, caractérisé par des réactions comportementales ou autres comprenant toujours un besoin compulsif à prendre une drogue de façon continue ou périodique afin d'en éprouver les effets psychiques et parfois de supprimer le malaise consécutif à son absence. Une personne peut-être dépendante de plus d'une drogue. » La pharmacodépendance conduit à l'accoutumance, à la tolérance puis à l'assuétude ;

– l'accoutumance est l'état résultant de la consommation répétée d'une drogue provoquant le désir de la renouveler et entraînant une certaine dépendance psychique ;
– la tolérance résulte d'une adaptation de l'organisme aux effets d'une drogue ;
– l'assuétude est un asservissement à la drogue, engendrant un état de besoin avec dépendance physique et psychique ;
– l'héroïne est une substance illicite diminuant et éventuellement suspendant les fonctions, l'émotivité et la perception. L'héroïne donne la pharmacodépendance la plus intense et la plus rapide ;

- tabagisme (un paquet par jour) : consommation régulière d'une drogue licite. Produit de consommation en vente libre. Le tabac est toxique pour l'appareil respiratoire, digestif, circulatoire et pour le système nerveux. La nicotine entraîne une dépendance physique et psychique approfondie.

➡ **Analyse des prescriptions médicales**

Traitement		
Dénomination	**Indications/Buts**	**Surveillance infirmière des principaux effets indésirables**
• COMBIVIR® : 1 comprimé matin et soir.	• Antiviral bithérapique (inhibiteur nucléosidique) : inhibe la réplication du VIH.	• Troubles digestifs (hépatotoxicité) : nausées, vomissements, douleurs abdominales. • Douleurs musculaires (acidose lactique) : neuropathie périphérique.
• CRIXIVAN® : 6 gélules de 400 mg, 2 le matin, 2 le midi, 2 le soir (en dehors des repas).	• Antiviral (inhibiteur de protéase) : inhibe la réplication du VIH.	• Troubles digestifs : nausées, vomissements, douleurs abdominales. • Anomalies du métabolisme glucidique et lipidique : hyperglycémie, troubles de la répartition des graisses. • Troubles urinaires (lithiases), troubles rénaux (insuffisance rénale).
• BACTRIM FORTE® : 1 comprimé par jour à midi au milieu du repas.	• Antibiotique prescrit pour pneumopathie. Prophylaxie de la pneumocystose et de la toxoplasmose.	• Troubles digestifs : nausées, vomissements, gastralgie. • Allergies : éruption cutanée, urticaire, choc anaphylactique. • Plus rarement troubles hématologiques : thrombopénie, anémies… • Altération fonction rénale.
• PROZAC® : gélules de 20 mg, 1 gélule le matin.	• Antidépresseur prescrit pour les troubles dépressifs.	• Troubles digestifs : nausées, diarrhées, bouche sèche, perte de poids. • Céphalées, nervosité. • Insomnies. • Levée de l'inhibition. • Allergies : éruptions cutanées.
• STILNOX® 10 mg : 2 comprimés au coucher.	• Hypnotique : permet l'endormissement.	• La prise doit avoir lieu immédiatement avant le coucher car risque de vertiges et de chutes. • Troubles de la mémoire. • Risque de confusion. • Risque de céphalées. • Somnolence diurne. • Dépendance.

Dénomination	Indications/Buts	Surveillance infirmière des principaux effets indésirables
• ACTRAPID® (insuline) en sous-cutané.	• Hormone hypoglycémiante : lutte contre le diabète.	• Risque de malaise hypoglycémique ou hyperglycémique si posologie mal adaptée : surveillance pluriquotidienne de la glycémie capillaire et de la glycosurie. • Érythèmes et douleurs aux points d'injection : changer régulièrement de site. • Rarement allergie.
• VITRIMIX® (soluté glucosé à 5 % avec chlorure de sodium et de potassium).	• Nutrition parentérale. • Réhydratation.	• Débit. • Surveillance locale et générale d'une voie veineuse centrale : – générale : température, pression artérielle, pulsations, intolérance (ou manifestations allergiques au VITRIMIX®) ; – locale : rougeur, chaleur, douleur, retour veineux ou absence de diffusion.
• FUNGIZONE®.	• Antimycosique pour traiter la candidose.	• Allergie. • À prendre en dehors des repas.

Analyse des examens prescrits :

• ionogramme sanguin : examen chimique du sang recherchant les valeurs du sodium, potassium, chlore, les bicarbonates, la réserve alcaline, la calcémie, le magnésium, les phosphates… Les résultats sont exprimés en mmol/L. Demandé ici pour évaluer le type de déshydratation et pour pouvoir compenser par les apports hydro-électrolytiques ;

• créatinémie : indicateur de la qualité de la filtration glomérulaire ; évalue la fonction rénale. Ici peut être perturbée par l'état de la déshydratation ;

• numération-formule sanguine, plaquettes : examen de base de l'hématologie ; il permet de détecter et d'évaluer le degré d'anémie :
– hématies : normale = 4 200 000 à 5 500 000 par mm^3 ;
– leucocytes : normale = 4 000 à 10 000 par mm^3 :
  - polynucléaires :
    . neutrophiles : 60 à 65 % ;
    . basophiles : 0,5 % ;
    . éosinophiles : 1 à 3 % ;
  - monocytes : 4 à 8 % ;
  - lymphocytes : 20 à 40 % ;
– hémoglobine : 13 à 15 g/100 mL ;
– plaquettes : 200 à 400 000/mm^3 ;
– hématocrite : 40 à 54 % ;

• TCK : examen de la coagulation qui explore les différents facteurs intrinsèques : facteur Hogenan (XV), Résenthal (XI), anti-hémophilique A (VIII et IX), Stuart (X), proaccélérine (V), prothrombine (II). Normalement égal au témoin ; l'interprétation est modifiée en présence d'un anticoagulant thérapeutique ;

• électrocardiogramme : tracé électrique de l'activité cardiaque ; surveillance de troubles de la conduction en lien avec la déshydratation, au déséquilibre électrolytique ;

• bilan hépatique : détecte cholestase, cytolyse et insuffisance hépato-cellulaire ;
• taux de prothrombine : 80 à 100 % ;
• bilirubine totale :
– non conjuguée : 90 à 100 % ;
– conjuguée : 0 à 10 % ;
• phosphatases alcalines : entre 20 et 75 USI ;
• gamma-GT : entre 0 et 40 USI ;
• ASAT : entre 0 et 15 USI ;
• ALAT : entre 0 et 15 USI ;

• culture bactériologique des urines : recueil stérile d'un échantillon d'urines afin d'effectuer une culture bactériologique. Vise à affirmer ou à écarter le diagnostic d'infection urinaire. Le critère diagnostique d'une infection urinaire est l'existence d'une bactériurie dépassant 100 000 germes/mL dans les urines fraîches.

• coproculture : liée à la présence d'une diarrhée. Permet une étude cyto-bactériologique des selles

en vue d'établir un antibiogramme et afin de mettre en place un traitement spécifique.
- diurèse : mesure de la quantité des urines émises sur 24 heures. Cet élément entre dans la surveillance de la déshydratation et du bilan des entrées (perfusion, alimentation) et des sorties (diurèse, diarrhée, sudation), M. T. ayant eu un programme de réalimentation parentérale ;
- hémoculture : liée à l'hyperthermie : 38,5 °C. Permet la mise en évidence de germes dans le sang par la culture d'un prélèvement sanguin ;
- glycémie : dosage du taux de glucose dans le sang. À jeun : 0,70 g à 1 g/L. Indique dans le cadre d'un diabète le traitement par insuline. Permet d'évaluer l'efficacité du traitement ;
- hémoglobine glycosylée : fraction de l'hémoglobine A dont le taux est fonction des chiffres glycémiques des deux mois précédents, car elle « stocke » le glucose lorsque la glycémie s'élève ;
- radiographie pulmonaire : cliché radiologique de l'image pulmonaire. En lien avec l'hyperthermie, à la recherche d'un foyer infectieux pulmonaire ;
- charge virale VIH et mesure des lymphocytes CD4 : marqueurs qui permettent de suivre l'évolution de l'infection par le VIH. Il y a une corrélation entre une charge plasmatique élevée et une évolution rapide vers le Sida. Les lymphocytes CD4 sont des cellules du système immunitaire exprimant à leur surface la protéine CD4 ; la normale supérieure est : 500/mm^3. La charge virale s'exprime en copies/mL.

➡ Bilan infirmier

M. T., 38 ans, marié avec un enfant, présente une infection à VIH. Il est hospitalisé pour une déshydratation et une candidose buccale avec altération de l'état général traitée par une alimentation parentérale sur voie veineuse (chambre implantable).
Il est diabétique insulino-dépendant et porteur d'une hépatite C chronique non traitée.
Il accepte mal cette hospitalisation car sa famille est loin de lui (300 km).
Ce matin, il présente des épisodes de diarrhée, des douleurs abdominales, et un début d'escarre sacrée. Il est prostré, évite toute communication et refuse tout traitement.

➡ Liste des diagnostics infirmiers possibles :
- atteinte de l'intégrité de la peau ;
- diarrhée ;
- douleur ;
- isolement social ;
- perturbation de la dynamique familiale ;
- anxiété ;
- perte d'espoir ;
- perte de l'estime de soi ;
- intolérance à l'activité ;
- perturbation du sommeil ;
- risque de syndrome d'immobilité ;
- risque d'infection.

(Cette liste non exhaustive peut servir de guide. Le jury se réserve l'appréciation de la pertinence des diagnostics posés par l'étudiant.)

2 Modes de transmission du VIH

La contamination se fait par voie cutanéo-muqueuse :
- lors de rapports sexuels non protégés (sans préservatif) avec un partenaire porteur du VIH ;
- par le biais de sang contaminé en cas de blessure avec un instrument souillé chez le personnel soignant ou lors de partage de seringues et aiguilles souillées chez les usagers de drogues intraveineuses ;
- par contamination fœto-maternelle, chez la femme enceinte séropositive connue ou inconnue, et/ou maladie Sida déclarée.

3 Mesures universelles de prévention préconisées :

- recapuchonnage des aiguilles interdit ;
- élimination des objets piquants ou tranchants contaminés directement dans des conteneurs spéciaux ;
- port de gants jetables pour tout acte exposant au contact du sang ou des liquides biologiques ;
- port de lunettes de protection et de tablier à usage unique pour toute situation comportant un risque de projection (ex. : bloc opératoire) ;
- élimination de sang et de liquides biologiques avec le linge à usage unique et désinfection à l'eau de Javel des surfaces contaminées ;
- transport des examens biologiques en double sac, de façon à isoler les tubes des demandes papier ;
- en cas de blessure : désinfection avec antiseptique, déclaration d'accident du travail (accident avec exposition au sang), prélèvement d'une sérologie VIH pour le patient (si sérologie inconnue) après information et consentement du patient, et, pour la personne blessée, consultation en médecine du travail qui proposera, le cas échéant, un

traitement préventif et assurera le suivi sérologique de la personne blessée.

4 Signes précurseurs d'un malaise hypoglycémique :

- sueurs ;
- tremblements ;
- faim ;
- troubles de la vue ;
- fatigue soudaine ;
- nervosité, agitation ;
- vertiges ;
- sentiment de fonctionner au ralenti ;
- troubles du comportement ;
- imprécision des gestes ;
- froid.

5 Principes généraux de la charte du patient hospitalisé

La circulaire ministérielle du 6 mai 1995 énonce les 10 principes généraux suivants :

- le service public hospitalier est accessible à tous et en particulier aux personnes les plus démunies. Il est adapté aux personnes handicapées ;
- les établissements de santé garantissent la qualité des traitements, des soins et de l'accueil. Ils sont attentifs au soulagement de la douleur ;
- l'information donnée au patient doit être accessible et loyale. Le patient participe aux choix thérapeutiques qui le concernent ;
- un acte médical ne peut être pratiqué qu'avec le consentement libre et éclairé du patient ;
- un consentement spécifique est prévu, notamment pour les patients participant à une recherche biomédicale, pour le don et l'utilisation des éléments et produits du corps humain et pour les actes de dépistage ;
- le patient hospitalisé peut à tout moment quitter l'établissement, sauf exceptions prévues par la loi, après avoir été informé des risques éventuels qu'il encourt ;
- la personne hospitalisée est traitée avec égards. Ses croyances sont respectées. Son intimité doit être préservée ainsi que sa tranquillité ;
- le respect de la vie privée est garanti à tout patient hospitalisé ainsi que la confidentialité des informations personnelles, médicales et sociales qui le concernent ;
- le patient a accès aux informations contenues dans son dossier notamment d'ordre médical par l'intermédiaire d'un praticien qu'il choisit librement ;
- le patient hospitalisé exprime ses observations sur les soins et l'accueil et dispose du droit de demander réparation des préjudices qu'il estimerait avoir subi.

6 Chambre implantable

Définition

C'est un dispositif d'accès à un gros vaisseau. Elle est composée d'un boîtier pourvu d'une membrane en silicone, où se font les injections. Il est relié à un cathéter en silicone qui est introduit dans une veine. Sa mise en place se réalise au bloc opératoire, sous anesthésie locale en général, le boîtier est implanté en sous-cutané.

Principes à respecter lors de la manipulation

- asepsie rigoureuse : dans la manipulation, la préparation et l'injection de produits médicamenteux (lavage des mains, asepsie de la peau, port de gants stériles, matériel stérile et à usage unique...) ;
- perméabilité du système : à vérifier avant chaque utilisation (retour veineux avant chaque injection). S'il y a le moindre doute, en référer au médecin qui pourra faire vérifier par radiographie la bonne position du cathéter dans la veine ;
- maintien du dispositif en circuit fermé : attention aux raccordements aux rampes, purger l'air des seringues et des perfusions raccordées aux aiguilles de Huber ;
- maintien de la perméabilité de la chambre : rinçage du système au sérum physiologique à la fin de chaque utilisation.

7 Calculs des dosages et des débits des perfusions

La prescription est de 1 L de soluté glucosé à 5 %, avec 4 g de chlorure de sodium et 3 g de chlorure de potassium à passer en 24 heures.

Nombre d'ampoules utilisées :

- pour le chlorure de sodium :
  - on dispose d'ampoules de 20 mL à 10 %, ce qui signifie que pour 100 mL de solution on a 10 g de NaCl. Donc, pour 10 mL de solution, on a 10 fois moins de NaCl (1 g), et, pour une ampoule de 20 mL, on a : $1 \times 2 = 2$ g de NaCl ;
  - la prescription est de 4 g/L : il faut donc 2 ampoules de 20 mL de chlorure de sodium par litre de soluté glucosé ;

- pour le chlorure de potassium :
  - on dispose d'ampoules de 10 mL à 10 %, soit 10 g de KCl pour 100 mL de solution, donc 1 g de produit par ampoule de 10 mL ;
  - la prescription est de 3 g/L = 3 ampoules de 10 mL de KCl par litre de soluté glucosé.

Débit de la perfusion de soluté de glucosé :

- le volume total à perfuser est de : (1 000 + 40 + 30) mL, soit (1 000 + 40 + 30) × 20 gouttes car 1 mL = 20 gouttes ;
- le débit est : $\frac{(1\,000 + 40 + 30) \times 20}{60 \times 24} = 14{,}86$,

soit 15 gouttes par minute par excès.

Débit de la perfusion de Vitrimix® :

- le volume total à perfuser est de : 1 L (1 000 mL = 1 000 × 20 gouttes) en 24 h (24 × 60 min) ;
- le débit est donc : $\frac{1\,000 \times 20}{60 \times 24} = 13{,}88$,

soit 14 gouttes par minute par excès.

8 Escarre

Définition

Une escarre est une zone localisée de nécrose tissulaire se développant lors d'une compression des tissus mous entre une proéminence osseuse et une surface externe durant une période prolongée.

Causes de l'escarre :

- pression ;
- cisaillement ;
- frottement.

Actions infirmières :

- prévention d'escarre :
  - maintenir la peau en parfait état de propreté ;
  - éviter les zones de frottement ou de cisaillement :
  - prendre des précautions lors de la pose du bassin ;
  - changer le malade de position ;
  - massage systématique des zones d'appui ;
  - utilisation de matériel spécial pour les matelas : eau, *alternating* ;
  - veiller à une alimentation riche en protéines et éviter la déshydratation ;
- lutte contre l'atrophie musculaire : stimuler le malade pour réaliser des gestes simples dans son lit (mobilisation au lit, contracter ses muscles).

M. Z., 45 ans, est chef de chantier dans une petite entreprise de maçonnerie qui emploie 10 ouvriers et une secrétaire et qui présente actuellement des difficultés financières.

M. Z. est responsable de plusieurs chantiers. Ses horaires de travail sont très larges et irréguliers, ce qui lui provoque fatigue et stress.

Il fume un paquet et demi de cigarettes et boit plusieurs bières par jour. Il a commencé à fumer il y a 20 ans et ne s'est pas arrêté malgré une bronchite chronique. Il a pris l'habitude de boire de la bière sur les chantiers depuis qu'il travaille.

Il pèse 75 kg pour 1,80 m.

M. Z. a deux enfants (14 et 12 ans), il est marié mais en instance de divorce. Depuis 6 mois, il habite seul dans un F3 situé au 3e étage d'un immeuble sans ascenseur. Son divorce « se passe bien », il a conservé une bonne entente avec la mère de ses enfants qui est employée de mairie, et reçoit régulièrement ses enfants.

Depuis la séparation, il a pris l'habitude de manger le midi chez ses parents âgés de 70 ans, et de se préparer les repas du soir, plats surgelés le plus souvent car il manque d'appétit. Il prend l'apéritif tous les soirs et souvent le midi, et boit du vin à table, ce qu'il ne faisait pas auparavant.

Il se dit « essoufflé » lorsqu'il arrive chez lui et se sent fatigué. Il a maigri, ses vêtements sont trop grands et il a dû refaire 2 trous à sa ceinture. Il a les traits tirés, ses mains tremblent légèrement et il présente une toux sèche depuis 2 mois.

Ses parents, inquiets, lui demandent de consulter un médecin. Devant leur insistance et les réflexions de ses enfants, M. Z. prend conscience de son état et décide de consulter un médecin. Il sent que ses limites sont atteintes.

Après consultation, son médecin prescrit un bilan sanguin (NFS et ionogramme) et une radio du thorax, et lui demande de venir le revoir avec les résultats. Il lui conseille également de prendre rendez-vous avec un alcoologue.

La radio pulmonaire montrant une image suspecte, le médecin le fait hospitaliser en pneumologie pour bilan complémentaire.

M. Z., bien que soucieux pour son travail, accepte, ayant une bonne mutuelle (indemnité journalière si longue maladie) et pensant que son hospitalisation sera courte.

Il y a entente téléphonique entre le médecin et le pneumologue. M. Z. est hospitalisé le lendemain en pneumologie à 8 h à jeun.

Le pneumologue demande les examens suivants :

- recherche du bacille de Koch sur crachats et urines pendant 3 jours ;
- fibroscopie bronchique avec prélèvements à faire dans 48 heures si les premières recherches sont négatives ;
- radio du thorax, face, profil, debout ;
- électrocardiogramme ;
- surveillance : pouls, pression artérielle, température, 3 fois par jour ;
- bilan sanguin avec :
  - numération-formule sanguine ;
  - plaquettes ;
  - vitesse de sédimentation ;
  - ionogramme ;
  - azotémie ;
  - glycémie ;
  - créatinémie ;
  - protidémie ;
  - transaminases SGOT, SGPT ;
  - gamma-GT ;
  - TP ;
  - TCK ;
  - acide urique ;
- IDR : 10 UI (intradermo-réaction) ;
- diurèse des 24 heures ;
- pesée ce jour puis 1 fois par semaine.

Dans l'après-midi, les premiers résultats sont donnés :

- perte de 10 kg ;
- BAAR (bacille acido-alcoolo-résistant) : crachats positifs à l'examen direct ; recherche négative dans les urines ;
- radio : infiltrat d'un sommet pulmonaire avec début d'excavation ;
- GR : 3,6 millions/L ;
- hématocrite : 35 % ;
- Hg : 11 g/100 mL ;
- plaquettes : 350 000 ;
- VS très accélérée ;
- ionogramme normal ;
- transaminases :
  - SGOT : 45 UI/L (N : < 20 UI/L) ;
  - SGPT : 50 UI/L (N : < 16 UI/L) ;

- gamma-GT : 100 UI/L (N : 9 à 37 UI/L) ;
- TP : 80 % ;
- TCK : normal ;
- acide urique : normal ;
- protidémie : 50 g/L (N : 65 à 75 g/L) ;
- fibroscopie bronchique : reportée.

À 16 heures, à la vue des résultats, le médecin explique à M. Z. qu'il est atteint de tuberculose, qu'il s'agit d'une maladie contagieuse nécessitant un isolement, une hospitalisation d'au minimum 15 jours et d'un traitement d'une durée de 6 mois.

Il prescrit :

- pose d'un cathéter court en périphérie ;
- isolement en chambre ;
- traitement antituberculeux :
  - RIMIFON ® (isoniazide) IV : 5 mg par kg par jour et en une fois, en flash de 30 min dans 100 mL de glucosé 5 % ;
  - RIFADINE ® (rifampicine) IV : 10 mg par kg par jour et en une fois, en flash de 1 h 30 dans 250 mL de glucosé 5 % ;
  - MYAMBUTOL ® (éthambutol) IV : 20 mg par kg par jour en flash de 30 min dans 100 mL de glucosé 5 % ;
  - PIRILÈNE ® (pyrazinamide) : 50 mg *per os*, soit 3 comprimés par jour ;
- hydratation : 1,5 L de plasmalyte G5 par 24 h en intraveineux ;
- ÉQUANIL ® 400 (méprobamate) : 3 comprimés par jour ;
- TIAPRIDAL ® (tiapride) : 3 comprimés par jour ;
- vitamines B1, B6, B12 (thiamine, pyridoxine, cyanocobalamine) : 3 comprimés par jour ;
- entretien avec la diététicienne ;
- régime hyperprotidique plus goûter.

Les examens complémentaires demandés sont les suivants :

- scanner thoracique dans 8 jours ;
- fond d'œil demain avec champ visuel et vision des couleurs puis vision des couleurs dans 15 jours ;
- bilan hépatique 2 fois par semaine ;
- recherche de BK dans les crachats 1 fois par semaine ;
- consultation psychiatrique pour son problème d'alcool et son anxiété.

Devant l'ampleur du traitement, sa durée et sa mise en isolement, M. Z. est très inquiet puis devient agressif verbalement, exige que l'on prévienne sa femme et demande à sortir pour régler des affaires en instance.

Questions

1 *Analysez la situation de M. Z.* (25 points)

2 *Quelles mesures standard et spécifiques mettez-vous en place pour l'isolement de M. Z. ?* (5 points)

3 *Faites la planification des soins infirmiers auprès de M. Z. pour demain de 6 h à 13 h, sachant qu'il a été perfusé ce jour à 17 h (plasmalyte G5, 3 poches de 500 mL par 24 h).*
(L'argumentation des réponses, le contenu et le débit des perfusions sont attendus.) (10 points)

4 *Quelles sont les indications de l'IDR ?* (1,5 point)

5 *Quelle est la conduite à tenir au regard de la contagiosité de M. Z., et pourquoi ?* (6 points)

6 *M. Z. étant en chambre d'isolement, quelles recommandations ferez-vous aux visiteurs ?* (2,5 points)

7 *Ce patient présente une consommation de boissons alcoolisées importante :*
- *décrire les symptômes et signes cliniques du pré-*delirium tremens *et du* delirium tremens *;*
- *quels sont les principes ou buts du traitement du* delirium tremens. (6 points)

8 *Quelles atteintes hépatiques peut présenter ce patient du fait de sa consommation d'alcool ? Laquelle est irréversible ? Quelles complications peut-elle entraîner ?* (4 points)

Réponses

1 Analyse de la situation de M. Z.

Introduction

M. Z., chef de chantier, marié, deux enfants, mais en instance de divorce, vit seul dans un F3 au 3e étage sans ascenseur.
Son travail est très fatigant et stressant.
Après consultation auprès de son médecin pour fatigue, stress, toux sèche, amaigrissement et consommation d'alcool, et devant une image pulmonaire suspecte, M. Z. est hospitalisé en pneumologie. Le diagnostic de tuberculose est posé.

M. Z. fume depuis 20 ans malgré des antécédents de bronchite chronique et consomme de l'alcool. Après les explications du médecin sur la pathologie et le traitement, M. Z. est très inquiet, devient agressif et veut sortir.

➡ **Définition et mécanismes :**

- tuberculose :
  - maladie à déclaration obligatoire (n° 27). La tuberculose est une maladie infectieuse contagieuse, due au bacille de Koch (mycobactérie) ;
  - très aérobie, ce germe se reproduit très lentement en intracellulaire et est particulièrement vivace ;
  - la contamination se fait par voie aérienne, elle est due généralement aux particules que le tuberculeux pulmonaire projette dans l'atmosphère au cours de la toux (gouttelettes de Pflügge), ce qui nécessite un isolement respiratoire pendant les 15 premiers jours du traitement ;
  - dans les formes classiques, le traitement dure 6 mois. La forme pulmonaire est la plus fréquente et la plus contagieuse ;
  - avec surveillance et observance du traitement, la guérison est de 100 % ;
- bronchite chronique :
  - affection caractérisée par de la toux et une expectoration chronique, due à une hypersécrétion de la muqueuse bronchique ;
  - étiologie : toutes les causes d'irritation bronchique, notamment le tabac ;
  - maladie très répandue, plus fréquente chez l'homme que chez la femme, pouvant entraîner une insuffisance respiratoire chronique.

➡ **Problèmes physio-psycho-pathologiques :**

- tuberculose pulmonaire ouverte ;
- anxiété ;
- contagiosité ;
- baisse de l'état général ;
- risque de pré-*delirium tremens* ;
- risque de toxicité hépatique (traitement sur insuffisance hépatique) et d'atteinte de la vision ;
- risque infectieux ;
- risque de non-observance aux différents éléments de la prescription médicale.

➡ **Diagnostics infirmiers :**

- altération des mécanismes de protection, liée à l'alcool, au tabac, se manifestant par : fatigue, manque d'appétit, amaigrissement, tremblements ;
- stratégie d'adaptation inefficace, ou incapacité à s'adapter à un changement dans l'état de santé, liée à son inquiétude, à la gravité de sa pathologie, se manifestant par « veut sortir » ;
- anxiété sévère liée à la révélation de la gravité de sa pathologie et aux lourdeurs du traitement, se manifestant par une agressivité verbale ;
- déficit nutritionnel, lié à ses habitudes de vie, se manifestant par une perte de poids (10 kg), vêtements trop grands, rapport poids/taille insuffisant ;
- risque d'infection lié à son hospitalisation, ses traitements et son état général amoindri.

(NB : les diagnostics infirmiers doivent être appréciés sur des critères de pertinence et de priorité. Tout autre diagnostic peut être accepté, quatre sont attendus.)

2 Mesures d'isolement

M. Z., atteint de tuberculose pulmonaire avec BK + dans les crachats, fera l'objet des mesures d'isolement suivantes :

- précautions respiratoires type air ;
- chambre d'isolement avec sas si possible ;
- signaler sur la porte : « Isolement, masque obligatoire » ;
- tenir la porte fermée, occlusion des systèmes de ventilation ;
- port de masque « bec de canard » pour toutes les personnes entrantes, le jeter après usage ;
- prévoir des masques dans le sas (masques haute filtration) ;
- tablier ou surblouse et gants si contact avec les expectorations ;
- lavage antiseptique des mains à l'entrée après la pose du masque, avant de sortir de la chambre ;
- manipuler avec prudence les flacons de crachats de M. Z. (double emballage dans un sac plastique) ;
- tous les soins de M. Z. seront faits en dernier si possible ;
- double emballage pour le linge, décontamination ;
- vaisselle : décontamination eau de Javel ou usage unique ;
- si transport : prévenir le service receveur, masque pour le malade ;
- informer les visiteurs des procédures d'isolement, limiter les visites ;
- déchets : risques infectieux, sacs spéciaux et incinération ;

- prévoir dans le sas :
- garrot, appareil à tension, thermomètre dans un plateau, bac de décontamination, boîte à aiguille, clinogel ;
- diagrammes de soins (ou dans le classeur hors de la chambre) ;
- nécessaire ménage.

3 Planification des soins infirmiers :

- à 6 h, transmissions avec l'équipe de nuit afin de voir comment M. Z. a passé cette première nuit à l'hôpital dans une chambre d'isolement ;
- mesures de protection (masque et lavage antiseptique des mains à l'entrée et à la sortie de la chambre) et prise de contact avec M. Z. L'informer des soins et faire le point avec lui sur les mesures de protection, pour lui et l'entourage, et pourquoi ;
- BK urines sur 3 jours : lui donner un pot spécial qui sera porté au laboratoire dans un emballage plastique étanche et signalé ; on ne fait pas les crachats, l'examen la veille étant positif ;
- débuter la diurèse des 24 h, noter l'heure. Les urines de la veille (17 h) à ce matin doivent être désinfectées à l'eau de Javel pendant 20 min puis jetées ;
- prise des constantes : pouls, pression artérielle, température ;
- observation de l'intradermo-réaction faite la veille ;
- surveillance de la perfusion de plasmalyte G5 posée la veille à 17 h :
- débit : il faut perfuser 1,5 L en 24 h, soit 0,5 L en 24/3 h, ou encore 500 × 20 gouttes (1 mL = 20 gouttes) en 8 × 60 min. Le débit est donc de : $\frac{500 \times 20}{8 \times 60}$ = 20,83, soit 21 gouttes par minute par excès ;
- surveillance du point de ponction et du tracé veineux, car risque de lymphangite avec le traitement intraveineux ;
- petit déjeuner avec traitement *per os* :
- PIRILÈNE® : 3 comprimés ;
- ÉQUANIL® 400 : 1 comprimé ;
- TIAPRIDAL® : 1 comprimé ;
- vitamine B1, B6 : 1 comprimé ;
- proposer à M. Z. une protection spécifique pour le cathéter afin qu'il puisse prendre une douche ;
- à 9 h, réfection du pansement du cathéter, changement de la poche de plasmalyte et pose du 1er flash :
- la prescription est de 5 mg/kg/jour de RIMIFON® IV à passer en 30 min, dans 100 mL de sérum glucosé ;
- M. Z. pèse 65 kg, donc la dose journalière à administrer est de 5 mg × 65 = 325 mg ;
- le débit est de : 100 mL × 20 gouttes (1 mL = 20 gouttes) en 30 min, soit $\frac{100 \times 20}{30}$ = 66,66, soit 67 gouttes/min par excès ;
- pose du 2e flash :
- la prescription est de 20 mg/kg/jour de MYAMBUTOL®, à passer en 30 min, dans 100 mL de sérum glucosé ;
- M. Z. pèse 65 kg, donc la dose journalière à administrer est de 20 mg × 65 = 1,3 g ;
- le débit est de $\frac{100 \times 20}{30}$ = 66,66, soit 67 gouttes/min par excès ;
- pour ces deux flashs, l'ordre importe peu, mais rincer entre les deux prescriptions ;
- pose du 3e flash :
- la prescription est de 10 mg/kg/jour de RIFADINE®, à passer en 1 h 30, dans 250 mL de sérum glucosé ;
- M. Z. pèse 65 kg, donc la dose journalière à administrer est de 10 mg × 65 = 650 mg ;
- le débit est de : 250 mL × 20 gouttes en 1 h 30, ou 90 min, soit $\frac{250 \times 20}{90}$ = 55,55, soit 56 gouttes/min par excès ;
- ce flash se fait en dernier, car le liquide est très épais et ralentit la perfusion, donc surveillance accrue ;
- toutes les manipulations doivent se faire à l'aide d'une compresse stérile imbibée d'alcool iodé ;
- à la fin du dernier flash, rincer la tubulure, remettre un bouchon verrouillable stérile ;
- si la consultation d'ophtalmologie a lieu dans la matinée, lui donner un masque « bec de canard » (efficace 6 h) et lui rappeler qu'il ne doit pas le quitter de même que la personne qui l'accompagne ;
- repas de midi : vérifier qu'il est conforme à la prescription. Expliquer à M. Z. qu'il doit se forcer même s'il n'a pas très faim pour retrouver un état général correct. Lui donner son traitement et lui rappeler les précautions à prendre en cas de visite (mettre le masque, rester à distance) ;
- transmission à l'équipe d'après-midi.

4 Intradermo-réaction

L'IDR est indiquée dans les cas suivants :
- avant toute vaccination par BCG ;
- enquête autour d'un cas ;
- 3 mois à 1 an après la vaccination par BCG.

5 Conduite à tenir au regard de la contagiosité de M. Z. :

- pour éviter la propagation : ses enfants, sa femme, ses parents, ses collègues de travail doivent subir un examen clinique, une radio pulmonaire, une IDR, puis surveillance à 3 mois, à 6 mois ;
- pour enquête épidémiologique, rechercher l'origine du BK de M. Z. : entretien avec M. Z., enquête ;
- pour éviter la rechute, surveillance et observance du traitement à la sortie de M. Z. : à sa sortie, M. Z. ayant une bonne mutuelle, il ne sera pas nécessaire de lui fournir son traitement hebdomadaire toutes les semaines, jusqu'à l'obtention de la prise en charge à 100 %. Lui demander de venir pour un examen d'urines (si observance du traitement : urines orangées) et pour un soutien psychologique.

6 Recommandations aux visiteurs de M. Z. :

- les prévenir de l'isolement ;
- limiter le nombre de personnes (les proches seulement) ;
- leur demander de revêtir la tenue appropriée et expliquer pourquoi, quand, comment ;
- masque obligatoire (« bec de canard », efficacité 6 h) ;
- laisser les effets personnels à l'extérieur de la chambre ;
- ne pas manger ni boire dans la chambre ;
- ne pas apporter des livres de valeur, ils devront être incinérés ;
- éviter le linge délicat ;
- expliquer la conduite à tenir pour le linge personnel du patient (stéri-linge en grande surface ou rinçage de la machine à vide avec eau de Javel) ;
- ne pas sortir d'objets de la chambre ;
- ne pas s'asseoir sur le lit ;
- pour les enfants, se renseigner auprès du médecin ou de la surveillante.

7 *Delirium tremens*

➡ **Symptômes et signes cliniques du pré-*delirium tremens* :**
- hallucinations ;
- tremblements ;
- insomnie ;
- anxiété ;
- comportement agressif.

➡ **Symptômes et signes cliniques du *delirium tremens* :**
- état confuso-onirique ;
- délire de rêve à thème zoologique ;
- sueurs ;
- signes de déshydratation (muqueuses sèches, pli cutané, urines rares foncées, pouls rapide, pression artérielle abaissée, température élevée, sujet polypnéique).

➡ **Principes du traitement du *delirium tremens* :**
- sédater ;
- réhydrater ;
- prévenir ou traiter une complication.

8 Alcoolisme et atteinte hépatique

Les atteintes hépatiques possibles sont les suivantes :
- stéatose hépatique ;
- hépatite alcoolique aiguë ;
- cirrhose hépatique.

L'atteinte hépatique irréversible est la cirrhose irréversible.

Les complications peuvent être les suivantes :
- le cancer du foie ;
- l'ascite ;
- l'hémorragie digestive ;
- l'ictère ;
- l'encéphalopathie hépatique.

Imane, 3 ans et demi, est arrivée le 10 janvier 2000 vers 17 h 30 aux urgences pédiatriques pour convulsion hyperthermique en lien avec une probable angine, confirmée par l'examen clinique : amygdales hypertrophiées, gorge érythémateuse, dysphagies. Son bilan d'entrée montrait une CRP *(C Reactiv Proteine)* à 10 mg/L et la NFS (numération-formule sanguine) une leucocytose à 6 300/mm^3.
Elle est hospitalisée dans le service de médecine pédiatrique où vous travaillez.

Le 11 janvier 2000, l'état d'Imane s'est aggravé : les signes cliniques présentés et les examens complémentaires effectués dans les 24 premières heures ont permis au médecin de diagnostiquer une méningite à méningocoques. En effet, vers 15 h, malgré le traitement antibiotique et antipyrétique *per os* institué à l'entrée, Imane a présenté les signes suivants :

- température à 39,5 °C ;
- vomissements répétés depuis le matin ;
- somnolence mais réponse aux stimulis ;
- position en chien de fusil ;
- photophobie ;
- raideur méningée ;
- comportement très opposant.

L'observation clinique a conduit le médecin à réaliser en urgence une ponction lombaire, qui a montré un liquide trouble. Face à cette situation, le médecin a prescrit :

- perfusion de PLASMALYTE® : 1,5 L/24 h (soit 62 mL/heure) ;
- CLAMOXYL® (antibiotique) : 1,3 g, 3 fois par jour dans un viaflex de 100 mL de sérum physiologique, en 60 min et en dérivation ;
- PRO-DAFALGAN® (antipyrétique) : 500 mg 4 fois par jour en IV en alternance avec ASPÉGIC® (antipyrétique) : 250 mg 4 fois par jour en IV, chacun en dérivation dans un viaflex de 50 mL en 30 min ;
- MOTILIUM® (antiémétique) : 2 mesures 3 fois par jour ;
- ponction lombaire de contrôle le 14 janvier 2000 ;
- protocole d'isolement avec visite limitée à deux personnes dans la chambre. La maman d'Imane est autorisée à rester la nuit.

Les résultats de la ponction lombaire ont été connus vers 17 heures :

- cytologie :
  - hématies : 270/mm^3,
  - leucocytes 445/mm^3 ;
- chimie :
  - protéinorachie : 3,07 g/L,
  - glycorachie : 0,
  - chlore : 119 mmol/L ;
- bactériologie :
  - examen direct : présence de diplocoques Gram négatif,
  - culture aérobie : *Neisseria meningitis,* nombreuses colonies souches de sérogroupe B.

Le service de microbiologie a précisé que l'hémoculture prélevée la veille était positive (*Neisseria meningitis*, sérogroupe B).
De ce fait, le médecin :

- a prescrit une prophylaxie des personnes contact avec délivrance d'une ordonnance de RIFADINE® (antibiotique) *per os* :
  - 200 mg × 2/24 h pendant 2 jours pour la petite sœur d'Imane âgée d'un an,
  - 600 mg × 2/24 h pendant 2 jours pour les parents d'Imane ;
- a conseillé au papa d'Imane la surveillance de la petite sœur restée au domicile ;
- a alerté le médecin traitant du diagnostic de méningite à méningocoques.

La lecture du dossier infirmier vous a appris qu'Imane mesure 1,07 m et qu'elle pèse 19,4 kg, qu'elle n'a aucun antécédent médico-chirurgical et que ses vaccinations sont en règle.
Imane est une fillette difficile à approcher, elle ne quitte pas sa maman, pleure et s'agite dès qu'elle ne la voit plus. Elle est très opposante lors des soins.
La famille d'Imane, bien intégrée en France, est originaire du Maghreb. La méningite se situe dans un contexte de fin de Ramadan : c'est pour cette raison qu'Imane n'est pas retournée en classe depuis les fêtes de fin d'année (elle est scolarisée régulièrement depuis septembre 1999).

Le traitement mis en route dans le service a permis une évolution plutôt favorable bien qu'Imane ait été agitée dans son sommeil et lors des soins. Ses constantes sont restées stables (tension artérielle à 11/7 cmHg et pouls à 126), la courbe de température a montré un infléchissement significatif.

Le 12 janvier 2000, au matin, la conscience d'Imane était normale, il n'y avait plus de photophobie, plus de vomissement, mais elle présentait toujours une raideur méningée.
En fin de matinée, le médecin a découvert des taches purpuriques au niveau des membres inférieurs et en bas du dos : il a prescrit la pose d'une seconde voie d'abord. À ce moment, Imane avait toujours un pouls à 126 et une tension artérielle à 11/7 cm Hg. Elle était très agitée et très opposante aux soins. En fin d'après-midi, de nouvelles taches sont apparues au niveau du siège et du haut du dos.
Vers 15 h 30, vous avez appris qu'Anissa, 3 ans et demi, cousine d'Imane, venait d'être hospitalisée en réanimation pédiatrique dans un état préoccupant pour un purpura infectieux et une méningite.
Dans la nuit vers 2 h 30, le père d'Imane s'est présenté aux urgences pédiatriques avec la petite sœur pour un syndrome méningé. Le diagnostic de méningite a été confirmé et l'enfant a été hospitalisée au service de médecine pour nourrissons, service situé dans le même bâtiment, mais à un étage différent de celui où était hospitalisée Imane.

Le 13 janvier 2000 vers 11 h 30, l'état d'Anissa a permis son transfert dans le même service qu'Imane dans une chambre voisine. Les mêmes mesures d'isolement ont été mises en place.
L'hospitalisation d'Anissa a posé quelques difficultés à l'équipe soignante à cause des visites nombreuses auprès des trois enfants hospitalisés (beaucoup d'allées et venues) et de la non-observance des règles d'isolement. Par ailleurs, l'équipe n'est pas arrivée à faire préciser à sa famille quelles étaient les personnes contact et comment a été observé le traitement prophylactique (à noter qu'Anissa a un petit frère de 18 mois).
Au niveau administratif, vous avez appris que dans les deux familles, les mamans étaient mères au foyer et les pères ouvriers salariés, ils ne bénéficiaient pas de mutuelles.
Les déclarations de cas de méningites à méningocoques ont été effectuées à la DDASS par le médecin du service.

Questions

1 *En vous appuyant sur les éléments significatifs du texte et sur vos connaissances, analysez la situation d'Imane le 11 janvier 2000 à partir de 15 heures. Dans votre analyse, les problèmes réels et/ou potentiels du jour seront identifiés. Cette analyse écrite doit montrer votre compréhension de la situation par les liens que vous établissez entre l'état de santé d'Imane, son comportement, son contexte familial, son environnement et les prescriptions médicales.*

2 *Au regard des problèmes identifiés, déterminez les objectifs et les actions à mettre en place. Les calculs des débits et des doses doivent apparaître, sachant que vous disposez de :*
- *CLAMOXYL ® : flacons de 500 mg de poudre ;*
- *PRO-DAFALGAN ® : flacons de 1 g de poudre + 5 mL de solvant ;*
- *ASPÉGIC ® : flacons de 500 mg + 5 mL de solvant ;*
- *PLASMALYTE ® : flacons de 500 mL.*

3 *Le 12 janvier 2000, face à l'apparition de taches purpuriques sur le corps d'Imane, l'équipe soignante intensifie sa surveillance.*
Sur quels signes cliniques porte cette surveillance ?
Que traduit au niveau physiopathologique l'apparition de taches purpuriques ?

4 *En tant que professionnel, quelles questions devez-vous poser devant la non-observation des règles d'isolement ?*
Argumentez votre réponse.

Réponses

1 Problèmes réels et potentiels

Présentation

Imane est une enfant de 3 ans et demi originaire du Maghreb. Sa famille est bien intégrée en France, il n'y a pas de problème de langue. Sa famille respecte ses coutumes puisque la maladie d'Imane se situe dans un contexte du ramadan.
Le père d'Imane est salarié donc il bénéficie d'une couverture sociale, mais il ne possède pas de mutuelle ce qui pourrait poser un problème financier pour la prise en charge des soins.

La maman d'Imane est mère au foyer, elle s'occupe également de la sœur d'Imane qui a 1 an et demi.
Imane est régulièrement scolarisée depuis 4 mois.

Motif d'hospitalisation

Imane a été adressée pour convulsion hyperthermique avec une probable angine, mais le diagnostic de méningite à méningocoques a été posé dans les 24 heures suivantes.

Antécédents et allergies

Aucun antécédent n'est signalé, les vaccinations sont en règle.

Analyse de la situation

Imane est une fillette habituellement en bonne santé. Son rapport poids/taille est normal compte tenu de son âge.
Elle est hospitalisée pour une méningite à méningocoques. Cette pathologie survient essentiellement en période hivernale et atteint préférentiellement les jeunes enfants (elle peut cependant être contractée à tout âge).
La méningite à méningocoques est secondaire à une infection de la sphère ORL.
C'est une pathologie contagieuse, contagiosité aéroportée par contacts rapprochés et répétés.
Le contexte dans lequel se situe Imane est tout à fait conforme à cette description :

- janvier : période hivernale ;
- âge : Imane a 3 ans et demi ;
- atteinte ORL : angine ;
- contagiosité : contexte de fin de ramadan et fratrie.

Les signes cliniques qu'elle présente : triade fièvre élevée, vomissements incoercibles, céphalées (Imane est agitée, opposante, somnolente), associée à la raideur méningée sont suffisamment évocateurs d'une méningite et ont conduit le médecin à prescrire des hémocultures et à réaliser la ponction lombaire.
Ces examens ont permis de confirmer le diagnostic puisque le germe a été retrouvé et identifié à la fois au niveau sanguin (hémoculture) et au niveau céphalorachidien (ponction lombaire).
Le traitement antibiotique a été institué sans attendre les résultats bactériologiques, ce qui est habituel dans une telle situation. En effet, c'est de la rapidité de la mise en œuvre du traitement que dépendra l'évolution de la méningite (la méningite à méningocoques tue encore en quelques heures dans 1 cas sur 10).
C'est une urgence médicale en rapport avec l'apparition d'un purpura fulminans mettant en jeu le pronostic vital de l'enfant à court terme et pouvant laisser des séquelles neurologiques, auditives à plus ou moins long terme, des séquelles cutanées (nécroses extensives avec risque d'amputation).
D'où la prescription d'une voie d'abord veineuse pour le passage de thérapeutiques en urgence : les antibiotiques et antipyrétiques.
L'antibiotique choisi est un antibiotique à large spectre passant la barrière méningée et efficace sur le méningocoque. L'efficacité sera confirmée par les résultats de la ponction lombaire programmée le 14 janvier 2000.
L'alternance ASPÉGIC®-PRO-DAFALGAN® est habituelle pour diminuer l'hyperthermie et de ce fait prévenir les convulsions génératrices d'atteintes neurologiques. De plus, l'effet antalgique participera au traitement des céphalées.
Pour compenser les pertes hydroélectrolytiques engendrées par l'hyperthermie et par les vomissements, la prescription de PLASMALYTE® préviendra le risque de déshydratation.
Dès que l'alimentation sera possible, le médecin a prescrit du MOTILIUM® pour éviter les nausées et vomissements.
La situation d'Imane entraîne une altération du bien-être liée aux céphalées, à la fièvre, aux vomissements, à l'hospitalisation et aux contraintes de l'isolement, se manifestant de la manière suivante : elle pleure, s'oppose aux soins, réclame sa mère, elle est difficile à approcher. De plus, le fait que la maman d'Imane soit au foyer majore la perte des repères engendrée par l'hospitalisation.
La contagiosité de la pathologie et les risques encourus au sein du service (personnel soignant et enfants soignés) et par l'entourage familial d'Imane restent une préoccupation de l'équipe soignante. C'est pourquoi un protocole d'isolement avec visite limitée à deux personnes est préconisé.
Le contexte dans lequel se situe la maladie d'Imane est à prendre en considération : fin de ramadan, soit fête familiale élargie où de jeunes enfants sont en contact rapproché et répété, fratrie, cousins, cousines, parents, grands-parents...
Ce qui explique que trois des quatre enfants de cette famille seront hospitalisés pour le même problème.

Le fait que les enfants n'aient pas été remis en classe à cause du ramadan a permis de limiter la prophylaxie au milieu familial.
Alerté de la pathologie dont souffrent les trois enfants, le médecin traitant est resté vigilant quant à l'éventuelle apparition d'autres cas de méningite à méningocoques, maladie à déclaration obligatoire.

➡ Problèmes réels et potentiels

Au total, les problèmes identifiés à ce jour sont liés à :

- la méningite et aux complications qu'elle peut engendrer :
  - risque vital en rapport avec un purpura fulminans,
  - risque de convulsions et complications neurologiques,
  - risque de déshydratation,
  - risque de contagion :
    - au sein du service de soins (risque d'infection nosocomiale),
    - au niveau des personnes contact ;
- l'altération du bien-être.

2 Actions à mettre en œuvre

➡ Objectifs

Les interventions infirmières dont la plupart sont en collaboration médicale visent à :

- maintenir les fonctions vitales par la mise en œuvre rapide du traitement antibiotique et dépister les signes de choc septique (purpura fulminans) ;
- prévenir l'apparition d'éventuelles crises convulsives par la mise en place du traitement antipyrétique ;
- rééquilibrer les désordres hydroélectrolytiques par la mise en place du PLASMALYTE ® par une voie veineuse fiable ;
- lutter contre la douleur (traitements antibiotique et antipyrétique) ;
- favoriser le bien-être et le confort ;
- éviter la contamination à l'entourage par :
  - le respect des règles d'asepsie,
  - la mise en œuvre des mesures d'isolement au sein du service,
  - la prévention et l'enseignement des mesures prophylactiques à la famille.

➡ Actions :

- poser une voie d'abord veineuse en respectant les règles d'asepsie et en tenant compte des mesures d'isolement à mettre en place ;
- régler et respecter le débit de la perfusion soit :
  - $\frac{1\,500 \times 20}{24 \times 60} = 20{,}83$, soit 21 gouttes/min par excès,
  - $\frac{1\,500}{24} = 62{,}5$, soit 62 mL/h par défaut avec un régulateur de débit à poser ;
- assurer la perméabilité de la perfusion (absence de coudure des tubulures) ;
- assurer la fixation de la voie d'abord ;
- poser deux dérivations et mettre en place :
  - l'antibiotique (CLAMOXYL ®) :
    - diluer 2 flacons de 500 mg de CLAMOXYL ® dans le viaflex de 100 mL et ajouter 300 mg, soit 3 mL de solution (réalisée à partir de la dilution de 5 mL de sérum physiologique avec un flacon de 500 mg de CLAMOXYL ®),
    - débit : $\frac{103 \times 20}{60} = 34{,}33$, soit 34 gouttes/min par excès, de 15 h à 16 h,
    - le CLAMOXYL ® sera à planifier de 23 h à 0 h et de 7 h à 8 h,
  - l'antipyrétique (PRO-DAFALGAN ®) :
    - diluer un flacon de 1 000 mg de PRO-DAFALGAN ® dans 5 mL de solvant et prélever 2,5 mL de la solution obtenue (soit 500 mg de PRO-DAFALGAN ®) pour l'injecter dans le viaflex de 50 mL,
    - débit : $\frac{52{,}5 \times 20}{30} = 35$ gouttes/min, de 15 h à 15 h 30,
    - le PRO-DAFALGAN ® sera à planifier de 21 h à 21 h 30, de 3 h à 3 h 30 et de 9 h à 9 h 30,
- planifier l'autre antipyrétique (ASPÉGIC ®) qui sera préparé ainsi :
  - diluer un flacon de 500 mg d'ASPÉGIC ® dans 5 mL de solvant et prélever 2,5 mL de la solution obtenue (soit 250 mg d'ASPÉGIC ®) pour l'injecter dans un viaflex de 50 mL,
  - débit : $\frac{52{,}5 \times 20}{30} = 35$ gouttes/min,
  - l'ASPÉGIC ® sera à planifier de 18 h à 18 h 30, 0 h à 0 h 30, 6 h à 6 h 30 et de 12 h à 12 h 30 ;
- planifier le PLASMALYTE ® à 23 h et à 7 h ;
- installer confortablement Imane en décubitus dans une position antalgique, tamiser la lumière, éviter le bruit ;
- limiter les visites ;
- assurer son hygiène corporelle : changer, hydrater, rafraîchir ;

- expliquer les soins à l'enfant et à la mère et les faire coopérer ;
- maintenir les rituels et les repères de l'enfant ;
- mettre en place le protocole d'isolement :
  – approvisionner la chambre en matériel à usage unique,
  – établir un circuit propre et un circuit sale,
  – pourvoir le sas en blouse, masque, matériel pour le lavage de mains ainsi qu'en poubelles,
  – expliquer et démontrer les règles d'isolement aux personnes restant auprès de l'enfant :
    - insister sur le lavage des mains et sur l'utilisation de la blouse et du masque,
    - expliquer le but (protection personnelle et protection de l'environnement),
- observer le comportement des personnes dans la chambre (respect des règles d'hygiène et respect du nombre de personnes auprès de l'enfant) ;
- informer les parents sur l'évolution de la pathologie et se mettre à leur disposition pour répondre à leurs questions ;
- remettre l'ordonnance d'antibiotique pour la prophylaxie des personnes en contact et insister sur la nécessité de la mise en route rapide de cette prescription ;
- inviter la maman à prendre des dispositions pour la nuit et faire aménager le lit supplémentaire dans la chambre, renseigner la maman sur la possibilité et les conditions de prise de repas sur place ;
- appliquer la prescription de MOTILIUM ®, dès qu'Imane pourra et souhaitera s'alimenter ;
- planifier la ponction lombaire de contrôle pour le 14 janvier 2000 ;
- établir un protocole de surveillance qui portera sur :
  – le risque d'apparition de choc septique :
    - mesure de la pression artérielle, de la fréquence cardiaque, de la température, de la diurèse, de la fréquence et de l'amplitude respiratoire,
    - observation de l'état cutané, l'enfant entièrement dévêtue : apparition de cyanose, de marbrures et de taches purpuriques,
    - observation de l'état neuropsychique : agitation, prostration, obnubilation, convulsions voire coma,
  – l'efficacité des traitements :
    - les antibiotiques : l'efficacité se mesure sur la courbe de température qui doit s'infléchir, et sur les signes cliniques qui doivent disparaître (céphalées, photophobie, raideur méningée, vomissements...). La ponction lombaire de contrôle confirmera l'efficacité de ce traitement,
    - les antipyrétiques et les antalgiques : l'efficacité se mesure par une normalisation durable de la température, par la disparition des céphalées et une reprise des activités de l'enfant, l'absence de crises convulsives,
  – les effets indésirables des traitements :
    - antibiotiques : apparition de manifestations allergiques ou d'intolérance à type de rush cutané, troubles digestifs,
    - PRO-DAFALGAN ® : rare hépatotoxicité, manifestation allergique exceptionnelle,
    - ASPÉGIC ® : risque d'allergie, risque de toxicité rénale,
  – le risque de déshydratation :
    - faire le bilan des entrées et des sorties : mesure de la diurèse, des vomissements, de la transpiration,
    - mesurer la tension artérielle et le pouls,
    - apprécier l'état cutané, l'état des muqueuses,
    - quantifier les apports hydriques *per os* et parentéraux,
  – le risque d'infection nosocomiale :
    - observer le point de ponction de la perfusion (rougeur, chaleur, inflammation),
    - appliquer les règles d'hygiène et d'asepsie lors des soins (en particulier lors des manipulations des perfusions),
    - appliquer et faire appliquer les règles d'isolement (port du masque, d'une surblouse...),
    - grouper les soins.

3 Taches purpuriques

Tout purpura fébrile doit être considéré et surveillé comme un purpura fulminans. Cette surveillance porte sur :

- l'état cutané : sur la recherche d'une extension rapide des taches purpuriques (moins de 12 heures : signe de gravité) ; la mesure de l'extension des taches purpuriques se fait par le marquage cutané ;
- la recherche d'un état de choc, se manifestant :
  – au niveau hémodynamique par une chute de la tension artérielle, une augmentation de la fréquence cardiaque, une diurèse effondrée, l'apparition de cyanose et de marbrures au niveau cutané,

– au niveau neuropsychique par une agitation, prostration, somnolence pouvant aller jusqu'au coma.

L'apparition des taches purpuriques signe une hémorragie cutanée par défaut de fibrinogène circulant en rapport avec une coagulation intravasculaire disséminée. Ce sont les endotoxines libérées par le méningocoque qui activent la coagulation. C'est un signe précurseur d'un purpura fulminans, forme particulièrement gravissime d'une septicémie à méningocoque car responsable d'un état de choc. Il existe un risque vital en quelques heures même si un traitement antibiotique a été mis en route.

4 Règles d'isolement non respectées

Les questions que l'on doit se poser devant la non-observation des règles d'isolement sont les suivantes :

- quelles sont les explications qui ont été données ? Le contenu doit être concis et pertinent ;
- à quel moment ont-elles été données ? Le moment choisi peut interférer sur la compréhension des informations et sur ce qui en sera retenu ;
- à qui ont-elles été adressées ? Les informations doivent être données aux proches des enfants, les visites étant limitées à deux personnes ;
- dans quel lieu ? Le lieu doit être adapté (calme, présence de matériel...) ;
- comment ont-elles été données ? Disponibilité du soignant et des personnes devant recevoir le message ; démonstration de technique (lavage de mains par exemple) ;
- le but des règles a-t-il été explicité ? La modification du comportement humain n'est pas spontanée, elle répond à une motivation clairement explicitée (dans ce cas, insister sur le mode de transmission de la pathologie) ;
- a-t-on utilisé un langage adapté ? L'utilisation d'un jargon professionnel peut nuire à la compréhension ; l'attitude et le ton employés par le soignant peuvent engendrer un parasitage ;
- s'est-on assuré de la compréhension des informations ? Toute situation de communication nécessite la reformulation pour s'assurer de la compréhension du message ;
- quels sont les obstacles à la compréhension ? L'inadéquation des valeurs entre soignants et soignés sont source d'incompréhension ; la situation d'angoisse peut parasiter la compréhension ;
- y a-t-il des personnes ressources ? L'utilisation de l'expérience et des connaissances de personnes ressources facilite la communication, en particulier le médecin traitant.

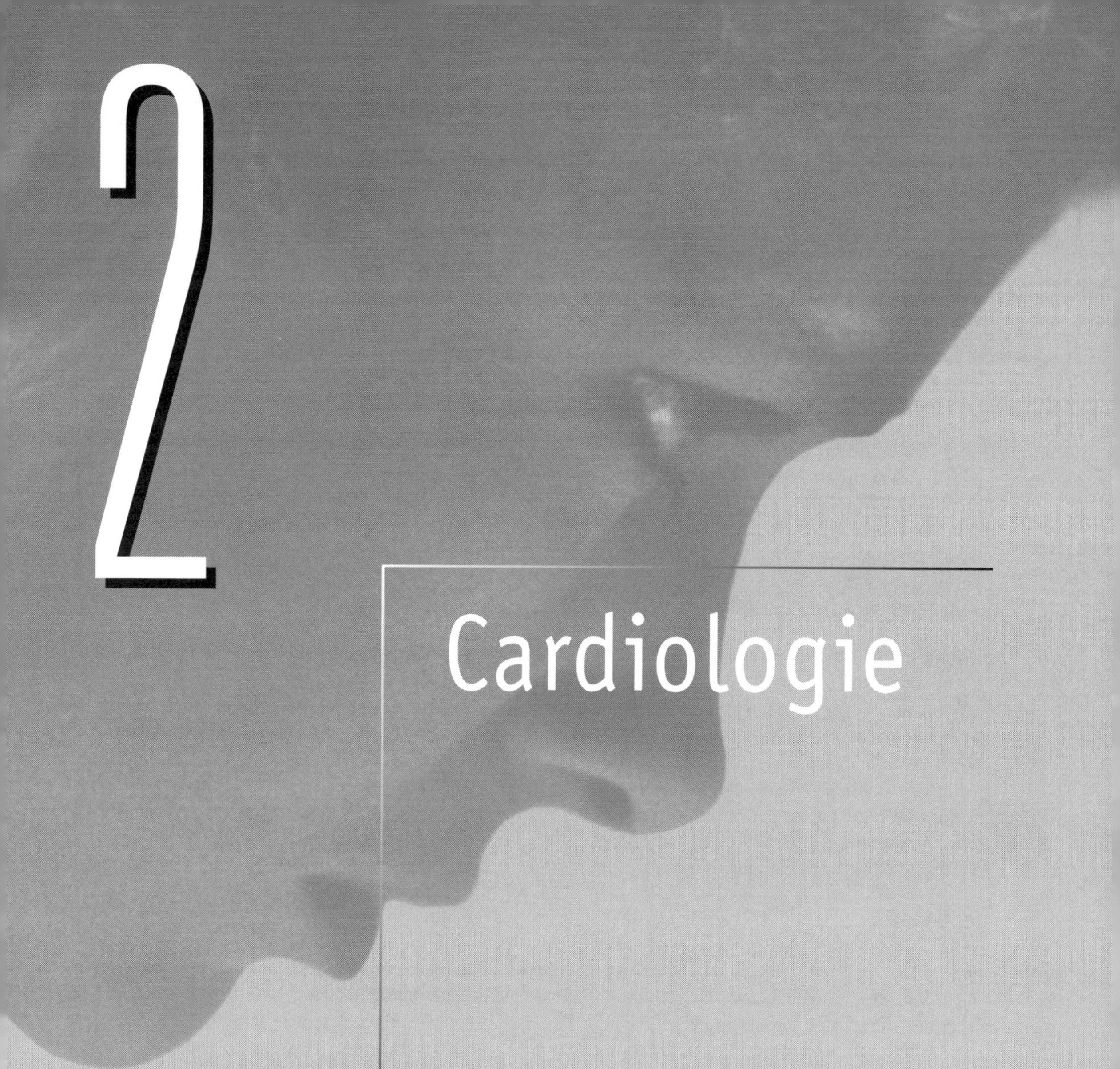

2

Cardiologie

M. S., 49 ans, célibataire, exerçant la profession de magasinier, est hospitalisé le lundi 9 avril 2001 à 15 h pour suspicion d'endocardite dans le service de pathologies infectieuses où vous travaillez.

Histoire de la maladie

M. S. présentait depuis une dizaine de jours une hyperthermie avec arthralgies et myalgies.
Suite à l'aggravation de l'état fébrile, il est adressé à l'hôpital par le médecin généraliste.
L'examen clinique révèle :

- une hyperthermie continue à 38,5 °C, sans frissons ;
- une fréquence cardiaque à 110/min ;
- une pression artérielle à 120/80 mmHg ;
- poids : 75 kg ;
- taille : 165 cm ;
- un mauvais état bucco-dentaire avec des lésions gingivales ;
- une asthénie importante ;
- un syndrome dépressif : l'activité spontanée est réduite au minimum, les gestes sont lents, comme pénibles, la mimique est pauvre et exprime une profonde tristesse ;
- le reste de l'examen clinique est normal.

Antécédents :

- syndrome néphrotique primitif d'évolution favorable ;
- artériopathie athéromateuse ;
- pose d'une prothèse valvulaire aortique en 1997, sur valvulopathie secondaire à un rhumatisme articulaire aigu ;
- psychose maniaco-dépressive de forme unipolaire dépressive, évoluant depuis 15 ans.

Le premier épisode dépressif remonte à l'âge de 34 ans. Il s'est caractérisé par un début progressif chez une personne manquant de confiance en elle et présentant une personnalité inhibée. L'état de désintérêt global persiste plusieurs mois, puis une tentative de suicide impose une hospitalisation.
Depuis, on retrouve une évolution périodique, M. S. est hospitalisé chaque année, traité par différents antidépresseurs.
Chaque accès a une durée d'environ 3 mois et l'amélioration est toujours complète. La période de rémission permet la reprise de l'activité professionnelle.
Des abandons répétés du traitement antidépresseur et du suivi sont signalés.

Prescriptions médicales du 9 avril 2001

- traitement :
  - antibiotiques :
    - CLAMOXYL ® (pénicilline) : 4 fois 3 g/j à diluer dans 100 mL de soluté physiologique à perfuser en 30 minutes ;
    - NÉTROMYCINE ® (aminoside) : 300 mg/j à diluer dans 100 mL de soluté physiologique à perfuser en 30 minutes ;
  - antidépresseur : ANAFRANIL ®, 150 mg/j *per os*, soit 2 cps de 75 mg le soir en une prise ;
  - perfusion en continu : soluté glucosé à 5 %, 500 mL/j ;
  - poursuite de son traitement antérieur : PRÉVISCAN ® (antivitamine K), 1 cp/j ;
  - régime pauvre en graisses ;
- examens et surveillance :
  - bilan sanguin, dont exploration de la fonction rénale, le 10 avril 2001 puis 1 fois par semaine ;
  - 6 hémocultures (aérobie + anaérobie + levures) ce jour ;
  - taux sérique de la NÉTROMYCINE ® : 2 fois par semaine à partir du 11 avril 2001 ;
  - ratio international normalisé (INR) : ce jour puis 1 fois par semaine ;
  - uroculture ce jour ;
  - surveillance de la diurèse ;
  - électrocardiogramme : ce jour puis tous les 2 jours ;
  - échographie cardiaque ;
  - surveillance température, tension artérielle, fréquence cardiaque : 2 fois/jour ;
  - consultation dentaire ;
  - suivi psychiatrique quotidien pendant l'hospitalisation.

Les résultats confirment le diagnostic d'endocardite aortique sans décompensation. Trois hémocultures sont positives à un streptocoque non groupable et l'uroculture est stérile.
Le traitement antibiotique en perfusion intraveineuse est maintenu pour une durée de 6 semaines d'hospitalisation.

Le 11 avril 2001, vous travaillez de 7 h à 15 h.
Les informations suivantes figurent sur le dossier de soins infirmiers :

- M. S. a tendance à la clinophilie, il reste immobile pendant des heures dans une attitude de concentration douloureuse, la tête fléchie. Son désintérêt est total pour ce qui se passe autour de lui. Le matin, il ne veut pas se lever, ni faire sa toilette, ni être aidé pour la faire ;

• il transpire beaucoup, ne boit que lorsqu'on lui tend un verre et ne mange que quelques bouchées des repas de l'hôpital. Chez lui, il ne suit aucun régime alimentaire particulier. Il se nourrit essentiellement de charcuterie et de fromage ou de hamburgers qu'il consomme dans un « fast food » ;

• la nuit, M. S. ne dort que quelques heures. L'infirmière signale qu'il se réveille aux alentours de 3 h du matin pour ne plus se rendormir ;

• ce matin, sa diurèse est de 700 mL et sa température est à 37,7 °C ;

• il ne parle jamais spontanément. Interrogé, il répond sur un ton éteint avec une certaine gêne, les yeux fixes et les sourcils froncés. Il exprime un sentiment d'incapacité et tient des propos dévalorisants sur lui-même : « J'ai un dégoût de tout... Je n'en sortirai jamais, j'ai été si souvent hospitalisé... Personne ne peut rien pour moi, je suis un poids pour tout le monde... J'aimerais qu'on me laisse tranquille, je suis vidé de toute énergie... Je suis fatigué... »

Diagnostics infirmiers[1] identifiés par l'équipe soignante :

• risque élevé d'autodestruction : situation où une personne risque de se faire du tort volontairement en ayant recours à l'autodestruction, l'automutilation ou au suicide ;

• perte d'espoir : état émotionnel permanent et subjectif dans lequel se trouve une personne qui ne voit pas de solutions ou de choix personnels valables et est incapable de mobiliser ses forces pour son propre compte ;

• fatigue : sensation accablante et prolongée d'épuisement réduisant la capacité de travail sur les plans physique et mental, non résolue par le repos.

Devenir de M. S.

Selon l'évolution de l'épisode dépressif, après son actuelle hospitalisation, il est envisagé :

• soit une hospitalisation en psychiatrie ;

• soit un suivi en hôpital de jour psychiatrique ou par le centre médico-psychologique (CMP) proche de son domicile.

1. Carpenito LJ, *Manuel des diagnostics infirmiers*, 5e édition, Inter-Éditions, 1995.

Questions

1 *Énoncez les facteurs favorisants de l'installation de l'endocardite chez M. S. Argumentez vos réponses.* (4 points)

2 *Énoncez les conditions à réunir pour satisfaire aux critères d'efficacité et de sécurité pour le patient et le soignant lors du prélèvement pour les 6 hémocultures prescrites.*
Argumentez chaque élément de réponse. (7 points)

3 *La NÉTROMYCINE® étant néphrotoxique et ototoxique, énoncez les actions infirmières sur prescription médicale et celles relevant du rôle propre visant à prévenir et dépister ces effets indésirables.* (3 points)

4 *Le dosage du taux sérique comporte deux prélèvements.*
Définissez-les en précisant les moments où ils doivent être réalisés.
Précisez l'intérêt du dosage dans la situation de M. S. (4 points)

5 **a.** *Définissez la psychose maniaco-dépressive unipolaire.*
b. *Décrivez chez M. S. la symptomatologie de la psychose maniaco-dépressive unipolaire et illustrez-la par les éléments relevés dans la situation. Présentez votre réponse sous forme de tableau.* (8 points)

6 *Énoncez les caractéristiques du CMP et de l'hôpital de jour psychiatrique : type de structure et missions.*
Précisez les objectifs de ces structures adaptés à la situation de M. S. (6 points)

7 *Proposez les objectifs et les actions infirmières relevant du rôle propre pour chacun des diagnostics infirmiers identifiés par l'équipe soignante.* (9 points)

8 *Au regard de la situation de M. S. et de ses antécédents médico-chirurgicaux :*
• énoncez les risques encourus par lui à court, moyen et long termes, en précisant les facteurs favorisants ;

• *proposez pour chacun d'eux les objectifs et les actions qui en découlent.*
(Ne pas aborder les risques de suicide, d'insuffisance rénale et d'atteinte de l'audition, déjà traités dans les questions n° 3 et 7.) (14 points)

9 *Établissez une programmation des soins infirmiers pour la journée du 11 avril 2001 de 7 h à 15 h.* (5 points)

Réponses

1 Endocardite : facteurs favorisants

Facteurs favorisants	Arguments
• Mauvais état bucco-dentaire avec lésions gingivales.	• Porte d'entrée du streptocoque responsable. • Le streptocoque non groupable appartient à la flore commensale de la cavité buccale.
• Prothèse valvulaire aortique.	• Colonisation d'un biomatériel dénué de moyens de défense naturelle, favorisant l'implantation des micro-organismes.

2 Prélèvement pour hémocultures : conditions à réunir

Conditions	Arguments
• Choix du moment de prélèvement : – les 6 prélèvements sont à réaliser à intervalles réguliers (au minimum 15 à 30 minutes) dès l'admission ; – avant l'administration des antibiotiques prescrits.	• M. S. a une hyperthermie continue à 38,5 °C, sans frissons : les prélèvements répétés augmentent les chances d'identification du germe dans le cas d'une suspicion d'endocardite. • La destruction partielle des bactéries par les antibiotiques rend leur identification plus difficile.
• Lavage des mains par l'infirmière. • Vérification de la stérilité du matériel. • Désinfection de l'opercule des flacons d'hémoculture avec un antiseptique à large spectre. • Préparation cutanée de la zone de ponction en 4 temps : détersion, rinçage, séchage, désinfection.	• Contamination limitée du prélèvement par des bactéries qui ne sont pas responsables de l'endocardite (bactéries commensales de la peau du patient, bactéries commensales de la peau du soignant, bactéries présentes sur le matériel) ce qui rend l'interprétation des résultats plus fiable.
• Port de gants protecteurs à usage unique. • Utilisation d'un matériel de sécurité : – conteneur pour objets piquants et tranchants, à portée de main ; – dispositif de recouvrement de l'aiguille après le prélèvement (si disponible).	• Prévention des accidents avec exposition au sang.
• Prélèvement anaérobie en fin de ponction.	• Non-introduction d'air dans le flacon anaérobie.
• Maintien des flacons à température ambiante ou en incubateur, jusqu'à leur acheminement.	• Multiplication bactérienne favorisée dans le bouillon de culture.

3 Effets indésirables de la NÉTROMYCINE® : actions infirmières

Actions infirmières sur prescription médicale :

• réaliser les bilans sanguins explorant la fonction rénale 1 fois par semaine ;
• réaliser le dosage du taux sérique de NÉTROMYCINE® 2 fois par semaine ;

• surveiller la diurèse de 24 h.

Actions infirmières sur rôle propre :

• assurer une hydratation correcte (environ 1 à 1,5 L/jour) ;
• dépister vertiges ou baisse de l'audition.

4 Taux sérique : prélèvements et intérêt du dosage

Prélèvements :

• dosage du pic sérique : consiste à déterminer la concentration maximale de NÉTROMYCINE® dans le sang. Les prélèvements sont à réaliser en moyenne 15 minutes après la fin de la perfusion ;
• dosage du taux résiduel : consiste à déterminer la concentration minimale de NÉTROMYCINE® dans le sang. Les prélèvements sont à réaliser juste avant la perfusion suivante.

Intérêt

L'accumulation de la NÉTROMYCINE® dans l'organisme est à l'origine de sa toxicité. Ce dosage permet de réajuster au besoin la posologie à dose efficace et non toxique.

5 Psychose maniaco-dépressive unipolaire : définition et symptomatologie

a. Définition

La psychose maniaco-dépressive évolutive est un trouble thymique (de l'humeur), caractérisé par la survenue d'accès récurrents mélancoliques (troubles dépressifs majeurs avec signes psychotiques).

b. Symptomatologie

Symptomatologie	Éléments de la situation
• Douleur psychique (morale) : tristesse profonde indépendante des circonstances extérieures.	• Mimiques exprimant une profonde tristesse.
• Inhibition (ralentissement) intellectuelle : idéation lente, impossibilité de se concentrer, production verbale ralentie, désintérêt par rapport au monde extérieur.	• Ne parle pas spontanément. • N'adresse pas la parole aux soignants. • Désintérêt total par rapport à ce qui se passe autour de lui.
• Inhibition (ralentissement) motrice : asthénie jusqu'à aboulie complète, actes de la vie courante négligés.	• Activités spontanées réduites au minimum. • Gestes lents. • Tendance à la clinophilie. • Ne veut pas faire sa toilette.
• Inhibition (ralentissement) de l'affectivité : asthénie affective, incapacité d'éprouver du plaisir, dévalorisation, sentiment d'incapacité et d'incurie.	• Indices verbaux : « J'ai un dégoût de tout… Je suis vidé de toute énergie… Je suis fatigué… Je n'en sortirai jamais… Personne ne peut rien pour moi, je suis un poids pour tout le monde. »
• Perturbations somatiques : insomnie, anorexie.	• Ne dort que quelques heures la nuit. • Se réveille à 3 h du matin pour ne plus se rendormir. • Ne mange que quelques bouchées des repas de l'hôpital.

6 CMP et hôpital de jour psychiatrique : structure et missions

Type de structure

Ce sont des structures de soins extrahospitalières, sans hébergement, alternatives à l'hospitalisation en secteur psychiatrique.

Missions :

• CMP : mettre à la disposition au plus près de la population d'un secteur géographique une équipe pluridisciplinaire chargée d'actions de prévention, de diagnostic, de soins ambulatoires et d'interventions à domicile ;
• hôpital de jour psychiatrique :
– assurer des soins polyvalents individualisés et intensifs dans la journée (de 9 h à 17 h), en semaine, le cas échéant à temps partiel, près du domicile du patient ;
– favoriser l'insertion sociale et familiale ;
– établir la transition entre l'hôpital et le retour à domicile ;
– prévenir la répétition des hospitalisations.

Objectifs :
- surveiller l'évolution de la pathologie actuelle de M. S. ;
- viser l'observance pour M. S. de la prise en charge de la maladie et du traitement ;
- prévenir une éventuelle rechute.

7 Diagnostics infirmiers, objectifs et actions infirmières

Risque élevé d'autodestruction :
- objectif : M. S. ne passera pas à l'acte ;
- actions (pour apprécier le risque de suicide) :
- – assurer une surveillance accrue en début de traitement antidépresseur (6 à 10 jours) du fait de la levée d'inhibition qui précède la disparition de la douleur psychique et facilite le passage à l'acte ;
- – dépister toute modification insolite du comportement ;
- – préférer une chambre à 2 lits au rez-de-chaussée afin de ne pas laisser la personne seule ;
- – assurer le suivi :
  - de la qualité de l'appétit, du sommeil, du discours verbal et non verbal ;
  - du niveau d'anxiété ;
  - des implications dans la participation aux soins ;
- – assurer une présence active et une écoute attentive afin d'établir une relation de confiance ;
- – inviter la personne à verbaliser, laisser la possibilité de raconter la douleur, de pleurer ;
- – profiter des temps de soins pour assurer le maintien d'une relation affective et chaleureuse ;
- – transmettre toute information à l'équipe pluridisciplinaire.

Perte d'espoir :
- objectif 1 : M. S. parlera de sa souffrance ;
- actions :
- – expliquer à M. S. que les troubles présentés et ressentis sont dus à la maladie ;
- – l'aider à reconnaître ses sentiments et à les exprimer ;
- – adopter une attitude empathique pour l'encourager ;
- – créer un climat de confiance ;
- – accepter ses sentiments sans prise de positions moralisatrices ;
- – préserver des « espaces » de confidentialité en aménageant les soins de façon adaptée : infirmier référent, soins regroupés lors des moments de plus forte anxiété ;
- objectif 2 : M. S. manifestera de l'intérêt pour les activités de la vie quotidienne et pour son programme de soins ;
- actions :
- – encourager M. S. à s'intéresser à son programme de soins et envisager avec lui les questions concernant ses pathologies, son traitement, les soins et les résultats escomptés ;
- – identifier avec lui les activités qu'il peut effectuer ou auxquelles il peut participer ;
- objectif 3 : encourager M. S. à mobiliser ses ressources ;
- actions : lui faire prendre conscience des progrès réalisés et le féliciter.

Fatigue :
- objectif : M. S. parviendra à gérer sa fatigue ;
- actions :
- – évaluer le degré de fatigue et aider M. S. à reconnaître ses forces et ses aptitudes ;
- – décider avec lui du degré de participation aux soins et aux activités quotidiennes, en expliquant leur intérêt pour lui ;
- – selon son état, prendre en charge ou l'aider dans les activités les plus fatigantes ;
- – programmer les soins pour les périodes de la journée où il se sent le plus énergique ;
- – aménager des plages de repos suffisantes dans la journée ;
- – le stimuler à manger (surtout des protéines), en lui expliquant l'intérêt d'un apport nutritionnel suffisant pour lutter contre la fatigue.

8 Antécédents médico-chirurgicaux de M. S. : risques encourus, objectifs et actions en découlant

Risques encourus à court et moyen termes :
- risque d'atteinte à l'intégrité de la peau lié à :
- – l'alitement ;
- – l'apathie ;
- – la transpiration abondante ;
- – le refus de se laver et d'être lavé ;
- – la consommation insuffisante de boissons ;
- risque de détérioration du capital veineux lié :
- – au traitement de 6 semaines par des perfusions intraveineuses d'antibiotiques ;
- – aux prises de sang répétées chez une personne sous PRÉVISCAN® ;
- – aux thromboses veineuses possibles, en raison du matériel intraveineux étranger.

Risques encourus à long terme : risque de non-observance du traitement antidépresseur lié aux antécédents d'abandons répétés du traitement et du suivi.

Risques	Objectifs	Actions
• Risque d'atteinte à l'intégrité de la peau.	• Articulés autour du maintien de l'état cutané indemne de toute lésion irritative ou compressive.	• Stimulation à la mobilisation (en tenant compte de la fatigue) : changements de position dans le lit, lever. • Stimulation et aide à la réalisation des soins d'hygiène (en tenant compte de la fatigue). • Changements fréquents de vêtements et literie. • Stimulation à la boisson (1-1,5 L/j). • Surveillance des points d'appui. • Mise en place d'un matelas anti-escarres.
• Risque de détérioration du capital veineux.	• Articulés autour de la conservation de l'intégrité du système veineux (prévenir l'infection, l'infiltration, la thrombose, les hématomes).	• Pose du cathéter court : – choisir une veine de gros calibre, en commençant par la région la plus distale possible ; – asepsie rigoureuse du site ; – pansement étanche et occlusif. • Surveillance continue : – dépister, au point de ponction, les signes d'infection, d'infiltration ou de thrombose (œdème, rougeur, douleur…) ; – veiller à la régularité du débit du glucose à 5 %, à la perméabilité de la tubulure, au bon positionnement du bras ; – veiller à la propreté et à l'intégrité du pansement, le refaire si besoin ; – changer de site à la moindre anomalie. • Manipulations quotidiennes : – manipuler les robinets avec des compresses stériles imbibées d'antiseptique ; – vérifier le reflux sanguin avant chaque administration d'antibiotique ; – perfuser un seul antibiotique à la fois ; – respecter la dilution et la durée de perfusion de chaque antibiotique. • Prises de sang : – prélever au bras opposé à la perfusion ; – réaliser une compression suffisante du point de ponction pour éviter les hématomes.
• Risque de non-observance du traitement antidépresseur.	• Articulés autour de l'acceptation du traitement.	• Les actions sont essentiellement éducatives : – repérer les représentations de M. S. sur sa maladie, son traitement ; – lui faire préciser les motifs de l'abandon du traitement, les difficultés rencontrées ; – l'aider à réaliser que sa maladie est chronique et nécessite un traitement prolongé ; – expliquer le bénéfice du traitement malgré son aspect astreignant et d'éventuels effets indésirables ; – expliquer le risque de rechute en cas d'arrêt du traitement.

9 Programme de soins infirmiers pour le 11 avril 2001 :

- 7 h 00 :
  - mesure de la diurèse ;
  - prise de la température, tension artérielle, fréquence cardiaque ;
  - stimulation au petit déjeuner ;
- 8 h 00 :
  - inspection du point de ponction + vérification du reflux sanguin ;
  - branchement de la perfusion de 500 mL de glucosé à 5 % ;
  - perfusion de CLAMOXYL® :
    - 3 g dans 100 mL de soluté physiologique en 30 minutes, soit 100 × 20 gouttes (car 1 mL = 20 gouttes) ;
    - le débit de la perfusion est donc de : $\frac{100 \times 20}{30} = 66{,}66$, soit 67 gouttes/min par excès ;
- 8 h 30 :
  - dosage du taux résiduel de NÉTROMYCINE® ;
  - perfusion de NÉTROMYCINE® : 300 mg dans 100 mL de soluté physiologique en 30 minutes ;
- 9 h 15 :
  - dosage du pic sérique de NÉTROMYCINE® ;
  - stimulation, aide à la toilette, stimulation à la mobilisation ;
  - prévention du risque d'escarre ;
- 10 h 00 : électrocardiogramme ;
- 11 h 30 : stimulation au repas et à la boisson ;
- 14 h 00 :
  - inspection du point de ponction + vérification du reflux sanguin ;
  - perfusion de CLAMOXYL® : 3 g dans 100 mL de soluté physiologique en 30 minutes ;
- 14 h 30 : transmissions ;
- sur l'ensemble de la journée : surveillance de l'état psychique et écoute du malade.

Monsieur D., âgé de 79 ans, réside au 1er étage d'un immeuble d'une petite ville de province.
M. D. est veuf depuis 3 ans (1996). Il vit seul chez lui depuis, et bénéficie d'une aide-ménagère 2 heures par semaine depuis une précédente hospitalisation.
C'est sa nièce qui fait ses courses ; sa nièce étant sa seule famille.
M. D. est retraité ; il exerçait la profession de maçon. Il est affilié au régime général de la Caisse primaire d'assurance maladie et cotise à une mutuelle.

Antécédents :
- cardiopathie ischémique et hypertensive ;
- arythmie ;
- angor ;
- infarctus du myocarde en 1994 ;
- syndrome anxio-dépressif depuis 1996 suite au décès de son épouse (décès survenu dans le service de médecine où est hospitalisé M. D. actuellement) ;
- tendance à l'alcoolisation ancienne.

Histoire de la maladie
M. D. est adressé au service des urgences le lundi 15 janvier à 13 heures par le remplaçant de son médecin traitant pour douleurs thoraciques constrictives évoluant depuis le matin et qui semblent être soulagées par la TRINITRINE ® (dérivé nitré).
Avant l'hospitalisation, son traitement était le suivant :
- LOPRIL ® 25 mg (inhibiteur de l'enzyme de conversion) : 3 cp par jour ;
- LASILIX ® 40 mg (diurétique) : 1 cp par jour ;
- ASPÉGIC ® 250 mg (anti-agrégant plaquettaire) : 1 sachet par jour ;
- XANAX ® 0,25 mg (anxiolytique de la classe des benzodiazépines) : 1 cp le matin, 1 le midi et 2 le soir ;
- PROZAC ® 20 mg (antidépresseur), solution buvable à 20 mg/5 mL avec pipette doseuse (1 graduation marquée 20 mg = 5 mL) : 5 mL/le matin ;
- IKOREL ® 20 mg (anti-angineux) : 2 cp par jour.

À l'entrée aux urgences
M. D. est conscient, se plaint de douleurs épigastriques et présente de fins tremblements.
Il signale qu'il prend habituellement de l'ASPÉGIC ® (anti-agrégant plaquettaire), chaque matin à jeun.
Les constantes prises à ce moment sont :
- pression artérielle (PA) : 19/11 cm de mercure ;
- température (T°) : 37,7 °C ;
- pouls : 76 pulsations par minute.

Le diagnostic établi à ce moment s'oriente vers des troubles épigastriques après prise d'ASPÉGIC ®.

La prescription aux urgences est :
- bilan sanguin :
  - numération-formule sanguine (NFS),
  - taux de prothrombine (TP),
  - temps de céphaline activée (TCA),
  - glycémie,
  - éthylémie,
  - ionogramme sanguin,
  - enzymes cardiaques (CPK),
  - gaz du sang (GDS) ;
- électrocardiogramme (ECG) ;
- LASILIX ® : 20 mg par voie intraveineuse directe ;
- sérum glucosé isotonique : 500 mL en garde-veine intraveineux.

M. D. arrive dans le service de médecine générale à 14 heures.
Il présente une agitation anxieuse, un discours cohérent, une bonne conscience et se plaint toujours d'un fond douloureux à localisation épigastrique.
Les prescriptions médicales dans le service de médecine sont les suivantes :
- prise du pouls et de la pression artérielle toutes les heures les 6 premières heures, puis toutes les 3 heures ;
- prise de la température 2 fois par jour ;
- poursuite de la perfusion intraveineuse de sérum glucosé isotonique : 500 mL/24 heures ;
- reprise du traitement habituel prescrit avant l'hospitalisation avec arrêt du LASILIX ® et de l'ASPÉGIC ® ;
- faire effectuer un dosage des enzymes cardiaques sur 3 jours ;
- ECG ce jour puis 1 fois chaque jour, à refaire.

À partir de 18 heures, M. D. se plaint d'une douleur plus importante de même localisation.
L'ECG effectué montre :
- un sus-décalage du segment ST, englobant l'onde T ;
- des ondes négatives de V2 à V4.

Le diagnostic retenu est : souffrance aiguë et continue de nature ischémique, suspicion d'angor voire syndrome de menace avant l'infarctus.
Les prescriptions médicales sont les suivantes :
- repos strict au lit ;
- surveillance scopée ;
- ECG matin et soir ;
- ASPÉGIC ® 500 mg intraveineux lent : 1 fois ce jour (ne pas renouveler) ;
- Héparine (anticoagulant) : 30 000 UI/24 h à la seringue électrique, sur 2 fois 12 h. Vous disposez de

flacons d'héparine de 5 mL dosés à 25 000 UI et de sérum glucosé isotonique en perfusette de 50 mL. Chaque seringue est ramenée à 36 mL ;

- RISORDAN® (vasodilatateur, dérivé nitré anti-angineux) : 15 mg/24 h à la seringue électrique sur 3 fois 8 h. Vous disposez d'ampoules de RISORDAN® de 10 mL dosées à 10 mg et de sérum glucosé iotonique en perfusette de 50 mL. Chaque seringue est ramenée à 48 mL.
- O_2 : 2 L/min ;
- diurèse journalière ;
- TCA à prévoir 6 heures après le début du traitement anticoagulant ;
- numération des plaquettes 2 fois par semaine (mardi et jeudi).

La nuit du 15 au 16 janvier, M. D. se plaint de douleurs, surtout à l'effort de toux.

J2 :

- persistance d'un fond douloureux thoracique le matin ;
- bonnes constantes ;
- les prescriptions sont les suivantes :
  - repos au lit,
  - arrêt de l'oxygène à 9 heures,
  - continuer l'héparine et le Risordan®,
  - ASPÉGIC® *per os* 250 mg : 1 cp par jour à 8 heures.

J3 :

- M. D. ne ressent aucune douleur au niveau thoracique : diminuer RISORDAN® à 4 mL/heure ;
- apparition de douleurs cervicales : massages au NIFLUGEL® ;
- demande de consultation du cardiologue.

J4

Consultation du cardiologue, qui confirme un syndrome de menace et prescrit :

- coronarographie ;
- arrêt de l'HÉPARINE® pendant 1 heure au regard du résultat du TCA, puis reprise ;
- arrêt du RISORDAN® et de l'héparine à J6 avec relais par CALCIPARINE® : 0,5 mL, 2 fois par 24 heures ;
- NITRIDERM® 10 mg (anti-angoreux nitré) : 1 patch le matin ;
- mise au fauteuil ce jour.

J7

Le soir à 19 heures, M. D. se plaint de nouveau de douleurs thoraciques, il est anxieux :

- TA : 12/8 cm de mercure ;
- ECG non modifié ;
- bilan des enzymes cardiaques de nouveau demandé ;
- reprise du RISORDAN® en seringue électrique : 6 mL/h.

J8

Dans la nuit, M. D. appelle pour signaler des douleurs à type de brûlures au niveau du sein droit. Monsieur D. semble anxieux et très tendu.

Il se montre assez exigeant, agressif, et remet en cause la thérapeutique qu'on lui administre.

L'infirmière reste quelques instants près de lui et, une fois rassuré, M. D. s'endort.

J9

À nouveau dans la nuit, M. D. se plaint de douleurs thoraciques ; ce type de douleurs alerte l'infirmière. Elle appelle le médecin, effectue un ECG et prend sa pression artérielle ; ces deux examens sont normaux.

J11

Dans la nuit, M. D. se plaint de douleurs rétrosternales avec nausées et essoufflements.

Sa pression artérielle s'élève à 20/11 cm de mercure, le médecin est appelé, l'ECG effectué se révèle normal.

Ses douleurs sont calmées avec deux bouffées de NATISPRAY® mais au bout de 10 minutes.

Monsieur D. se plaint de douleurs au niveau du cou : massage au NIFLUGEL®.

J13

Douleurs diffuses liées à l'alitement : prise en charge par le kinésithérapeute avec mobilisation active et passive.

J15

Monsieur D. est triste. Il pleure, ne veut plus se lever, ne croit plus les infirmières au sujet de sa pathologie. Il se montre assez agressif devant les explications données. Il doute du diagnostic et du traitement. Il souhaite rentrer chez lui.

L'infirmière de liaison psychiatrique est appelée.

M. D. marche et effectue sa toilette avec aide si on le stimule.

Le médecin demande son inscription en soins de suite et soins de réadaptation.

J17

M. D. est muté dans le service de soins de suite et de réadaptation.

Une coronarographie est effectuée pendant son séjour. Suite à cette coronarographie, M. D. est transféré en service spécialisé pour un pontage, puis en centre de rééducation pour pathologies cardiaques.

M. D. revient dans le service pour évaluer ses capacités physiques et psychiques.
Il est plus autonome, mais semble encore fragile au niveau du moral.
L'infirmière de liaison psychiatrique préconise en accord avec le médecin un suivi à domicile.
Il repart donc chez lui selon son désir et sera suivi par l'infirmière de secteur psychiatrique du centre médico-psychologique (CMP) 1 fois par semaine.

Une aide-ménagère est demandée à raison de 8 heures par semaine.

Questions

1 *Annotez le schéma de la configuration extérieure du cœur.* (2,5 points)

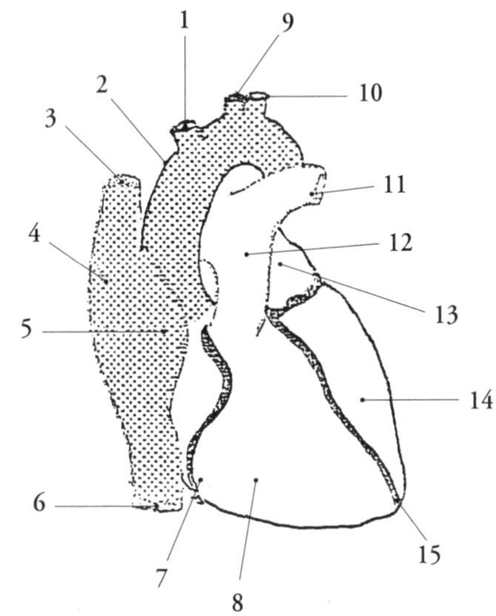

Vue antérieure

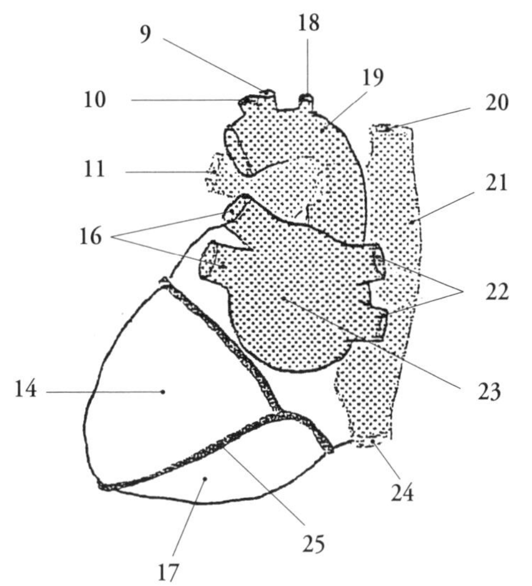

Vue postérieure

2 *M. D. est affilié au régime général de la Caisse primaire d'assurance maladie et à une mutuelle. Expliquez le mode de prise en charge financière de son hospitalisation.* (1 point)

3 *Expliquez l'intérêt de la prescription du dosage des CPK à faire sur 3 jours.* (1,5 point)

4 *Définissez ce qu'est la gazométrie.* (1,5 point)

5 *Expliquez pourquoi le médecin prescrit un ECG à faire d'emblée en cas de douleurs pour M. D.* (1,5 point)

6 *Planifiez les soins infirmiers sur prescription les 24 premières heures de l'hospitalisation en service médecine (de 14 heures à 14 heures). (Voir annexe.)* (5 points)

7 *Héparine et RISORDAN®*

a. *L'héparine est à préparer en deux seringues de 36 mL chacune pour 12 heures. Indiquez pour chaque seringue les quantités d'héparine et de sérum glucosé isotonique nécessaires et la vitesse du pousse-seringue.* (1,5 point)

b. *Le RISORDAN® est à préparer en trois seringues de 48 mL chacune pour 8 heures. Indiquez pour chaque seringue les quantités de RISORDAN® et de sérum glucosé isotonique nécessaires, et la vitesse du pousse-seringue.* (1,5 point)

8 *La perfusion de sérum glucosé isotonique de 500 mL posée aux urgences doit être maintenue. Précisez le calcul de débit sur 24 heures.* (1 point)

9 *Dégagez les problèmes réels et/ou potentiels présentés par M. D. et les actions et surveillances à mettre en œuvre par l'infirmier au regard du rôle sur prescription (problème en collaboration) et du rôle propre (de J1 à J13).* (15 points)

Annexe

Planification des soins infirmiers sur prescription les 24 premières heures : de 14 h à 14 h.

Identification de la personne : Date :

Traitements et surveillance	14 h	15 h	16 h	17 h	18 h	19 h	20 h	21 h	22 h	23 h	24 h	1 h	2 h	3 h	4 h	5 h	6 h	7 h	8 h	9 h	10 h	11 h	12 h	13 h	14 h	
SGI IV 500 mL/24 h Débit : 7 gttes/min																										
Aspégic ® 500 mg IVD																										
Risordan ® 15 mg/24 h Débit : 6 mL/h																										
Héparine ® IV 30 000 UI/24 h Débit : 3 mL/h																										
Lopril ® 25 mg 3 cp/jour																										
Ikorel ® 20 mg 2 cp/jour																										
Xanax ® 0,25 mg 4 cp/jour																										
Prozac ® 20 mg 5 mL/jour																										
PA																										
T°																										
Pouls																										
ECG																										
CPK																										
Repos strict au lit																										
TCA																										
Plaquettes le mardi et le jeudi																										
O_2 : 2L																										
Aspégic ® 250 mg *per os* - 1 sachet/jour																										
Diurèse journalière																										

10 *À partir des éléments du texte, relevez les causes possibles et les signes qui ont permis à l'équipe de poser le diagnostic infirmier suivant :*
Anxiété : « vague sentiment de malaise, d'origine souvent indéterminée ou inconnue » (définition de l'ANADI). (2,5 points)

11 *M. D. est mis sous héparine (anticoagulant) à J 1. Quels sont les objectifs du traitement anticoagulant ? Quel est l'intérêt de ce traitement pour M. D. ?* (2 points)

12 *M. D. présente dans ses antécédents un syndrome dépressif. Décrivez brièvement les différentes formes étiologiques du syndrome dépressif.* (7,5 points)

13 *Il existe une prédisposition de la symptomatologie dépressive chez une personnalité ayant une fragilité du moi.*
Définissez les instances de la personnalité décrites par Freud. (4 points)

14 *M. D. remet en cause le diagnostic et la prise en charge, il devient exigeant et présente une certaine agressivité vis-à-vis du personnel. On peut penser qu'il présente une réaction de déni face à sa maladie. Décrivez le rôle des mécanismes de défense.* (2 points)

15 *M. D. va être pris en charge par une infirmière du centre médico-psychologique (CMP).*
À quel texte législatif fait-on référence pour la création de structures telles que le centre médico-psychologique ?
Décrivez leur rôle, ainsi que celui de l'infirmière travaillant dans ce type de structure. (3,5 points)

16 *Définissez la coronarographie.*
Expliquez succinctement le déroulement de l'examen en indiquant la voie d'abord ainsi que la préparation cutanée.
Quelle sera la surveillance infirmière après l'examen ? (4,5 points)

17 *M. D. bénéficie d'une aide-ménagère à domicile. Quelles doivent être les démarches à effectuer pour l'obtenir ?* (2 points)

Réponses

1 Schéma

1. Tronc artériel brachio-céphalique.
2. Crosse de l'aorte.
3. Veine cave supérieure.
4. Oreille droite.
5. Auricule droite.
6. Veine cave inférieure.
7. Artère coronaire droite (dans le sillon auriculo-ventriculaire).
8. Ventricule droit.
9. Artère carotide primitive gauche.
10. Artère sous-clavière gauche.
11. Artère pulmonaire gauche.
12. Tronc de l'artère pulmonaire.
13. Auricule gauche.
14. Ventricule gauche.
15. Artère interventriculaire antérieure (dans le sillon interventriculaire).
16. Veines pulmonaires gauches.
17. Ventricule droit
18. Tronc artériel brachio-céphalique.
19. Crosse de l'aorte.
20. Veine cave supérieure.
21. Oreillette droite.
22. Veines pulmonaires droites.
23. Oreillette gauche.
24. Veine cave inférieure.
25. Artère interventriculaire postérieure (dans le sillon interventriculaire).

2 Prise en charge financière de l'hospitalisation de M. D.

La prise en charge par la Sécurité sociale de l'hospitalisation de M. D. à 100 % est assurée dès le premier jour (longue maladie) ; la prise en charge du forfait journalier est assurée par sa mutuelle, si son contrat le prévoit.

3 Intérêt de la prescription du dosage des CPK à faire sur 3 jours

La cellule myocardique est riche en certaines enzymes comme les CPK.
Au cours de l'infarctus du myocarde, la nécrose cellulaire libère dans la circulation sanguine ces enzymes.
Leur dosage répété sur 3 jours est donc une aide précieuse : quand il y a atteinte ischémique, il y a augmentation de ces enzymes.

4 Gazométrie

C'est la mesure dans le sang artériel de la pression partielle en oxygène, en gaz carbonique, du pH sanguin, de la saturation en oxygène, et des bicarbonates.

5 ECG à faire d'emblée en cas de douleurs

Le médecin prescrit un ECG à faire d'emblée en cas de douleurs pour M. D. du fait de l'évocation du syndrome de menace ; l'ECG est évocateur pendant la douleur, montrant pour M. D. un sus-décalage du segment ST englobant l'onde T, qui revient à la normale entre les crises, et des ondes négatives de V2 à V4.

6 Planification des soins infirmiers

(Voir page suivante.)

7 Héparine et RISORDAN ®

a. Héparine

Sachant que 5 mL d'héparine correspondent à 25 000 UI, la quantité d'héparine pour 24 heures est de 30 000 UI, soit $\frac{30\ 000 \times 5}{25\ 000} = 6$ mL.

La quantité d'héparine pour 12 h, donc par seringue, est de $\frac{6}{2} = 3$ mL.

Chaque seringue contient un volume total de 36 mL. Il faut donc compléter chaque seringue avec : 36 – 3 = 33 mL de sérum glucosé isotonique.

Chaque seringue étant prévue pour 12 h, la vitesse du pousse-seringue doit être réglée à :

$\frac{36}{12} = 3$ mL/h.

b. RISORDAN ®

La prescription est de 15 mg de RISORDAN ® par 24 h.

Le RISORDAN ® se présente sous la forme d'ampoules de 10 mL dosées à 10 mg, soit 1 mL/1 mg.

Le volume de RISORDAN ® à injecter est donc de :

$\frac{15 \times 1}{1} = 15$ mL/24 h, soit : $\frac{15}{3} = 5$ mL/8 h.

Chaque seringue contiendra donc 5 mL (soit 5 g) de RISORDAN ®. Le volume total à injecter contenu dans chaque seringue étant de 48 mL, chaque seringue est complétée avec 48 – 5 = 43 mL de sérum glucosé isotonique.

Chaque seringue de 48 mL est prévue pour 8 h.

La vitesse du pousse-seringue est donc réglée à :

$\frac{48}{8} = 6$ mL/h.

8 Débit de la perfusion de sérum glucosé

Il faut perfuser 500 mL, ou 500 × 20 gouttes (car 1 mL = 20 gouttes) de sérum glucosé isotonique en 24 h, soit 24 × 60 min. Le débit de la perfusion est donc de : $\frac{500 \times 20}{24 \times 60} = 6{,}94$,

soit 7 gouttes par minute par excès.

9 Problèmes réels et/ou potentiels de M. D. et actions et surveillances à mettre en œuvre

Problèmes réels de J1 à J13 à 14 heures	Problèmes conjoints ou potentiels	Actions et surveillances – Justifications
• Agitation anxieuse.	• Risque de majoration de la douleur lié à l'anxiété.	• Apprécier l'état d'anxiété. • Analyser le type de douleurs. • Rassurer M. D. par des actions précises et lui expliquer ces actions. • Vérifier le débit de la perfusion de SGI posée aux urgences, qui doit être poursuivie. • Appliquer les prescriptions médicales. • Prise de la TA, du pouls et de la température et noter. • Faire la planification des soins infirmiers.
• Douleurs épigastriques.	• Risque d'anxiété majoré par la douleur.	• ECG : noter sur le dossier de soins, transmettre les résultats au médecin. • CPK : dosage à effectuer et à planifier à J1, J2, J3. • Repérer l'apparition d'anomalies dans le tracé et transmettre au médecin des signes pouvant évoquer une ischémie. • Surveillance et analyse du type de douleur. • Faire ECG en fonction du type de douleur.

Planification des soins infirmiers sur prescription les 24 premières heures : de 14 h à 14 h.

Identification de la personne : Date :

Traitements et surveillance	14 h	15 h	16 h	17 h	18 h	19 h	20 h	21 h	22 h	23 h	24 h	1 h	2 h	3 h	4 h	5 h	6 h	7 h	8 h	9 h	10 h	11 h	12 h	13 h	14 h	
SGI IV 500 mL/24 h Débit : 7 gttes/min	500 mL																									
ASPÉGIC® 500 mg IVD					+																					
RISORDAN® 15 mg/24 h Débit : 6 mL/h					+																					
HÉPARINE® IV 30 000 UI/24 h Débit : 3 mL/h					+																					
LOPRIL® 25 mg 3 cp/jour						1 cp												1 cp					1 cp			
IKOREL® 20 mg 2 cp/jour						1 cp																	1 cp			
XANAX® 0,25 mg 4 cp/jour						2 cp												1 cp					1 cp			
PROZAC® 20 mg 5 mL/jour																		5 ml								
PA	+	+	+	+	+	+			+			+			+			+			+			+		
T°	+					+												+								
Pouls	+	+	+	+	+	+			+			+			+			+			+			+		
ECG	+				+									+				+								
CPK	+								+																	+
Repos strict au lit	+																									→
TCA	+										+															
Plaquettes le mardi et le jeudi																			+							
O_2 : 2L	+																				→					
ASPÉGIC® 250 mg *per os* - 1 sachet/jour																			+							
Diurèse journalière																									→	

Douleur (ECG 18 h) — Douleurs à l'effort de toux signalées (ECG 3 h) — Fond douloureux persistant (ECG 7 h)

Problèmes réels de J1 à J13 à 14 heures	Problèmes conjoints ou potentiels	Actions et surveillances – Justifications
• HTA.	• Douleurs cervicales.	• Prise de la TA : a reçu aux urgences du LASILIX® 20 mg en IVD. • Surveiller la TA dès son arrivée en médecine. Noter sur la feuille de surveillance et transmettre tout changement au médecin. • Surveillance de la diurèse. • Reprise de son traitement antérieur : – LOPRIL® 25 mg : - surveillance de la TA, noter sur la feuille de surveillance, - récupérer le résultat des examens sanguins effectués aux urgences, - transmettre au médecin ; – IKOREL® 20 mg cp.
• Souffrance aiguë et continue de nature ischémique, suspicion d'angor voire de syndrome de menace.		• Repos strict au lit, et mise sous scope. • Surveillance et prévention des risques liés à l'alitement : – surveillance du transit intestinal ; – actions de confort, (les préciser) ; – prévention des escarres ; – ASPÉGIC® 500 mg IVD, 1 fois à 18 heures et ne pas renouveler. • À partir de 18 heures, J1, début du traitement anticoagulant : – préparation de la prescription de RISORDAN® en seringue électrique ; – surveillance : - prise de la TA toutes les 3 heures, - prise du pouls, - ECG à refaire, horaire à préciser, - surveillance biologique (enzymes cardiaques sur les 3 premiers jours), - dépister les effets secondaires liés au RISORDAN® (tels que céphalées, hypotension), - dépister une cyanose ; – héparine en seringue électrique : - surveillance biologique, - TCA à planifier et à effectuer 6 heures après l'injection, - numération des plaquettes à planifier 2 fois la semaine (le mardi et le jeudi), - héparinémie. • Surveillance du traitement anticoagulant : signes hémorragiques, saignements, épistaxis, gingivorragie, hématurie, méléna. • Coronarographie prescrite à planifier, prendre le rendez-vous et noter sur la planification. • Massage au NIFLUGEL® : – temps privilégié où l'état d'anxiété de M. D. pourra être apprécié ; – prise en charge par un kinésithérapeute.

Problèmes réels de J1 à J13 à 14 heures	Problèmes conjoints ou potentiels	Actions et surveillances – Justifications
• État dépressif.	• Risque de décompensation dépressive.	• Reprise du traitement antérieur à l'hospitalisation, soit : – XANAX ® 0,25 mg (anxiolytique) : surveiller l'apparition d'effets secondaires : - la sédation, - l'hypotonie musculaire (les anxiolytiques benzodiazépines sont myorelaxants) ; – PROZAC ® 20 mg : surveiller l'apparition des effets secondaires : - nausées, bouche sèche, - céphalées, nervosité, insomnie, somnolence et tremblements, éruption cutanée, - surveillance de l'efficacité du traitement. • Apprécier l'état d'anxiété et d'humeur compte tenu de ses antécédents dépressifs : – rassurer M. D. pour ne pas majorer la douleur ; – lui permettre de verbaliser ses craintes et d'exprimer ses sentiments ; – faire preuve de disponibilité ; – lui transmettre des informations précises sur nos actions ; – répondre à ses questions ; – relation de soutien et d'aide.

10 Causes, facteurs favorisants et signes du diagnostic infirmier d'anxiété

L'anxiété, selon la définition de l'ANADI, est un « vague sentiment de malaise d'origine souvent indéterminée ou inconnue ».

Les causes possibles de l'anxiété du patient sont :

- la gravité de l'atteinte, le cœur est un organe symbole de vie ;
- l'environnement des soins ;
- l'insécurité pour l'avenir ;
- l'hospitalisation dans le même service où est décédée son épouse, ce qui réactive son deuil ;
- le changement dans son état de santé ;
- la pathologie cardiaque qui engendre un état d'anxiété.

Les signes de cette anxiété présentés par M. D. sont :

- de fins tremblements ;
- une agitation anxieuse ;
- des douleurs ;
- une anxiété la nuit ;
- M. D. est très tendu.

11 Traitement par héparine, objectifs et intérêt

Objectifs

Les anticoagulants préviennent l'extension d'un thrombus et fluidifient le sang.

Ils préviennent aussi le risque thrombo-embolique.

Intérêt

L'intérêt de ce traitement pour M. D. est la prévention et le traitement de la maladie thromboembolique (suspicion d'angor et syndrome de menace avant infarctus).

12 Syndrome dépressif

Les différentes formes étiologiques du syndrome dépressif sont :

- dépression réactionnelle : elle survient principalement chez les sujets prédisposés, qui présentent des difficultés à la frustration. L'état dépressif est lié à un événement objectif et compréhensible tel qu'un deuil, une séparation ;
- dépression névrotique : l'événement déclenchant n'est pas forcément un traumatisme. Ce

peut être un événement heureux qui peut faire resurgir chez le sujet un conflit ancien ;
- dépression de surmenage : le sujet n'arrive pas à faire face à de nouvelles fonctions à responsabilités ;
- dépression d'épuisement : sujets subissant des traumatismes à répétition ;
- dépression mélancolique : dépression intense vécue avec un sentiment de douleur morale caractérisée par le ralentissement et l'inhibition des fonctions psychiques et psychomotrices.

13 Instances de la personnalité selon Freud

Les instances de la personnalité décrites par Freud sont :
- le moi ;
- le sur-moi ;
- le ça.

Le moi est une instance centrale et médiatrice de la personne.
C'est un ensemble de motivations et actes d'un individu qui conditionnent son adaptation à la réalité, satisfont ses besoins et résolvent les conflits dus aux désirs incompatibles.
C'est le tampon entre les exigences du ça, celles de la réalité et celles du sur-moi. Le moi protège la personnalité par des mécanismes de défense inconscients contre l'angoisse.
Le sur-moi est l'ensemble des interdits parentaux et moraux introjectés, qui font fonction d'autorité et de censure morale. C'est le principe de réalité.
Le ça est l'ensemble des pulsions primaires des instincts refoulés dans l'inconscient. Il obéit au principe de plaisir.

14 Rôle des mécanismes de défense

Selon les thèmes psychanalytiques, les mécanismes de défense sont des mécanismes dont la personne humaine dispose pour diminuer l'angoisse née de conflits intérieurs.
Ce sont des procédés inconscients que le moi de l'individu utilise selon les circonstances.
Ce sont des mécanismes de régulation de l'appareil psychique destinés à adapter les exigences pulsionnelles à la réalité.

15 Centre médico-psychologique

La création de structures telles que le centre médico-psychologique se réfère au texte législatif de l'arrêté du 14 mars 1986, portant sur la nature et le nombre des équipements et des services de lutte contre les maladies mentales, en les différenciant selon qu'ils comportent ou non des possibilités d'hébergement.
Les centres médico-psychologiques (CMP) sont des unités d'accueil et de coordination en milieu ouvert organisant des actions de prévention, de diagnostic, de soins ambulatoires et de visites à domicile. Le CMP fait partie des équipements sans hébergement.
Le rôle de l'infirmière en CMP, selon le décret de compétence du 15 mars 1993, est le suivant :
- rôle propre :
  - accueil et orientation,
  - relation et soutien,
  - prise en charge individuelle,
  - aide et soutien psychologique,
  - relation d'aide thérapeutique ;
- rôle sur prescription :
  - activités à visées psychothérapeutiques,
  - exécution des prescriptions médicales.

16 Coronarographie

La coronarographie est la radiographie des coronaires. Pour ce faire, on procède à l'opacification des deux artères coronaires par un produit de contraste permettant d'apprécier la gravité des sténoses coronariennes.

➡ Voie d'abord et déroulement de l'examen

Un cathéter est introduit dans une artère, humérale ou fémorale le plus souvent, par voie rétrograde. Le cathéter est introduit dans l'aorte jusqu'à l'orifice des deux coronaires où le produit de contraste est injecté.

➡ Préparation cutanée

L'infirmière s'assure de la bonne hygiène corporelle du patient, rasage et antisepsie avec antiseptique puissant (BÉTADINE ®) aux plis de l'aine ou du coude.

➡ Surveillance infirmière après l'examen :
- pouls ;
- pression artérielle ;
- point de ponction artérielle, qui doit être fermé par un pansement compressif ;
- chaleur locale des membres inférieurs ;
- voie d'abord veineux, qui doit être maintenue pendant les 24 heures qui suivent l'examen ;
- un ECG est systématiquement enregistré une fois le patient retourné dans sa chambre ;

• au retour, le patient doit boire beaucoup pour éliminer le produit de contraste ;
• le patient demeure alité 24 heures sans mobiliser ni plier le membre où a été faite la ponction.

17 **Aide-ménagère à domicile**

Pour que M. D. bénéficie d'une aide-ménagère à domicile, il faut :
• présenter une demande auprès de la mairie ou de l'ADMR ;
• fournir un certificat médical précisant le nombre d'heures de présence de l'aide-ménagère au domicile du patient.

Le dossier est déposé auprès de la caisse de retraite qui va déterminer le nombre d'heures en fonction de l'enveloppe budgétaire, ou auprès du bureau de l'Aide sociale qui va mener une enquête sur les ressources de l'intéressé.
L'accord se fait selon le plafond de l'Aide sociale.

Nous sommes le 20 février 2000.
M. A., 40 ans, est hospitalisé pour endocardite bactérienne, depuis le 19 février à 19 heures, dans le service de médecine à orientation cardiologique où vous travaillez de 8 heures à 16 heures.
M. A., originaire du Maroc, est de nationalité française depuis 15 ans. Il est marié et père de trois enfants (12, 8 et 2 ans). Son épouse reste à la maison pour élever ses enfants.
M. A. est grutier dans une entreprise de travaux publics et il est souvent amené à faire des déplacements.
Il mesure 1,75 cm et pèse 70 kg.

À l'entrée, il présente une hyperthermie à 39,5 °C, des frissons, un essoufflement et une asthénie très importante.
La lettre du cardiologue de ville qui le traite et le suit en ambulatoire précise comme antécédents :
- des angines à répétition jusqu'à son arrivée en France à l'âge de 15 ans ;
- une valvulopathie traitée par la pose d'une valve mécanique de Starr-Edwards en position mitrale en 1989, qui nécessite la prise d'un traitement anticoagulant *per os* : SINTROM ®, 1/2 cp par jour.

Il signale un souffle systolique à la pointe à l'auscultation.

Le médecin cardiologue du service prescrit :
- une surveillance des constantes (pulsations, pression artérielle, fréquence respiratoire et température) toutes les quatre heures ;
- un électrocardiogramme (ECG) journalier ;
- un repos strict au lit ;
- la pose d'une voie d'abord périphérique ;
- un bilan sanguin : numération-formule sanguine, vitesse de sédimentation, taux de prothrombine, temps de céphaline kaolin, ionogramme sanguin, urée et créatinine sanguines, réalisé à 7 heures ce jour ;
- une série de 6 hémocultures : 4 hémocultures ont été réalisées depuis son entrée.

Restent à effectuer :
- un prélèvement de gorge ;
- un examen cytobactériologique des urines ;
- une radiographie pulmonaire, des sinus et panorex (ou panoramique dentaire) ;
- une échographie Doppler cardiaque ;
- une consultation ORL ;
- une consultation stomatologique.

Ce 2e jour, une antibiothérapie par voie veineuse est prescrite, après la dernière hémoculture :
- pénicilline G (benzylpénicilline sodique) : 30 millions d'unités réparties sur 24 heures à diluer dans 1 L de sérum glucosé isotonique à passer en perfusion intraveineuse continue ;
- gentamicine : 3 mg/kg/24 heures répartis en trois perfusions de 125 mL de sérum physiologique, à passer en 30 minutes ;
- arrêt du traitement par SINTROM ® ;
- relais par la CALCIPARINE ® (héparine calcique) : 0,3 mL en sous-cutané, 3 fois par 24 heures.

Lors de l'entretien, M. A., qui comprend, lit et s'exprime tout à fait bien en français, précise qu'il est musulman pratiquant. Dans les semaines avant son hospitalisation, il a souffert de douleurs dentaires qu'il a négligées en raison d'un surcroît de travail sur le chantier.
Il s'inquiète aussi pour sa famille car son entreprise est menacée ; il se sent très fatigué et ne veut pas le leur montrer.
Il vous demande si cette maladie est due à son traitement par SINTROM ®, qu'il avait pris de façon irrégulière.
Il vous précise qu'il est content d'avoir souscrit une mutuelle complémentaire récemment, mais se demande si le délai de 4 mois depuis la souscription sera suffisant pour que son hospitalisation soit entièrement prise en charge.

Questions

À partir des éléments du texte :

1 *Donnez une définition de l'endocardite bactérienne, ses causes et conséquences éventuelles.* (4 points)

2 *Analysez la situation de M. A. en vous appuyant sur vos connaissances et les éléments donnés dans le texte.* (20 points)

3 *Dégagez les problèmes actuels et/ou potentiels du rôle sur prescription et du rôle propre.* (6 points)

4 *Posez les objectifs de soin que vous allez poursuivre pour ce patient.* (8 points)

5 *Planifiez les soins infirmiers de 8 heures à 20 heures.* (12 points)

Les questions 3, 4, 5 peuvent être traitées sous forme de tableau(x).

6 *Envisagez les deux axes principaux du plan d'éducation qu'il sera nécessaire de réaliser avec ce patient avant sa sortie de l'hôpital dès que son état de santé se sera amélioré, en décrivant votre démarche et en donnant les informations que vous donnerez à M. A.* (10 points)

Les calculs de dose et de débit ne sont pas attendus.

Réponses

1 Endocardite bactérienne

Définition

Greffe infectieuse bactérienne localisée sur les valves cardiaques ou les prothèses valvulaires dont les portes d'entrée les plus fréquentes sont d'ordre dentaire et rhinopharyngé (angine, otite, sinusite, pharyngite). L'endocardite infectieuse reste une maladie aux conséquences immédiates et secondaires souvent graves. Elle nécessite toujours une hospitalisation et un traitement prolongé (plusieurs semaines).

Causes principales :

- angines à répétition non ou mal traitées, origine du rhumatisme articulaire aigu, principale étiologie des valvulopathies ;
- états dentaires défectueux, caries non traitées ;
- cette pathologie se rencontre souvent chez les personnes en situation de précarité (soins dentaires négligés) et chez les personnes âgées.

Conséquences :

- risque de septicémie ;
- risque de localisation secondaire de l'infection (cerveau, poumons, reins...) ;
- risque de décompensation cardiaque par désinsertion de la valve ;
- risque vital.

2 Analyse de la situation de M. A.

Situation familiale et socioprofessionnelle

Père de trois jeunes enfants, seul à travailler, responsable des ressources financières de sa famille, grutier dans une entreprise menacée, très souvent en déplacement : tous ces éléments ne facilitent pas la prise en charge de sa santé, de sa maladie et de son traitement. N'a souscrit une mutuelle complémentaire que depuis quatre mois. Craint de perdre son emploi si absentéisme.

État psychologique

M. A. est particulièrement inquiet pour son emploi, la prise en charge de son hospitalisation (ici pas de problème car délai de carence au plus élevé de trois mois), le devenir de sa famille.

Il n'a pas réellement compris les risques de sa maladie, la nécessité d'avoir un suivi dentaire très strict et la nécessité de prendre son traitement anticoagulant de façon régulière.

Antécédents et signes :

- angines à répétition dans l'enfance, mal soignées, à l'origine d'un rhumatisme articulaire aigu, atteinte streptococcique, principale étiologie de l'insuffisance mitrale ;
- valvulopathie traitée chirurgicalement par la pose d'une valve mécanique de type Starr-Edwards en 1989 qui nécessite la prise d'un traitement anticoagulant ;
- douleurs dentaires les semaines précédentes évoquées pendant l'entretien, signant une infection dentaire qui peut être à l'origine de l'endocardite bactérienne ;
- hyperthermie à 39,5 °C et frissons ;
- essoufflement et asthénie très importante.

Justification des prescriptions médicales :

- bilan sanguin :
  - NFS : recherche d'une infection se traduisant par une hyperleucocytose, recherche d'une éventuelle anémie (asthénie très importante),
  - VS : si VS augmentée, signe d'inflammation,
  - urée et créatinine sanguines : signes biologiques d'atteinte rénale,
  - ionogramme sanguin : à la recherche d'un déséquilibre hydro-électrolytique,
  - taux de prothrombine : sert à évaluer l'efficacité du traitement anticoagulant au SINTROM ®,
  - temps de céphaline kaolin : servira de base pour adapter le traitement à la CALCIPARINE ®,
  - hémocultures : essentielles tant sur le plan diagnostique que thérapeutique, elles permettent d'identifier le germe en cause et d'adapter le traitement antibiotique aux données de l'antibiogramme ;

- prélèvements et consultations : leur objectif est de rechercher une porte d'entrée :
  - prélèvement de gorge : recherche d'une angine,
  - ECBU : à la recherche d'une éventuelle infection urinaire,
  - radiographie pulmonaire, des sinus et panoramique dentaire : recherche d'un foyer infectieux,
  - consultation stomatologique : vérification de l'état dentaire, soins éventuels,
  - consultation ORL : en raison de la porte d'entrée angine ;
- autres examens :
  - radiographie pulmonaire : recherche d'un retentissement cardiaque,
  - électrocardiogramme : recherche d'éventuels troubles du rythme ventriculaire, de signes d'hypertrophie ou de dilatation des ventricules en faveur d'une insuffisance cardiaque,
  - échocardiographie Doppler : permet d'effectuer un bilan de retentissement d'une insuffisance cardiaque et de surveiller les valvulopathies. Examen dynamique ;
- autres prescriptions :
  - repos strict au lit : très grande asthénie et essoufflement de M. A., laissant évoquer un retentissement cardiaque majeur et des risques de troubles du rythme,
  - surveillance des constantes :
    - pouls : risque de troubles du rythme et hyperthermie,
    - PA : surveillance de la fonction cardiaque,
    - température : surveillance de l'évolution dans un premier temps puis surveillance de l'efficacité du traitement,
    - fréquence respiratoire : surveillance du retentissement cardio-respiratoire de la maladie ;
- médicaments :
  - pénicilline G et gentamicine : traitement antibiotique majeur adapté au germe le plus fréquemment rencontré (streptocoque) en attendant les résultats des hémocultures et autres prélèvements,
  - CALCIPARINE ® : traitement anticoagulant en relais du traitement par SINTROM ®, dans ce cas plus efficace et plus adaptable en fonction de la maladie et de ses conséquences (repos strict au lit).

3, **4** et **5** (Cf. tableaux ci-dessous.)

Rôle sur prescription ou rôle en collaboration

Problèmes réels ou potentiels	Objectifs de soins	Actions infirmières	Heure	Évaluation Réajustement
• Endocardite bactérienne chez un patient porteur d'une valve mitrale.	• Participer à l'établissement du diagnostic précis et identifier la porte d'entrée. • Mettre en œuvre le traitement médical. • Surveiller son efficacité.	• Planifier les examens complémentaires. – ECG. – Hémoculture n° 5. – Hémoculure n° 6. – Prélèvement de gorge et ECBU. • Prendre les autres rendez-vous (radio pulmonaire, écho-Doppler, consult. ORL, consult. stomato après radio sinus et panorex).	 8 h 8 h 15 9 h 45 9 h 30	• S'assurer de leur envoi. • Récupérer les résultats et les transmettre au médecin. • Inscrire les rendez-vous sur le dossier de soins.
		• Poser la voie d'abord veineuse au bras gauche avec la péni, prévoir un branchement en Y pour la genta.	10 h 6 h - 14 h - 22 h	• Inscrire le traitement sur feuille de température.
• Risques trombo-emboliques liés à la présence d'une valve mécanique et à l'alitement prolongé.		• Planifier le traitement par CALCIPARINE ®.	6 h - 14 h - 22 h	• Cocher les soins réalisés.
		• Surveillance des constantes : pouls, PA, température, fréquence respiratoire.	6 h - 12 h 17 h - 22 h 15	• Noter les résultats sur feuille de surveillance.

Problèmes réels ou potentiels	Objectifs de soins	Actions infirmières	Heure	Évaluation Réajustement
• Risques de surinfection.	• Éviter toute nouvelle porte d'entrée.	• Précautions lors des soins (gants, voire masque). • Appliquer et faire appliquer les règles d'hygiène et d'asepsie de façon rigoureuse. • Surveillance de la température et des pulsations.		• Noter les éléments de surveillance sur dossier de soins et feuille de surveillance.

Rôle propre

Problèmes réels ou potentiels ou diagnostics infirmiers	Objectifs de soins	Actions infirmières	Heure	Évaluation Réajustement
• Fatigue très importante.	• Que M. A. puisse se reposer.	• Regrouper les soins. • Ménager des temps de repos en évitant les dérangements. • Toilette complète au lit en ménageant sa pudeur (suivant son état, peut faire sa toilette intime). • Mettre tous les objets utiles à portée de main (sonnette, pistolet, bassin, boisson, lectures, téléphone et radio). • Installer de façon confortable pour la nuit.	8 h 30 22 h 30	• Demander à M. A. s'il arrive à se reposer. • Noter les informations recueillies dans le dossier de soins.
• Risque de constipation lié à un alitement prolongé.	• Que M. A. s'alimente de façon satisfaisante.	• Régime musulman et expliquer les aliments à éviter pour favoriser le transit.		• M. A. a au moins deux selles par semaine.
• Anxiété.	• Que M. A. exprime ce qui l'inquiète.	• Programmer un entretien. • Lui donner les éléments d'informations nécessaires sur les examens et les soins. • Lui permettre de pratiquer sa religion en lui indiquant les heures des soins afin qu'il gère ses heures de prière. • Favoriser les visites de ses proches et éventuellement d'un représentant religieux.	14 h 30	• M. A. exprime ses inquiétudes et se sent plus détendu. • Noter les éléments de suivi sur le dossier de soins.
• Manque de connaissances sur sa maladie et son traitement.	• Que M. A. comprenne sa maladie et son traitement (objectif à moyen terme).	• Profiter des soins pour lui expliquer les buts du traitement médical. L'amener à reformuler.		• M. A. exprime des éléments de compréhension. • Noter les éléments recueillis dans le dossier de soins.

Problèmes réels ou potentiels ou diagnostics infirmiers	Objectifs de soins	Actions infirmières	Heure	Évaluation Réajustement
• Risque d'altération de l'état cutané lié au repos strict.	• Que M. A. garde un état cutané satisfaisant.	• Changes du lit et préventions d'escarres au moins 3 fois par jour. • Préconiser changements de position. • Mobilisation passive.	9 h 30 16 h 30 22 h	• M. A. ne présente pas de signes d'apparition d'escarres. • Noter les éléments recueillis dans le dossier de soins.

6 Axes principaux du plan d'éducation

➡ **Par rapport au risque élevé de contamination de la valve qui constitue un corps étranger dans l'organisme :**

• lui expliquer l'importance de prévenir toute infection par une hygiène corporelle et dentaire rigoureuse ;
• lui décrire les situations où il devra être vigilant au regard d'une éventuelle infection : plaies et blessures cutanées même mineures, chez le dentiste, lors d'explorations invasives, lors d'une intervention chirurgicale ;
• l'informer des signes d'infection : plaie suppurante, fièvre, malaise, fatigue, frissons, toux, brûlures en urinant...
• lui signaler l'importance de consulter son médecin traitant en cas d'infection.

➡ **Par rapport au but, à la surveillance et au dépistage des effets secondaires du traitement anticoagulant :**

• identifier les aptitudes et les ressources de la personne à suivre un tel traitement et à assurer une surveillance efficace à long terme ;
• expliquer le but du traitement anticoagulant : prévenir la formation de caillots dans la circulation sanguine ;
• indiquer que ce traitement est définitif : à vie ;
• décrire la surveillance biologique nécessaire pour ce traitement : taux de prothrombine (TP), dont le but est de contrôler l'efficacité du traitement et d'ajuster les doses si nécessaire ;
• expliquer les précautions à prendre face à ce traitement :
– consulter un médecin avant de prendre des médicaments non prescrits par risque d'interférence,
– éviter les boissons alcoolisées (normalement inutile : « musulman pratiquant »),
– prendre le comprimé tous les jours à la même heure et ne pas l'oublier,
– en cas d'oubli, ne pas prendre double dose le lendemain,
– ne pas modifier le traitement,
– ne pas arrêter le traitement sans avis médical,
– porter la carte de contrôle à jour,
• citer les effets secondaires : hématomes, épistaxis, gingivorragies, hématurie, hémoptysies, hématémèse, méléna, en termes courants, compréhensibles par le patient ;
• citer les principales situations où ce traitement doit être signalé :
– autre prise de médicament,
– pas d'injection intramusculaire, pas d'infiltration,
– dans le cas d'une intervention chirurgicale même mineure,
– lors de soins dentaires (même un détartrage).

➡ **Démarche éducative**

Doivent figurer les étapes suivantes :
• évaluation de ce que le patient sait déjà : valider les vérités et corriger les idées fausses ou erronées ;
• déterminer des objectifs mesurables ;
• déterminer des moyens ou méthodes adaptés à la situation du patient ;
• évaluer les résultats.

Vous êtes infirmier(ère) dans un service de médecine et vous travaillez de 13 h 30 à 21 h 30 en binôme avec une aide-soignante. Vous accueillez M. S. à son arrivée dans le service à 14 h après son passage aux urgences, où il a été adressé pour « tachycardie ventriculaire ».

M. S., 86 ans, habite une agglomération au sud de la Bretagne. Il est marié, son épouse est très dynamique, elle conduit son automobile. Il a un fils, dentiste dans une grande ville du sud de la France. M. S. est retraité d'une usine de conserverie. Il fait preuve d'un « bon moral ».

À son arrivée à l'hôpital, il se montre très coopérant et se plaint peu.
Il mesure 1,70 m et pèse 65 kg.
Nous notons dans ses antécédents :
- un infarctus du myocarde antéroseptal en 1964 et 1981 qui a motivé un traitement associant de la CORDARONE® (amiodarone : anti-arythmique), un anti-agrégant plaquettaire et un anti-hypertenseur ;
- une pleurésie en 1979 ;
- un anévrisme de l'aorte abdominale et un pontage aorto-bi-fémoral en 1990 ;
- de nombreux œdèmes aigus du poumon en 1990, 1992, 1993, 1996, 1998 ;
- depuis 2 ans, M. S. multiplie les épisodes de troubles du rythme qui ont nécessité des hospitalisations régulières.

Résumé des dernières hospitalisations
Il y a 2 ans, hospitalisation de M. S. pour œdème aigu du poumon avec arythmie. Lors de cette hospitalisation, une hypothyroïdie est diagnostiquée. Celle-ci est depuis compensée par un traitement au LÉVOTHYROX® (lévothyroxine : hormone thyroïdienne). Par ailleurs, nous notons une non-observance de son régime désodé.
Il y a 1 an et demi, nouvelle hospitalisation pour tachycardie ventriculaire et fibrillation auriculaire nécessitant un traitement par chocs électriques. Lors de cette hospitalisation, mise en évidence d'une insuffisance rénale avec une créatininémie à 292 µmol/L (N : 45 à 125 µmol/L).
Il y a 1 an, M. S. est hospitalisé de nouveau pour œdème aigu du poumon avec dyspnée nocturne compliquant une cardiopathie ischémique ancienne évoluée, associée à une insuffisance rénale chronique sévère traitée par diurétique (LASILIX® : furosémide).
Il y a 7 mois, nouvelle hospitalisation pour décompensation de son insuffisance cardiaque gauche, sa fonction rénale reste stable grâce au LASILIX®.
Il y a 3 mois, dernière hospitalisation de M. S. pour une nouvelle poussée d'insuffisance cardiaque, avec dyspnée et apparition des signes d'insuffisance cardiaque droite avec notamment une hépatomégalie, une turgescence veineuse jugulaire et des œdèmes des membres inférieurs.

À sa sortie, le traitement médicamenteux prescrit était :
- LASILIX® 500 (furosémide : diurétique) ;
- CORVASAL® (molsidomine : anti-angineux) ;
- AMLOR® 5 (amlodipine : anti-hypertenseur et anti-angineux) ;
- NITRIDERM® (trinitrine : anti-angineux) ;
- KARDÉGIC® 75 (acétylsalicylate de lysine : anti-agrégant plaquettaire) ;
- LÉVOTHYROX® ;
- IMOVANE® (zopicione : hypnotique).

À son arrivée aux urgences, aujourd'hui, à 10 h
M. S. est adressé à l'hôpital pour tachycardie ventriculaire sans douleur thoracique, ni dyspnée. Nous notons que M. S. a eu une bronchite traitée par une antibiothérapie pendant 10 jours ; ce traitement est terminé depuis hier.
Il présente une tachycardie à 150 pulsations par minute et une hépatalgie. Il est cyanosé ; d'où la mise en place d'une oxygénothérapie et d'une surveillance cardiaque monitorée. Le médecin prescrit la pose d'un cathlon.
Un bilan est réalisé :
- ionogramme sanguin, urée, créatinine dans le sang et dans les urines ;
- temps de céphaline activée : TCA ;
- dosage de la thyréostimuline hormone : TSH ;
- gazométrie ;
- électrocardiogramme.

De l'héparine (anticoagulant) : 24 000 UI/24 h à la seringue électrique, est mise en route immédiatement avec arrêt du KARDÉGIC®.
M. S. a une pression artérielle de 10/7 cm de mercure ; il est toujours en tachycardie ventriculaire, celle-ci ne cède pas à un massage des sinus carotidiens, ni à l'injection de 70 mg de XYLOCAÏNE® (lidocaïne : pour son effet anti-arythmique).
Le médecin décide de réaliser en urgence un choc électrique aux urgences sous anesthésie générale.

À son arrivée dans le service à 14 heures

M. S. est en tachycardie sinusale : 100 à 110 pulsations par minute. La seringue électrique d'héparine est en cours. Mme S. se montre très inquiète.

Les prescriptions médicales à démarrer à 14 heures sont les suivantes :

- bilan :
  - dosage sanguin du ionogramme, de l'urée et de la créatinine à 18 h ce soir,
  - TCA à 18 h ce soir,
  - électrocardiogramme cet après-midi et demain matin ;
- bilan pour demain matin (bilan sanguin cardiaque d'entrée) :
  - numération-formule sanguine, plaquettes,
  - fibrinémie, calcémie, cholestérolémie, triglycéridémie,
  - dosage des transaminases : SGOT (transaminase glutamo-oxaloacétique), SGPT (transaminase glutamo-pyruvique),
  - dosage des CPK (créatines phosphokinases), des phosphatases alcalines,
  - TCA ;
- traitement :
  - sur le cathlon :
    - glucosé 5 % : 250 mL par 24 heures en garde-veine,
    - héparine : prescription inchangée,
  - *per os :*
    - LASILIX® 500 : 1/4 comprimé matin et soir,
    - CORVASAL® 2 mg : 3 comprimés par jour,
    - NITRIDERM® 10 mg : 1 patch de 8 h à 20 h,
    - AMLOR® 5 mg : 1 comprimé le soir,
    - LÉVOTHYROX® 25 : 1 comprimé le matin,
    - régime sans sel (reprise de l'alimentation ce soir),
    - oxygène : 3 litres par minute avec des lunettes ;
- surveillance :
  - pouls, pression artérielle, saturation en O_2 toutes les heures pendant 4 h puis toutes les 2 h,
  - diurèse des 24 h,
  - poids demain matin,
  - repos strict au lit.

Questions

1 *Infarctus du myocarde.*
Expliquez (en 10 lignes au maximum) le mécanisme physiopathologique de l'infarctus du myocarde.
(Critères : exactitude et précision de la réponse.) (5 points)

2 *Héparine : dose et débit.*
Expliquez le calcul de dose pour la préparation de la seringue électrique d'héparine au changement de seringue à 16 heures et précisez la vitesse de la seringue électrique à afficher. On dispose de flacons d'héparine de 5 mL dosés à 25 000 UI, d'ampoules de glucosé à 5 % de 20 mL et de seringues de 50 mL. On doit changer la seringue toutes les 6 heures (ne pas tenir compte du volume nécessaire à la purge pour la tubulure).
(Critères : exactitude des dosages utilisés et de la vitesse.) (5 points)

3 *Problèmes, risques, diagnostics infirmiers.*

a. *Identifiez et argumentez les problèmes, les risques et/ou les diagnostics infirmiers que présente M. S. à son arrivée dans le service de médecine.*

b. *Vous en déduirez vos actions infirmières (précisez les débits des perfusions).*
Présentez la réponse sous forme d'un tableau.
(Critères : les problèmes sont identifiés, argumentation pertinente et effective, actions pertinentes et précises.) (25 points)

4 *Information de Mme S.*
Mme S., très inquiète, vous interroge sur la gravité de l'état de son mari et vous demande s'il est nécessaire de prévenir son fils de manière urgente.
Rédigez et argumentez votre réponse en 5 lignes au maximum.
(Critère : respect de la législation en vigueur.) (5 points)

Réponses

1 Infarctus du myocarde

L'infarctus du myocarde est dû à l'obstruction brutale et prolongée d'une branche artérielle coronaire. Cette obstruction fait suite, le plus souvent, à la rupture d'une plaque d'athérome qui obstrue la lumière coronaire et provoque une thrombose intracoronaire entraînant, dans un 2e temps, un défaut d'irrigation de la zone anatomique concernée par cette coronaire, d'où nécrose irréversible de ce territoire.

2 Héparine : dose et débit

Dose :

- 24 000 UI/24 h, soit $\frac{24\,000}{4} = 6\,000$ UI à passer en 6 h ;
- 1 mL d'héparine correspond à 5 000 UI, donc 6 000 UI correspondent à $\frac{1 \times 6\,000}{5\,000} = 1{,}2$ mL d'héparine.

Débit

On complète la seringue électrique, par exemple, avec 46,8 mL de glucosé à 5 %. On obtient donc un volume total de 46,8 + 1,2 = 48 mL à passer en 6 h, soit une vitesse du pousse-seringue réglée à $\frac{48}{6} = 8$ mL/h.

3 Problèmes, risques, diagnostics infirmiers

Problèmes, risques, diagnostics infirmiers	Argumentation	Actions infirmières
• Risque lié à l'anesthésie avec notamment : – risque d'altération de la conscience ; – risque de décompensation cardio-respiratoire ; – risque de troubles digestifs avec des nausées et des vomissements.	• M. S. vient d'être anesthésié afin de subir un choc électrique, les anesthésiques utilisés lors du choc électrique ont des effets secondaires qui sont susceptibles d'apparaître (rebond anesthésique). • M. S. a 86 ans ; son état de santé est précaire.	• Évaluer la conscience (patient éveillé, bien orienté), l'état cardio-respiratoire (pouls, PA, fréquence respiratoire) et l'état digestif (nausées, vomissements). • Noter les résultats. • Transmettre les anomalies. • Stimuler régulièrement M. S. • Contrôler sa capacité à déglutir. • Surveiller le garde-veine : G 5 %, 250 mL par 24 heures, soit 3 gouttes par minute par défaut ou 4 gouttes par minute par excès. • Surveiller la perfusion (localement, le point de ponction, dépister un œdème, une rougeur, contrôler la perméabilité du cathlon, débit...). *(Les actions infirmières en lien avec la perfusion de G 5 % peuvent aussi être reliées au problème cardio-respiratoire.)*
• Problème cardio-respiratoire avec risque de récidives : – des troubles du rythme cardiaque ; – d'infarctus ;	• M. S. a fait plusieurs infarctus, il présente des manifestations d'insuffisance cardiaque gauche (a fait plusieurs OAP, dyspnée) et d'insuffisance cardiaque droite (hépatomégalie, turgescence des jugulaires, œdèmes des membres inférieurs). • M. S. est toujours tachycarde (100 à 110 pulsations par minute) malgré le choc électrique.	• Installer M. S. en position demi-assise. • Contrôler si le CORVASAL ® a été donné à 12 heures sinon voir avec le médecin. • Noter le pouls et la PA toutes les heures jusqu'à 18 heures, puis toutes les 2 heures. • Contrôler la présence du patch de NITRIDERM ® (M. S. est entré ce matin aux urgences). • Ôter le patch à 20 heures. • Surveiller l'efficacité de ce traitement : absence de troubles du rythme grâce au pouls. • Appliquer et expliquer la prescription de repos strict au lit à M. S. • Transmettre à l'équipe cette prescription. • Mettre à portée de la main : sonnette, urinal, lunettes, TV... • Réaliser l'ECG à 18 heures. • Programmer celui de demain matin. • Transmettre les résultats. • Changer la seringue électrique d'héparine à 16 heures (pour les débits, voir la question 2).

Problèmes, risques, diagnostics infirmiers	Argumentation	Actions infirmières
		• Surveiller l'efficacité : absence de signes d'infarctus (douleurs thoraciques, dyspnée, etc.). • Réaliser le TCA à 18 heures. • Récupérer et transmettre les résultats dès leur arrivée dans le service. • Programmer le TCA de demain matin. • Dépister les effets secondaires de l'héparine (signes hémorragiques). • Administrer le traitement médical : CORVASAL®, 1 cp à 18 heures.
– de décompensation de son insuffisance cardiaque gauche et droite (OAP) avec troubles tensionnels ;		• Mettre en place l'oxygénothérapie : 3 litres avec des lunettes. • Noter la saturation en O_2 en même temps que le pouls et la PA. • Noter la fréquence respiratoire, la coloration cutanée régulièrement. • Noter et transmettre les résultats. • Commander le repas sans sel à la cuisine et transmettre à l'équipe cette prescription. • Dépister la présence d'œdème. • Programmer la pesée demain matin. • Programmer le bilan cardiaque sanguin demain matin. • Administrer le traitement médical d'AMLOR® 5 : 1 cp ce soir. • Noter et transmettre toute anomalie. • Informer les AS que M. S. a un bilan sanguin demain matin et qu'il devra être à jeun.
– d'aggravation de sa maladie artéritique. *(NB : ce risque n'est pas attendu obligatoirement.)*	• M. S a des antécédents d'athérosclérose *(facultatif).*	• Contrôler la coloration des membres inférieurs, surveillance pouls périphérique, froideur du membre inférieur signant une décompensation artéritique *(actions facultatives).*
• Problème de l'insuffisance rénale avec un risque de décompensation rénale.	• M. S. est traité depuis 1 an et demi pour insuffisance rénale chronique résultant probablement de son insuffisance cardiaque globale ou de son terrain polyvasculaire.	• Évaluer si présence d'œdèmes. • Mettre en place la diurèse des 24 heures. • Informer les AS de cette prescription afin qu'elles gardent les urines de M. S. • Réaliser ionogramme, urée, créatinine à 18 heures. • Réaliser une recherche de protéinurie (bandelette urinaire). • Transmettre les résultats. • Administrer le LASILIX® : 1/4 de cp à 18 heures. • Programmer le 2e quart pour demain matin. • Évaluer l'efficacité de ce traitement (contrôler si M. S. urine).

Problèmes, risques, diagnostics infirmiers	Argumentation	Actions infirmières
		• Dépister les effets secondaires du LASILIX®, notamment des crampes dues à la fuite du potassium. • Mettre l'urinal à portée de sa main. • Programmer un bilan entrées/sorties pour le lendemain. • Mettre en place une fiche de boissons afin de noter la quantité de liquide absorbée par M. S. en 24 heures.
• Risque infectieux avec : – risque d'encombrement bronchique et de surinfection pulmonaire ; – risque de surinfection à cause du cathéter.	• M. S. vient d'être traité pour une bronchite, l'antibiothérapie a été arrêtée hier, son problème cardiaque impose un alitement. Par ailleurs M. S. est porteur d'un cathlon.	• Évaluer la fréquence respiratoire régulièrement. • Écouter la respiration de M. S. (encombrements bronchiques). • Contrôler l'aspect des expectorations. • Prendre la température à 18 heures. • Surveillance du cathlon (rougeur, œdème, etc.). • Noter et transmettre tous les éléments.
• Risque de déséquilibre thyroïdien.	• M. S. est traité depuis 2 ans pour une hypothyroïdie *(facultatif : consécutive éventuellement au traitement à base de CORDARONE® au long cours).*	• Programmer le comprimé de LÉVOTHYROX® pour demain matin. • Dépister les signes d'hyperthyroïdie (tachycardie, sueurs, moiteurs, diarrhées, augmentation de la soif...) ou d'hypothyroïdie (bradycardie, asthénie, frilosité, ralentissement psychomoteur, constipation...). • Transmettre aux AS d'attendre le feu vert de l'infirmière pour le petit déjeuner de demain matin (le LÉVOTHYROX® doit être administré en une seule prise le matin à jeun).
• Incapacité à se prendre en charge avec : – incapacité partielle à réaliser ses soins d'hygiène ; – incapacité partielle à utiliser les toilettes ; – risque d'inconfort psychologique ; – risque d'altération cutanée ; – risque d'augmentation de l'asthénie ; – risque de syndrome régressif.	• M. S. est asthénique, sa pathologie est grave, de nombreux appareillages ont été prescrits (cathlon, seringue électrique, oxygénothérapie, etc.) ainsi qu'un repos strict au lit qui vont limiter sa liberté de mouvements. Par ailleurs, M. S. a 86 ans.	• Lui proposer une réfection de son lit et un rafraîchissement corporel dans l'après-midi. • Réaliser et programmer des préventions d'escarre aux points d'appui. • Contrôler l'état cutané au niveau des électrodes du choc électrique (absence de signe de brûlures...). • Expliquer tous les soins réalisés. • Le rassurer. • Proposer de sonner pour avoir le bassin si besoin. • Regrouper les soins. • Favoriser les visites de son épouse. • L'encourager en tenant compte de ses capacités et de son état de fatigue, pour qu'il conserve le maximum d'autonomie.
• Risque de soutien familial inefficace.	• L'épouse de M. S. est très inquiète, son fils habite loin.	• Rassurer Mme S. *(voir réponse question 4)* • Inciter Mme S. à venir rendre visite à son mari.

4 Information de Mme S.

On propose à Mme S. un rendez-vous avec le médecin responsable du service qui a réalisé le choc électrique.

On ne lui dit rien concernant le diagnostic médical et le traitement mis en place.

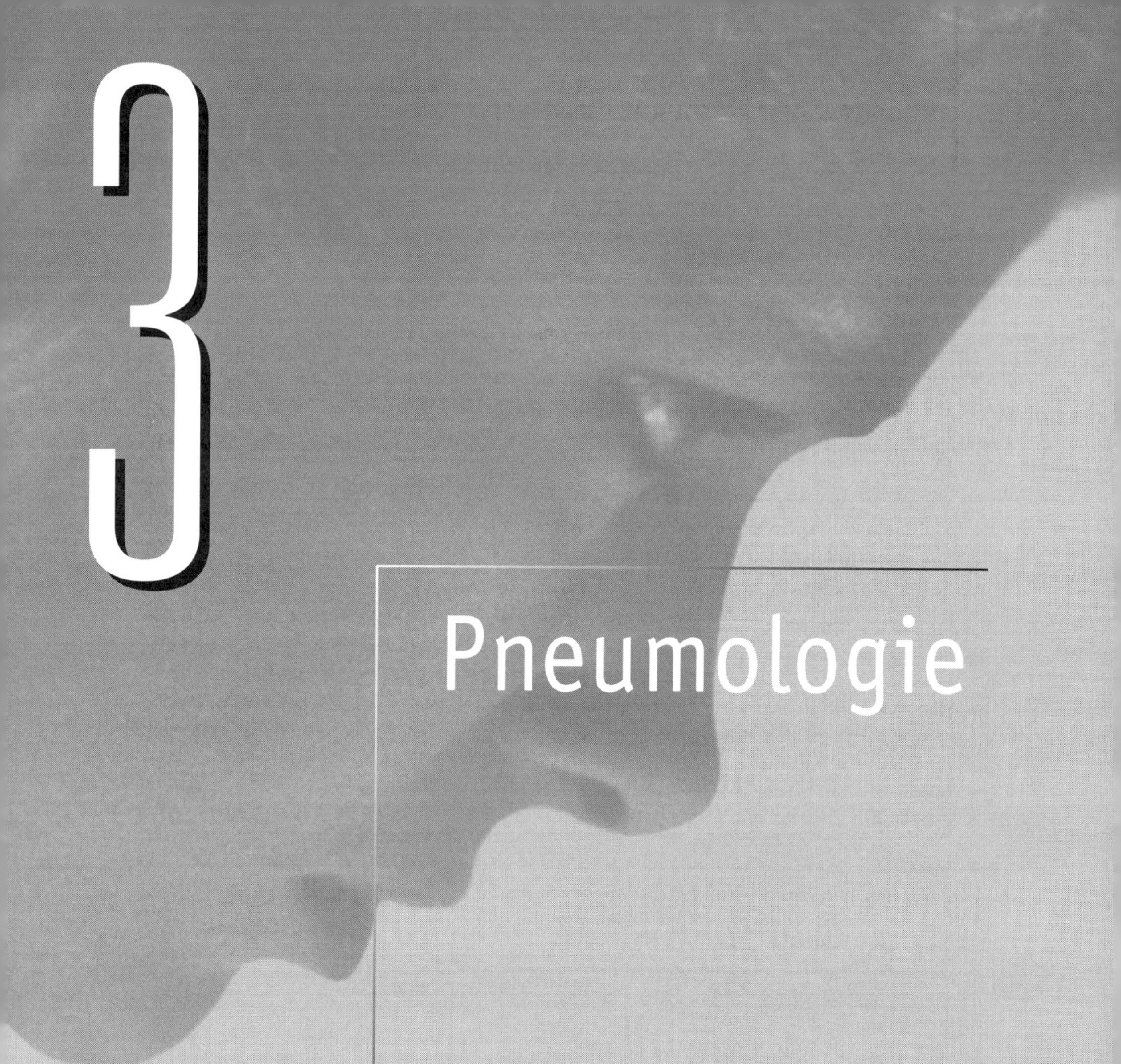

3

Pneumologie

→ Pneumologie
Bronchite chronique hypersécrétante

Vous êtes infirmière et vous travaillez en service de médecine de 6 h 30 à 14 h 30. Vous devez prendre en charge M. P., né le 15 février 1918, marié, et qui vit à son domicile avec son épouse. Le motif de l'admission est : pneumopathie.
Ses antécédents chirurgicaux sont :
- appendicectomie en 1975 ;
- curetage d'un kyste dentaire en 1990.

Ses antécédents médicaux sont :
- troubles du rythme cardiaque ;
- syndrome inflammatoire attribué en octobre 1999 à une maladie de Horton, avec souffrance hépatique, traité par corticothérapie au long cours ;
- tabagisme estimé à 60 paquets/année.

M. P. est du groupe sanguin A, Rhésus positif.

Traitement habituel :
- CORDARONE® (amiodarone) : 1 cp/jour le matin, 5 jours par semaine ;
- PRÉVISCAN® (antivitamine K) : 1 cp/jour ;
- CORTANCYL® : 15 mg/jour.

Histoire de la maladie
Depuis environ une semaine, M. P. présente une fièvre à 38 °C avec une toux et des expectorations jaunâtres. Un traitement antibiotique par ALFATIL® LP 500 mg (céphalosporine) a été instauré et, devant l'absence d'amélioration, du CIFLOX® (quinolone : antibiotique) a été ajouté.
Devant l'absence d'amélioration clinique et l'altération importante de l'état général associée à une gêne thoracique, ce jour M. P. est hospitalisé.

L'examen clinique initial retrouvait une tension artérielle à 135/75 mmHg, un poids de 70 kg, une température à 39 °C, des signes de déshydratation.
Au niveau général, le patient est non dyspnéique, pâle, il présente une plaie inflammatoire et purulente de la jambe gauche associée à une insuffisance veineuse.
M. P. se mobilise peu, présente une asthénie, est très soucieux de son état.

Au niveau cardiologique, les bruits du cœur sont réguliers, il n'y a pas de souffle, pas de signe d'insuffisance cardiaque. Les pouls périphériques sont perçus en distal aux membres inférieurs. Il n'y a pas de signe de phlébite.

Au niveau pulmonaire, on note principalement une toux avec une expectoration jaune. L'auscultation perçoit une diminution du murmure vésiculaire de la base gauche sans crépitant. La percussion est symétrique. La radiographie pulmonaire retrouve un foyer rétractile postéro-basal gauche.

L'abdomen est météorisé, pléthorique, avec une sensibilité diffuse habituelle.

Cette nuit, aux urgences, les gaz du sang ont montré en air ambiant :
- saturation : 91,5 % ;
- pression partielle en oxygène : 53 mmHg ;
- pression partielle en CO_2 : 32 mmHg.

Deux hémocultures ont été réalisées. Numération-formule sanguine, bilan hépatique, taux de prothrombine, taux de céphaline activée, ionogramme, CRP *(C Reactive Protein)* ont été prélevés, puis une perfusion de 2 litres de sérum glucosé 5 % par 24 heures avec 4 g NaCl et 2 g KCl par litre a été mise en place.

Dans le service, les prescriptions médicales sont les suivantes :
- hémoculture ;
- examen cytobactériologique des crachats ;
- prélèvement bactériologique de la plaie de la jambe gauche ;
- oxygénothérapie à 2 litres/min ;
- AUGMENTIN® (amoxicilline-acide clavulanique – bêtalactamine : antibiotique) intraveineux : 1 g × 3/jour ;
- OFLOCET® 200 mg (ofloxacine – quinolone : antibiotique) : 1 cp × 2/jour ;
- CORTANCYL® (prednisone : corticoïde) : 15 mg le matin ;
- MUCOMYST® (acétylcystéine : mucolytique) : 1 sachet × 3/jour ;
- poursuite du traitement habituel ;
- bain de permanganate, solution locale : 1 fois par jour, jambe gauche.

À 12 heures, vous recevez les résultats biologiques suivants :

	Résultats	Normes
• Numération globulaire : – globules rouges – hémoglobine – hématocrite – volume globulaire moyen	 2,80.10^{12}/L 8,0 g/dL 32,7 % 83 µm^3	 4,00-5,50.10^{12}/L 13,0-17,0 g/dL 40,0-54,0 % 80,0-100,0 µm^3
• Plaquettes	356.10^9/L	150,0-400,0.10^9/L
• Formule sanguine : polynucléaires neutrophiles	 82,0 %, soit 10,84.10^9/L	 2,00-7,50.10^9/L
• Ionogramme : – glucose – sodium – potassium – chlorures – réserve alcaline – protides totaux – urée – créatinine – CRP *(C Reactive Protein)*	 6,60 mmol/L 148 mmol/L 3,6 mmol/L 102 mmol/L 26 mmol/L 79 g/L 7,10 mmol/L 65,0 mmol/L 194,0 mg/L	 3,9-5,8 mmol/L 136-146 mmol/L 3,5-4,5 mmol/L 98-106 mmol/L 22-29 mmol/L 62-80 g/L 2,5-7,7 mmol/L 65-120 mmol/L < 15 mg/L
• TP – INR : – taux de prothrombine – INR	 28 % 2,97	
• Bilan hépatique : – gamma-glutamyl-transférase – TGO (ASAT) – TGP (ALAT)	 138 UI/L 23 UI/L 18 UI/L	 10-50 UI/L 10-45 UI/L 10-65 UI/L

Le médecin ajoute les prescriptions suivantes :

- ce jour, un bilan prétransfusionnel ;
- un bilan étiologique de l'anémie : fer sérique, ferritine, saturation à la sidérophylline ;
- une transfusion de 2 culots globulaires érythrocytaires.

Il est décidé par ailleurs d'arrêter le PRÉVISCAN® et de le remplacer par du LOVENOX® (héparine de bas poids moléculaire) : 0,7 mL × 2/jour, afin de pouvoir réaliser une fibroscopie bronchique dès l'amélioration clinique chez ce patient tabagique.

L'apyrexie est obtenue en 48 heures, une fibroscopie bronchique est réalisée à J3 devant cette bronchopneumopathie postéro-basale gauche et le pneumologue conclut à une bronchite chronique hypersécrétante.

Les cytologies bronchiques qui ont été réalisées montrent l'absence de cellules néoplasiques identifiables et l'absence de bacille alcoolo-acido-résistant.

Questions

1 *Annotez le schéma de l'appareil respiratoire.* (2 points)

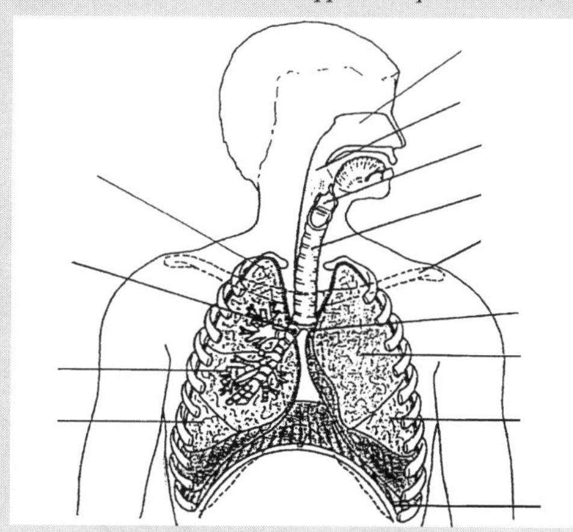

Schéma de l'appareil respiratoire

2 *Décrivez le mécanisme des échanges gazeux alvéolo-capillaires.* (2 points)

3 *Décrivez le rôle de la muqueuse respiratoire.* (1,5 point)

4 *Définissez l'hémoculture et donnez les critères de réalisation pour que cet examen soit fiable.* (2,5 points)

5 *Décrivez les étapes de réalisation du prélèvement cutané.* (1,5 point)

6 *Précisez le cadre juridique infirmier auquel vous vous référez lors de transfusion sanguine.* (0,5 point)

7 *Énoncez la procédure que vous suivrez dès la réception des concentrés globulaires dans votre unité de soins en vous arrêtant à la pose (la surveillance du patient n'est pas demandée).*
Consigne : dans la réponse doit apparaître le tableau légendé du contrôle ultime (pour le 1er culot) selon la méthode de Beth-Vincent, avec argumentation. Toute erreur ou oubli pouvant mettre en danger la vie du patient entraîne 0 à la question. (7 points)

8 *L'élève aide-soignante vous apprend aux transmissions infirmières de 14 h qu'elle a ôté les lunettes à oxygène de M. P. pendant le petit déjeuner. Que faites-vous ?* (3,5 points)

9 *Pour réaliser le bain de permanganate de potassium, vous disposez d'une cuvette d'une capacité de 5 litres d'eau et de sachets de poudre de permanganate de potassium de 0,5 g chacun à diluer au 1/10 000.*
Quelle quantité d'eau et quel nombre de sachets utilisez-vous ? (Faites apparaître votre raisonnement et votre calcul.) (1,5 point)

10 *Commentez les résultats biologiques de ce jour au regard de la situation de M. P.* (3 points)

11 *Identifiez et justifiez les problèmes réels et/ou potentiels de M. P. ce jour.(12,5 points)*

12 *Au regard de chaque problème énoncé, citez vos actions sur prescription médicale.* (8,5 points)

13 *Au regard de chaque problème énoncé, citez vos actions sur rôle propre.* (14 points)
(Les réponses aux questions 11, 12 et 13 sont attendues sous forme d'un tableau.)

Réponses

1 **Schéma de l'appareil respiratoire**

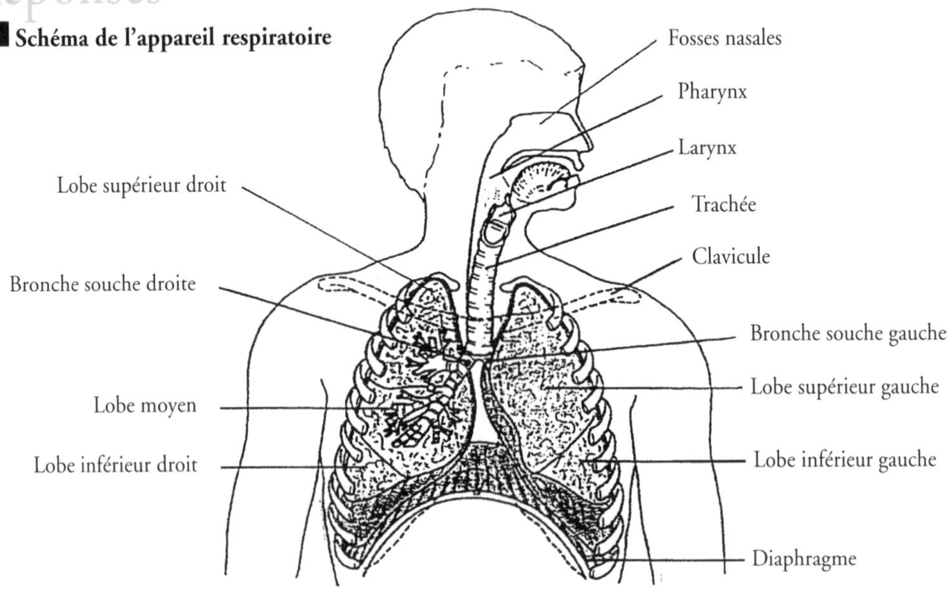

2 Mécanisme des échanges gazeux alvéolo-capillaires

Le sang veineux (pauvre en O_2 et riche en CO_2) chemine dans les capillaires, séparé des alvéoles (dont l'air est riche en oxygène) par les fines parois alvéolaires, recouvertes de surfactant.

Les échanges gazeux entre le sang veineux et l'air alvéolaire se font selon le principe de simple diffusion des gaz du milieu où la pression – ou concentration – est la plus haute vers celui où la pression – ou concentration – de ce gaz est la plus basse (le CO_2 diffuse du capillaire vers l'air des alvéoles, l'O_2 diffuse de l'air des alvéoles vers le capillaire).

3 Rôle de la muqueuse respiratoire

Outre qu'il assure le réchauffement et l'humidification de l'air inspiré, l'épithélium des voies aériennes est tapissé de cils vibratiles et de mucus qui retiennent les poussières et particules étrangères, qui se trouvent évacuées vers les voies aériennes supérieures par phénomène de « tapis roulant ».

4 Hémoculture : critères de réalisation

Une hémoculture est un examen qui consiste à prélever aseptiquement du sang veineux qui sera ensemencé en laboratoire sur un ou plusieurs milieux de culture, afin de mettre en évidence la présence de germes dans le sang et de les identifier.

Pour que l'examen soit fiable, les critères de réalisation sont les suivants :

- l'examen doit être effectué avant de commencer le traitement antibiotique ;
- si possible, il sera réalisé au cours d'un pic fébrile, ou de frissons (voire une hypothermie) ;
- respect absolu des règles d'asepsie de la peau du patient lors des manipulations ;
- indiquer l'heure et la température lors du prélèvement ;
- indiquer antibiothérapie préalable éventuelle ;
- assurer l'acheminement du flacon dans les plus brefs délais. À défaut, conserver à l'étuve.

5 Prélèvement cutané

Les étapes de réalisation du prélèvement cutané sont les suivantes :

- expliquer au patient l'intérêt et le déroulement du soin ;
- se laver les mains ;
- retirer le pansement en utilisant des gants non stériles ;
- avant tout nettoyage de la plaie passer un écouvillon en effectuant une rotation et en allant du plus propre au plus sale ;
- manipuler l'écouvillon avec précaution de manière à ne pas provoquer de souillure ;
- remplir le bon de laboratoire en précisant l'identité du patient, le service, la date, l'heure du prélèvement, ainsi que le traitement reçu par le patient.

6 Transfusion sanguine : cadre juridique infirmier

Les textes législatifs de référence sont :

- le décret du 15 mars 1993 relatif aux actes professionnels et à l'exercice de la profession d'infirmier ;
- l'article 5 relatif aux actes que l'infirmier est habilité à accomplir sur prescription médicale et à condition qu'un médecin puisse intervenir à tout moment.

7 Transfusion sanguine : procédure

➡ **À la réception des produits**

Dès la réception des concentrés globulaires à transfuser, il faut vérifier :

- la concordance entre la carte de groupe (2 déterminations) et l'identité du patient (nom, prénom, date de naissance et lieu) ;
- la concordance entre la carte de groupe et les concentrés globulaires érythrocytaires : ici, groupe A, Rhésus positif, notés sur poche *(absence d'un élément : 0)* ;
- la concordance entre le numéro des concentrés et le numéro porté sur le bordereau de liaison ;
- la nature des produits délivrés : ici, 2 concentrés globulaires érythrocytaires ;
- la prescription médicale ;
- le résultat de la recherche d'agglutinines irrégulières datant de moins de 48 heures. Ce résultat doit être négatif *(absence d'un élément = 0)* ;
- les dates de péremption des concentrés et des sérums tests ;
- l'intégrité, l'aspect de la poche.

L'autre concentré sera conservé à + 4 °C (bas du réfrigérateur.

➡ **Au moment de la pose :**

- utiliser une tubulure à filtre ;

- passer le concentré globulaire en moins d'une heure (à adapter en fonction de l'hémodynamique de M. P. ; débit : 1 mL = 15 gouttes) ;
- culots globulaires sur voie périphérique (KT calibre suffisant 14-16) ;
- vérifier identité ;
- contrôle ultime sang M. P. et concentré globulaire à réaliser avant chaque pose de concentré au lit de M. P. *(0 si incomplet)* :
  – utiliser une carte destinée à ce contrôle (carte conservée le temps de la TS) ;
  – la méthode de Beth-Vincent consiste à déposer une goutte de sang de M. P. sur chaque sérum-test : anti-A, anti-B, anti-AB, anti-D ;
  – idem pour le culot n° 2 ;
  – mélanger avec un agitateur essuyé entre chaque mélange ;
  – imprimer à la carte un mouvement circulaire pour permettre la lecture de la réaction (présence ou absence d'agglutination) :

• Date : • Nom : • Prénom :	**Sérum test anti-A**	**Sérum test anti-B**	**Sérum test anti-AB**	**Sérum test anti-D**
Sang malade	+++	0	+++	+++
Culot n° 1	+++	0	+++	+++
N° flacon : Signature IDE :				

+++ = agglutination ; 0 = pas d'agglutination.
(En cas d'erreur : 0.)

  – la transfusion ne peut avoir lieu que si le sang de M. P. et le sang du culot n° 1 sont agglutinés par les mêmes sérums tests (M. P. est du groupe A, Rhésus positif). On dit alors qu'ils sont compatibles ;
- manipulations faites avec gants à usage unique ;
- assurer la traçabilité de la transfusion dans le dossier transfusionnel (papiers remplis).

8 Lunettes à oxygène

À l'élève aide-soignante qui vous apprend aux transmissions infirmières de 14 h qu'elle a ôté les lunettes à O_2 de M. P. pendant le petit déjeuner, vous demandez quelles sont ses connaissances :
- sur l'appareil respiratoire ;
- sur l'oxygénothérapie ;
- sur la responsabilité ;
- sur les compétences AS.

Vous lui expliquez que :
- l'absence d'O_2 peut-être dangereuse pour le malade ;
- l'administration d'O_2 est une prescription médicamenteuse et ne relève pas de son rôle ;
- il (elle) doit s'assurer de la validité de ses actes auprès de l'aide-soignante ou de l'infirmière qui l'encadre.

Vous évaluez sa compréhension et réajustez selon les besoins et en faites part à l'équipe soignante.

9 Bain de permanganate de potassium

Les sachets de poudre de permanganate de potassium de 0,5 g sont à diluer au 1/10 000.
Une dilution au 1/10 000 signifie que je dois diluer 1 g dans 10 000 mL d'eau, soit 1 g dans 10 L d'eau. Donc si j'utilise 5 L d'eau pour obtenir une dilution au 1/10 000, je devrai ajouter 0,5 g de permanganate de potassium, soit 1 sachet de permanganate pour 5 L d'eau.

10 Résultats biologiques de ce jour

➡ NFS :
- les chiffres des globules rouges, hémoglobine, hématocrite sont abaissés, inférieurs à la normale ; il s'agit d'une anémie importante, ce qui explique la pâleur, l'asthénie de M. P. et son hypoxémie et conduit à la prescription de la transfusion de deux culots globulaires sanguins érythrocytaires ;
- les globules blancs et PN sont élevés, supérieurs aux normes, ce qui confirme le syndrome infectieux.

➡ Ionogramme

Les résultats montrent :
- une natrémie supérieure à la normale, qui est en lien avec l'état de déshydratation de M. P. ;

- une glycémie élevée, qui peut s'expliquer par une corticothérapie au long cours ;
- un taux de CRP très élevé, qui confirme le syndrome inflammatoire.

Bilan hépatique

Les résultats sont perturbés. Les gamma-GT sont particulièrement élevées, ce qui confirme la souffrance hépatique.

TP

Le TP à 28 % est dans la marge thérapeutique du traitement par AVK (PRÉVISCAN ®).

11 à 13 Problèmes réels et potentiels de M. P., actions sur prescription médicale et actions sur rôle propre

Problèmes	Justification	Actions sur prescription médicale	Actions sur rôle propre
• Infection pulmonaire.	• Température : 39,5 °C. • Toux. • Expectoration jaune.	• Administrer le traitement : – AUGMENTIN ® IV : 1g × 3/j ; – CIFLOX ® : 200 mg *per os* × 2/j ; – MUCOMYST ® : 3 sachets par jour. • Réaliser les prélèvements : – hémocultures ; – ECB C ; – NFS. • Mettre en place l'oxygénothérapie : 2 litres/minute.	• Informer le patient : expliquer les différents examens et soins. • Installation en position demi-assise. • S'assurer de la prise du traitement *per os.* • Surveillance efficacité ; doivent montrer une amélioration : – courbe température ; – état général patient (signes cliniques) ; – aspect, quantité des crachats, toux, respiration. • Surveillance innocuité : surveiller l'apparition de diarrhées, douleurs abdominales, signes allergiques. • Favoriser la consommation de yaourts. • Surveillance efficacité : – fréquence ; – amplitude respiratoire ; – coloration ; – conscience, – comportements. • Surveiller : – débit ; – circuit : tuyaux non pliés ou coudés ou écrasés ; – humidification de l'oxygène ; – emplacement des lunettes. • Surveillance innocuité : absence de lésions cutanées, de dessèchement des muqueuses.

Problèmes	Justification	Actions sur prescription médicale	Actions sur rôle propre
• Infections cutanées.	• Plaie jambe gauche : inflammatoire, purulente. • Hyperthermie : 39,5 °C.	• Réaliser : – prélèvement cutané ; – hémocultures ; – bain de permanganate de potassium.	• Noter l'état initial de la plaie et son évolution. • Appliquer dilution. • Vérifier l'absence de brûlure par le permanganate. • Installer confortablement le patient, avec cerceau. • Noter si soin douloureux.
• Déshydratation.	• Signes cliniques. • Natrémie à 148 mmol/L.	• Perfusion glucosé 5 % : 2 litres/24 h avec 4 g NaCl/L et 2 g KCl/L.	• Le faire boire. • Mettre en place une feuille de surveillance de l'hydratation : diminution du pli cutané et de la sécheresse de la bouche. • Surveillance débit, innocuité : absence de rougeur, chaleur, œdème, extravasation au point de ponction, reflux.
• Anémie.	• Hémoglobinémie : 8 g/dL. • Globules rouges : 2,8 millions. • Pâleur, asthénie.	• Prélèvement prétransfusionnel. • Prélèvements fer sérique, ferritine, saturation à la sidérophylline. • Mettre en œuvre la transfusion : 2 culots globulaires sanguins érythrocytaires.	• Surveillance efficacité : recoloration du patient. • Surveillance innocuité : pouls, tension artérielle, température, avant et tous les quarts d'heures. • Surveillance tolérance du patient : respiration, rechercher douleurs lombaires, signes allergiques : surveiller comportement, céphalées, conscience, diurèse, douleurs abdominales.
• Risque de décompensation cardiaque et de thrombose.	• Troubles du rythme. • Perfusion 2 L/24 h. • Immobilisation. • Hyperthermie.	• Administrer le traitement : – LOVENOX® : 0,7 × 2 sous-cutané ; – CORDARONE® : 1 cp.	• Surveillance efficacité : – s'informer auprès du patient si douleurs thoraciques ; – surveiller la régularité et le rythme du pouls ; – mesurer la pression artérielle ; • Vérifier l'absence de signe de phlébite (rougeur et douleurs à la dorsiflexion, diminution du ballottement du mollet, dissociation pouls/température). • Surveillance innocuité : dépistage d'éventuels saignements (gingivorragies, épistaxis, hématurie) et de signes d'hyperthyroïdie (CORDARONE® : troubles ophtalmiques).

Problèmes	Justification	Actions sur prescription médicale	Actions sur rôle propre
Maladie de Horton		• CORTANCYL®: 15 mg au long cours.	• Surveillance innocuité : – surveiller apparition œdème ; – diminuer consommation de sel ; – diminuer consommation sucres rapides.
• Incapacité d'assurer seul la réponse à ses besoins.	• Hyperthermie depuis 1 semaine. • Anémie. • Âge : 82 ans. • Altération de l'état général. • Asthénie. • Perfusion.		• Aide à la toilette, à l'habillage, aux repas. • Aide au lever et lors des déplacements. • Aide à l'installation. • Mettre à sa disposition tout ce dont il peut avoir besoin : sonnette, urinal, eau. • Renouveler les soins de confort en fonction de sa température. • Regrouper les soins.
• Risque d'altération de l'état cutané.	• Difficultés de mobilisation. • Âge : 82 ans. • Hyperthermie. • Anémie. • Corticothérapie au long cours.		• Réaliser prévention d'escarres. • Assurer changements de position. • Changer le linge de corps et du lit en fonction de la transpiration. • Surveiller l'état cutané et noter dans le dossier de soins.
• Anxiété.	• M. P. est très soucieux de son état.		• Être à l'écoute de M. P. • L'inviter à poser toutes ses questions. • Lui faire verbaliser son anxiété. • L'encourager au vu de l'amélioration des signes cliniques. • Le rassurer. • Repérer les personnes ressources dans son entourage. • Noter les manifestations et l'évolution dans le dossier de soins.
• Constipation.	• Abdomen pléthorique et météorisé. • Peu de mobilisation. • Déshydratation.		• Surveiller émission des selles (aspect, quantité, rythme/habitudes) et noter dans le dossier. • Favoriser régime riche en fibres. • Assurer l'hydratation.

M. K., âgé de 83 ans, arrive à 9 h ce jour dans le service de pneumologie où vous êtes infirmier(ère) de 8 h à 16 h.
Son aide-ménagère l'a trouvé couché en travers du lit, fiévreux et agité. Son médecin traitant l'adresse pour décompensation cardio-respiratoire avec présence d'un œdème pulmonaire sub-aigu et encombrement bronchique. Ce patient est bien connu du service pour broncho-pneumopathie chronique obstructive post-tabagique.
La lecture de l'électrocardiogramme effectué à domicile révèle une arythmie complète par fibrillation auriculaire.
Le diagnostic d'insuffisance respiratoire aiguë et d'insuffisance cardiaque globale est posé.

M. K présente :
- signes généraux :
  - agitation et confusion,
  - température à 38,5 °C,
  - pression artérielle à 190/120 mmHg ;
- signes fonctionnels :
  - asthénie,
  - dyspnée permanente,
  - polypnée à 32 cycles par minute,
  - absence de toux et d'expectoration ;
- signes physiques :
  - cyanose, sueurs, faciès vultueux (congestionné et bouffi),
  - tirage sus-claviculaire,
  - œdèmes des membres inférieurs présents jusqu'aux genoux et prenant le godet,
  - bruits du cœur assourdis, rapides et irréguliers avec une fréquence cardiaque à 112 battements par minute,
  - crépitants bilatéraux,
  - râles bronchiques avec sibilants,
  - hépatomégalie,
  - hépatalgie à la palpation,
  - varices aux membres inférieurs avec présence d'une dermite ocre.

M. K., agriculteur retraité, vit seul dans un milieu insalubre et précaire. Il n'a plus de famille. M. K. a toujours refusé un placement en maison de retraite et a l'habitude de rabrouer son aide-ménagère en lui signifiant qu'il peut se « débrouiller » tout seul.
Depuis 1993, c'est la 11e fois qu'il est hospitalisé pour surinfections bronchiques et décompensations respiratoires. Il aurait arrêté de fumer il y a une vingtaine d'années.
Il est également connu pour un éthylisme et dit boire 3/4 de litre de vin rouge par jour. Il présente une surcharge pondérale (87 kg pour 1,72 m) et s'alimente de façon incorrecte.
On note également à l'arrivée de M. K. dans le service un manque d'hygiène corporelle et vestimentaire.
Ses hospitalisations successives sont essentiellement dues à un manque d'hygiène de vie et un non-respect de la thérapeutique.

À son entrée, la prescription médicale est la suivante :
- pose d'un cathéter périphérique au bras avec mise en place d'une perfusion de soluté glucosé isotonique à 5 % : 500 mL/24 h avec 3 g de KCl (ampoules de 10 mL à 10 %) ;
- LASILIX ® (diurétique) : 3 ampoules sur 24 h réparties en 3 injections en intratubulaire (ampoules de 2 mL) ;
- DIGOXINE NATIVELLE ® (glucoside cardiotonique) : 1 ampoule ce jour en intratubulaire (ampoules de 2 mL) à 9 heures puis 1 comprimé le lendemain ;
- CORDARONE ® 200 mg (antiarythmique) : 6 comprimés/jour répartis en 3 prises ;
- RISORDAN ® (dérivé nitré) : 2 mg/heure à passer à la seringue électrique (ampoules de 10 mL dosées à 10 mg). Le service prépare les seringues de 20 mL à passer en 10 h ;
- LOVENOX ® (héparine de bas poids moléculaire) : 1 injection à 11 heures en sous-cutané (seringues préremplies à 40 mg pour 0,4 mL) ;
- aérosols 3 fois par jour (dont un avant fibroscopie) avec :
  - BRICANYL ® (bronchodilatateur) : 1 ampoule de 2 mL (solution pour inhalation par nébuliseur),
  - ATROVENT ® (bronchodilatateur) : ampoule de 2 mL (solution pour inhalation par nébuliseur) ;
- CLAMOXYL ® (antibiotique) : 1 g en intratubulaire 3 fois par jour (flacon poudre dosé à 1 g à diluer avec 20 mL d'eau pour préparation injectable), à débuter après la fibro-aspiration bronchique, qui sera réalisée en chambre par le médecin ;
- oxygénothérapie à la sonde nasale : 2 litres/min ;
- ATRIUM ® 300 (anti-convulsivant) : 6 comprimés/jour répartis en 3 prises ;
- TERNEURINE ® (vitamines B1, B6, B12) : 6 comprimés/jour répartis en 3 prises ;

- prélèvement veineux pour :
  - numération-formule sanguine (NFS),
  - protéine C réactive,
  - ionogramme sanguin,
  - créatinine, enzymes cardiaques ;
- prélèvement de sang artériel pour gazométrie ;
- électrocardiogramme 1 fois par jour ;
- surveillance cardiaque monitorée ;
- pose d'un oxymètre de pouls et mesure de la fréquence respiratoire ;
- kinésithérapie de rééducation respiratoire et drainage bronchique 3 fois par jour ;
- diurèse des 24 h ;
- repos strict au lit.

La radiographie pulmonaire révèle :
- une cardiomégalie ;
- des artères pulmonaires hypertrophiées ;
- des images linéaires aux 2 bases ;
- un infiltrat au sommet droit avec suspicion d'excavation.

Une fibro-aspiration bronchique sur flacon piège est effectuée à 10 h. Elle rapporte des sécrétions trachéobronchiques mucopurulentes abondantes. Cette aspiration améliore l'état respiratoire de M. K.

En plus de l'examen cytobactériologique, une recherche de bacille de Koch est demandée. La suspicion de tuberculose évoquée impose la prescription :
- d'un isolement aérien ;
- d'une intradermo-réaction ;
- d'un tubage gastrique 3 jours de suite.

Questions

Au regard de vos connaissances et des données du texte :

1 *Identifiez les problèmes posés par la situation de soins.*

2 *Proposez un projet de soins pour ce jour. Argumentez vos réponses (raisonnement et calcul des débits doivent apparaître).*

Réponses

1 Identification des problèmes

Infirmier en pneumologie, je prends en charge ce jour M. K. qui présente une BPCO post-tabagique (il aurait arrêté de fumer il y a 20 ans).

Définition de la broncho-pneumopathie chronique obstructive (BPCO)

Il s'agit d'une variété de bronchite chronique caractérisée par l'existence d'une toux et d'expectorations pendant plusieurs mois de l'année et évoluant pendant plus de 3 ans.

La sténose inflammatoire ou fibreuse des bronchioles provoque une réduction importante de la ventilation pulmonaire. La maladie évolue vers l'insuffisance respiratoire (IR).

Lien entre la maladie et les antécédents – Définition de l'insuffisance respiratoire (IR)

Ce patient a déjà présenté plusieurs insuffisances respiratoires aiguës avec surinfection (11e hospitalisation).

Chez ce patient, la principale étiologie est le tabagisme.

L'IR est une incapacité du système respiratoire à maintenir des échanges gazeux normaux. Elle est la conséquence de l'altération fonctionnelle d'une partie des poumons avec troubles des rapports ventilation/perfusion. Son caractère aigu peut mettre en jeu le pronostic vital.

Signes de l'IR

Chez M. K. cette IR se caractérise par :
- une dyspnée (signe majeur) : difficulté respiratoire (dernier stade/échelles d'évaluation) ;
- une polypnée à 32 cycles/min (respiration rapide et superficielle) ; N = 16 ;
- un tirage sus-claviculaire (mise en jeu des muscles respiratoires accessoires) lié à l'obstruction ;
- une cyanose, signe de l'hypoxie liée à la perturbation des échanges gazeux ;
- des signes d'hypercapnie : agitation, confusion, sueurs, évocateurs du déficit de la ventilation alvéolaire.

Liens entre la maladie et ses complications :
- M. K. présente un faciès vultueux lié à l'éthylisme pouvant entraver la surveillance de la cyanose ;
- sa toux est inefficace, il n'expectore pas, ce qui provoque une stagnation des sécrétions au niveau de l'arbre trachéobronchique et favorise une surinfection avec hyperthermie à 38,5 °C ce jour ; celle-ci peut majorer la confusion et les besoins en O_2 ;
- M. K. est très encombré puisqu'à l'auscultation il présente des râles bronchiques et des sibilants (sifflements). L'hypercapnie est responsable à

long terme de l'installation d'une hypertension artérielle pulmonaire (HTAP). La maladie évolue vers un cœur pulmonaire chronique, c'est-à-dire une hypertrophie et une dilatation des cavités cardiaques droites.

➡ **Insuffisance cardiaque droite :**

- l'insuffisance cardiaque droite (ICD) est l'incapacité du cœur droit à évacuer dans la circulation pulmonaire le sang provenant de la circulation veineuse. Il y a augmentation des pressions en amont du cœur avec extravasation de plasma dans les tissus d'où :
  - œdème des membres inférieurs,
  - turgescence des jugulaires,
  - hépatomégalie, majorée par l'intoxication alcoolique,
  - hépatalgie,
  - surcharge pondérale ;
- à ce jour, l'IC est globale, avec chez M. K. une HTA à 190/120 (normale pour une personne âgée = 160/80) liée à l'hypercapnie et des signes d'extravasation pulmonaire entraînant un œdème sub-aigu du poumon qui se traduit par :
  - des crépitants bilatéraux,
  - une cardiomégalie,
  - des images linéaires aux 2 bases,
  - des artères pulmonaires hypertrophiées,
  - ainsi que les signes précités (ICD) ;
- l'IC et les troubles de l'hématose ont entraîné des troubles du rythme à type d'arythmie (rythme irrégulier à 112, N = 80) et fibrillation auriculaire (perte de toute activité électrique organisée au sein des oreillettes d'où inefficacité du mécanisme de celles-ci) et bruits assourdis.

➡ **Liens entre ses problèmes de santé et son hygiène de vie**

On peut noter que cette pathologie se développe chez un patient âgé et vivant dans des conditions sociales défavorables.

M. K., atteint d'éthylisme, présente des attitudes néfastes pour sa santé : il ne respecte pas son traitement, s'alimente incorrectement et refuse l'aide qui lui est proposée.

Cet éthylisme est à prendre en considération durant son hospitalisation car il existe un risque de delirium tremens.

➡ **Tuberculose**

Enfin, une suspicion de tuberculose est évoquée chez ce patient (maladie infectieuse respiratoire due à une bactérie, le BK) face au signe radiologique d'infiltrat au sommet droit avec suspicion d'excavation.

Cette bactérie se transmet par inhalation à partir des gouttelettes de salive, ce qui impose un isolement aérien.

De plus le contexte pathologique et social est favorable au développement de la tuberculose.

➡ **Insuffisance veineuse**

On note également que M. K. est porteur de varices aux membres inférieurs et de troubles trophiques à type de dermite ocre, évoquant une insuffisance veineuse.

2 Projets de soins

➡ **Analyse**

À ce jour, M. K. présente des problèmes :

- respiratoires :
  - diagnostic médical : insuffisance respiratoire aiguë avec encombrement bronchique et surinfection (BPCO),
  - problèmes en collaboration :
    - perturbation des échanges gazeux,
    - dégagement inefficace des voies respiratoires,
    - hyperthermie,
  - diagnostic médical : suspicion de tuberculose ;
- cardio-vasculaires :
  - diagnostics médicaux :
    - insuffisance cardiaque,
    - arythmie complète par fibrillation auriculaire,
  - problèmes en collaboration :
    - diminution du débit cardiaque,
    - excès de volume liquidien,
    - risque thrombo-embolique,
  - diagnostic IDE : risque d'altération des téguments (ulcères, escarres), relié à insuffisance veineuse, repos strict au lit, mauvaise hygiène corporelle ;
- neurologiques : problème en collaboration : risque de DT.

➡ **Projet de soins**

Objectif global : améliorer l'état cardio-respiratoire.

Objectif spécifique : surveiller l'évolution et parer aux complications :

- actions :
  - bilan sanguin à 9 h : NFS, CRP, enzymes cardiaques, ionogramme, créatinine,

- gaz du sang (GDS) à 9 h avant O_2 (art. 5 sur PM à condition qu'un médecin puisse intervenir à tout moment),
- ECG à 9 h,
- mise en place d'une feuille de surveillance des différents paramètres (pression artérielle, pouls, fréquence respiratoire, diurèse, poids...),
- surveillance de son état de conscience,
- installation sous scope, réglage des alarmes,
- faire un enregistrement de tracé si problème,
- pose de l'oxymètre de pouls,
- mise en place d'un urinal, bocal,
- relevé de la température corporelle toutes les 3 heures,
- prise de la pression artérielle toutes les 3 heures ;
- évaluation et transmission :
- résultats sanguins et ECG à montrer au médecin,
- transmettre les résultats des constantes à surveiller toutes les 3 heures et selon besoin,
- transmettre les éléments cliniques d'observation du patient,
- continuer la diurèse des 24 h.

Objectif spéficique : favoriser l'équilibre hydro-électrolytique et avoir un abord veineux pour administrer les traitements :

- actions : pose d'un cathéter au bras à 9 h avec un régulateur de débit avec 500 mL de G 5 % + 3 ampoules de KCl (30 mL) = 530 mL/24 h :
- 1 mL = 20 gouttes,
- 530 mL =10 600 gouttes,
- 24 h = 60 × 24 = 1 440 min,
- $\frac{10\,600}{1\,440}$ = 7,36, soit 7 gouttes/min par défaut,
- si on ne tient pas compte du volume de l'électrolyte, il faut passer 500 mL (1 000 gouttes) en 24 h (24 × 60 min), soit un débit de $\frac{500 \times 20}{60 \times 24}$ = 6,94, soit 7 gouttes/min par excès ;
- évaluation et transmission :
- diurèse, ionogramme,
- aspect du point de ponction (rougeur, douleur, chaleur),
- surveillance de la perfusion (rythme),
- transmettre la fin de la perfusion pour demain matin 9 h.

Objectif spécifique : améliorer les échanges gazeux :

- actions :
- poser une sonde nasale pour O_2 à 2 L/min immédiatement après GDS,
- position demi-assise ;
- évaluation et transmission :
- surveillance clinique du patient (téguments et état respiratoire),
- surveillance des données SaO_2 et GDS,
- vérification de l'emplacement de la sonde nasale.

Objectif spécifique : libérer les voies respiratoires :

- actions :
- préparer le matériel pour fibro à 10 h +aide au médecin + bon labo,
- aérosols 1 h (avant fibro), avec 1 ampoule de BRICANYL ® de 2 mL + 1 ampoule d'ATROVENT ® de 2 mL (possibilité de dilution avec 6 mL d'EPPI),
- rester près du patient pendant les 10 min d'aérosol,
- prise du pouls avant et après,
- expliquer au patient le mode respiratoire durant aérosol,
- kinésithérapie à planifier : 3/jour après les aérosols : 11 h 30, 16 h, 21 h ;
- fournir mouchoirs, crachoirs à usage unique,
- encourager M. K. à cracher ;
- évaluation et transmission :
- qualité et quantité des expectorations,
- surveillance de l'état respiratoire (bruit),
- tolérance aux aérosols (nausées, tachycardie),
- participation et compréhension des consignes données à M. K.,
- transmettre les prochains aérosols : 16 h, 21 h.

Objectif spécifique : enrayer la surinfection pulmonaire :

- actions : injection en intratubulaire de 1 g de CLAMOXYL ® dilué avec 20 mL d'EPPI à 9 h ;
- évaluation et transmission :
- surveillance clinique : sueurs, frissons, agitation, température, qualité des expectorations,
- tolérance au traitement antibiotique (allergies, troubles digestifs),
- transmettre les horaires d'injections suivants : 17 h, 1 h.

Objectif spécifique : diminuer le volume liquidien :

- actions :
- injection intratubulaire de LASILIX ® : 1 ampoule de 2 mL à 9 h,
- mesure des œdèmes des membres inférieurs ;
- évaluation et transmission :
- circonférence des mollets,
- surveillance des fuites hydroélectrolytiques (diurèse, iono),

– transmettre les horaires des injections de LASILIX® : 17 h, 1 h,
– prévoir une courbe de poids.

Objectif spécifique : améliorer l'efficacité cardiaque :

• actions :
– injection de DIGOXINE® (3R) : 1 ampoule intratubulaire de 2 mL à 9 h,
– CORDARONE® 200 (troubles du rythme) : 2 cp à 11 h (pour ce jour à cause de la fibroscopie à 10 h),
– RISORDAN® (OAP : diminuer les résistances) :
  - 2 mg/h à la seringue électrique posée à 9 h,
  - 2 ampoules de 10 mL dosées à 10 mg, soit 20 mg,
  - soit 20 mL en 10 h = 2 mL/h,
– expliquer et faire respecter le repos strict au lit ;

• évaluation et transmission :
– planifier DIGOXINE® : 1 cp le lendemain,
– planifier 2 cp de CORDARONE® : 16 h, 21 h, puis heure des repas le lendemain,
– seringue électrique de RISORDAN® : à changer à 19 h,
– surveillance des constantes, du tracé ECG, de la tolérance au médicament cardiaque (céphalées et rush cutané),
– participation et compréhension des consignes données à M. K.

Objectif spécifique : limiter le risque thromboembolique lié aux troubles du rythme, au repos strict au lit, à la polyglobulie (hypoxie chronique), à l'insuffisance veineuse, à l'éthylisme :

• action : injection de LOVENOX®, 0,4 mL en SC à 11 h ;

• évaluation et transmission :
– aspect des mollets (signe de Homans),
– surveillance des risques hémorragiques sur le plan clinique et biologique (plaquettes).

Objectif global : éviter le risque de DT :

• actions :
– ATRIUM 300® : 6 cp/j, soit 2 cp à 11 h,
– TERNEURINE® : 6 cp/j, soit 2 cp à 11 h ;

• évaluation et transmission :
– surveillance clinique de son état neurologique (agitation, confusion, sueurs),
– donner 2 cp d'ATRIUM® à 16 h, 21 h pour ce jour, puis planifier 2 cp aux 3 repas pour demain,
– donner 2 cp de TERNEURINE® à 16 h, 21 h pour ce jour, puis planifier 2 cp aux 3 repas pour demain.

Objectif global : éviter le risque de contamination par le BK :

• actions :
– mise en place d'un isolement aérien :
  - utiliser l'usage unique et évacuer les déchets en contaminé,
  - port de masque pour les personnes entrant dans la chambre,
  - signaler l'isolement à l'entrée de la chambre,
  - informer l'équipe et le patient,
  - fermer la porte de la chambre,
  - aérer la chambre,
  - globaliser les soins,
  - lavage antiseptique des mains,
– tous les soins précités dans le plan de soins seront dans le respect de cet isolement aérien ;

• évaluation et transmission : transmettre l'information et veiller au respect des consignes.

Objectif global : confirmer le diagnostic de tuberculose :

• action : pratiquer cet après-midi une IDR à la tuberculine (peau d'orange) ;

• évaluation et transmission :
– prévoir de récupérer les résultats de l'examen direct fait sur le prélèvement par fibroscopie,
– planifier sa lecture dans 3 jours,
– prévoir un tubage gastrique à jeun demain matin puis les 2 jours suivants.

Objectif global : améliorer l'état d'hygiène corporelle de M. K. :

• actions :
– prévoir toilette ou soin de confort au lit cet après-midi en fonction de son état,
– évaluer et mettre en place un protocole de prévention d'escarres ;

• évaluation et transmission :
– évaluer l'état des téguments,
– transmettre le protocole.

Projet de soins et éducatif :

• projet à envisager (éducatif et relationnel) : son état de santé s'aggravant d'année en année, il semble peu probable que M. K. puisse retourner chez lui dans les mêmes conditions. En effet, ses attitudes comportementales néfastes à sa santé devront faire l'objet d'un projet de soins éducatif et relationnel. Le travail d'équipe avec le recours d'une assistante sociale sera utile pour aider M. K. dans ses choix. Il apparaît nécessaire de rechercher les causes l'empêchant de recourir à un réseau de soutien à domicile des personnes âgées, ou d'accepter l'institutionnalisation ;

- respect des textes et des protocoles : lors de la pratique des gaz du sang, l'infirmier(ère) doit veiller au respect de l'article 5 : en présence d'un médecin ;
- initiatives des soins dans le cadre du rôle propre :
  – la mise en place d'un isolement aérien nécessite le respect de strict de protocoles,
  – planification des traitements en fonction des interventions (fibro-aspiration) ;
- collaboration au sein de l'équipe :
  – planification du rythme des éléments de surveillance,
  – informations transmises au médecin.

Pneumonie à pneumocoques

Vous êtes infirmière dans un service de médecine générale. Vous travaillez de 6 h 30 à 15 h en collaboration avec un(e) aide-soignant(e) et vous avez en charge dans votre secteur M. Léon.

M. Léon, âgé de 45 ans, est marié avec 3 enfants à charge. Il travaille à la chaîne, en horaire posté, dans une grande entreprise de construction automobile. Il mesure 1,80 m, pour 76 kg.

Il s'agit d'un homme actif et jovial qui occupe son temps libre à bricoler. Il aime rendre de nombreux services à ses amis et son voisinage.

Ses antécédents sont les suivants :

- un accident de la voie publique en moto en 1984 ayant nécessité de nombreuses transfusions sanguines ;
- il n'a pas d'antécédents médicaux, ni d'allergie.

Histoire de la maladie :

M. Léon n'a pas consulté de médecin depuis plusieurs années sauf 5 jours avant son entrée pour un syndrome grippal. Une aggravation de son état de santé a justifié une hospitalisation en médecine générale compte tenu du tableau suivant :

- une fièvre en plateau à 40 °C accompagnée de frissons et de sueurs ;
- une altération de l'état général ;
- une asthénie intense ;
- des douleurs abdominales diffuses ;
- une diarrhée aqueuse ;
- une toux productive ;
- une perte de poids de 5 kg ;
- des nausées et vomissements ;
- une anorexie ;
- des myalgies diffuses.

À l'entrée :

Il présente une fréquence cardiaque à 105 pulsations/min, une fréquence respiratoire à 40 cycles/minute et une pression artérielle à 110-60 mm de mercure.

L'auscultation cardiaque et l'examen neurologique réalisés par le médecin du service sont normaux.

L'auscultation pulmonaire met en évidence des râles crépitants et une matité de la base pulmonaire droite.

L'abdomen est ballonné avec une sensibilité douloureuse dans l'hypocondre droit.

Les prescriptions à l'entrée

Face à ce tableau, le médecin prescrit :

- les examens suivants :
  - une numération-formule sanguine (NFS),
  - une vitesse de sédimentation (VS),
  - un ionogramme sanguin,
  - une C réactive-protéine (CRP),
  - des hémocultures,
  - un sérodiagnostic de Felix et Widal,
  - un bilan hépatique comprenant :
    . transaminases,
    . phosphatases alcalines,
    . gamma-glutamyl-transférase (gamma GT),
    . bilirubinémie,
    . taux de prothrombine (TP),
  - une glycémie,
  - une coproculture,
  - un examen cytobactériologique des urines (ECBU),
  - un examen cytobactériologique des crachats,
  - une radiographie pulmonaire,
  - une échographie abdominale et hépatique ;
- les thérapeutiques suivantes :
  - 2 L de soluté glucosé à 5 % (soluté isotonique pour hydratation), avec :
    . 4 g de NaCl (chlorure de sodium) pour 1 L,
    . 2 g de KCl (chlorure de potassium) pour 1 L,
    à passer en 24 h, par voie intraveineuse, sur un cathéter court périphérique (vous disposez de poches de 1 L de SG 5 %),
  - du PRO-DAFALGAN ® (antalgique non opiacié : propacétamol) dosé à 2 g, 3 fois/24 h, à passer en 15 min, par voie veineuse, après dilution dans 125 mL de soluté glucosé à 5 % (SG 5 %),
  - du PRIMPÉRAN ® (antiémétique) dosé à 10 mg, une injection intraveineuse à l'entrée et 1 fois/jour en cas de vomissements,
  - de l'AUGMENTIN ® (pénicilline A : amoxicilline + acide clavulanique) dosé à 1 g, 3 fois/24 h, à passer en 30 min, par voie veineuse, après dilution dans 100 mL de chlorure de sodium à 0,9 % (NaCl à 0,9 %) ;
- les recommandations suivantes :
  - un isolement septique,
  - une surveillance des paramètres toutes les heures,
  - M. Léon devra rester à jeun ce jour.

M. Léon est installé dans sa chambre, extrêmement fatigué et incapable d'assumer seul les actes de la vie quotidienne.

Évolution :

Après 3 jours d'hospitalisation, l'état de M. Léon reste préoccupant avec :

- une fièvre à 39 °C ;

• une toux persistante ;
• une agitation ;
• de la transpiration ;
• des selles encore nombreuses ;
• un subictère.

Les résultats des examens prescrits à l'entrée sont les suivants :

• présence de pneumocoques dans les crachats ;
• la coproculture et l'examen des urines reviennent négatifs, les hémocultures demeurent stériles ;
• la numération-formule sanguine met en évidence une hyperleucocytose et la vitesse de sédimentation est accélérée ;
• le bilan hépatique a révélé des signes de cytolyse ;
• l'échographie hépatique est normale ;
• les radiographies pulmonaires, de face et de profil, montrent une opacité homogène de la partie inférieure du lobe inférieur droit.

Face à cette évolution, le médecin prescrit les examens suivants :

• une sérologie de l'hépatite A, B et C ;
• une sérologie CMV (cytomégalovirus) ;
• une sérologie VIH (virus de l'immodéficience humaine).

Seule la sérologie de l'hépatite C rentre positive. Les autres sérologies reviennent négatives.

Le diagnostic de pneumonie à pneumocoque est posé. M. Léon sort après 15 jours d'hospitalisation. Il est reconvoqué 2 mois plus tard pour une ponction-biopsie hépatique justifiée par une cytolyse découverte fortuitement, et une sérologie de l'hépatite C positive confirmée par la positivité de la recherche de l'ARN du virus C dans le sang.

Les résultats de la ponction hépatique mettent en évidence une activité fibrosante modérée du parenchyme qui conduit, après génotypage du virus C et appréciation de la charge virale, au diagnostic d'hépatite C chronique au score Metavir ® A2F2 justifiant le traitement suivant :

• de l'INTRONA ® (antiviral : interféron alfa-2b recombinant) : 3 millions d'UI, en injection par voie sous-cutanée, 3 fois/semaine, pour une durée maximale de 12 mois ;
• de la RIBAVIRINE ® (antiviral soumis à une autorisation temporaire d'utilisation) dosée à 200 mg soit 3 cp matin et soir au milieu du repas pendant 12 mois ;
• du PRO-DAFALGAN ® (antalgique-antipyrétique : paracétamol) : 2 gélules dosées à 500 mg, 30 min avant l'injection d'interféron (prescription pour 4 semaines) ;
• un dosage des transaminases (ASAT et ALAT) ;
• un dosage du taux de prothrombine.

Après 1 mois de traitement, les signes de cytolyse régressent. Cliniquement et biologiquement, les traitements antiviraux sont bien tolérés par M. Léon. Cette amélioration lui a permis de reprendre une activité professionnelle.

NB : La RIBAVIRINE ® étant soumise à l'autorisation temporaire d'utilisation, aucune question, ni notation n'ont été volontairement prévues sur ce produit dans ce sujet. Sa présence dans la prescription ne se justifie que pour rendre la situation conforme à la réalité en 1999.

Questions

1 *Annotez le schéma des organes digestifs et leur vascularisation.* (3 points)

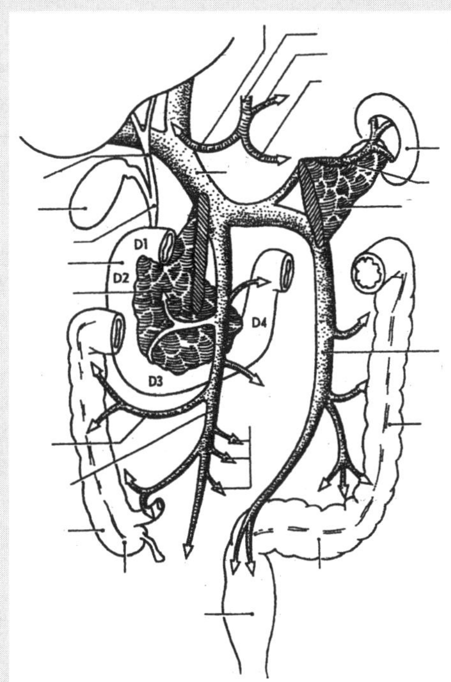

Les organes digestifs et leur vascularisation

2 *Définissez la ponction-biopsie hépatique en précisant le principe de réalisation et son intérêt.* (2 points)

3 *Expliquez ce qui différencie l'isolement septique de l'isolement protecteur.* (1,5 point)

4 *Expliquez, à partir des éléments du texte, ce qui a motivé la prescription des différentes sérologies (Félix et Widal, VIH et CMV).* (1,5 point)

5 *En vous référant aux droits du patient et aux devoirs des soignants liés au dépistage du VIH, citez les informations à donner avant le prélèvement.* (2 points)

6 *Parmi les actes de soins suivants, citez ceux que vous pourrez confier à votre collègue aide-soignant(e) :*
- *installer M. Léon en position semi-assise ;*
- *prise de la température ;*
- *prise de la pression artérielle ;*
- *réglage du débit de la perfusion ;*
- *noter aspect et quantité de selles ;*
- *prévention des escarres ;*
- *prise des pulsations.*

(Toute erreur dans la réponse attendue ou réponse incomplète justifie 0 à la question.) (2 points)

7 *Donnez l'intérêt des examens sanguins prescrits après la ponction-biopsie hépatique de M. Léon (en sachant que ceux-ci ne sont pas spécifiques aux effets secondaires du traitement).* (1 point)

8 *M. Léon voudrait pouvoir concilier les contraintes du traitement avec son activité professionnelle (horaires postés). Quelles dispositions peut prendre son entreprise pour satisfaire sa demande ? Quelle est la procédure à suivre par M. Léon ?* (1 point)

9 *La charte du patient hospitalisé relative aux droits du patient hospitalisé (circulaire du 6 mai 1995) comprend 10 grands principes généraux. Citez 3 de ces principes.* (3 points)

10 *Citez le (ou les) mode(s) de contamination de l'hépatite C.* (1 point)

11 *Le sérum glucosé est dosé à 5 %. Compte tenu de la prescription, calculez la quantité de glucose, en g, administrée à M. Léon, sur les 24 heures.*
(Ne pas prendre en compte dans votre calcul la dilution du PRO-DAFALGAN®.)
(Faites apparaître votre raisonnement.) (2 points)

12 *Décrivez les mesures à mettre en place pour réaliser l'isolement de M. Léon.* (6 points)

13 *Identifiez et justifiez les problèmes réels et/ou potentiels (potentiel = risque) présentés par M. Léon à son entrée et durant les heures qui suivent.* (10 points)

14 *Au regard de chacun des problèmes énoncés, décrivez et planifiez les actions de soins à mettre en place, à l'entrée et durant les heures qui suivent, relevant de la prescription médicale.*
(Ne pas décrire les mesures d'isolement énumérées à la question n° 12.) (12 points)

15 *Au regard de chacun des problèmes énoncés, décrivez les actions de soins , relevant du rôle propre, à mettre en place, à l'entrée et durant les heures qui suivent,*
(Ne pas décrire les mesures d'isolement énumérées à la question n° 12.) (12 points)

Réponses

1 Schéma des organes digestifs et de leur vascularisation

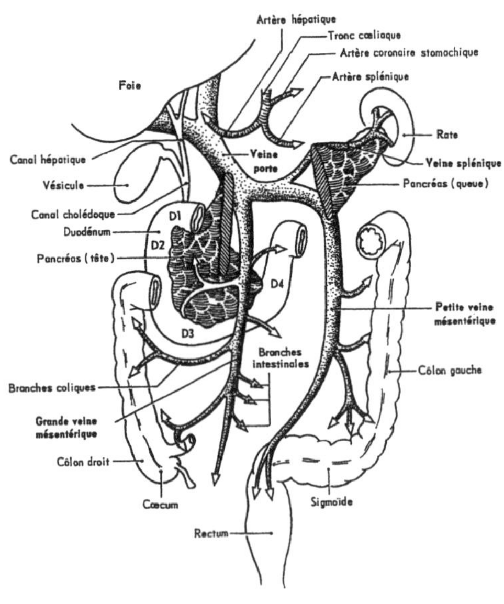

2 Principe de réalisation et intérêt de la ponction-biopsie hépatique

La ponction-biopsie hépatique est un examen qui consiste à prélever, par voie transpariétale, ou transjugulaire, un fragment de parenchyme hépatique en vue de réaliser un examen histologique.

3 Différence entre isolement protecteur et isolement septique

L'isolement septique a pour but d'éviter la transmission d'un agent infectieux connu ou présumé, à partir d'un patient infecté à des individus non infectés.

L'isolement protecteur a pour but d'éviter la transmission d'un agent infectieux à des patients immunodéprimés.

4 Intérêt des sérologies Felix et Widal, CMV et VIH :

- sérologie Felix et Widal : permet de rechercher une typhoïde suspectée par le tableau clinique suivant : fièvre, altération de l'état général, diarrhée et agitation ;
- CMV : virus à l'état latent dans l'organisme qui peut se réactiver lors d'une défaillance du système immunitaire. Il constitue dans ce cas une infection opportuniste fréquemment retrouvée chez les patients atteints du Sida. La prescription peut être motivée par la notion de transfusion ancienne et crainte d'une contamination par le VIH. Le CMV peut aussi être à l'origine d'hépatite aiguë ;
- VIH : M. Léon a été transfusé en 1984 : transfusion susceptible à cette époque d'être une transfusion à risque, ce qui justifie le dépistage.

5 Informations à donner avant le prélèvement VIH :

- expliquer pourquoi est réalisé ce dépistage (transfusion en 1984) ;
- obtenir le consentement du patient ;
- assurer la confidentialité ;
- préciser au patient qu'il sera informé des résultats.

6 Soins pouvant être confiés à l'aide-soignant(e) :

- installer M. Léon en position semi-assise ;
- prise de la température ;
- noter aspect et quantité de selles ;
- prévention des escarres ;
- prise des pulsations.

7 Intérêt des examens sanguins prescrits après la ponction-biopsie hépatique

- le dosage des transaminases (ASAT et ALAT) : ce sont deux enzymes présentes dans certains organes et notamment le foie. Leur présence dans le sang à des taux accrus témoigne d'une lésion hépatocytaire. En ce qui concerne M. Léon, il s'agit plus spécifiquement de cytolyse hépatique. Leur surveillance va permettre d'évaluer la regression de la cytolyse ;
- le taux de prothrombine : en cas d'insuffisance hépato-cellulaire, un certain nombre de facteurs de coagulation, synthétisés par le foie, baissent en production, entre autres, la prothrombine dont le taux peut diminuer. Une hémostase perturbée génère un risque hémorragique.

8 Contrainte du traitement et activité professionnelle

L'entreprise peut proposer un réaménagement de son poste de travail et de ses horaires pour mieux supporter les effets indésirables du traitement.

Pour ce faire, M. Léon doit fournir un certificat médical, émanant de la médecine du travail, à la direction de l'entreprise qui prendra théoriquement les dispositions permettant de concilier activité professionnelle et état de santé.

9 Trois principes généraux de la charte du patient hospitalisé

La circulaire ministérielle du 6 mai 1995 énonce les 10 principes généraux suivants :

1. le service public hospitalier est accessible à tous et en particulier aux personnes les plus démunies. Il est adapté aux personnes handicapées ;
2. les établissements de santé garantissent la qualité des traitements, des soins et de l'accueil. Ils sont attentifs au soulagement de la douleur ;
3. l'information donnée au patient doit être accessible et loyale. Le patient participe aux choix thérapeutiques qui le concernent ;
4. un acte médical ne peut être pratiqué qu'avec le consentement libre et éclairé du patient ;
5. un consentement spécifique est prévu notamment pour les patients participant à une recherche biomédicale, pour le don et l'utilisation des éléments et produits du corps humain et pour les actes de dépistage ;
6. le patient hospitalisé peut, à tout moment, quitter l'établissement sauf exceptions prévues par

la loi, après avoir été informé des risques éventuels qu'il encourt ;
7. la personne hospitalisée est traitée avec égards. Ses croyances sont respectées. Son intimité doit être préservée ainsi que sa tranquilité ;
8. le respect de la vie privée est garanti à tout patient hospitalisé ainsi que la confidentialité des informations personnelles, médicales et sociales qui le concernent ;
9. le patient a accès aux informations contenues dans son dossier notamment d'ordre médical par l'intermédiaire d'un praticien qu'il choisit librement ;
10. le patient hospitalisé exprime ses observations sur les soins et l'accueil et dispose du droit de demander réparation des préjudices qu'il estimerait avoir subis.

10 Mode(s) de contamination de l'hépatite C

Le seul mode de contamination vérifié à ce jour est la voie parentérale par le sang ou les dérivés sanguins.
(N.B. : Même si les transmissions sexuelles et fœto-maternelles restent probables, elles sont rares et demeurent encore discutées à ce jour.)

11 Calcul de dose

M. Léon reçoit 2 L de soluté glucosé sur les 24 h.
Le soluté glucosé est dosé à 5 % (SG 5 %) soit 5 g de glucose dans 100 mL de soluté glucosé, 50 g dans 1 000 mL.
Dans 2 L (2 000 mL) de sérum glucosé il y a 50 g × 2 soit 100 g de glucose.

12 Mesures à mettre en place pour réaliser l'isolement de M. Léon :

- information :
  - informer M. Léon des buts et modalités de l'isolement,
  - informer la famille ;
- matériels et locaux :
  - chambre individuelle avec signalétique spécifique à l'isolement affichée sur la porte,
  - n'introduire dans la chambre que des objets et matériels utiles à la prise en charge de M. Léon,
  - tout matériel ne sortira de la chambre qu'après avoir subi une décontamination,
  - la porte de la chambre sera maintenue fermée,
  - désinfection quotidienne des sanitaires ;
- linge : le linge souillé sera évacué en sac à double emballage, fermé dans la chambre et étiqueté ;
- déchets :
  - ils seront emballés et étiquetés dans la chambre, sac fermé, avec couleur spécifique à l'établissement,
  - ils suivront le circuit des déchets à risque ;
- soins :
  - le sécuriser et le faire participer,
  - lavage hygiénique et antiseptique des mains obligatoire à chaque entrée et sortie de la chambre,
  - prévoir port d'une surblouse, gants et masque (M. Léon a une toux productive),
  - regrouper les soins afin d'éviter déplacements, allées et venues dans la chambre,
  - demander à M. Léon de se laver les mains après être allé à la selle ou après avoir eu une toux expectorante,
  - préciser sur le dossier de soins les mesures prises quant à l'isolement et transmettre à l'équipe ;
- visites : elles seront réduites aux proches.

13 Problèmes réels et/ou potentiels

M. Léon présente :
- un problème infectieux d'origine inconnue, ce jour, se manifestant par :
  - une hyperthermie à 40 °C,
  - des frissons,
  - une altération de l'état général,
  - une asthénie,
  - des myalgies,
  - une anorexie.

Compte-tenu de ce problème et de ces manifestations, M. Léon présente notamment :
- un risque d'encombrement et de surinfection bronchique lié à :
  - l'alitement,
  - une toux productive ;
- un risque de choc septique compte tenu des signes évocateurs :
  - la fièvre élevée,
  - les frissons ;
- un risque de déshydratation et de dénutrition lié à :
  - une anorexie,
  - des nausées et vomissements,
  - une diarrhée aqueuse,
  - une fièvre avec sueurs ;

- une altération de l'élimination intestinale se manifestant par :
  - une diarrhée aqueuse ;
- des douleurs modérées :
  - myalgies diffuses,
  - sensibilité de l'hypocondre droit,
  - douleurs abdominales ;
- un risque d'anxiété lié à :
  - l'attente d'un diagnostic,
  - l'hospitalisation,
  - l'isolement,
  - l'altération de l'état général ;
- une incapacité d'assumer seul les actes de la vie quotidienne liée à :
  - l'asthénie intense,
  - l'extrême fatigue,
  - l'altération de l'état général,
  - la présence de la perfusion.

En outre, M. Léon est alité. Il risque de ce fait des complications de décubitus, à savoir :

- un risque d'atteinte à l'intégrité de la peau majoré par :
  - la diarrhée,
  - l'hyperthermie avec sueurs,
  - l'altération de l'état général,
  - l'anorexie avec amaigrissement ;
- un risque de complications thrombo-emboliques lié à l'alitement.

14 Description des actions relevant du rôle prescrit

Un problème infectieux :

- mise en place de l'isolement ;
- réalisation des examens sanguins suivants : NFS, VS, CRP, sérodiagnostic Felix et Widal ;
- réalisation de l'ECBU et prélèvement de crachats avant toute antibiothérapie ;
- application de l'antibiothérapie AUGMENTIN ® toutes les 8 h. Préparation : 1 g dans 100 mL de NaCl 0,9 % en 30 min ;

100 mL = 20 × 100 soit 2 000 gouttes ; débit :

$\frac{2\,000}{30}$ soit 66,66 ; 67 gouttes/min par excès.

Un risque d'encombrement et de surinfection bronchique : demander un rendez-vous de radio pulmonaire en précisant que M. Léon est en isolement ;

Un risque de choc septique :

- surveiller la température, le pouls et la pression artérielle toutes les heures ;
- réaliser des hémocultures (minimum 3 prélèvements si possible à une heure d'intervalle avant l'antibiothérapie, lors de frissons et de pics fébriles) :
  - prélever à distance du cathéter périphérique,
  - préciser sur le bon de laboratoire, l'heure et l'ordre de prélèvement et la température,
  - acheminer immédiatement au labo ou conserver en étuve.

Un risque de déshydratation et de dénutrition :

- réaliser le ionogramme avant la pose du soluté,
- pose du cathéter court périphérique avec 1 L de soluté glucosé dosé à 5 % + 2 g de KCl et 4 g de NaCl à programmer sur 12 h soit : 27 ou 28 gouttes/min ;
- injection intraveineuse lente du PRIMPÉRAN ®.

Une altération de l'élimination intestinale :

- réaliser la coproculture avant l'antibiothérapie ;
- mise au repos de l'intestin : à jeun.

Des douleurs modérées :

- préparer le PRO-DAFALGAN ® en utilisant des gants ou un set de transfert (prévention des allergies de contact) ;
- injecter 2 g toutes les 8 h dans 125 mL de soluté glucosé à 5 % en 15 min soit : 2 500 gouttes. Débit : soit 166,77 ; 167 gouttes/min par excès ;
- prendre rendez-vous pour l'échographie abdominale et hépatique en précisant que le patient est en isolement ;
- réaliser le bilan hépatique avant la pose du soluté glucosé à 5 %.

15 Description des actions relevant du rôle propre

Un problème infectieux avec hyperthermie :

- dépister les effets indésirables (notamment allergie et troubles digestifs) et surveiller l'efficacité de l'AUGMENTIN ® (atténuation des signes cliniques) ;
- surveiller le point de ponction du cathéter périphérique à la recherche de signes inflammatoires,
- découvrir le patient (en tenant compte de ses souhaits) ;
- proposer un changement de literie chaque fois que nécessaire (car sueurs).

Un risque d'encombrement et de surinfection bronchique :

- installer M. Léon en position semi-assise ;
- donner un crachoir ;

- noter la quantité et l'aspect des expectorations ;
- surveiller la fréquence et l'amplitude respiratoires ;
- observer la coloration des téguments.

➡ **Un risque de déshydratation et de dénutrition :**

- dépister les signes de déshydratation (sécheresse des muqueuses, pli cutané, sensation de soif…) ;
- humecter la muqueuse buccale ou faire des soins de bouche ;
- évaluer auprès de M. Léon l'efficacité du PRIMPÉRAN ® (absence de nausées et de vomissements).

➡ **Une altération de l'élimination intestinale :**

- ne pas prendre la température par voie rectale (car diarrhée) ;
- noter l'aspect et la quantité des selles ;
- rappeler à M. Léon de se laver les mains après être allé à la selle ;
- noter sur le dossier et sur la planification que M. Léon est à jeun ;
- participer à la qualité de l'environnement (lutte contre les odeurs…).

➡ **Des douleurs modérées**

- apprécier l'efficacité du PRO-DAFALGAN ® en :
  - écouter les plaintes de M. Léon (les noter),
  - observer les manifestations de la douleur (faciès, position) et noter ;
- aider si besoin M. Léon à adopter une position antalgique.

➡ **Un risque d'anxiété :**

- favoriser, malgré l'isolement, les contacts avec les proches ;
- expliquer chacun des soins ;
- donner les résultats d'examens dès que possible (dans la mesure des compétences des infirmières) ;
- manifester de l'attention et de la disponibilité pour répondre à ses interrogations, ou lui permettre de s'exprimer ;
- repérer tout signe évocateur (verbal ou non verbal) d'une anxiété.

➡ **Une incapacité d'assumer seul les actes de la vie quotidienne :**

- aider M. Léon à réaliser les soins d'hygiène ;
- l'encourager à sonner dès que nécessaire ;
- l'aider au changement de linge de corps (car sudation) ;
- l'aider à mettre le bassin et l'urinal (car difficulté à se lever ce jour).

➡ **Un risque d'atteinte à l'intégrité de la peau :**

- équiper le lit de matériels anti-escarres ;
- vérifier que la literie est propre, sèche et sans plis ;
- encourager M. Léon à changer de position ;
- observer les points d'appui à la recherche d'une altération des téguments ;
- prévention locale selon le protocole du service.

➡ **Un risque de complications thrombo-emboliques :**

- surveiller les membres inférieurs à la recherche de :
  - douleur,
  - rougeur,
  - chaleur,
  - œdème ;
- dépister douleur à la dorsiflexion du pied ;
- encourager M. Léon à mobiliser ses membres inférieurs régulièrement dans le lit.

Infirmière en service de pneumologie, vous prenez en charge le 16 novembre 1999 M. M., âgé de 40 ans. Il est hospitalisé depuis le 9 novembre 1999.

Les informations du dossier de M. M. sont les suivantes :

- situation familiale : M. M. est divorcé, il a une fille de 15 ans qu'il voit peu. Il vit mal cette situation ;
- situation socio-profesionnelle : M. M. est au chômage, il bénéficie du revenu minimum d'insertion. Il n'a pas de domicile fixe, il vit tantôt en foyer, tantôt chez des amis ;
- antécédents médicaux : il existe chez M. M. une intoxication alcoolo-tabagique (tabac environ 20 paquets/année), consommation d'alcool non évaluée.

M. M. a présenté des pneumopathies : la gravité de l'une d'entre elles a justifié une hospitalisation il y a 2 ans.

Histoire de l'hospitalisation actuelle

M. M. s'est présenté à la permanence de l'association Médecins du monde pour une altération de l'état général, une asthénie, un amaigrissement, des sueurs nocturnes, une toux sèche, tous ces signes évoluant depuis quelques semaines.

Le consultant de Médecins du monde, devant ce tableau clinique, l'adresse aux urgences de l'hôpital.

Le bilan radiologique et biologique réalisé aux urgences a donné les résultats suivants :

- radiographie pulmonaire : foyer d'infiltration plus ou moins excavé à droite ;
- bilan biologique :
  - numération-formule sanguine :
    . GR : 2,9 tera/L,
    . GB : 9,5 giga/L,
    . Hb : 11 g/100 mL,
  - vitesse de sédimentation :
    . 1re heure : 60 mm,
    . 2e heure : 110 mm,
  - protéine C réactive : 49 mg/L,
  - dosage des plaquettes : 350 000/mm^3,
  - protidémie : 65 g/L,
  - taux de prothrombine : 83 %,
  - phosphatases alcalines : 133 U/L,
  - dosage des gamma GT : 148 UI/L,
  - dosage des transaminases :
    . GOT : 71 U/L,
    . GPT : 32 U/L.

La prise de la température montre une hyperthermie à 38,2 °C. Le poids est de 58 kg pour une taille de 1,75 m.

Tous ces éléments font suspecter à l'interne des urgences l'existence d'une tuberculose pulmonaire. L'hospitalisation en service de pneumologie est demandée.

Par ailleurs, l'interne établit la prescription médicamenteuse suivante :

- PLASMALYTE ® (glucosé à 5 % avec des électrolytes) : 2 L/24 h sur cathéter court ;
- ÉQUANIL ® 400 mg (anxiolytique - sédatif) : 2 cp/jour.

En pneumologie, le médecin demande le complément de bilan suivant :

- une intradermo-réaction à 10 U ;
- une série de 3 tubages gastriques (à commencer le 10 novembre) ;
- un scanner thoracique ;
- une fibroscopie bronchique (si les tubages sont négatifs) ;
- un isolement préventif dans l'attente des résultats.

Les résultats de ce complément de bilan sont les suivants :

- IDR : induration = 17 mm ;
- scanner thoracique : adénopathies médiastinales et opacités excavées prédominant aux sommets, particulièrement à droite ;
- tubages gastriques : présence de BAAR (bacille acido-alcoolo résistant) à l'examen direct dans le 3e tubage. Cette positivité sera confirmée par la mise en culture.

Le diagnostic de tuberculose pulmonaire évolutive est posé. Le médecin établit la prescription suivante :

- maintien de la mesure d'isolement pour une quinzaine de jours dès le début du traitement ;
- maintien de la perfusion de PLASMALYTE ® ;
- maintien de l'ÉQUANIL ® à la même posologie ;
- régime hyperprotidique ;
- surveillance de la température, pouls, pression artérielle, poids ;
- traitement antituberculeux à démarrer le 13 novembre :
  - RIMIFON ® (isoniazide – antituberculeux à action bactéricide) : 5 mg/kg/jour soit 300 mg/jour (cp dosés à 50 mg et 150 mg),

- RIFADINE® (rifampycine – antituberculeux à action bactéricide) : 10 mg/kg/jour soit 580 mg/jour (gélules dosées à 300 mg),
- MYAMBUTOL® (éthambuthol – antibiotique bactériostatique) : 20 mg/kg/jour soit 1 160 mg/jour (cp dosés à 400 mg),
- PIRILÈNE® (pyrazinamide – antituberculeux à action bactéricide) : 30 mg/kg/jour soit 1 750 mg/jour (cp dosés à 500 mg).

Ces traitements sont à administrer le matin, à jeun, en une seule prise, dès la confirmation du diagnostic.

Par ailleurs, le médecin fait les démarches suivantes :
- une demande d'exonération du ticket modérateur ;
- une déclaration de la pathologie.

Il prescrit également une surveillance biologique régulière :
- bilan hépatique (transaminases, gamma GT) : tous les 8 jours pendant 1 mois, puis tous les 15 jours ;
- dosage de l'isoniazidémie : une semaine après la mise en route du traitement.

Les transmissions infirmières vous apportent les éléments suivants.

M. M. a une bonne compréhension de l'intérêt de la prescription instaurée (mesure d'isolement, repos, traitement), mais il éprouve des difficultés à la respecter (il va acheter le journal au kiosque du hall d'entrée). Il éprouve également les mêmes difficultés en regard des conseils d'hygiène de vie prodigués par l'équipe (continue à fumer y compris dans la chambre).

Une aide-soignante ayant retrouvé un comprimé dans le cabinet de toilette, l'équipe suspecte une non-observance du traitement.

En regard de ces éléments et du contexte socio-familial de M. M., le médecin négocie avec lui un séjour en maison de convalescence, en continuité du séjour hospitalier. M. M. ayant donné son accord, une demande est faite auprès du service social de l'hôpital.

Questions

1 *En vous appuyant sur les éléments significatifs du texte, analysez la situation de M. M. dès son entrée dans votre service.*

Cette analyse doit montrer votre compréhension de la situation par les liens que vous faites entre les aspects suivants : mécanismes physiopathologiques, examens, traitements, habitudes de vie, comportement, modalités de prise en charge. Cette analyse doit vous permettre d'identifier les problèmes réels et/ou potentiels. Le terme de problème recouvre tous les problèmes de la personne. (25 points)

2 *Quels objectifs et actions mettez-vous en place en regard des problèmes de santé identifiés à partir de la prescription médicale le 13 novembre ? (Les calculs de débit de perfusion doivent apparaître.)* (25 points)

3 *Lors d'un diagnostic de tuberculose chez un patient, quelles mesures préventives doivent être mises en place auprès de l'entourage familial et professionnel ?* (5 points)

4 *Le BCG est la vaccination contre la tuberculose. Expliquez le mécanisme d'action d'une vaccination.* (5 points)

Réponses

1 **Analyse de la situation**

Il s'agit de M. M., 40 ans, adressé dans le service de pneumologie par l'interne des urgences. Celui-ci suspecte l'existence d'une tuberculose pulmonaire chez ce monsieur, confirmée dans le service. La tuberculose pulmonaire est une maladie infectieuse due au bacille de Koch. C'est une maladie hautement contagieuse, la contagion se fait par voie aérienne (gouttelettes de salive). Le bacille de Koch est un germe aérobie, dont le temps de division est lent (plus ou moins 10 h). Ce bacille peut migrer dans le système lymphatique et atteindre les ganglions.

M. M. présente certains signes cliniques évocateurs d'une tuberculose :
- l'asthénie ;
- l'amaigrissement ;
- l'altération de l'état général ;
- les sueurs nocturnes (particulièrement évocatrices) ;
- un état fébrile (température à 38,2 °C).

D'autres signes peuvent être présents :
- une expectoration : absente chez M. M. ;
- un tableau de pneumopathie (atteinte infectieuse du parenchyme bronchique ou alvéolaire, d'origine bactérienne ou virale) : absent chez

M. M., mais vigilance à exercer car M. M. a des antécédents importants ;
- une hémoptysie : absence chez M. M.

Le caractère de contagiosité de cette maladie explique la déclaration obligatoire et anonyme, qui a pour but le suivi de l'entourage, familial, professionnel de la personne atteinte et l'établissement des données épidémiologiques.

Il existe des facteurs favorisants en ce qui concerne la transmission et le développement de cette maladie : la marginalisation, la situation de précarité et d'exclusion, un niveau socio-économique peu élevé ; ces facteurs sont présents chez M. M. : sur le plan familial, il est isolé (divorcé, peu de contacts avec sa fille).

Il est sans emploi, ses revenus sont constitués du revenu minimum d'insertion, revenu qui garantit la satisfaction des besoins vitaux (logement, nourriture). Ses faibles ressources, ainsi que l'état de chômage (pas d'accès à la médecine du travail) ne lui permettaient pas d'avoir un suivi médical classique.

C'est peut-être ce qui a conduit M. M. à consulter à l'association Médecins du monde. C'est une organisation non gouvernementale (ONG), dont une des fonctions est la prise en charge médicale et sociale des personnes en état de précarité.

Cette pathologie fait l'objet d'une demande d'exonération du ticket modérateur. Le ticket modérateur représente ce qui reste à la charge de l'assuré social. La tuberculose entrant dans la liste des 33 pathologies coûteuses, le médecin fait une demande d'exonération pour toutes les dépenses de santé consécutives à la maladie : examens, traitement, convalescence en maison de repos.

Par ailleurs, M. M. présente des antécédents d'intoxication alcoolo-tabagique, cette dépendance fragilise l'organisme, a des conséquences néfastes sur certains organes et fonctions (poumons, foie). L'alcool entraîne une cytolyse hépatique susceptible d'altérer toutes les fonctions du foie (métabolisme, épuration, stockage, fabrication). Dans la situation de M. M., l'existence de la tuberculose pulmonaire et l'intoxication tabagique fragilisent d'autant plus l'état pulmonaire.

La fonction hépatique de M. M. (gamma GT : 148 UI/L. Normale : < 30 UI/L) est altérée ; en outre les traitements antituberculeux sont hépatotoxiques, cela explique la prescription d'un bilan hépatique toutes les semaines.

Afin de confirmer le diagnostic de tuberculose, le médecin prescrit un bilan :
- radio pulmonaire permettant de constater les lésions significatives d'atteinte pulmonaire ;
- numération-formule sanguine (NFS) permettant d'avoir des chiffres de référence et de repérer une anomalie des lignées sanguines. Chez M. M. il existe une anémie. Cette anémie peut être expliquée par une carence en fer (fréquente dans les intoxications alcooliques), elle peut également être expliquée par une carence nutritionnelle ce qui justifie la prescription de régime hyperprotidique constitué par l'apport d'aliments riches en protides : viande, œuf, poissons, fromage, laitages. Il n'existe pas d'anomalies des globules blancs : normale = 4 à 10 giga/L ;
- vitesse de sédimentation (normale : < 5 mm 1re heure < 10 mm 2e heure), elle est anormalement élevée dès la 1re heure : syndrome inflammatoire et/ou infectieux important en rapport avec la tuberculose ;
- Hb (normale : 14 g à 16 g 100 mL) est ici à la limite de la norme : en lien avec globules rouges bas (GR : 3,5 à 4,5 tera/L) en lien avec la carence en fer découlant de l'intoxication alcoolique ;
- CRP (C réactive protéine) : protéine s'élevant dans un processus inflammatoire et/ou infectieux. Elle est anormalement élevée chez M. M., confirmant une atteinte inflammatoire (normale : < 5 mg/L) : tuberculose et terrain alcoolo-tabagique ;
- protidémie : il existe une hypoprotidémie (normale : 75 g/L ± 5 g), pouvant être expliquée par les antécédents d'intoxication alcoolique de M. M. et sa situation de précarité qui ne permettent peut-être pas une alimentation équilibrée ;
- plaquettes : normales ;
- taux de prothrombine : normal ;
- bilan hépatique perturbé car la fonction hépatique est altérée par l'intoxication alcoolique :
  - gamma GT = 148 UI pour une norme < 30 UI/L,
  - GOT : 71 UI pour une norme : < 17 UI,
  - GPT : 32 UI pour une norme : < 23 UI,
  - phosphatases alcalines : 132 UI pour une norme comprise entre 45 et 122 UI/L ;
- intradermo-réaction : examen qui a pour but de déterminer si la personne a été en contact avec un bacille tuberculeux (primo-infection ou BCG). Dans la situation de M. M., le résultat : 17 mm de diamètre (normale : < 5 mm, douteuse entre

5 et 10 mm) montre une positivité certaine que l'on peut relier aux signes cliniques, radiologiques, biologiques, évocateurs ;

• tubages gastriques : introduction d'une sonde dans l'estomac dans l'objectif d'étudier le liquide gastrique. Examen à faire à jeun avant le lever du patient. Ces tubages permettent le recueil du contenu gastrique et la mise en évidence de la présence de bacilles de Koch (ce bacille n'est pas détruit par le liquide gastrique).

Chez M. M., il y a présence de BK à l'examen direct confirmant le diagnostic et précisant le caractère hautement contagieux.

Les tubages étant positifs, la fibroscopie ne sera pas réalisée. Elle aurait permis des prélèvements *in situ* ;

• scanner thoracique, c'est un examen tomodensitométrique qui réalise des coupes de 1 à 5 mm des organes non creux dans le but d'évaluer l'étendue des lésions. Il montre une tuberculose évolutive (atteinte ganglionnaire).

En regard de tous ces éléments, le médecin prescrit :

• un isolement : permet la non-contagion aux personnes. Le repos prescrit indispensable dans cette pathologie impose une organisation des soins rigoureuse.

Risques :

– isolement social ;
– difficulté pour la personne de respecter les règles, présente chez M. M. ;
– contagion si non-respect ;

• l'hydratation parentérale de PLASMALYTE ® sur cathéter court : débutée aux urgences dans l'objectif d'hydrater M. M. et de prévenir un sevrage alcoolique brutal et ses conséquences (pré-DT), lié aux conditions d'hospitalisation ;

• l'ÉQUANIL ®, anxiolytique, sédatif, est prescrit pour éviter les inconvénients du sevrage alcoolique brutal : agressivité, agitation, angoisse.

Il entraîne un risque de somnolence et, plus rarement, d'hypotension orthostatique.

Risque : infection nosocomiale sur cathéter ;

• le traitement antituberculeux : il est prescrit pour détruire les BK. C'est une association de plusieurs antituberculeux pour éviter la sélection de bacilles résistants.

Dans la situation de M. M., la durée du traitement sera de 6 mois sans interruption (2 mois quadruple thérapie, 4 mois thérapie binaire : RIMIFON ®–RIFADINE ®).

L'administration à jeun en une prise provoque une concentration de médicament élevée pour éviter la multiplication des BK (en lien avec la division lente du BK).

Les médicaments antituberculeux : RIMIFON ®– RIFADINE ®– PIRILÈNE ® présentent un risque d'hépatotoxicité ; c'est pourquoi un bilan hépatique est prescrit, d'autant plus que M. M. présente une fonction hépatique altérée et que ces médicaments se potentialisent entre eux.

L'isoniazidémie est prescrite afin de déterminer :

• si la posologie se situe dans une fourchette thérapeutique efficace ;

• s'il n'existe pas de surdosage d'autant plus à surveiller du fait de l'atteinte hépatique préexistante.

Par ailleurs, ces traitements présentent d'autres effets secondaires :

• le RIMIFON ® présente une toxicité neurologique à type de polynévrite, d'autant plus que l'intoxication alcoolique de M. M. peut entraîner des risques de polynévrite ;

• le RIFADINE ® entraîne une coloration rouge des urines, des selles, des conjonctives ;

• le MYAMBUTOL ® peut provoquer des troubles de l'acuité visuelle et de la vision des couleurs, mais le traitement durant moins de 2 mois, ce risque est quasiment inexistant ;

• le PIRILÈNE ® augmente le taux d'acide urique avec risque de crises de goutte.

Chez ce patient, il existe par ailleurs une non-observance des recommandations prescrites par le médecin (isolement, arrêt du tabac) et il existe une non-observance probable du traitement.

Ce non-respect est peut-être à mettre en lien avec le mode de vie antérieur de M. M., ainsi que ses problèmes socioprofessionnels (perte des repères sociaux).

Le séjour en maison de convalescence peut lui permettre de retrouver ces repères.

Synthèse

En résumé, M. M. présente les problèmes suivants :

• tuberculose pulmonaire évolutive, pathologie infectieuse et contagieuse nécessitant un isolement avec :
– risque d'isolement social,
– non-observance des consignes ;

- un traitement antituberculeux avec risque de toxicité hépatique, neurologique et une suspicion de non-observance du traitement ;
- un risque de prédelirium tremens nécessitant :
  - une réhydratation par voie parentérale (PLASMALYTE ®) → risque d'infection nosocomiale ;
  - un traitement médicamenteux per os (ÉQUANIL ®) → risque de somnolence (d'hypotension orthostatique) -> suspicion de non-observance du traitement ;
- une anémie et une carence nutritionnelle nécessitant un régime hyperprotidique.

2 Objectifs et actions de soins

1er problème : M. M. est infecté par le BK et le risque est de contaminer l'environnement.

Actions : appliquer la prescription médicale d'isolement (maintien de l'isolement) et les mesures de protection :

- chambre individuelle : éviter la contagiosité, chambre fermée en permanence ;
- point d'eau : lavage des mains avant et immédiatement après chaque contact avec le patient ;
- ventilation : ouvrir les fenêtres le plus souvent, permet de :
  - réduire le risque de contamination à l'intérieur de la chambre,
  - éviter la propagation des particules contaminées vers les couloirs ;
- patient :
  - port de masque pour réduire : la quantité de bacilles tuberculeux expirés et le risque d'infection tuberculeuse chez les personnes exposées,
  - port du masque hors de la chambre,
  - limiter les déplacements du patient hors de la chambre ;
- personnel et visiteurs : tenue d'isolement :
  - port du masque : le mettre avant de rentrer et l'enlever à la sortie. Ne pas l'enlever en présence du patient,
  - lavage des mains avant de rentrer et avant de sortir,
  - pas de visite des enfants ;
- déchets organiques :
  - les expectorations dans des mouchoirs en papier ou dans des crachoirs avec couvercle,
  - containers : déchets à risque dans la chambre.
- vaisselle et linge :
  - utilisation du linge de l'hôpital, utilisation d'un sac double emballage,
  - repas : servir dans des barquettes à usage unique, les restes suivent le circuit normal ;
- matériel : tensiomètre, stéthoscope, thermomètre sont affectés au patient et resteront dans la chambre pendant toute la durée de l'hospitalisation.

Dans l'organisation des soins et l'entretien de la chambre, l'équipe planifiera ses interventions en dernier auprès de M. M.

Veiller au regroupement des soins, ce qui favorisera le repos.

En ce qui concerne la non-observance de l'isolement, l'infirmière mettra en place avec M. M. une mesure éducative :

- reprendre avec lui ce qu'il sait de la maladie, ce qu'il en a compris. Réajuster les connaissances ;
- lui expliquer l'intérêt de la mesure d'isolement pour les autres personnes, sans le culpabiliser.

Application du traitement médicamenteux :

- RIMIFON ® per os : 2 cp de 150 mg le matin à jeun :
  - s'assurer de la prise effective du médicament,
  - programmer l'isoniazidémie le 14 octobre,
  - programmer le bilan hépatique le 14 octobre, puis toutes les semaines pendant 1 mois, puis tous les 15 jours,
  - surveillance clinique des effets indésirables :
    . hépatotoxicité, absence de prurit, absence d'ictère :
    . neurotoxicité : absence de fourmillement, de paresthésie, de douleur, d'impatience au niveau des membres supérieurs, possible polynévrite éthylique,
    . absence de manifestations digestives : nausées, vomissements, diarrhées,
    . absence de manifestation cutanéo-muqueuse : exanthème ;
- RIFADINE ® per os : 2 gélules à 300 mg le matin à jeun, s'assurer de la prise effective. La surveillance des effets indésirables porte sur l'hépatotoxicité (idem RIMIFON ®), car l'association de ces 2 médicaments majore ce risque :
  - instaurer une diurèse journalière : insister auprès de M. M. afin qu'il garde ses urines,
  - voir avec le médecin pour programmer une surveillance biologique testant la fonction rénale (urée, créatinine, acide urique),

– prévenir M. M. que ce médicament donnera une coloration rouge aux urines, aux selles, aux conjonctives ;

• MYAMBUTOL® : 3 cp dosés à 400 mg le matin à jeun. S'assurer de la prise effective. Ce médicament peut induire une névrite optique transitoire (baisse de l'acuité visuelle, modification de la vision des couleurs). Dans la situation de M. M., le traitement étant inférieur à 6 mois, ce risque est inexistant, sauf en cas d'insuffisance rénale. Surveiller les manifestations cutanéo-muqueuses, prurit, urticaire ;

• PIRILÈNE® : 3 cp et demi dosés à 500 mg le matin à jeun. S'assurer de la prise effective. La surveillance s'exercera sur le plan clinique et biologique au niveau de l'hépatotoxicité (*cf.* autres traitements).

Surveiller les manifestations digestives. Surveiller l'apparition de signes de goutte : gonflement articulaire rouge, douloureux aux doigts et aux orteils.

L'efficacité du traitement antituberculeux sera appréciée à travers les critères suivants :

• amélioration du traitement antituberculeux et disparition des signes cliniques (pouls, mise en place d'une surveillance journalière) ;

• normalisation de l'image radiologique : prescrite par le médecin.

2e problème : M. M. présente un risque de prédelirium en lien avec le sevrage alcoolique (contexte d'hospitalisation).

➡ **PLASMALYTE® :** 2 L/24 h sur cathéter court ; débit : 28 gouttes/min soit 1 L/12 h (720 min) : 1 mL = 20 gouttes, 1 L = 20 000 gouttes, donc 20 000 : 720 = ± 28 gouttes ;

• s'assurer du bon débit, le reflux doit être vérifié une fois/quart, attention aux coudures des tubulures ;

• critère d'efficacité : absence de signes de delirium (trémulation, sueurs profuses, confusion, agitation, angoisse, hyperthermie) ;

• surveillance des effets indésirables : aucun avec le PLASMALYTE® dans le cas de M. M.

➡ **ÉQUANIL® :** 2 cp/jour, 1 le matin, 1 le soir. S'assurer de la prise effective :

• surveillance de l'efficacité : absence de signes de prédélirium = absence de sueurs, agitation, angoisse, délire, hyperthermie. Prendre la température : < 38,2 °C ;

• surveillance des effets indésirables : surveiller l'état de somnolence. Prendre la pression artérielle qui ne doit pas être en dessous des chiffres de M. M. ;

• s'assurer de l'absence de prise d'alcool, contre-indiqué avec ce type de traitement.

➡ **Risque d'infection nosocomiale lié à la présence du cathéter court :**

• surveillance du point de ponction : absence de douleur, rougeur, suintement, œdème ;

• changement du cathéter court toutes les 72 h, respect du protocole de pose avec les règles d'hygiène et d'asepsie (matériel stérile) ;

• changement de tubulure 1 fois/24 h ;

• surveillance de la température.

➡ **Anémie et carence nutritionnelle :**

• surveillance du régime hyperprotidique instauré depuis le 3 octobre : s'assurer que M. M. suit le régime en tenant compte de ses goûts, s'assurer que la quantité est suffisante. En partenariat avec la diététicienne et sur prescription médicale, supplémenter le régime en fer et en vitamines pour lutter contre le déséquilibre nutritionnel et l'anémie liée à l'intoxication alcoolo-tabagique ;

• mettre en place une surveillance de la courbe de poids (avec la même balance, aux mêmes heures, dans les mêmes conditions) ;

• s'assurer qu'il n'y a pas de prise illicite d'alcool.

➡ **Non-observance du traitement médicamenteux :**

• revoir avec M. M. ce qu'il connaît de l'importance du respect de la prise des médicaments dans les conditions indiquées ;

• lui faire exprimer ses difficultés à prendre le traitement : y a-t-il trop de médicaments, tolérance digestive ?...

• en fonction des réponses obtenues, transmettre au médecin pour réajuster avec lui.

➡ **Risque d'isolement social en lien avec sa pathologie et son contexte social :**

• être à l'écoute afin d'entendre son ressenti ;

• trouver avec lui des moyens d'occupation afin de rompre l'isolement (télévision, radio, journaux, en fonction des ressources du service et des siennes) ;

• être disponible.

3 Mesures préventives pour l'entourage familial et professionnel :

• interrogatoire à la recherche de signes d'imprégnation tuberculeuse : fièvre, sueurs nocturnes, amaigrissement, fatigue anormale ;
• intradermo-réaction à ces mêmes personnes et en fonction du résultat, investigations poussées ;
• contrôle radiologique de toutes les personnes ayant eu un contact avec le patient (conjointe, enfants, amis, collatéraux, voisins, etc.).

4 Mécanisme d'action d'une vaccination

La vaccination immunise le sujet par l'emploi de virus, de germes ou de toxines qui ont perdu leur virulence et donc leur pouvoir pathogène, mais qui ont gardé leur pouvoir antigénique, donc leur possibilité de stimulation de l'immunité tissulaire ou humorale.
Il peut s'agir de vaccins vivants tués ou d'anatoxines.
Dans le cas du BCG : vaccin vivant atténué.

Notes

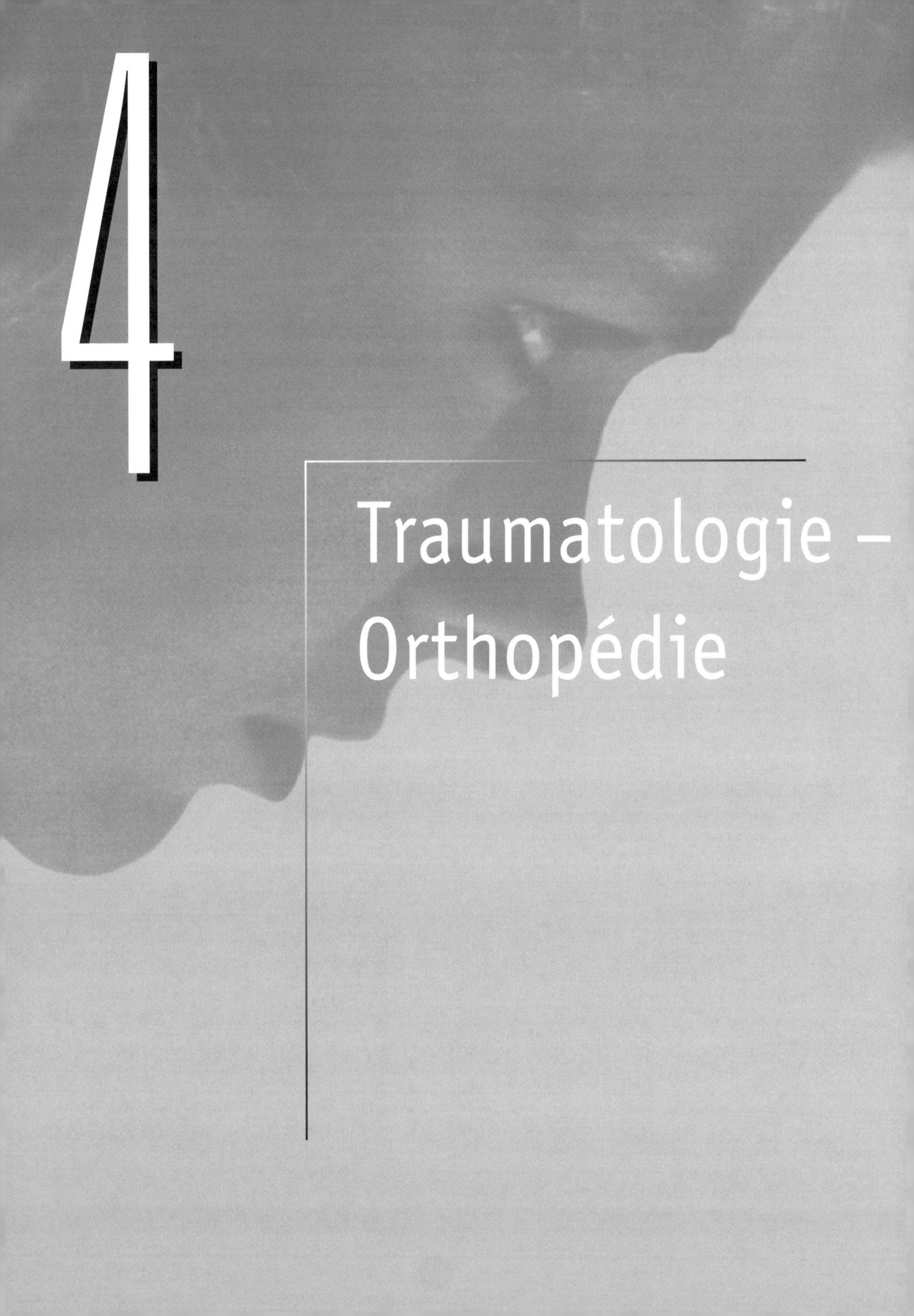

4

Traumatologie – Orthopédie

Descellement fémoral d'une prothèse totale de hanche

Mme Y., 83 ans, est hospitalisée dans le service de chirurgie orthopédique, le 13 novembre 2000, en vue d'une intervention programmée pour un descellement fémoral d'une prothèse totale de hanche droite évoluant depuis 2 ans.

Histoire de la maladie

En 1981, pose d'une prothèse totale de hanche droite pour arthropathie liée à une maladie de Paget.

En 1997, reprise de cette prothèse pour changement de cotyle descellé qui entraînait des douleurs de la cuisse. Cette intervention avait comporté une greffe osseuse du fond du cotyle, et lui avait permis de retrouver une autonomie satisfaisante avec utilisation d'une canne.

Depuis un an, elle souffre à nouveau de sa cuisse droite et, cette fois-ci, la douleur est en rapport avec un descellement de la pièce fémorale.

Antécédents médicaux :

- hypertension artérielle traitée depuis 1977 ;
- infarctus du myocarde en 1977 ;
- angor d'effort ; pas de crise depuis un an ;
- hypercholestérolémie non équilibrée ;
- embolie pulmonaire en postopératoire en 1981 ;
- varices des membres inférieurs ;
- hernie hiatale.

Antécédents chirurgicaux :

- cataracte bilatérale opérée en 1974 ;
- prothèse totale de hanche droite en 1981 ;
- changement de cotyle droit en 1997 ;
- neurolyse pour syndrome du canal carpien du poignet droit en 1999.

Traitement habituel :

- AVLOCARDYL 40® (antihypertenseur, bêtabloquant) : 1/2 cp midi et soir ;
- MÉDIATENSYL 30® (antihypertenseur, vasodilatateur) : 1 gélule matin et soir ;
- UNICORDIUM 100® (antiangoreux) : 2 cps le matin ;
- LANGORAN 20 LP® (dérivé nitré) : 1 gélule midi et soir ;
- ASPÉGIC 250® (antiagrégant plaquettaire) : 1 sachet le matin ;
- BÉFYZAL LP 400® (hypolipidémiant) : 1 cp le midi ;
- TANAKAN® (vasodilatateur périphérique) : 1 cp matin, midi et soir ;
- DI-ANTALVIC® (antalgique périphérique et central, antipyrétique) : 2 gélules matin, midi et soir.

Présentation psychologique et sociale

Mme Y. est une femme qui mesure 1,54 m et pèse 46 kg. Elle est dynamique, habituellement relativement autonome malgré sa douleur de cuisse et des douleurs lombaires liées à sa maladie de Paget. Elle vit seule, dans une maison de plain-pied dans une petite ville à 20 km de l'hôpital.

Elle est veuve depuis 15 ans et a 3 enfants, 6 petits-enfants et 5 arrières-petits-enfants. Une de ses filles, qui habite près de chez elle, vient la voir régulièrement, c'est la personne à contacter en cas de besoin.

Elle était couturière ; actuellement elle aime faire du crochet, faisait partie d'un club de Scrabble avant que ses douleurs l'empêchent de se déplacer.

Elle communique facilement et exprime ses besoins de manière claire.

Elle porte des lunettes pour lire et a une prothèse dentaire en haut et en bas.

Elle mange peu mais de façon équilibrée et dit avoir toujours été très mince.

Elle bénéficie d'un système de téléalarme et d'une aide-ménagère, 2 heures 2 fois par semaine.

Elle bénéficie d'une prise en charge pour ALD (affection de longue durée) depuis son infarctus et possède une mutuelle qui couvre le forfait journalier.

Histoire actuelle

Depuis trois mois, cette douleur entraîne une impotence majeure limitant les déplacements à quelques pas, avec des douleurs aiguës et un sentiment d'insécurité important. Elle est d'accord avec son chirurgien pour bénéficier d'une nouvelle reprise de sa prothèse, après avis du cardiologue. Celui-ci n'a pas trouvé de contre-indication à l'intervention, qui est prévue sous anesthésie générale, la rachianesthésie étant contre-indiquée du fait de sa maladie de Paget.

Ses constantes étaient alors :

- TA : 13/8 cmHg ;
- pouls : 60/min.

Son bilan préopératoire comprenait :

- une radiographie de la hanche ;
- une radiographie pulmonaire ;
- un ECG ;
- un ECBU ;
- un bilan dentaire ;
- la recherche d'agglutinines irrégulières ;
- NFS, plaquettes ;
- VS, CRP ;
- ionogramme sanguin, urémie, créatininémie ;

- cholestérol, lipides totaux, triglycérides ;
- TP, TCA, INR.

Le bilan n'a révélé aucune anomalie majeure, en dehors d'une hypercholestérolémie à 3,02 g/L (7,79 mmol/L). Il est en outre prévu la commande de deux concentrés globulaires comptabilisés.

Elle est admise en chirurgie le 13 novembre 2000. Elle est opérée le 14 novembre à 8 h 30.

L'intervention, réalisée sous anesthésie générale, a consisté à retirer la prothèse fémorale et le ciment et à reposer une autre prothèse fémorale longue cimentée. Malgré les difficultés habituelles à ce type d'intervention, celle-ci se révèle satisfaisante. Le chirurgien prévoit une reprise d'appui précoce.

Elle revient du bloc opératoire à 14 h 15.

Elle est porteuse de :
- deux drains aspiratifs type Redon ;
- deux cathéters courts :
  - un au bras droit, sur lequel passe 1 litre de sérum glucosé à 5 % ;
  - un au bras gauche, sur lequel passe le deuxième culot globulaire ;
- un pansement occlusif ;
- une sonde vésicale ;
- un coussin d'abduction.

Elle va bien.

Ses constantes sont : TA : 11/6 cmHg, pouls : 80/min.

Les prescriptions sont les suivantes :
- sérum glucosé à 5 % : 1 500 mL/24 heures ;
- PRO-DAFALGAN ® (antalgique, antipyrétique) : 2 g dans 100 mL de glucosé à 5 %, à passer en 15 min, toutes les 6 h, en intratubulaire ;
- PROFÉNID ® (anti-inflammatoire non stéroïdien) : 100 mg dans 100 mL de glucosé à 5 % à passer en 20 min toutes les 8 h, en intratubulaire ;
- MOPRAL ® (antiacide) : 1 gélule le matin ;
- FRAXIPARINE ® (héparine de bas poids moléculaire) : 0,2 mL en S/C par 24 heures, à commencer à 20 h ;
- surveillance TA, fréquences respiratoire et cardiaque, toutes les demi-heures pendant 1 heure, puis toutes les heures pendant 3 heures, puis toutes les 3 heures pendant 12 heures ;
- ECG et NFS à 16 heures ;
- ablation de la sonde vésicale à 16 heures, si la diurèse est supérieure à 300 mL ;
- collation liquide à partir de 16 heures si elle est bien réveillée ;
- mise au fauteuil dès demain ;
- bandes à varices.

Elle a reçu en peropératoire :
- ORBÉNINE ® (antibiotique) en flash : 2 g en début et en fin d'intervention ;
- PRO-DAFALGAN ® (antalgique, antipyrétique) : 2 g à 12 h ;
- un culot globulaire compatibilisé.

Le premier litre de sérum glucosé à 5 % a été posé en salle de réveil à 14 h, ainsi que le deuxième culot globulaire.

Questions

1 *En vous appuyant sur les éléments significatifs du texte et sur vos connaissances, analysez la situation de Mme Y. à son retour du bloc opératoire de 14 h 15 à 22 h.*

Cette analyse écrite doit montrer votre compréhension de la situation par les liens que vous établissez entre la situation actuelle et ses antécédents, l'histoire de la maladie, les prescriptions, ses habitudes de vie…

Cette analyse doit vous permettre d'identifier les problèmes réels et/ou potentiels. Le terme de problème recouvre tous les problèmes de la personne.

(20 points)

2 *Au regard des problèmes énoncés, déterminez les objectifs et les actions de soins à mettre en place ce jour de 14 h 15 à 22 h.*

Calculez le débit en gouttes par minute des différentes perfusions (glucosé à 5 %, PRO-DAFALGAN ®, PROFÉNID ®) en faisant apparaître vos calculs.

(20 points)

3 *Dans le cadre de la transfusion sanguine :*

a. *Expliquez en quoi consiste le contrôle ultime au lit du malade.*

b. *Expliquez le résultat que vous devez trouver lors de ce contrôle pour pouvoir transfuser le patient.*

c. *Citez et justifiez les actions immédiates à mettre en place, en cas d'apparition de signes évoquant un accident hémolytique.*

4 *À J6, Mme Y. va bien, les séances de kinésithérapie lui permettent de marcher dans le couloir avec 2 cannes. Elle souhaite retourner à son domicile. Sa sortie est donc prévue à J15, avec prise en charge par le SSIAD (service de soins infirmiers à domicile). Vous devez réaliser la fiche de transfert pour l'infirmière du SSIAD.*

Quels éléments d'informations transmettrez-vous à l'infirmière (après accord de prise en charge par le SSIAD) afin d'assurer la continuité des soins ?

Réponses

1 Analyse de la situation de Mme Y.

Mme Y. a subi une première intervention pour pose de prothèse de hanche, c'est-à-dire le remplacement de la tête fémorale et du cotyle (cavité du bassin dans laquelle s'articule la tête fémorale) par du matériel scellé (« collé » au ciment), en 1981, car elle présentait une atteinte articulaire liée à une maladie de Paget (maladie qui se caractérise par des déformations osseuses pouvant entraîner des douleurs et arthrose). Le principal risque lié à ce type d'intervention est la luxation, surtout en postopératoire immédiat et récent, mais elle expose aussi à plus long terme au risque d'usure ou de descellement (c'est-à-dire que le ciment s'altère et ne remplit plus sa fonction), ce qui entraîne douleur et impotence qui vont en s'aggravant. C'est ce qui est arrivé il y a trois ans ; à cette époque seul le cotyle avait été remplacé.

Aujourd'hui, c'est la pièce fémorale qui est descellée, entraînant douleurs et impotence fonctionnelle importante, chez cette dame de 83 ans, mince (l'obésité pourrait constituer une contre-indication), habituellement dynamique et dont les pathologies sous-jacentes : angor (douleur thoracique liée à la mauvaise oxygénation du muscle cardiaque, qui peut aboutir à l'infarctus du myocarde, c'est-à-dire une nécrose du muscle cardiaque par défaut d'irrigation, liée à une obstruction d'une ou plusieurs artères coronaires par des plaques d'athérome, qui chez Mme Y. peut être mise en lien avec une hypercholestérolémie et une HTA qui sont des facteurs de risque de la maladie athéromateuse) et HTA sont équilibrés par un traitement adapté :

- pour l'angor : UNICORDIUM ® et LANGORAN ®, ainsi qu'ASPÉGIC ® associé pour éviter les complications thrombo-emboliques liées à la pathologie athéromateuse. Cet antécédent devra être pris en compte dans la surveillance postopératoire, car l'intervention entraîne une hémorragie et donc une anémie, qui peuvent être à l'origine d'une récidive de douleurs angineuses ;
- pour l'HTA : AVLOCARDYL ® et MÉDIATENSYL ®, qui permettent d'obtenir une TA à 13/8 cmHg, tout à fait satisfaisante pour une dame de cet âge.

Par ailleurs, elle est entourée et bénéficie d'une bonne couverture sociale (l'intervention sera prise en charge par la CPAM à 100 % car le K opératoire sera supérieur à 50 et elle a une mutuelle qui prend en charge le forfait journalier – environ 70 francs par jour).

Tout cela autorise l'intervention et permettra d'envisager un retour à domicile dans de bonnes conditions.

Aujourd'hui, Mme Y. a donc subi l'intervention prévue sous anesthésie générale et revient du bloc à 14 h 15. Elle va bien, mais un certain nombre de problèmes réels ou potentiels seront à prendre en compte.

➡ Problème hémorragique

C'est une intervention sanglante qui entraîne une perte de sang entre 600 et 1 500 cc, l'os saigne facilement et son hémostase spontanée est plus longue que celle des autres tissus. L'hémorragie peut avoir plusieurs conséquences :

- risque de récidive d'angor et d'instabilité tensionnelle :
  - relié :
    - à ses antécédents ;
    - à l'hémorragie peropératoire et éventuellement postopératoire (hématome), qui peuvent entraîner une hypovolémie et une anémie susceptibles de provoquer une récidive des douleurs angineuses ;
  - majoré par le choc que représente le geste chirurgical et l'anesthésie, qui peut faire décompenser toute pathologie sous-jacente et notamment son hypertension artérielle ;
  - facteur de risque : hypercholestérolémie (traitée par BÉFYZAL LP ®) ;
- anémie : qui risque d'entraîner une fatigue dans les jours suivants ;
- risque d'hématome : qui aggraverait l'anémie et constituerait un risque infectieux important ; facteur de risque : traitement par ASPÉGIC ® (arrêté quand ?).

Cela justifie :

- la consultation préopératoire chez le cardiologue, avec un ECG et une radio pulmonaire ;
- les culots globulaires pour compenser les pertes peropératoires ;
- la NFS préopératoire et celle de 16 heures pour évaluer l'anémie ;

• le bilan de coagulation préopératoire (TP, TCA, INR, plaquettes), pour dépister et corriger si besoin des troubles avant l'intervention ;
• les redons, pour évacuer l'hématome et évaluer l'hémorragie ;
• la surveillance des pouls, tension, fréquence respiratoire.

Risque de luxation de la prothèse

C'est-à-dire le déboîtement de la tête fémorale du cotyle, relié à la section chirurgicale des muscles, ligaments et capsule articulaire qui stabilisent physiologiquement l'articulation. Ce risque persiste environ 3 mois, tant que les muscles ne sont pas assez tonifiés par la kinésithérapie, notamment. Pour l'éviter, il faut proscrire les mouvements qui associent flexion, rotation interne et adduction. Ce qui explique la présence du coussin d'abduction entre les genoux, c'est-à-dire qui maintient les genoux écartés.

Risque d'accident thrombo-embolique

Il s'agit de phlébite et/ou d'embolie pulmonaire (phlébite : constitution d'un caillot dans une veine périphérique, le plus souvent au niveau des membres inférieurs ; embolie pulmonaire : migration du caillot vers le cœur puis l'artère pulmonaire, entraînant l'absence de vascularisation d'un territoire pulmonaire plus ou moins étendu qui peut mettre en jeu le pronostic vital).
Ce risque d'accident thrombo-embolique est lié à :
• l'intervention de la hanche, très emboligène (torsion des troncs veineux en peropératoire) ;
• ses antécédents d'embolie pulmonaire en post-opératoire en 1981 ;
• la présence de varices qui ralentissent le retour veineux (traitées habituellement par TANAKAN ®) ;
• l'immobilité même brève qu'entraîne l'intervention.
Ce qui justifie :
• la prescription de FRAXIPARINE ®, héparine de bas poids moléculaire, permettant d'améliorer le flux sanguin mais qui entraîne un risque de thrombopénie ;
• le lever précoce, qui sera facilité par le fait que Mme Y. soit une femme mince et dynamique ;
• la surveillance du pouls, TA, fréquence respiratoire ;
• le port de bandes à varices.

Risque de douleur

Ce risque est lié à l'incision chirurgicale et au fait que Mme Y. a des douleurs lombaires dues à sa maladie de Paget.
Ce qui justifie la prescription de PRO-DAFALGAN ® et de PROFÉNID ®, anti-inflammatoire qui potentialise l'effet de l'antalgique. Ils sont prescrits de façon régulière et systématique afin d'éviter l'installation de la douleur (on sait qu'une douleur installée est plus difficile à sédater). Le MOPRAL ® a été prescrit pour protéger la muqueuse gastrique des effets indésirables du PROFÉNID ®, d'autant que Mme Y. est fragilisée sur ce plan par la présence d'une hernie hiatale.

Risque infectieux :

• au niveau de la prothèse, risque d'ostéite, de retard de consolidation voire de pseudarthrose :
– relié à :
  - la présence d'un corps étranger, représenté par la prothèse ;
  - l'incision ;
  - le fait qu'il s'agisse d'une reprise chirurgicale, qui aggrave le risque ;
  - le fait que l'os peu vascularisé se défende mal contre l'infection ;
  - risque qui pourrait être aggravé par la présence d'un hématome ;
– ce qui justifie :
  - le bilan infectieux préopératoire (ECBU, bilan dentaire, radio pulmonaire ainsi que VS et CRP), pour dépister un éventuel foyer infectieux source de contamination hématogène ;
  - l'antibiothérapie, au moment d'une éventuelle contamination peropératoire ;
  - le pansement occlusif ;
• au niveau de la sonde vésicale, dont on sait qu'elle constitue une des principales causes d'infection nosocomiale ; c'est la raison pour laquelle il est prescrit l'ablation de cette sonde à 16 heures, la durée du sondage ayant une incidence sur le taux de contamination ;
• au niveau des voies d'abord, également cause d'infection nosocomiale en raison de l'effraction de la barrière cutanée et des manipulations : risque de lymphangite, voire de septicémie.

Risques liés à l'immobilité :

• escarres : elles peuvent s'installer en quelques heures si des mesures de prévention ne sont pas mises en œuvre rapidement, et être source de douleur et cause d'infection ;
• infection pulmonaire et constipation : ne seront à envisager que dans les jours suivants.

Risques de troubles liés à l'anesthésie générale

Le retour dans le service de chirurgie ne s'effectuant que si le patient est parfaitement réveillé et stabilisé sur le plan hémodynamique et respiratoire en salle de réveil, les risques portent essentiellement sur la survenue de nausées/vomissements. Si absence de nausées, collation à 16 h.

➡ Difficulté à effectuer ses soins d'hygiène et de confort

Ce problème est relié à :
- l'immobilité, due à l'intervention et l'anesthésie ;
- la douleur lors des mouvements ;
- la présence de perfusions, de la sonde urinaire, des redons.

2 Problèmes : objectifs et actions de soins s'y rapportant

Problèmes	Objectifs	Actions
• Problèmes liés à l'hémorragie postopératoire : – risque de récidive d'angor et d'instabilité tensionnelle ; – risque d'anémie ; – risque d'hématome.	• Prévenir les risques. • Dépister les signes.	• Surveiller la transfusion : doit passer en 1 h 30. • Surveiller la perfusion de sérum glucosé à 5 %, la changer à 22 h. *Débit :* $\frac{1\,500 \times 20\text{ g}}{24 \times 60} = 20{,}83$, soit 21 gouttes/min par excès. • Maintenir le pansement compressif, vessie de glace si besoin. • Surveiller les redons, évaluer la quantité des saignements. • Mesure de la TA et des pulsations à 14 h 30, 15 h, 16 h, 17 h, 18 h, 21 h, rechercher frissons, température, douleur lombaire, malaises. • Rechercher si douleur thoracique. • NFS, ECG à 16 h. • Rechercher douleur, tension, augmentation du volume au niveau de la cuisse.
• Risque de luxation de la prothèse.	• Que Mme Y. ne fasse pas de mouvements luxants.	• Installer Mme Y. en décubitus dorsal avec le coussin d'abduction entre les genoux. • Maintenir le coussin lors des mobilisations afin d'éviter qu'elle ne croise les jambes. • Lui en expliquer l'intérêt lorsqu'elle sera disponible (bien réveillée, pas douloureuse).
• Risque thrombo-embolique.	• Favoriser le retour veineux. • Prévenir œdème. • Dépister.	• Injection de FRAXIPARINE® : 0,2 mL en S/C à 20 h. • Prévoir mise au fauteuil dès le lendemain. • Bandes à varices avant le lever. • Mobilisation active des orteils pour favoriser le retour veineux et éviter l'œdème. • Rechercher signes locaux de rougeur, chaleur, dilatation du réseau veineux, douleur à la pression des masses musculaires du mollet et à la flexion du pied sur la jambe, crampe unilatérale du mollet, œdème du pied. • Recherche de douleur thoracique, dyspnée importante, diminution de la pression artérielle, angoisse.
• Risque infectieux : – au niveau de la prothèse ; – infection urinaire ; – infection KT.	• Prévenir tout risque infectieux.	• Rechercher souillure du pansement, sinon maintenir pansement 2 jours. • Protéger et manipuler les redons en respectant les règles d'hygiène. • Retirer la sonde vésicale à 16 h après nettoyage antiseptique. • Manipulation des KT, perfusions, transfusions, avec asepsie.

Problèmes	Objectifs	Actions
	• Dépister.	• Rechercher une éventuelle rougeur au niveau du point d'entrée des KT.
• Risque d'escarres.	• Éviter les compressions prolongées.	• Planifier et effectuer massages et changements de positions toutes les 3 heures (en maintenant le coussin d'abduction entre les genoux), et en la tournant plutôt du côté sain. • Maintenir le lit propre, draps bien tendus.
• Risque de douleurs.	• Que Mme Y. ne souffre pas. • Dépister.	• PRO-DAFALGAN ® en intratubulaire à passer à 18 h, en 15 min, dans 100 mL de glucosé à 5 %, puis le planifier à 0 h, 6 h. *Débit :* $\frac{100 \times 20 \text{ g}}{15}$ = 133,33, soit 134 gouttes/min par excès. • PROFÉNID ® en intratubulaire à passer à 20 h, en 20 min, dans 100 mL de glucosé à 5 %, puis le planifier à 4 h. *Débit :* $\frac{100 \text{ mL} \times 20 \text{ g}}{20}$ = 100 gouttes/min. • Planifier le MOPRAL ® pour le lendemain matin. • Installation confortable dans le lit (avec coussin d'abduction). • Évaluer l'efficacité du traitement.
• Difficulté à effectuer ses soins d'hygiène et de confort.	• Maintenir autonomie. • Suppléer si besoin.	• Installer à portée de main la sonnette, puis la boisson à partir de 16 h. • Si pas de nausées, collation à 16 h ; l'installer en position demi-assise en lui demandant de s'appuyer sur la jambe saine. • Prévoir un perroquet pour qu'elle puisse se mobiliser seule. • Lui passer ses vêtements personnels dès que possible (bien réveillée, pas douloureuse). • Si nausées, prévenir l'anesthésiste.

3 Transfusion sanguine : contrôle ultime, accident hémolytique

a. Contrôle ultime au lit du malade

Le contrôle ultime prétransfusionnel au lit du malade est un contrôle obligatoire, effectué par la personne qui transfuse. Il permet de s'assurer, juste avant la pose du concentré globulaire, que ce dernier et le malade sont bien de même groupe dans le système ABO.

Il consiste à mettre une goutte de sang du concentré globulaire et une goutte de sang prélevé au malade en présence de sérum contenant des anticorps connus (anti-A et anti-B), et à comparer les réactions respectives.

b. Résultats

Pour pouvoir effectuer la transfusion, les réactions des 2 sangs aux sérum anti-A et anti-B doivent être rigoureusement identiques.

Le moindre doute doit amener l'IDE à refaire le contrôle et, en cas de doute persistant, à ajourner la transfusion et avertir le malade.

c. Conduite à tenir en cas d'apparition de signes évoquant un accident hémolytique :

- arrêt immédiat de la transfusion : pour éviter l'aggravation ;
- prélèvement d'un ou deux tubes (selon protocole) de sang du malade : pour effectuer les examens et contrôles permettant de confirmer la

nature de l'accident (certains signes peuvent être dus à un accident bactérien ou à une réaction immunologique) ;
- conserver la poche de sang avec la tubulure connectée : pour effectuer l'examen bactériologique par le laboratoire et l'enquête par l'établissement de transfusion sanguine ou par les correspondants de l'hémovigilance ;
- garder la voie d'abord veineuse avec un sérum isotonique (glucose à 5 % ou sérum salé à 9 ‰ : pour pouvoir mettre en œuvre un traitement symptomatique d'urgence (notamment faire face à un état de choc) ;
- alerter le médecin : pour prescription des mesures thérapeutiques d'urgence et signalement de l'accident au correspondant d'hémovigilance ;
- revérifier la concordance identité du patient/carte de groupe/groupe du concentré érythrocytaire et le résultat du contrôle ultime : pour s'assurer qu'aucune erreur n'a été commise ;
- rester auprès du patient et surveiller de façon rapprochée le pouls, la TA, la fréquence respiratoire et vérifier la température : pour évaluer l'évolution du patient afin d'agir en conséquence.

4 Prise en charge par le SSIAD

Les éléments d'information à transmettre (après accord de prise en charge par le SSIAD) pour assurer la continuité des soins sont les suivants :

- informations administratives concernant Mme Y. :
  – état civil ;
  – coordonnées de la famille et de la personne ressource ;
  – Sécurité sociale (SSIAD : prise en charge à 100 %) ;
- informations concernant la situation de soins de Mme Y. :
  – nom et coordonnées du service d'origine et de l'IDE de référence ;
  – type et date d'intervention ;
  – bilan d'autonomie/mobilité et capacité de transfert ;
  – habitude de soins/hygiène et confort ;
  – traitement médicamenteux en cours (sans valeur de prescription) et planification sur 24 heures ;
  – niveau de coopération et d'information de Mme Y. ;
  – aménagement habitat réalisé ou à réaliser, matériel et équipement nécessaires, bilan de l'ergothérapeute ;
  – besoins de Mme Y. : aide-ménagère ou auxiliaire de vie, télé-sécurité, portage des repas ;
  – joindre les ordonnances médicales comprenant :
    - la prescription de soins à domicile (type de soins, répartition dans la journée, durée dans le temps) ;
    - traitement FRAXIPARINE ® et bilan, bandes à varices, cannes anglaises ;
    - kinésithérapie ;
    - traitement habituel si besoin ;
  – rendez-vous radio de contrôle et consultation ;
  – s'assurer que la lettre du chirurgien est parvenue ou va parvenir dans les plus brefs délais au médecin traitant.

Infirmière dans le service d'orthopédie, vous vous occupez, ce jour, de Mme C.

Présentation de la situation

Mme C., 88 ans, est admise en urgence le 1er novembre 2000 pour fracture du col fémoral gauche suite à une chute.

Mme C. mesure 1,60 m pour 65 kg. Elle n'a aucun signe physique particulier, excepté le port de lunettes pour la lecture.

C'est une femme de caractère agréable qui habituellement communique bien avec son entourage. Elle est veuve depuis 10 ans. Elle a 3 enfants : 1 fils avec qui elle vit, célibataire, âgé de 60 ans, retraité de la SNCF, et 2 filles avec qui elle n'a plus de relation depuis la mort de son époux, en raison de problèmes d'héritage. Un de ses neveux, très présent, demeure dans la région. Mme C. prend toutes les décisions et gère seule le quotidien.

Elle bénéficie de la pension de réversion de la retraite de son mari, exploitant agricole. Elle est prise en charge par la MSA (Mutualité sociale agricole) pour ses soins et elle cotise à une mutuelle complémentaire.

Mme C. vit à la campagne dans une maison individuelle à étage. La maison est chauffée au bois (cheminée à insert) et à l'électricité (radiateurs dans les chambres et la salle de bain qui sont au 1er étage). Les plus proches voisins sont à 2 km.

Les antécédents médicaux de Mme C. sont les suivants :

- arthrose cervicale, traitée par DI-ANTALVIC ® ;
- hypertension artérielle, traitée par LASILIX ®, RISORDAN ®, ISOPTINE ® et NITRIDERM ® PATCH ;
- angor, traité par LASILIX ®, RISORDAN ®, ISOPTINE ® et NITRIDERM ® PATCH ;
- insuffisance cardiaque, traitée par LASILIX ®, RISORDAN ®, ISOPTINE ® et NITRIDERM ® PATCH ;
- incontinence urinaire modérée.

Histoire de la maladie

Opérée le 2 novembre sous rachi-anesthésie, on lui a posé une plaque coudée vissée. L'intervention s'est déroulée sans incident. Elle revient du bloc opératoire avec une perfusion veineuse, une sonde vésicale et un drainage aspiratif de Redon. Le médecin lui prescrit des antalgiques (paracétamol), ainsi qu'un anticoagulant (une héparine à bas poids moléculaire).

Le 3 novembre, le résultat de la numération formule sanguine met en évidence une hémoglobine à 7 g/100 mL (normale = 10,5 à 17 g/100 mL). Le médecin prescrit une transfusion de 2 concentrés globulaires.

Les jours suivants, perfusion, sonde vésicale et drain de Redon seront retirés. Le pansement, refait chaque jour, est propre. Mme C. est mise au fauteuil sans appui. L'appui ne sera autorisé qu'au 15e jour postopératoire.

Le 4 novembre, le neveu de la malade informe le service que le fils de celle-ci est mort accidentellement en venant la voir. Il souhaite que l'annonce du décès soit faite par le médecin en sa présence. Les filles, prévenues, ne se sont pas manifestées.

Dans un premier temps, Mme C. s'effondre. Elle pleure beaucoup et n'arrive pas à verbaliser sa souffrance. Elle reste prostrée dans son lit, les yeux fermés. Elle ne répond pas aux questions posées par les soignants. Les jours suivants, elle manifeste un certain désintérêt pour tous les soins ainsi que pour son alimentation. L'équipe de nuit a relevé qu'elle ne dort pas et qu'elle ne cesse de pleurer. Au vu de son état, le médecin prescrit un anxiolytique.

Le 10 novembre, l'infirmière signale au médecin une température corporelle à 38 °C et un pouls à 110 pulsations par minute. Celui-ci prescrit un bilan bactériologique urinaire ainsi qu'un antibiotique.

Le résultat bactériologique reviendra négatif et l'antibiothérapie est arrêtée.

Le 13 novembre, Mme C. présente les signes d'une phlébite au mollet gauche. Le diagnostic est confirmé par une échographie-Doppler. Un traitement est mis en route :

- alitement strict ;
- bas de contention 24 h sur 24 h ;
- héparine au pousse-seringue électrique.

À ce jour, le 16 novembre, on observe des rougeurs aux talons, sacrum et coudes, des fuites urinaires de plus en plus fréquentes nécessitant des protections en continu. Mme C. se plaint également de douleurs cervicales. Au niveau du pansement, les fils ont été retirés la veille, la cicatrice laissée à l'air.

Les signes de la phlébite régressent. Le traitement médical est le suivant :

- RISORDAN 40 LP ® : 1 comprimé matin et soir ;
- ISOPTINE 120 ® : 1 gélule matin et soir ;
- LASILIX 20 ® : 1 comprimé le matin ;
- NITRIDERM PATCH ® : 10 mg le matin ;
- DI-ANTALVIC ® : 2 gélules matin, midi et soir ;

- TRANXÈNE ® 5 mg : 1 gélule matin et midi ;
- TRANXÈNE ® 10 mg : 1 gélule le soir ;
- soluté glucosé à 5 % en garde-veine : 500 mL par 24 h (de 8 h à 8 h) ;
- héparine au pousse-seringue : 250 mg par 24 h à passer en 2 fois (8 h-20 h et 20 h-8 h) ;
- alitement strict poursuivi ;
- port des bas de contention maintenu.

L'état psychologique de la malade est fluctuant depuis l'annonce du décès de son fils. On a noté des épisodes d'amélioration de son moral mais également des moments d'opposition aux soins, voire des propos agressifs envers son neveu et envers les soignants. Cependant, depuis quelques jours, elle est de plus en plus triste. Elle pleure à nouveau, n'a plus d'appétit, pense qu'elle ne s'en sortira pas et qu'on l'empêchera de rentrer chez elle. Elle dit souvent : « Si je n'étais pas tombée, mon fils serait encore là. » La nuit, à plusieurs reprises, Mme C. est retrouvée assise dans son lit, prête à se lever, se croyant chez elle et réclamant son fils.

Mme C. répète sans cesse qu'elle veut retourner vivre chez elle. Elle croit qu'avec de l'aide cela est possible. Or, son neveu s'y oppose et souhaite son placement en maison de retraite. L'assistante sociale propose une mesure de protection des biens.

Questions

1 *Rédigez l'analyse de la situation de soins en établissant les liaisons significatives entre les données du texte et vos connaissances.*

2 *Formulez les problèmes de santé : problèmes traités en collaboration et/ou diagnostics infirmiers.*

3 *Rédigez le projet de soins à ce jour, le 16 novembre 2000.*

Annexe

- DI-ANTALVIC ® : paracétamol, antalgique périphérique, antipyrétique (gélules de 400 mg).
- LASILIX 20 ® : furosémide, diurétique de l'anse (comprimés de 20 mg).
- RISORDAN 40 LP ® : vasodilatateur, anti-angoreux.
- ISOPTINE 120 ® : inhibiteur calcique (gélules de 120 mg).
- NITRIDERM PATCH ® 10 mg : trinitrine patch de 10 mg, vasodilatateur, anti-angoreux (comprimés de 40 mg à libération prolongée).
- TRANXÈNE ® : benzodiazépine, anxiolytique, myorelaxant, sédatif (gélules de 5 mg et de 10 mg).
- Héparine : anticoagulant d'action immédiate (solution injectable, flacons de 5 mL, soit 25 000 UI).

Réponses

1 Analyse de la situation de soins

Données	Analyse
Sur le plan biologique	
• Fracture du col du fémur.	• Définition : rupture de la continuité d'un os, ici fémur. • Fréquente chez le sujet âgé, ostéoporotique, surtout la femme. • Circonstances fréquentes : chutes au domicile.
• Sous rachi-anesthésie.	• Anesthésie loco-régionale : introduction d'un produit anesthésique dans l'espace sous-arachnoïdien, agit sur la racine du nerf. • Type d'anesthésie préférable : personne âgée, antécédents cardiaques, confort d'une analgésie post opératoire.

Données	Analyse
• Plaque coudée vissée. • Sans appui avant 15 jours.	• Matériel courant. • Pas d'appui sur le membre avant 15 jours pour faciliter l'ancrage du matériel.
• Redon aspiratif.	• Système de drainage pour faciliter la cicatrisation.
• Sonde vésicale.	• Système de drainage de l'urine, mis en place par rapport à l'intervention, antécédent d'incontinence, confort postopératoire immédiat.
• Paracétamol.	• Traite la douleur en postopératoire.
• Héparine à bas poids moléculaire. • Mise au fauteuil.	• Prévention des troubles emboliques, en lien avec l'alitement, la mobilité restreinte et les antécédents cardiaques.
• Numération-formule sanguine, hémoglobine à 7 g pour 100 mL. • Transfusion sanguine : deux concentrés globulaires. • Pansement propre, fils retirés, cicatrice à l'air.	• Comptage des éléments figurés du sang. • Traitement de l'anémie + intervention sanglante. • Pas d'infection, pas de problème de cicatrisation.
• Arthrose cervicale. • Actuellement douleurs cervicales ; traitement : DI-ANTALVIC ®.	• Arthropathie due à la destruction lente du cartilage d'enrobement osseux intra-articulaire. L'arthrose cervicale touche surtout la femme. • Mme C. présente un signe clinique spécifique : la douleur, traitée par antalgique (DI-ANTALVIC ®).
• Hypertension artérielle. • Insuffisance cardiaque. • Angor. • Traitement : LASILIX ®, RISORDAN ®, ISOPTINE ®, NITRIDERM ®.	• L'hypertension artérielle se définit par une pression artérielle systolique > 160 mmHg et une pression artérielle diastolique > 95 mmHg. • L'HTA a des effets sur le cœur : hypertrophie des parois du ventricule gauche et progression de l'artériosclérose coronaire. Elle est cause fréquente d'insuffisance cardiaque. • L'hypertension est traitée chez Mme C. par un diurétique (LASILIX ®) afin de diminuer la volémie. • Angor : syndrome douloureux rétrosternal traduisant une ischémie myocardique (RISORDAN ®, ISOPTINE ®, NITRIDERM ®). • Facteurs favorisants de l'insuffisance cardiaque : la surcharge pondérale et l'âge.
• Phlébite. • Température : 38 °C, pouls : 110/min. • Bilan bactériologique négatif (ECBU).	• Définition : occlusion d'une veine profonde par un thrombus. • Liée à : réduction de la mobilité, insuffisance cardiaque, surcharge pondérale. • Bilan bactériologique (ECBU) ; dissociation pouls/température. • 2 hypothèses de diagnostic : infection ou phlébite.
• Écho-Doppler.	• Examen d'imagerie par ultrasons : confirme le diagnostic de phlébite, son site.
• Alitement strict, bas de contention, héparine.	• Évite la migration du thrombus. • Conséquence : l'alitement strict provoque la perte d'autonomie de Mme C. pour ses différents besoins.

Données	Analyse
• Données générales : 1,60 m pour 65 kg.	• Formule de Lorentz : $(T - 100) - \frac{(T - 150)}{4} = (160 - 100) - \frac{(160 - 150)}{4}$ $= 57,5$ kg. • Personne âgée, donc pas de surcharge pondérale.
• Incontinence modérée (fuites urinaires). • Traitée actuellement par LASILIX®.	• Liée au relâchement des sphincters vésicaux dû à l'âge, au LASILIX® et au retrait de la sonde urinaire. • Lié à l'état cutané déjà fragilisé par l'alitement et l'âge.
• Actuellement rougeurs aux talons, sacrum, coudes.	• Personne âgée (peau plus fragile). • Alitement prolongé. • Incontinence urinaire (protections urinaires).
Sur le plan psychologique	
• Caractère agréable habituellement.	• Ressource : bonne communication.
• Décès du fils.	• Rôle de la mère, sa place. Questionnement attendu sur l'évolution de la relation entre Mme C. et son fils.
• Mme C. s'effondre, pleure, a des troubles du sommeil, une impossibilité à verbaliser.	• Étape de deuil : choc.
• Anxiolytique (TRANXÈNE®).	• Traitement de l'état d'anxiété.
• État psychologique fluctuant : amélioration du moral/opposition au soin, propos agressifs.	• Suite étapes de deuil : révolte (rupture avec son lieu de vie, dépendance, solitude).
• Tristesse, pleurs, pas d'appétit.	• Autre étape de deuil : dépression (le deuil n'est pas encore fait et l'étape d'acceptation n'a pas encore eu lieu).
• Ses propos : « Si je n'avais pas fait cette chute (…) ».	• Culpabilité.
• La nuit, assise sur son lit, réclame son fils.	• Perturbation temporo-spatiale en lien avec le choc, l'âge et l'insécurité.
Sur le plan social	
• Mme C. gère son quotidien.	• Ressources personnelles. • Autonomie de vie.
• 3 enfants : – 2 filles : pas de relation, prévenues du décès, pas de réaction ; – 1 fils : vit avec elle, célibataire, retraité, décède ; • 1 neveu : présent, vivant dans la région.	• Difficultés qui perdurent. • Ressource qui disparaît. Présence affective, sentiment de sécurité qui disparaissent. • Ressource et relation sociale.
• Pension de retraite. • Mutuelle complémentaire.	• Pas de difficulté financière pour la prise en charge. • Hypothèse : décès du fils → incidence financière.
• Vit à la campagne, maison individuelle, à étage, chauffage au bois, voisinage à 2 km.	• Isolement géographique par rapport aux voisins. • Logement non adapté pour une personne âgée.

Données	Analyse
• Veut retourner chez elle… demande de l'aide. Son neveu s'y oppose, souhaite un placement en maison de retraite.	• Volonté, désir de retourner au domicile : choix de la personne âgée, droit du malade, problème d'éthique. • Hypothèses : – responsabilité du neveu ; – sécurité de sa tante ; – manque d'informations sur le maintien à domicile ; – impossibilité de la garder avec lui ? – problème de santé publique.
• Proposition de protection des biens par l'assistante sociale.	• Régime de protection qui convient à des personnes qui ont des difficultés à gérer leurs biens. • En lien avec la désorientation de Mme C., la non-manifestation de ses filles et le décès du fils.

2 Problèmes de santé

(Toute autre formulation des problèmes de santé peut être acceptée si elle est pertinente à la situation.)

Problèmes traités en collaboration :

- phlébite ;
- consolidation de la fracture ;
- douleur cervicale ;
- anxiété ;
- risques cardio-vasculaires :
  - angor ;
  - HTA ;
  - insuffisance cardiaque.

Diagnostics infirmiers :

- deuil lié à la mort de son fils, se manifestant par le comportement de Mme C. ;
- altération de l'état cutané, liée à l'âge de la personne, à l'alitement, à l'incontinence urinaire, se manifestant par des rougeurs ;
- syndrome d'incapacité partielle de se prendre en charge, lié à la phlébite et à son traitement, à la fracture, se manifestant par l'incapacité à assurer ses auto-soins (alimentation, toilette, élimination…) ;
- risque de syndrome d'immobilité, lié à la phlébite, à la fracture et à l'âge :
  - constipation ;
  - respiration ;
  - infection ;
  - accidents ;
- stratégie d'adaptation familiale inefficace : soutien compromis, lié à l'état de santé de Mme C. et se manifestant par la décision du neveu, la proposition de l'assistante sociale, l'absence des filles et la non-prise en compte de la volonté de Mme C.

3 Projet de soins

Problèmes en collaboration

Phlébite :

- objectifs :
  - guérir ;
  - éviter l'aggravation ;
- actions :
  - surveiller l'évolution des signes de la phlébite :
    - diminution du fébricule ;
    - diminution du pouls ;
    - localement : mollet gauche plus souple et moins chaud ;
    - douleur au mollet gauche ;
  - administrer le traitement :
    - garde-veine de glucose à 5 % sur 24 h :
      . 500 mL ou 500 × 20 gouttes (1 mL = 20 gouttes) en 24 h (24 × 60 min), soit un débit de : $\frac{500 \times 20}{24 \times 60} = 6{,}94$, soit 7 gouttes/min par excès ;
      . ou bien : $\frac{500}{24} = 20{,}8$, soit un débit de 21 mL/h ;
      . avec surveillance locale du point d'injection de la voie (perméabilité du débit) ;
    - héparine au pousse-seringue :
      . mettre en route une seringue à 8 h et à 20 h avec 125 mg d'héparine soit 2,5 mL d'héparine ;
      . surveillance des effets indésirables de l'anticoagulant : hématuries, épistaxis… ;

. surveillance de la coagulation par prélèvements veineux sur prescription médicale (TCA, héparinémie) ;
– alitement strict :
- veiller à ce que Mme C. reste alitée, lui expliquer ;
- signaler au médecin que Mme C. a été retrouvée prête à se lever la nuit ;
– bas de contention : penser à les remettre après la toilette car doit les avoir en continu ;
• évaluation : les signes régressent.
Consolidation de la fracture :
• objectif : favoriser la consolidation ;
• actions :
– surveiller la douleur ;
– l'appui n'est autorisé qu'à partir du 17 novembre mais comme Mme C. doit rester alitée, la rééducation à la marche est reportée ;
– cependant, veiller à la bonne position des membres inférieurs (bon alignement et surveillance des positions vicieuses) ;
– possibilité d'entreprendre une démarche éducative ;
• évaluation :
– pas de mauvaises positions des membres inférieurs ;
– absence de douleur et de plaintes.
Risques cardio-vasculaires (angor, HTA, insuffisance cardiaque) :
• actuellement, Mme C. a un état stable sur le plan de son HTA, angor et insuffisance cardiaque ;
• objectif : prévenir et dépister les signes de décompensation ;
• actions :
– surveillance :
- HTA : surveillance de la tension artérielle, des céphalées ;
- angor : surveillance de l'apparition de la douleur thoracique ;
- insuffisance cardiaque : surveillance du pouls, de la fréquence et de la qualité de la respiration ;
– administration des traitements prescrits :
- RISORDAN 40 LP® : 1 comprimé matin et soir ;
- ISOPTINE 120® : 1 gélule matin et soir ;
- LASILIX 20® : 1 comprimé le matin ;
- patch de NITRIDERM® à poser après la toilette du matin ;
– surveillance des effets indésirables des traitements + efficacité, notamment ceux du LASILIX® (déshydratation), avec surveillance entrée et sorties (boissons + perfusion en entrées et diurèse en sortie) ainsi que l'état de la peau (pli cutané) ;
• évaluation : pas de décompensation actuellement.
Douleur cervicale :
• objectif : diminuer ou traiter la douleur ;
• actions :
– signaler au médecin les douleurs persistantes malgré le traitement ;
– administrer le traitement : DI-ANTALVIC®, 2 gélules matin, midi et soir ;
– proposer un enveloppement chaud autour du cou ;
– masser le cou lors de la toilette ;
– installation confortable (position antalgique) ;
• évaluation : présence ou non de la douleur.
Anxiété :
• objectif : ne sera plus anxieuse ;
• actions :
– parler avec la malade, être à son écoute ;
– informer le médecin que, depuis quelques jours, Mme C. pleure à nouveau, n'a plus d'appétit, etc. ;
– stimuler pour repas (quantité) ;
– favoriser la communication avec l'équipe… ;
– administrer son TRANXÈNE® *per os* ;
– contrôler ses repères ;
• évaluation :
– propos, comportement, appétit ;
– signes : désorientation.

➡ Diagnostics infirmiers

Deuil lié à la mort de son fils :
• se manifestant par le comportement de Mme C. ;
• objectif : Mme C. exprimera ses émotions ;
• actions :
– offrir son soutien à Mme C. ;
– montrer à Mme C. que l'on comprend son chagrin ;
– être à l'écoute et mettre en place une relation d'aide par rapport au deuil à faire ;
• évaluation :
– comportement de Mme C. ;
– teneurs des propos.
Altération de l'état cutané :
• liée à l'âge de la personne, à l'alitement, à l'incontinence urinaire, se manifestant par des rougeurs au sacrum, talons et coudes ;

- objectif : Mme C. n'aura plus de rougeurs ;
- actions *(toutes les actions en lien avec l'hygiène, le confort, l'alimentation sont attendues)* :
– laver soigneusement la peau et bien sécher ;
– maintenir une literie bien sèche sans plis ;
– mettre un matelas anti-escarres ;
– faire des massages préventifs d'escarre plusieurs fois par jour ;
– mettre des protections aux talons, sacrum et coudes ;
– faire mobiliser les articulations des bras et chevilles par la malade (excepté cheville gauche) durant la journée ;
– si une alimentation hyperprotidique est possible, la commander ;
– si l'hydratation *per os* est possible, inciter la malade à boire ;
- évaluation : état de la peau.

Syndrome d'incapacité partielle de se prendre en charge :

- lié à la fracture, à la phlébite, se manifestant par l'incapacité à assurer ses auto-soins ;
- objectif : Mme C. effectuera ou dira comment le soignant doit effectuer les activités suivantes ;
- actions : aide et installation pour l'alimentation, la toilette, l'habillage, l'élimination (fécale et urinaire), les loisirs, la sécurité ;
- évaluation : manifestations d'autonomie.

Risques de syndrome d'immobilité, lié à la phlébite, à la fracture et à l'âge :

- constipation :
– objectif : Mme C. ne sera pas constipée ;
– actions (en lien avec la prévention de la constipation) :
  - après vérification de la quantité maximale de boisson quotidienne à ingérer (consigne médecin), faire boire ;
  - prévoir un régime alimentaire riche en cellulose ;
  - surveiller et noter les selles ;
  - signaler constipation au médecin ;
– évaluation : les selles.
- respiration :
– objectif : Mme C. n'aura pas de stase bronchique ;
– actions (en lien avec la prévention) :
  - surveiller la respiration : fréquence respiratoire, couleur de la peau, faciès, téguments, état de conscience, encombrement bronchique ;
  - stimuler pour cracher si encombrement ;
  - signaler au médecin si encombrée (traitement médicamenteux, kiné respiratoire ?) ;
– évaluation : encombrement des voies respiratoires.
- infection :
– objectif : Mme C. n'aura pas d'infection ;
– actions (en lien avec la prévention) :
  - surveiller cliniquement : coloration du faciès, sensation de chaleur, transpiration, douleur… ;
  - prendre la température corporelle ;
  - surveiller la peau (la cicatrice de l'intervention devrait être nette), les urines (couleur, odeur) ;
  - signaler au médecin les signes d'infection repérés ;
– évaluation : signes d'infection ;
- accidents (chutes) :
– objectif : Mme C. ne fera pas de chute ;
– actions (en lien avec la prévention des chutes) :
  - lors des soins nécessitant la mobilisation de la malade (toilette, installation au repas…), se faire aider par une tierce personne ;
  - mettre les ridelles au lit la nuit, en expliquer la nécessité à la malade ;
– évaluation : les chutes ;

Stratégie d'adaptation familiale inefficace (soutien compromis) :

- liée à l'état de santé de Mme C., se manifestant par la décision du neveu, la proposition de l'assistante sociale, l'absence des filles et la non-prise en compte de la volonté de Mme C. ;
- objectif : Mme C. et son neveu envisageront une solution pour la sortie du service de la malade ;
- actions : entamer un questionnement chez Mme C. ;
- évaluation : décision commune satisfaisante pour Mme C. et son neveu.

→ Traumatologie – Orthopédie
Fracture comminutive de la diaphyse humérale droite

Infirmier(ère) en service de chirurgie orthopédique, vous travaillez de 7 h à 15 h et vous prenez soin de M. C., 46 ans, entré hier matin après une chute de mobylette survenue alors qu'il se rendait à son travail.

À l'arrivée aux urgences hier
Il présentait :
- une déformation importante et une impotence fonctionnelle du bras droit ;
- des ecchymoses diffuses brachiales et céphaliques ;
- des excoriations cutanées multiples ;
- une douleur importante à la mobilisation passive du bras droit lors de l'examen.

Son état général est jugé correct, mais son hygiène corporelle est « déplorable » (ses pieds sont sales, ses ongles mal entretenus, ses sous-vêtements sont maculés et ses cheveux sont poisseux).
M. C. présente aussi de fins tremblements des lèvres lors de la parole et de légères trémulations des deux membres supérieurs (malgré l'impotence fonctionnelle à droite).
Il répond correctement aux questions et est orienté dans le temps et l'espace.
Ses constantes sont les suivantes :
- pression artérielle : 12/7 cmHg ;
- pulsations : 84 battements par minute ;
- température : 37,2 °C.

Les radiographies affirment l'existence d'une fracture comminutive de la diaphyse humérale droite. Un enclouage centro-médullaire est programmé en fin d'après-midi et un bilan préopératoire est prélevé aux urgences en vue de l'intervention… (principaux résultats donnés en annexe).
Un garde-veine a été posé sur un cathéter périphérique au bras gauche (500 mL de soluté glucosé à 5 % en 24 h) et des antalgiques ont été prescrits :
- PRO-DAFALGAN ® (proparacétamol : antalgique et antipyrétique) : 1 g × 3 par 24 h en intraveineux dilué dans 100 mL de soluté glucosé à 5 % en 20 minutes (traitement débuté à 8 h) ;
- morphine (opiacé : analgésique) : 5 mg en sous-cutané toutes les 8 h (si le PRO-DAFALGAN ® est insuffisant).

De plus, une prescription de 2 concentrés érythrocytaires est effectuée dans l'après-midi.

À votre prise de service ce jour à 7 h
Vos collègues vous signalent que l'intervention de M. C. a été différée et qu'il est porteur d'une immobilisation de type Dujarrier, coude au corps, réalisée à l'aide de bandes adhésives élastiques.
Il n'a pas été nécessaire d'effectuer des injections de morphine jusqu'à présent.

Ce matin, ses constantes sont les suivantes :
- pression artérielle : 15/8 cmHg ;
- pulsations : 100 battements par minute ;
- température : 38,7 °C ;
- fréquence respiratoire : 20 mouvements par minute.

D'autre part :
- le médecin est attendu en urgence auprès de M. C., devenu très agité au petit matin (il crie et veut « écraser les bêtes qui montent sur les murs ») ;
- M. C. ne répond plus de façon adaptée aux questions posées et présente une hypersudation et de nettes trémulations aux membres supérieurs.

À 8 h, ce jour, le médecin prescrit :
- 3 L de soluté glucosé à 5 % à passer en 24 h, avec, par litre :
  - 4 g de NaCl et 2 g de KCl (NaCl et KCl en ampoules de 10 mL dosées à 10 %) ;
  - TIAPRIDAL ® (tiapride : neuroleptique) : 200 mg par litre (ampoules de 2 mL = 100 mg) ;
  - HYDROSOL POLYVITAMINÉ ® (polyvitamines) : 1 ampoule de 2 mL par litre ;
- TRANXÈNE ® (clorazépate dipotassique, benzodiazépine : anxiolytique) : 20 mg en intraveineuse directe lente immédiatement, à renouveler toutes les 8 h si agitation (flacons de poudre lyophilisée à 50 mg à dissoudre dans 2,5 mL de solvant) ;
- vitamines Bl-B6 (thiamine-pyridoxine) : 2 comprimés par 24 h ;
- VALIUM ® (diazépam, benzodiazépine : anxiolytique) : 3 comprimés à 5 mg par 24 h ;
- hydratation *per os* : 1 litre au minimum par 24 h.

Les prescriptions précédentes de PRO-DAFALGAN ® et de morphine ne sont pas modifiées.

Annexe
Bilan préopératoire de M. C. (réalisé au service des urgences)

Résultats	Valeurs normales
• Hématies : 1 800 000/mm³. • Hémoglobine : 7 g/100 mL. • Hématocrite : 18 %. • Plaquettes : 96 000/mm³.	• 4 000 000 à 5 000 000/mm³. • 15 à 16 g/100 mL. • 40 à 45 %. • 300 000 à 400 000/mm³.
• Taux de prothrombine : 37 %.	• 100 %.
• Natrémie : 133 mmol/L. • Kaliémie : 3,4 mmol/L.	• 135 à 142 mmol/L. • 4 à 5 mmol/L.
• SGOT : 332 UI/L. • Gamma-GT : 400 UI/L.	• 5-37 UI/L. • 5-49 UI/L.
• Bilirubine totale : 88 µmol/L. • Bilirubine directe : 68 µmol/L. • Bilirubine libre : 20 µmol/L.	• 1-19 µmol/L. • 1-6 µmol/L. • 1-19 µmol/L.
• Alcoolémie : nulle.	• 0 g/L

Questions

1 *En prévention de quels risques le médecin a-t-il pris la décision de différer l'intervention de M. C. ? Argumentez vos réponses à l'aide des éléments du texte et de vos connaissances.* (6 points)

2 *Relevez les éléments significatifs du texte qui caractérisent :*
- *le* delirium *de M. C. ;*
- *les circonstances de l'apparition de ce* delirium.

Apportez un éclairage théorique concernant ces deux aspects.
Répondez sous forme de tableau ne prêtant pas à confusion :
- *Éléments significatifs du texte*
- *Éclairage théorique*
- Delirium
- *Circonstances d'apparition* (8 points)

3 *Diagnostics infirmiers*

a. *Identifiez les risques (problèmes potentiels) et les diagnostics infirmiers présentés par M. C. directement en lien avec son* delirium.

b. *Pour chaque risque et diagnostic identifié, indiquez les actions infirmières (rôle sur prescription et rôle propre) que vous mettrez en œuvre.*

Pour le traitement médicamenteux, vous ferez apparaître :
- *les quantités ;*
- *les répartitions horaires ;*
- *les débits des perfusions en tenant compte des médicaments ajoutés.* (16 points)

Réponses

1 Raisons du report de l'intervention chirurgicale de M. C.

Le médecin a pris la décision de différer l'intervention de M. C. en raison de la présence des risques suivants :
- risque hémorragique (il existe une perturbation importante des éléments du bilan sanguin relatifs à la coagulation et à l'hémostase sanguine de M. C.) :
  - taux de prothrombine : 37 % (normale : 100 %, en l'absence de traitement anticoagulant par antivitamines K). Cela traduit une insuffisance hépato-cellulaire de la synthèse des facteurs de coagulation ;
  - plaquettes à 96 000/mm³ (normale : 300 000 à 400 000 par mm³) ;
  - de plus, la chirurgie osseuse (enclouage centro-médullaire prévu) est réputée « sanglante ». Si

une hémorragie survenait durant l'intervention, cela entraînerait le risque suivant ;

- risque d'aggravation de son anémie (existante à l'arrivée, que le médecin a d'ailleurs tenté de compenser par l'administration de 2 concentrés érythrocytaires) :
  - hémoglobine : 7 g/100 mL (normale : 15 à 16 g/100 mL) ;
  - hématocrite : 18 % (normale : 40 à 45 %) ;
  - hématies : 1 800 000/mm^3 (normale : 4 000 000 à 5 000 000/mm^3) ;
- risque infectieux (existant lors de toute intervention mais aggravé ici) :
  - présence d'excoriations cutanées multiples ;
  - chute de mobylette : contact avec milieu souillé (terre) ; vaccination antitétanique à jour ? ;
  - hygiène corporelle « déplorable » (« ses pieds sont sales, ses ongles mal entretenus, ses sous-vêtements sont maculés et ses cheveux sont poisseux »).

(NB. : le risque de delirium tremens *peut apparaître dans la réponse sans pénalisation mais n'est pas attendu ici.)*

2 Éléments du texte qui caractérisent le *delirium* de M. C. et ses circonstances d'apparition

	Éléments significatifs du texte	Éclairage théorique
• *Delirium.*	• « M. C. crie et veut écraser les bêtes qui montent sur les murs ».	• Délire confuso-onirique se manifestant par des hallucinations à type de zoopsie. Délire à scénario terrifiant.
	• « M. C. est devenu très agité au petit matin ». • « M. C. ne répond plus de façon adaptée aux questions posées ».	• Cette attitude est le témoin d'une profonde angoisse liée à l'atmosphère de cauchemar intense. Cette angoisse s'exprime par : – une panique intense ; – une agitation ; – une confusion.
	• « M. C. présente une hypersudation ». • « Sa température est à 38,7 °C ce matin » (37 °C à l'arrivée). • « Sa pression artérielle est de 15/8 cmHg ce matin » (12/7 cmHg à l'entrée). • « M. C. présente de nettes trémulations aux membres supérieurs » (il existait déjà à son entrée de fins tremblements des lèvres lors de la parole et de légères trémulations aux deux membres supérieurs).	• L'état de *delirium tremens* s'accompagne de : – manifestations générales ; – manifestations neurologiques. • Ces manifestations traduisent l'atteinte du système neurovégétatif et l'atteinte du système nerveux périphérique.

3 a. et b. Problèmes potentiels, diagnostics infirmiers et actions mises en œuvre

➡ Risque de violence envers lui-même :

- à type de chutes, complications locales au niveau de sa fracture, ablation accidentelle ou volontaire de son Dujarrier et/ou de sa voie veineuse ;
- lié à son état de *delirium tremens* (confusion, hallucinations, peur, agitation) ;
- actions proposées :
  - le placer, si possible, dans une chambre proche de la salle de soins pour faciliter la surveillance ;
  - sécuriser l'environnement immédiat :
    - éloigner les objets dangereux : cordon de sonnette, de lumière, verre (gobelet en plastique) ;

- fenêtre sécuritaire ou fermée « à clé » ;
- si lit à hauteur variable : position basse ;
- attention au pied à perfusion : hors de portée ;

– surveillance soutenue, fréquente :
  - Dujarrier (intégrité, sensibilité et mobilité de la main, pouls radial, chaleur et coloration de la main) ; position du membre fracturé (douleur) ;
  - perfusion (point de ponction, retour veineux, aspect local, débit de la perfusion) ;

– appliquer le traitement prescrit :
  - TRANXÈNE ® : la prescription est de 20 mg toutes les 8 h. Comme le TRANXÈNE ® se présente sous la forme de flacons de poudre de 50 mg à dissoudre dans 2,5 mL de solvant, ces 20 mg seront obtenus par prélèvement d'un volume de la solution préparée égal à $\frac{2,5 \times 20}{50}$ = 1 mL à 8 h (à renouveler à 16 h et 0 h si l'agitation se poursuit) ;
  - TIAPRIDAL ® : 2 ampoules (soit 4 mL = 200 mg) par litre de soluté glucosé à 5 % ;
  - polyvitamines ;

(ce traitement peut se retrouver aussi au regard des risques de complications neurologiques)

– apprécier et noter l'évolution de l'état d'agitation.

Risque de déshydratation avec risque de collapsus cardio-vasculaire :

- lié à son état de *delirium tremens*, avec hyperthermie, agitation, hypersudation ;
- actions proposées :

– surveiller et noter les paramètres vitaux : pouls, pression artérielle, fréquence respiratoire, température ;

– réhydratation :
  - perfusion : 3 L par 24 h de soluté G5 %, soit 1 L toutes les 8 h, avec 40 mL NaCl + 20 mL KCl + 4 mL de TIAPRIDAL ® + 2 mL de polyvitamines, soit 1 066 mL en tout en 8 h (8 × 60 min). Comme 1 mL = 20 gouttes, le débit est de : $\frac{1\,066 \times 20}{8 \times 60}$ = 44, 41, soit 44 gouttes/min

    par défaut (surveillance de la perfusion : débit, reflux veineux, trajet, douleur, extravasation) ;
  - faire boire au minimum 1 L par jour *per os* ; proposer fréquemment à boire (en prenant garde aux fausses routes possibles, donc positionner M. C. en position demi-assise pour boire). Proposer de l'eau fraîche. Établir une fiche d'hydratation journalière. Évaluer et noter le degré de déshydratation (pli cutané, tonus des globes oculaires, sécheresse de la peau), surveiller l'évolution de l'hyperthermie, et garder (si possible…) les urines du malade (ou noter les urines perdues) pour évaluer la diurèse.

Risque de complications neurologiques :

- à type d'hyperthermie, de convulsions, d'épilepsie, de coma ;
- actions proposées :

– risque d'hyperthermie :
  - surveillance de la température, du faciès (coloration), hypersudation ;
  - découvrir M. C., être attentif à la température ambiante de la pièce (radiateurs, aérer en toute sécurité), maintenir son confort et faire boire (traité plus haut) ;

– risque de convulsions, d'épilepsie, de coma :
  - administrer le traitement prescrit :
    . TIAPRIDAL ® (2 ampoules de 2 mL dans chaque litre de soluté glucosé à 5 %) ;
    . VALIUM ® (3 cp à 5 mg par 24 h) ;
    . HYDROSOL POLYVITAMINÉ ® (1 ampoule de 2 mL par litre de soluté G5 %) ;
    . vitamines B1-B6 ;
  - surveiller l'efficacité du traitement : réponses aux questions, conscience, coordination des mouvements, évolution des trémulations, tonus musculaire.

Risque de majoration de la douleur :

- au niveau de sa fracture, par l'agitation et les risques de chocs locaux ;
- actions proposées :

– administrer le traitement prescrit :
  - PRO-DAFALGAN ® : 1 g en IV dans 100 mL de G5 %, en 20 min, 3 fois par 24 h, soit 1 g/8 h (à 8 h, 16 h, 0 h). Le débit est donc de :

    $\frac{100 \times 20}{20}$ = 100 gouttes/min ;
  - morphine si besoin ;

– éléments de surveillance : intégrité de son Dujarrier, degré d'agitation, plaintes, mimiques, échelle d'évaluation de la douleur (si possible).

Risque de majoration de son anxiété :

- selon l'évolution de son *delirium* ;
- actions proposées :
  - administrer le traitement prescrit : TRANXÈNE®, 20 mg en IV lente à renouveler toutes les 8 h si agitation (à 8 h, 16 h et 0 h) : $\frac{2,5 \text{ mL} \times 20}{50}$, soit 1 mL de solution ;
  - expliquer les soins, passages fréquents dans la chambre, laisser de la lumière, resituer la réalité si propos inadaptés, le rassurer, lui donner des repères ;
  - éléments de surveillance : discours de M. C., état d'agitation, réponses aux questions.

Risque infectieux :

- lié aux excoriations cutanées, au contexte d'hygiène « déplorable », à la porte d'entrée que représente la voie veineuse et aux manipulations du robinet à 3 voies pour réaliser les différentes injections ;
- actions proposées :
  - restaurer et maintenir l'hygiène corporelle de M. C. : toilette au lit, changes tels que de besoin ;
  - actions de prévention et de dépistage :
    - respect de l'asepsie dans les soins et lors de toute manipulation ;
    - vérifier, dans la mesure des possibilités, la vaccination antitétanique de M. C. et transmettre au médecin ;
    - surveillance de la température, de l'apparition de frissons, aspect des plaies cutanées, trajet et point d'abord de la perfusion (rougeur, chaleur).

Déficit en auto-soins (ou incapacité temporaire à réaliser les gestes de la vie quotidienne) :

- lié à sa perte d'autonomie physique (immobilisation aux deux bras : Dujarrier, perfusions) et à son état confusionnel ;
- principaux besoins perturbés :
  - hygiène et confort ;
  - alimentation, hydratation ;
  - élimination ;
  - communication ;
- actions proposées :
  - hygiène et confort :
    - toilette, réfection du lit, change autant que de besoin (sueurs), shampooing et bain de pieds à programmer ultérieurement ;
    - rafraîchir M. C. fréquemment et veiller à la température de la pièce ;
    - installation la plus confortable et la plus antalgique possible (pour minimiser les causes d'agitation) ;
  - alimentation et hydratation :
    - aider M. C. lors des repas (si autorisés). Faire attention aux fausses routes éventuelles (l'installer en position 1/2 assise). Respecter son rythme et l'encourager ;
    - noter les aliments ingérés ;
    - le faire boire souvent, lui proposer de l'eau fraîche ;
    - respecter l'administration des quantités prescrites, noter les quantités bues ;
  - élimination :
    - surveillance attentive (éviter les urines perdues pour diurèse la plus juste possible) ;
    - proposer régulièrement le bassin ; surveillance des selles (les noter) ;
  - communication :
    - à chaque passage (fréquent) dans la chambre, essayer de resituer M. C. ;
    - lui présenter (ou lui rappeler) les soins, le rassurer, diminuer son angoisse ;
    - s'enquérir de ses besoins.

Jacqueline M., 18 ans, célibataire, est transférée ce jour dans le service d'orthopédie où vous travaillez. Elle occupe une chambre individuelle.

Elle présente :

- une fracture du tibia et du péroné nécessitant le port d'un plâtre cruro-pédieux ;
- une fracture du sacrum sans disjonction sacro-coccygienne avec immobilisation stricte au lit.

En effet, Jacqueline M. était hospitalisée dans le service de psychiatrie depuis 2 semaines pour restriction alimentaire volontaire et état d'amaigrissement empirant depuis 1 an dans un contexte d'anorexie mentale grave.

Après 3 consultations, elle avait fini par accepter l'hospitalisation et les conditions de prise en charge qui lui étaient proposées.

À son entrée, elle pesait 34 kg pour 1,68 m. Elle a perdu 16 kg en 1 an.

Selon ses dires, c'est en enjambant la fenêtre de sa chambre pour aller téléphoner à sa mère qu'elle aurait chuté du 2e étage.

Les données consignées dans le dossier de soins infirmiers sont les suivantes.

Jacqueline M. est en 2e année de médecine et a, jusqu'à maintenant, toujours obtenu d'excellents résultats pendant ses études. Ses bonnes notes sont dues à une intense activité intellectuelle. Elle travaille beaucoup, surtout la nuit, et dort très peu. Elle s'adonne régulièrement à la marche et au jogging. Pour dissimuler sa maigreur, elle porte des vêtements relativement amples et bouffants. Son visage émacié est ridé et porte des stigmates de fatigue.

Elle dénie le fait que son pronostic vital pourrait être mis en jeu. Elle ne se trouve pas maigre, même si elle a conscience d'avoir une alimentation réduite à base de laitages et de légumes verts.

Son régime aurait débuté il y a 1 an à la suite de sollicitations affectives face auxquelles elle se sentait perdue. Le flirt, les relations avec les garçons, leur regard la gênent et la dégoûtent.

Elle n'a pas d'ami et n'entretient pratiquement aucun contact social. En revanche, elle manifeste un quasi-« agrippement » à sa mère.

Pour elle, les repas familiaux étaient vécus comme un véritable calvaire.

Elle dit aussi faire un régime, car elle ne voudrait pas ressembler à sa mère qui est obèse.

Ses parents sont agriculteurs. Au début, ils ont essayé de la forcer à manger plus, mais sans succès. J. M. ne supportait plus les remarques, se sentait surveillée, ce qui l'a amenée à quitter régulièrement la table. Elle passait des heures aux toilettes, se plaignant d'être constipée malgré un usage abusif de laxatifs.

Dans le service de psychiatrie, elle a tenté de manipuler le personnel afin d'obtenir des « dérogations » quant au contenu du contrat de soins.

Elle se plaint d'avoir souvent froid. Elle est pâle et a la peau violacée. Elle est parfois énurésique, ce qui l'attriste considérablement. Elle n'est plus réglée depuis près de 1 an.

Aucune cause somatique n'explique son amaigrissement. On note cependant une hypokaliémie et une hyponatrémie.

Les constantes de ce jour sont :

- T° : 36,4 °C ;
- PA : 9-6 ;
- pouls : 50 ;
- poids : 36 kg.

Le contrat de soins est le suivant : isolement dans sa chambre jusqu'à ce qu'elle atteigne le poids de 45 kg avec :

- pesée 1 fois/semaine ;
- limitation à 30 min du temps des repas (3 repas et 1 goûter à 16 h) ;
- visite des parents autorisée une fois en fin de semaine ;
- entretien quotidien avec le médecin psychiatre ;
- temps de la toilette limité à 30 min le matin et à 15 min le soir ;
- pas de courrier et pas d'accès au téléphone.

En attendant le retour dans le service de psychiatrie, la prise en charge continue dans le service d'orthopédie. L'équipe a souligné les éléments suivants concernant J. M. :

- se plaint de mal dormir la nuit - souffre +++ ;
- se sent très fatiguée ;
- présente une rougeur au sacrum ;
- est peu communicative même quand on la sollicite ;
- ne mange pas les quantités requises ;
- paraît triste, se plaint des injections de CALCIPARINE®.

À ce jour, la prescription est la suivante :

- port du plâtre pendant 6 semaines ;
- immobilisation stricte au lit ;
- présence infirmière intensive au lit de la patiente ;

• surveillance quotidienne des constantes (T° - pouls - PA).
Traitement :
• CALCIPARINE ®, 0,2 mL 3 fois/24 h sous-cutanée ;
• TRANXÈNE ® 10 mg, 1 gélule matin et soir (anxiolytique) ;
• STILNOX ® 10 mg, 1 cp le soir (hypnotique) ;
• PRO-DAFALGAN CODÉINÉ ®, si douleurs jusqu'à 3 cp/jour, chaque prise espacée d'au moins 4 h (antalgique) ;
• perfusion de soluté glucosé à 5 %, 1 L/24 h avec :
– 1 g de KCl (amp. de 10 mL dosée à 20 %),
– 1 g de NaCl (amp. de 10 mL dosée à 10 %),
– HYDROSOL POLYVITAMINÉ ® - 2 amp. de 2 mL ;
• hydratation : 1 L de boisson variée par jour ;
• alimentation variée en présence de l'infirmière.
Examens complémentaires à réaliser ce jour :
• ECG (électrocardiogramme) ;
• dosage de la natrémie, de la kaliémie et de la glycémie.
L'analyse du recueil des données de Jacqueline M. a permis de dégager les problèmes de santé suivants :
• difficultés d'adaptation aux exigences du contrat de soins ;
• stratégies d'adaptation individuelle inefficaces ;
• atteinte à l'intégrité de la peau.

Questions

1 *En vous appuyant sur les diagnostics médicaux et les éléments cités dans le texte, quels problèmes réels et/ou potentiels dégagez-vous ce jour concernant Jacqueline M. ?*
(Consigne : argumentez chaque problème.)
(12 points)

2 *En regard des prescriptions médicales de ce jour, explicitez l'intérêt de chacune d'entre elles.*
Développez les actions à mettre en œuvre et la surveillance (sauf pour les constantes).
(NB : Énoncez les résultats normaux pour les examens demandés.) (18 points)

3 *Libellez en termes de diagnostics infirmiers les problèmes de santé exposés dans le texte.*
Formulez les objectifs, précisez les actions à entreprendre et les critères d'évaluation. (24 points)

4 *Expliquez les modalités du passage d'un traitement anticoagulant injectable (héparine) à un traitement anticoagulant oral (antivitamine K type SINTROM ®).*
(6 points)

Réponses

1 Problèmes réels ou potentiels de Jacqueline M.
Jaqueline M., 18 ans, est hospitalisée pour fracture des deux os de la jambe et du bassin dans un contexte d'anorexie mentale grave.

➡ Aspect somatique

Problèmes réels :
• fracture des deux os de la jambe immobilisée par un plâtre cruro-pédieux ;
• fracture du bassin nécessitant une immobilisation stricte au lit ;
• un amaigrissement très important (36 kg pour 1,68 m) avec altération de l'état général, une peau pâle et violacée ;
• troubles électrolytiques avec hyponatrémie et hypokaliémie ;
• troubles cardiaques avec hypotension, bradycardie et hypothermie ;
• douleurs entraînant des insomnies.
Problèmes potentiels :
• complications thrombo-emboliques dues à l'immobilisation stricte ;
• complications cutanées avec escarre fessière liées à l'immobilisation et à son état de dénutrition (présence d'une rougeur au sacrum).

➡ Aspect psychiatrique

Problèmes réels : anorexie mentale après un régime qui aurait débuté il y a 1 an. On retrouve la triade symptomatique :
• anorexie avec conduite de restriction alimentaire sévère ;
• aménorrhée depuis 1 an ;
• amaigrissement (16 kg en 1 an).
Jacqueline dénie la gravité de son état et ne se trouve pas maigre.
Il existe des conduites régressives avec énurésie, repli (peu communicative), tristesse.
Problèmes potentiels :
• attitude de défi avec relation conflictuelle entre la patiente et le soignant comme le refus de manger et le désir de se laisser mourir ;

• risque suicidaire à envisager, compte tenu du fait qu'elle a déjà enjambé la fenêtre de sa chambre au 2e étage de l'hôpital psychiatrique.

2 Intérêt des prescriptions – Actions à mettre en œuvre – Surveillance

Prescriptions	Intérêt	Surveillance infirmière
• Port du plâtre pendant 6 semaines.	• Consolidation de la fracture des 2 os de la jambe.	• Dépister les signes cliniques du syndrome des loges : douleur avec sensation de brûlure et de tension cutanée, pâleur et refroidissement des extrémités. • Dépister les signes de compression veineuse : œdème et cyanose des extrémités. • Surélever les pieds du lit.
• Immobilisation stricte au lit.	• Consolidation de la fracture du bassin.	• Mobiliser la patiente avec précaution sans jamais prendre appui sur le bassin. Pour la mobiliser dans le lit, utiliser le perroquet pour lui permettre de se soulever.
• Présence infirmière intensive au lit de la patiente.	• Permettre un contact affectif et rassurer la patiente lors des moments de grande anxiété comme la prise des repas. Rappeler les modalités du contrat de soin.	• Désigner une infirmière référente pour répondre aux multiples demandes de la patiente. • Dialoguer avec la patiente et lui permettre d'exprimer ses difficultés en établissant une relation d'aide.
• CALCIPARINE ® 0,2 mL/24 h toutes les 8 h en injection sous-cutanée.	• Anticoagulant, prévention des troubles thrombo-emboliques chez une personne en immobilisation stricte au lit et avec un plâtre cruro-pédieux.	• Dépister les effets secondaires : – allergie locale ou générale ; – hématome au point d'injection ; – saignements (épistaxis, gingivorragie…) ; – thrombopénie : plaquettes 1 fois/semaine. • Dépister les signes de phlébite : rougeur, douleur, chaleur des mollets.
• TRANXÈNE ® 10 mg le matin et 10 mg le soir.	• Anxiolytique, calme l'anxiété.	• Contrôler l'efficacité du traitement : degré d'angoisse. • Dépister une trop grande somnolence.
• STILNOX ® 10 mg le soir.	• Hypnotique, provoque le sommeil.	• Efficacité du traitement : qualité du sommeil.
• PRO-DAFALGAN CODÉINÉ ® 3 cp/jour si douleur.	• Analgésique central (opioïde faible), calme la douleur causée par les fractures.	• Administrer à la demande et selon l'évaluation de la douleur (EVA).
• Soluté glucosé à 5 %, 1 L/24 h avec : – 1 g de KCl ; – 1g de NaCl ; – 2 amp. d'HYDROSOL POLYVITAMINÉ ®.	• Compenser les pertes électrolytiques et les carences vitaminiques causées par la restriction alimentaire.	• Poser la perfusion : 1 000 mL de soluté glucosé à 5 % + 5 mL de KCl + 10 mL de NaCl + 4 mL d'HYDROSOL ® soit un débit de 14 gouttes/min ou 42 mL/h. • Surveiller le retour veineux et l'absence de lymphangite.

Prescriptions	Intérêt	Surveillance infirmière
• 1 L de boisson variée par jour.	• Restriction hydrique pour éviter la potomanie très fréquente chez ces patients.	• Noter la quantité de boisson ingérée dans la journée.
• Alimentation variée en présence de l'infirmière.	• Diversifier l'alimentation afin de rééduquer la patiente à manger de façon équilibrée. Contrôler les apports alimentaires et encourager la patiente.	• Respecter la limitation à 30 min du temps du repas. • Noter sur une feuille les aliments ingérés, leur quantité, la durée du repas et le ressenti du patient (anxiété, dégoût). • Rechercher les aliments qui peuvent être cachés sous les oreillers ou dans le lit.
• ECG.	• Rechercher des troubles cardiaques objectivés cliniquement par une hypotension (9-6), une hypothermie (36,4 °C), et une bradycardie (pouls à 50).	• Pratiquer l'enregistrement en plaçant correctement les électrodes des membres et les électrodes précordiales. • Faire interpréter le résultat.
• Dosage de la natrémie (N = 136 à 146 mmol/L), de la kaliémie (N = 3,8 à 5 mmol/L), et de la glycémie (N = 3,9 à 6 mmol/L).	• Rechercher une hyponatrémie, une hypokaliémie ou une hypoglycémie dues à la carence alimentaire	• Effectuer le prélèvement. • Porter au laboratoire. • Récupérer les résultats et les faire interpréter.

3 Diagnostics infirmiers

➡ **Risque de non-observation du contrat de soin et stratégie d'adaptation individuelle inefficace :**

- liés à :
  - des difficultés à changer de comportement,
  - un conflit psychique par rapport à l'image de soi ;
- qui se manifestent par :
  - un déni de son état, une persistance du refus alimentaire (ne mange pas les quantités requises),
  - des tentatives de manipulation, un repli sur soi (peu communicative, triste).

Objectifs :

- Jacqueline participera à l'élaboration des objectifs et du contrat de soin ;
- Jacqueline évaluera la situation actuelle avec justesse.

Actions :

- désigner une infirmière référente ;
- établir le dialogue afin que la patiente prenne conscience de la gravité de son état ;
- rassurer et expliquer la nécessité de prendre du poids pour éviter les complications somatiques ;
- encourager la patiente dans ses efforts, être vigilant, mais tolérant ;
- organiser des activités pour éviter l'ennui (lecture, télévision, discussion).

➡ **Atteinte à l'intégrité de la peau :**

- liée à : un déficit nutritionnel, une altération de la mobilité physique résultant de la fracture du sacrum ;
- qui se manifeste par : la présence d'une rougeur au sacrum.

Objectif

- la lésion du sacrum guérira rapidement ;
- Jacqueline ne présentera pas d'autre lésion.

Actions

- évaluer les facteurs favorisants (fracture du sacrum, immobilisation, plâtre cruro-pédieux, dénutrition) ;
- évaluer le degré d'atteinte ;
- installer un matelas anti-escarres ;
- hygiène rigoureuse de la peau (toilette complète et peau bien séchée, draps toujours secs et bien tirés) ;
- effectuer des préventions d'escarre au talon, aux coudes ;

• traiter la rougeur du sacrum selon le protocole du service en tenant compte des difficultés de mobilisation de la patiente (douleur due à la fracture).

4 Modalités du passage d'un traitement anticoagulant injectable (héparine) à un traitement anticoagulant oral (antivitamine K type SINTROM ®).

Les AVK n'agissent qu'après un certain délai compte tenu de leur mécanisme d'action. Il est donc nécessaire de prévoir un chevauchement des deux traitements en diminuant l'héparine de façon progressive. Le contrôle des AVK est basé sur le taux de prothrombine et l'*International normalized ratio* (INR) : standard international du temps de Quick qui sont effectués tous les deux jours. Le traitement par l'héparine est supprimé lorsque le taux de prothrombine est compris entre 25 % et 35 % et l'INR entre 2 et 3. Deux bilans quasiment identiques indiquent un équilibre thérapeutique.

Notes

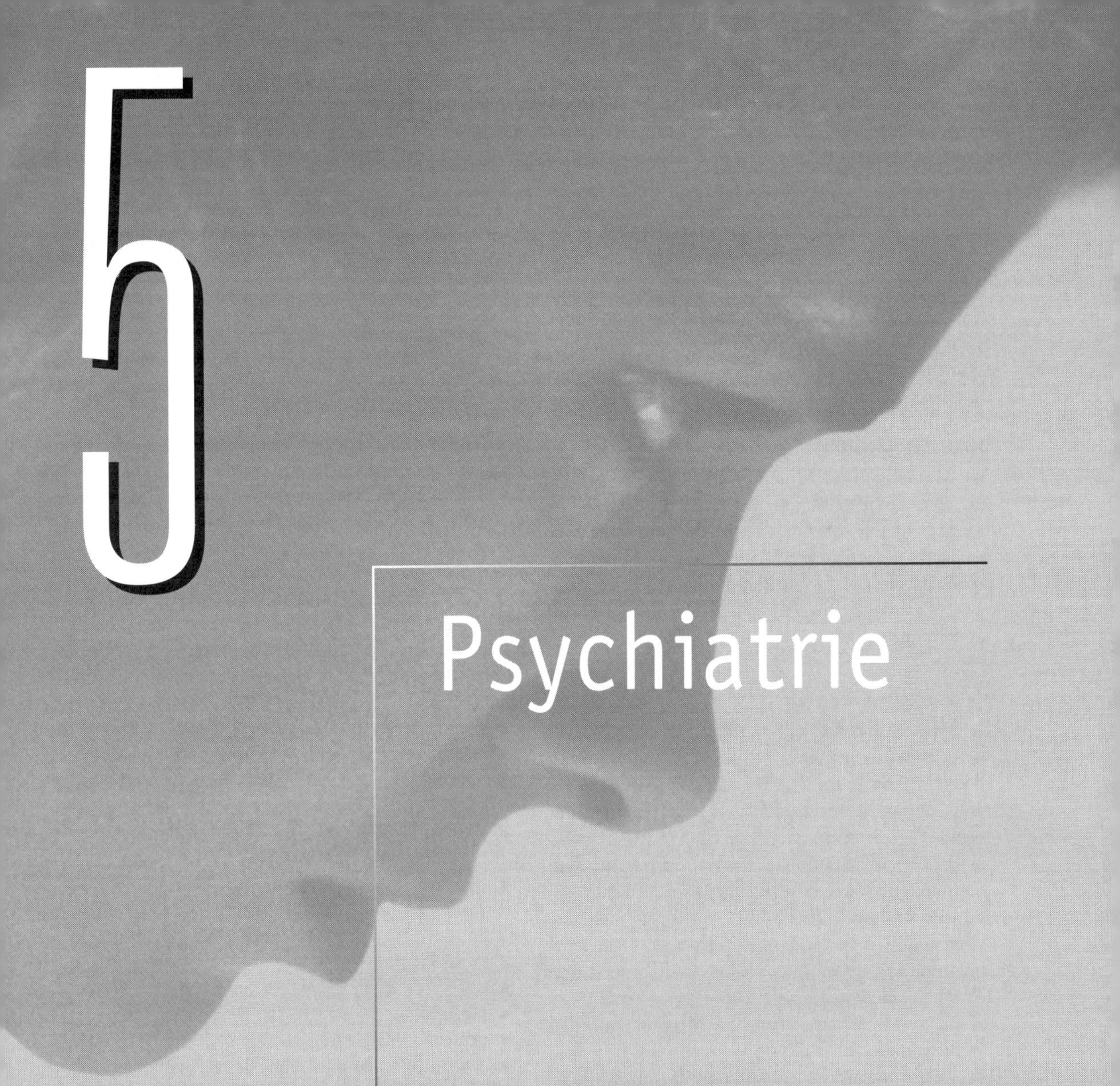

5

Psychiatrie

Psychose maniaco-dépressive évolutive

Vous êtes infirmier(ère) en service de soins d'un centre hospitalier spécialisé en psychiatrie. Vous travaillez ce jour, le 3 mai 2001, de 7 h à 15 h. Vous prenez en charge les soins de M. M., âgé de 54 ans, qui a été admis le 17 avril 2001 en hospitalisation libre pour une décompensation, sur un versant maniaque, d'une psychose maniaco-dépressive et afin d'envisager la réalisation d'un bilan néphrologique. Cette personne est connue du service depuis 25 ans et suivie en ambulatoire par le médecin psychiatre du service.
M. M. mesure 1,67 m pour 84 kg. Il est célibataire et vit chez ses parents, qui ont respectivement 87 et 84 ans. Il a une sœur cadette. Il bénéficie d'une prise en charge par la Caisse primaire d'assurance maladie et d'une mutuelle de la fonction publique. Il a une pension d'invalidité depuis 15 ans, a travaillé auparavant en tant que contrôleur des impôts.

Antécédents :

- hypertension artérielle ;
- ostéodystrophie avec fracture du fémur droit en décembre 1999 suite à une chute ;
- tabagisme : fume 2 paquets de cigarettes par jour depuis l'âge de 20 ans ;
- pathologie néphrotique : M. M. est porteur d'un rein unique congénital. En 1994, il présente des lithiases oxalo-calciques pour lesquelles il subit une intervention chirurgicale. Par ailleurs, le bilan rénal préopératoire met en évidence une insuffisance rénale chronique modérée ;
- psychose maniaco-dépressive diagnostiquée en 1976 avec alternance d'épisodes maniaques et dépressifs occasionnant de nombreuses hospitalisations. Depuis quelques années, M. M. présente des rechutes essentiellement maniaques, accompagnées de potomanie : il boit jusqu'à 12 litres d'eau de Vichy par jour. M. M connaît sa maladie néphrologique mais refuse depuis 1994 tout nouveau bilan rénal. Cependant, il n'a jamais manifesté de troubles majeurs.

À son entrée dans le service :

M. M. est calme à l'entretien d'accueil. Il ne présente pas de désorientation temporo-spatiale, parle facilement. Il évoque notamment la « théorie de la relativité » ainsi que la « théorie sur l'expérimentation de Claude-Bernard », auxquelles il s'intéresse. Il dit qu'il est hospitalisé pour actualiser son traitement psychiatrique, devenu trop ancien.
Il présente une mauvaise hygiène bucco-dentaire (haleine fétide, dentition en mauvais état), une toux grasse sans dyspnée.
Sa tenue vestimentaire est extravagante.
Sa pression artérielle est de 170/90 mmHg, son bilan cardio-vasculaire est normal.
La prescription médicale à l'entrée est la suivante :

- ZYLORIC ® 300 (urico-freinateur, traitement des hyperuricémies) : 1 cp le matin ;
- TÉNORMINE ® 100 mg (bêta-bloquant cardiosélectif, traitement de l'hypertension artérielle) : 1 cp le matin ;
- PRESTOLE ® (anti-hypertenseur) : 1 cp le matin ;
- NOZINAN ® 100 mg (neuroleptique) : 1 cp le soir ;
- HAVLANE ® (benzodiazépine hypnotique) : 1 cp le soir ;
- ARTANE ® 5 mg (anti-parkinsonien, correcteur du syndrome parkinsonien induit par les neuroleptiques) : 1 cp le matin ;

Les résultats du bilan biologique à l'arrivée sont les suivants :

- urémie : 1,1 g/L (N = 0,18 à 0,45 g/L) ;
- créatininémie : 16,3 mg/L (N = 5,65 à 14,69 mg/L) ;
- hémoglobine : 10,2 g/100 mL (N = 13 à 16 g/100 mL) ;
- sodium : 140 mmol/L (N = 130 à 150 mmol/L) ;
- potassium : 5,1 mmol/L (N = 3,5 à 5,3 mmol/L) ;
- hématies : $3,8 \times 10^6/mm^3$ (N = 4,5 à $5,5 \times 10^6/mm^3$) ;
- leucocytes : $6,2 \times 10^3/mm^3$ (N = 4 à $10 \times 10^3/mm^3$) ;
- calcémie : 96 mg/L (N = de 88 à 104 mg/L) ;
- magnésium : 19,4 mg/L (N = 15,7 à 25,5 mg/L) ;
- protéines : 71 g/L (N = de 60 à 85 g/L) ;
- acide urique : 84 mg/L (N = de 23,8 à 69,8 mg/L).

Déroulement de l'hospitalisation

Durant la première semaine d'hospitalisation, M. M. manifeste des signes d'agitation importante :

- agresse verbalement les soignants parce qu'il veut rentrer chez lui ; est logorrhéique ;
- fume dans la chambre malgré les interdictions ;
- bouscule et renverse le mobilier de sa chambre ;
- un matin les soignants sont alertés et trouvent M. M. devant un bâtiment dont la porte est fermée et contre laquelle il donne des coups de pieds. Il griffe et donne des coups aux soignants qui tentent de le ramener au calme ;
- après une escapade en dehors de l'établissement, il rentre un soir à 21 h en état d'ébriété ;
- M. M. boit beaucoup d'eau du robinet (difficile d'évaluer la quantité) ;

• M. M. passe des nuits difficiles, dort très peu (2 à 4 heures par nuit), est agité, réveille les autres patients car il est bruyant, fume dans sa chambre et dans les couloirs malgré les interdictions.

Les prescriptions médicales sont alors modifiées. Le 24 avril 2001, le traitement est complété et modifié par :

• HALDOL ® 2 mg/mL (neuroleptique) : 50 gouttes le matin, 50 gouttes à midi, 100 gouttes le soir ;
• TÉGRÉTOL LP 400 ® (anti-convulsivant psychotrope, normothymique) : 1 cp le soir ;
• ARTANE ® 5 mg (antiparkinsonien, correcteur des effets secondaires des neuroleptiques) : 1 cp le matin, 1 cp à midi.

Les soignants observent une régression progressive du comportement maniaque à la suite du réajustement du traitement psychiatrique.

Depuis quelques jours, M. M. reste plus souvent dans sa chambre (« pour faire des mathématiques », dit-il). Il parle beaucoup mais le débit verbal est moins rapide et il ne formule plus de propos agressifs.

Il prend tous ses repas dans la salle commune, s'alimente normalement, a même restreint sa consommation d'eau (environ 2 litres par 24 heures).

Il reste calme durant la nuit et dort entre 6 à 7 heures.

Dans la soirée du 2 mai 2001, M. M. se plaint d'être un peu essoufflé, fatigué et d'avoir des céphalées. De ce fait, le médecin propose un bilan néphrologique, que M. M. accepte. Ensemble, ils conviennent de débuter ce bilan le 3 mai au matin.

Ce jour, les prescriptions médicales sont les suivantes :

• échographie rénale ;
• radiographie pulmonaire ;
• ionogramme sanguin et urinaire ;
• numération-formule, plaquettes ;
• urémie ;
• uricémie ;
• protéinurie ;
• pH urinaire ;
• clairance de la créatinine ;
• diurèse des 24 heures ;
• surveillance quotidienne du poids ;
• réduire l'apport en potassium ;
• régime hyposodé ;
• poursuivre le traitement médicamenteux prescrit le 24 avril 2001 ;
• surveillance de la tension artérielle : 2 fois par 24 heures ;
• apport hydrique ≤ 2 L par 24 heures.

À 7 heures, vous prenez connaissance des transmissions faites par l'équipe de nuit : M. M. a passé une nuit calme. Il s'est endormi vers 23 heures après avoir longuement parlé des examens qu'il allait subir.

À 22 heures, il avait une tension artérielle à 200/110 mmHg.

Il s'est réveillé à 6 h 30 ce matin et s'est plaint d'avoir toujours des céphalées.

Questions

1 *Rédigez l'analyse commentée de la situation du jour.* (25 points)

2 *En regard de cette analyse, déduisez les problèmes traités en collaboration et/ou les hypothèses de diagnostics infirmiers.* (10 points)

3 *Déterminez et argumentez vos propositions d'actions sur rôle propre et sur prescription médicale.* (25 points)

(Les questions 2 et 3 peuvent être traitées simultanément et à l'aide de tableaux.)

Réponses

1 Analyse commentée de la situation de M. M. ce jour

Deux aspects différents des troubles présentés par M. M doivent être considérés.

Celui, d'une part, relatif à une psychose maniaco-dépressive évoluant essentiellement sur un versant maniaque et accompagnée d'une potomanie. Et, d'autre part, l'aspect relatif à une insuffisance rénale chronique modérée diagnostiquée il y a 7 ans.

M. M. souffre en effet d'une psychose maniaco-dépressive depuis 1976. Il s'agit d'une affection chronique qui fait généralement alterner des accès d'agitation psychique (phase maniaque) avec des accès de dépression (phase dépressive). Ces dernières années, M. M. a essentiellement décompensé sur un versant maniaque. S'ajoute à ces troubles une potomanie, qui est une tendance impulsive à boire des quantités excessives de liquides (hors boissons alcoolisées).

Les signes en lien avec la psychose maniaco-dépressive sont les suivants :

• tenue et discours extravagants (exemple : discours sur la « théorie de l'expérimentation » à l'entrée) ;

- mauvaise hygiène à l'entrée ;
- évalue difficilement les raisons de son hospitalisation ;
- logorrhée ;
- agitation avec agressivité verbale et physique : tapage nocturne, coups et violence sur des objets et personnes ;
- insomnie.

M. M. souffre également d'une insuffisance rénale chronique (IRC) modérée, diagnostiquée en 1994. Il s'agit d'une détérioration progressive et irréversible de la fonction rénale en rapport avec la destruction d'un certain nombre de néphrons. Dans cette situation, l'IRC est modérée, dans la mesure où M. M. n'a pas manifesté, jusqu'à ce jour, de troubles majeurs. Il faut noter cependant que l'IRC entraîne une sensation de soif importante amenant les patients à boire des quantités importantes de liquide. M. M., du fait de ses troubles psychiatriques, présente une incapacité à réguler ses besoins. En découle chez lui une consommation immodérée d'eau de Vichy (l'eau de Vichy a pu être conseillée par son médecin en prévention d'une acidose mais certainement pas dans ces proportions).

Les antécédents en lien avec cette IRC sont les suivants :

- hypertension artérielle (liée à une rétention de sodium et d'eau) ;
- ostéodystrophie (liée à une perte osseuse de calcium du fait d'une augmentation de la sécrétion de la parathormone).

Depuis 1994, M. M. n'a pas bénéficié de bilan rénal en raison de son refus. On peut penser que sa pathologie néphrologique est restée stationnaire dans la mesure où il n'a jamais manifesté de complications. À son entrée, le bilan cardio-vasculaire est normal en dehors d'une HTA. On note cependant quelques anomalies au niveau des résultats biologiques en lien avec l'IRC :

- urémie-créatinémie et acide urique dont les résultats sont supérieurs à la normale ;
- anémie modérée : taux d'hémoglobine et de globules rouges légèrement inférieurs à la normale. L'anémie est constante dans toute IRC (elle est liée à une insuffisance de production médullaire des globules rouges, elle-même secondaire à un déficit en érythropoïétine : hormone sécrétée par le rein normal).

La situation ce jour est la suivante :

- on note d'une part une nette amélioration de la symptomatologie psychiatrique (M. M. est plus calme, il dort mieux, restreint sa consommation d'eau), sans doute consécutive à la modification de son traitement. Cependant, il reste toujours nécessaire de surveiller son comportement ;
- d'autre part, M. M. est actuellement conscient de souffrir d'une dyspnée modérée, d'une fatigue et de céphalées. Est-ce pour cette raison qu'il accepte le bilan proposé par le médecin ?

La priorité à ce jour est donc la réalisation du bilan néphrologique prescrit :

- dans la mesure où M. M. présente actuellement des signes d'une éventuelle complication de son IRC :
  - dyspnée modérée ;
  - fatigue ;
  - céphalées en lien avec une tension artérielle à 20/11 cmHg ;
- dans la mesure où il accepte le bilan.

Il est important également de maintenir son adhésion et de favoriser sa coopération.

Par ailleurs, il est nécessaire à ce jour de tenir compte du risque d'OAP consécutif à une évolution de son insuffisance rénale.

À noter également que la fatigue peut aussi être en lien avec le traitement neuroleptique à visée sédative.

2 Hypothèses de diagnostics infirmiers

➡ **Stratégie d'adaptation individuelle inefficace (ou risque de) :**

- reliée à des perceptions irréalistes ;
- se manifestant par :
  - une difficulté à respecter les consignes ;
  - un antécédent de refus de tout bilan néphrologique ;
  - un comportement imprévisible ;
  - l'incapacité à satisfaire les besoins de base (mauvaise hygiène bucco-dentaire à l'entrée).

➡ **Problèmes :**

- dyspnée modérée ;
- fatigue ;
- douleurs à type de céphalées ;
- risque d'excès de volume liquidien et de déséquilibre hydro-électrolytique.

3 Propositions d'actions sur rôle propre et sur prescription

Stratégie d'adaptation individuelle inefficace :

- objectif :
– M. M. participe aux différentes investigations et au traitement prescrit ;
– procurer les conditions favorables à la réalisation des prescriptions ;
- actions :
– expliquer l'intérêt et le déroulement de chacune des investigations ;
– lui rappeler la nécessité de :
  - rester à jeun ce matin avant le prélèvement sanguin ;
  - conserver toutes les urines sur 24 heures ;
  - se peser tous les matins ;
  - se rendre à l'hôpital général pour la réalisation de l'échographie rénale et éventuellement de la radio pulmonaire ;
  - surveiller la tension artérielle deux fois par jour ;
– informer M. M. du calendrier des rendez-vous pris en insistant sur l'obligation pour lui d'être prêt et présent dans le service au jour et à l'heure du départ prévu pour ces examens ;
– expliquer l'intérêt du régime hyposodé, de la restriction de l'apport hydrique et de l'apport en potassium : M. M. devra éviter de manger des bananes, du chocolat. Lui conseiller de demander aux soignants s'il désire manger en dehors des repas servis. M. M. ne devra pas ajouter de sel aux aliments servis ;
– pour chacune des consignes données à M. M., surveiller de très près le respect de ces consignes et intervenir si besoin ;
– surveiller toute modification de comportement (discours, humeur, etc.) ;
– surveiller la prise des traitements psychiatriques ;
– surveiller l'apparition d'effets secondaires liés aux neuroleptiques (à relativiser car M. M. est sous traitement depuis de nombreuses années), en particulier : sécheresse buccale (dentition en mauvais état), constipation, évolution de la fatigue ;
- objectif : favoriser l'hygiène et le confort de M. M. ;
- actions :
– profiter de l'amélioration au plan psychique pour expliquer à M. M. la nécessité de se brosser les dents après chaque repas et de faire sa toilette tous les jours ;
– surveiller l'état bucco-dentaire et lui demander de signaler toutes douleurs ;
– proposer éventuellement une consultation dentaire ;
– surveiller son hygiène corporelle et s'assurer de son autonomie vis-à-vis des soins d'hygiène. Veiller également à la propreté des vêtements.

Problèmes

Problèmes	Buts – Argumentations	Prescriptions	Actions – Surveillance
• Fatigue.	• La fatigue peut être liée à l'anémie et au traitement neuroleptique.	• NF, plaquettes.	• Surveiller l'évolution des signes de fatigue. • Surveiller la qualité et la quantité de sommeil. • Informer de la nécessité de réduire son activité. • M. M. doit se ménager des temps de repos dans la journée. • Apprécier le degré d'aide dont il aurait éventuellement besoin.
• Dyspnée modérée.	• M. M. présente une toux grasse à l'entrée. • Le tabagisme risque de majorer la dyspnée.		• Faire tousser et expectorer. • Surveiller les bruits respiratoires. • Demander à M. M. d'arrêter ou à défaut de diminuer le plus possible sa consommation de tabac.

Problèmes	Buts – Argumentations	Prescriptions	Actions – Surveillance
	• Favoriser la respiration.		• Demander à M. M. de se mettre en position demi-assise lorsqu'il se repose. • Veiller à un environnement suffisamment aéré. • Expliquer que son état respiratoire peut s'améliorer par les mesures préconisées.
	• Risque d'œdème aigu du poumon (OAP).	• Radio pulmonaire.	• Surveiller et noter tous changements : – au niveau respiratoire (rythme, fréquence) ; – au niveau des téguments (coloration) ; – évaluer toute majoration de la dyspnée.
• Douleurs à type de céphalées.	• Diminuer les céphalées qui sont en lien avec l'HTA.	• TÉNORMINE ® : 1 cp le matin. • PRESTOLE ® : 1 cp le matin. • Surveillance de la tension : 2 fois par jour.	• Voir l'opportunité d'un traitement antalgique avec le médecin. • TA : à prendre aux mêmes heures et dans les mêmes conditions (patient allongé depuis 15 minutes). • Évaluer l'intensité des douleurs et son évolution au cours de la journée.
• Risque d'excès de volume liquidien et de déséquilibre hydro-électrolytique.	• Évaluer l'évolution de l'IRC (apparition de signes faisant craindre cette évolution).	• Échographie rénale. • Radio pulmonaire. • Ionogrammes sanguin et urinaire. • Uricémie. • Protéinurie. • pH urinaire. • Clairance de la créatinine. • Diurèse des 24 heures. • Surveillance quotidienne du poids. • Réduire l'apport en potassium. • Régime hyposodé. • Apport hydrique ≤ 2 L par 24 heures. • ZYLORIC 300 ® : 1 cp le matin.	• M. M. doit être à jeun avant le prélèvement sanguin. • Prendre les rendez-vous des radios prescrites et prévoir le véhicule sanitaire léger (VSL) pour les déplacements. • Réaliser ce matin les prélèvements biologiques et s'enquérir rapidement des résultats. • Démarrer les prélèvements urinaires : jeter les premières urines de ce matin puis conserver intégralement toutes les urines des 24 heures. • Peser tous les matins avec la même balance et dans les mêmes conditions (par exemple : au lever, avant le petit déjeuner et en pyjama). • Surveiller la prise du traitement ainsi que le suivi du régime alimentaire. • Surveiller l'apparition d'œdèmes. • Surveillance en lien avec le problème de dyspnée et d'HTA. • Surveillance de l'apparition de désorientation en lien avec des troubles hydro-électrolytiques.

Monsieur M., âgé de 22 ans, né en Algérie, de nationalité algérienne, célibataire et sans enfant, est hospitalisé depuis juin 2000 dans le service de psychiatrie en hospitalisation d'office suite à un passage à l'acte hétéro-agressif envers sa mère.
Le diagnostic médical posé est une psychose schizophrénique.
Il est pris en charge à 100 % par la Sécurité sociale, une démarche est en cours pour obtenir l'allocation d'adulte handicapé.
Il est domicilié chez sa mère dans un petit appartement vétuste, en banlieue parisienne.

Histoire du patient et de sa famille

M. M. est l'aîné d'une fratrie de 5 enfants (2 frères et 2 sœurs).
Son père travaille en France depuis 1949 comme ouvrier dans le bâtiment ; il prend sa retraite en 1982 et ramène alors sa femme et ses enfants en France. M. M. est alors âgé de 5 ans.
Son père a de gros problèmes de santé ; il assume toutes les charges administratives et éducatives. Il est violent envers sa femme.
Sa mère est soumise à son mari. Elle consomme régulièrement de la drogue. Elle est dans l'incapacité d'assumer son rôle maternel et, en 1990, tous ses enfants sont pris en charge par l'Aide sociale à l'enfance.
M. M. entre en internat scolaire à 13 ans. À 15 ans, il obtient le concours d'entrée en classe de seconde et va vivre dans un foyer de jeunes.
Il suit une formation de frigoriste de 1994 à 1996 mais échoue aux examens. Il revient alors vivre chez ses parents. Il a le sentiment d'être responsable de sa fratrie. Il est conscient des problèmes de sa famille, mais cette proximité devient vite insupportable. Les conflits familiaux s'accentuent et il va jusqu'à gifler son père.
Celui-ci décède en 1998 d'un infarctus du myocarde.

Histoire de la maladie

En 1997, il donne l'impression d'être en marge de la réalité. Son père le considère comme un fou et lui conseille de voir un médecin.
Il est vu au CMP (centre médico-psychologique) par le psychiatre :

- M. M. semble triste, dit avoir des insomnies, se sent persécuté, dit ne plus supporter son père. Il évoque des comportements violents à son égard ;
- M. M. boit de la bière de temps en temps et se culpabilise face à sa religion. Il est hospitalisé une première fois en 1998 suite à des troubles du comportement sur la voie publique (agitation et propos délirants). Après sa sortie, il est suivi par le CMP.

Résumé de l'hospitalisation

À son arrivée en juin 2000, M. M. présente une propreté douteuse, il est agité, agressif verbalement envers les autres patients et le personnel soignant. Il refuse son hospitalisation.
Le médecin prescrit :

- un traitement sédatif ;
- une mise en chambre d'isolement.

À son réveil, il présente un état de dissociation psychique, s'oppose au dialogue, dit que « sa veste de pyjama le brûle… ». On note des sourires immotivés et des propos confus. Il se plaint de son environnement familial, d'insomnies.
Trois semaines plus tard, on note une recrudescence de l'aspect délirant : M. M. tient des propos mystiques. Il banalise les passages à l'acte vis-à-vis de sa mère : « Je pensais l'avoir tuée, elle n'a que des bleus, ce n'est pas grave, de toute façon elle est droguée… »
Il présente un état d'agitation qui nécessite à nouveau la chambre d'isolement.
Ce jour, 3 avril 2001, ses troubles psychiques se modifient, il développe progressivement un épisode dépressif avec sentiment de culpabilité et désir de mourir. Il est en retrait et est incapable de verbaliser sa souffrance. Un traitement antidépresseur est mis en place. On note encore des altercations avec d'autres patients face au refus de cigarettes.
Il présente une baisse de l'activité motrice, il entre peu en communication avec autrui. Au cours des entretiens médicaux, il répond aux questions d'une voix à peine audible et manifeste l'envie diffuse de travailler.
Il dit être fatigué malgré des siestes de 2 heures par jour et 12 heures de sommeil par nuit. Il dit s'ennuyer, et fumer est sa seule activité ; il perd l'appétit. Il ne tient plus de propos délirants et n'évoque plus d'hallucinations.
Il souhaite voir sa fratrie, et depuis mars 2001, un protocole est mis en place, des permissions sont accordées par le préfet de police pour faire des démarches de caractère social (entretiens pour admission en appartement thérapeutique).
Les visites sont autorisées en présence d'un soignant référent.
Son traitement actuel est le suivant :

- DÉPAMIDE® 300 mg (normothymique et sédatif) : 4 cps par jour ;

- Anafranil® 75 mg (antidépresseur) : 2 cps par jour ;
- Tercian® 4 % (neuroleptique sédatif) : 75 gouttes × 3 par jour ;
- Haldol® 20 mg/mL (neuroleptique incisif) : 75 gouttes × 3 par jour ;
- Hept-à-Myl® (analeptique cardio-vasculaire) : 30 gouttes × 3 par jour ;
- Lepticur® 10 mg (anticholinergique) : 3 cps par jour.

Questions

1 *En vous appuyant sur le diagnostic médical, sur les éléments cités dans le résumé de l'hospitalisation et sur vos connaissances :*
- *dégagez les problèmes réels et potentiels de M. M. en tenant compte de l'évolution de la sémiologie de son entrée à ce jour, 3 avril 2001 ;*
- *formulez 2 hypothèses de diagnostics infirmiers sous forme de PES (problème, étiologies, signes), ou PFS (problème, facteurs favorisants, signes) à ce jour.* (18 points)

2 *Au regard des prescriptions médicales écrites en caractères gras dans le texte, expliquez l'intérêt et la mise en œuvre ainsi que la surveillance infirmière de chacune des prescriptions.*
(Consigne : les actions communes ne sont pas attendues.) (6 points)

3 *Donnez deux différentes modalités pour la levée de l'HO (hospitalisation d'office).* (1 point)

4 *Citez deux indications de la mise en chambre d'isolement (ou chambre de soins intensifs en psychiatrie) et proposez sa mise en œuvre.* (3 points)

Réponses

1 Problèmes réels et potentiels de M. M.

Problèmes réels :
- état dépressif (troubles de l'humeur) :
  – signes :
    - perte d'appétit ;
    - ennui ;
    - tristesse ;
    - culpabilité ;
    - inactivité et repli sur soi ;
    - hypersomnie ;
    - communication réduite et difficultés à verbaliser sa souffrance ;
    - envie de mourir ;
  – conséquences : risque de passage à l'acte ;
- difficultés socio-familiales :
  – signes :
    - séparation avec sa fratrie ;
    - banalisation du passage à l'acte sur sa mère ;
    - échec scolaire ;
    - problème économique ;
    - difficultés d'autonomisation ;
  – conséquences :
    - précarité ;
    - isolement social.

Problèmes potentiels :
- risque de violence envers soi et envers les autres (risque de passage à l'acte envers les patients, sa mère et lui-même) ;
- risques de réactivation du délire (par arrêt du traitement) ;
- risque de fugue.

(NB : un problème potentiel peut être traité comme tel ou en conséquence d'un problème réel.)

Hypothèses de diagnostics infirmiers :
- stratégie d'adaptation individuelle inefficace : liée à un trouble de perception, se manifestant par son comportement quelquefois violent, des altercations, un isolement social, un état dépressif, une fatigue ;
- perturbation de la dynamique familiale : liée à la séparation d'avec sa fratrie et à la toxicomanie de sa mère, se manifestant par un sentiment de culpabilité, de la tristesse et une demande de reprise de contact avec sa fratrie et ses propos (banalisation de ses actes concernant sa mère) ;
- manque de loisirs : lié à la fatigue, à son inactivité, se manifestant par de la tristesse, un repli sur soi et ses propos (dit s'ennuyer) ;
- risque de violence envers soi ou envers les autres : lié à des difficultés familiales et des troubles psychiques ;
- autres propositions possibles :
  – perturbation des interactions sociales ;
  – altération des opérations de la pensée ;
  – altération de la communication.

(D'autres diagnostics infirmiers peuvent être acceptés, s'ils sont logiques et argumentés.)

2 Prescription médicale : intérêt, mise en œuvre et surveillance infirmière

Prescription	Intérêt	Mise en œuvre	Surveillance
• ANAFRANIL ® 75 mg (antidépresseur) : 2 cps par jour.	• Traiter l'épisode dépressif.	• Respecter les horaires du traitement : 8 h, 20 h. • Prendre TA debout, couché, avant prise du traitement. • S'assurer de la prise du traitement.	• Efficacité du traitement : disparition des signes de la dépression donc reprise de l'appétit, amélioration de la communication. • Levée d'inhibition (inversion de l'humeur). • Effets secondaires : sécheresse de la bouche, constipation, hypotension orthostatique, somnolence, prise de poids, troubles de l'accommodation.
• TERCIAN ® à 4 % (neuroleptique sédatif) : 75 gouttes 3 fois par jour.	• Diminuer l'agressivité, calmer l'anxiété.	• Respecter les horaires du traitement : 8 h, 12 h, 20 h. • S'assurer de la prise du traitement.	• Efficacité du traitement : diminution des troubles du comportement (agressivité, agitation), de l'anxiété, du délire. • Effets secondaires : hypotension orthostatique, constipation, sécheresse de la bouche, somnolence. • Apparition du syndrome malin (pâleur, hyperthermie, troubles végétatifs, rigidité musculaire). • Dyskinésies, prise de poids.
• HALDOL ® 20 mg/mL (neuroleptique) : 75 gouttes 3 fois par jour.	• Stabiliser le délire.	• Respecter les horaires du traitement : 8 h, 12 h, 20 h. • S'assurer de la prise du traitement.	• Efficacité du traitement : diminution des troubles du comportement (agressivité, agitation), de l'anxiété, du délire. • Effets secondaires : hypotension orthostatique, constipation, sécheresse de la bouche, somnolence. • Apparition du syndrome malin (pâleur, hyperthermie, troubles végétatifs, rigidité musculaire). • Dyskinésies, prise de poids. *(Remarque : accepter si l'étudiant note idem que TERCIAN ®.)*

3 Levée de l'hospitalisation d'office

L'hospitalisation d'office (HO) peut être levée dans les cas suivants :

- décision de la commission départementale des hospitalisations en psychiatrie ;
- non-production des certificats médicaux légaux lors de l'hospitalisation (certificats des 24 heures, de la quinzaine et chaque mois) ;
- absence de décision préfectorale (levée automatique).

4 Mise en chambre d'isolement : indications et mise en œuvre

➡ Indications de la mise en chambre d'isolement :

- risque de violence réelle ou potentielle envers soi ou envers les autres ;
- risque de rupture thérapeutique par refus du programme de soins ;
- utilisation à la demande du patient pour une réassurance et une contenance.

Mise en œuvre de la chambre d'isolement

La mise en chambre d'isolement est réalisée sur prescription médicale ou sur protocole spécifique, avec visite du psychiatre dans l'heure qui suit :

- vérification de l'absence d'objets dangereux avant la mise en chambre d'isolement (dans la chambre et sur le patient) ;
- port ou non de vêtements suivant la prescription médicale ;
- le patient est informé des raisons, du but et des modalités de sa prise en charge en chambre d'isolement ;
- l'entrée et la sortie de la chambre d'isolement sont signalées à l'ensemble de l'équipe ;
- une surveillance psychique et somatique est programmée pour la durée de la mise en chambre d'isolement ;
- l'alimentation, l'hygiène de la personne et l'état de propreté de la chambre sont maintenus pendant la durée de l'isolement ;
- dans le programme thérapeutique, des sorties de courte durée, accompagnées, doivent être programmées ;
- les transmissions écrites et orales doivent être faites.

Infirmière diplômée d'État, vous travaillez de 13 h à 21 h en unité de soins anxio-dépressifs. Vous prenez en charge les soins auprès d'Émilie, hospitalisée depuis 3 semaines, à son retour de permission ce jour.

Présentation de la patiente

Émilie, née le 11 mars 1981, est étudiante en 2e année de DEUG de lettres modernes. Elle vit seule en résidence universitaire depuis 6 mois après avoir vécu chez sa seconde sœur, qui a pris en charge la fratrie après le décès de la mère. Elle bénéficie d'une allocation logement et d'une bourse d'études supérieures. Elle a 2 sœurs et 1 frère (26 ans, 24 ans, 21 ans).

La maman est décédée en 1992 d'un cancer du col de l'utérus. Le père, âgé de 56 ans, est routier. Émilie a interrompu toute relation avec son père, le considérant « volage ».

Passionnée de danse classique, elle s'entraîne 3 fois par semaine et répète le soir dans sa chambre. Elle occupe son temps libre à la recherche en bibliothèque. Elle limite ses sorties pour se consacrer à ses études et à sa passion. Elle voit de temps en temps une amie, elle n'a pas de relation amoureuse.

Elle a des cheveux longs tirés en chignon, elle mesure 1,73 m pour 35 kg. Elle est souriante, agréable, communique facilement, aime porter des pulls et jupes amples.

Motif d'hospitalisation

Émilie a été admise il y a 3 semaines en unité de soins anxio-dépressifs pour prise en charge d'une anorexie mentale dans le cadre d'une altération de l'état général. Elle est adressée par le médecin scolaire qui la suivait au lycée et avec qui elle a continué à entretenir des relations privilégiées.

Ses troubles sont connus depuis 7 ans et ont nécessité 2 hospitalisations en service spécialisé :

- la première, de quelques semaines, près de chez sa sœur ;
- la seconde, dans un centre de crise pour adolescents dans lequel elle ne désire plus aller.

En raison de la situation clinique et sur les conseils du médecin scolaire, Émilie est venue de son plein gré et accepte les soins. Elle est accueillie par le médecin psychiatre.

À l'interrogatoire :

- pas d'antécédents chirurgicaux ;
- pas d'allergie ;
- aménorrhée depuis plusieurs années (premières règles à 12 ans) ;
- semble être consciente de son anorexie ;
- pas de manœuvre vomitive ni de prise de laxatifs ;
- anorexie sélective : mange des aliments sucrés ;
- traitement à domicile : DÉBRIDAT®.

À l'examen clinique :

- appareil cardio-vasculaire : examen normal ;
- tension artérielle : 9/5 cm Hg – pulsations : 72/min ;
- appareil digestif : rien à signaler ce jour ;
- pas de masse abdominale ;
- évoque des troubles spasmodiques ;
- appareil pulmonaire : examen normal ;
- appareil génito-urinaire : pas de signes d'infection urinaire ;
- aménorrhée.

Examens à prévoir :

- bilan sanguin :
  - numération-formule ;
  - urée, créatinine ;
  - ionogramme ;
  - glycémie, protidémie ;
  - TSH, T3, T4 ;
  - bilan hépatique ;
- bilan pulmonaire : radiographie pulmonaire.

Compte rendu de l'entretien du psychiatre à l'entrée :

- hyperactivité au travers de la danse qu'elle ne peut plus pratiquer depuis quelque temps ;
- a perdu 10 kg depuis 1 an ;
- dit avoir eu conscience de la maladie de sa mère. Personne ne le lui avait dit (« Je l'ai appris seule... ») ;
- bon examen de la relation avec la mère : « J'étais un peu sa chouchou... » ;
- relation avec le père : « Il m'appelait la grosse... » ;
- parle de ses idées obsédantes par rapport à la nourriture :
  - calcule sans arrêt, cela occupe une partie importante de sa vie ;
  - explique qu'elle n'a jamais faim ;
  - veut tout programmer, maîtriser ; décrit une hyperactivité pour combler le vide ;
  - se dit focalisée sur ses intestins, il y a peu de moments où elle n'a pas mal au ventre ;
  - la douleur est calmée par la position allongée.

Le diagnostic d'anorexie de type restrictif qui dure depuis quelques années est posé.

Le contrat établi avec Émilie est le suivant :

- repas thérapeutique : tous les repas doivent être pris en présence des soignants ;

- pesée tous les 2 jours ;
- permission de sortie de 14 h à 16 h et une demi-journée le week-end ;
- nouvel entretien à prévoir dans 15 jours.

Compte rendu de l'entretien du psychiatre 15 jours plus tard :

- bonne alimentation malgré quelques fluctuations et les repas thérapeutiques débutés il y a 15 jours ;
- déçue de la prise de poids : a pris 1 kg seulement ;
- se dit surprise elle-même de ses efforts par rapport à la nourriture ;
- de bonne humeur ;
- continuer les repas thérapeutiques ;
- sollicite une permission ce week-end pour une réunion de famille : permission acceptée.

Transmissions infirmières

Émilie rentre de permission ce jour :

- à 9 h :
  - épisodes de vomissements ; nie tout vomissement provoqué ;
  - selles liquides cette nuit : laxatifs ?
  - pâle, cernée, prostrée, parle peu ;
  - souffre de l'abdomen ;
  - dit avoir fait un excès alimentaire durant le week-end ;
  - présente une toux productive ;
  - une température à 38,4 °C ;
  - une tension artérielle à 9/5 ;
- à 10 h : appel du médecin psychiatre qui a contacté le pneumologue (*cf.* Prescriptions) ;
- à 11 h, sont réalisés :
  - bilan sanguin ;
  - radiographie pulmonaire ;
  - examen cytobactériologique des crachats ;
  - coproculture ;
  - pesée : 35 kg ;
- à 14 h :
  - a été vue par le pneumologue : diagnostic de pneumopathie posé (foyer infectieux base droite à la radiographie) ;
  - résultats du bilan sanguin et mise en place du traitement (*cf.* Prescription).

Émilie a une verbalisation pauvre, un discours banalisateur, dit être « résignée à se laisser vivre même si ce n'est pas pour longtemps, c'est-à-dire manger ».

Elle présente des difficultés à canaliser son impulsivité, mais accepte la perfusion pour cet après-midi.

Elle tousse toujours. Sa température est de 38 °C. Elle n'a pas la force de se lever, se dit trop fatiguée. Elle se plaint de douleurs abdominales à type de spasmes.

Prescriptions médicales :

- à 10 h :
  - radiographie pulmonaire face et profil ;
  - numération-formule, plaquettes ;
  - vitesse de sédimentation, protéine C réactive ;
  - ionogramme ;
  - urée, créatinine ;
  - calcémie ;
  - protidémie ;
  - glycémie ;
  - examen cytobactériologique des crachats ;
  - pesée ;
  - coproculture ;
- à 14 h :
  - perfusion de 2 L sur 24 h : 1 L de sérum salé isotonique, avec 1 flacon de NONAN ® et 1 flacon de CERNÉVIT ® ; en Y, 1 L de sérum glucosé isotonique ;
  - CLAMOXYL ® : 1 g × 2 par 24 h en IVD ;
  - aérosol MUCOMYST ® : 1 ampoule + 10 cc de sérum physiologique, 3 fois par jour ;
  - surveillance clinique toutes les 3 heures ;
  - bilan entrées-sorties ;
  - ionogramme sanguin et protidémie à prévoir demain matin ;
  - surveillance des selles ;
  - SPASFON ® : 1 ampoule en IVD × 3 par 24 heures ;
- modification du contrat pendant 1 semaine :
  - isolement psychiatrique ;
  - alimentation hypercalorique ;
  - évaluation du poids tous les jours (l'informer du moment) ;
  - entretien avec le psychologue 3 fois par semaine, 1er dès ce jour.

Lexique

- DÉBRIDAT ® (trimébutine, antispasmodique musculotrope) : comprimés ;
- NONAN ® (apport équilibré en oligo-éléments) : flacons de 40 mL ;
- CERNÉVIT ® (supplémentation vitaminique) : poudre lyophilisée à dissoudre avec 5 mL d'EPPI ;
- CLAMOXYL ® (amoxicilline, antibiotique de la famille des b-lactamines) : poudre pour solution injectable en flacon de 500 mg ;
- MUCOMYST ® (acétyl-cystéine, mucolytique) : ampoules de 5 mL ;
- SPASFON ® (phloroglucinol, antispasmodique non atropinique musculotrope) : ampoules de 4 mL pour 40 mg.

Résultats biologiques

	Normales	Émilie
Sodium	135 à 145 mEq/L	135
Potassium	3,5 à 5 mEq/L	3,6
Chlore	95 à 105 mEL/l	102
CO_2	22 à 30 mEq/L	27
Calcium	90 à 106 mg/L	100
Urée	0,15 à 0,45 g/L	0,40
Créatinine	5 à 13 mg/L	11
Glucose	0,70 à 1,15 g/L	0,78
Protéines	64 à 80 g/L	50
Hématies	4,5 à $5 \times 10^6/mm^3$	3,95
Hb	12 à 17 g/dL	11
Hte	40 à 48 %	48
VGM	80 à 94 μ^3/fl	89,6
TCMH	27 à 32 pg	30,3
CCMH	32 à 36 %	33,8
Plaquettes	150 à $400 \times 10^3/mm^3$	195
Leucocytes	5 à 10 000/mm^3	9 500
Neutrophiles	3 600 à 18 000/mm^3	7 100
Éosinophiles	100 à 500/mm^3	150
Basophiles	0 à 300/mm^3	75
Lymphocytes	1 800 à 9 000/mm^3	1 200
Monocytes	360 à 1 800/mm^3	975
VS	< 10 et < 20	30 / 50
CRP	< 12 mg/mL	13

Diagnostics infirmiers affectés au besoin fondamental (BF)

BF1 : Respirer
- Risque de suffocation.
- Libération inefficace des voies respiratoires.
- Mode de respiration inefficace.
- Perturbation des échanges gazeux.

BF2 : Boire et manger
- Déficit de volume liquidien.
- Risque de déficit de volume liquidien.
- Excès de volume liquidien.
- Risque de fausse route.
- Déficit nutritionnel.
- Excès nutritionnel.
- Risque d'excès nutritionnel.
- Incapacité (partielle ou totale) de s'alimenter.
- Allaitement inefficace.
- Trouble de la déglutition.

BF3 : Éliminer
- Incontinence fécale.
- Constipation colique.
- Pseudo-constipation.
- Diarrhée.
- Modification de l'élimination urinaire.
- Incontinence urinaire fonctionnelle.
- Incontinence urinaire réflexe.
- Incontinence urinaire à l'effort.
- Incontinence urinaire par réduction du temps d'alerte.
- Incontinence urinaire totale.
- Rétention urinaire.
- Incapacité (partielle ou totale) d'utiliser les toilettes.

BF4 : Se mouvoir, maintenir une bonne posture
- Diminution du débit cardiaque.
- Modification de l'irrigation tissulaire cardio-vasculaire.
- Modification de l'irrigation tissulaire cérébrale.
- Modification de l'irrigation tissulaire gastro-intestinale.
- Modification de l'irrigation tissulaire périphérique.
- Modification de l'irrigation tissulaire rénale.
- Altération de la mobilité physique.

BF5 : Dormir et se reposer
- Douleur.
- Douleur chronique.
- Intolérance à l'activité.
- Risque d'intolérance à l'activité.
- Fatigue.
- Perturbation des habitudes de sommeil.

BF6 : Se vêtir et se dévêtir
- Incapacité (partielle ou totale) de se vêtir.

BF7 : Maintenir la température du corps dans les limites de la normale
- Hyperthermie.
- Hypothermie.
- Thermorégulation inefficace.

BF8 : Être propre, soigner et protéger ses téguments
- Modification tissulaire.
- Atteinte à l'intégrité de la muqueuse buccale.
- Atteinte à l'intégrité de la peau.
- Risque d'atteinte à l'intégrité de la peau.
- Incapacité (partielle ou totale) de se laver.

BF9 : Éviter les dangers
- Stratégie d'adaptation familiale inefficace : soutien compromis.

- Stratégie d'adaptation familiale inefficace : absence de soutien.
- Stratégies d'adaptation individuelle inefficaces.
- Incapacité de s'adapter à un changement dans l'état de santé.
- Stratégies d'adaptation défensives.
- Réaction de déni non constructives.
- Risque de syndrome d'immobilité.
- Risque d'intoxication.
- Risque de traumatisme.
- Dysréflexie.
- Risque d'infection.
- Anxiété.
- Peur.
- Réaction post-traumatique.
- Syndrome du traumatisme de viol.
- Risque de violence.
- Négligence de l'hémicorps (droit ou gauche).

BF10 : Communiquer avec ses semblables

- Altération de la communication verbale.
- Modification de la perception sensorielle auditive.
- Modification de la perception sensorielle gustative.
- Modification de la perception sensorielle kinesthésique.
- Modification de la perception sensorielle olfactive.
- Modification de la perception sensorielle tactile.
- Modification de la perception sensorielle visuelle.
- Perturbation des interactions sociales.
- Isolement social.

BF11 : Agir selon ses croyances et ses valeurs

- Désespoir.
- Sentiment d'impuissance.
- Détresse spirituelle.

BF12 : S'occuper en vue de se réaliser

- Recherche d'un meilleur niveau de santé (spécifier).
- Conflit décisionnel.
- Non-observance.
- Deuil anticipé.
- Deuil dysfonctionnel.
- Modification de la croissance et du développement.
- Difficulté à se maintenir en santé.
- Incapacité d'organiser et d'entretenir le domicile.
- Perturbation de l'image corporelle.
- Perturbation de l'identité personnelle.
- Perturbation de l'estime de soi chronique.
- Perturbation de l'estime de soi ponctuelle.
- Modification de la dynamique familiale.
- Modification dans l'exercice de rôle.
- Conflit face au rôle parental.
- Perturbation dans l'exercice du rôle parental.
- Risque de perturbation dans l'exercice du rôle parental.
- Dysfonctionnement sexuel.
- Modification de la sexualité.

BF13 : Se recréer

- Manque de loisirs.

BF14 : Apprendre

- Manque de connaissance.
- Altération du processus de pensée.

Questions

1 *Analyse de la situation :*

- *dégagez les facteurs favorisant l'hospitalisation : contexte psychologique, social, familial, habitudes de vie, antécédents et traitements associés ;*
- *identifiez les liens entre les mécanismes : physiopathologiques et/ou psychopathologiques et les signes cliniques et examens paracliniques qui expliquent l'hospitalisation ;*
- *explicitez les problèmes de santé d'Émilie depuis son entrée jusqu'à ce jour, en vous appuyant sur les données cliniques, psychologiques, paracliniques et les thérapeutiques.* (30 points)

2 *Projet de soins pour le poste de travail :*

- *mettez en évidence les problèmes essentiels du jour, qu'ils soient problèmes traités en collaboration et/ou diagnostics infirmiers ;*
- *proposez des soins infirmiers dans leurs différentes dimensions ;*
- *envisagez l'évaluation.* (30 points)

Réponses

1 Analyse de la situation

Cohérence	Adaptation	Exactitude	Précisions
Liens entre les éléments physiques, psychologiques, environnementaux, et le diagnostic.			
• Anorexie mentale : – anorexie ; – hyperactivité ;		• Pathologie mentale de l'adolescence se manifestant par des perturbations du comportement alimentaire sans antécédent psychiatrique majeur dans un contexte d'hyperactivité physique et intellectuelle.	• Émilie a 19 ans. • Ici de type restrictif et sélectif (aliments sucrés). • Études brillantes : 2e année de DEUG à 19 ans, 3 séances de danse par semaine et s'entraîne le soir dans sa chambre.
– amaigrissement ;		• Amaigrissement : perte de poids qui entraîne une altération de l'état général et pouvant mettre en jeu le pronostic vital.	• 10 kg perdus en un an.
– aménorrhée et féminité.		• Aménorrhée de type secondaire consécutive à l'AEG. • Ne semble pas avoir de sexualité et refus de son image féminine.	• Réglée à 12 ans. • Arrêt des règles depuis septembre. • Pas de relation amoureuse. • Dissimule ses formes par des vêtements amples.
Liens entre le diagnostic, l'histoire de la maladie et l'évolution.		• Affection déclenchée par un événement familial majeur : – une séparation ; – une situation familiale conflictuelle avec le père.	• Décès de la mère il y a 8 ans. • Cesse toute relation avec le père qu'elle considère « volage ». • « Il m'appelait " la grosse ". »
• 2 hospitalisations au début de l'adolescence.	• Ne veut plus retourner dans le centre spécialisé.		• Hospitalisation après le décès de la mère.

Cohérence	Adaptation	Exactitude	Précisions
• 3e hospitalisation pour aggravation de l'état physique et psychique.	• De son plein gré. • Bilan paraclinique avec l'anorexie.	• Semble « être consciente de son anorexie ». • Maigreur : déséquilibre du rapport staturo-pondéral. • Asthénie. • NF, urée, créatinine, iono, glycémie, protidémie, bilan hépatique, T3-T4. • Troubles digestifs traités à domicile par DÉBRIDAT ®. • Douleur calmée par la position allongée. • Idées obsédantes par rapport à la nourriture.	• 35 kg pour 1,73 m. • Ne peut plus pratiquer ses exercices de danse. • Maxima de la TA à 9. • Focalisation sur ses intestins. • Peu de moments où elle n'a pas mal au ventre. • Calcule sans arrêt ; n'a jamais faim.
Liens entre le diagnostic posé et le traitement. • Anorexie de type restrictif. • Contrat thérapeutique.		• Nécessité d'un contrat thérapeutique basé sur l'alimentation et la surveillance du poids. • Évolution favorable qui permet une sortie plus importante.	• Permission de sortie : 2 h/jour, une demi-journée le week-end. • Une réunion de famille le week-end acceptée.
Liens entre l'aggravation de l'état et les signes cliniques. • Vomissements. • Selles liquides. • Douleurs abdominales. • Caractéristiques physiques. • Fièvre. • Toux.		• Pâle, cernée, prostrée.	• Dit avoir fait un excès alimentaire. • Verbalisation pauvre. • Température à 38,4 °C à 9 h et 38 °C à 14 h. • Productive. Vitesse de sédimentation Protéine C réactive.
Liens entre les signes cliniques et la réalisation d'examens paracliniques. • Toux. • Hyperthermie. • Diarrhée. • Vomissements.	• Bilan paraclinique.	• Bilan inflammatoire et infectieux motivé par la toux et l'hyperthermie. • Coproculture. • Ionogramme, urée et créatinine.	• Examen cytobactériologique des crachats. • Radiographie pulmonaire.

Cohérence	Adaptation	Exactitude	Précisions
• Dénutrition.		• Calcémie, protidémie. • Numération-formule. • Poids.	
Liens entre la situation à ce jour et le traitement. • Pneumopathie.		• Pneumopathie (foyer infectieux pulmonaire) : – CLAMOXYL ® ; – aérosol avec MUCOMYST ®.	• Base droite. • 2 fois par jour.
• Anorexie. • Douleur. • Risque de déséquilibre ionique et vitaminique.	• Surveillance clinique toutes les 3 heures.	• Anorexie : modification du contrat thérapeutique. • Douleur abdominale : SPASFON ®. • Risque de déshydratation, de désordre ionique. • Apport hydrique. • Apport vitaminique et d'oligo-éléments. • Bilan entrées/sorties.	• Ajout de l'isolement psychiatrique. • Pesée tous les jours. • Alimentation hypercalorique à 5 repas. • Suivi psychologique, 3 fois par semaine. • À type de spasme. • 2 litres par jour. • NONAN ® et CERNÉVIT ®.

2 Projet de soins

Cohérence	Adaptation	Exactitude	Précisions
Pneumopathie. • Antibiothérapie.	• ECBC à récupérer et à montrer au médecin. • CLAMOXYL ®. • À 12 h, température : 38 °C.	• Antibiotique à large spectre (en attente des résultats de l'ECBC). • Agit pour enrayer le processus infectieux. • Surveiller les effets secondaires : troubles digestifs, rash cutané, allergie. • Surveiller efficacité : – température et pulsations ; – aspect des expectorations.	• 1 g × 2/24 h en IVD, à 14 h. • Planifier la 2e injection à 22 h. • À 14 h, 17 h, 20 h.
• Aérosolthérapie.	• MUCOMYST ®. • Administration de l'aérosol.	• Pour favoriser les expectorations. • Expliquer les modalités : – vérifier la présence d'un micro-brouillard ; – se moucher avant ;	• 1 ampoule + 10 cc sérum physiologique, 3 fois par jour, pendant 15 min.

Cohérence	Adaptation	Exactitude	Précisions
	• Attention contexte d'anorexie (plusieurs repas par jour) : aérosol à planifier en dehors des repas. • S'assurer que l'odeur du MUCOMYST ® n'entraîne pas de dégoût alimentaire. • Informer de manière adaptée : vu le contexte psychiatrique, pourrait refuser le traitement.	– inspirer par le nez et expirer par la bouche ; – installation assise/demi-assise ; – crachoirs + mouchoirs. • Surveiller l'efficacité : – aspect des expectorations ; – toux, persistance ; – respiration ; – surveiller le faciès et coloration des téguments. • Surveiller les effets secondaires : hypersécrétion, irritation.	• Surveiller : fréquence, rythme amplitude.
Anorexie mentale. • Rechute ou risque vital ou aggravation.	• Contrat thérapeutique. • Isolement psychiatrique. • Alimentation hypercalorique.	• Informer l'équipe vis-à-vis du contrat. • Informer la famille et l'aider à accepter l'isolement. • Pas de visite, pas de sortie, pas de téléphone, pas de courrier. • L'informer de l'isolement. • Veiller à la compréhension du contrat. • Mise en place de l'isolement. • Surveiller le comportement. • Éviter les objets dangereux pouvant permettre une tentative d'autolyse. • Être à l'écoute. • Maintenir la communication. • Instaurer un climat de confiance. • Noter et observer les dires, le discours. • Transmission au psychiatre et dans le dossier de soins. • Favoriser la verbalisation.	• Cohérence de l'équipe. • Éviter les manipulations. • En particulier la 2e sœur. • Durant 1 semaine. • Attention à son impulsivité (« résignée à se laisser vivre même si ce n'est pas pour longtemps »). • Verbalisation pauvre. • Discours banalisateur.

Cohérence	Adaptation	Exactitude	Précisions
	• Éviter les aliments qui entraînent la diarrhée puisqu'elle a déjà des selles liquides.	• Il est nécessaire qu'elle mange peu et souvent. • Favoriser un équilibre alimentaire : – surveillance et évaluation du plateau repas ; – quantifier les apports ; – assurer présence effective ; – surveiller si vomissements provoqués et/ou non provoqués ; – observer et noter comportement par rapport à l'alimentation ; – l'informer de l'heure des repas.	• Plusieurs repas. • A tendance à manger des aliments sucrés.
	• Surveillance du poids.	• Informer du moment de la pesée. • Avant la pesée, vérifier : boisson, contenu des poches. • Faire les différentes pesées dans les mêmes conditions. • Fiche de suivi, courbe pondérale.	• 35 kg.
	• Entretien avec le psychologue.	• Prise de rendez-vous avec le psychologue. • L'informer. • Demander le compte-rendu pour le psychiatre. • Voir si réajustement du contrat.	• 3 fois par semaine.
Risque de déshydratation, déficit hydro-électrolytique et nutritionnel.	• Apport hydro-électrolytique, vitaminique.	• 2 L de sérum sur 24 h en perfusion : – 1 L de sérum salé isotonique ; – 1 flacon de NONAN® ; – 1 flacon de CERNÉVIT® ; – en Y : 1 L de sérum glucosé isotonique. • Surveiller : – le débit ; – le point de ponction : rougeur, chaleur, gonflement ; – le retour veineux *(1 fois dans le projet de soins).* • Asepsie ++ pour la préparation et la pose. • Surveiller les constantes : TA, pulsations.	• 13 ou 14 gouttes/min. • 14 h, 17 h, 20 h. • TA : 9/5 cm Hg à 9 h.
	• Tendance à vomir ; sujet diarrhéique. • Surveiller les boissons : potomanie possible.	• Surveiller les signes de déshydratation : pli cutané, hypotonie des globes oculaires. • Surveiller la diurèse : bilan entrées-sorties ; expliquer le fait de ne pas jeter les urines. • Planifier le bilan demain matin.	• Ionogramme sanguin, protidémie.

Cohérence	Adaptation	Exactitude	Précisions
Troubles abdominaux et douleur.	• Différencier la douleur : physique et psychique. • SPASFON ®.	• IVD lente. • Observer l'efficacité (évaluation de la douleur). • Récupérer la coproculture. • L'aider à trouver une position antalgique.	• 1 ampoule en IVD, 3 fois/24 h.
Diagnostics infirmiers. • Fatigue liée aux conséquences de sa pathologie (anorexie, problème respiratoire), se manifestant par ses dires.	• Émilie sera moins fatiguée.	• Globaliser les soins. • Réduire les activités. • Imposer des temps de repos. • Veiller au confort. • Dédramatiser la situation. • Expliquer l'intérêt des soins pour diminuer sa faiblesse.	• « Je suis trop fatiguée. » • N'a pas la force de se lever.
• Incapacité à assurer ses auto-soins, liée à la fatigue secondaire aux pathologies et traitements (perfusion).	• Émilie aura une hygiène correcte.	• Proposer des soins d'hygiène et de confort. • L'aider à se déplacer jusqu'au WC. • Respecter son image corporelle.	
• Risque d'atteinte à l'intégrité des téguments, lié à : – maigreur ; – alitement ; – dénutrition ; – état général ; – problème respiratoire.	• Émilie ne présentera pas d'altération des téguments.	• Matériel anti-escarres. • Prévention d'escarres : effleurage, vérifier les points d'appui, conseiller les changements de position.	
• Risque d'isolement social, lié à l'anorexie et/ou risque de sentiment de solitude, lié à l'isolement prescrit.	• Émilie ne s'ennuiera pas. *Transmissions à l'équipe de nuit.*	• Négocier avec l'entourage pour faire parvenir les cours et revues. • Proposer des occupations (télé, lecture, musique…).	

M. P., 41 ans, est électricien dans une entreprise du bâtiment ; il est marié, il a une fille de 16 ans et un fils de 13 ans.

Alcoolique chronique depuis une dizaine d'années, M. P. aurait commencé à boire à la sortie du travail avec quelques collègues de l'entreprise puis progressivement sur les chantiers avec une dépendance devenue maintenant importante.
Depuis environ 8 mois, il s'alcoolise aussi le soir chez lui et le matin avant de partir, ce qui engendre des difficultés pour se rendre sur les chantiers et dans son activité professionnelle.

Sous la pression de son patron qui menace de le licencier et de sa femme qui lui répète qu'elle va le quitter, il a suivi une cure de sevrage à l'hôpital général il y a 6 mois dans le service de gastro-entérologie.
Comme il a très vite rechuté, il a de nouveau été admis dans le même service pour une deuxième cure de sevrage.
Pendant cette deuxième hospitalisation, il s'est montré très agressif avec le personnel soignant et peu coopérant. Au bout de 5 jours, il a mis fin à son hospitalisation par une sortie contre avis médical.

Le médecin demande néanmoins une prise en charge psychiatrique en centre médico-psychologique (CMP), où il accepte de venir à un entretien sur les conseils de son épouse et accompagné de celle-ci.
Il se décrit lui-même comme quelqu'un de timide, ayant peu de contact avec les autres, se sent complexé ; au cours de l'entretien, il pleure à plusieurs reprises, regrettant d'en être arrivé là.
Il est noté une certaine anxiété et une tonalité dépressive.

Quelques jours après cet entretien, la sœur de M. P. téléphone au centre médico-psychologique car il est chez elle, manifestement ivre, après s'être alcoolisé de whisky. Il menace de mettre fin à ses jours avec une arme à feu car sa femme et ses deux enfants viennent de le quitter.
Devant cette situation d'urgence, le médecin psychiatre du CMP décide d'une visite à domicile (VAD) par deux infirmiers.
Pendant ce temps, la sœur de M. P. appelle le médecin traitant, car son frère est très agité.
Après 30 minutes de discussion avec les infirmiers et le médecin, M. P. refuse toujours son hospitalisation en milieu psychiatrique et continue de dire qu'il mettra fin à ses jours.

Le médecin juge qu'une hospitalisation sur demande d'un tiers (HDT) (hospitalisation sous contrainte) est de rigueur pour protéger le patient.
Vu l'article L.333 du Code de la santé publique, c'est la sœur de M. P. qui rédige la demande de HDT, suivant le modèle prévu à cet effet en raison de la notion de péril imminent et, vu l'article L.333-2, le médecin rédige le certificat d'admission.

Une injection de 4 ampoules de LOXAPAX® (neuroleptique) lui a été faite en intramusculaire par l'infirmier sur prescription médicale dès le début de l'entretien.

Le patient étant plus calme, sa tension artérielle étant stabilisée à 13/8, le transfert au centre hospitalier spécialisé en ambulance est alors possible, accompagné de sa sœur.

Un des deux infirmiers du centre médico-psychologique assurera les transmissions aux soignants du service. Il est accueilli par la surveillante et une infirmière et vu par l'interne de garde, qui prescrit le traitement suivant :

- NOZINAN® (neuroleptique) : 75 gouttes matin et midi et 100 gouttes le soir ;
- LOXAPAC® (neuroleptique) : 4 ampoules en injection intramusculaire en cas d'agitation ;
- ÉQUANIL® (tranquillisant) comprimés : 400 mg × 2 - 4 fois par jour ;
- HEPT-A-MYL® (normotenseur) : 30 gouttes 3 fois par jour si la tension artérielle est inférieure à 9/6 ;
- surveillance du pouls, de la tension artérielle, de la température toutes les 4 heures ;
- surveillance de l'état de conscience ;
- arrêt des neuroleptiques si la température est supérieure à 39 °C ;
- apport hydrique *per os* : 3 à 4 litres par jour sous forme de boissons sucrées, potage, eau.

Examens demandés :

- alcoolémie ;
- glycémie ;
- ionogramme sanguin ;
- NFS ;
- TP ;
- gamma-GT.

À l'examen clinique, l'interne n'a pas relevé de signe d'atteinte hépato-digestive ni neurologique, mais une légère déshydratation.

- *Le lendemain (ce jour) :*

Monsieur P. est vu par le médecin psychiatre du service, il ne présente plus de signe d'intoxication aiguë de son alcoolisation de la veille.
À l'entretien, il dit que s'il boit c'est pour l'aider à être mieux dans sa peau, pouvoir communiquer plus facilement avec l'entourage. Il demande si on a des nouvelles de sa femme et de ses enfants, culpabilise sur son comportement des jours précédents, dit qu'il voudrait arrêter de s'alcooliser mais qu'il ne peut pas le faire. Il pense toujours au suicide car il voit l'avenir professionnel et familial sans perspective. Il dit également qu'il ne pourra vivre sans voir ses enfants.

- Compte tenu de la persistance des plaintes à connotations dépressives, le psychiatre maintient le traitement donné par l'interne et prescrit en plus : STABLON ® (antidépresseur), 3 comprimés par jour : 1 matin, 1 midi et 1 soir.

Le médecin maintient la HDT.

Questions

1 **a.** *En vous appuyant sur les éléments significatifs du texte, analysez la situation de M. P. Cette analyse doit montrer votre compréhension de la situation par les liens que vous établissez entre les aspects suivants :*
- *les données étiologiques, cliniques, familiales, sociales ;*
- *les prescriptions médicales ;*
- *les examens complémentaires.*

b. *À partir de cette analyse, identifiez les problèmes réels et ou potentiels de M. P.*

c. *Au regard des problèmes énoncés, déterminez les objectifs et les actions de soins à mettre en place.*

2 *Quel type de suivi après la cure de désintoxication peut-on proposer à M. P. à sa sortie ?*
Faites vos propositions en adéquation avec ce que vous connaissez du patient.

3 *M. P. est hospitalisé sur demande d'un tiers. Citez les 5 cas de modalités de sortie pour ce type d'hospitalisation.*

Réponses

1 **a. Analyse de la situation**

Il s'agit d'un patient alcoolique chronique depuis 10 ans dont l'alcoolisation s'est amplifiée depuis 8 mois, ce qui engendre maintenant des problèmes professionnels avec menace de licenciement et des problèmes de couple : sa femme vient de le quitter.
M. P. a déjà effectué deux cures de désintoxication en milieu hospitalier, la première s'est soldée par un échec puisqu'il y a eu réalcoolisation, la deuxième s'est terminée par une sortie contre avis médical.
Mais néanmoins, sous la pression, il s'est rendu au centre médico-psychologique (CMP). Le CMP est une unité de coordination et d'accueil en milieu ouvert qui organise des actions de prévention, de diagnostic de soins ambulatoires et d'intervention à domicile. Il est aussi un lieu d'orientation.
On constate que M. P. n'était pas encore prêt à commencer une réflexion et un travail sur luimême pour se prendre en charge et prendre en charge sa maladie alcoolique.
M. P. présente une structure de personnalité introvertie avec des difficultés relationnelles importantes car il a du mal à aller spontanément vers les autres sans l'aide de l'alcool.
Il est actuellement fortement culpabilisé par son comportement et il se sent également coupable du départ de sa femme. Il reconnaît ne pas pouvoir se sortir de son alcoolisme seul et dit qu'il a besoin d'être aidé.
Il présente un tempérament anxieux et une humeur dépressive importante réactionnelle aux différents événements de ces derniers jours. Il y a risque de passage à l'acte suicidaire, ce qui a motivé son hospitalisation sur demande d'un tiers. La HDT est une des deux hospitalisations sous contraintes sans le consentement d'un malade avec l'hospitalisation d'office (HO) prévue par la loi du 27 juin 1990.
Alcoolisation aiguë et manifestations suicidaires sont liées à sa personnalité fragile et au départ de sa femme. Comme il vient d'être hospitalisé en milieu psychiatrique, en service fermé, il va y avoir dans les heures qui suivent une abstinence qu'il va falloir gérer car on voit qu'il y a risque pour que M. P. présente un syndrome de sevrage

avec manifestation confuso-onirique et agitation avec apparition d'hallucinations.
Il est prescrit du NOZINAN®, neuroleptique à action sédative sur l'anxiété (anxiolytique).
Le LOXAPAC® est également un neuroleptique, prescrit ici pour réduire l'état d'agitation lié à son alcoolisation et en prévention de l'apparition d'un syndrome de sevrage. Il a l'avantage d'être toléré par les malades alcooliques ayant des troubles hépatiques.
L'HEPT-A-MYL®, stabilisateur de la tension artérielle, aura un rôle pour lutter contre l'hypotension. Le STABLON®, antidépresseur, est donné à M. P. car il présente un syndrome dépressif avec risque de passage à l'acte suicidaire.
La réhydratation *per os* est possible. Elle sera effectuée pour prévenir le prédelirium tremens et combler les manques hydro-électrolytiques dus à son agitation.
Si la température est supérieure à 39 °C, le traitement neuroleptique sera arrêté ; dans ce cas on pensera soit au syndrome malin dû aux neuroleptiques soit à l'apparition d'un prédelirium tremens (pré-DT).
Le delirium tremens est un syndrome aigu se manifestant chez l'alcoolique chronique au cours d'un sevrage brutal. Il se reconnaît par la présence d'une agitation anxieuse, de tremblements importants, d'un état confusionnel avec désorientation temporo-spatiale et apparition d'hallucinations en 3 dimensions, l'onirisme.
Il est demandé :
- une glycémie : on sait que l'alcool est hypoglycémiant ;
- une alcoolémie : l'alcoolique est souvent dans le déni. C'est peut-être un moyen de le mettre en face de la réalité si besoin est ;
- un iono sanguin : comme il y a une légère déshydratation, il faut évaluer la perte des électrolytes pour prévenir une carence ;
- une NFS : à la recherche d'une macrocytose ;
- un TP : si atteinte hépatique le taux de prothrombine sera bas ;
- gamma-GT : la normale chez l'homme est de 8 à 28 mU/mL. Un taux supérieur à 30 signe une lésion hépatique ou un alcoolisme chronique.

b. Synthèse des problèmes :

- risque de passage à l'acte suicidaire dû à son état anxieux, à sa dépression, à sa perte d'espoir et à sa perte d'estime de soi ;
- risque d'apparition d'un syndrome de sevrage avec agitation, en lien avec la déshydratation ;
- non-observance de l'abstinence et déni de son alcoolisme chronique ;
- perturbation de la dynamique familiale ;
- perte du rôle social, reliée à ses menaces de licenciement.

c. Objectifs et actions de soins à mettre en place

➡ **Problème n° 1**

Risque de passage à l'acte suicidaire dû à son état anxieux, à sa dépression et à sa perte d'espoir.

Objectif

Prévenir le passage à l'acte et prendre en compte son état anxio-dépressif.

Actions :

- rôle sur prescription :
  - application du traitement :
    - NOZINAN® en gouttes : 75 le matin, 75 le midi, 100 le soir,
    - STABLON® comprimés : 1 le matin, 1 le midi, 1 le soir.
  - surveiller que le malade avale bien son traitement, qu'il ne garde pas les comprimés,
  - surveiller la TA car les neuroleptiques sont hypotenseurs,
  - surveiller la température car risque d'apparition du syndrome malin ; si température supérieure à 39 °C, arrêter le traitement et appeler le médecin,
  - surveillance de l'état anxieux,
  - maintien de la HDT pour une meilleure efficacité de la surveillance de ses idées suicidaires ;
- rôle propre :
  - chambre particulière, fenêtres fermées, mise en pyjama,
  - éviter de laisser dans la chambre tout objet pouvant être utilisé pour se suicider,
  - rassurer le patient,
  - le déculpabiliser par rapport à son comportement,
  - expliquer et dédramatiser la procédure de HDT,
  - dédramatiser la rechute de son alcoolisation,
  - le laisser ou l'aider à verbaliser le départ de sa femme et la peur de ne plus voir ses enfants,
  - utiliser sa sœur comme personne ressource qui pourra lui donner des nouvelles des enfants.

➡ **Problème n° 2**

Risque d'apparition d'un syndrome de sevrage.

Objectif
Prévenir l'apparition des complications dues au sevrage.
Actions :
- rôle sur prescription :
  - donner l'ÉQUANIL ®, traitement des manifestations aiguës de l'alcoolisme chronique,
  - faire boire abondamment 3 à 4 litres par jour, pour réhydrater :
    - eau,
    - boisson sucrée : alcool hypoglycémiant,
    - potage : riche en sels minéraux, éviter ainsi la carence en électrolytes ;
- rôle propre :
  - surveillance de l'état de conscience, s'assurer qu'il n'y a pas d'installation d'une désorientation temporo-spatiale,
  - surveillance de l'apparition de pré-DT : agitation, confusion, onirisme,
  - surveillance de la température car si température élevée risque de pré-DT,
  - surveillance de la TA, en cas de pression artérielle basse administrer l'HEPT-A-MYL ®,
  - surveillance de l'apparition de tremblements,
  - surveillance de la présence de troubles du sommeil avec agitation nocturne et angoisse vespérale.

Problème n° 3
Non-observance de l'abstinence et déni de son alcoolisme chronique.
Objectif
Que M. P. prenne conscience de son alcoolisation chronique et qu'il se prenne en charge.
Actions :
- aider M. P. dans la cure de sevrage, elle ne sera efficace que si le malade a une réelle demande et qu'il est motivé ;
- on ne peut que l'encourager dans son abstinence en évitant que M. P. instaure une relation où il se sent obligé de faire plaisir au soignant ;
- ne pas instaurer une relation maternante mais une relation chaleureuse et ferme ;
- surtout ne pas culpabiliser M. P. pour ses rechutes, inscrire les rechutes dans une étape de sa guérison et non comme un échec, mais pour cela il faut aussi que le soignant ne la voit pas comme un échec de soin ;
- il faut que cette démarche vers la guérison soit celle du patient ; lui faire comprendre que seul, lui-même, trouvera les moyens de s'en sortir ; pour cela, le faire participer à sa propre prise en charge ;
- bien lui préciser que l'infirmier, l'équipe, le médecin seront là pour l'écouter, l'aider quand il le souhaitera, sans le juger, sans être moralisateur.
- réinscrire le malade dans une dynamique familiale ;
- être dans les jours à venir vigilant aux manifestations du patient en quête d'éventuel apport d'alcool ; si cela était, lui signifier que pour l'instant il n'est pas encore prêt.

Problème n° 4
Perturbation de la dynamique familiale.
Objectif
Rétablir des relations satisfaisantes.
Actions :
- soins relationnels :
  - accueillir les propos de M. P.,
  - accompagner sa réflexion sur ses repères et ses valeurs affectives,
  - l'aider à verbaliser les difficultés qu'il identifie,
  - soutenir ses efforts pour chercher des solutions,
  - l'intégrer dans des activités agréables et choisies par lui pour qu'il expérimente d'autres satisfactions,
  - établir une organisation de son programme de soins : activités de groupe, rendez-vous, entretiens infirmiers ;
- soins à la famille :
  - superviser les visites de sa femme,
  - entendre ses doléances,
  - assainir le climat relationnel,
  - élargissement du réseau de soutien,
  - écoute active et orientation sur les prises de décisions (thérapie familiale ultérieure à entreprendre...).

Problème n° 5
Perturbation du rôle social.
Objectif
Prévenir les rechutes alcooliques.
Actions :
- favoriser la reprise de contact avec l'employeur et/ou la médecine du travail ;
- informer le patient sur les réseaux d'aides (Alcooliques anonymes, le CMP, le médecin traitant) ;
- déterminer avec le patient l'aide dont il a besoin et l'aider à se projeter dans les diverses situations qu'il va rencontrer ;

• s'entretenir avec lui des difficultés qu'il va rencontrer ou qu'il imagine rencontrer, le soutenir dans la recherche des solutions.

2 Suivi de M. P.

On peut proposer à M. P., à sa sortie, un séjour dans un foyer de postcure pour consolider son abstinence et continuer sa réflexion et son travail sur lui-même. On lui proposera une psychothérapie de soutien (individuel), il participera à des groupes de parole avec d'autres patients, il participera à des ateliers à visée sociothérapique pour lui faire reprendre confiance en lui et améliorer la relation aux autres. Ce travail se fera avec des médecins, des psychologues, des infirmiers ayant une solide formation en alcoologie.

À plus long terme, on peut lui conseiller d'entrer en contact avec un groupe d'anciens malades alcooliques type Alcooliques anonymes, Croix d'Or...

On peut également l'informer des possibilités données à la CHAA (consultation d'hygiène alimentaire et alcoologique) qui suit et écoute les malades stabilisés ou non en ambulatoire, lui signifier qu'il trouvera une écoute auprès de cette structure quand il en éprouvera le besoin.

3 Hospitalisation à la demande d'un tiers

L'hospitalisation à la demande d'un tiers (HDT) prend fin dans chacun des cas suivants :

• absence de certificats périodiques de maintien ;

• à la demande du tiers ayant signé la demande d'admission ;

• à la demande du conjoint, des descendants, des ascendants ;

• sur présentation du certificat d'un psychiatre constatant la disparition des troubles ;

• sur l'intervention du procureur de la République, du préfet, de son délégué.

Notes

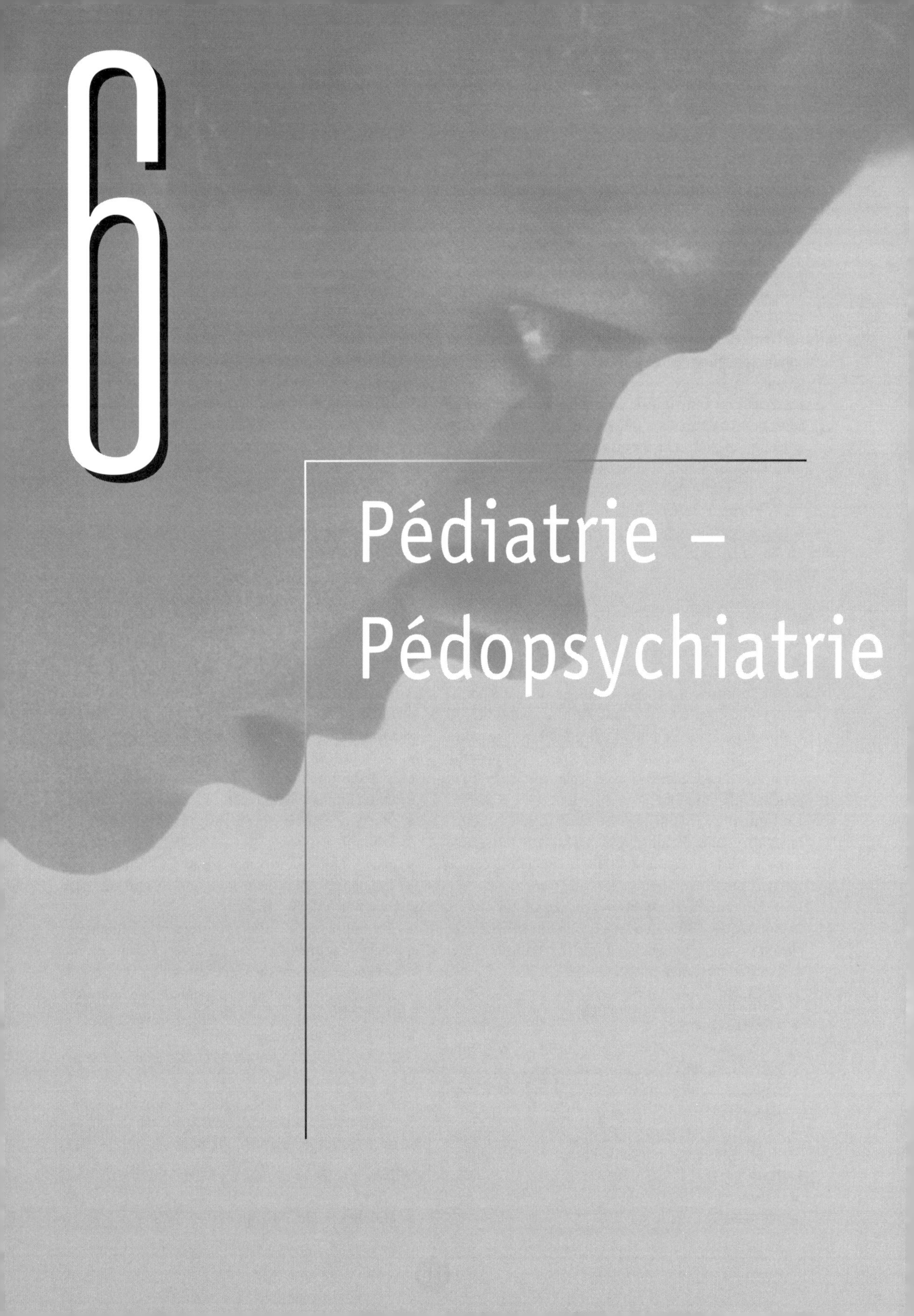

6

Pédiatrie – Pédopsychiatrie

Vous êtes infirmière en service de pédiatrie générale et travaillez de 7 h 30 à 15 h 30.
Le service est sectorisé, et ce matin, vous participez aux soins auprès de 6 nourrissons avec une auxiliaire de puériculture. Une collègue puéricultrice peut éventuellement vous aider si besoin. Une étudiante infirmière de début de 3e année effectue un stage optionnel sur votre secteur depuis deux semaines. Celle-ci a validé son module théorique de pédiatrie-pédopsychiatrie en 2e année.
Le secteur est constitué de quatre boxes pour nourrissons, de 6 chambres et d'une salle d'urgence. Les boxes et chambres comprennent un « bloc lavabo-baignoire » pour chaque enfant. Les chambres sont équipées d'un canapé-lit accompagnant.
Dans le projet de service, la présence des parents est souhaitée par l'ensemble de l'équipe médicale et soignante et les horaires de visite sont libres.

Transmissions
Vous prenez connaissance des données concernant Théo.
Théo, 2 mois, est entré hier à 19 heures pour dyspnée. Il était amené par sa maman, Mme B. Après consultation du médecin traitant, celui-ci a décidé d'hospitaliser Théo. En effet, l'enfant est asthénique (il s'est endormi pendant l'examen) ; il présente un encombrement nasal important et une toux. Sa température est à 38 °C. Le médecin signale également un tympan gauche inflammatoire.
L'infirmière a accueilli Théo et Mme B. Elle les a installés dans une chambre. La maman est restée une demi-heure environ, puis est rentrée chez elle. L'équipe lui avait proposé de rester auprès de son enfant.
Les coordonnées téléphoniques du service lui ont été communiquées, ainsi que la possibilité de venir quand elle ou le papa le souhaitent. Mme B. a remis le carnet de santé à l'infirmière.

Antécédents :
- familiaux :
  - père : âgé de 22 ans, employé d'usine, intérimaire ;
  - mère : âgée de 18 ans, sans profession ;
  - situation familiale : vie maritale (Théo porte le nom de son père) ;
  - état de santé des parents : asthme connu chez le père ;
  - domicile : centre ville (à 15 minutes de l'hôpital) ;
  - fratrie : 0 ;
- personnels :
  - naissance :
    - terme 34 semaines d'aménorrhée ;
    - poids : 2 150 g ;
    - taille : 44 cm (poids et taille normaux pour l'âge gestationnel) ;
    - périmètre crânien : 32 cm ;
    - Apgar : 8 à 1 minute,10 à 5 minutes ;
  - hospitalisation :
    - en néonatologie pour maladie des membranes hyalines stade I (qui a nécessité une oxygénothérapie sous Hood pendant 4 jours) et surveillance. Évolution favorable ensuite : tétée efficace, croissance staturo-pondérale harmonieuse et comportement neurologique normal ;
    - sortie à J30 : poids de 2 800 g, taille à 49 cm, périmètre crânien de 34 cm ;
    - alimentation artificielle, lait hypoallergénique : 7 biberons × 100 g ;
    - suivi PMI demandé.

Examen clinique
Fait à l'admission par le pédiatre de garde, il met en évidence les éléments suivants :
- aspect général : bébé hypotonique, pâle, polypnéique ;
- auscultation pulmonaire : sibilants diffus dans les 2 champs pulmonaires avec discret tirage intercostal et balancement thoraco-abdominal ;
- état nutritionnel : bon ;
- hydratation : bonne ;
- température à l'admission : 38 °C ;
- pression artérielle : 75,5/50 mmHg (normale : 75,5/50 mmHg) ;
- pouls : 150/min (normale : 100-120/min) ;
- croissance : poids de 3 700 g, taille de 50 cm, périmètre crânien de 37 cm ;
- développement psychomoteur : difficilement appréciable immédiatement (asthénie, polypnée). Sur le carnet de santé, le médecin traitant a noté, lors de la visite du 2e mois, un développement psychomoteur normal : « Il sourit, il gazouille… » et le tonus est bon ;
- traitement en cours :
  - Uvestérol ® (vitamines A, D, E, C) : une dose par jour ;
  - Zymafluor ® (fluor) : 4 gouttes par jour, données d'une manière irrégulière par la maman.

Le pédiatre suspecte une bronchiolite.

Examens complémentaires prescrits à l'accueil :
- NFS :
  - globules rouges : 4 200 000/mm^3 ;

- globules blancs : 16 100/mm^3 ;
- hémoglobine : 11 g/100 mL (normale pour l'âge) ;
- plaquettes : 396 000/mm^3 ;
- CRP *(C Reactiv Proteine)* : 28 mg/L ;
- recherche de VRS (virus respiratoire syncytial) dans les sécrétions rhino-pharyngées : positive ;
- Multistix (bandelette urinaire) négative ;
- radio du thorax au lit : montre un syndrome alvéolaire avec une discrète distension thoracique.

Prescriptions du médecin faites à 19 h 30 :

- désobstruction rhino-pharyngée au sérum physiologique avec aspiration douce ;
- décubitus dorsal à 30° ;
- repas fractionnés : 8 × 80 g, lait hypoallergénique ;
- surveillance saturation en oxygène en continu ;
- surveillance température 2 fois par vacation ;
- consultation ORL pour demain.

Ce matin, en allant voir Théo, vous observez un enfant toujours hypotonique, présentant une cyanose péribuccale (plus marquée lors des tétées), un léger battement des ailes du nez, un geignement, ainsi qu'un balancement thoraco-abdominal.

Sur la feuille de surveillance quotidienne mise dans la chambre, vous lisez que Théo n'a pas fini ses biberons cette nuit. Épuisé par la tétée, il n'en a pris que la moitié à chaque fois. L'infirmière de nuit l'a réveillé pour l'alimenter.

Les constantes de Théo à 8 heures sont les suivantes :

- saturation en oxygène : 92 % ;
- température : 37,8 °C.

Vers 8 heures, le médecin ORL examine Théo et diagnostique une otite moyenne gauche. À 8 h 30, lors de la visite, le diagnostic de bronchiolite à VRS est confirmé.

Les prescriptions médicales sont modifiées, le médecin demande :

- mise sous scope pour surveillance de la fréquence respiratoire, du pouls, de la pression artérielle et de la saturation en oxygène en continu ;
- gaz du sang (prélèvement capillaire par microméthode) ;
- oxygénothérapie sous Hood avec un enrichissement de l'air inspiré (FiO_2) à 30 % ;
- arrêt de l'alimentation *per os* et perfusion avec OSMOTAN® (soluté polyionique + glucose à 5 %) prévue sur 24 h en continu : 100 mL/kg, soit 400 mL pour 24 h, à passer en 2 fois. Vous disposez de flacons de 500 mL (la perfusion devra débuter à 9 h 30. Vous utiliserez une pompe volumétrique) ;
- AMOXICILLINE® (antibiotique, pénicilline à large spectre) : 100 mg/kg, soit 400 mg sur 24 h en 2 injections intraveineuses lentes (de 3 à 4 minutes) à 10 h et 22 h. Vous disposez de flacons de 500 mg à diluer avec 5 mL de sérum physiologique.

Dans la matinée, la puéricultrice de PMI qui suit cette famille téléphone pour prendre des nouvelles de Théo. Elle vous fait part des difficultés de « parentalisation » du papa et de la maman de Théo. Elle a observé régulièrement une certaine indifférence, voire une négligence vis-à-vis de Théo. Des visites hebdomadaires ont été mises en place depuis un mois (en accord avec les parents).

La maman arrive dans le service à 10 heures, elle regarde Théo un court moment, semble distante. Elle allume la télévision et regarde le feuilleton qu'elle suit habituellement. Le papa est resté au domicile familial.

Questions

1 *Identifiez les problèmes posés par la situation de soins. Il est attendu au moins un diagnostic infirmier.*

2 *Proposez un projet de soins pour la journée.*

Argumentez vos réponses pour chacune des questions.

Réponses

1 Problèmes posés par la situation de soins

Présentation synthétique de la situation

Théo, 2 mois, est entré hier soir à 19 heures dans le service de pédiatrie, secteur nourrissons, pour suspicion de bronchiolite.

Sa maman, Mme B., l'a amené dans le service après avoir consulté son médecin traitant. En effet, Théo présentait et présente toujours des signes de détresse respiratoire, une hypotonie et termine moins bien ses biberons.

Ce tableau nécessite une prise en charge médicale et une surveillance importante (oxygénothérapie, surveillance sous scope).

Cet enfant a un contexte médical et socio-familial complexe :

- par rapport à ses antécédents : naissance prématurée, maladie des membranes hyalines légère (stade I) et hospitalisation d'un mois pour surveillance du développement staturo-pondéral et neurologique avec évolution favorable ;

- par rapport à son contexte familial :
- – mère jeune (18 ans) ;
- – situation professionnelle précaire des deux parents ;
- – présence courte de la maman hier à l'entrée, bien que les soignants lui aient proposé de rester la nuit.

Par ailleurs, Théo a une croissance normale par rapport à son terme, un développement psychomoteur satisfaisant (d'après la visite du 2e mois). Son état nutritionnel est correct.

Cet enfant est suivi par son médecin traitant et par la PMI (conseils et suivi nécessaires en raison d'une naissance prématurée et du contexte sociofamilial).

Il reçoit de l'UVESTÉROL® quotidiennement pour la prévention du rachitisme et de façon irrégulière du fluor (caries dentaires).

Infirmière dans le secteur nourrissons, je travaille ce jour de 7 h 30 à 15 h 30, avec une auxiliaire de puériculture et une étudiante de début de 3e année. Celle-ci effectue un stage optionnel et doit posséder des connaissances en pédiatrie-pédopsychiatrie (module validé). Le projet de service veut favoriser la présence des parents auprès de leur enfant (chambres équipées, liens favorisés).

De cette situation, je dégage les problèmes suivants :

- problèmes médicaux :
- – bronchiolite à VRS chez un enfant, ancien prématuré ;
- – otite moyenne ;
- diagnostic infirmier : perturbation dans l'exercice du rôle parental.

➡ Capacités à mobiliser les connaissances

• Bronchiolite.	• Affection aiguë touchant les bronchioles et se traduisant par un syndrome d'obstruction respiratoire. • Pathologie épidémique contagieuse, saisonnière, qui touche le nourrisson et le jeune enfant, et dont la fréquence augmente. • Peut mettre le pronostic vital en jeu dans les formes sévères.
• Hood.	• Méthode d'oxygénothérapie du nourrisson (habitacle en plastique rigide dans lequel on introduit un mélange d'air et d'oxygène).
• Prématurité.	• Naissance d'un enfant avant 37 semaines d'aménorrhée (le terme d'une grossesse est de 39 à 41 semaines d'aménorrhée).
• Apgar.	• Indicateur de la vitalité d'un enfant à la naissance et de son adaptation à la vie extra-utérine : 10 = score maximal positif, > 7 = l'enfant va bien. • S'évalue à 1 minute et 5 minutes et éventuellement 10 minutes de vie.
• Maladie des membranes hyalines.	• Pathologie respiratoire du prématuré, due à une insuffisance totale ou partielle de surfactant, qui n'a pu être encore sécrété (immaturité des cellules pulmonaires).
• Otite moyenne.	• Inflammation de l'oreille moyenne, souvent de cause infectieuse.
• Service de néonatologie.	• Unité d'hospitalisation des nouveau-nés à terme ou non.
• PMI.	• Protection maternelle et infantile. • Suivi en consultation et à domicile des enfants et des parents en difficulté ou pour prévenir des difficultés.

➡ Capacités à analyser les éléments de la situation

Bronchiolite à VRS :

- définition de la bronchiolite : Théo présente une infection contagieuse, virale, due au VRS, qui entraîne une obstruction des bronchioles, donc une hypoventilation, qui entraîne une hypo-oxygénation cellulaire ;
- signes :
- – détresse respiratoire : toux, tirage intercostal, polypnée, battement des ailes du nez, balancement thoraco-abdominal, signes auscultatoires et radiologiques ;
- – hypoxie : cyanose péribuccale (ce signe est un indicateur de gravité), augmentée lors des tétées ;

– tachycardie (pouls : 150/min) : l'organisme augmente le débit sanguin, afin d'améliorer l'oxygénation des cellules ;
– tension artérielle conservée ;
– écoulement nasal : la maladie débute le plus souvent par une rhino-pharyngite, l'inflammation du rhino-pharynx gêne la respiration, d'où prescription de désobstruction rhino-pharyngée au sérum physiologique ;
– fièvre modérée (38-37,8 °C) qui, en principe, n'engendrera pas de déshydratation. Elle devra, cependant, être surveillée régulièrement ;
– asthénie, hypotonie : la gêne respiratoire entraîne un épuisement, une baisse de tonus. Le médecin décide d'arrêter l'alimentation *per os* pour ne pas altérer l'état général et de la remplacer par une alimentation parentérale qui fournira à l'enfant un apport calorique et nutritionnel nécessaire pour lutter contre la détresse respiratoire et l'hypotonie.

• facteurs favorisants :
– saison (hiver) ;
– terrain familial de pathologie respiratoire : papa asthmatique ;
– niveau socio-économique : cette maladie touche davantage les personnes « défavorisées », ce qui semble être le cas ici (mère jeune, sans profession, père employé d'usine intérimaire) ;

• antécédents de prématurité : Théo est né à 34 semaines d'aménorrhée (donc avant 37 semaines d'aménorrhée). Ses poumons n'étant pas matures à ce terme, il a déclaré une maladie des membranes hyalines légère (stade I). Cela peut entraîner une fragilité pulmonaire ensuite ;

• maladie des membranes hyalines : l'Apgar de Théo était de 8 à 1 minute et de 10 à 5 minutes. Apgar normal, mais la maladie des membranes hyalines est le plus souvent différée de 1 à plusieurs heures après la naissance ;

• néonatologie : Théo est resté un mois en néonatologie du fait de sa prématurité, de l'épisode de membranes hyalines et du contexte familial (maman jeune, 1er bébé) ;

• suivi PMI : le suivi PMI demandé a pour objectif de guider Mme B. et de surveiller la prise en charge familiale de Théo ;

• examens complémentaires : à l'arrivée, le pédiatre qui a reçu l'enfant a demandé différents examens afin de :
– rechercher l'infection et poser le diagnostic :
  - recherche du virus VRS dans les sécrétions rhino-pharyngées (le virus syncitial respiratoire est le plus souvent en cause) : cet examen se révèle positif, donc le diagnostic est posé ;
  - CRP et globules blancs : ils signent l'infection (CRP normale < 5 mg/L, ici = 28 mg/L ; globules blancs normaux < 10 000/mm^3, ici 16 100/mm^3) ;
– évaluer les conséquences pulmonaires :
  - radiographie pulmonaire : elle signe une atteinte diffuse ;
  - autres dosages normaux ;

• prescriptions à l'arrivée :
– décubitus dorsal à 30° : afin de faciliter la respiration et d'éviter les fausses routes ;
– repas fractionnés : afin de réduire la quantité de lait apportée à chaque repas, donc d'éviter les fausses routes, les vomissements et la fatigue ;
– surveillance de la saturation en oxygène en continu : un capteur sera relié au doigt de Théo afin d'évaluer l'oxygénation de l'enfant (normale : de 97 à 100 %). Une saturation en oxygène à 95 % à l'entrée et à 92 % le matin signent des troubles de l'hématose ;

• difficultés d'alimentation la nuit : l'état de Théo ne s'est pas amélioré cette nuit car son état respiratoire ne lui a pas permis de s'alimenter correctement. Non seulement des signes de détresse respiratoire et d'hypoventilation persistent, mais des signes d'aggravation apparaissent : cyanose et chute de la saturation en oxygène ;

• aggravation de l'état respiratoire : chez un petit nourrisson, la bronchiolite peut mettre le pronostic vital en jeu, donc le pédiatre modifie les prescriptions le matin à la visite :
– surveillance continue : mise sous scope, qui permettra une surveillance continue des paramètres vitaux (pouls, fréquence respiratoire, saturation en oxygène et pression artérielle) et permettra une intervention rapide si aggravation ;
– arrêt de l'alimentation *per os* pour une perfusion qui permettra :
  - d'éviter la déshydratation ;
  - d'assurer l'apport calorique nécessaire ;
  - de disposer d'une voie veineuse indispensable pour d'éventuels soins de réanimation ;
  - de permettre l'injection des antibiotiques, des antalgiques si besoin ;
  - de réduire la fatigue occasionnée par la tétée ;

– oxygénothérapie sous cloche de Hood : afin d'améliorer l'hématose, ce qui se vérifiera par une normalisation de la saturation en oxygène. La chute de la saturation (à 95 % puis à 92 %, résultat décroissant et insuffisant) impose une oxygénothérapie.

Otite moyenne :

• définition : inflammation de l'oreille moyenne suite à une collection infectieuse derrière le tympan. Théo à une otite unilatérale gauche ;

• cause : le diagnostic est posé lors de l'otoscopie (tympan inflammatoire). L'otite est très fréquente chez le jeune enfant. Elle est la conséquence de la rhinopharyngite par dysfonctionnement de la trompe d'Eustache ;

• signes associés : Théo peut ne présenter aucun autre signe ;

• douleur : l'infirmière doit évaluer la douleur de Théo ;

• traitement antibiotique : amoxicilline en intraveineux pour juguler l'infection due à l'otite. Elle n'agit pas sur la bronchiolite car les virus ne sont pas sensibles à l'antibiothérapie.

Problématique familiale :

• hypothèse de diagnostic infirmier : perturbation dans l'exercice du rôle parental, « situation où une personne ayant un enfant à sa charge est incapable ou risque d'être incapable de créer un cadre propice à la croissance et au développement de l'enfant » (Carpénito) ;

• le comportement des parents interpelle par :

– la courte présence de Mme B. auprès de Théo à l'arrivée, malgré les sollicitations de l'équipe (*cf.* projet de service) et l'installation dans une chambre adaptée pouvant accueillir l'enfant et un des parents ;

– l'attitude de la maman le matin, elle semble apporter plus d'attention au suivi de son feuilleton télévisé qu'à l'état de santé de son enfant ;

– la non-présence ou manifestation du papa ;

– le jeune âge de la maman peut être un facteur favorisant aux difficultés de prise en charge de l'enfant ;

• la rupture des liens maman-enfant liée à la prématurité de Théo peut avoir engendré des difficultés dans la mise en place de ces interactions (hospitalisation 1 mois) ;

• il serait intéressant d'avoir plus d'informations sur les antécédents personnels de Mme B. Peut-être la puéricultrice de PMI en possède-t-elle ?

• il serait intéressant de savoir si ce bébé était désiré, et comment le couple a vécu la grossesse.

2 Projet de soins

Bronchiolite :

• objectif : améliorer la fonction respiratoire de Théo en prévenant les complications ;

• actions :

– à 9 h, pose d'électrodes sur le thorax + branchement scope ;

– réglage des alarmes sur prescription médicale ;

– relevé pouls, fréquence respiratoire, pression artérielle toutes les heures ;

– installation en orthostatisme à 30° conservé. Contention efficace et confortable (l'enfant ne doit pas glisser) ;

– pose cloche de Hood :
  - vérifier confort de l'enfant ;
  - régler les entrées d'air + oxygène humidifié à 30 % : l'oxygène est un médicament, il peut être toxique chez le petit enfant donc l'oxygène sera mélangé à l'air (pas d'oxygène pur). Vérifier la concentration d'oxygène à 30 % dans Hood avec un oxymètre étalonné (21 % O_2 dans l'air) ;

– surveillance couleur de l'enfant + saturation en oxygène en continu + fréquence respiratoire + tirage : tous ces éléments seront reportés sur la feuille de surveillance ;

– pose de la perfusion d'OSMOTAN® (soluté polyionique) pour l'hydrater et le nourrir en attendant l'évolution de la bronchiolite :
  - asepsie respectée (protocole du service) ;
  - pose cathéter sur veine périphérique (bonne fixation de l'aiguille + immobilisation du membre), inscrire date de pose localement ;
  - veiller à ne pas utiliser du sparadrap inutilement (douleur à l'ablation) ;
  - débit perfusion : 200 mL d'OSMOTAN® pour 12 h, de 9 h 30 à 21 h 30 ; débit sur pompe, soit 16 mL/h ;
  - transmissions : changer la perfusion à 21 h 30 ;
  - surveillance locale : rougeur, gonflement + débit perfusion ;

– prélèvement des gaz du sang en microméthode : matériel spécifique (tube microméthode) à prévoir. Prélèvement à effectuer lors de la pose de la perfusion. Envoyer rapidement au laboratoire ;

– douleur : la pose de la perfusion ne peut pas attendre. On peut donner du saccharose à Théo à la tétine avant de poser la perfusion (avec l'accord du pédiatre) car pas de glycémie au bilan ;
– arrêt de l'alimentation *per os* : le service de diététique sera prévenu de l'arrêt de l'alimentation ce jour. Une sucette sera proposée à Théo, si besoin, afin de combler son besoin de succion ;
– transmissions : la feuille de surveillance sera remplie régulièrement lors de tout soin et observation. Le médecin pédiatre sera averti dès que nécessaire ;
• évaluation : l'état respiratoire de Théo s'améliorera ou pas.

Otite :
• objectif : traiter l'otite pour enrayer l'infection ;
• actions :
– à 10 heures, administration du traitement antibiotique : amoxicilline, 100 mg/kg, soit 400 mg/24 h, donc 200 mg à 10 h et 200 mg à 22 h. On dispose de flacons de 500 mg à diluer avec 5 mL de sérum physiologique, soit 2 mL de solution à chaque injection en intraveineux lent (3 à 4 min) ;
– surveiller :
  - localement, que le produit passe bien dans la veine, et le respect de l'asepsie ;
  - sur le plan général : le risque allergique (éruption, rash cutané, éventuellement signes de choc anaphylactique) ;
  - les troubles digestifs (diarrhées) : vérification de l'aspect des selles lors des changes ;
– voir avec le pédiatre pour contrôle médical post-antibiothérapie ;
– évaluer efficacité : prise de température ;
– douleur : essayer d'évaluer si oreille douloureuse (mimiques lors des mobilisations...) ;
– relation : chaque geste sera nommé à l'enfant. L'infirmière sera attentive aux réactions de l'enfant (pleurs, retrait, grimace, hypotonie...) ;
– la maman sera informée également des soins faits à l'enfant ;
– dans la mesure du possible, les soins seront groupés ;
– un repère familial pourra être proposé (mobile, mouchoir, peluche). L'enfant reconnaîtra l'odeur ;
– transmissions : tous ces soins seront notés ainsi que les paramètres relevés. L'enfant étant sous scope, dès que les alarmes sonneront l'infirmière observera l'enfant et éventuellement avertira le médecin ;
• évaluation : les signes d'otite disparaîtront ou non.

Risque de perturbation dans l'exercice du rôle parental :
• objectif : évaluer les difficultés d'attachement entre Mme B. et Théo. Faciliter les relations parents-enfant ;
• actions :
– observer le comportement de Mme B. vis-à-vis de Théo (intérêt, qualité de la relation établie, temps consacré à Théo par Mme B., contacts physiques, bisous...) ;
– informer Mme B. de tous les soins faits à son enfant ;
– la sécuriser : il est important que Mme B. ne se sente pas exclue des soins. L'écouter, établir un climat de confiance ;
– lui demander ce qu'elle ressent (évaluer si elle a des craintes par rapport à l'état de santé, éventuellement par rapport à sa situation de parent) ;
– repréciser à Mme B. que le papa est tout à fait le bienvenu, essayer de savoir pourquoi il ne vient pas. Ce questionnement se fera avec tact ;
– se mettre en contact avec la puéricultrice de PMI (afin de mieux comprendre la dynamique familiale). Le médecin ou l'assistante sociale du service pourra le faire après échanges avec l'équipe soignante (lors des transmissions par exemple) ;
– ces actions seront à mettre en place après que l'état de santé de Théo se sera bien amélioré (risque vital éloigné) ;
– voir s'il y a un lien entre la prématurité (hospitalisation précédente) et les difficultés de prise en charge ou autres causes ;
– transmissions : noter sur dossier de soins les informations recueillies avec objectivité.

Infirmier(ère) dans le service de pédiatrie, vous travaillez ce jour de 6 heures à 14 heures. Vous recevez à 8 heures Jean, 6 mois, fils unique. Il est amené par ses parents.

Depuis la veille, Jean présente une toux sèche, quinteuse et une fièvre à 38,5 °C. Le médecin, suspectant une bronchiolite, a prescrit du CLAMOXYL ® (antibiotique) en sirop et du CÉLESTÈNE ® (corticoïde) en gouttes buvables.

Ce matin, devant la persistance des signes cliniques, le médecin décide l'hospitalisation de l'enfant.
À l'entrée, l'examen clinique objective des râles sibilants, une gorge érythémateuse, une rhinorrhée postérieure purulente, ainsi qu'une peau sèche, squameuse avec des zones inflammatoires. Il pèse 6,6 kg, sa taille est de 65 cm, son périmètre crânien de 43 cm. Jean est pâle, geignard, agité. Il est rassuré par la présence de ses parents mais il se met à pleurer dès qu'un membre de l'équipe soignante s'approche de lui.

Le pédiatre confirme le diagnostic de bronchiolite associée à un eczéma atopique et prescrit :

- un bilan sanguin : numération-formule sanguine et plaquettes, protéine C réactive (PCR), glycémie, calcémie ;
- une radiographie pulmonaire ;
- CLAMOXYL ® (antibiotique, pénicilline A) 125 mg : 1 mesure 3 fois par jour ;
- VENTOLINE ® (bronchodilatateur) 2 µg/L : 1 bouffée au babyhaler 3 fois par jour ;
- SOFRAMYCINE ® (antibiotique) : 100 mg dilué dans 10 mL d'eau au nébuliseur, une séance 3 fois par jour, précédée par une aspiration des sécrétions si nécessaire ;
- une séance de kinésithérapie respiratoire 2 fois par jour ;
- ATODERM ® (1/3), LOCAPRED ® (1/3), PRIMIXINE ® (1/3) : préparation de crème dermique associant corticoïde et antibiotique, à passer 2 fois par jour sur les lésions du corps après le bain. Le savonnage est effectué avec un savon surgras.

Au cours du recueil de données, la maman indique que :

- elle a donné à Jean son « morceau de tissu » qu'il aime toucher ;
- elle donne à Jean par jour quatre bouillies au lait premier âge ainsi qu'une compote à midi ;
- Jean a été fatigué il y a une quinzaine de jours par la poussée d'une deuxième incisive ;
- Jean est gardé dans la journée par sa jeune voisine au domicile de celle-ci car son mari et elle travaillent de 9 heures à 17 heures. Elle précise par ailleurs qu'elle ne pourra donc pas rester en permanence auprès de son fils durant l'hospitalisation.

Questions

1 *En vous référant au développement psychomoteur d'un enfant de 6 mois :*

a. *Relevez dans le texte les caractéristiques relatives à Jean.*

b. *Complétez ces dernières. Quatre caractéristiques du développement psychomoteur sont attendues.*

2 *Identifiez les actions à mettre en place auprès de Jean pour prévenir les conséquences psychologiques de l'hospitalisation.*

3 *Définissez :*

- *eczéma atopique ;*
- *bronchiolite.*

4 *Donnez le nom de chacun des éléments anatomiques numérotés (de 1 à 8) du schéma de l'arbre bronchique ci-dessous.*

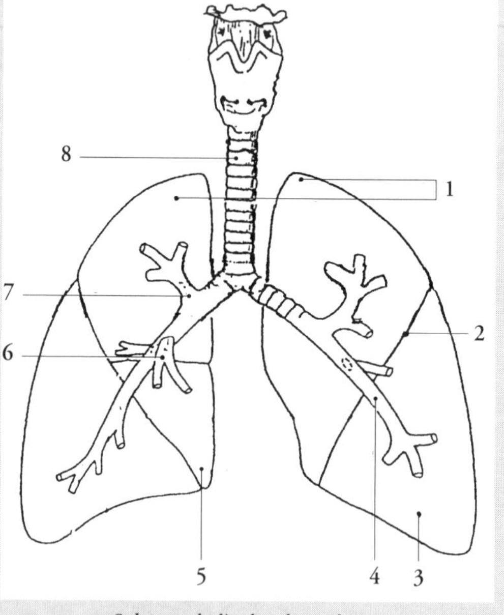

Schéma de l'arbre bronchique

5 *Indiquez les résultats normaux des examens suivants tout en sachant que les résultats chez l'enfant sont sensiblement identiques à ceux de l'adulte :*
- *numération des hématies et des leucocytes ;*
- *plaquettes ;*
- *glycémie.*

6 *Une antibiothérapie a été prescrite à Jean pour traiter l'infection pulmonaire. Citez les actions infirmières que ce traitement nécessite.*

7 **a.** *Énoncez les grands principes que la mère de Jean devrait respecter pour l'alimentation de son enfant.*
b. *Indiquez les catégories ou familles d'aliments qui devraient être introduites dans l'alimentation de Jean. Illustrez chaque catégorie par un exemple.*

Réponses

1 Développement psychomoteur d'un enfant de 6 mois

a. Caractéristiques relatives à Jean relevées dans le texte :
- « il est rassuré par la présence de ses parents mais il se met à pleurer dès qu'un membre de l'équipe soignante s'approche de lui » : Jean a une capacité visuelle proche de celle de l'adulte et reconnaît distinctement les visages qui lui sont familiers de ceux des personnes qui lui sont étrangères ;
- « la maman indique qu'elle a donné à Jean son " morceau de tissu " qu'il aime toucher » : Jean a acquis la préhension volontaire qui lui permet de tenir un objet, et montre un attachement particulier à un morceau de tissu imprégné d'odeurs familières dont le contact le rassure (objet transitionnel).

b. Autres caractéristiques du développement psychomoteur d'un enfant de 6 mois :
- en position dorsale, il peut décoller la tête et les épaules du plan du lit, et joue volontiers avec ses pieds ;
- à plat ventre, il peut se relever sur ses mains ou en faire usage pour jouer, et a la capacité de rouler sur le dos ;
- tiré en position assise, il participe activement au mouvement ;
- mis en position debout, il saute et s'accroupit sur ses jambes.

2 Actions à mettre en place pour prévenir les conséquences psychologiques de hospitalisation :

- instituer une stabilité dans la relation de soin pour que Jean puisse s'adapter aux visages nouveaux et se sentir en confiance : sa prise en charge sera effectuée par des soignants (infirmière et aide-soignante ou auxiliaire de puériculture) référents ;
- veiller à ce que Jean puisse toujours avoir à portée de main son morceau de tissu-objet transitionnel qui maintient le lien avec son environnement habituel ;
- favoriser la présence de ses parents auprès de lui en autorisant les visites même en dehors des horaires impartis. Mettre tous les moyens à leur disposition pour que l'un des deux puisse rester la nuit auprès de l'enfant ; les encourager si possible, au regard de leurs horaires de travail, à participer aux soins de nursing de leur enfant (toilette, repas du soir...). Lorsqu'ils doivent partir, les aider si besoin à y préparer Jean par la parole et le comportement, de manière que enfant et parents ne vivent pas cette séparation temporaire comme un abandon ;
- s'enquérir auprès d'eux des habitudes de vie de l'enfant pour les respecter autant que possible : rythme veille-sommeil, éventuels rites d'endormissement... ;
- stimuler Jean autant que son état de santé le permet : lui parler, le prendre dans les bras, jouer avec lui, équiper son environnement immédiat d'objets sonores et colorés qui stimulent son attention et son éveil (mobile, jouet musical...) ; dans la journée l'installer dans un fauteuil-relax qui élargira son champ visuel et lui permettra de mieux participer à l'activité autour de lui ;
- éviter que les soins curatifs soient vécus par Jean sur un mode traumatique : les effectuer avec calme et douceur, en lui parlant et en prenant le temps d'établir avec lui une relation sécurisante. Utiliser un anesthésique de contact (type pommade EMLA ®) avant de procéder au prélèvement veineux.

3 Définitions

➡ **Eczéma atopique :** eczéma du nourrisson, suintant, croûteux et très prurigineux, siégeant aux joues et évoluant par poussées qui peuvent s'étendre au tronc et aux membres. Guérit généralement avant l'âge de 2 ans.

➡ **Bronchiolite :** infection virale des voies aériennes supérieures du nourrisson, pouvant s'étendre à tout l'arbre bronchique, caractérisée par la présence d'un wheezing et de sibilants à l'auscultation ; survient par épidémies automno-hivernales plus ou moins étendues.

4 Légendes du schéma de l'arbre bronchique

1. Apex, lobes supérieurs droit et gauche.
2. Scissure interlobaire.
3. Lobe inférieur gauche.
4. Bronche lobaire inférieure gauche.
5. Lobe pulmonaire moyen (poumon droit).
6. Bronche lobaire intermédiaire.
7. Bronche lobaire supérieure droite.
8. Trachée.

5 Résultats normaux des examens :

- numération des hématies et des leucocytes :
  - hématies : 3,6 à $5,2.10^6/mm^3$ (ou/µL) = 3,6 à 5,2 T/L,
  - leucocytes : 7 000 à 11 000/mm^3 (ou/µL) = 7 à 11 G/L ;
- plaquettes : 150 000 à 400 000/mm^3 (ou/µL) = 150 à 400 G/L ;
- glycémie : 3,3 à 5 mmol/L.

6 Actions infirmières nécessitées par l'antibiothérapie prescrite pour traiter l'infection pulmonaire

➡ **Clamoxyl® 125 mg, 1 mesure 3 fois/jour :**

- noter le nom de Jean et la date de première utilisation du sirop reconstitué sur le flacon (délai de conservation limité) ;
- donner une mesure le matin, une en milieu de journée et une le soir, en respectant au maximum le délai entre deux prises (8 h), pour assurer un taux plasmatique constant du produit actif, sans toutefois perturber le sommeil de l'enfant. Chaque dose peut être donnée au choix, en fonction de la tolérance de Jean : avant, pendant ou après le repas ;
- surveiller d'éventuelles manifestations d'allergie aux pénicillines A (d'autant que Jean semble présenter un terrain sensible...), nécessitant l'arrêt du traitement : éruption cutanée, rash cutané, œdème facial, diarrhée ou vomissements, dyspnée, hypotension artérielle, tachycardie.

➡ **Soframycine® 100 mg, dilués dans 10 mL d'eau au nébuliseur, 1 séance 3 fois/jour, précédée par une aspiration des sécrétions si nécessaire :**

- effectuer le soin à distance des repas ;
- diluer la Soframycine® dans l'eau juste au moment du soin, aspirer si besoin les sécrétions nasales et buccales de l'enfant avec une petite sonde souple avant de lui apposer le masque relié au nébuliseur ;
- surveiller les réactions de Jean durant le soin, sa tolérance au masque qui recouvre le nez et la bouche... si nécessaire le calmer et le distraire pour éviter qu'il ne s'agite et déplace le masque.

7 Alimentation d'un enfant de 6 mois

a. Grands principes que la mère de Jean devrait respecter pour l'alimentation de son enfant :

- diversification de l'alimentation : introduction progressive d'aliments autres que le lait, de nouvelles sources protéiques tolérées grâce à la maturation digestive et rénale de l'enfant :
  - éducation du goût : nouveaux aliments et nouvelles textures,
  - début de l'alimentation mixée, en purée, présentée à la cuillère, l'enfant étant capable de déglutir des aliments moins liquides ;
- introduction des légumes et des fruits dès l'âge de 4 mois, puis des protéines animales non lactées vers 5-6 mois. Le lait utilisé devrait être du lait 2e âge, dont la constitution est plus adaptée aux besoins nutritionnels d'un enfant de cet âge ;
- toutefois, l'introduction de la diversification peut être retardée jusqu'aux environs de 6 mois lorsque l'enfant présente un fort contexte atopique, ce qui paraît être le cas de Jean.

b. Catégories d'aliments qui devraient être introduites dans l'alimentation de Jean, et exemples pour chaque famille d'aliments :

- céréales sous forme de farines aromatisées ajoutées au biberon de lait du matin, biscuit au goûter ;
- fruits : jus de fruit au cours de la matinée, fruits écrasés ou en compote au dessert le midi ou le soir ;
- légumes (pommes de terre, carottes, légumes verts) en purée au repas de midi ; en soupe

épaisse avec un complément de lait ou une bouillie le soir ;

- environ 20 g (1 cuillère à café) de viande mixée (ou 20 g de poisson maigre, ou 20 g de jambon, ou un jaune d'œuf) mélangés à la purée de légumes du midi ;
- laitages variés : lait 2e âge au biberon le matin et au goûter, petit-suisse ou fromage blanc ou yaourt au dessert le midi ou le soir (en alternance avec les fruits, un repas sur deux).

Mlle C. Florence, âgée de 15 ans, est hospitalisée depuis hier en pédiatrie, adressée par son pédopsychiatre, en raison d'une anorexie mentale évoluant depuis un an.
L'entretien d'entrée ainsi que son dossier de suivi ambulatoire font apparaître les faits suivants.

Mlle C. est enfant unique de parents divorcés. Elle avait 3 ans au moment du divorce. Sa mère, 35 ans, aide-ménagère, vit maritalement depuis 2 ans avec M. J., 27 ans. Son père, 38 ans, est technicien supérieur, remarié depuis 10 ans, et vit dans une ville à 150 km. Depuis le divorce, Mlle C. va régulièrement en visite chez son père lors des vacances scolaires. Elle a des relations difficiles avec sa belle-mère, qu'elle décrit peu affectueuse et dit avoir eu beaucoup de mal à faire sa place dans cette nouvelle famille, où elle ne vit qu'épisodiquement (sensation « d'être un sac de voyage que l'on déplace »). M. C. est un homme effacé, peu bavard, s'opposant rarement aux désirs de sa fille.

Les parents de Mlle C. communiquent peu à son sujet, surtout depuis l'apparition des troubles, sinon sur un mode conflictuel alors que le divorce est évoqué comme un événement sans problème particulier.

Mlle C. a très mal supporté l'arrivée de l'ami de sa mère il y a 2 ans. Des troubles du caractère et du comportement sont alors apparus : elle s'asseyait dans le couloir devant la porte de la chambre de sa mère, pouvant y passer la nuit, se tapant la tête contre le mur. De plus, elle épiait les faits et gestes du couple dans la journée, entrant par surprise dans la pièce où ils se trouvaient. Elle devenait exigeante et susceptible. Elle s'interposait en permanence dans le couple, qui a même envisagé de se séparer.

Jusqu'alors, Mme C. décrit sa fille comme une « enfant parfaite » : sage, obéissante, raisonnable, travaillant sérieusement en classe. Elle est actuellement en classe de seconde. « Il y a toujours eu entre Florence et moi une complicité totale, elle s'est toujours montrée digne de confiance. Elle souhaite devenir photographe, ce dont j'ai toujours rêvé. Elle me ressemble tellement... »

En septembre 1998, Mlle C. décide de faire un « petit régime » car elle s'est sentie gênée par le regard des garçons. Elle pesait alors 48 kg pour 1,62 m. La perte de poids s'est poursuivie lors des vacances de la Toussaint chez son père (7 kg en 15 jours). Progressivement, les repas deviennent un « enfer quotidien ». Mlle C. réduit de plus en plus son alimentation, ne consommant que des yaourts sans sucre et sans matière grasse et des crudités sans assaisonnement, dissimulant la nourriture dans sa serviette et dans ses poches. Sa mère la soupçonne de se faire vomir après les repas et a découvert une boîte de laxatifs cachée dans sa chambre.

De plus, Mlle C. passe son temps à compter les calories et connaît parfaitement la valeur nutritive des aliments (elle a d'ailleurs acheté de nombreuses revues et livres diététiques). Elle délaisse le bus pour se rendre à son lycée situé à 5 km de son domicile, s'obligeant à de longs trajets à pied et à une séance de gymnastique quotidienne avant de se coucher. Elle se pèse matin et soir, et passe de longs moments à regarder son corps dans le miroir.
Parallèlement, elle délaisse ses activités extrascolaires (atelier photographique, cinéma) et cesse de fréquenter ses amis. Elle n'a pas de flirt, les garçons ne l'intéressent pas. Elle éprouve souvent une sensation de tristesse et ne souhaite voir personne hormis sa mère qui « seule la comprend ». Elle refuse d'ailleurs d'aller en vacances chez son père pour les fêtes de fin d'année. Les résultats scolaires deviennent médiocres.

En février 1999, devant la poursuite de la restriction alimentaire et de la perte de poids (Mlle C. pèse alors 35 kg), sa mère, inquiète et sur conseil de son médecin traitant, l'emmène consulter le pédopsychiatre du secteur infanto-juvénile, alors que Mlle C. ne se trouve ni malade, ni maigre, se sentant au contraire en pleine forme. Ce dernier prescrit un traitement anxiolytique (URBANYL ®), l'interruption de toutes les activités sportives, et préconise un suivi en consultation au CAMPEA (Centre d'aide médico-psychologique pour adolescents) tous les 15 jours, afin de mettre en place une psychothérapie d'inspiration psychanalytique.

Après 8 mois de suivi ambulatoire irrégulier, devant la persistance des troubles (éléments anxiodépressifs, poids stationnaire à 33 kg et mauvais état général), le pédopsychiatre, après une longue négociation avec les parents et Mlle C., décide d'un changement d'orientation thérapeutique, et d'une hospitalisation dans le service de pédiatrie du centre hospitalier où vous exercez.

L'hospitalisation est acceptée difficilement par la mère. Celle-ci pense que Florence va se sentir abandonnée puisqu'elles ont rarement été séparées et que sa fille « a tellement besoin d'être chouchoutée ».

À son entrée, le matin du 15 novembre 1999, Mlle C. se présente de la façon suivante :
- disparaît dans des vêtements amples, sombres, sans coquetterie ; cependant son hygiène corporelle et sa coiffure sont soignées ;
- son attitude est recroquevillée, sa mimique triste, l'échange verbal est peu affectif et mécanique ;
- ne manifeste aucune inquiétude sur son aspect physique décharné, refuse de reconnaître qu'elle a besoin de soins ;
- se trouve trop grosse, dit que la nourriture la dégoûte, n'éprouve pas la sensation de faim ni de soif ;
- avoue se faire vomir souvent après les repas lorsqu'elle a l'impression que son estomac « va éclater » et utilise des laxatifs depuis plusieurs mois ;
- se plaint de toujours avoir froid, de mal dormir (se réveille très tôt), et souffre de brûlures au niveau de l'œsophage, de « remontées acides » ;
- dit ne pas se sentir prête à affronter le monde, a l'impression de ne pas avoir d'avenir, appelle sa mère au secours.

Ce jour, les examens cliniques et paracliniques révèlent :
- poids : 33 kg pour 1,65 m ;
- aménorrhée depuis 1 an (Mlle C. a été réglée à 13 ans) ;
- pas de contraception ;
- rythme cardiaque : 45 pulsations par minute ; tension artérielle : 9/6 ;
- température : 36,3 °C ;
- présente des lésions de brûlures au niveau des membres inférieurs et du siège, après un séjour prolongé assise sur un radiateur ;
- peau sèche et squameuse, cyanose des extrémités ;
- souffre de constipation ;
- diurèse : 500 mL/24 h ;
- glycémie à jeun : 0,60 g/L (normale : 0,80 à 1,10 g/L) ;
- kaliémie : 2,7 mmol/L (normale : 3,6 à 5,2 mmol/L) ;
- natrémie : 128 mmol/L (normale : 136 à 142 mmol/L) ;
- natriurèse : 20 mmol/24 h (normale : 100 à 160 mmol/24 h) ;
- hémoglobine : 10,2 g/dL (normale : 12 à 16 g/dL) ;
- l'électrocardiogramme montre des troubles du rythme et de la conduction.

Le médecin du service confirme le diagnostic d'anorexie mentale sur un terrain anxiodépressif et prescrit :
- soluté isotonique : 500 mL + 1 ampoule NaCl 2 g + 1 ampoule polyvitaminée HPV à passer en 4 heures chaque jour ;
- régime hypercalorique *per os* : 1 500 kcal/jour, à fractionner en 4 repas ;
- suppléments nutritifs hypercaloriques (NUTRIGIL®) à 10 h et à 16 h ;
- 2 litres d'eau par jour ;
- arrêt immédiat des laxatifs ;
- PRÉPULSID® : 1 comprimé 4 fois/jour ;
- DIFFU-K® : 2 gélules 3 fois/jour ;
- PROZAC® 20 mg : 1 gélule le matin ;
- BIAFINE® crème sur les lésions de brûlures la nuit ;
- lait hydratant sur tout le corps le jour ;
- bilan ionique sanguin et urinaire + glycémie + numération-formule sanguine dans 5 jours.

De plus, un contrat d'hospitalisation est soumis à la patiente, contrat qu'elle accepte. Celui-ci, d'approche comportementaliste, comprend les éléments suivants :
- séparation absolue avec l'entourage : pas de visites, pas d'appels téléphoniques, pas de courrier ;
- la sortie interviendra dès que Mlle C. aura atteint un poids de 45 kg maintenu pendant 3 semaines ;
- des paliers de reprise de poids déterminés à l'avance lui permettront la reprise progressive des contacts avec l'extérieur sur indication du médecin ;
- chaque régression de la courbe pondérale entraînera une réduction des avantages acquis ;
- pesée 3 fois par semaine, et affichage de la courbe de poids dans la chambre, séances de relaxation deux fois par semaine, encadrées par deux infirmières de l'unité formées aux techniques psychocorporelles ;
- psychothérapie de soutien bihebdomadaire avec la psychologue du service ;
- rencontres médecin du service/parents une fois par semaine.

Ce contrat est écrit et remis à la patiente ainsi qu'à ses parents.

Questions

1 *Rédigez l'analyse de la situation de soins en établissant des liaisons significatives entre les données du texte et vos connaissances.* (30 points)

2 *Formulez les problèmes de santé : problèmes traités en collaboration et/ou diagnostics infirmiers.* (10 points)

3 *Rédigez le projet de soins pour la semaine à venir.* (20 points)

Annexe

BIAFINE ® :	émulsion à usage cutané pour brûlures du premier degré à appliquer en couche épaisse, faire pénétrer.
DIFFU-K ® :	gélule de chlorure de potassium.
HPV :	HYDROSOL POLYVITAMINÉ ®, 1 ampoule de 2 mL en intraveineux.
NaCl :	chlorure de sodium, ampoule de 10 mL à 20 %.
PRÉPULSID ® :	modificateur de la motricité digestive, indiqué en cas de reflux gastro-œsophagien ; comprimé 10 mg, à prendre 15 minutes avant les repas et au coucher, accompagné d'un verre d'eau.
PROZAC ® :	gélule 20 mg ; antidépresseur, anti-sérotoninergique.
URBANYL ® :	gélule à 5 mg ; anxiolytique, benzodiazépine.

Réponses

1 Analyse de la situation de soins

Définition de l'anorexie mentale

Conduite de restriction alimentaire volontaire survenant le plus souvent à l'adolescence chez une jeune fille.

Éléments du texte confirmant le diagnostic d'anorexie mentale :

- amaigrissement : perte de 12 kg en quelques mois, soit 31 % du poids initial + aspect cachectique ;
- aménorrhée secondaire coïncidant avec le début de l'anorexie (automne 1998) ;
- anorexie :
  - perte d'appétit commençant par la décision de faire un « petit régime »,
  - perte de la sensation de faim,
  - sélection et tri des aliments ;
- hyperactivité physique : longs trajets à pied, séance de gymnastique quotidienne, piscine, activité sportive scolaire ;
- abus de laxatifs : accélération de l'élimination intestinale ;
- vomissements provoqués post-prandiaux ;
- conduites de dissimulation de la nourriture ;
- attitudes psychologiques :
  - absence d'inquiétude sur son état de santé,
  - méconnaissance de la maigreur, déni des troubles,
  - désir éperdu de toujours maigrir, hantise de prendre du poids,
  - intérêt démesuré pour tout ce qui a un rapport avec les aliments,
  - refoulement de la sexualité,
  - perturbation de la relation mère/fille.

Définition du « terrain anxiodépressif » :

- dépression : perturbation de l'humeur dans le sens d'un affaissement associant une tristesse profonde et une souffrance psychique ;
- anxiété : sentiment d'insécurité indéfinissable.

Éléments du texte confirmant le diagnostic du terrain anxiodépressif :

- tristesse ;
- ralentissement psychomoteur ;
- sentiments de dévalorisation ;
- troubles du sommeil ;
- désinvestissement scolaire et social ;
- isolement.

Hypothèses et éléments d'analyse en regard de l'histoire de la maladie :

- facteur codéclenchant : arrivée de l'ami de sa mère il y a 2 ans, lui faisant perdre la relation exclusive à la mère ;
- perturbation des interactions dans la relation mère/fille, avec type de personnalité de la mère :

mère hyperprotectrice, envahissante, engendrant une relation où l'enfant n'a pas eu la possibilité d'exister pour lui-même ;
• désir de relation exclusive avec sa mère, désir de revenir à la petite enfance (régression) ;
• apparition des troubles à l'adolescence ; adolescence = période de transformations pubertaires et accès à une sexualité génitale ; angoisse sur un terrain de fragilité (devenir une femme risque de lui faire perdre l'admiration de sa mère) ;
• déni de son image du corps qui se féminise (cherche à en effacer les formes) ;
• contrôle de son corps (à travers l'amaigrissement et l'aménorrhée) ;
• sentiment de toute-puissance sur son corps et sa famille (pour lutter contre sa dépendance à l'autre) ;
• place particulière du père dans la famille : pas absent mais plutôt en retrait, flottement des positions et de l'autorité dans la famille.

➡ **Interprétation du bilan clinique et paraclinique :**
• hypométabolisme de base lié à la diminution des apports énergétiques entraînant des modifications physiologiques :
– bradycardie et hypotension artérielle,
– troubles du rythme cardiaque dus à l'hypokaliémie,
– hypothermie avec trouble de la thermorégulation,
– constipation car atonie intestinale et diminution du bol alimentaire,
– anémie modérée,
– hypoglycémie car dénutrition,
– oligurie (voir diurèse) et urines pauvres en sodium (voir natriurèse) car insuffisance d'apports hydriques (majorée par vomissements et laxatifs) risquant d'entraîner une insuffisance rénale fonctionnelle,
– hypokaliémie et hyponatrémie car abus de laxatifs et vomissements post-prandiaux,
– cyanose des extrémités car troubles de la vascularisation et hypotension artérielle,
– altération de la peau car déshydratation et alimentation carencée ;
• œsophagite peptique due aux vomissements post-prandiaux ;
• lésions de brûlures dues à l'hypothermie (frilosité).

➡ **Intérêt des prescriptions médicales :**
• perfusion de glucosé + 1 ampoule NaCl + 1 ampoule HPV : pour corriger la déshydratation, les troubles électrolytiques et les carences vitaminiques ;
• régime hypercalorique + suppléments NUTRIGIL® : pour pallier la dénutrition, à fractionner en 4 repas pour prévenir le risque d'inconfort gastrique ;
• hydratation *per os* 2 L/jour : pour déshydratation et lutter contre la constipation ;
• arrêt des laxatifs : pour stopper la fuite de potassium ;
• PRÉPULSID® : pour traiter l'œsophagite et le reflux acide ;
• DIFFU-K® : supplémentation potassique pour corriger l'hypokaliémie ;
• PROZAC® : chimiothérapie antidépressive et anxiolytique pour corriger l'humeur ;
• BIAFINE® : pour traiter l'érythème des membres inférieurs et du siège.

➡ **Intérêt du contrat d'hospitalisation :**
• contrat écrit : cadre qui rassure et qui sépare ;
• isolement du milieu familial (car relations pathogènes) favorisant l'amorce d'une séparation psychique et offrant à Mlle C. un espace de pensée plus personnel, un recentrage sur elle-même, une autonomisation par rapport aux parents ;
• pesée 3 fois par semaine pour évaluer la reprise alimentaire et l'absence de vomissements ;
• séances de relaxation pour une meilleure appréhension de son corps (trouble de l'image corporelle), pour mettre en avant le statut et la réalité du corps ;
• psychothérapie de soutien afin de permettre l'émergence de sa souffrance psychologique ;
• rencontres médecin/parents pour informer de l'évolution de Mlle C. et amener à une prise de conscience de la dynamique familiale.

2 Problèmes

➡ **Déficit nutritionnel :**
• lié à une restriction alimentaire volontaire associée à des conduites purgatives ;
• se manifestant par :
– une perte de poids de 31 % du poids initial,
– un hypométabolisme de base,
– des modifications physiologiques.

Perturbation du concept de soi :
- liée à la fragilité narcissique et à l'altération de l'image corporelle ;
- se manifestant par :
– dépendance aux autres,
– symptômes anxiodépressifs,
– déni des troubles (maigreur).

3 Projet de soins

Objectifs du projet pour la première semaine d'hospitalisation :
- objectif 1 : rééquilibrer les désordres hydro-électrolytiques et réalimenter progressivement ;
- objectif 2 : favoriser un début de remise en question de Mlle C., l'amorce d'une prise de conscience de son état ;
- objectif 3 : l'aider à supporter l'isolement et vérifier l'adhésion au contrat de soins.

Actions de soins

À J1 :
- objectif 3 – accueil de Mlle C. :
– visite de l'unité,
– présentation de l'équipe,
– installation dans sa chambre, inventaire des bagages et retrait d'éventuels laxatifs,
– repréciser les termes du contrat : lui présenter comme un outil employé par l'équipe soignante pour parer au risque vital lié à son comportement,
– déterminer des soignants référents ;
- objectif 1 – mise en route des prescriptions médicales :
– établir une courbe de poids et l'afficher dans la chambre ; les pesées s'effectueront 3 fois par semaine, à jours fixes, toujours au même moment de la journée et dans la même tenue (par exemple le matin avant le petit déjeuner, en pyjama) ; faire uriner Mlle C. avant la pesée,
– mise à disposition d'une bouteille d'eau, l'inciter à boire régulièrement dans la journée (réhydratation et lutte contre la constipation : établir feuille de selles),
– contacter la diététicienne pour établir des plateaux-repas à 1 500 kcal/jour ; information nutritionnelle,
– donner NUTRIGIL® à 10 h et à 16 h, lui en expliquer l'intérêt,
– mise en route de la chimiothérapie, lui expliquer l'intérêt du traitement et les éventuels effets secondaires :
- matin : 1 gélule PROZAC® + 2 gélules DIFFU-K® + 1 comprimé PRÉPULSID® (15 minutes avant le petit déjeuner),
- midi : 2 gélules DIFFU-K® + 1 comprimé PRÉPULSID® (15 minutes avant le déjeuner),
- soir : 2 gélules DIFFU-K® + 1 comprimé PRÉPULSID® (15 minutes avant le dîner),
- coucher : 1 comprimé PRÉPULSID®,
– en début d'après-midi : mise en route de la perfusion à passer en 4 heures,
- installation de Mlle C.,
- calcul du débit de la perfusion : le volume total à perfuser est de 500 mL de soluté + 1 ampoule de NaCl 2 g (10 mL) + 1 ampoule HPV (2 mL), soit 512 mL ou 512 × 20 gouttes car 1 mL = 20 gouttes. La durée de la perfusion est de 4 h ou 4 × 60 min. Le débit est donc : $\frac{512 \times 20}{4 \times 60}$ = 42,66, soit 43 gouttes par minute par excès.
- préserver le capital veineux, surveiller le point de ponction, le débit horaire, les réactions de Mlle C.,
– prise des constantes : tension artérielle, pouls, température et mettre en place une feuille de surveillance,
– surveiller les troubles de la peau et des phanères (après toilette, hydrater toute la surface corporelle),
– avant le coucher, appliquer et faire pénétrer l'émulsion de Biafine® en couche épaisse sur les lésions de brûlures,
– apprécier le temps et la qualité du sommeil ;
- objectif 3 :
– profiter de la surveillance de la perfusion pour mettre en place une relation d'aide, l'amener à mettre des mots sur ses ressentis et ses émotions, l'aider à supporter l'isolement du milieu familial, libérer les tensions,
– être présent lors des repas, encourager la patiente (renforcement positif), évaluer les quantités alimentaires et hydriques ingérées (attention au stockage alimentaire caché, aux vomissements post-prandiaux),
– contact téléphonique avec les parents : rassurer, informer de l'évolution,
– cohésion de l'équipe : fermeté pour déjouer les tentatives d'entorse au contrat (patiente souvent manipulatrice) ;

- objectif 2 :
  - prendre rendez-vous avec la psychologue afin d'établir les séances de psychothérapie 2 fois par semaine, programmer les séances de relaxation en alternance,
  - rassurer lors des périodes d'anxiété,
  - éviter de reproduire un climat semblable à celui de la maison avec des réactions qui répètent celles des parents.

À J5 :

- objectif 1 :
  - effectuer prélèvement sanguin à jeun (ionogramme, glycémie, NFS) en respectant le capital veineux et les règles d'asepsie,
  - ionogramme urinaire : prélever un échantillon des urines de 24 heures en indiquant le volume total émis,
  - expliquer le but de ces examens à Mlle C.
  - acheminer les examens et récupérer les résultats.

Évaluation des actions :

- l'état général de Mlle C. s'améliore ;
- Mlle C. respecte son contrat de soins.

Angèle a 15 ans. Son suivi thérapeutique en centre de jour pour enfants et adolescents remonte à l'âge de 6 ans. Le médecin a posé le diagnostic de psychose infantile précoce sévère à forme dysharmonique, s'accompagnant de troubles du comportement et du fonctionnement cognitif.
Angèle est l'aînée de quatre enfants ; elle vit chez ses parents avec ses trois sœurs.

Histoire de la maladie
Les troubles d'Angèle sont d'apparition précoce. Elle est décrite par ses parents comme un bébé très sage, un « ange », qui ne bougeait pas. Elle s'est tenue assise vers 12 mois et n'a acquis la marche qu'à 22 mois.
Ses parents ne manifesteront réellement d'inquiétude qu'au moment de l'entrée d'Angèle à la maternelle, à l'âge de 3 ans, devant son retard de langage ; elle ne parlera d'ailleurs qu'à 4 ans.

Cette scolarisation est difficile, et se révèle être une expérience douloureuse pour cette enfant. Angèle hurle tout le temps. Elle avale tout ce qu'elle trouve et elle mord constamment les autres, à la recherche de limites. Elle ne veut pas quitter sa mère, et cette séparation semble avoir exacerbé les troubles déjà existants.

À ce moment-là, une première prise en charge s'effectue. Le thérapeute note, alors qu'Angèle a 5 ans : « Elle n'a aucune limite, elle touche à tout. Elle n'est pas vraiment craintive à l'égard des autres. Elle commence souvent un mot en prenant la dernière syllabe du précédent ; elle passe « du coq à l'âne ». Elle garde une attitude de grande vigilance, notamment aux bruits. »
Cette psychothérapie est un échec.

Angèle est ensuite reçue par l'équipe du centre de jour. Dans un premier temps, une prise en charge psychothérapeutique individuelle par un psychologue est instaurée à raison de trois séances hebdomadaires. Les premières prises de contact sont assez éprouvantes. En effet, pendant ces entretiens, Angèle jette tous les objets qu'elle trouve. Elle parle et rit sans cesse, elle urine et défèque sans retenue. Elle parle beaucoup d'égouts et elle a l'impression d'être une tuyauterie. Ces séances sont associées à des entretiens mère-enfant.

Angèle n'a aucun contrôle en regard de ses affects et, dans la rue, « saute au cou » des passants, surpris. Elle est toujours tournée vers l'extérieur ; elle est très sensible à l'aspect physique et aux affects des autres. Elle ne manifeste aucune violence.
La prise en charge individuelle passe à 2 séances hebdomadaires, et est complétée par une prise en charge en groupe.

Histoire actuelle
De taille moyenne et de forte corpulence, Angèle se présente comme une jeune fille au physique peu harmonieux, à la démarche pataude, ayant du mal à coordonner ses mouvements ; elle n'a d'ailleurs jamais réussi à faire du vélo. Elle est très souriante et sympathique.

Son aspect physique est cependant parfois source d'inquiétude, et son comportement boulimique s'accentue lorsqu'elle est angoissée. Elle mange peu au repas de midi, mais « dévalise » le réfrigérateur entre les repas. Accompagnée de sa mère, Angèle a consulté un nutritionniste qui lui a proposé un régime hypocalorique. Elle essaie tant bien que mal de le respecter et a perdu 2 kg en 2 mois.
Son comportement est plus calme, elle se contient plus qu'auparavant, et notamment « garde dans la tête » ce qu'elle pense, sauf quand elle est trop excitée. Elle reste toujours terrorisée par les bruits.

Angèle n'aime pas le changement : dans sa chambre, les objets ont une place immuable. Elle refuse de changer ses chaussures et d'adapter ses vêtements aux saisons. Sa scolarité s'est déroulée dans un premier temps dans une classe thérapeutique d'un collège. Malgré de nombreux efforts, Angèle n'a pas pu intégrer la lecture, ce qui l'attriste beaucoup. De ce fait, elle est un peu mise à l'écart par ses camarades de classe. Elle ne peut pas placer 3 points sur une même ligne, ni faire suivre 3 images. Cet isolement est accentué par le fait qu'elle peut être très bruyante pendant les cours, les autres la qualifiant de « folle ».

La prise en charge d'Angèle s'axe principalement autour de l'autonomisation. Elle peut effectuer seule quelques achats, préparer un petit déjeuner. Elle ne peut cependant pas encore dresser une table de manière correcte. Elle peut sans encombre se rendre de son domicile au centre de jour. Cet apprentissage a nécessité de nombreuses et successives petites étapes. Angèle ne peut pas réaliser seule le trajet domicile-collège. L'équipe met en place une stratégie pour cette adaptation, mais un accompagnement est encore nécessaire.

Angèle est à ce jour dans une phase dépressive. L'équipe soignante du centre de jour prenant en charge Angèle a mis en évidence, entre autres, les diagnostics infirmiers suivants :
- excès nutritionnel ;
- stratégies d'adaptation individuelle inefficaces.

La prise en charge actuelle d'Angèle se décline ainsi :
- psychothérapie individuelle, par un psychologue : 1 séance par semaine ;
- orthophonie : 1 séance hebdomadaire ;
- groupe de verbalisation, en présence d'une infirmière et de la psychologue 1 fois par semaine ;
- groupe repas, avec des enfants boulimiques, en présence de deux infirmiers 1 fois par semaine. Ce groupe achète les ingrédients, prépare des menus équilibrés, dresse le couvert et partage le repas ;
- piscine : 1 fois par semaine ;
- sorties ponctuelles avec le centre de jour ;
- consultations régulières avec le pédopsychiatre ;
- pas de traitement médicamenteux.

Il est à noter qu'Angèle est très investie par l'équipe, et que ses parents sont des partenaires actifs et précieux dans cette prise en charge.

Questions

1 *Énoncez quatre éléments caractéristiques à chacune des acquisitions motrices, intellectuelles et affectives d'un enfant aux environs de huit mois, dont le développement est normal.* (6 points)

2 **a.** *Donnez les caractéristiques de l'angoisse présente chez un enfant psychotique.*
b. *Expliquez les termes suivants : le « ça », le « moi » et le « surmoi » de la deuxième topique de Freud.* (4 points)

3 *Relevez en les classant les troubles cliniques présentés par Angèle.* (6 points)

4 *Pour chacun des diagnostics infirmiers retenus par l'équipe, précisez le ou les facteurs favorisants, la ou les manifestations, le ou les objectifs de soins. Énoncez les actions infirmières (une réponse sous forme de tableau est souhaitée).* (12 points)

Réponses

1 Acquisitions motrices, intellectuelles et affectives d'un enfant de 8 mois

Aux environs de 8 mois l'enfant :
- peut s'asseoir de lui-même sans aide ;
- utilise la pince pouce-index ;
- ses mains, devenues plus agiles, lui servent de plus en plus à explorer le monde extérieur ;
- tient debout avec appui ;
- se tourne et se retourne ;
- rampe à plat ventre ;
- essaie de reproduire une réaction intéressante faite par hasard sur un objet ;
- aime de plus en plus le bruit ;
- frappe les cubes l'un contre l'autre ;
- passe un objet d'une main dans l'autre ;
- lâche volontairement son jouet ; si on lui cache, il l'oublie ;
- vocalise, lallation ; il module ses combinaisons phonétiques en fonction des situations ;
- dit « pa », « ma »..., commence à redoubler les syllabes ;
- est à l'âge de la crise anxieuse. Sa physionomie exprime l'inquiétude ;
- est capable de colère pour obtenir ou refuser quelque chose ;
- a besoin de câliner ;
- est intrigué par les personnes étrangères à la famille, et peut leur manifester de l'antipathie ;
- a peur de l'étranger : l'angoisse du huitième mois, début de la vie fantasmatique ;
- élabore un schéma corporel sur un plan visuel, « expérience du miroir ».

2 a. Angoisse chez l'enfant psychotique

L'angoisse présente chez les enfants psychotiques est une angoisse de morcellement. C'est une angoisse primaire ou archaïque. C'est une angoisse d'anéantissement, d'engloutissement, « de vidange », de mort.

b. Définitions

Le « ça » : gouverne la vie humaine, fond pulsionnel de la personnalité ; il est le réservoir de l'énergie psychique, contient pulsions, dispositions héréditaires et tout ce qui reste refoulé de l'histoire du sujet et qui est présent cependant.

Le « moi » : se développe progressivement à partir du ça et le contact avec la réalité extérieure, grâce au langage et à une série d'identifications avec autrui. Médiateur entre le ça et le surmoi, il fonctionne sur le principe de réalité.

➡ **Le « surmoi » :** structure inconsciente dérivée du moi par intériorisation des interdictions et exigences parentales. Il est source des sentiments d'infériorité et de culpabilité lorsque l'image de soi ne correspond pas à ces normes.

3 Troubles cliniques chez Angèle

➡ **Perturbation du mode de relation :** bébé très sage ; un « ange », qui ne bougeait pas. Elle ne veut pas quitter sa mère. Elle n'a aucune limite, elle touche à tout. Elle jette tous les objets qu'elle trouve. Elle n'a aucun contrôle en regard de ses affects, « saute au cou » des passants. Elle est toujours tournée vers l'extérieur. Cet isolement est accentué par le fait qu'elle est très bruyante en classe.

➡ **Angoisse :** Angèle hurle tout le temps. Elle avale tout ce qu'elle trouve. Attitude de grande vigilance, notamment aux bruits. Elle a l'impression d'être une tuyauterie. Son comportement boulimique s'accentue lorsqu'elle est angoissée. Elle « dévalise » le réfrigérateur. Elle reste terrorisée par les bruits.

➡ **Symptômes de la série obsessionnelle :** elle n'aime pas le changement. Les objets ont une place immuable. Elle refuse de changer ses chaussures et d'adapter ses vêtements aux saisons.

➡ **Troubles du langage :** elle commence souvent un mot en prenant la dernière syllabe du précédent. Elle « saute du coq à l'âne ». Retard de langage à 3 ans. Angèle parlera à 4 ans.

➡ **Troubles psycho-moteurs et du domaine cognitif :** Angèle s'est tenue assise vers 12 mois. N'a acquis la marche qu'à 22 mois. A du mal à coordonner ses mouvements. N'a jamais réussi à faire du vélo. Ne peut dresser une table correctement. N'a pas pu intégrer la lecture. Ne peut placer 3 points sur une ligne, ni faire suivre 3 images. Angèle ne peut réaliser seule le trajet domicile-collège.

4 Diagnostics infirmiers, objectifs de soins et actions infirmières

Diagnostic infirmier	Objectifs	Actions infirmières
• Excès nutritionnel : – lié à son angoisse ; – se manifeste par un excès pondéral, par un comportement boulimique. Elle s'inquiète de son aspect physique.	• Qu'Angèle suive son régime hypocalorique de manière régulière. • Qu'Angèle arrive à perdre du poids progressivement.	• Construire avec elle des repas équilibrés, au centre de jour au moment du groupe repas. • Collaborer avec les parents pour les repas pris à son domicile et pour la surveillance du poids. • Lui parler des consignes du nutritionniste. • Choisir avec elle et lui faire intégrer progressivement les aliments adaptés dans les apports quotidiens au moment des groupes repas. La féliciter pour sa perte de poids, et ainsi l'encourager à poursuivre ses efforts.
	• Qu'Angèle soit plus sereine.	• Essayer de lui faire exprimer verbalement son anxiété, pour permettre la diminution de son comportement boulimique.

Diagnostic infirmier	Objectifs	Actions infirmières
• Stratégies d'adaptation individuelle inefficaces : – liées aux troubles du comportement et du fonctionnement cognitif ; – se manifestant par : - une autonomie limitée dans certains actes de la vie quotidienne : ne peut effectuer seule le trajet domicile-collège, ne peut dresser correctement la table, n'a pu acquérir la lecture, - une mise à l'écart dans la classe, - un refus de changer ses chaussures et d'adapter ses vêtements aux saisons.	• Qu'Angèle maintienne ses acquis. • Qu'Angèle accède à la plus grande autonomie possible pour vivre au mieux avec sa maladie. • Qu'Angèle ne soit pas exclue de par ses comportements.	• Mettre en avant les actes qu'elle peut effectuer seule et les lui faire répéter. Entretenir les acquis. • L'accompagner dans les trajets domicile-collège en l'aidant à prendre des repères. • Évaluer ses progrès. • La rassurer quant à ses difficultés et l'encourager à poursuivre ses efforts. • Lui faire accepter de modérer son comportement bruyant en classe afin d'être mieux acceptée par ses camarades. • Lui permettre de parler de ses difficultés, des obstacles qu'elle rencontre, planifier avec elle les activités de la semaine. • Intégrer les parents comme acteurs de la prise en charge.

Notes

7

Digestif

→ Digestif
Opération de Hartmann chez une patiente présentant un encombrement bronchique (tabagisme) infectieux

Mme B., 61 ans, retraitée d'usine, est mariée et mère de 3 enfants. Elle habite ainsi qu'une de ses filles un bourg à quelques kilomètres du centre hospitalier. Elle a été admise il y a 13 jours pour douleurs abdominales, syndrome subocclusif et hyperthermie. Elle pèse 86 kg pour 1,58 m et fume habituellement un paquet de cigarettes par jour.
Elle présente un bon niveau de compréhension et occupe ses journées en jardinant et tricotant.
En dehors des heures d'école, elle assure la garde de sa petite-fille de 9 ans.

Dans ses antécédents, on note :
- en 1978 : un stripping de la jambe droite suivi d'une phlébite ;
- une hypercholestérolémie traitée médicalement ;
- une allergie au BACTRIM ® (antibactérien).

Mme B. est affiliée à la Sécurité sociale et sa mutuelle prend en charge le forfait hospitalier.

À l'entrée, un scanner abdomino-pelvien révèle une sygmoïdite avec suspicion d'abcès.
Malgré une tentative de refroidissement par antibiothérapie, l'état subocclusif persiste ainsi qu'une hyperthermie modérée et une fatigue intense.
Par ailleurs, Mme B. présente un encombrement broncho-pulmonaire caractérisé par une polypnée, une toux grasse et des difficultés à expectorer.
Elle se dit consciente des méfaits du tabac et envisage un sevrage.

Devant le tableau clinique, le chirurgien, après l'avoir informée, programme le 10 novembre une intervention de Hartmann : cette colostomie sera transitoire et la continuité intestinale sera rétablie dans 6 mois.
Elle prévoit alors de se prendre en charge mais exprime surtout son inquiétude face à l'intervention.
En préopératoire, on découvre une perforation du grêle, qui impose une courte résection de celui-ci.
Après l'intervention, Mme B. est admise en réanimation.
En postopératoire immédiat, elle reçoit un culot globulaire phénotypé.

Ce jour, 14 novembre, à J4 postopératoire, Mme B. est transférée dans le service de chirurgie où vous travaillez de 13 h à 21 h. Il est 14 h (c'est dans cette unité qu'initialement elle avait été accueillie).
Elle est installée dans une chambre seule.
Elle est porteuse :
- d'un cathéter veineux sous-clavier droit ;
- d'une sonde urinaire de Foley en latex n° 16 avec recueil d'urines sur poche vidangeable ;
- d'une colostomie gauche appareillée ;
- d'une suture médiane ;
- d'un drainage par mèches (type Mikulicz) en contrebas de la médiane.

Les prescriptions médicales sont les suivantes :
- glucosé 5 %, 2 litres par 24 h (1 litre de 12 h à 24 h et 1 litre de 24 h à 12 h), avec par litre :
  - 4 g de NaCl ;
  - 6 g de KCl ;
  - 1 flacon de CERNÉVIT ® (association de vitamines hydrosolubles et liposolubles) à diluer dans 5 mL d'eau pour préparation injectable ;
  - 20 mL de NONAN ® (oligoéléments) ;

  (vous disposez d'ampoules de NaCl 20 % de 20 mL et KCl 10 % de 10 mL.)
- rinçage de cathéter central selon le protocole suivant : 1 000 unités d'héparine (anticoagulant) dans 10 mL de NaCl à 9 ‰ tous les jours pairs à 9 h ;
- changement de la rampe, tous les jours pairs, sur laquelle sont administrées les thérapeutiques suivantes :
  - PRO-DAFALGAN ® (proparacétamol) : 2 g dans 50 mL de glucosé 5 %, 4 fois par jour en 15 minutes, à 2 h, 8 h, 14 h, 20 h ;
  - PROFÉNID ® (anti-inflammatoire non stéroïdien) : 100 mg dans glucosé 5 % 2 fois par jour en 30 minutes, à 10 h, 20 h ;
  - MOPRAL ® (anti-ulcéreux) : 40 mg dans 50 mL de glucosé 5 %, 1 fois par jour en 30 minutes, à 21 h ;
  - CLAFORAN ® (antibiotique bactéricide de la famille des bêtalactamines) : 1 g dans 50 mL de glucosé 5 %, 2 fois par jour en 20 minutes, à 8 h, 20 h ;
  - FLAGYL ® (métronidazole : anti-infectieux et antiparasitaire) : 500 mg (flacons de 100 mL) 3 fois par jour en 30 minutes, à 1 h, 9 h, 17 h ;
  - NEBCINE ® (antibiotique bactéricide de la famille des aminosides) : 75 mg en intraveineux direct (ampoules de 1,5 mL) 3 fois par jour à 7 h, 15 h, 23 h ;
  - LOVENOX ® (héparine de basse masse moléculaire) : 40 mg en sous-cutané à 20 h ;
- oxygénothérapie (lunettes) : 2 litres par minute en continu ;
- kinésithérapie respiratoire tous les matins ;
- exercices respiratoires à l'aide d'un spiromètre pendant 20 minutes matin et soir ;

- aérosols 7 fois par jour avec :
  - VENTOLINE® (bronchodilatateur ß2-stimulant), aérosol en flacon pressurisé et valve doseuse : 100 g par dose, une inhalation simple 4 fois par jour à 8 h, 12 h, 18 h, 22 h ;
  - PULMICORT® (corticostéroïde d'action locale), aérosol doseur : 100 g par dose, une inhalation simple 4 fois par jour à 8 h, 12 h, 18 h, 22 h ;
  - SURBRONC® (mucokinétique et expectorant) : 1 ampoule de 15 mg 3 fois par jour durant 20 minutes à 10 h, 15 h, 20 h ;
- pansement de cathéter à réaliser tous les jours pairs (fait ce jour) ;
- pansement compressif de médiane à réaliser selon la prescription médicale (fait à J2) ;
- lavage sur Mikulicz à l'eau oxygénée à 10 volumes pour 3 % : 3 fois par jour à 10 h, 15 h, 19 h, avec recueil du lavage sur poche adhésive vidangeable ;
- sonde naso-gastrique enlevée ce matin ; reprise des boissons : quelques gorgées ;
- consultation auprès de l'infirmière stomathérapeute à J10 ;
- NFS plaquettes, ionogramme sanguin, test de Coombs, recherche d'agglutinines irrégulières (prélèvement le 15 novembre) ;
- surveillance paraclinique : de la pression artérielle, du pouls et de la température à 7 h, 14 h, 18 h, 22 h ;
- radiographie pulmonaire face et profil et abdomen sans préparation le 15 novembre.

Les transmissions font état des données suivantes :

- sur le plan clinique, Mme B. ne se plaint pas de douleurs ;
- très encombrée, elle crache fréquemment dans un crachoir. Les expectorations sont épaisses et jaunâtres. Elle évoque souvent avec l'équipe le besoin obsédant de fumer ;
- elle dort bien mais se sent fatiguée, elle peut néanmoins collaborer aux soins ;
- elle se lève au fauteuil 2 fois par jour et fait quelques pas dans la chambre en compagnie du kinésithérapeute ;
- Mme B. présente un érythème fessier depuis hier ;
- elle a eu des gaz mais à ce jour elle n'a pas eu de selles.

Le maintien du système de recueil des lavages s'avère difficile et des fuites sérosanglantes sont fréquentes.

Elle semble accepter la colostomie mais ne veut pas regarder le drainage de Mickulicz lors des lavages.

Son mari, qui lui rend visite chaque soir, a été informé par le médecin des suites opératoires et manifeste son soutien à Mme B.

Sa fille s'est proposée de l'aider dans ses activités quotidiennes au retour à domicile.

Ce matin, la tension artérielle est à 140 mm/90 mmHg, les pulsations sont de 112 par minute, la température tympanique est à 38 °C. La diurèse depuis 7 h est de 800 mL.

Questions

1 *En vous appuyant sur les éléments significatifs du texte et sur vos connaissances, analysez la situation de Mme B.*
Cette analyse écrite doit montrer votre compréhension de la situation par les liens que vous établirez entre les habitudes de vie, les antécédents, les mécanismes physiopathologiques, les examens et les traitements. (30 points)

2 *À partir de votre analyse, identifiez les problèmes réels et potentiels de la personne à ce jour (14 novembre).*
Au regard des problèmes énoncés, déterminez les objectifs, les actions à mettre en place et les critères d'évaluation.
Les calculs de débit sont attendus. (30 points)

Réponses

1 Analyse de la situation de Mme B.

Mme B., 61 ans, est transférée ce jour à 14 h de réanimation en chirurgie générale. Son hospitalisation a été motivée par une sygmoïdite avec suspicion d'abcès caractérisée à l'entrée par des douleurs abdominales, un syndrome subocclusif et une hyperthermie. Le scanner abdomino-pelvien a confirmé le diagnostic clinique.

Cette pathologie se définit par une infection des diverticules du sigmoïde pouvant se compliquer par une abcédation, voire une perforation avec péritonite.

Malgré l'antibiothérapie administrée pour traiter le syndrome infectieux, les signes persistent, ce qui impose une résection du segment atteint.

En peropératoire, un problème de perforation du grêle s'est rajouté, nécessitant une résection.

Lors d'une intervention de ce type par voie médiane, le chirurgien ne rétablit pas la continuité afin de laisser le tube digestif au repos. Il réalise une opération de Hartmann, qui consiste à fermer le segment distal et à aboucher le segment proximal à la peau. Cette stomie gauche est temporaire et la continuité est envisagée au bout de 6 mois.

Cette chirurgie lourde a justifié un séjour en réanimation en raison des risques postanesthésiques, hémorragiques, infectieux et de l'alimentation parentérale.

Les suites opératoires en réanimation ont été caractérisées par l'apparition d'un encombrement bronchique. L'administration d'un culot globulaire en lien avec le fait que Mme B. a saigné durant l'intervention a été prescrite. Cela nécessitera une surveillance post-transfusionnelle (test de Coombs et recherche d'agglutinines irrégulières le 15 novembre).

À ce jour, où elle est transférée en chirurgie, Mme B. requiert une prise en charge adaptée aux différents problèmes qui se posent.

En effet, si les suites opératoires nécessitent une prise en charge adaptée, le problème bronchopulmonaire devra être traité. Les risques en lien avec les répercussions de la maladie sur la santé seront pris en compte de même que le vécu de Mme B.

En lien avec l'intervention, Mme B. présente aujourd'hui :

- une suture médiane (voie d'abord chirurgicale) maintenue par un pansement compressif pour limiter le risque d'éventration. Son surpoids (86 kg pour 1,58 m) ne lui permet pas d'avoir une sangle abdominale suffisamment efficace. Par ailleurs, ses efforts de toux en raison de l'encombrement bronchique sollicitent les muscles abdominaux ;
- un drainage de Mikulicz, caractérisé par de larges mèches, qui vise à évacuer les sécrétions occasionnées par le geste chirurgical et qui nécessite des lavages répétés pour éviter la stase, les complications infectieuses et favoriser la cicatrisation. Ces lavages sont réalisés à l'eau oxygénée, pour ses vertus antiseptiques, d'inactivation des matières organiques, et pour son activité hémostatique ;
- un appareillage de colostomie, que Mme B. devra apprendre à changer. La consultation de l'infirmière stomatothérapeute (J10) permettra d'évaluer le matériel le plus adapté pour Mme B, et de compléter l'éducation à l'auto-soin qui sera commencée en chirurgie.

Comme l'aspiration digestive ne se justifie plus à J4 en l'absence de complication et que la sonde digestive a été enlevée ce matin, elle peut boire en quantité limitée afin de ne pas solliciter la fonction digestive.

La radiographie de l'abdomen sans préparation peut évaluer la présence de niveaux liquides (syndrome occlusif).

Une alimentation parentérale au glucosé complémentée par un apport ionique, vitaminique et des oligo-éléments prévient d'éventuelles carences et maintient une bonne hydratation.

Le cathéter central sous-clavier assure une bonne voie d'abord pour passer des grosses molécules et des dérivés sanguins en cas de problème. Le cathéter central est rincé pour éviter une éventuelle thrombose.

La sonde urinaire est posée afin de réaliser le bilan des entrées et des sorties.

Le pouls et la pression artérielle évaluent l'équilibre hémodynamique.

Elle présente aussi un encombrement bronchique en lien avec l'intervention et un tabagisme conséquent (un paquet par jour). Sa surcharge pondérale ne permet pas à Mme B. de solliciter ses muscles abdominaux et le tabagisme entraîne une hypersécrétion de la muqueuse bronchique aggravée par le sevrage. Par ailleurs, la position allongée favorise la stase des sécrétions. Pour lutter contre ce problème, un traitement anti-infectieux s'avère nécessaire.

La mobilisation, la kinésithérapie respiratoire (apprentissage d'une expectoration efficace et d'une meilleure amplitude respiratoire grâce au spiromètre), les aérosols (VENTOLINE ®, PULMICORT ®, SURBRONC ®) favorisent l'expectoration et optimisent la fonction respiratoire.

L'oxygénothérapie pallie le manque d'oxygène entraîné par l'encombrement. La radiographie pulmonaire et les gaz du sang qui sont prescrits permettront d'évaluer la fonction respiratoire.

Elle présente un syndrome infectieux, en raison des portes d'entrée (suture, cathéter central, sonde urinaire et encombrement bronchique), ce qui justifie la prescription de CLAFORAN ®, FLAGYL ®, et de NEBCINE ®. La rampe est changée tous les deux jours. La prise de température évalue l'évolution du syndrome infectieux ainsi

que la prise de pulsations et de pression artérielle (éventualité d'un choc septique). Le pansement de cathéter n'est pas réalisé tous les jours pour ne pas favoriser l'entrée des germes.
La douleur est en lien avec le geste opératoire et les efforts de toux. Elle justifie la prescription de PRODAFALGAN ® et de PROFÉNID ®. La pression artérielle et le pouls sont des indicateurs de douleur.
Une prescription de MOPRAL ® s'impose pour prévenir les douleurs gastriques liées au PROFÉNID ®.
Il existe un risque thrombo-embolique en lien avec le geste chirurgical, l'alitement et les antécédents de Mme B. (phlébite suite à un *stripping*).
Les pulsations et la température sont des indicateurs de complications thrombo-emboliques.
Le LOVENOX ® prévient ce risque puisqu'il fluidifie le sang. La surveillance des plaquettes s'impose en raison du risque de thrombopénie entraînée par ce traitement.
La mobilisation lutte contre le risque thrombo-embolique.
Sur le plan paraclinique, Mme B. ne présente pas de problème particulier mise à part l'élévation modérée des pulsations qu'il convient de surveiller.
Mme B. présente également un début d'escarre fessière en lien avec l'alitement.

Sa fatigue, normale en raison de ses problèmes, doit être prise en compte dans toute la prise en charge qui vise au retour de son autonomie.
Elle a des difficultés à regarder le drainage de Mikulicz car l'observation de cette plaie béante peut l'impressionner.
Jusqu'alors, elle n'a pas participé au changement de sa poche de colostomie, ce qui doit être envisagé rapidement puisqu'elle possède un bon niveau de compréhension et qu'elle semble l'accepter (son mari et sa fille peuvent être des ressources pour permettre à Mme B. d'accepter ce problème transitoire).

2 Problèmes, actions et surveillance

Problèmes médicaux :
- sigmoïdite ;
- infection pulmonaire ;
- douleur ;
- risque thrombo-embolique.

Problèmes infirmiers :
- altération état cutané ;
- escarre fessière ;
- fatigue ;
- perturbation image corporelle.

Actions à J4 postopératoire

Problèmes	Rôle sur prescription	Rôle propre
• Sigmoïdite traitée par colostomie + résection colique.	• Pose de la réanimation à 12 h, 24 h : – 1 L glucose (1 000 mL) + 4 g NaCl 20 % (20 mL) + 6 g KCl 10 % (10 mL × 6 = 60 mL) ; – CERNEVIT ® : 6 ampoules de 5 mL (30 mL) ; – NONAN ® : 6 ampoules de 20 mL (120 mL) ; – soit un volume total à perfuser de 1 000 + 20 + 60 + 30 + 120 = 1 230 mL ou 1 230 × 20 gouttes (car 1 mL = 20 gouttes) ; – la durée de la perfusion est de 12 h ou 12 × 60 min. Son débit est donc : $\frac{1\,230 \times 20}{12 \times 60} = \frac{1\,230}{36} = \frac{615}{18} = \frac{205}{6} = 34{,}16$, soit 34 gouttes/min par défaut.	• Surveillance du débit de la perfusion. • Faire le bilan des entrées et des sorties. • Surveillance quantité urine. • Programmer NF, ionogramme sanguin. • Surveillance des paramètres. • Programmer Coombs + RAI pour 15/11. • S'assurer que la tubulure n'est pas coudée ou coincée sous elle. • Vérifier écoulement avec positionnement de la tête.
	• Pansement cathéter + rinçage de KT selon le protocole. S'assurer qu'il a été fait ce matin.	
	• Changement de la rampe de la perfusion.	• Changée dès que nécessaire et selon le protocole du service.
	• Surveillance de la colostomie.	• Noter écoulements. • Programmer dans 6 jours la visite de la stomathérapeute.

Problèmes	Rôle sur prescription	Rôle propre
		• Expliquer à Mme B. comment est la stomie. • Surveiller le transit : a des gaz ce jour mais pas encore de selles. Noter sur feuilles de surveillance.
	• Surveillance de la suture médiane et du pansement compressif.	• Pansement fait à J2. • Voir avec le chirurgien la date du prochain pansement. S'assurer que le pansement est compressif, le refaire si besoin.
	• Surveillance du risque d'éventration.	• Surveiller écoulement de sang, de sérosités. • Maintenir le ventre lors de la toux. • Précaution au lever, ne pas porter de charge.
	• Surveillance du Mikulicz en contrebas de la médiane. • Faire le lavage à l'eau oxygénée à 10 volumes/3 % à 15 h et 19 h.	• Travailler avec rigueur et asepsie. • Injecter lentement l'eau oxygénée. • Demander à la malade si elle a mal. • Vérifier le liquide de recueil.
	• Puis poser la poche adhésive vidangeable.	• Surveiller régulièrement la poche : si elle se décolle, la changer régulièrement. • Surveiller l'état cutané autour du Mikulicz. • Demander au médecin un traitement préventif de protection en regard du début d'inflammation.
	• Ablation de la sonde naso-gastrique ce matin.	• Surveiller l'état de la bouche. • Continuer soins de bouche. • Donner des petites gorgées d'eau à Mme B. • Surveiller si elle a des nausées, des vomissements. • Lui dire d'appeler si elle n'est pas bien. • Lui mettre la sonnette à proximité. • Demander si elle a des douleurs en déglutissant. • Voir le médecin si besoin de calmants. • Voir médecin pour reprise progressive de l'alimentation. • Programmer radio ASP pour le 15 novembre.

Problèmes	Rôle sur prescription	Rôle propre
• Infection : – liée : - à la colostomie ; - à la suture médiane ; - au Mikulicz ; - au cathéter central ; - à la sonde à demeure ; - à l'encombrement bronchique ; – se manifestant par : - température : 38 °C ; - pouls : 112/min.	• Injecter les antibiotiques : – CLAFORAN® à 20 h dans 50 mL de glucosé 5 % en 20 min : débit = 50 gouttes/min ; – FLAGYL® 500 mg en flacon de 100 mL en 30 min à 17 h : débit = 66,66 gttes/min = 67 gouttes/min par excès ; – NEBCINE® 75 mg : 1 ampoule de 1,5 mL à 15 h en IV direct.	• Surveiller si frissons, pâleur, sueurs. • Surveillance de l'efficacité des traitements : prise pouls et température. • Surveillance effets secondaires. • Surveillance locale cutanée médiane. • Cathéter : refait tous les deux jours seulement pour éviter l'infection. • Soins de sonde selon protocole avec asepsie et rigueur. • Surveillance urines : quantité, odeur, couleur, aspect. • Surveillance du Mikulicz (odeur, aspect).
• Encombrement pulmonaire : – lié au tabagisme (1 paquet de cigarettes/jour) ; – se manifestant par : - polypnée ; - toux grasse ; - difficultés à expectorer.	• Appliquer la prescription d'oxygénothérapie par lunettes : 2 L/min en continu. • Kinésithérapie respiratoire. • Exercices respiratoires à l'aide d'un spiromètre. • Mettre en place aérosols : – VENTOLINE® à 18 h ; – PULMICORT® à 18 h ; – SURBRONC® : 20 min à 15 h et à 20 h.	• Surveiller le débit d'oxygène. • Demander à la famille de ne pas fumer. • Ne pas mettre de gras sur les appareils. • Vérifier eau dans le barboteur. • Surveiller lunettes (mise en place), propreté. Changer si besoin. • Surveiller risque d'escarres : nez, oreilles. • Surveiller faciès (cyanose), lèvres, extrémités, état de conscience (agitée, euphorique). • Mettre en position demi-assise dès que possible. • Surveiller la venue du kinésithérapeute. • S'organiser pour que la malade soit prête (toilette faite…). • Surveiller si appareil à proximité, la stimuler à les pratiquer, lui expliquer à chaque fois, surveiller qu'elle les fassent bien. • Arrêter l'oxygène : faire moucher. • Brancher l'aérosol : faire respirer régulièrement, faire tousser et cracher après l'aérosol en maintenant la suture. • Rebrancher l'oxygène. • Mettre à proximité crachoirs (les numéroter), mouchoirs.

Problèmes	Rôle sur prescription	Rôle propre
		• Surveiller aspect crachats, quantité, couleur, odeur. • Surveiller l'amplitude respiratoire, le rythme respiratoire. • Surveiller l'efficacité du traitement. • Programmer la radio pulmonaire face/profil pour le 15 novembre. • La laisser s'exprimer lorsqu'elle dit qu'elle a envie de fumer, l'écouter, trouver des moyens de substitution à voir avec le médecin, lui dire de s'occuper pendant ces moments-là.
• Douleur.	• Administrer le PRO-DAFALGAN® : 2 g dans 50 mL de glucosé 5 % en 15 min à 14 h et à 20 h ; débit = 66,66 gttes/min = 67 gttes/min par excès. • Administrer le PROFÉNID® : 100 mg dans 150 mL de glucosé à 5 % à 20 h en 30 min ; débit : 150 gttes/min. • Administrer le MOPRAL® : 40 mg dans 50 mL de glucosé 5 % en 30 min à 21 h ; débit : 33,33 gouttes/min = 33 gouttes/min par défaut.	• Surveiller l'effet du traitement (Mme B. dit ne pas avoir mal). • Surveiller faciès, mimique, positions antalgiques. • Surveiller effets secondaires. • L'aider dans ses mobilisations. • La faire maintenir son ventre lors de retournements et de la toux. • Surveillance si hématémèse, brûlures gastriques (risque d'ulcères gastriques).
• Risque thrombo-embolique : – lié à ses antécédents (stripping + phlébite) ; – se manifestant par : - se lève au fauteuil 2 fois/jour, fait quelques pas ; - baisse de l'activité ; - est restée allongée en réanimation ; - fume.	• Injecter le LOVENOX® : 40 mg en sous-cutané à 20 h.	• Surveiller les mollets (induration, chaleur, rougeur, douleur à la dorsiflexion, ballottements : signes de Homans). • Surveiller si dyspnée, douleurs thoraciques, pâleur, cyanose. • Surveiller dissociation pouls/température : pouls à 112, température à 38 °C. • Surveiller les effets secondaires du LOVENOX® : gingivorragie, épistaxis, hématome. • Programmer la surveillance des plaquettes. • La faire mobiliser les jambes le plus possible. • Demander au médecin si élévation des jambes pour faciliter le retour veineux.

Problèmes	Rôle sur prescription	Rôle propre
• Altération de l'état cutané : érythème fessier depuis hier : – liée à : - lever 2 fois/jour ; - réduction mobilisation ; - surcharge pondérale ; – objectif : que l'état cutané de Mme B. ne s'aggrave pas et que la rougeur diminue.		• Surveiller état cutané avec différents points d'appui. • Faire SPE, effleurage, tirer les draps, changer si sueurs ou si miettes dans le lit. • Voir avec médecin si traitement local. • Voir si besoin matelas anti-escarres (lit et fauteuils). • Lui dire de changer régulièrement de position.
• Altération de l'image corporelle : – liée à la colostomie ou drainage de Mickulicz, qu'elle ne veut pas regarder ; – objectif : que Mme B. arrive progressivement à regarder sa colostomie avant qu'elle ne sorte pour se prendre en charge.		• La rassurer lors des soins, la faire verbaliser par rapport à son intervention et à la suite de sa prise en charge. • Ne pas la forcer, respecter son rythme. • Être douce pendant les soins. • Veiller à ce que la poche ne fuit pas.
• Fatigue : – liée à l'intervention ; – objectif : que Mme B. se sente de moins en moins fatiguée.	• Chambre seule.	• L'aider dans ses soins mais lui préserver son autonomie. • Grouper les soins pour lui permettre de se reposer dans la journée. • Lui expliquer que sa fatigue est normale (liée à l'intervention), la rassurer (sa fille et son mari sont présents).

Mme M., 79 ans, mariée, 3 enfants, vit avec son mari à la campagne. Ils bénéficient d'une aide ménagère 4 heures par jour, mais ils sont valides.
Mme M. est prise en charge à 100 % par la Caisse primaire d'assurance maladie pour une affection de longue durée du fait de ses antécédents cardiaques.
M. et Mme M. sont sous tutelle, situation que cette dernière vit mal.

Mme M. a pour antécédents :
- cholécystectomie il y a 11 ans ;
- cardiomyopathie ischémique qui a nécessité un pontage coronarien il y a 10 ans ;
- hypertension artérielle traitée et stabilisée ;
- gastrite secondaire à un traitement par ASPÉGIC®, qui a été arrêté il y a 2 mois.

Son traitement habituel est le suivant :
- DISCOTRINE® 15 mg (trinitrine, dérivé nitré) : un dispositif transdermique adhésif par jour de 8 h à 20 h ;
- MONICOR® 60 mg à libération prolongée (5-mononitrate d'isosorbide, dérivé nitré) : 1 gélule le matin ;
- CORVASAL® 4 mg (molsidomine, anti-angineux) : 1 comprimé le soir ;
- STILNOX® 10 mg (zolpidem, hypnotique) : 1 comprimé au coucher.

Mme M. a été hospitalisée en service de gastro-entérologie pour :
- douleurs épigastriques avec vomissements de sang vieilli ;
- amaigrissement de 25 kg en 3 mois ;
- asthénie modérée ;
- pas d'anorexie franche.

Les fibroscopies et le transit œso-gastro-duodénal ont montré une sténose quasi complète du pylore qui se révèle infranchissable. Les biopsies pratiquées ont révélé un ulcère gastrique.
Mme M. a été mise sous aspiration gastrique et mutée en service de chirurgie digestive (service où vous travaillez) en vue d'une intervention.

En complément des bilans effectués en médecine, le médecin anesthésiste prescrit :
- numération-formule sanguine avec dosage des plaquettes ;
- bilan d'hémostase : temps de céphaline activée, taux de prothrombine, INR *(international normalized ratio)* ;
- taux de fibrinogène ;
- groupe Rhésus, recherche d'agglutinines irrégulières (deuxième détermination) ;
- ionogramme sanguin ;
- phosphatases alcalines ;
- bilirubine totale, conjuguée et libre.

Mme M. subit une antrectomie avec anastomose gastro-jéjunale par cœlioscopie sous anesthésie générale. Elle revient de surveillance postinterventionnelle à 13 h 30 avec :
- un pansement sur incision sus-ombilicale et para-ombilicale droite et gauche ;
- une aspiration gastrique « douce » à – 30 millibars ;
- une lame de drainage sortant au niveau du flanc droit et mise sur une poche ;
- une oxygénothérapie à 2 litres par minute (saturation en oxygène à 92 %) ;
- une perfusion en cours sur un cathéter central posé en jugulaire.

Les prescriptions sont alors les suivantes :
- remplacer à partir de 14 h la perfusion en cours par 1 L de glucosé isotonique à 5 % en 24 h avec 4 g de chlorure de sodium et 2 g de chlorure de potassium ;
- PRO-DAFALGAN® (proparacétamol, analgésique périphérique) : 2 g dans une poche de 100 mL de chlorure de sodium isotonique à 9 ‰ à passer en 15 min 4 fois par 24 h, à débuter à 14 h ;
- MORPHINE® 10 mg (chlorhydrate de morphine, analgésique morphinique majeur) : 1 demi-ampoule en sous-cutané 4 fois par 24 h (la dernière injection a été faite à 12 h en salle de réveil) ;
- LOVENOX® (anticoagulant, héparine de bas poids moléculaire) : 20 mg à 8 h ;
- MOPRAL® (anti-ulcéreux, oméprazole, inhibiteur de la pompe à protons) : 40 mg à diluer dans 100 mL de glucosé isotonique à 5 % à passer en 30 min en intraveineux une fois par 24 h, à débuter à 15 h ;
- NITRIDERM® 15 mg (trinitrine, dérivé nitré) : un dispositif transdermique adhésif par jour à poser à 8 h ;
- bilan sanguin à effectuer à 7 h ;
- transit œso-gastro-duodénal de contrôle à planifier à J2.

J1
L'aspiration gastrique a donné 40 mL, la lame de drainage 70 mL et Mme M. est toujours très douloureuse. Le bilan sanguin effectué est normal.
Le médecin anesthésiste prescrit à partir de 14 heures :
- arrêt de l'oxygène ;
- lever autorisé ;

- maintien des antalgiques de façon systématique ;
- remplacement de la perfusion en cours par 1,5 L de glucosé isotonique à 5 % en 24 h, avec 4 g de chlorure de sodium et 2 g de chlorure de potassium par litre.

J2

Mme M. n'est plus douloureuse, la morphine est arrêtée. Mais Mme M. fait un malaise en début de matinée avec :

- pression artérielle à 70/40 mmHg ;
- saturation en oxygène à 95 % ;
- hémoglucotest à 4 mmoles par litre (normale comprise entre 3,8 et 6,6 mmoles par litre) ;
- pas de modification à l'électrocardiogramme.

Le médecin anesthésiste prévenu prescrit :

- HESTÉRIL ® 6 % (soluté de remplissage vasculaire, hydroxy-éthyl-amidon) : 500 mL à passer en 30 min. Sa pression artérielle est remontée très rapidement à 115/60 mmHg ;
- reprise du traitement :
  - MONICOR ® 60 mg à libération prolongée (5-mononitrate d'isosorbide, dérivé nitré) : 1 gélule le matin ;
  - CORVASAL ® 4 mg (anti-angineux) : 1 comprimé le soir.

Ce traitement est à passer dans la sonde gastrique, qui doit être clampée pendant une heure après la prise des médicaments.

Le pansement de cœlioscopie a été refait, les cicatrices sont propres (les agrafes seront enlevées à J10). La lame de drainage a donné 110 mL.

Le transit œso-gastro-duodénal réalisé dans l'après-midi est normal, l'aspiration gastrique est mise en déclive à partir de 18 h.

Le compte rendu histologique de la biopsie peropératoire confirmera l'existence d'un ulcère gastrique chronique sans caractère de malignité.

J3

Mme M. supporte bien la mise en déclive de la sonde d'aspiration gastrique, celle-ci est alors clampée. Le traitement est repris par voie orale.

La lame donne 200 mL de liquide séro-sanglant.

Le pansement du cathéter central est refait, il est propre, sans signe inflammatoire.

J4

La sonde gastrique est enlevée, une alimentation liquide est reprise, la perfusion est réduite.

Mme M. se plaint de douleurs au niveau de la lame, elle présente des selles liquides (4 par 24 heures).

J5

Mme M. est très douloureuse, elle présente des selles liquides verdâtres et une température à 39,1 °C le matin.

Depuis J3, la lame donne toujours 200 mL de liquide séro-sanglant. Ce jour, le pansement de cathéter est inflammatoire.

Elle est très fatiguée, a mal dormi. Elle se montre abattue et résignée, sonne souvent pour uriner.

Mme M. pose beaucoup de questions sur son état de santé, dit ne pas avoir « bien entendu les explications données au sujet de son traitement et des examens envisagés ». Elle teste la cohérence des réponses.

Le médecin anesthésiste enlève le cathéter central et prescrit la mise en culture de l'extrémité de celui-ci.

Il prescrit également :

- 3 hémocultures avec antibiogramme et mise sous ORBÉNINE ® (pénicilline, antistaphylococcique) : 1 g 3 fois par 24 h, à débuter après la dernière hémoculture ;
- coproculture ;
- examen cytobactériologique des urines ;
- numération-formule sanguine avec dosage des plaquettes ;
- pose d'une voie d'abord périphérique.

Questions

1 *Annotez le schéma situé en annexe 1.* (2 points)

2 *Expliquez les deux fonctions principales de l'estomac.* (3 points)

3 *Donnez une définition de la tutelle, et énoncez les effets de la mise sous tutelle sur :*
- *les actes à caractère personnel (mariage, divorce...) ;*
- *les actes de la vie civile ;*
- *l'administration de biens.* (2,5 points)

4 *Citez et expliquez ce que peut mettre, légalement, en œuvre un(e) infirmier(ère) et les gestes qu'il (ou qu'elle) peut pratiquer lors de situation d'urgence en l'absence d'un médecin.* (2,5 points)

5 *Expliquez le mode de prise en charge des soins lors d'une affection de longue durée.* (2 points)

6 *Expliquez et justifiez les grands principes de la phase préopératoire avant toute intervention.* (5 points)

7 *Expliquez les principes de la chirurgie digestive par cœlioscopie.* (2 points)

8 *À J0, vous devez appliquer les prescriptions médicamenteuses suivantes en intraveineux :*

- *1 L de glucosé isotonique à 5 % en 24 h, à poser à partir de 14 h, avec 4 g de chlorure de sodium et 2 g de chlorure de potassium ;*
- *PRO-DAFALGAN® (proparacétamol, analgésique périphérique) : 2 g dans une poche de 100 mL de chlorure de sodium isotonique à 9 ‰, à passer en 15 min 4 fois par 24 h, à débuter à 14 h ;*
- *MOPRAL® (anti-ulcéreux, inhibiteur de la pompe à protons) : 40 mg à diluer dans 100 mL de glucosé isotonique à 5 %, à passer en 30 min en intraveineux 1 fois par 24 h, à débuter à 15 h.*

Calculez le débit des différentes perfusions (pour la perfusion de glucosé, tenir compte des électrolytes).

Vous disposez :

- *d'ampoules de chlorure de sodium de 10 mL à 20 % ;*
- *d'ampoules de chlorure de potassium de 10 mL à 10 %.*

(Faites apparaître votre raisonnement. Toute erreur de calcul ou de raisonnement entraîne 0 à l'ensemble de la question.) (4 points)

9 *Analysez la situation de Mme M. afin d'expliquer la perte de poids de 25 kg en 3 mois.* (2 points)

10 *Vous travaillez de 13 h à 21 h, et vous recevez Mme M. à son retour du bloc opératoire.*
Énoncez, en les justifiant, l'ensemble des problèmes de Mme M. Au regard de ces problèmes, énumérez les actions infirmières à mettre en place.
Sont attendus dans cette question les problèmes réels et/ou potentiels (problèmes conjoints) et les problèmes relevant du rôle propre. Ne sont pas attendus les calculs de doses.
Vous pouvez présenter la réponse à cette question sous forme de tableau. (15 points)

11 *Relevez, à partir des éléments du texte, les étiologies et les signes qui ont permis à l'équipe soignante de poser le diagnostic infirmier suivant : « anxiété » (définition : vague sentiment de malaise, d'origine généralement indéterminée ou inconnue).* (2 points)

12 *Énoncez les objectifs et développez les actions de soins relevant du rôle propre en regard de ce diagnostic infirmier.* (8 points)

13 *L'étudiante en soins infirmiers de deuxième année que vous encadrez vous demande de lui expliquer les nouvelles prescriptions que le médecin anesthésiste a faites à J5. Que lui répondez-vous ? (Justifiez votre réponse.)* (10 points)

Annexe 1

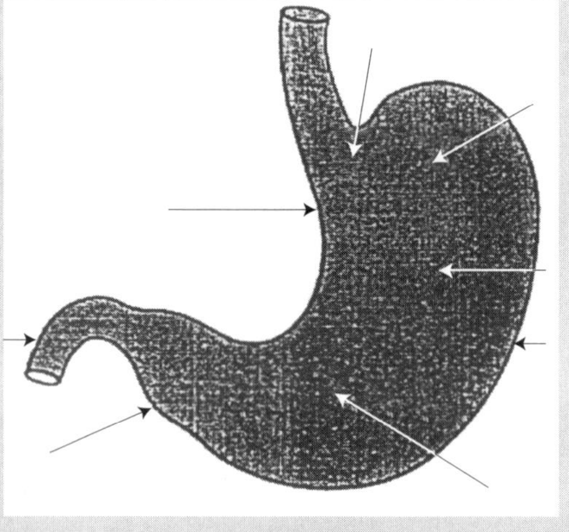

Les différentes portions de l'estomac.

Réponses

1 Annotation du schéma

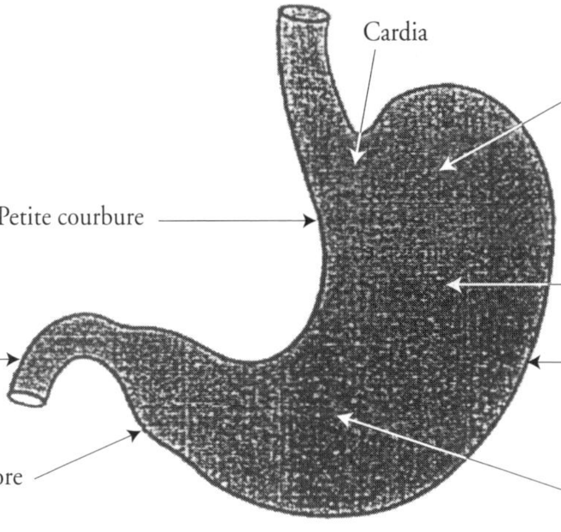

2 Fonctions principales de l'estomac

L'estomac présente une fonction motrice et une fonction sécrétoire.

Fonction motrice

Les aliments sont soumis à un brassage énergique et de longue durée sous l'action des contractions gastriques. Ce brassage facilite leur mélange avec le suc gastrique. Peu à peu, ils vont se transformer en chyme. Les contractions les plus énergiques ont lieu dans l'antre. Elles aboutissent à la dégradation progressive des particules solides. Bien brassés, les aliments sont entraînés vers le pylore.

Fonction sécrétoire

La muqueuse de l'estomac sécrète :

- de l'acide chlorhydrique :
  - qui active les enzymes digestives et qui prépare le chyme à l'action des autres sucs digestifs ;
  - qui règle le fonctionnement pylorique ;
  - qui stimule les sécrétions pancréatiques ;
  - qui sert d'antiseptique ;
- du pepsinogène qui, sous l'action de l'acide chlorhydrique, divise les protéines en polypeptides ;
- du mucus, qui protège l'estomac contre l'action de ses propres sucs digestifs. Il forme un gel dont la fonction est de retenir les bicarbonates. Il tapisse la surface de l'estomac constituant ainsi une barrière protectrice contre la rétrodiffusion des ions $H+$;
- le facteur intrinsèque, qui est indispensable à l'absorption de la vitamine B12.

3 La tutelle

Définition

La tutelle est un régime de protection prévu pour une personne majeure atteinte d'une altération physique ou mentale médicalement reconnue qui l'empêche de gérer ses biens. Dans ce cas, l'incapable majeur doit être représenté dans les actes de la vie civile.

Effets :

- les actes à caractère personnel sont soumis au conseil de famille ;
- pour les actes de la vie civile, la personne perd le droit de vote, ne peut plus être éligible (ou être nommé juré) ;
- l'administration des biens (perception des revenus, paiement des dettes) est assurée par le tuteur.

4 Compétences de l'infirmier(ère)

L'infirmier(ère), en l'absence du médecin et en situation d'urgence, est habilité(e) à (référence à l'article 8 du décret de compétence du 15 mars 1993) :

- mettre en œuvre des protocoles de soins préalablement écrits, datés, signés par le médecin responsable ;
- accomplir des actes conservatoires nécessaires jusqu'à l'intervention du médecin. Ces actes doivent obligatoirement faire l'objet, de sa part et dès que possible, d'un compte rendu écrit, daté, signé remis au médecin ;

• décider des gestes à pratiquer, lorsque la situation d'urgence s'impose à lui, en attendant que puisse intervenir un médecin ;
• prendre toutes les mesures en son pouvoir afin de diriger le patient vers la structure de soins la plus appropriée à son état.

5 Prise en charge des soins lors d'une ALD

Les soins attachés à certaines maladies ou affections de longue durée peuvent être pris en charge à 100 % du tarif de la Sécurité sociale, après accord de la Caisse.

Tous les autres soins dispensés à la personne et qui n'entrent pas dans le traitement de la maladie de longue durée sont pris en charge selon les taux habituels.

6 Principes de la phase préopératoire :

• accueil du patient, information du patient sur l'intervention, sur l'heure de celle-ci, sur les soins effectués : un patient informé sera moins anxieux et pourra poser les questions qui le préoccupent ;
• bilan préopératoire avec :
– bilan de coagulation afin de dépister un trouble de l'hémostase ;
– groupe sanguin, facteur Rhésus et recherche d'agglutinines irrégulières en vue d'une éventuelle transfusion sanguine en cours d'intervention ;
– numération-formule sanguine afin d'avoir un repère en postopératoire ;
– ionogramme sanguin, qui va permettre une évaluation de la fonction rénale et la recherche d'un déséquilibre hydroélectrolytique ;
• après 40 ans, une radiographie des poumons ainsi qu'un électrocardiogramme sont demandés afin d'évaluer les risques encourus du fait de l'anesthésie générale et de limiter les complications ;
• préparation cutanée : elle permet d'assurer une lutte efficace contre les risques infectieux grâce à des douches antiseptiques, la préparation du champ opératoire exigeant rigueur et minutie. Le malade est installé dans un lit propre et revêtu d'une casaque d'opéré ;
• préparation digestive : le malade doit rester à jeun au moins 6 heures avant l'intervention. C'est une condition médico-légale qui permet de prévenir les accidents d'inhalation en cas de vomissements ;
• prémédication (sur prescription médicale) : elle viendra compléter la préparation psychologique ; elle vise à calmer l'anxiété du futur opéré ;
• vérification du dossier où sont réunis les différents résultats d'examens, les comptes rendus des différentes consultations, où sont mentionnées les allergies connues, où est jointe la feuille d'anesthésie pour permettre la continuité de la prise en charge du patient et prévenir tout accident de choc.

7 Principes de la chirurgie digestive par cœlioscopie

Ils sont les suivants :
• création d'un pneumopéritoine pour permettre la visualisation de l'organe à distance ;
• mise en place de trocarts ;
• introduction dans un des trocarts d'un dispositif optique relié à une caméra dont l'image apparaît sur un moniteur vidéo ;
• introduction de divers instruments par d'autres trocarts ;
• le nombre et l'emplacement des trocarts dépendent de l'intervention ;
• l'opérateur et ses aides travaillent à partir de l'image vidéo.

8 Débits des perfusions

➡ **Calcul du débit de la perfusion en tenant compte des électrolytes :**
• calcul du volume des électrolytes à rajouter dans la perfusion :
– 4 g par litre de chlorure de sodium :
  - nous disposons d'ampoules de 10 mL à 20 % ;
  - soit 20 g pour 100 mL ;
  - donc 2 g pour 10 mL ;
  - pour 4 g, il faudra $(10 \times 4)/2 = 20$ mL ;
– 2 g par litre de chlorure de potassium :
  - nous disposons d'ampoules de 10 mL à 10 % ;
  - soit 10 g pour 100 mL ;
  - donc 1 g pour 10 mL ;
  - pour 2 g, il faudra $(10 \times 2)/1 = 20$ mL ;
– donc dans la poche de 1 litre de glucosé isotonique à 5 %, il faut ajouter :
  - 20 mL de chlorure de sodium, soit 2 ampoules de 10 mL à 20 % ;
  - 20 mL de chlorure de potassium, soit 2 ampoules de 10 mL à 10 % ;

- calcul du débit de la perfusion, pour 1 litre (1 000 mL) de glucosé isotonique avec les électrolytes :
  - 1 000 mL + 20 mL de chlorure de sodium + 20 mL de chlorure de potassium = 1 040 mL ;
  - soit 1 040 mL par 24 heures ;
  - 1 heure = 60 minutes ;
  - 24 heures = 60 × 24 = 1 440 minutes ;
  - 1 mL = 20 gouttes ;
  - 1 040 mL = 1 040 × 20 gouttes ;
  - le débit de la perfusion est donc de :

  $\frac{1\,040 \times 20}{24 \times 60}$ = 14,44, soit 14 gouttes/minute par défaut.

➡ Calcul du débit de la perfusion de PRO-DAFALGAN ® :

- 100 mL de chlorure de sodium à passer en 15 minutes ;
- 1 mL = 20 gouttes ;
- 100 mL = 100 × 20 gouttes ;
- le débit de la perfusion est donc de :

$\frac{100 \times 20}{15}$ = 133,33, soit 133 gouttes/minute par défaut.

➡ Calcul du débit de la perfusion de MOPRAL ®

Pour cette perfusion, il s'agit de passer 100 mL en 30 minutes, soit un débit deux fois plus lent que le PRO-DAFALGAN ®.

Le débit sera donc égal à : $\frac{100 \times 20}{30}$ = 66,66, soit 67 gouttes/minute par excès.

9 Analyse de la perte de poids de Mme M.

Mme M. était traitée par ASPÉGIC ® ; le traitement ayant provoqué une gastrite, il a été arrêté il y a 2 mois.

La perte de poids de Mme M. a commencé avant l'arrêt du traitement à l'ASPÉGIC ®, la gastrite ayant diminué son appétit.

Les examens complémentaires ont mis en évidence une sténose quasi complète du pylore qui s'est révélée infranchissable : si le produit de contraste ne peut passer le pylore, il en est de même pour les aliments, de façon plus ou moins complète depuis un certain temps.

Les apports caloriques de ces trois derniers mois ont sûrement été très limités.

10 Problèmes réels et/ou potentiels de Mme M. et actions infirmières à mettre en œuvre

Problèmes	Soins infirmiers
• Risques de perturbations de la fonction respiratoire et de l'hémodynamique liés à l'anesthésie générale.	• Lire la feuille de transmissions du bloc. • Installer Mme M. en décubitus dorsal à plat, tête tournée sur le côté. • Établir la feuille de surveillance et noter l'ensemble des surveillances sur cette feuille. • Évaluer l'état de conscience : dissipation des effets de la sédation. • Mettre en route l'oxygénothérapie à 2 litres par minute. • Surveiller la respiration, la coloration, la fréquence respiratoire, l'amplitude respiratoire. • Dépister l'apparition de sueurs et de signes d'agitation. • Surveiller le matériel : s'assurer du bon fonctionnement du manomètre, du détendeur et de l'humidificateur. Au niveau de la sonde : vérifier la fixation, surveiller la narine (risque d'escarre). • Surveillance à effectuer tous les quarts d'heure pendant 1 heure puis toutes les demi-heures pendant 2 heures, puis toutes les 2 heures pendant 8 heures.
• Douleurs liées à l'intervention.	• Appliquer les prescriptions d'antalgiques : – PRO-DAFALGAN ®, à débuter à 14 h ; surveiller les effets indésirables : risque d'allergie, nausées ; – MORPHINE ® : 10 mg en sous-cutané à 16 h ; surveiller les effets indésirables : vertiges, nausées, céphalées, perturbation de la conscience, dépression respiratoire.

Problèmes	Soins infirmiers
	• Évaluer l'efficacité des traitements : absence de douleurs (abdominale et/ou scapulaire), de plaintes, d'agitation ; mesurer l'intensité de la douleur par l'EVA. • Mettre la sonnette à proximité.
• Risques infectieux liés à l'intervention, à l'âge de Mme M. (diminution des défenses immunitaires), aux différentes portes d'entrée exposant aux infections nosocomiales.	• Surveiller : – le cathéter central : surveiller le point de ponction (rougeur, douleur, chaleur) ; – les pansements : surveiller si non tachés, si bien occlusifs ; détecter tout signe de douleur ; respecter les protocoles pour la planification de la réfection des pansements ; – la lame : contrôler l'écoulement, la couleur, l'aspect du liquide recueilli. Changer la poche si nécessaire ; – la sonde gastrique : *cf.* paragraphe suivant ; – la respiration : rechercher si signes d'encombrement, redresser la tête du lit lorsqu'elle sera bien réveillée. Mettre à disposition mouchoirs à usage unique ; – la température. • Respecter les règles d'hygiène et d'asepsie hospitalière (lavage de mains et soins aseptiques).
• Risques hémorragiques liés à l'intervention.	• Surveiller l'état général de Mme M. : pâleur, sueurs, angoisse, pouls, tension artérielle, altération de la conscience (au début tous les quarts d'heure…) afin de dépister des signes de choc. • Surveiller l'état des pansements, de la lame, contrôler si saignements. • Surveiller l'aspect, la quantité du liquide de drainage et du liquide d'aspiration recueillis.
• Risques thrombo-emboliques liés à l'alitement.	• Planifier le LOVENOX ® pour le lendemain à 8 h. • Surveiller les mollets qui doivent rester souples, non douloureux, identiques des deux côtés, sans augmentation de volume, ni de chaleur. • Dépister une dissociation pouls/température. • Effectuer une mobilisation passive dans le lit et surélever les pieds du lit pour favoriser le retour veineux.
• Risques de déséquilibre hydro-électrolytique liés à l'intervention et à la sonde gastrique.	• Appliquer la prescription de la perfusion à débuter à 14 h. • Surveiller : le débit, l'échelle horaire. Veiller à ce que les tubulures ne soient pas coudées. • Rechercher les signes de déshydratation (pli cutané, sensation de soif, sécheresse des muqueuses). • Surveiller la tension artérielle. • Surveiller la reprise de la diurèse. • Noter les entrées et les sorties pour le bilan du lendemain. • Planifier le bilan sanguin du lendemain à 7 h.
• Altération de la fonction digestive liée à l'intervention.	• Expliquer à Mme M. qu'elle est à jeun et le noter sur la planification. • Brancher la sonde gastrique en « aspiration douce » à – 30 millibars. Vérifier la dépression. • Vérifier le fonctionnement, la perméabilité, l'absence de coudure des tuyaux. • Vérifier la fixation de la sonde, l'aspect, la quantité du liquide aspiré, la tolérance (absence de nausées, vomissements).

Problèmes	Soins infirmiers
	• Réaliser des soins de bouche et de nez. • Appliquer la prescription de MOPRAL®. • Surveiller les effets indésirables (céphalées, vertiges, nausées, éruption cutanée). • S'assurer que Mme M. ne présente aucune douleur gastrique. • Planifier le TOGD (transit œso-gastro-duodénal) pour J2.
• Risques de douleurs angineuses liés aux antécédents de Mme M.	• Surveiller l'apparition de douleurs thoraciques. • Planifier le NITRIDERM® pour 8 h le lendemain.
• Risques d'escarres liés au repos au lit, à son âge et à l'altération de son état général.	• Surveiller l'état des téguments. • Effectuer des changements de position dès que possible et expliquer à Mme M. qu'elle doit rester au lit. • Garder le linge de lit propre, sec et sans plis. • Planifier la toilette complète au lit pour le lendemain.

11 Diagnostic infirmier : « Anxiété »

Étiologies :

- aggravation de l'état de santé de Mme M. (augmentation de la température, la lame qui donne toujours 200 mL de liquide séro-sanglant, les selles verdâtres) ;
- fatigue ;
- les différentes investigations envisagées.

Signes (manifestations) :

- dit ne pas avoir « entendu les explications relatives à son traitement et aux examens envisagés » ;
- se montre abattue et résignée ;
- pose beaucoup de questions et teste la cohérence des réponses ;
- a un sommeil de mauvaise qualité, ce qui l'inquiète car elle se sent fatiguée ;
- elle appelle souvent pour uriner.

12 Objectifs et actions de soins devant le diagnostic infirmier d'anxiété

Objectif : que Mme M. soit moins anxieuse.

Actions :

- rassurer et réconforter :
  - rester avec la patiente ;
  - ne rien exiger d'elle, ne pas lui demander de prendre des décisions ;
  - faire passer un sentiment d'empathie par une présence tranquille, par le toucher, en acceptant les pleurs, en parlant… ;
  - parler lentement et calmement ;
  - se montrer rassurant en rendant de nombreuses visites et surtout en dehors des soins ;
- diminuer les stimulations sensorielles :
  - saisir les moments où elle est le plus disponible à l'écoute ;
  - permettre et aider Mme M. à verbaliser ce qui l'inquiète ;
  - prendre le temps de réexpliquer en quoi consistent les soins, les différents examens, afin de minimiser la part d'imprévu ;
  - fournir des explications courtes et précises ;
  - veiller à une cohérence dans les informations données ;
  - consigner toutes les données sur le dossier de soins ;
  - créer un climat fait de sécurité par la clarté des informations, ne pas laisser la place au doute ;
  - écouter Mme M. sans jamais banaliser l'expression de ses plaintes et inquiétudes ;
  - centrer, lors des échanges, Mme M. sur « ici et maintenant » en faisant preuve de patience ;
  - discerner, lors des appels, la demande exprimée de la demande réelle en se montrant disponible ;
  - veiller à une installation confortable et assurer à Mme M. un bien-être optimal.

Objectif : que Mme M. reconnaisse son état d'anxiété.

Actions :

- aider Mme M. à repérer ce qui, chez elle, génère de l'anxiété ;
- inviter Mme M. à s'exprimer en s'adressant à elle par des questions ouvertes ;
- aider Mme M. à accepter son état temporaire et valoriser les aspects positifs de son état de santé.

13 Prescriptions à J5 : réponse à l'étudiante de 2e année :

- éviter d'apporter une réponse toute faite à l'étudiante mais l'amener à analyser la situation de Mme M. ;
- s'informer des modules déjà enseignés à l'IFSI ;
- si les modules de soins infirmiers aux personnes atteintes de maladies infectieuses et aux personnes atteintes d'affections digestives ont été étudiés, l'amener à réfléchir et à faire le lien entre ce qu'elle a appris et la situation réelle, sinon la guider dans son questionnement ;
- dans tous les cas, lui faire mettre en évidence :
  - l'existence d'un tableau fébrile (température à 39,1 °C) évoquant un problème infectieux, peut-être une infection nosocomiale ;
  - la prescription d'une NFS afin d'évaluer l'augmentation du nombre de leucocytes ;
- lui faire envisager plusieurs hypothèses susceptibles d'expliquer ce tableau fébrile :
  - une septicémie : dont le point de départ pourrait être le cathéter central inflammatoire ce jour. Afin d'identifier un éventuel germe responsable, le médecin a prescrit trois hémocultures avec antibiogramme et, après la dernière, un traitement antibiotique à l'ORBÉNINE® (antibiotique antistaphylococcique), prescrit en attendant les résultats des examens (le staphylocoque étant fortement suspecté). Il a de plus ôté le cathéter central avec demande de mise en culture de l'extrémité afin d'identifier l'éventuel germe en cause. La pose de la voie d'abord périphérique permet de poursuivre la réhydratation, les traitements et d'avoir une voie d'abord accessible en cas d'urgence (éventuel choc septique) ;
  - une infection digestive : Mme M. présente des selles liquides verdâtres pouvant témoigner d'une pullulation microbienne au niveau de l'anse afférente, d'où la prescription de la coproculture ;
  - une infection urinaire : à laquelle Mme M. est exposée du fait de son âge et d'une mobilité réduite, d'où la prescription d'ECBU ;
- si l'étudiante analyse la situation et trouve elle-même, ou en étant guidée, les réponses, elle s'en souviendra beaucoup mieux. Cependant, cela nécessite davantage de disponibilité de la part de l'infirmier(ère) et, si cela se révèle impossible, mieux vaut lui apporter les explications directement que de ne pas lui répondre.

Vous êtes infirmier(ère) en service de médecine à orientation digestive. Vous travaillez ce jour, le 13 novembre 2001, de 13 h à 21 h.
Vous devez prendre en charge M. B., entré à 10 h dans votre service, hospitalisé à la demande de son médecin traitant pour syndrome douloureux abdominal avec nausées, vomissements et hyperthermie à 38,2 °C.

Situation familiale et socioprofessionnelle
M. B. est né le 9 octobre 1950. Il est en instance de divorce, et vit depuis 18 mois maritalement avec Mme X.
M. B. est père de deux enfants, âgés de 25 et 19 ans, nés de son mariage, tous les deux en études supérieures dans des villes distantes de 80 kilomètres.
Il exerce la profession de mécanicien dans un groupe industriel, il est chef d'équipe depuis 6 mois.
M. B. est assuré social et bénéficie d'une mutuelle de la métallurgie.

Caractéristiques physiques
M. B. pèse 70 kg. Il mesure 1,70 m. Il est myope depuis l'adolescence mais signale devoir enlever ses lunettes pour lire depuis 6 mois.
Il ne porte pas d'appareil dentaire.

Habitudes de vie :
- M. B. vit en pavillon ;
- il ne pratique pas de sport mais il aime la marche et le jardinage ;
- il aime les réunions amicales : repas, sorties, jeux de cartes ;
- M. B. n'a jamais fumé et consomme occasionnellement de l'alcool.

Antécédents médicaux et chirurgicaux :
- appendicectomie à l'âge de 20 ans ;
- hypertension artérielle traitée depuis 3 ans et équilibrée par :
  - TÉNORMINE ® (bêtabloquant) ;
  - PRITOR ® (inhibiteur de l'enzyme de conversion) ;
  - PRACTAZIN ® (diurétique associant un anti-aldostérone : la spironolactone, et un thiazidique : l'altizide) ;
  - CATAPRESSAN ® (antihypertenseur d'action centrale) ;
- hospitalisation en mai 2000 pour syndrome douloureux abdominal fébrile avec hémoculture positive à *Escherichia coli* traité par AUGMENTIN ® (antibiotique) ;
- diabète non insulinodépendant découvert lors de cette hospitalisation en mai 2000 ; il a perdu 20 kg en un an, suite au régime alimentaire prescrit, ce qui a permis la normalisation de son diabète.

Évolution dans l'institution
À son arrivée à 10 h, M. B. est examiné par le médecin du service : l'abdomen est légèrement douloureux depuis hier, mais il n'y a pas de défense ni de contracture ; M. B. décrit cette douleur comme irradiant dans le dos à gauche, se calmant en position en chien de fusil. Le toucher rectal est négatif. La température est à 38,2 °C, le pouls est à 90 battements par minute, la tension artérielle est à 170/90 mm de mercure.

Les résultats du bilan sanguin effectué sont les suivants :
- ionogramme, urée, créatinine sanguins : normaux ;
- glycémie à jeun : 0,98 g/L ;
- numération-formule sanguine :
  - globules blancs : 14 790/mm^3 ;
  - globules rouges : 4 700 000/mm^3 ;
  - VGM : 110 µm^3 (normale : 90 µm^3) ;
  - plaquettes : 207 000/mm^3 ;
- VS à la première heure : 20 mm, à la 2e heure : 60 mm ;
- transaminases :
  - SGOT ou ASAT : 330 UI/L ;
  - SGPT ou ALAT : 504 UI/L (valeurs normales : SGOT et SGPT inférieures à 40 UI/L) ;
- phosphatases alcalines : 116 UI/L (valeur normale : 30-90 UI/L) ;
- amylasémie : 1 059 UI/L (normale : 10-45 UI/L) ;
- lipasémie : 6 900 UI/L (normale : 50-240 UI/L) ;
- gamma-glutamyl-transpeptidase ou gamma-GT : 711 UI/L (normale : 5-37 UI/L) ;
- dosage des enzymes cardiaques : normal.

L'échographie abdominale est réalisée en urgence à 11 h et montre une vésicule de petite taille avec des images hyperéchogènes évoquant la présence de calculs ; la voie biliaire principale est normale ; pas de dilatation des voies biliaires intrahépatiques. Le pancréas est non visible du fait de la présence de gaz intestinaux. La rate et les reins sont normaux.
Le diagnostic de pancréatite aiguë est retenu, en lien probable avec une migration de calculs dans la voie biliaire principale.

Le médecin prescrit :
- repos au lit ;
- à jeun ;
- sonde gastrique en déclive ;

- pose de cathéter court périphérique ;
- les traitements suivants :
  - perfusion de PLASMALYTE ® (sérum glucosé à 5 % avec 2 g de NaCl par litre, 1,5 g de KCl par litre et 1 g de gluconate de calcium par litre) : 2 L par 24 h ;
  - 3 ampoules de SPASFON ® (antispasmodique) par litre de PLASMALYTE ® ;
  - CLAFORAN ® (antibiotique, céphalosporine de 3e génération) : 1 g 2 fois par 24 h en intraveineux ;
  - MOPRAL ® (anti-ulcéreux antisécrétoire) : 2 ampoules par 24 heures en intraveineuse lente ;
  - LOVENOX ® (héparine de bas poids moléculaire) : 0,4 mL en une injection par 24 h ;
  - PRO-DAFALGAN ® (proparacétamol) : 2 g dans 100 mL de glucosé à 5 %, 4 fois par 24 h ;
- la surveillance suivante :
  - surveillance de la pression artérielle, du pouls, de la température, de la fréquence et de l'amplitude respiratoire, et diurèse toutes les 3 heures ;
  - glycémie capillaire toutes les 3 heures. Signaler toute variation au médecin de garde ;
- les examens suivants :
  - ECG ;
  - 3 hémocultures si hyperthermie ou frissons ;
  - examen cytobactériologique des urines ;
  - scanner abdominal et échographie endoscopique à prévoir dans 48 h ;
  - bilan sanguin à faire demain matin, le 14 novembre : numération-formule sanguine, ionogramme et urée sanguins, glycémie, amylasémie, calcémie, lactate déshydrogénase ou LDH.

À 13 h 30 aux transmissions, vous apprenez que :
- la perfusion a été posée sur un cathlon n° 18 au bras gauche ;
- la première injection d'antibiotique a été réalisée ;
- les constantes ont été reprises à 12 h 30 : PA à 175/90 mmHg, température à 38,4 °C, pouls à 90 battements par minute, dextro à 1,20 g/L, fréquence respiratoire à 16 ;
- la sonde gastrique a été posée à 12 h et a donné 100 mL ;
- l'examen cyto-bactériologique des urines a été effectué ;
- M. B. est irritable et peu coopérant.

À 14 h, vous allez voir M. B.
Il ne présente plus de nausées. Il est encore douloureux, surtout quand il change de position. Il se plaint d'ailleurs de ne pouvoir se lever, d'avoir une perfusion et une sonde gastrique. Il proteste parce qu'il ne peut ni manger ni boire.
Il dit : « J'en ai assez d'être là, j'ai moins mal, on a trouvé ce que j'ai… Quand pourrai-je sortir ? J'ai la responsabilité de 12 personnes, si je ne suis pas là la direction va trouver quelqu'un d'autre et je vais me retrouver au chômage. »
Sa compagne, présente dans la chambre lors de votre passage, vous accompagne dans le couloir. Elle s'excuse du comportement de son compagnon et vous exprime son inquiétude. Elle vous signale que son compagnon a tendance à être tendu et irritable depuis 6 mois, date à laquelle il a changé de poste dans son entreprise ; il est passé chef d'équipe et doit gérer l'emploi du temps de 12 mécaniciens. Le soir, il ne retrouve un comportement détendu avec elle qu'après l'absorption de plusieurs apéritifs.

Questions

1 *En vous appuyant sur les données significatives du texte et sur vos connaissances, rédigez l'analyse de la situation de M. B. à ce jour.*
Cette analyse écrite doit montrer votre compréhension de la situation par les liens que vous effectuerez entre les aspects suivants : la présentation de M. B., les éléments de physiopathologie, les examens complémentaires, les traitements, les surveillances, les transmissions, les antécédents et les comportements de M. B.
Vous identifierez les problèmes actuels ou potentiels à ce jour. (20 points)

2 *Au regard des problèmes et risques énoncés, déterminez les objectifs et actions à mettre en place pendant votre quart de travail.*
Vous ferez apparaître le calcul du débit de la perfusion de PLASMALYTE ®. (22 points)

3 *Le diabète insulinodépendant (type I) comme le diabète non insulinodépendant (type II) peuvent entraîner des complications à moyen et à long termes.*
Citez 4 complications de types différents. (4 points)

4 *La lutte contre la douleur dans les établissements de santé publics et privés est une des priorités du gouvernement. Lutter contre la douleur implique sa prévention, son évaluation et son traitement. L'évaluation de la douleur nécessite une connaissance des différents types de douleurs et l'utilisation de certains outils.*
Citez les 3 grands types de douleur décrits.

Citez les différents types d'outils susceptibles d'être utilisés dans l'évaluation de la douleur. Donnez pour chacun d'eux les grandes règles d'utilisation. (9 points)

5 *L'article 2 du décret n° 93-345 du 15 mars 1993 relatif aux actes professionnels et à l'exercice de la profession d'infirmier précise que l'infirmière « est responsable de l'élaboration, de l'utilisation et de la gestion du dossier de soins infirmier ».*
Que feriez-vous si le patient vous demande de lire son dossier infirmier ? Que doit contenir ce dossier ? Justifiez vos réponses. (5 points)

Réponses

1 Analyse de la situation de M. B.

Analyse des données physico-sociales

M. B. n'a pas à s'inquiéter de la prise en charge de son hospitalisation puisqu'il est affilié à la Sécurité sociale et possède une mutuelle. Seul le forfait hospitalier restera à sa charge.
M. B. se trouve dans une situation familiale un peu compliquée : en instance de divorce et situation maritale. En revanche, son hospitalisation n'entraîne pas de problèmes particuliers, de type garde d'enfant, puisque ses enfants sont indépendants.

Analyse des antécédents

M. B. est âgé de 51 ans. Cet âge est parfois synonyme d'altération de la santé, type pathologies cardiaques ou métaboliques. On ne retrouve pas dans ses antécédents de tabagisme, ni de crise d'angor mais un diabète non insulinodépendant. Ce diabète a été normalisé à la suite d'un régime alimentaire suivi depuis un an. M. B. a perdu 20 kg et donc son rapport poids/taille actuel est normal. M. B. était auparavant obèse, ou en surcharge pondérale. On peut cependant déduire que M. B. a pris en charge son problème de santé et est capable de suivre un traitement au long cours.
Il a subi une appendicectomie étant plus jeune, donc le diagnostic d'appendicite est écarté pour lui.

Connaissances concernant la pancréatite

La pancréatite aiguë est une inflammation aiguë du pancréas. Les sucs pancréatiques et biliaires entrent directement en contact avec les cellules de la glande pancréatique et provoquent une autodigestion de la glande. Les causes de la pancréatite aiguë peuvent être multiples. La cause la plus fréquente est la lithiase biliaire qui, lors de son passage ou de son blocage au niveau de l'ampoule de Vater, provoque une inflammation pancréatique. La deuxième cause la plus fréquente est un alcoolisme chronique. D'autres causes plus rares existent : intervention sur le côlon, infection, prise de médicaments ou hypertriglycéridémie.

Problèmes ou risques identifiés et liens

Risque de complications de la pancréatite aiguë et risque vital
Le risque vital repose sur la survenue d'un collapsus cardio-vasculaire et de répercussions respiratoires ou rénales. Il existe deux types de pancréatite : œdémateuse et nécrotico-hémorragique. Jusqu'à ce que l'on connaisse exactement le type de pancréatite, le risque vital sera important. Le score de Ranson permet d'évaluer ce risque. Il repose sur des critères établis à l'entrée qui sont :
- le nombre de globules blancs supérieur à 16 000 (chez M. B. : 14 790) ;
- l'âge supérieur à 55 ans (M. B. a 51 ans) ;
- la glycémie supérieure à 2 g/L (glycémie de M. B. : 0,98 puis 1,20 g/L) ;
- les transaminases supérieures à 250 UI/L (chez M. B. : SGOT à 330 UI, SGPT à 504).

Ce score repose également sur des critères établis 48 h après, qui sont la calcémie, le taux d'urée et le taux de LDH. Une hypocalcémie et une élévation de l'urée et des LDH seront des signes d'évolution défavorable. La recherche par scanner de signes de nécrose devra être effectuée 48 heures après.
La pose d'une voie d'abord veineux, les examens sanguins journaliers de surveillance, la surveillance des constantes et la recherche de défaillance cardiaque ou respiratoire sont prescrits afin d'évaluer une évolution favorable ou pas et de pouvoir réagir rapidement. La défaillance cardiaque et respiratoire se manifestera par une pression artérielle pincée, un pouls rapide, une diurèse en chute, et une respiration rapide et peu efficace.
Il existe par ailleurs un risque de déséquilibre hydro-électrolytique du fait du catabolisme important dans les pancréatites dû aux brûlures chimiques des tissus pancréatiques ; ce qui impose la surveillance biologique et clinique et surtout de garder fonctionnelle la voie d'abord.

Problème de douleur

La douleur dans la pancréatite est souvent très importante, alors qu'il n'y a pas d'autres signes physiques. De plus, l'intensité de la douleur ne présage pas de l'étendue ni de l'importance des lésions anatomiques. C'est en fait le liquide pancréatique qui réalise une brûlure chimique des tissus avec un processus inflammatoire. La douleur est caractéristique : c'est une douleur transfixante et calmée par la position « en chien de fusil ».

Le dosage des enzymes cardiaques a été demandé car cela permet d'écarter le diagnostic différentiel d'infarctus du myocarde qui provoque une douleur irradiante et parfois des nausées.

La prescription de SPASFON ® en continu permet de diminuer les spasmes des voies biliaires : il agit directement sur les fibres musculaires lisses de l'appareil digestif. Le PRO-DAFALGAN ® est prescrit pour M. B. pour lutter contre la douleur. C'est un analgésique de niveau I.

Risque de déséquilibre du diabète non insulinodépendant

Ce risque est lié à une non-alimentation, à un état de stress, à une infection. Il existait un diabète non insulinodépendant qui a été régularisé par un régime alimentaire. Toute inflammation de la glande pancréatique pourra entraîner des répercussions au niveau glycémique puisque le pancréas est la glande qui fabrique par les îlots de Langerhans l'insuline : hormone hypoglycémiante. M. B. est porteur d'un sonde naso-gastrique et est à jeun.

Problème infectieux

Il est lié à la pathologie, et se manifeste par une hyperthermie et une élévation des globules blancs. Il existe un risque de surinfection lié à la pancréatite, un risque d'infection nosocomiale lié à l'environnement hospitalier et à la présence d'un cathéter court chez un patient diabétique non insulinodépendant.

La pathologie pancréatique entraîne un risque de surinfection des lésions ou du liquide pancréatique en stase. La prescription d'antibiotiques et la surveillance de la température sont à effectuer. Mais M. B. est traité par PRO-DAFALGAN ® qui est aussi un antipyrétique.

Le terrain de M. B. n'est pas favorable puisqu'il existe un diabète non insulinodépendant, même équilibré.

Par ailleurs, M. B. est porteur d'un cathéter court, donc il s'agit d'une porte d'entrée pour les germes.

Problème de perte d'autonomie et d'inconfort

Ce risque est lié à la perfusion, à la sonde gastrique, au repos au lit, à la douleur. Il existe de plus un risque de complications de décubitus. :

- escarre : 1er jour d'immobilisation mais catabolisme important ;
- phlébite : risque très faible (pas d'antécédent) ;
- complications pulmonaires : risque faible (pas de tabagisme).

Problème d'anxiété

Il est lié au stress professionnel, à la douleur, à l'hospitalisation et peut-être à une dépendance à l'alcool, et se manifeste par un comportement irritable : l'hospitalisation et la non-connaissance de son devenir peuvent entraîner chez M. B. un comportement un peu agressif. La douleur et la contrainte de rester au repos peuvent être également incriminées.

M. B. a obtenu de nouvelles responsabilités au travail qui augmenteraient son stress. Ses propos de 14 h prouvent que son travail est très important pour lui. Les propos de Mme X peuvent évoquer un problème de dépendance à l'alcool. La consommation régulière, même en quantité modérée, entraîne une dépendance. Mme X semble préoccupée par ce problème.

Il semble que M. B. a su prendre en charge son problème de diabète, par la poursuite d'un régime alimentaire. On peut donc espérer une prise en charge identique de son problème de stress autrement que par une augmentation de sa consommation d'alcool.

Risque d'hypertension

Il est lié à l'arrêt du traitement habituel : M. B. a un traitement hypotenseur assez important. Tout a été arrêté afin de laisser le tube digestif au repos.

Risque d'ulcère de stress

La présence de la sonde gastrique est un élément irritant pour la muqueuse gastrique mais le fait qu'il n'y ait pas d'aspiration relativise ce risque. En revanche, M. B. est irritable et tendu ce qui est un élément renforçant ce risque. Du MOPRAL ® en IVD a été prescrit pour éviter ce risque.

2 Objectifs et actions à mettre en œuvre

➡ Risque de complications et risque de déséquilibre hydro-électrolytique :

- objectif : dépister et prévenir une évolution néfaste ;

- actions :
- surveiller toutes les constantes toutes les 3 heures : pouls et PA, diurèse, fréquence respiratoire. Établir une feuille de surveillance ;
- observer le patient pour évaluer une défaillance respiratoire et cardiaque ;
- programmer les bilans pour le lendemain, notamment l'amylasémie et les transaminases permettront de voir l'évolution de la pancréatite ;
- prévoir les rendez-vous pour le scanner et l'échographie endoscopique. Ces examens permettront de préciser le type de pancréatite ;
- appliquer les prescriptions médicales par rapport à la perfusion ;
- vérifier le bon fonctionnement de la perfusion : retour veineux, tuyaux non coudés, débit de la perfusion de PLASMALYTE® :
  - la prescription est de 2 litres par 24 heures, soit 2 000 mL en 60 × 24 min ;
  - comme 1 mL = 20 gouttes, le volume à perfuser est de 2 000 × 20 gouttes ;
  - le débit est donc égal à : $\frac{2\,000 \text{ mL} \times 20}{24 \times 60}$

= 27,77, soit 28 gouttes par minute par excès ;
- vérifier la diurèse : bilan entrées et sorties ;
- observer le patient à la recherche de signes de déshydratation, c'est-à-dire sécheresse et pli cutané, sensation de soif ;
- surveillance biologique : ionogramme, urée, créatinine.

Douleur :
- objectif : diminuer et supprimer la douleur, ou que M. B. souffre moins ;
- actions :
- utiliser les moyens d'évaluation de la douleur comme l'EVA ou la simple notation ;
- évaluer par l'observation et le questionnement de M. B. l'effet des traitements ;
- vérifier le débit de la perfusion avec les antispasmodiques ;
- administrer l'antalgique rapidement ;
- limiter les mouvements et manipulations ;
- rassurer et expliquer la pathologie dès que M. B. sera capable d'entendre.

Déséquilibre du diabète non insulinodépendant :
- objectif : dépister et prévenir toute modification de la glycémie ;
- actions :
- application de la perfusion de sérum glucosé ;
- effectuer les glucotests toutes les 3 h ;
- rechercher tout signe d'hypoglycémie : sueurs, tremblements, sensation de faim, malaise, irritabilité ;
- réaliser des dextros supplémentaires selon les symptômes ;
- transmettre les résultats au médecin de garde.

Risque infectieux :
- objectif : dépister et prévenir ;
- actions :
- surveiller température ;
- surveiller présence de frissons et sueurs ;
- respecter les règles d'hygiène et d'asepsie avant d'effectuer un soin à ce patient ;
- respecter les protocoles par rapport au cathéter veineux périphérique ;
- vérifier le point de ponction, le pansement, les changements de tubulures ou branchement en Y ;
- appliquer le traitement d'antibiotique.

Perte d'autonomie :
- objectifs :
- pallier la perte d'autonomie, afin que M. B. la vive au mieux ;
- prévenir et dépister les risques de décubitus ;
- actions :
- expliquer pourquoi le repos est nécessaire ;
- placer sonnette et objets dont il aurait besoin à portée de main, du côté où il n'y a pas la perfusion ;
- répondre rapidement à la sonnette ;
- assurer les soins d'hygiène et de dépistage d'escarre ;
- assurer les soins de confort par rapport à la sonde gastrique : ailes du nez, soin de bouche ;
- vérifier la perméabilité de la sonde : installation du sac en déclive, rechercher si nausées, si sonde pas bouchée ;
- phlébite : injection d'héparine de bas poids moléculaire à réaliser et surveillance locale des mollets (recherche de douleur, œdème, chaleur, rougeur), rechercher signe de la pancarte (dissociation pouls et température).

Problème d'anxiété :
- objectifs :
- permettre à M. B. de verbaliser son anxiété ;
- éviter une escalade d'agressivité et un rejet des soins de la part de M. B. ;
- actions :
- instaurer une relation d'aide, une relation sans jugement ni moralisatrice ;

- expliquer la pathologie, l'évolution, sans dramatiser, expliquer les prescriptions ;
- rassurer sur son devenir immédiat, sur son travail ;
- encourager M. B. à parler de son travail ;
- évoquer avec M. B. le problème de la consommation régulière d'alcool qui peut, entre autres, aggraver sa pathologie ;
- surveiller s'il n'y a pas de signes plus sévères d'abstinence brutale (tremblements) ;
- transmettre de façon objective par écrit et par oral, sans jugement de valeur.

➡ **Risque d'hypertension :**

- objectif : dépister ;
- actions :
- surveiller la pression artérielle et noter sur la feuille de surveillance ;
- transmettre au médecin.

➡ **Risque d'ulcère de stress :**

- objectif : prévenir et dépister ;
- actions :
- surveiller le contenu du sac ;
- surveiller les selles à la recherche de présence de sang ;
- surveiller les constantes ;
- appliquer les prescriptions de MOPRAL ®.

3 Complications du diabète

On peut citer les complications suivantes :

- une rétinopathie ;
- une néphropathie ;
- une coronarite avec angor, infarctus ;
- une hypertension artérielle ;
- une artérite des membres inférieurs ;
- des polynévrites ;
- le pied diabétique ;
- des infections cutanées ;
- des infections pulmonaires ;
- des infections urinaires ;
- des complications métaboliques (hyperlipidémie, hyperuricémie, hypercarotinémie).

4 Différents types de douleur et outils d'évaluation

➡ **Types de douleur :**

- douleur par excès de nociception ;
- douleur neurogène ;
- douleur psychogène.

➡ **Outils d'évaluation :**

- échelles globales ou unidimensionnelles, par exemple l'échelle visuelle analogique (EVA), qui évalue l'intensité de la douleur :
- utilisation de la même échelle plusieurs fois de suite et comparaison ;
- le malade doit pouvoir s'exprimer donc être conscient ;
- le malade doit comprendre l'utilisation de l'échelle ;
- échelles de qualificatifs, par exemple le *Mac Gill Pain* et le questionnaire de douleur de Saint-Antoine (les composantes sensorielles et affectives de la douleur sont évaluées) :
- le malade doit pouvoir s'exprimer, donc être conscient ;
- nécessitent de parler la même langue, nécessitent une compréhension du vocabulaire par le malade ;
- nécessitent un temps de réalisation et d'exploitation plus long que les EVA ;
- échelles comportementales, par exemple le Doloplus (évaluent la répercussion de la douleur sur les comportements, les activités de l'individu) :
- évaluation à des temps différents afin de comparer ;
- nécessitent une grande rigueur dans l'observation ;
- peuvent être utilisées chez une personne démente.

5 Le dossier de soins

Le patient ne peut avoir directement accès à son dossier. C'est par l'intermédiaire de son médecin traitant qu'il pourra en avoir connaissance.
Le dossier doit contenir toutes les informations qui concourent à l'intérêt du patient :

- fiche d'identification du patient ;
- informations médicales et prescriptions médicales ;
- soins infirmiers du rôle propre et du rôle prescrit nécessaires au patient et dégagés par les infirmières ;
- actions réalisées, évaluées, datées et signées.

Tout ce qui est noté doit être lisible et compréhensible. Le dossier peut être un outil médico-légal.

Vous accueillez M. R. le 6 avril 2000 à 7 h 30 dans le service de médecine à orientation gastro-entérologique.
Il est amené par le SMUR pour hématémèse. Ce monsieur, âgé de 55 ans, est connu du service pour ses antécédents de cirrhose œnolique, d'ulcères gastrique et bulbaire. Ce problème de santé survient alors qu'il était sous MOPRAL ® et AVLOCARDYL ®.

M. R. est d'allure plutôt maigre avec un abdomen légèrement proéminent, son visage est pâle, couperosé. Il mesure 1,70 m et pèse 75 kg.
Il se dit fatigué, et présente une dyspnée d'effort ainsi que des sueurs sur le visage, ses pulsations sont à 96 par minute et sa pression artérielle à 11/8 cmHg.
Sur le plan psychologique, il semble inquiet, pose de nombreuses questions et vous demande de prévenir son employeur dont il vous donne les coordonnées.

À l'entrée, le médecin constate une ascite de faible abondance et la présence de méléna important. Le bilan biologique est le suivant :

- numération globulaire :
  - leucocytes : 5 270/mm^3,
  - hématies : 2 890 000/mm^3,
  - hémoglobine : 9,3 g/dL,
  - hématocrite : 29,8 %,
  - VGM : 103 µm^3 ;
- plaquettes : 80 000/mm^3 ;
- taux de prothrombine (TP) : 55 % ;
- taux de céphaline activée (TCA) : témoin 31 s, malade 40,8 s ;
- ionogramme sanguin :
  - sodium : 137 mEq/L,
  - potassium ; 3,5 mEq/L,
  - chlore : 104 mEq/L,
  - bicarbonates : 27 mEq/L (rapport : 1,3),
  - protéines : 57 g/L,
  - urée : 0,31 g/L ;
- créatinine : 7 mg/L ;
- vérification du groupe Rhésus : A Rh+ ;
- recherche d'agglutinines irrégulières : négative.

À 10 heures, une fibroscopie œso-gastro-duodénale réalisée en urgence montre une hémorragie par rupture de varices œsophagiennes. Une sclérose est aussitôt effectuée et un traitement médicamenteux par GLYPRESSINE ® est mis en route.

Pendant la fibroscopie de M. R., vous prenez le temps de relire les dossiers précédents. Dans le dernier, datant de 3 mois, vous retrouvez les éléments suivants :

- domicilié en centre ville ;
- marié, a 2 enfants de 20 et 23 ans ;
- sa famille, très présente, est inquiète de l'état de santé de M. R. ;
- électromécanicien dans une usine de la ville ;
- a repris une vie associative au sein du club de pétanque dont il faisait partie.

D'après les dires de la famille, M. R. ne serait plus abstinent : il prend régulièrement des apéritifs, du vin à table et de la bière entre les repas. Sa femme a l'impression qu'il a maigri depuis sa dernière hospitalisation.

À 10 h 30, vous réinstallez M. R. dans sa chambre. Les prescriptions sont les suivantes :

- surveillance pouls, pression artérielle, comportement, coloration toutes les 2 heures ;
- surveillance de la diurèse des 24 heures ;
- surveillance du poids tous les 2 jours ;
- repos strict au lit ;
- à jeun ;
- perfusion sur cathéter périphérique : 1 litre de soluté glucosé à 5 % sur 24 heures avec 3 g de NaCl et 2 g de KCl par litre ;
- GLYPRESSINE ® (vasoconstricteur) : 1 ampoule de 2 mg toutes les 4 heures en intraveineuse directe lente, à commencer dès le retour dans la chambre ;
- MOPRAL ® (anti-ulcéreux) : 1 ampoule de 40 mg en intraveineuse directe lente, 2 fois par 24 heures ;
- LASILIX ® (diurétique) : 2 ampoules de 20 mg en intraveineuse directe ce matin (prescription à revoir demain) ;
- DUPHALAC ® (acidifiant intestinal) : 4 sachets par jour ;
- hématocrite et hémoglobine à 18 heures. Prévenir le médecin de garde si l'hémoglobine chute de 2 g/dL ;
- demain matin : bilan sanguin avec numération, plaquettes, ionogramme sanguin, créatininémie, TP, TCA.

Questions

1 *Notez le nom de l'élément anatomique correspondant à chacun des numéros (1 à 21) indiqués sur le schéma de l'appareil digestif.* (3 points)

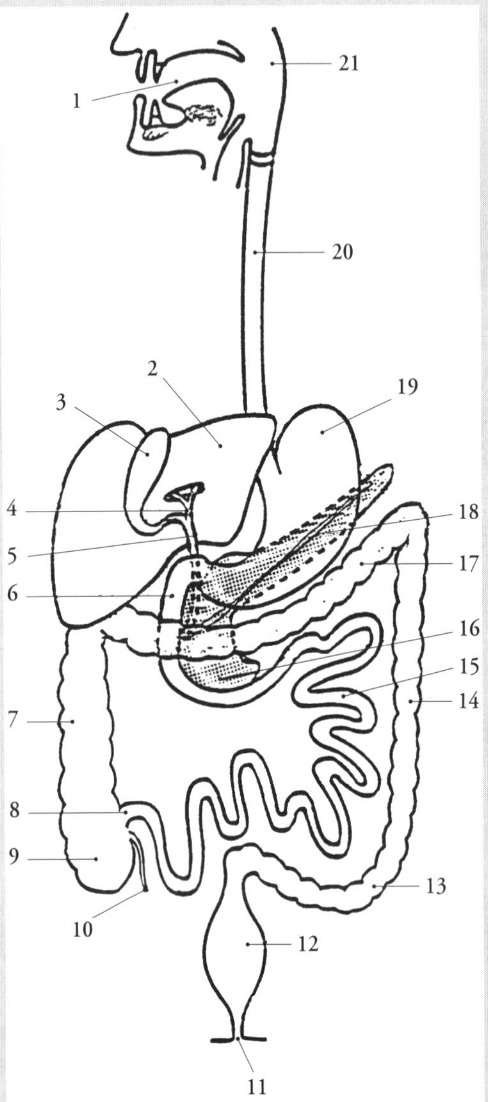

Schéma d'ensemble de l'appareil digestif

2 *Expliquez le mécanisme physiopathologique de l'ascite et des varices œsophagiennes.* (4 points)

3 *Repérez dans le bilan biologique d'entrée de M. R. les résultats anormaux. Pour chacun d'eux, donnez les valeurs normales chez l'adulte et la signification de leurs variations chez M. R. ainsi que leur intérêt.* (4 points)

4 *Énoncez les répercussions de l'alcoolisme sur l'organisme humain.* (5 points)

5 **a.** *Résumez l'analyse de la situation de M. R.*
b. *Dégagez les problèmes en collaboration dès son retour de la fibroscopie et pour les 24 premières heures.*
Pour chacun d'eux, énoncez les actions infirmières sur prescription médicale et relevant du rôle propre.
Présentez votre réponse sous forme de tableau.
Faites apparaître les calculs de débit sachant que l'on dispose d'ampoules de NaCl de 20 mL à 20 % et d'ampoules de KCl de 10 mL à 10 %. (18 points)

6 *En regard de la situation de M. R., argumentez deux hypothèses de diagnostics infirmiers réels ou potentiels pour les 24 prochaines heures.* (4 points)

7 *À 18 heures, l'hémoglobine de M. R. est à 6,5 g/dL de sang. Le médecin de garde prescrit la transfusion de 2 concentrés globulaires dès réception de ceux-ci.*
a. *Citez les incidents et accidents transfusionnels pouvant survenir au décours d'une transfusion.*
b. *Quelle sera la surveillance à mettre en œuvre afin de les dépister ?*
c. *Décrivez la conduite infirmière à tenir en cas de réaction transfusionnelle.* (10 points)

8 *Quelques jours après son hospitalisation, une échographie abdominale ainsi qu'une fibroscopie de contrôle sont prescrites.*
Expliquez le principe de ces deux examens et la préparation à effectuer avant ceux-ci. (6 points)

9 *L'étudiante infirmière de 2e année en stage dans le service se pique le doigt en réalisant la ponction veineuse de M. R. lors de l'évacuation de l'aiguille.*
Quelle est la conduite à tenir lors d'un accident d'exposition au sang ? (4 points)

10 *Vous prévenez l'employeur de M. R. de son arrêt de travail. Ce dernier vous demande les raisons de celui-ci. Que lui répondez-vous ?* (2 points)

Réponses

1 Légendes du schéma d'ensemble de l'appareil digestif

1. Sinus piriformes.
2. Foie.
3. Vésicule biliaire.
4. Canal hépatique commun.
5. Canal cholédoque.
6. Duodénum.
7. Côlon droit ascendant.
8. Iléon.
9. Caecum.
10. Appendice.
11. Anus.
12. Rectum.
13. Côlon sigmoïde.
14. Côlon gauche descendant.
15. Jéjunum.
16. Mésentère.
17. Côlon transverse.
18. Pancréas.
19. Estomac.
20. Œsophage.
21. Pharynx.

2 Mécanisme physiopathologique de l'ascite et des varices œsophagiennes

La cirrhose est une destruction hépatocytaire entraînant une insuffisance hépatique avec fibrose, qui explique le blocage veineux avec hypertension portale. Il existe donc un bloc intrahépatique et, de ce fait, des voies de dérivation comme les varices œsophagiennes se forment. Il existe également une hyperpression dans la veine porte qui explique que le plasma transsude dans le péritoine. L'hyperpression de la veine porte associée à l'insuffisance hépatocellulaire et à l'hypoalbuminémie engendrée constituent l'ascite.

3 Résultats biologiques anormaux :

- anémie avec baisse du nombre de globules rouges, de l'hématocrite et de l'hémoglobinémie à 9,3 g/dL (N : 13-16) : saignement digestif (hématémèse par rupture de varices œsophagiennes) ;
- augmentation du VGM (N : 85-100) : stigmate d'alcoolisme chronique ;
- hypoprotidémie à 57 g/L (N : 65-80) et baisse du TP (N : 70-100 %) par insuffisance hépatocellulaire. TCA modérément allongé pour les mêmes raisons ;
- thrombopénie à 80 000/mm^3 (N : 150 000-450 000), par hypersplénisme secondaire à la cirrhose et par toxicité directe de l'alcool sur la moelle osseuse.

4 Alcoolisme : répercussions

L'alcoolisme chronique est une conduite addictive comme la consommation de tabac, la toxicomanie... C'est la 3e cause de mortalité, soit directement liée à l'alcoolisme (ivresse), soit indirectement (cirrhose, cancer, accidents de la voie publique, accidents de travail, suicide, homicide). Les répercussions sur l'organisme sont multiples et on distingue :

- l'alcoolisme aigu avec ivresse aiguë, pouvant aller jusqu'au coma alcoolique ou provoquer des ivresses pathologiques pseudopsychiatriques : ivresse excito-motrice, de type maniaque, ivresse dépressive avec tentative de suicide possible, ivresses délirantes (délire de persécution, de jalousie, ivresses hallucinatoires avec pseudo-bouffée délirante aiguë). Le risque d'hypoglycémie et de traumatisme crânien avec hématome intracérébral est possible ;
- le délirium trémens en cas de sevrage non médicalisé avec risque d'encéphalopathie carentielle type Gayet-Wernicke, de crises convulsives, voire de syndrome pseudo-démentiel de Korsakoff. D'autres atteintes neurologiques sont possibles : atrophie cérébelleuse, polynévrite des membres inférieurs, démence... ;
- atteinte des organes digestifs : pancréatite aiguë, chronique avec risque d'insuffisance pancréatique, cirrhose... ;
- risque de cancer : ORL, stomatologique, œsophage.

5 a. et b. Problèmes réels et potentiels de M. R.

➡ **Problèmes réels :**

- cirrhose alcoolique : cirrhose connue avec traitement par AVLOCARDYL® comme prévention des hémorragies digestives par rupture de varices œsophagiennes, patient maigre. Signes biologiques d'insuffisance hépatique (baisse du TP, des protides), thrombopénie par hypersplénisme :
  - cause : alcoolisme (le patient n'est plus abstinent : vin, apéritifs et bière ; couperose : signe d'imprégnation alcoolique),

– conséquences : ascite (abdomen proéminent, ascite de faible abondance), hémorragie digestive (méléna, rupture de varices œsophagiennes en fibroscopie) ;
- hémorragie digestive (méléna, hémoglobine basse) :
  – cause : rupture de varices œsophagiennes secondaire à l'hypertension portale (cirrhose),
  – conséquences : état de choc avec tachycardie sans chute tensionnelle, sueurs, dyspnée d'effort, anémie.

➡ **Problèmes potentiels :**
- risque de délirium trémens (sevrage hospitalier) ;
- risque infectieux : infection du liquide d'ascite ;
- risque transfusionnel ;
- risque de mortalité.

➡ **Plan de soins :**

Pour chaque prescription :
- vérifier la prescription ;
- port de gant à usage unique pour toute manipulation de sang ;
- vérifier les dates de péremption (traitement et matériel) ;
- respecter les règles d'hygiène et d'asepsie ;
- prévenir et expliquer au patient la raison et le déroulement de chaque soin ;
- transmissions orales et écrites dans le dossier de soins des informations pertinentes.

Prescription	Intérêt	Mise en œuvre	Surveillance
• Glucosé G5 %, 1 L/j : – NaCl (amp. de 20 mL à 20 %) : $\frac{20 \times 20}{100} = 4$ g/ amp. de 20 mL. Il faut donc $\frac{3 \times 20}{4}$ = 15 mL de NaCl ; – KCl (amp. de 10 mL à 10 %) : $\frac{10 \times 10}{100} = 1$ g/ amp. de 10 mL. Il faut donc 2 × 10 = 20 mL de KCl ; – au total : 1 L de G5 % + 15 + 20 = 1 035 mL ou 1 035 × 20 gouttes ; – débit = $\frac{1\,035 \times 20}{24 \times 60}$ = 14,37, soit 14 gouttes par minute par défaut.	• Maintenir une voie d'abord. • Préserver l'équilibre hydroélectrolytique : il contient des électrolytes adéquats (sodium et potassium). • Administrer les traitements (MOPRAL®, LASILIX®, GLYPRESSINE®).	• Calculer le débit. • Planifier : 1 litre toutes les 24 heures.	• Vérifier le débit de perfusion. • Surveiller le point de ponction du cathéter périphérique : apparition de rougeur, douleur, œdème, chaleur. • Ionogramme sanguin sur prescription médicale. • Bilan des entrées et des sorties (diurèse, aspiration digestive, lame de drainage). • Planifier l'hématocrite et l'hémoglobine à 18 heures, à transmettre au médecin traitant. • Planifier le bilan le lendemain.

Prescription	Intérêt	Mise en œuvre	Surveillance
• GLYPRESSINE ®	• Vasoconstricteur spécifique de l'hypertension portale permettant de baisser la pression dans la veine porte et, par conséquent, la pression dans les varices œsophagiennes.	• Planifier l'injection : 1 ampoule de 2 mL toutes les 4 heures en IVL. • Faire la première injection dès le retour du patient dans la chambre.	• Surveiller l'efficacité du traitement : remontée de la pression artérielle, baisse du pouls. • Risque de vasocontriction cutanée (malade pâle). • Vérifier l'absence de douleur abdominale (risque d'infarctus mésentérique) et de douleur thoracique (risque d'infarctus du myocarde). • ECG sur prescription médicale avant de débuter le traitement.
• MOPRAL ® : 1 ampoule 2 fois par jour.	• Traitement permettant de diminuer la sécrétion d'acide chlorhydrique et d'éviter l'agression acide des varices œsophagiennes sclérosées.	• Planifier l'injection le matin et le soir.	• Pas d'effet secondaire notable. • Laisser le patient à jeun (planifier, vérifier sauf pour DUPHALAC ®).
• LASILIX ® : 2 ampoules.	• Diurétique, traitement de l'ascite.	• Effectuer l'injection en IVD : 2 ampoules de 20 mg ce jour.	• Revoir la prescription le lendemain. • Vérifier efficacité du traitement : diurèse des 24 heures, poids d'entrée puis tous les 2 jours. • Vérifier innocuité du traitement : pouls, PA. • Planifier ionogramme sanguin et créatinémie le lendemain.
• DUPHALAC ® : 4 sachets par jour.	• Laxatif osmotique pour prévenir l'encéphalopathie hépatique.	• Planifier 2 sachets deux fois par jour.	• Vérifier quantité et aspect des selles évacuées (en particulier, signaler si méléna ou rectorragies).

6 Diagnostics infirmiers

Anxiété :

• liée à l'alcoolisme et à l'épisode aigu d'hématémèse, à son devenir professionnel ;

• se manifestant par : M. R. pose de nombreuses questions, il a des sueurs, il demande à l'infirmière d'appeler son employeur.

Perturbation de la dynamique familiale :

• liée à son refus de désintoxication et à la reprise de l'alcoolisation : n'est plus abstinent ;

• se manifestant par : sa femme est présente et inquiète de l'état de santé de son mari.

7 Transfusion sanguine

a. Incidents et accidents transfusionnels

Ces effets indésirables immédiats surviennent le plus souvent au cours de la transfusion. Certains effets sont asymptomatiques, d'où la surveillance biologique. La personne qui constate l'incident ou l'accident a un délai de 8 heures pour en informer le correspondant d'hémovigilance de l'établissement. On distingue :

• les effets immunologiques :
– hémolyse intraveineuse (incompatibilité ABO),
– syndrome frissons-hyperthermie,

– réactions allergiques : urticaire, dyspnée, angoisse, douleur thoracique, nausées et vomissements,
– hémolyse intratissulaire ;
- les effets non immunologiques :
– contamination bactérienne : choc infectieux, septicémie,
– œdème aigu du poumon,
– accidents métaboliques,
– accidents techniques.

b. et c. Il s'agit de la conduite à tenir devant un effet transfusionnel immédiat (ici un syndrome frissons-hyperthermie) :
- arrêter immédiatement la transfusion (le culot globulaire avec la tubulure est conservé) ;
- appeler en urgence le médecin et l'hémobiologiste (banque du sang) ;
- conserver la voie veineuse (pose d'un G5 % : 500 cc) ;
- prélever un tube sans anticoagulant et avec anticoagulant ;
- surveiller les constantes (pouls, pression artérielle, fréquence respiratoire) de façon rapprochée et la température ;
- surveiller les urines (volume, débit et couleur) ;
- suivre les prescriptions médicales ;
- l'effet indésirable sera inscrit sur le dossier transfusionnel du malade et sur le dossier de soins infirmiers ;
- acheminer le plus rapidement possible la poche de sang et la tubulure à la banque du sang avec le dossier de traçabilité (dossier transfusionnel) dûment rempli.

8 Échographie abdominale et fibroscopie

Prescription	Intérêt	Mise en œuvre	Surveillance
• Fibroscopie œso-gastro-duodénale.	• Examen de la sphère digestive haute. • Permet d'effectuer des gestes d'hémostase comme la sclérose ou la ligature de varices œsophagiennes en cas d'hémorragie digestive.	• Prendre rendez-vous et planifier l'examen. • Patient à jeun sans fumer depuis au moins 6 heures. • Informer le patient du déroulement, de l'intérêt et des risques de l'examen. • Vérification du dossier clinique, en particulier hémostase, NFS-plaquettes, carte de groupe.	• Surveillance après l'examen : – douleur (risque de perforation œsophagienne) ; – pouls, pression artérielle (risque d'hémorragie).
• Échographie abdominale.	• Bilan simple des conséquences de la cirrhose, en particulier la recherche d'un hépatocarcinome.	• Patient à jeun depuis plus de 6 heures, sans fumer, sauf urgence. • Prendre rendez-vous. • Informer le patient du déroulement et de l'intérêt de l'examen.	• Récupérer le résultat à montrer au médecin.

9 Conduite à tenir devant un accident d'exposition au sang :

- faire saigner le point de piqûre sous un jet d'eau courante pendant une trentaine de secondes ;
- puis rincer à l'eau courante ;
- immerger le point de piqûre dans de l'eau de Javel au 1/10 (1 cuillère à soupe d'eau de Javel, 9 cuillères à soupe d'eau froide) ou dans de l'alcool à 70 % pendant 15 minutes ;
- prendre conseil auprès du médecin spécialiste du sida ou des urgences pour décider ou non de la mise sous traitement anti-rétroviral ;
- faire une déclaration d'accident du travail ;
- effectuer une sérologie dès les 24 heures qui suivent puis à 3 et 6 semaines ;
- la piqûre accidentelle par une aiguille souillée doit être inscrite sur le cahier d'infirmerie du service pour une éventuelle reconnaissance et prise en charge d'accident du travail.

10 Arrêt de travail

L'infirmière n'était pas tenue d'informer l'employeur. C'était à la famille de le faire. L'infirmière est tenue au secret professionnel et ne doit en aucun cas communiquer des informations médicales concernant le patient.

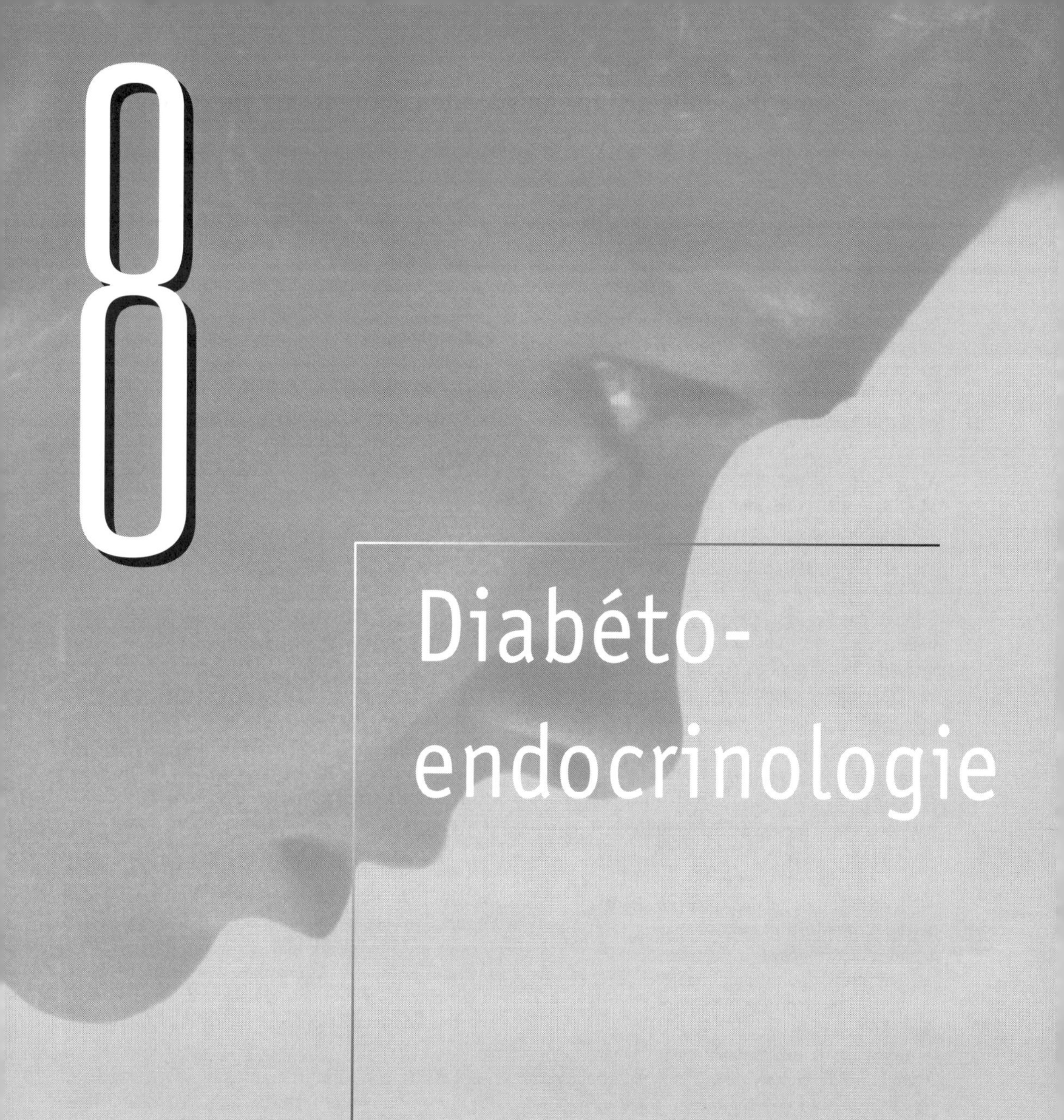

8

Diabéto-endocrinologie

Mme G., 45 ans, est mariée. Elle a 3 enfants (20 ans, 16 ans, 10 ans). L'aîné vit chez ses parents depuis l'arrêt de ses études après deux échecs au bac, et pour l'instant, il ne trouve pas d'emploi stable.
Son mari, VRP, est absent du lundi au jeudi soir pour son travail. Mme G. prend donc en charge depuis la naissance du deuxième enfant l'intendance de la famille au quotidien et l'éducation des enfants. Pour cette raison, elle a arrêté son travail de secrétaire.

Prise en charge
Assurée au régime général de la Sécurité sociale, Mme G. possède une mutuelle qui prend en charge le forfait journalier.

Présentation physique et psychique
Mme G. pèse 57 kg pour une taille de 1,67 m.
Selon sa famille, c'est une personne qui avait le souci de son apparence physique et qui, depuis quelques mois, n'a plus le goût de s'habiller, se coiffer, se laver. Elle présente actuellement un aspect négligé.

Évolution de la maladie
Lors d'une première hospitalisation, Mme G. est adressée par son médecin traitant suite à une asthénie évolutive depuis 2 ans et une augmentation de volume de sa thyroïde avec présence d'un nodule d'environ 1 cm de découverte récente.
À l'entrée, l'examen clinique met en évidence :
- des troubles thymiques (pleure souvent) ;
- des insomnies d'endormissement ;
- une grande nervosité ;
- une perte de poids (poids habituel de 62 kg) ;
- des tremblements des extrémités ;
- des réflexes ostéo-tendineux très vifs ;
- des yeux vifs sans exophtalmie.

Mme G. se dit fataliste devant la maladie, elle pense qu'elle a un cancer « comme sa grand-mère ». Elle apparaît ralentie et triste. Elle présente un désintérêt d'elle-même et des autres.

Antécédents :
- goitres dans la famille (grand-mère porteuse d'un goitre, père opéré) ;
- 3 grossesses sans problème ;
- dépression post-partum après la naissance du 2e enfant.

Examens prescrits à l'entrée :
- T4 libre : 2,60 ng/L (normale : 0,71-1,85) ;
- TSH : inférieure à 0,005 µUI/mL (normale : 0,25 à 0,60) ;
- cholestérol total : 1,74 g/L (normale : 1,8 à 2,2) ;
- triglycérides : 0,83 g/L (normale : 0,60 à 1,50) ;
- ECG, NFS, VS : résultats normaux ;
- échographie thyroïdienne : montre un goitre pseudonodulaire ;
- scintigraphie thyroïdienne : montre une thyroïde hyperfixante discrètement hétérogène.

Au vu des résultats des différents examens, le diagnostic d'hyperthyroïdie de type basedowien est posé ; quant à son état dépressif, il est probablement lié à l'hyperthyroïdie.

Traitement prescrit :
- NÉOMERCAZOLE ® 20 mg (anti-thyroïdien de synthèse) : 2 comprimés par jour ;
- LEXOMIL ® (benzodiazépine : anxiolytique) : 1/4 de comprimé matin et midi, 1/2 comprimé le soir ;
- AVLOCARDYL ® 40 mg (anti-arythmique) : 1/4 de comprimé 2 fois par jour.

Mme G. est hospitalisée pendant 10 jours. Elle sort après amélioration des signes cliniques et biologiques de son hyperthyroïdie. Dans un premier temps, il est institué un suivi par le médecin endocrinologue tous les mois et une surveillance de la NFS toutes les semaines.
Un mois plus tard, Mme G. est revue en consultation externe. Devant l'état dépressif de la patiente et les signes d'hyperthyroïdie toujours présents, le médecin décide une nouvelle hospitalisation.
Mme G. se montre très réticente, le médecin arrive difficilement à la convaincre. Finalement, cette dernière accepte l'hospitalisation pour « faire un bilan ».

Les éléments suivants sont notés :
- un bilan thyroïdien très perturbé, avec augmentation très importante de T4 libre et TSH très basse ;
- des sueurs, Mme G. se présente en tee-shirt malgré le froid, les mains moites ;
- elle perd ses cheveux, elle a les cheveux ternes ;
- elle n'a pas surveillé son poids, elle a perdu 2 kg ;
- elle n'a pas fait les prises de sang demandées (NFS + bilan thyroïdien) ;
- elle pleure beaucoup, dit que cela ne sert à rien, qu'elle n'est plus bonne à rien, même pas à s'occuper de ses enfants, de sa maison et d'elle-même. Elle dit en avoir « marre » de prendre un traitement tous les jours. « Pour quoi faire ? » ;
- elle se sent « moche » ;

- elle présente une insomnie d'endormissement, elle dit ne pas dormir.

Prescriptions à l'entrée :
- bilan thyroïdien ;
- pesée ;
- surveillance pouls, PA, température ;
- ECG ;
- traitement institué :
  - NÉOMERCAZOLE® 20 mg : 2 comprimés/jour ;
  - LEXOMIL® : 1/2 comprimé matin et midi, 1 comprimé le soir ;
- consultation dans le service avec un psychiatre.

Le compte rendu du psychiatre met en évidence un syndrome anxio-dépressif non lié uniquement à l'hyperthyroïdie et qui nécessite un traitement antidépresseur.
Il prescrit le traitement suivant à débuter ce jour :
- ANAFRANIL® 25 mg (antidépresseur tricyclique) en perfusion (ampoules de 2 mL dosées à 25 mg) :
  - de J1 à J2 : 1 ampoule dans 250 mL de sérum glucosé isotonique à 5 % à passer en 1 h 30 ;
  - de J3 à J5 : 2 ampoules dans 250 mL de sérum glucosé isotonique à 5 % à passer en 2 h ;
  - de J6 à J7 : 3 ampoules dans 250 mL de sérum glucosé isotonique à 5 % à passer en 2 h ;
- relais *per os* avec ANAFRANIL® 75 mg (antidépresseur tricyclique) à partir de J8 : 1 comprimé le soir.

Mme G. est hospitalisée à 9 h ce jour, et vous travaillez de 8 h à 16 h.

Questions

1 *Citez les mécanismes ou systèmes de l'organisme qui sont touchés par les effets des hormones thyroïdiennes.* (1 point)

2 *Définissez et expliquez l'intérêt des examens paracliniques subis par Mme G.* (8 points)

3 *Décrivez quel aurait été votre rôle infirmier auprès de cette patiente avant et après la scintigraphie.* (3 points)

4 *Relevez dans l'énoncé les éléments qui ont permis de poser le diagnostic d'hyperthyroïdie et de syndrome dépressif.* (3 points)

5 *Décrivez votre rôle propre infirmier auprès de Mme G. quant à la prescription médicamenteuse : NÉOMERCAZOLE®, ANAFRANIL®, LEXOMIL®, AVLOCARDYL®. Présentez votre réponse sous forme de tableau.* (4 points)

6 *Calculez le débit en gouttes par minute de la perfusion d'ANAFRANIL® à J1. Faites apparaître votre raisonnement.* (1 point)

Au regard de la situation de Mme G., l'équipe soignante pose, entre autres, ces deux diagnostics infirmiers :
- *non-observance ;*
- *perturbation de l'estime de soi.*

7 *Relevez dans l'énoncé les causes ou facteurs favorisants qui ont permis de poser ces diagnostics.* (2 points)

8 *Énoncez les objectifs et les actions que vous mettrez en œuvre au regard de ces diagnostics à court terme jusqu'à la sortie de Mme G.* (10 points)

9 *Mettez en évidence les problèmes réels ou potentiels (formulés sous forme de PFS : problème, facteurs favorisants, signes, ou PES : problème, étiologie, signes).* (6 points)

10 *Au regard de chacun des problèmes, énoncez vos actions pour prendre soin de cette patiente.* (15 points)

(Pour les questions 9 et 10, ne pas traiter les diagnostics infirmiers : non-observance et perte de l'estime de soi. Vous pouvez présenter vos réponses sous forme de tableau.)

11 *Donnez les grandes lignes de votre démarche éducative auprès de Mme G. pour sa pathologie thyroïdienne.* (7 points)

Réponses

1 Effets des hormones thyroïdiennes

Les hormones thyroïdiennes agissent sur :
- le métabolisme basal ;
- le métabolisme des lipides et des glucides ;
- le système nerveux ;
- le système cardio-vasculaire ;
- le système musculaire ;

- le squelette ;
- l'appareil digestif ;
- l'appareil génital ;
- les téguments.

2 Intérêt des examens paracliniques dans la situation de Mme G.

Examen	Définition	Justification
• T4.	• Hormone thyroïdienne (tétra-iodothyronine), active seulement sous la forme libre.	• Permet d'évaluer le dysfonctionnement de la thyroïde. Ici légèrement augmentée, donc hyperthyroïdie.
• TSH.	• *Thyrostimuline hormone*, sécrétée par l'hypophyse. • L'augmentation des hormones thyroïdiennes dans le sang freine la sécrétion de TSH par l'hypophyse : c'est le phénomène de *feed-back*.	• Cet examen est nécessaire pour localiser l'origine de l'hyperthyroïdie, qui peut être thyroïdienne ou hypophysaire.
• Cholestérol et triglycérides.	• Dosage des graisses et des sucres se transformant en graisses. • La thyroïde favorise le métabolisme des lipides et des glucides.	• Une hyperthyroïdie entraîne une baisse du cholestérol.
• NFS.	• Numération de formule sanguine, qui permet de quantifier les éléments figurés du sang : hématies, leucocytes, plaquettes.	• Pour dépister et évaluer les causes et les conséquences de l'hyperthyroïdie (risque de leucopénie). Permet d'avoir des références avant le début du traitement par anti-thyroïdiens, dont un des principaux effets secondaires sont les troubles hématologiques : leucopénie, agranulocytose.
• VS.	• La mesure de la vitesse du dépôt des hématies permet de mettre en évidence la présence ou l'absence de syndrome inflammatoire.	• Dépister un syndrome inflammatoire qui pourrait être en faveur d'une thyroïdite (normale chez Mme G.).
• ECG.	• L'électrocardiogramme permet d'évaluer l'activité électrique du cœur.	• La thyroïde favorise le fonctionnement normal du cœur, et l'hyperthyroïdie entraîne une augmentation de la fréquence cardiaque des palpitations, une HTA.
• Échographie thyroïdienne.	• Cet enregistrement en signaux électriques ou lumineux des échos produits par les ultrasons lors de leur passage à travers la structure thyroïdienne permet de diagnostiquer une anomalie : kyste, nodule.	• Dépister une anomalie qui pourrait expliquer la pathologie de Mme G. et évaluer une éventuelle augmentation de volume de la glande (goitre).
• Scintigraphie.	• Procédé d'investigation qui consiste à faire absorber au malade, généralement par voie intraveineuse ou *per os*, un produit radioactif qui a une affinité sélective avec l'organe.	• Permet d'établir ou de préciser la nature de différentes formations pathologiques : kystes, nodules froids ou chauds, qui se traduisent par une hyperfixation du produit radioactif.

3 Rôle infirmier auprès de Mme G. avant et après la scintigraphie

Avant	Après
• Informer la malade (quoi, qui, pourquoi, comment, quand, où ?).	• Voir la patiente dès son retour : comment a-t-elle vécu l'examen ? Que lui a-t-on dit ? Quels sont ses besoins ?
• Signaler si Mme G. est allergique.	• Signaler au médecin le retour de la malade et voir avec lui pour de nouvelles prescriptions (commencer le traitement avec des antithyroïdiens).
• S'assurer que la patiente n'est pas enceinte.	• Repérer et lui dire de signaler tout signe d'allergie : prurit, boutons, sensation de malaise, difficultés respiratoires.
• Prendre le RDV et faire remplir le bon de demande d'examen, qui doit faire apparaître le traitement et les antécédents particuliers de la malade, les renseignements administratifs.	• Recommander à Mme G. de boire beaucoup pour éliminer le produit radioactif.
• Voir avec le service d'imagerie si une préparation particulière est nécessaire ou application du protocole validé par le service de l'établissement.	• Reprendre le traitement s'il a été interrompu.
• Planifier le départ et l'examen.	• Informer la malade.
• Préparation du dossier avec bilan.	• Transmissions sur feuille de température et sur dossier de soins.
• Transmissions.	

4 Éléments du texte en faveur du diagnostic d'hyperthyroïdie et de syndrome dépressif

Hyperthyroïdie	Syndrome dépressif
• Asthénie. • Perte de poids. • Très nerveuse. • Troubles thymiques. • Tachycardie. • Tremblements des extrémités. • Réflexes ostéo-tendineux vifs. • Yeux vifs sans exophtalmie. • Nodule de 1 cm. • T4 augmentée. • TSH basse. • Cholestérol en dessous de la norme. • Goitre multinodulaire à l'échographie. • Scintigraphie montre thyroïde hyperfixante. • Sueurs, en tee-shirt malgré le froid, mains moites. • Perd ses cheveux et cheveux ternes. • Dit ne pas dormir.	• Depuis quelques mois n'a plus le goût de s'habiller, de se coiffer, de se laver. • Néglige son apparence. • Asthénie depuis 2 ans. • Troubles thymiques. • Insomnie d'endormissement, dit ne pas dormir. • Se dit fataliste, pense qu'elle a un cancer. • Apparaît ralentie. • Triste. • Désintérêt de soi et des autres. • Pleure beaucoup. • Dit qu'elle n'est « plus bonne à rien ». • Dit en avoir « marre de prendre un traitement tous les jours ». • Se sent « moche ».

5 Rôle propre infirmier au regard des prescriptions médicamenteuses

Traitement	Efficacité	Effets secondaires	Éducation et actions
• NÉOMERCAZOLE®.	• Vérifier la prescription médicale : nom, date, quantité, répartition, signature. • Vérifier la date de péremption et la nature du produit. • Observer l'amélioration des signes cliniques, qui peut se voir à partir de 8 à 10 jours de traitement. • Sur prescription médicale : bilan thyroïdien.	• Réactions allergiques : observer si réactions cutanées, prurit, urticaire, fièvre, myalgies… • Troubles hématologiques (qui apparaissent dans les 3 premiers mois).	• Permettre à Mme G. d'observer l'amélioration des signes cliniques. • Toujours signaler le traitement au médecin (prise d'autres traitements). • Permettre à Mme G. de comprendre la nécessité d'une prise régulière du traitement. • Permettre à Mme G. de dépister les signes de surdosage donc d'hypothyroïdie. • Signaler si pâleur, fatigue, gêne respiratoire… • Sur prescription médicale : hémogramme. • L'informer qu'elle devra surveiller son hémogramme sur prescription médicale, toutes les semaines en début de traitement puis tous les 15 jours, qui sera à faire à domicile. • Consulter en urgence en cas de fièvre, infection.
• AVLOCARDYL®.	• Vérifier la fréquence cardiaque : pouls.	• Bradycardisant et hypotenseur : surveiller PA et pouls. • Troubles digestifs : surveiller si nausées, gastralgies.	• Apprendre à la patiente à ne jamais interrompre brutalement le traitement. • Informer de l'importance du suivi cardiologique.
• LEXOMIL®.	• Surveiller la prise effective. • Évaluer l'action sur l'anxiété (observation clinique, propos et comportement de Mme G.).	• Évaluer l'effet sédatif (somnolence, ralentissement).	• Informer Mme G. des effets secondaires éventuels. • Permettre à Mme G. de comprendre la nécessité d'une prise régulière et de ne changer la posologie que sur prescription médicale (risque de syndrome de sevrage lors d'un arrêt brutal). • Pas de prise d'alcool.

Traitement	Efficacité	Effets secondaires	Éducation et actions
• ANAFRANIL®.	• Évaluer et observer l'évolution de la thymie, des propos de Mme G.	• Risque d'hypotension orthostatique (surveillance PA couchée, debout, 2 fois par jour, pas de lever brutal). • Risque de troubles du rythme cardiaque (prise du pouls 2 fois par jour). • Risque de constipation et de sécheresse de la bouche (surveillance des selles, boissons en quantité suffisante (2 L par jour), veiller à une alimentation riche en fibres. • À partir de J5, risque de passage à l'acte accru en lien avec la levée de l'inhibition et le maintien de la souffrance morale (évaluer et surveiller l'humeur).	• Informer Mme G. du traitement et de son intérêt, des éventuels effets secondaires. • Lui expliquer l'intérêt d'une prise régulière et le fait que l'efficacité ne sera réelle qu'au bout de 18 à 21 jours de traitement. • Pas de prise d'alcool.

6 Débit de la perfusion d'ANAFRANIL® à J1

La prescription est de 1 ampoule dans 250 mL de glucosé isotonique à 5 %, à passer en 1 h 30 :

- 1 mL = 20 gouttes ;
- 20 × 250 = 5 000 gouttes ;
- 1 h 30 = 90 min ;
- $\frac{5\,000}{90}$ = 55,55, soit 56 gouttes/min par excès.

7 Causes ou facteurs favorisants ayant permis de poser les diagnostics infirmiers : « non-observance » et « perturbation de l'estime de soi »

Non-observance	Perturbation de l'estime de soi
• T4 augmentée. • TSH abaissée. • Signes d'hyperthyroïdie : sueurs, thermophobie. • Perte de poids : 2 kg en 1 mois. • N'a pas fait les prises de sang demandées. • Dit en avoir « marre de prendre un traitement tous les jours » (« pour quoi faire ? »).	• N'a plus le goût de se laver, de s'habiller, de se coiffer. • Désintérêt d'elle-même. • Pleure, dit qu'elle « ne sert à rien », qu'elle n'est « plus bonne à rien », pas même capable de s'occuper de ses enfants, de sa maison et d'elle-même.

8 Objectifs et actions mis en œuvre en regard de ces diagnostics

Diagnostics	Objectifs	Actions
• Non-observance.	• Que Mme G. pendant son séjour comprenne l'intérêt de son traitement.	• Lui donner ses médicaments et surveiller la prise. Évaluer ses connaissances. • Travailler sur ses représentations du traitement. • L'aider à formaliser ce qu'elle souhaiterait changer à son état actuel. • Établir un contrat avec la patiente.

Diagnostics	Objectifs	Actions
		• Lui expliquer et l'informer sur le déroulement du traitement, son but, son action. • La rassurer en lui expliquant le temps nécessaire et que ce traitement sera d'une durée limitée et efficace. • En fin de séjour, lui faire prendre les contacts et les RDV nécessaires pour son suivi à domicile.
• Perte de l'estime de soi.	• Que Mme G. ait une vue d'ensemble (discours et apparence) plus positive sur elle-même avant la fin de son séjour.	• Être à son écoute. • Utiliser la reformulation. • La revaloriser, par rapport à son rôle dans sa famille et notamment l'éducation de ses enfants. • Valoriser ses progrès au quotidien. • Favoriser une bonne image d'elle-même en l'encourageant dans les actes de la vie quotidienne, notamment la toilette et sa tenue vestimentaire, lui proposer de se maquiller. • Lui dire qu'elle en vaut la peine, la gratifier. • À court terme, favoriser les visites de la famille et l'encourager à la gratifier.

9 et 10 Problèmes réels ou potentiels de Mme G. et actions mises en œuvre

Problèmes réels ou potentiels	Actions
• Hyperthyroïdie, liée à un dysfonctionnement hormonal et à la non-observance du traitement, se manifestant par un bilan biologique thyroïdien perturbé et des manifestations cliniques (sueurs, tremblements, tachycardie, troubles de l'humeur).	• Sur prescription médicale : – réaliser le bilan thyroïdien ; – appliquer la prescription de NÉOMERCAZOLE ® ; – pesée, mise en place d'une courbe de poids ; – surveillance de la température. • Rôle propre : – surveillance du transit ; – installation dans une chambre seule, au calme, pièce peu chauffée ; – surveillance de l'efficacité et de l'innocuité du traitement ; – lui expliquer l'intérêt et le but du traitement, l'importance d'une prise régulière ; – surveillance et évaluation des signes cliniques (notamment au niveau oculaire : risque de lésion de la cornée) ; – être à l'écoute de Mme G. ; – lui expliquer la nécessité du repos. – rechercher si Mme G. présente des perturbations de son cycle menstruel.
• Syndrome anxio-dépressif, lié à son hyperthyroïdie et accentué par sa situation familiale, se manifestant par ses propos, son comportement, des troubles anxieux et somatiques (perte de poids, troubles du sommeil).	• Sur prescription médicale : application de la prescription médicale de LEXOMIL ® et d'ANAFRANIL ®. • Rôle propre : – surveillance de la prescription, des effets secondaires et de l'efficacité du traitement ; – surveillance de la PA, debout, couchée, avant, pendant et après l'administration du traitement ;

Problèmes réels ou potentiels	Actions
	– profiter du temps de pose de la perfusion pour favoriser la verbalisation ; – écoute et réassurance (notamment en la revalorisant) ; – la rassurer par rapport aux soins, au traitement, et à la guérison possible ; – éviter les stress de tout ordre (respect des temps de repos) ; – établir une relation de confiance ; – relation d'aide permettant une verbalisation de son anxiété, de ses difficultés par rapport à la maladie (peur du cancer) ; – observer et évaluer son comportement et sa thymie ; – programmer des entretiens infirmiers ; – prévoir suivi avec le psychiatre.
• Risque de décompensation cardio-vasculaire (troubles du rythme), lié à son déséquilibre thyroïdien, son manque de sommeil, sa fatigue.	• Sur prescription médicale : – faire réaliser l'ECG ; – appliquer la prescription d'AVLOCARDYL® ; – mise en place d'une courbe de surveillance du pouls et de la PA ; – prise du pouls sur 1 min à la palpation. • Rôle propre : – surveillance des effets secondaires et de l'efficacité du traitement ; – favoriser le repos ; – expliquer à Mme G. qu'en cas de palpitations, il faut prévenir les soignants pour réaliser un ECG. L'informer des raisons ; – règles hygiéno-diététiques (repas équilibrés, pas trop de boissons).
• Perturbation de ses habitudes de sommeil, liée à son anxiété, son hyperthyroïdie, son hospitalisation, se manifestant par une insomnie d'endormissement et par ses propos (dit ne pas pouvoir dormir).	• Identifier les perturbations du sommeil. • Préparer le coucher, respect des rites et des habitudes. • Écoute avant le coucher. • Veiller au calme. • Favoriser un environnement serein. • Éviter les excitants le soir et proposer une tisane… • En cas de difficultés, voir pour prescription d'un somnifère.
• Risque infectieux, lié à la perfusion et accentué par l'hyperthyroïdie.	• Surveillance de la température 1 fois par jour. • Mise en place d'une feuille de surveillance. • Surveillance du point d'injection (rougeur, douleur, inflammation, induration). • Respect des règles d'hygiène et d'asepsie lors de la pose de la perfusion. • Demander à Mme G. de signaler tout signe d'une infection ORL, qui nécessiterait un arrêt du traitement antithyroïdien.
• Incapacité partielle à effectuer ses soins d'hygiène, liée à sa perte d'estime de soi et aux manifestations cliniques d'hyperthyroïdie.	• Contrat pour les heures de la toilette : toilette, douche, 1 fois par jour. • La rassurer pour ses cheveux, dont l'état devrait s'améliorer avec le traitement. • Lui proposer et l'encourager à se coiffer et à se maquiller et à mettre ses vêtements personnels (pas de chemise de nuit dans la journée). • La gratifier. • S'assurer qu'elle a bien ses produits de toilette et de maquillage et ses vêtements. • Dire à la famille de lui signifier les changements dans son apparence.

11 Démarche éducative auprès de Mme G. concernant sa pathologie thyroïdienne :

- recueil des données :
– bilan des connaissances ;
– constat de ses représentations de la maladie (au regard des antécédents familiaux) ;
- analyse et identification des besoins de Mme G. concernant ses connaissances sur :
– le traitement de sa maladie de Basedow ;
– la maladie elle-même ;
- déterminer des priorités éducatives sur :
– l'importance d'un suivi régulier du traitement et la surveillance des effets secondaires, sa durée, le but et l'intérêt des examens biologiques de surveillance ;
– l'information sur les différents aspects de la maladie, notamment le retentissement physique et psychologique ;
- évaluation et réajustement de la réalisation des objectifs éducatifs :
– compréhension de Mme G. ;
– intérêt du suivi ?
– respect des règles enseignées ;
– implication de Mme G. dans son traitement.

M. J., âgé de 25 ans, entre dans le service de diabétologie le 2 novembre 1999 pour découverte d'un diabète.

Mode de vie

Ce patient est pompier et vit en caserne à la brigade des sapeurs pompiers de Paris où il effectue des gardes de 24, 48 ou 72 h.

Ce rythme de travail lui permet, lors de ses repos, de rejoindre sa concubine à Toulouse. Il effectue ses trajets, selon le temps, en train ou à moto.

C'est un jeune homme très dynamique qui pratique différents sports : plongée sous-marine, football, tennis, ski, course à pied. Il participe au rallye du désert africain.

Dès qu'il le peut, M. J. porte un survêtement et des baskets.

M. J. a pour projet de créer un club de plongée sous-marine.

Il aime sortir en discothèque avec ses amis. Il est très souriant.

Il est pris en charge par la Sécurité sociale. Une demande de prise en charge à 100 % est en cours. Il possède une mutuelle prenant en charge 55 F de son forfait journalier.

Antécédents médicaux : pas d'antécédents médicaux. On note une allergie à l'aspirine.

Antécédents chirurgicaux : luxation de l'épaule droite en 1996.

Antécédents familiaux :

- père : diabète insulino-dépendant ;
- grand-mère maternelle : diabète insulino-dépendant.

M. J. fume 1/2 paquet de cigarettes par jour et boit occasionnellement.

Histoire de la maladie

M. J. se présente aux urgences vers 8 h 30 pour polyurie, polydipsie et perte de poids de 3 kg depuis 1 mois (1,68 m, 63 kg).

Les constantes sont :

- température : 36,6 °C ;
- fréquence cardiaque : 56 pulsations/min ;
- pression artérielle : 120-70 mmHg.

L'examen clinique est normal.

M. J. se plaint de démangeaisons entre les orteils. Une mycose interdigitale et plantaire est découverte et traitée par : <u>AMYCOR</u> ® poudre (antifongique) à 1 %, une application par jour pendant 1 mois.

Une bandelette urinaire est réalisée et montre :

- sucre +++ ;
- acétone +++.

Des examens biologiques sont demandés en urgence :

- NFS (numération-formule sanguine) ;
- <u>glycémie</u> ;
- ionogramme sanguin ;
- calcémie ;
- créatininémie, urée sanguine ;
- réserve alcaline ;
- gaz du sang ;
- <u>hémoglobine glycosylée</u>.

Tous les résultats de ces examens sont dans la limite de la normale en dehors de la glycémie qui est à 26,1 mmol/L (4,74 g/L) et l'hémoglobine glycosylée : 9 % (norme d'un diabète bien contrôlé : 2,5 à 6 %).

Devant ces résultats, le diagnostic d'acidocétose sur diabète insulino-dépendant est posé et M. J. est transféré à 10 h en service de diabétologie.

La prescription médicale est la suivante :

- ACTRAPID ® HM (insuline rapide) :
  - 14 UI/24 h en voie veineuse continue (seringue électrique),
  - bolus de 8 UI en injection sous-cutanée avant chaque repas ;
- glycémies capillaires à 8 h – 10 h – 12 h – 14 h – 18 h 30 – 21 h – 0 h – 4 h ;
- acétonurie le matin ;
- <u>régime à 2 500 Kcalories et environ 310 g de glucides/jour</u> ;
- débuter l'éducation.

Ce traitement est poursuivi 6 jours.

Le 7 novembre 1999, la prescription médicale est la suivante :

- HUMALOG ® (insuline rapide) sous-cutanée :
  - 10 UI matin,
  - 8 UI midi,
  - 6 UI soir ;

  } avant chaque repas,
- UMULINE ZINC ® (insuline lente) sous-cutanée : 14 UI à 22 h ;
- glycémies capillaires aux mêmes heures ;
- acétonurie.

L'éducation est débutée le 5 novembre 1999.

Celle-ci est individuelle, dure sur plusieurs jours et comprend :

- généralités sur le diabète, notions sur la maladie ;

- apprentissage de l'autosurveillance : sang, urines, avec lecteur et avec bandelette ;
- apprentissage de l'insulinothérapie avec stylo et avec seringue ;
- conduite à tenir devant une hypoglycémie, une hyperglycémie ;
- adaptation et réajustement des doses ;
- utilisation du carnet d'autosurveillance ;
- éducation diététique ;
- hygiène corporelle ;
- hygiène de vie : sport, activité professionnelle, maladie, vie sociale.

L'infirmière responsable du projet d'éducation de M. J. vous informe de l'évolution favorable de ses acquisitions.

Cependant, le 9 novembre, à 11 h 50, vous venez vérifier le déroulement de son autosurveillance, et vous trouvez M. J. prostré dans son lit, triste, sa toilette du matin non effectuée. Il ne sourit pas. Il est particulièrement inquiet, démoralisé. Il pose de nombreuses questions.

Il vous dit : « Je dois sortir cet après-midi. Cette nuit mes glycémies n'étaient pas stables. Comment vais-je faire chez moi pour adapter les doses ? Malgré tout ce que vous m'avez appris ici, j'ai l'impression de ne plus rien savoir, de plus, le médecin m'a annoncé ce matin que je devais renoncer à mon projet professionnel.

Le monitorat de plongée sous-marine est incompatible avec ma maladie, je risque de devoir me reclasser chez les pompiers, mais dans un bureau, m'empêchant d'avoir des heures de récupération. Je ne pourrai plus aller voir mon amie comme avant. »

Questions

1 *En vous appuyant sur le diagnostic médical et sur les éléments cités dans le texte, dégagez les problèmes réels et/ou potentiels de M. J. le 9 novembre 1999.*
L'argumentation des problèmes est attendue, c'est-à-dire les signes, la (ou les) cause(s) et les éventuelles conséquences.
Parmi ces problèmes, formulez 2 hypothèses de diagnostics infirmiers sous forme de PES (problèmes, étiologie, signes) ou PFS (problèmes, facteurs favorisants, signes). (18 points)

2 *En regard des prescriptions médicales soulignées dans le texte, expliquez l'intérêt de chacune d'elles.*
Indiquez les actions essentielles à mettre en œuvre et citez les éléments de surveillance (le résultat normal de la glycémie est attendu).
(Consigne : les calculs de dose ne sont pas attendus dans cette question.) (5 points)

3 *Expliquez le mécanisme physiopathologique du diabète acidocétosique.* (3 points)

4 *Citez 5 signes précurseurs et 3 causes d'un malaise hypoglycémique.*
Indiquez la conduite à tenir par M. J. en cas de malaise hypoglycémique. (3 points)

5 *Citez 4 conseils à donner à M. J. lorsqu'il réalise des activités sportives.* (2 points)

6 *Énoncez 6 précautions que M. J. doit prendre pour protéger ses pieds.* (2 points)

7 *En sachant d'une part que :*
- *1 g de protéines est égal à 4 Kcal ;*
- *1 g de lipides est égal à 9 Kcal ;*
- *1 g de glucides est égal à 4 Kcal ;*

et d'autre part, qu'une alimentation équilibrée doit comporter :
- *15 % de protéines ;*
- *35 % de lipides ;*
- *50 % de glucides.*

Calculez la quantité en calories et grammes de protéines et de lipides apportée par la ration journalière de M. J. (6 points)
(Le raisonnement mathématique doit apparaître.)

Réponses

1 Problèmes réels de M. J. le 9 novembre 1999 :
- problèmes somatiques :
– diabète non équilibré :
  - signes : glycémies capillaires instables,
  - cause : découverte récente de sa pathologie,
  - conséquences :
  . risque de complications aiguës pouvant aller jusqu'au coma acidocétosique,

. risque d'hypoglycémie,
– mycose interdigitale plantaire :
- signe : démangeaisons entre les orteils,
- causes :
. terrain diabétique,
. port de chaussures de sport,
- conséquences :
. risque de fissuration,
. risque de surinfection ;
• problème psychologique : inquiétude quant aux résultats des examens et de la visite médicale lui annonçant le rejet du projet professionnel :
– signes :
- prostration,
- ne sourit pas,
- est démoralisé,
- pose des questions,
– cause : découverte récente de sa maladie chronique et du changement de vie imposé par celle-ci,
– conséquences :
- ne peut mener son projet professionnel (création d'un club de plongée sous-marine),
- va subir un reclassement professionnel,
- craint des modifications dans sa vie privée,
- risque de non-observance des traitements ;
• problèmes potentiels, liés au diabète et à sa découverte récente :
– risque d'infection,
– complications du diabète,
– problème social quant à son devenir,
– problème psychologique, risque d'état dépressif,
– déni de sa maladie.

Diagnostics infirmiers

Problème : manque de connaissances :
• étiologie : découverte récente et complexité de la maladie ;
• signe : questionnement sur la conduite à tenir face à sa maladie en vue de sa sortie.

Problème : anxiété :
• étiologies :
– découverte récente de son diabète,
– appréhension pour la prise en charge de sa maladie,
– incertitude quant à son avenir professionnel,
– bouleversement dans sa dynamique familiale,
– changement de mode de vie ;
• signes :
– tristesse,
– M. J. ne sourit pas, est inquiet,
– il pose des questions.

Problème : sentiment d'impuissance :
• étiologie : contraintes de la maladie ;
• signes :
– dit « je ne pourrais plus aller voir mon amie comme avant »,
– M. J. croit ne pas être capable d'adapter son traitement,
– il est prostré, n'a pas réalisé sa toilette.

Les conséquences des problèmes réels peuvent être traitées comme problèmes potentiels :
• peut apparaître comme problème psychologique, la consommation de tabac (début de dépendance) et comme problème social, la prise en charge par M. J. du complément du forfait hospitalier ;
• d'autres hypothèses diagnostiques peuvent être acceptées, si elles sont logiques et correctement argumentées ;
• certains problèmes peuvent être traités comme diagnostics infirmiers et inversement.

2 Intérêt des prescriptions médicales soulignées dans le texte, mise en œuvre et surveillance qui en découle

L'infirmière :
• vérifie la prescription médicale (datée, signée, écrite, qualitative, quantitative) ;
• respecte les règles d'hygiène et d'asepsie ;
• utilise des gants pour éviter les accidents d'exposition au sang (AES) ;
• vérifie les dates de péremption du matériel et des produits utilisés ;
• informe le patient et recherche sa collaboration ;
• assure des transmissions orales et écrites pertinentes.

Prescriptions	Intérêt	Mise en œuvre	Surveillance
• AMYCOR® 1 %	• Traiter et prévenir l'extension de la mycose interdigitale et plantaire	• Hygiène des pieds • Séchage soigneux des pieds • Application du traitement	• Efficacité du traitement par évolution puis disparition des lésions et des démangeaisons • Absence d'extension • Respect des règles d'hygiène par le patient avant application de la poudre
• Glycémie	• Évaluer le taux de sucre dans le sang ce jour et déterminer la posologie d'insuline	• Réaliser le prélèvement en urgence et envoi au laboratoire avec bon rempli	• Récupérer les résultats et les montrer au médecin dès réception • Résultat normal : – 0,8 à 1,2 g/L – 3,6 à 5,5 mmol/L
• Hémoglobine glycosylée	• Permettre de connaître l'évolution de la glycémie depuis 2 mois	• Réaliser le prélèvement en urgence et envoi au laboratoire avec bon rempli	• Récupérer les résultats et les montrer au médecin dès réception
• Régime 2 500 Kcalories, 310 g de glucides environ	• Équilibrer le diabète par un apport contrôlé de glucides	• Établir la feuille de surveillance • Élaborer avec le patient et la diététicienne un régime équilibré • Vérifier la constitution du plateau avant la distribution • Contrôler la glycémie et injecter l'insuline avant les repas • Participer à l'éducation de M. J. : répartition des glucides, choix des aliments	• Respect du régime • S'assurer que M. J. mange surtout la quantité de féculents, de pain, de fruits, et noter sur feuille de surveillance • Résultats des glycémies

3 Mécanisme physiopathologique du diabète acidocétosique

L'acidocétose résulte d'un déficit en insuline qui empêche la pénétration cellulaire du glucose, ce qui provoque une hyperglycémie.

En l'absence de pénétration intracellulaire du glucose, l'organisme utilise des lipides qui se dégradent en acides cétoniques (acidose). Ces derniers passent dans le sang puis sont éliminés dans les urines, c'est l'acétonurie.

4 Signes précurseurs d'un malaise hypoglycémique :

- sueurs ;
- tremblements ;
- faim ;
- troubles de la vue ;
- fatigue soudaine ;
- nervosité, agitation ;
- vertiges ;
- sentiment de fonctionner au ralenti ;
- comportement bizarre ;

- imprécision des gestes ;
- froid.

Causes :

- injection d'une dose trop importante d'insuline ;
- alimentation trop faible en glucides ;
- oubli ou retard de collation ;
- exercice physique ou sport non prévu et non compensé par l'alimentation ;
- lieu d'injection de l'insuline mal choisi ;
- émotion ;
- prise d'autres substances (alcool à jeun, médicaments...).

Conduite à tenir :

- arrêt de toute activité ;
- prendre des sucres rapides, mais aussi des sucres lents ;
- faire une glycémie capillaire puis une autre 20 à 30 min plus tard ;
- si la glycémie n'est pas redevenue normale, reprendre du sucre rapide ou du sucre lent, en fonction du résultat ;
- refaire une glycémie capillaire 1 à 2 h plus tard ;
- noter cet incident sur le carnet de surveillance.

5 Conseils à donner à M. J. pour la pratique des sports :

- éviter les sports solitaires ou à risques pour le diabète (ex. : marathon, trapèze...) ;
- apprécier l'intensité de l'effort et sa durée probable ;
- adapter son alimentation et/ou les doses d'insuline au type d'effort ;
- ne jamais faire de sport à jeun ;
- faire souvent des glycémies capillaires ;
- maintenir le taux de glycémie plus élevé que dans la vie courante ;
- avoir du sucre dans sa poche.

6 Précautions à prendre par M. J. pour protéger ses pieds :

- faire un lavage des pieds au moins 1 fois/jour et après chaque activité sportive ;
- bien sécher entre les orteils ;
- éviter les bains de pieds prolongés ;
- changer de chaussettes tous les jours ;
- utiliser des chaussettes en coton ou en fil d'Écosse ;
- choisir des chaussures confortables, fermées, à semelle rigide et épaisse (adaptées) qui ne serrent pas trop (les acheter en fin de journée) ;
- ne pas marcher pieds nus ;
- regarder sous la plante des pieds et entre les orteils pour s'assurer de l'absence de lésion et traiter si besoin ;
- ne pas couper les ongles, les limer (ou utiliser un maniquick) ;
- ne pas utiliser de pommade antidurillon ni de coricide ;
- ne pas avoir recours à des objets tranchants ;
- éviter les bains de pieds trop chauds ;
- consulter un pédicure.

7 Calcul de la ration journalière de M. J.

Sachant d'une part que :

- 1 g de protéines est égal à 4 Kcal ;
- 1 g de lipides est égal à 9 Kcal ;
- 1 g de glucides est égal à 4 Kcal.

Et, d'autre part, qu'une alimentation équilibrée doit comporter :

- 15 % de protéines ;
- 35 % de lipides ;
- 50 % de glucides.

Quantité en calories et grammes de protéines et de lipides apportée à M. J. par sa ration journalière de 2 500 Kcalories et d'environ 310 g de glucides :

– protéines : $\frac{2\,500 \times 15}{100} = 375$ Kcalories,

soit $\frac{375}{4} = 93{,}75$ g,

– lipides : $\frac{2\,500 \times 35}{100} = 875$ Kcalories,

soit $\frac{875}{9} = 97{,}22$ g.

→ Diabéto-endocrinologie
Hypertrophie de la prostate chez un diabétique insulino-dépendant

M. J., âgé de 77 ans, retraité chef d'équipe, est connu comme diabétique insulino-dépendant traité par sulfamides hypoglycémiants depuis 30 ans.
On retrouve dans ses antécédents :
- une obésité androïde ;
- un infarctus du myocarde en 1990 et 1997. Cette deuxième cardiopathie ischémique a contraint à un passage sous insuline à 2 injections par jour d'UMULINE PROFIL® 30 pour un meilleur équilibre glycémique ;
- une insuffisance rénale modérée ;
- une recrudescence des douleurs angineuses et une difficulté à uriner depuis fin 1997.

À domicile, M. J. respecte partiellement son régime alimentaire.
Il pèse 86 kg pour 1,68 m. Il boit moins le soir car il se relève 3 fois par nuit pour uriner. Une infirmière libérale assure les injections d'insuline ainsi que les glycémies capillaires préprandiales qui varient entre 1,20 et 2 g/L.
Son traitement est :

Traitement médicamenteux		Matin	Midi	Soir
SELOKEN® 100 (bêta-bloquant)	comprimé	1	0	1
LASILIX® 20 mg (diurétique de l'anse)	comprimé	1	0	0
CORVASAL® 4 mg (antiangoreux)	comprimé	1	1	1
KARDÉGIC® 300 mg (antiagrégant plaquettaire)	comprimé	0	1	0

Il y a 15 jours, dans le cadre du suivi de son diabète, M. J. a eu un prélèvement sanguin qui a montré une augmentation significative de sa créatininémie à 23,73 mg/L (ou 210 µmol/L).
Au vu des résultats, son médecin traitant l'adresse pour une hospitalisation en diabétologie le 6 octobre 1998.
En secteur hospitalier, on met en évidence, le 7 octobre, lors d'une échographie rénale et prostatique :
- une hypertrophie volumineuse de la glande prostatique ;
- une vessie de lutte ;
- une hydronéphrose bilatérale avec un parenchyme rénal limite ;
- une créatininémie à 22,14 mg/L (196 µmol/L) ;
- une infection urinaire (l'antibiogramme est en cours).

En concertation, le diabétologue et l'urologue décident le transfert en chirurgie le 9 octobre pour que ce patient subisse une résection transurétrale de prostate dès le lendemain, sous rachianesthésie.
Ils prescrivent :
- insuline UMULINE PROFIL® 30 : 32 U le matin et 20 U le soir ;
- glycémies capillaires 3 fois/jour avant les repas ;
- analyse d'urines tous les matins (analyse difficile à réaliser car M. J. urine souvent au cours de la journée en se forçant au départ, mais rarement au bon moment) ;
- antibiothérapie par voie veineuse : ROCÉPHINE®, 1 g à diluer dans 40 mL de soluté glucosé à 5 % à passer en seringue électrique en 15 min. (La ROCÉPHINE® se présente sous forme de flacon de poudre à 1 g à reconstituer avec une amp. de solvant de 10 mL.)

Questions

1 *Relevez les éléments du texte faisant évoquer chez M. J. un problème d'hypertrophie de la prostate et les traduire en langage professionnel.* (1,5 point)

2 *Quel est le rôle de la prostate ?* (1 point)

3 *Le résultat de créatininémie de M. J. est perturbé :*
- *expliquez succinctement pourquoi ;*
- *donnez la valeur supérieure normale pour un jeune adulte.* (1,5 point)

4 *Annotez le schéma de l'appareil génital masculin.* (2,5 points)

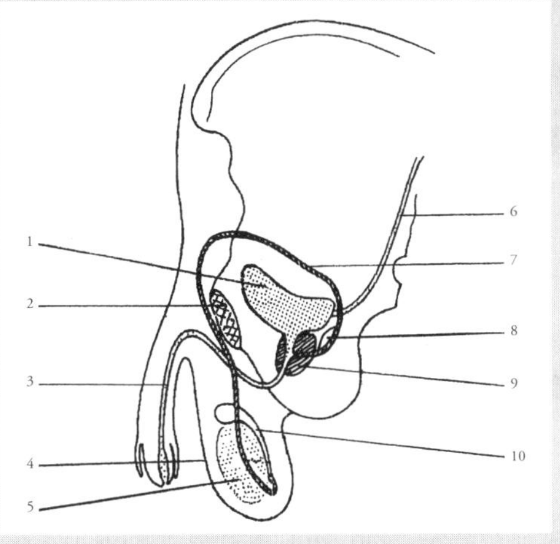

Schéma de l'appareil génital masculin

5 *M. J. est traité par insuline UMULINE PROFIL® 30. Citez le type (ou la classe) de cette insuline. À quoi correspond le chiffre « 30 » ? Quels sont le délai et la durée d'action de cette insuline sous-cutanée ?* (2 points)

6 *Dans l'histoire de M. J., on peut retrouver des complications dégénératives de son diabète. Citez-les. Citez 2 autres complications susceptibles de survenir chez un patient diabétique.* (3,5 points)

7 *M. J. dépend du régime général de Sécurité sociale et ne possède pas de mutuelle. Il vous demande ce qu'il devra payer pour son séjour en chirurgie. Que lui répondez-vous ? Argumentez votre réponse.* (1,5 point)

8 *Quelles sont les normes glycémiques sur sang veineux chez un adulte jeune :*
- *à jeun le matin ;*
- *en postprandial.* (1,5 point)

9 *Quel sera le débit en mL/h de la seringue électrique de ROCÉPHINE® ? Faites apparaître l'ensemble de vos calculs.* (3 points) *(NB : toute erreur dans le raisonnement ou le résultat entraîne un zéro à la réponse.)*

10 *Sur quels éléments portera votre surveillance en ce qui concerne la ROCÉPHINE® ?* (2 points)

Réponses

1 Éléments faisant évoquer chez M. J. un problème d'hypertrophie de la prostate :
- urine souvent dans la journée : pollakiurie diurne ;
- se relève 3 fois par nuit : pollakiurie nocturne ;
- difficulté à uriner depuis fin 1997, urine en se forçant au départ : dysurie d'effort.

2 Rôle de la prostate

La prostate participe à l'élaboration du liquide spermatique.

3 Perturbation de la créatininémie de M. J.

Elle est liée à un diabète qui est déjà compliqué :
- glomérulosclérose diabétique limitant la filtration glomérulaire ;
- de plus le rein est en état de souffrance du fait de l'hydronéphrose liée à l'hypertrophie créant un obstacle.

➡ **Valeur supérieure d'une créatininémie normale :**

120 µmol ou 13,2 mg/L (en mg = µmol × 0,113 - en µmol = mg × 8,85).
(Fourchette acceptée entre 12 et 13,5 mg/L.)

4 Annotation du schéma de l'appareil génital masculin

1. Vessie.
2. Symphyse pubienne.
3. Urètre.
4. Scrotum.
5. Testicule.
6. Uretère.
7. Canal déférent.
8. Vésicule séminale.
9. Prostate.
10. Épididyme.

5 Type ou classe de l'insuline UMULINE PROFIL®

L'insuline UMULINE® 30 est une insuline intermédiaire biphasique.
Le chiffre 30 correspond à un mélange composé de 30 % d'UMULINE® rapide et de 70 % d'UMULINE® NPH (monophasique).

➡ **Délai d'action :** 15 à 30 min.

➡ **Durée d'action :** 18 h environ.

6 Complications dégénératives du diabète chez M. J. :

- infarctus, angor ;
- insuffisance rénale modérée.

Autres complications du diabète :

- complication macrovasculaire : artérite des membres inférieurs (artériopathie), accident vasculaire cérébral ;
- complication microvasculaire : rétinopathie diabétique ;
- neuropathie : mono- ou polynévrites ;
- gastroparésie, diarrhée, hypotension orthostatique, vessie neurogène, impuissance… ;
- pied diabétique ;
- infections, génito-urinaires notamment, etc.

7 M. J. dépend du régime général de Sécurité sociale et ne possède pas de mutuelle.

Le geste opératoire (cystoscopie + rachianesthésie) est un K opératoire supérieur à 50, son hospitalisation est prise en charge à 100 %, mais M. J. devra payer le forfait journalier couvrant les frais d'hébergement et d'hôtellerie.

Remarque : le geste opératoire ne relève pas directement de son diabète donc il n'est pas pris sous la liste des affections à longue durée.

8 Normales glycémiques sur sang veineux chez un adulte jeune :

- à jeun le matin : fourchette devant être comprise entre 0,60 à 1,20 g/L ou 3,3 à 6,6 mmol/L ;
- en postprandial : < à 1,40 g ou 7,7 mmol/L.

9 Débit en mL/h de la seringue électrique de ROCÉPHINE® :

1 g dilué avec 10 mL + 40 mL de glucose 5 % = 50 mL, soit 50 mL en 15 min.

$\frac{50 \times 60}{15}$ = 200 mL/h ou 50 × 4 = 200 mL/h.

10 Surveillance des effets secondaires de la ROCÉPHINE® :

- manifestations allergiques : éruptions, urticaire… ;
- manifestations digestives : diarrhées.

➡ Surveillance de l'efficacité de la ROCÉPHINE® :

- observation de la courbe thermique ;
- aspect, odeur et couleur des urines.

Arthur, 16 ans, diabétique insulinodépendant depuis l'âge de 10 ans, est admis ce matin, jeudi, pour une hospitalisation d'une semaine, dans le service de diabétologie pour déséquilibre et complication du diabète.
Ce jeune homme, lycéen en classe de seconde, vit avec son père et la deuxième femme de celui-ci. Il voit rarement sa mère, remariée, qui vit à 400 km.

Le climat familial, bon jusqu'à l'été, s'est détérioré sans cause précise. Arthur ne s'entend plus avec sa belle-mère, conteste l'alimentation qu'elle lui propose, sollicite puis refuse certains menus.
Il est autonome pour la surveillance de son diabète et possède un lecteur de glycémie. Il réalise lui-même ses injections d'insuline avec des stylos :

- ACTRAPID ® (insuline d'action rapide) : 8 UI le matin, 6 UI à midi, 10 UI le soir ;
- NPH (insuline intermédiaire, d'action semi-lente) : 20 UI le matin, 15 UI le soir.

L'observation de son carnet de surveillance diabétique fait apparaître :

- quelques glycémies inférieures à 0,70 g le plus souvent entre 1,50 g et 3 g ;
- des contrôles espacés ;
- il ne fait plus régulièrement les injections d'insuline rapide avant les repas.

« Je m'équilibre, dit-il, avec la semi-lente car j'en ai marre, ça me prend la tête, j'ai autre chose à faire de ma vie ; déjà les régimes c'est la galère. »
Il a maigri de 4 kg en quelques semaines.
Depuis quelques mois, il fume 1 paquet de cigarettes par jour. Il se couche tard, traîne dans sa chambre. « J'ai beaucoup de cours à préparer..., cette seconde..., si j'avais su..., je n'aurais pas pris cette orientation ! »
Ses résultats scolaires sont en baisse, il critique ses professeurs.
Il a le sentiment d'être nul, d'être anormal avec cette maladie. Il a peu d'amis, refuse souvent les invitations des copains ; il écoute de la musique dans sa chambre, ne pratique pas de sport.

Examen clinique ce matin :

- douleurs abdominales, inappétence, nausées ;
- pas de diarrhée, ventre souple ;
- soif intense ;
- haleine forte, particulière ;
- fréquence respiratoire 25/min ;
- pression artérielle 13-8 cmHg ;
- pulsations 120/min ;
- température 36,8°C ;
- conscience normale, dit « être fatigué » ;
- glycémie capillaire : 3,20 g/L ;
- acétonurie : +++ ;
- glycosurie : +++ ;
- mycose des orteils avec plaie interdigitale au pied droit.

Devant ce tableau clinique, le médecin pose le diagnostic de décompensation du diabète compliquée de cétose.
Les examens sanguins suivants, réalisés en urgence, confirment le diagnostic :

• glycémie : 3,27 g/L ;	
• sodium : 133 mEq/L	N : 135 à 145 ;
• potassium : 6 mEq/L	N : 3,5 à 5 ;
• pH sanguin : 7,20	N : 7,4 ;
• bicarbonates plasmatiques : 12 mEq/L	N : 24 à 32.

Prescriptions médicales à 9 h :
Par voie veineuse :

- 1 L soluté salé isotonique 9 ‰ en 2 h ;
- puis 1 L de soluté glucosé isotonique en 6 h + 2 g NaCl (chlorure de sodium), KCl (chlorure de potassium) à adapter l'après-midi selon le ionogramme de midi ;
- une seringue électrique d'insuline ACTRAPID ® 8 UI/h. ACTRAPID ® (insuline d'action rapide 40 UI/mL) diluée avec du PLASMAGEL ® afin d'obtenir 40 mL de solution à 1 UI/mL, puis modifier cette dose en fonction de la glycémie capillaire :

– < 1,50 : 1 UI/h :
 - 1,5 à 1,9 : 2 UL/h,
 - 1,9 à 2,4 : 3 UI/h,
– > 2,5 : 4 UI/h ;

- 1 amp. de SPASFON ® (antalgique, antispasmodique) dans la perfusion, si douleur ;
- LOVENOX ® 20 mg (anticoagulant) 1 amp. par voie sous-cutanée à 16 h ;
- surveillance : toutes les heures pendant 6 h :

– glycémie capillaire, glycosurie, acétonurie,
– diurèse,
– pression artérielle, pouls ;

- ionogramme sanguin à midi ;
- peser ;
- boissons sucrées et eau de Vichy si pas de nausées ;

• pansement à la BÉTADINE ® aux pieds ;
• prévoir des séances d'éducation individuelles et en groupe dès que possible.
Au cours de l'après-midi, son état s'améliore. Un repas du soir sera prévu en fonction de l'évolution et sur prescription médicale. Arthur regarde la télévision, somnole, demande à fumer. Il reçoit une brève visite de son père et de sa belle-mère. «Ils me prennent la tête. »

Questions

1 *Analysez la situation de soins en établissant des liaisons significatives entre les données du texte et vos connaissances.* (20 points)

2 *Formulez les problèmes de santé (problèmes traités en collaboration et diagnostics infirmiers).* (20 points)

3 *Rédigez le projet de soins détaillé pour les 24 h et dégager les éléments essentiels du projet pour le reste de la semaine.* (20 points)

Réponses

1 Analyse de la situation

Niveau somatique

Jeune adolescent dont le diabète est décompensé, ce qui est une complication aiguë à traiter en urgence pour éviter l'acidose et le risque de coma. Cette complication par carence majeure en insuline est due ici à des doses insuffisantes (non-respect du traitement, manque de contrôles). Arthur n'accepte plus sa situation de malade chronique et présente des difficultés liées à l'adolescence.

La carence insulinique entraîne :
• un défaut de pénétration du glucose au niveau cellulaire (souffrance cellulaire, asthénie) ;
• un défaut de stockage du glucose.
Donc Arthur présente :
• une hyperglycémie : glycémie à 3,20 g/L (norme de 0,80 à 1 g/L) ;
• une glycosurie positive avec polyurie (N : négative) ;
• un amaigrissement par catabolisme adipeux et musculaire ;
• une formation de corps cétoniques :
– élimination urinaire de l'acétone : acétonurie (N : absence),
– élimination respiratoire de l'acétone : haleine acétonique (odeur pomme reinette).
L'élimination rénale des acides cétoniques se fait sous forme de sels de sodium et de potassium, expliquant la déperdition de ces deux cations :
• ionogramme : hyponatrémie, hypo- ou hyperkaliémie. Le système tampon des bicarbonates (réserve alcaline) est mobilisé, le taux des bicarbonates plasmatiques s'effondre ;
• pH sanguin abaissé < 7,40 ;
• bicarbonates plasmatiques < 25 mEq/L. Le système respiratoire tente de compenser l'acidose par une hyperventilation ;
• fréquence respiratoire > 25/min ;
• des douleurs abdominales liées à la cétose (pouvant s'accompagner de vomissements) ;
• une soif intense (un des signes de l'hyperglycémie chronique, l'élimination urinaire du glucose entraînant une polyurie donc une déshydratation et une polydipsie).
L'absence de troubles du transit élimine un problème digestif pur.
Le traitement par apport d'insuline et hydratation est à commencer en urgence pour éviter l'évolution vers une acidocétose grave. C'est pourquoi sont prescrits :
• l'insuline en injection intraveineuse pour action rapide et continue ;
• l'hydratation +++ les premières heures pour compenser les pertes liquidiennes ;
• l'eau de Vichy pour la reconstitution de la réserve alcaline ;
• Na et K selon le ionogramme, à ajouter dans les perfusions ;
• le SPASFON ® diminuera les douleurs abdominales tant que l'acétone persiste ;
• l'anticoagulant pour éviter les risques thrombo-emboliques (± hémoconcentration due à la déshydratation).
Par ailleurs, les constantes sont normales :
• acidose et déshydratation n'entraînent pas ici de troubles de la pression artérielle ;
• T° normale (pas d'infection qui pourrait majorer le déséquilibre du diabète) ;
• conscience normale.
De plus, Arthur présente une mycose des pieds, affection fréquente chez les diabétiques, qui peut entraîner de graves conséquences surtout en cas de

diabète mal équilibré. À mettre en lien avec les chaussures et l'hygiène des pieds chez Arthur.

Niveau psychosocial et histoire de la maladie

Diabétique depuis 6 ans, bonne acceptation de la maladie. Prise en charge efficace et autonome jusqu'à une période récente.

Apparemment, pas de problème particulier lié à la séparation de ses parents biologiques.

Ne semble pas souffrir du remariage de son père (climat familial bon jusqu'à une période récente).

Il n'y a pas de cause précise à ces modifications du comportement et de l'humeur sinon son âge.

L'adolescence est une période de profonds bouleversements aussi bien physiques que psychologiques avec une réactivation des conflits œdipiens ou archaïques.

La crise d'adolescence est une période nécessaire pendant laquelle le jeune va remettre en cause ses modèles parentaux, d'où conflit avec la famille, avec comme objectif souvent inconscient de tenter de trouver son identité propre.

Ici, la crise de l'adolescence, normale et nécessaire, est aggravée par la maladie chronique. Arthur est dans l'opposition et la révolte.

Éléments du texte	Symptômes
• Modifications du traitement. • Irrégularité du suivi. • Tabac + diabète = danger.	• Ne suit plus les règles. • Conduite à risques.
• Ne sait pas ce qu'il veut. • « Ils me prennent la tête » chantage aux repas ?	• Modification des conduites alimentaires. • Conflit avec les parents (belle-mère).
• Se couche tard « traîne ».	• Modification du sommeil.
• Résultats en baisse. • Critique les profs. • Remet en cause son orientation.	• Modification des performances scolaires : signe un mal-être lié à l'adolescence.
• Ne voit plus ses amis, s'isole.	• Modification des relations sociales : alternance de repli sur soi et de sorties en bande.
• Difficultés à gérer diabète et sorties. • Peu de centres d'intérêt (musique uniquement).	• Sentiment de différence ?
• Se sent nul, anormal.	• Perte de l'estime de soi : influence de la maladie chronique : blessure narcissique ?
• Présente une mycose aux pieds : – manque de soins ? – port de chaussures inadaptées ? – diabète aggravant les problèmes cutanés.	• Image de soi (soins du corps). • Narcissisme (miroir, hygiène ++) ou négligence, hygiène douteuse.

Arthur, adolescent en « crise », présente une décompression sévère de son diabète. Bien que le pronostic soit favorable et qu'il ne faille pas s'alarmer, il est impératif d'entreprendre des soins immédiats et une surveillance intensive.

2 Problèmes de santé :

- incapacité à se maintenir en santé ou non-observance du traitement (déséquilibre grave du diabète avec complications : cétose, déshydratation) ;
- perturbation du comportement liée à l'adolescence ;
- risque d'aggravation lié à la maladie chronique ;
- atteinte à l'intégrité de la peau : mycose.

Autres diagnostics possibles :

- stratégie individuelle d'adaptation inefficace ;
- anxiété ;
- fatigue ;
- perturbation du sommeil.

3 Projet de soins

L'hospitalisation d'Arthur est prévue pour 1 semaine.

Les premières heures, l'accueillir

- est-il accompagné de ses parents ?
- importance de le prendre en charge rapidement ;
- établir un contact avec lui, relation de confiance ;
- le rassurer sur son état de santé (l'administration d'insuline va faire régresser ses troubles) ;
- rassurer les parents s'il y a lieu.

Instaurer le traitement rapidement : perfusion et insuline

But :

- réhydrater ;
- abaisser la glycémie (en évitant une chute rapide et le risque d'hypoglycémie) ;
- apporter du glucose qui sera utilisé par les cellules ou stocké.

Actions :

- pose d'une voie veineuse de bon calibre si cela n'a pas été fait avec le bilan ;
- soluté salé à 9 ‰ 1 L en 2 h (de 9 h à 11 h) soit 166,6 gouttes/min (166 ou 167)

$$\left(\frac{20 \times 1000}{60 \times 2} \text{ ou } \frac{2\,000}{120}\right)$$

- et en dérivation : seringue électrique d'insuline d'action rapide 40 UI dans 40 mL de sérum soit 1 mL d'insuline + 39 mL de PLASMAGEL ® = 40 mL de solution (1 UI/1 mL, vitesse 8 mL/h) ;
- puis soluté glucosé à 5 % + 2 g de NaCl, 1 L en 6 h (de 11 h à 17 h) soit : $\frac{20\,000}{360}$ = 55,5 gouttes/min, 56 gouttes par excès ;
- puis soluté glucosé à 5 % + électrolytes suivant le ionogramme de midi, 1 L en 12 h (de 17 h à 5 h du matin) soit $\frac{20\,000}{720}$: 27,7 gouttes/min, 28 gouttes par min par excès.

Surveillance toutes les heures :

- normalisation de la glycémie ;
- absence progressive de glycosurie et d'acétonurie ;
- diurèse en relation avec les apports hydriques (bilan des entrées/sorties) ;
- disparition des douleurs abdominales et des nausées ;
- peser : peut reprendre quelques kilos si déshydratation initiale.

SPASFON ® : antispasmodique à visée antalgique 1 amp. dans la perfusion, surveiller la diminution des douleurs abdominales.

LOVENOX ® : héparine de bas poids moléculaire, 1 amp. dans la paroi abdominale à 16 h, surveiller : TCA, plaquettes, aspect des mollets.

Surveillance clinique par l'infirmière, si pas de nausées, proposer eau de Vichy (eau bicarbonatée) et boissons légèrement sucrées (reconstituer les stocks de sucre) à midi par exemple. Pour le repas du soir demander un avis médical.

Selon l'évolution, la perfusion sera arrêtée, les jours suivants. L'insuline sera administrée par voie sous-cutanée, les doses réajustées et la surveillance clinique sera relâchée : glycémie capillaire en pré- et postprandial. Sur prescription des menus rationnés en glucides seront établis par la diététicienne.

Diagnostics infirmiers ce jour et les jours suivants

Non-observance du traitement

- liée aux difficultés psychologiques de l'adolescence ;
- se manifestant par :
  - modifications des glycémies,
  - doses fantaisistes d'insuline,
  - conflit avec sa belle-mère/repas (ou chantage autour de la prise de glucides) ;
- objectifs :
  - qu'il commence à exprimer ses difficultés,
  - qu'il adapte son comportement et évite de mettre sa santé en danger, à plus long terme ;
- actions ce jour :
  - faire un bilan de son comportement et de son niveau de révolte, de refus : observation clinique, échanges, recueil de données,
  - lui permettre de verbaliser (mettre en place une écoute active) ;
- les jours suivants :
  - recueil de données complet, évaluer le comportement en équipe pluridisciplinaire,
  - négocier des séances d'éducation du diabète : démarche éducative,
  - bilan de ses acquis et de ses besoins,
  - proposer des informations :
    - éducation individuelle personnalisée,

- éducation en groupe : coéducation (référence à des jeunes qui ont vécu des situations identiques) ;
– négocier des attitudes pour se surveiller et appliquer le traitement si besoin et sur prescription, rencontre avec un psychologue ;
• évaluation :
– comportement : attitude de refus ou négociation, marchandage ou coopération ? Participe à son traitement ?
– échange avec les soignants, avec les autres diabétiques ?

Perte de l'estime de soi

• liée à :
– image non conforme à un idéal ;
– blessure narcissique ;
• se manifestant par :
– des propos dévalorisants sur lui-même,
– isolement, repli,
– diminution des performances scolaires ;
• objectifs : qu'Arthur ait une vision plus réaliste, voire plus positive de lui-même et de sa maladie ;
• actions :
– positiver ses capacités, son autonomie,
– le valoriser, le soutenir dans l'action éducative,
– mettre en place une relation d'aide,
– s'intéresser à ce qu'il aime (musique), envisager avec lui des moyens pour ne pas prendre de retard dans sa scolarité (liens avec les copains, les professeurs, l'infirmière scolaire),
– écoute et information de la famille : évaluer l'anxiété des parents ;
• évaluation :
– parle-t-il de lui ?
– parle-t-il de ses parents ?
– quel est son comportement avec eux ?

Altération de la peau

• *liée :*
– à l'hyperglycémie ;
– à des défauts d'hygiène ;
• objectifs :
– qu'il retrouve une peau saine d'ici la fin de la semaine,
– qu'il évite une nouvelle affection des pieds,
– qu'il assume ses soins corporels (douche, etc.) ;
• actions :
– ce jour :
- les soins des pieds ne sont pas à négliger, mais pourront être différés à l'après-midi,
- nettoyer, bien sécher, appliquer un pansement à la BÉTADINE ® entre les orteils abîmés,
- laisser les pieds à l'air ; ne pas marcher pieds nus,
– les jours suivants : lors des séances d'éducation, donner conseils d'hygiène (port de chaussures et de chaussettes adaptées, éviter macération, transpiration…) de façon ludique ou avec supports éducatifs attrayants ;
• évaluation :
– état cutané plantaire,
– a compris les précautions à prendre, les met en application.

L'écoute de ses griefs, de ses plaintes, une relation d'aide, une éducation individuelle, alternée avec des situations d'échange et de discussion avec d'autres jeunes adultes, devraient aider à débloquer la situation psychologique d'Arthur.

Notes

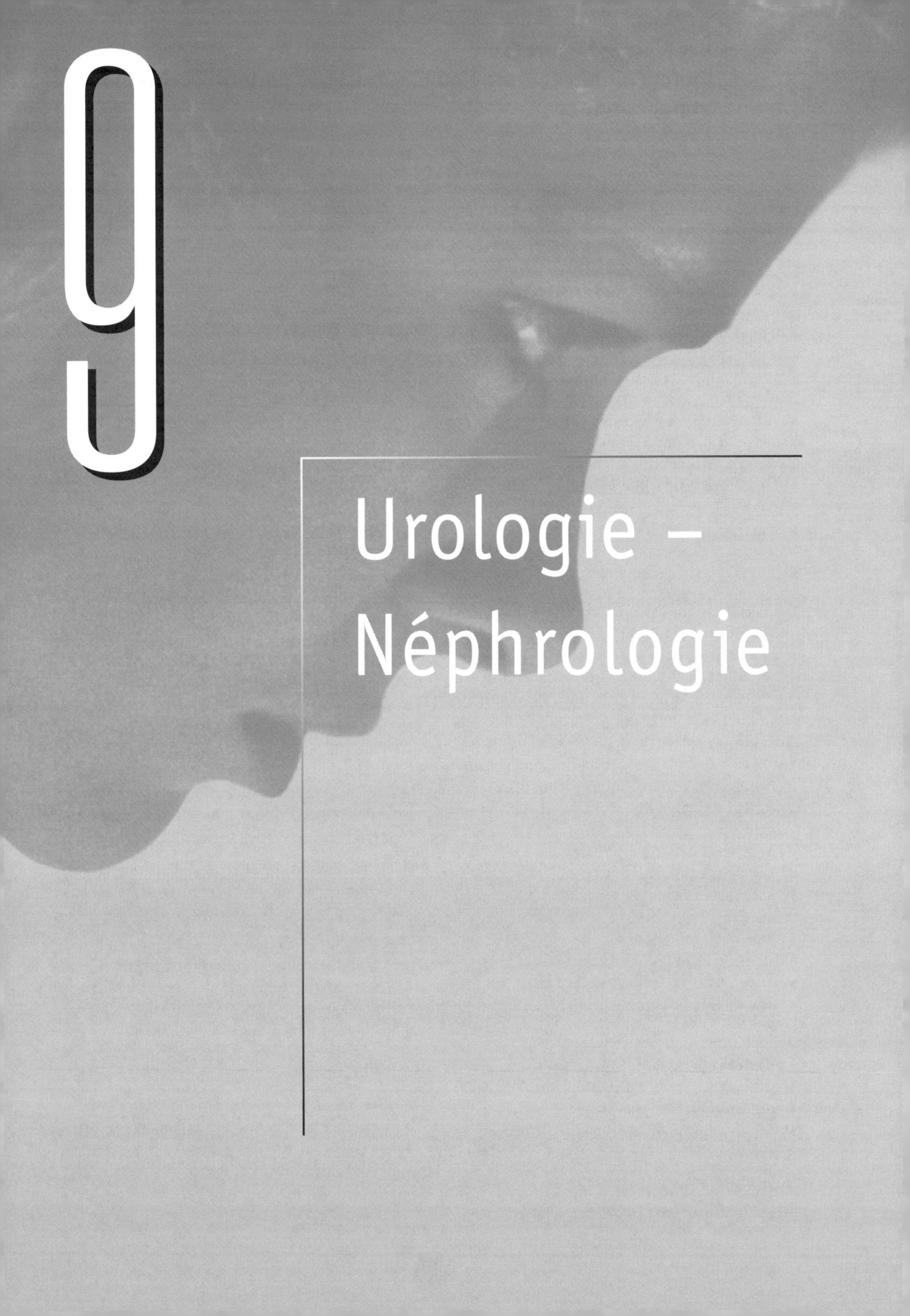

9

Urologie – Néphrologie

→ Urologie – Néphrologie
Cancer rénal généralisé avec métastases pariéto-occipitales et pulmonaires

Vous êtes infirmier(ère) dans un service de neurologie. Vous travaillez de 8 heures à 16 heures, ce jour, et vous êtes responsable de la prise en charge de M. X.
M. X. est un homme de 51 ans, célibataire, vivant seul, ex-salarié agricole au chômage, sans mutuelle, autonome et indépendant dans les actes de la vie quotidienne.
Ce jour, il est adressé aux urgences par son médecin traitant pour crise convulsive généralisée avec notion de perte d'urines à 3 heures du matin.

À son arrivée aux urgences, à 9 h 30, M. X. est conscient. Il se plaint de céphalées frontales.
Les constantes sont :
- tension artérielle à 140/90 mmHg ;
- pouls : 122 pulsations par minute ;
- température à 36,5 °C (ou 36,5 degrés Celsius) ;
- fréquence respiratoire à 15 cycles par minute ;
- saturation en oxygène à 93 %.

La lettre du médecin traitant précise qu'il a présenté, cette nuit, ainsi qu'il y a 3 jours et à 2 reprises, un épisode de paresthésie de l'hémicorps gauche intéressant la face, sans mouvement clonique, mais aussi une hémiparésie gauche, régressive rapidement en 5 minutes.
Par ailleurs, le patient décrit des épisodes de « mouvements anormaux » du membre supérieur et du membre inférieur gauche, parfois accompagnés de perte d'urine et peut-être de perte de connaissance. Il se plaint aussi de céphalées.
M. X. présente des antécédents de :
- bronchites chroniques ;
- tabagisme, à raison d'un paquet par jour depuis 38 ans ;
- alcoolisme chronique ;
- fracture du fémur droit datant de 5 ans ;
- fracture du bras droit datant de 3 ans ;
- aucun traitement *per os*.

L'examen neurologique révèle :
- une céphalée frontale ;
- pas de déficit moteur de l'hémicorps gauche ;
- une sensation d'engourdissement et des troubles sensitifs objectifs au tact et à la piqûre du membre inférieur gauche.

L'examen cardiaque est normal. Il montre un rythme sinusal à 80 pulsations par minute.

L'examen pulmonaire fait apparaître :
- une toux grasse ;
- des expectorations purulentes ;
- des crépitants à la base gauche et des ronchi ;
- une absence de dyspnée.

L'examen abdominal montre :
- une douleur en regard de la sphère hépatique ;
- pas de défense abdominale ;
- un transit régulier ;
- une absence de nausée.

Il est noté également une gynécomastie, une dépilation et un hypogonadisme.

Le médecin urgentiste prescrit les examens suivants :
- radiographie pulmonaire face et profil ;
- électroencéphalogramme à 13 h 30 ce jour ;
- scanner cérébral à 15 h 45, ce jour, sans et avec injection ;
- laisser à jeun dans l'attente du scanner ;
- numération-formule sanguine ;
- taux de prothrombine – TCA (temps de céphaline activée) ;
- ionogramme, urée et créatinine sanguins ;
- glycémie – enzymes hépatiques ;
- glycémie capillaire (DEXTROSTIX ®) ;
- DÉPAKINE 500 Chrono ® (acide valproïque : antiépileptique) : 1 cp le matin et 1 cp le soir.

M. X. pèse 62 kg pour 1,65 m.
Toutes les prescriptions ont été respectées aux urgences.

Devant la survenue de crises d'allure bravais-jacksonnienne, sensitivo-motrices gauches, M. X. est hospitalisé dans le service de neurologie.

À son arrivée dans le service à 12 heures en neurologie, vous l'accueillez et vous constatez que :
- il a un débit verbal rapide, des gestes brusques, un regard oblique et fuyant ;
- les signes neurologiques sont identiques à ceux présentés aux urgences ;
- il porte un pyjama.

Vous lisez dans le dossier de soins :
- la glycémie capillaire est à 5 millimoles par litre ;
- les résultats de la prise de sang sont normaux sauf pour :
  - l'urémie : 2,5 millimoles par litre (normale 2,65 à 7 millimoles par litre) ;

– les protides : 77 millimoles par litre (normale 65 à 75 millimoles par litre) ;
– l'amylase pancréatique : abaissée.

À l'arrivée dans le service, une bandelette urinaire révèle :

- un pH à 8 ;
- une absence d'albumine, de glucose, d'acétone, de leucocytes et de nitrites ;
- trois croix de sang.

Les urines sont rosées.

La radiographie pulmonaire montre des opacités au sommet gauche et des images en lâcher de ballon évoquant des métastases.

Les constantes de M. X. sont les suivantes :

- pression artérielle à 170/100 mmHg ;
- température à 37 °C (ou 37 degrés Celsius) ;
- pouls : 88 pulsations par minute.

Le tracé de l'électroencéphalogramme montre d'importants signes de souffrance temporale droite.
Le scanner cérébral met en évidence une métastase pariéto-occipitale droite. Devant ces images, le radiologue a complété l'exploration par un scanner thoraco-abdominal ; il révèle un cancer rénal droit avec un envahissement loco-régional droit. Les résultats de ces examens ne sont pas révélés au patient.

À la contre-visite, le médecin prescrit :

- MÉDROL ® 16 mg (méthylprednisolone : glucocorticoïde) : 1 cp par jour ;
- **examen cytobactériologique des urines** pour le lendemain, ainsi que les examens suivants :

– **gamma-GT et phosphatases alcalines sanguines ;**
– **triglycérides et cholestérol sanguins ;**
– **calcémie ;**
– **vitesse de sédimentation ;**
– bilirubine ;
– transaminases hépatiques.

Questions

1 *Replacez sur ce schéma de la tête (vue d'ensemble) les éléments proposés.* (2 points)
Apophyse zygomatique.
Apophyse mastoïde.
Frontal.
Malaire.
Maxillaire inférieur.
Maxillaire supérieur.
Occipital.
Orifice du conduit auditif.
Os propres du nez.
Pariétal.
Sphénoïde.
Temporal.

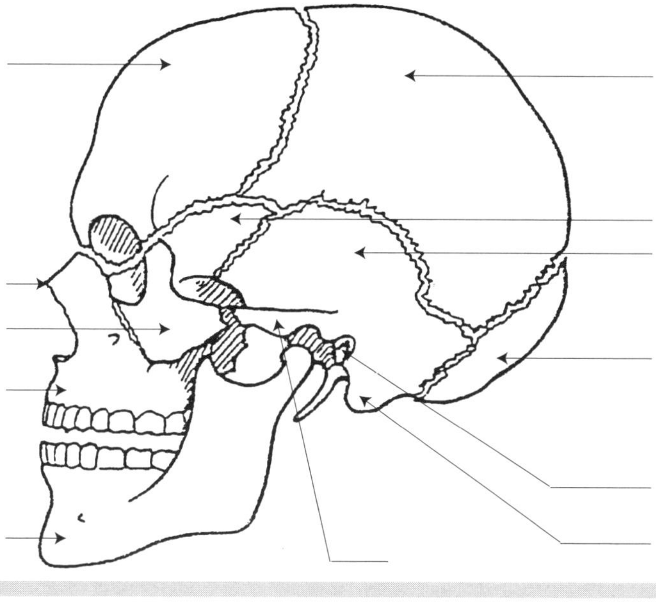

2 *Définissez les mots suivants :*
- *paresthésie ;*
- *gynécomastie ;*
- *hypogonadisme ;*
- *hémiparésie ;*
- *métastase.* (3 points)

3 *Décrivez les différentes phases des crises d'épilepsie bravais-jacksonnienne sensitive et motrice, secondairement généralisées.* (4 points)

4 *Avant sa sortie, le neurologue fera une demande d'exonération du ticket modérateur. À partir des éléments du texte, argumentez cette demande.* (3 points)

5 *Citez dix effets secondaires des glucocorticoïdes.* (5 points)

6 *Définissez les différents niveaux de prévention en lien avec la consommation de tabac. Illustrez chacun d'eux par deux actions.* (4 points)

7 *Argumentez l'intérêt des prescriptions écrites en caractères gras du neurologue, lors de la contre-visite à J0.* (5 points)

8 *Identifiez et justifiez les problèmes réels et/ou potentiels de M. X. à traiter conjointement ou en collaboration, sur votre temps de travail.* (9,5 points)

9 *Au regard de chaque problème identifié dans la question précédente, formulez les objectifs de soins et/ou buts infirmiers, puis énoncez les actions infirmières avant votre départ.* (15 points)

10 *Les médecins neurologue et urologue consultés ne proposent pas de traitement curatif du fait du diagnostic de cancer rénal généralisé. Un retour à domicile est prévu à J4. M. X n'est pas informé de sa pathologie. Il sait qu'il a présenté à plusieurs reprises des crises d'épilepsie.*
Il ne présente plus de céphalée, ni de paresthésie au membre inférieur gauche.
Son ordonnance de sortie est faite. Elle est composée de :
- *DÉPAKINE 500 CHRONO® : 1 cp le matin, 1 cp le soir ;*
- *MÉDROL® 16 mg : 1 cp le matin.*

Quelles informations et conseils en lien avec la pathologie épileptique et le traitement prescrit mettez-vous en place pour préparer la sortie de M. X ? (9,5 points)

Réponses

1 **Schéma de la tête (vue d'ensemble).**

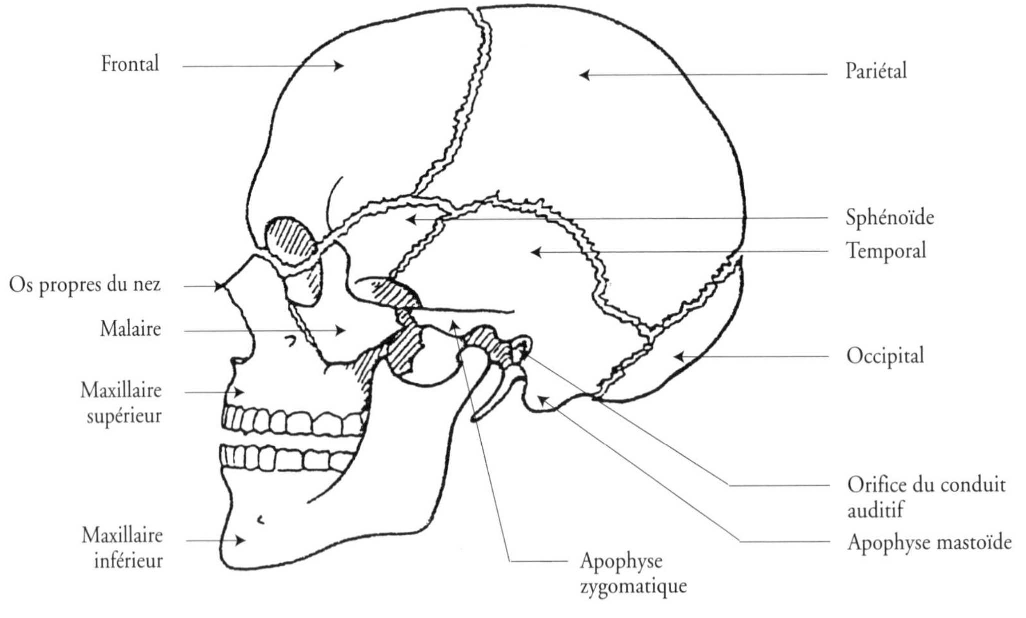

2 Définitions

Paresthésie : perception erronée sensitive ou fourmillement ou picotement, chaleur, froid, engourdissement.

Gynécomastie : hypertrophie des glandes mammaires.

Hypogonadisme : sujet présentant une hypotrophie des gonades (testiculaires) avec une sécrétion interne insuffisante.

Hémiparésie : déficit moteur hémicorporel.

Métastase : foyer secondaire d'une maladie cancéreuse disséminée par voie lymphatique ou sanguine à partir d'un foyer primitif.

3 Crises d'épilepsie bravais-jacksonniennes

Les caractéristiques des crises d'épilepsie bravais-jacksonniennes sensitives ou motrices, secondairement généralisées, sont les suivantes :

- atteinte motrice ou sensitive d'un segment de membre, s'étendant au membre entier puis devenant une crise généralisée ;
- début brutal ;
- perte de connaissance immédiate ;
- durée de 5 à 15 minutes.

La crise se déroule en plusieurs phases :

- phase tonique : contracture généralisée avec apnée, cyanose, morsure de langue (10 à 30 secondes) ;
- phase clonique : mouvements cloniques (secousses musculaires) brusques, généralisés, pendant 30 secondes ;
- phase résolutive : coma avec résolution musculaire, respiration stertoreuse, mousse sanglante aux lèvres ;
- phase postcritique : durée variable, pas de souvenir, plus ou moins hébété.

4 Exonération du ticket modérateur

Comme il s'agit d'un cancer rénal, le médecin fera une demande d'exonération du ticket modérateur. La prise en charge sera de 100 %, car le cancer est une affection de longue durée (ALD).

5 Glucocorticoïdes : effets secondaires

Parmi les effets secondaires des glucocorticoïdes on peut citer :

- troubles digestifs (nausées, vomissements, diarrhée, gastrite, ulcère gastrique) ;
- troubles cutanés (allergie, atrophie du derme : retard à la cicatrisation) ;
- troubles neuro-sensoriels (insomnies, euphorie) ;
- effet hyperglycémiant ;
- troubles phosphocalciques ;
- rétention hydrosodée ;
- augmentation du catabolisme des protéines ;
- hypokaliémie (trouble cardiaque) ;
- risques infectieux si glucocorticoïdes utilisés à forte dose et à long terme ;
- hypocorticisme ;
- aménorrhée ;
- trouble oculaire (glaucome, cataracte).

6 Tabagisme : niveaux de prévention

Les différents niveaux de prévention en lien avec la consommation de tabac sont les suivants :

- prévention primaire : s'exerce avant la survenue des effets secondaires en lien avec le tabac (exemples : campagne antitabac, conférence dans les lycées, affichages…) ;
- prévention secondaire : vise à limiter le développement de cancer pulmonaire, d'athérosclérose (exemples : suppression du tabac, utilisation de Nicopatch, plan de 5 jours) ;
- prévention tertiaire : vise à limiter les rechutes et complications (exemples : hygiène de vie : suppression absolue du tabac ; traitement chirurgical : pontage vasodilatateur ; traitement médical : vasodilatateurs, anticoagulants).

7 Prescriptions du neurologue à J0

Examen cytobactériologique des urines (ECBU) :

- exploration cytologique permettant d'évaluer de façon précise l'hématurie détectée à la bandelette urinaire et de confirmer l'absence de leucocytes ;
- exploration bactériologique permettant de confirmer l'absence de germes au niveau de la vessie ;
- réalisé pour un bilan rénal, dans le contexte de cancer.

Gamma-GT et phosphatases alcalines

Évaluer l'atteinte des fonctions hépatiques, du fait du cancer généralisé, de son alcoolisme, d'une douleur en regard de la sphère hépatique décrite à son arrivée et d'une protidémie élevée.

Calcémie :

- rechercher une métastase osseuse et les répercussions métaboliques du cancer ;

• dosage de référence avant la mise en route d'un traitement aux corticoïdes, qui ont pour effets secondaires des troubles phosphocalciques.

➡ Vitesse de sédimentation

Évaluer une réaction inflammatoire ou dégénérative dans le cadre d'un bilan de cancer, au regard de l'hématurie.

➡ Triglycérides-cholestérol

Compléter le bilan hépatique.

8 Problèmes réels et potentiels de M. X.

L'infirmière prend M. X. en charge de 12 h à 16 h.

➡ Problème neurologique :

• problématique de diagnostic étiologique vis-à-vis des épisodes neurologiques régressifs, se manifestant par des paresthésies à type d'engourdissement au membre inférieur gauche, par des céphalées frontales, par des troubles sensitifs ;
• risque de récidive de crises d'épilepsie, lié :
– à 3 crises en 3 jours ;
– au résultat du scanner cérébral révélant une métastase pariéto-occipitale droite ;
– au sevrage d'alcool.

➡ Anxiété :

• liée au sevrage tabagique et alcoolique et pouvant être majorée par :
– l'hospitalisation ;
– le fait que les crises épileptoïdes se sont renouvelées sur un temps court (3 jours) ;
– ses symptômes de paresthésies, céphalées, sensations d'engourdissement, hématurie ;
– le nombre d'examens et leurs spécificités en peu de temps et l'attente des résultats :
 - radio pulmonaire, EEG, scanner cérébral et thoraco-abdominal ;
 - prises de sang ;
 - pesée ;
 - à jeun ;
• se manifestant par :
– un regard oblique et fuyant ;
– des gestes brusques ;
– un débit verbal rapide.

➡ Problème pulmonaire :

• lié au tabagisme chronique, aux métastases pulmonaires et aux antécédents de bronchite chronique ;
• se manifestant par :
– une toux grasse ;
– des expectorations purulentes ;
– une image pulmonaire avec lâcher de ballons ;
– des crépitants base gauche et notion de ronchi.

9 Objectifs de soins infirmiers

Problèmes	Objectifs	Actions
• Problème d'étiologie neurologique.	• Évaluer l'involution des signes.	• Surveiller la persistance des paresthésies au membre inférieur gauche et des troubles sensitifs, toutes les 2 heures. • Évaluer la douleur : – siège ; – intensité (échelle EVA) ; – durée ; – évolution dans le temps ; – type pulsatile ou continu ; – signes non verbaux par rapport à l'expression du visage, au positionnement du corps. • Prévenir le neurologue de son arrivée dans le service et demander l'avis du médecin pour un éventuel traitement antalgique.
	• Contribuer à l'établissement du diagnostic étiologique.	• S'assurer auprès de M. X qu'il est informé des différents examens et horaires prévus, soit : – 13 h 30 : EEG ; – 15 h 45 : scanner cérébral. • Contrôler et rappeler la nécessité d'être à jeun pour le scanner, c'est-à-dire : – ne pas boire ; – ne pas manger ; – ne pas fumer.

Problèmes	Objectifs	Actions
• Risque de récidive de crise d'épilepsie.	• Prévenir une nouvelle crise.	• S'assurer que le DÉPAKINE 500 CHRONO ®, soit 1 cp, ait été donné aux urgences. À quel horaire ? • Programmer le traitement. • Vérifier efficacité : absence de crise. • Surveiller toutes les 2 heures : – conscience, céphalées ; – motricité ; – sensibilité ; – continence. • Surveiller inocuité DÉPAKINE ® : – nausées, gastralgie ; – vigilance.
• Problème d'anxiété.	• Diminuer l'anxiété de M. X.	• L'accueillir à son arrivée : – se présenter ; – présenter le service, le personnel, la chambre (téléphone, lumières…). • Identifier ses peurs en utilisant une écoute active. • Observer l'évolution du regard fuyant oblique ou se mettre en face de lui. • L'informer de la possibilité d'aller fumer dans une pièce réservée aux fumeurs mais pas avant la réalisation des examens.
• Problème pulmonaire.	• Évaluer les répercussions respiratoires.	• Observer et écouter sa respiration : – amplitude ; – fréquence ; – toux ; – bruits anormaux (sifflements…). • Surveiller toutes les 2 h : – sueurs ; – conscience ; – coloration des extrémités. • Mettre la sonnette à portée de la main. • Conseiller la position demi-assise ou au fauteuil.
	• Évaluer la quantité et la qualité de son expectoration.	• Mettre un crachoir sur la table de chevet.

L'infirmière devra transmettre aux aides-soignantes les consignes et noter dans le dossier de soins les résultats pour permettre la continuité des soins.

10 Sortie de M. X : information et conseils concernant sa pathologie épileptique

Pour préparer la sortie de M. X, les informations et conseils en lien avec sa pathologie épileptique mis en place sont les suivants :

• information sur l'épilepsie (plutôt qu'éducation, vu le délai trop court), portant sur les règles d'hygiène de vie :
– équilibre entre les temps de veille et de sommeil ;
– respecter un temps de sommeil régulier ;
– éviter l'absorption en grande quantité d'excitants (tabac, alcool, café, thé) ;
– éviter les chocs émotionnels ;
– respecter la posologie de la DÉPAKINE 500 CHRONO ® ;

– prendre régulièrement son traitement, ne pas interrompre le traitement anti-épileptique sans avis médical ;
– si nouvelle crise, consulter son médecin traitant pour avis et contrôles biologiques, de même si gastralgies non supportables ;
– éviter en solitaire les activités d'extérieur et/ou sport éventuel ;
– devant tout nouveau signe, consulter rapidement ;

• informations concernant la prise des corticoïdes (conseils essentiellement par rapport à l'hygiène alimentaire, afin d'éviter les effets secondaires) :
– surveillance du poids toutes les semaines, même heure, dénudé, même balance ;
– régime désodé (explications à l'aide de fiches diététiques) ;
– régime hypoglucidique ;
– régime hypolipidique (possibilité de faire appel à la diététicienne) ;
– prise régulière le matin à respecter. Expliquer au patient l'intérêt de ne pas le prendre le soir car insomnies secondaires ou effets euphorisants et excitants possibles ;
– prévenir son médecin traitant s'il présente des gastralgies ;
– prévenir son médecin traitant si il a une augmentation rapide de son poids ;
– prévenir son médecin traitant si présence d'œdèmes.

Lors de cette information, utiliser des termes et des conseils adaptés à la personne soignée et à ses habitudes de vie, s'assurer de la bonne compréhension.

Si M. X. pense ne pas avoir assez de précisions, lui donner la possibilité de rencontrer le neurologue, avant son départ.

Vous êtes infirmier dans une unité d'urologie. Mme J., 64 ans, est entrée dans le service il y a 12 jours pour pollakiurie, insuffisance rénale et urétéro-hydronéphorose bilatérale.
Le dossier de soins précise les informations suivantes :
- Mme J. mesure 1,58 m et pèse 70 kg ;
- elle est de nationalité algérienne et comprend difficilement le français. Elle reçoit la visite quotidienne de son mari et de ses 4 grands enfants, qui traduisent ses souhaits et ce que l'équipe médicale a voulu lui expliquer et qu'elle n'a pas compris ;
- elle bénéficie de la protection sociale de son mari, affilié au régime général de la Sécurité sociale, et a une mutuelle.

Il y a quelques semaines, Mme J. se plaignait de tensions abdominales et de difficultés à uriner. Une urographie intraveineuse ainsi qu'une échographie vésicale et abdominale, réalisées en externe, ont alors révélé une dilatation de la vessie et du haut appareil urinaire, et une paroi vésicale épaissie.

La lecture du dossier médical vous apprend que Mme J. présentait à son entrée :
- une pollakiurie depuis 10 jours ;
- une rétention d'urine depuis 2 jours ;
- une tension artérielle à 18/10 cm de Hg ;
- une apyrexie ;
- un ECBU (examen cytobactériologique des urines) stérile et hématurique.

Résumé d'hospitalisation :
- J1 :
  – pose d'une sonde vésicale de Foley qui a donné 3 L d'urines rosées en 24 h ;
  – bilan sanguin :
    - numération-formule sanguine :
      . globules rouges : 2,26 Téra/L (3,80-5,20) ;
      . globules blancs : 7,30 Giga/L (4,00-10,00) ;
      . hémoglobine : 7 g/100 mL (11,50-16,00) ;
      . plaquettes : 197 Giga/L (150,00-500,00) ;
    - ionogramme :
      . Na : 142 mmol/L (136,00-145,00) ;
      . K : 4,4 mmol/L (4,00-5,00) ;
      . Cl : 105 mmol/L (101,00-111,00) ;
    - azotémie : 21,10 mmol/L (2,20-6,70) ;
    - créatininémie : 486 µmol/L (62,00-133,00) ;
    - glycémie : 5,37 mol/L (4,40-6,10) ;
    - vitesse de sédimentation :
      . 1re heure : 124 (1,00-10,00) ;
      . 2e heure : 140 (2,00-30,00) ;
- J2 : le scanner abdomino-pelvien montre une urétéro-hydronéphrose bilatérale majeure et la présence de deux tumeurs, une au niveau de l'abouchement de l'urètre à la vessie et une autre au niveau de l'abouchement de l'uretère droit à la vessie ;
- J3 : pose d'une sonde de néphrostomie percutanée à droite sous anesthésie générale. Maintien de la sonde vésicale ;
- J4 : 2 concentrés globulaires sont administrés ;
- J6 : cystoscopie avec biopsie et résections endoscopiques des tumeurs de la vessie. Le diagnostic de carcinome vésical très invasif est ainsi établi ;
- entre J6 et J10 sont pratiqués une scintigraphie osseuse et 1 scanner thoracique et abdominal. Ces deux examens révèlent l'absence de métastase. Le chirurgien prévoit une intervention sous anesthésie générale : urétérostomie cutanée bilatérale par voie abdomino-médiane et pelvectomie antérieure.

Ce jour, à J12, vous travaillez de 13 h à 20 h. Vous apprenez que Mme J. est agitée et sonne de façon fréquente ; elle tire sur la sonde vésicale et se plaint de brûlure à ce niveau.
Vous recueillez les informations suivantes :
- tension artérielle : 15/8 cm Hg ;
- pouls : 96/min ;
- température : 39 °C ;
- diurèse :
  – sonde vésicale : 1 L ;
  – sonde de néphrostomie : 700 mL ;
  – urines rosées et troubles ;
- créatininémie : 190 µmol/L (62,00-133,00) ;
- azotémie : 18 mmol/L (2,20-6,70) ;
- globules rouges : 3,2 Téra/L (3,80-5,20) ;
- hémoglobine : 10 g/100 mL (11,50-16,00) ;
- globules blancs : 11,4 Giga/L (4,00-10,00) ;
- plaquettes : 200 Giga/L (150,00-500,00).

Face à ce tableau infectieux, l'intervention est reportée et le médecin prescrit :
- 3 hémocultures : à 14 h, 15 h et 16 h ;
- surveillance : pouls, tension artérielle, température et diurèse, toutes les 4 heures ;
- 2 ECBU : un sur la sonde de néphrostomie, un sur la sonde vésicale ;
- pose d'une voie veineuse périphérique avec un litre de BIONOLYTE® isotonique par 24 h (50 g de glucose, 0,8 g NaCl, 0,4 g KCl) : à commencer dès 14 h ;

- CLAFORAN® (famille des céphalosporines) : 2 g par 24 heures (flacons de 1 gramme) à diluer dans 125 mL de chlorure de sodium à 0,9 %, à administrer en 30 min, à 16 h et 4 h ;
- CIFLOX® (famille des quinolones) : 400 mg par 24 heures (flacons de 200 mg/100 mL) à administrer en 30 min, à 18 h et à 6 h.

Questions

1 *Analysez la situation de Mme J. ce jour, et déduisez au moins 2 diagnostics infirmiers.* (25 points)

2 *Planifiez les soins infirmiers auprès de Mme J. ce jour de 13 h à 20 h. Argumentez brièvement l'intérêt de chacun d'eux.* (10 points)

3 *Définissez l'hémoculture et citez les principes à respecter lors de sa réalisation.* (4 points)

4 *Citez le texte de loi et les articles auxquels se réfère l'infirmière pour effectuer chacun des soins suivants :*
- *ECBU ;*
- *aide et soutien psychologique ;*
- *pose de voie veineuse périphérique.* (3 points)

5 *Des accidents peuvent apparaître au cours de la transfusion. Après les avoir indiqués, citez les signes évocateurs que l'infirmier doit dépister.* (5 points)

6 *Un étudiant en soins infirmiers de 2e année vous demande de lui expliquer l'intérêt de la sonde de néphrostomie et les éléments spécifiques de sa surveillance.*
Que lui répondez-vous ? (5 points)

7 *Quels conseils donnez-vous à Mme J. à propos de sa sonde vésicale. Argumentez brièvement votre réponse.* (3 points)

8 *Vous recevez les résultats des ECBU 3 jours après les prélèvements. Ils indiquent la présence de pyocyanique dans les urines prélevées sur la sonde vésicale :*
- *cette infection peut-elle être déclarée comme infection nosocomiale ? Précisez pourquoi, en vous appuyant sur sa définition ;*
- *citez les missions du comité de lutte contre les infections nosocomiales (CLIN).* (5 points)

(Toute erreur mettant en danger la vie de la patiente entraîne 0 à la question.)

Réponses

1 Analyse de la situation de Mme J. et diagnostics infirmiers

Mme J., âgée de 64 ans, est hospitalisée depuis 12 jours dans une unité d'urologie. Après de nombreuses explorations, le diagnostic de carcinome vésical très invasif a été établi. Ce jour, à J12, elle présente un tableau infectieux.

➡ **Présentation physique, psychologique et sociale :**
- femme de 64 ans, mesurant 1,58 m et pesant 70 kg : surcharge pondérale ;
- ce jour, elle se montre anxieuse, agitée, tire sur sa sonde : douleur possible, non compréhension ;
- de nationalité algérienne, comprenant difficilement le français, mais visite quotidienne de son mari et de ses enfants : risque d'isolement par rapport à l'équipe, peut-être compensé par un soutien familial important ;
- bénéficie de la Sécurité sociale de son mari : le carcinome vésical est une ALD (affection de longue durée) prise en charge à 100 % par la Sécurité sociale.

➡ **Explorations prescrites :**
- échographie vésicale et abdominale : exploration non invasive de la vessie et de la région abdominale au moyen d'ultrasons. Dans ce cas, recherche de modifications anatomiques pouvant justifier les tensions abdominales et la dysurie (difficultés à uriner) de Mme J. ;
- UIV : radiographie de l'appareil urinaire opacifié, après injection par voie veineuse, d'un produit de contraste s'éliminant par les reins. Dans ce cas, recherche diagnostique au vue de la pollakiurie et de l'hydronéphrose ;
- scintigraphie osseuse : imagerie médicale par le biais d'injection d'isotopes radioactifs par voie veineuse, dont on visualise le cheminement et la fixation sur les os. Ici, recherche des métastases osseuses ;
- scanner : procédé radiographique permettant l'étude en coupe des différents tissus traversés ;
- scanner thoracique : recherche de métastases pulmonaires ;
- scanner abdominal : recherche de métastases abdominales.

➡ **Analyse médicale :**
- carcinome vésical :
– définition : tumeur cancéreuse de la vessie ;

– physiopathologie : la tumeur cancéreuse crée deux obstacles à l'écoulement de l'urine : d'une part au niveau de l'abouchement de l'urètre à la vessie, ce qui crée une rétention urinaire, c'est-à-dire une évacuation des urines par regorgement ; ainsi, Mme J. présentait une rétention à son entrée : la sonde vésicale permet l'évacuation des urines par voie basse. D'autre part, au niveau de l'abouchement de l'uretère à la vessie, ce qui crée une obstruction urétérale : répercussions en amont au niveau du rein, ce qui crée une urétro-hydronéphrose (distension du bassinet). Celle-ci est à l'origine de l'insuffisance rénale et de l'hypertension présentée à l'entrée par Mme J. (18/10). Le scanner abdominal à J2 a mis en évidence cette urétro-hydronéphrose ;
– symptomatologie : hématurie, Hb = 7 g ; ce jour, Hb = 10 g après transfusion ;
– pronostic : risque majeur de récidives (envahissement local et/ou général) ;
– intérêt du traitement : le chirurgien décide de réaliser une urétérostomie cutanée bilatérale (abouchement des 2 uretères à la peau) par voie abdomino-médiane sous anesthésie générale, afin de détourner le trajet de l'urine pour éviter l'obstacle (tumeur de la vessie), ainsi qu'une pelvectomie antérieure (ablation partielle des organes du petit bassin), pour éviter l'extension locale.

• tableau infectieux :
– physiopathologie : dû à une infection urinaire (prolifération bactérienne dans les urines) par voie rétrograde, liée à la présence d'une sonde de néphrostomie et d'une sonde vésicale ;
– symptomatologie :
  - température : 39 °C ;
  - globules blancs : 11,4 Giga/L ;
  - urines rosées et troubles (prolifération bactériennes dans les urines) ;
  - brûlures signalées au niveau de la sonde vésicale ;
– intérêt du traitement :
  - report de l'intervention prévue, car l'état septique est une contre-indication de l'intervention ;
  - antibiotiques de 1re intention : CIFLOX ® (association de 2 antibiotiques) et CLAFORAN ® (action synergique) ;
  - prélèvements bactériologiques :
    . ECBU : prélèvements aseptiques des urines pour mise en culture afin d'identifier le germe responsable de l'infection ;
    . hémocultures : ensemencement d'un milieu de culture avec du sang prélevé chez Mme J. pour identification du germe ;
  - surveillance de la diurèse et autres paramètres : évaluation de la filtration rénale et des répercussions sur l'état général ;
  - surveillance de la température : évaluation de l'évolution de l'état septique :
  - pose de la voie veineuse périphérique (BIONOLYTE ®, 1 L/24 h) :
    . hydrater car hyperthermie ;
    . voie d'abord pour l'administration des antibiotiques.

➡ Diagnostics infirmiers

Au regard de l'ensemble de la situation de Mme J., plusieurs diagnostics infirmiers peuvent être envisagés :

• anxiété (classification ANADI : 9.3.1) :
– liée à ses brûlures urinaires, à l'intervention prévue, à un manque de connaissances ;
– se manifestant par un appel fréquent des infirmiers, de l'agitation ;

• altération de la communication verbale (classification ANADI : 2.1.1.1) :
– liée à une différence culturelle (algérienne) ;
– se manifestant par une difficulté à parler le français ;

• risque d'intolérance à l'activité (classification ANADI : 6.1.1.3) : lié à la présence de la sonde et aux perfusions.

2 Planification des soins infirmiers de Mme J.

➡ Dès 13 h :

• assister aux transmissions, prendre contact avec Mme J. ;

• surveiller son état d'agitation ;

• l'informer des soins, les lui expliquer et la rassurer ;

• dès l'arrivée de ses enfants, s'assurer par leur intermédiaire qu'elle a bien compris les informations.

➡ Soins des sondes :

• expliquer à Mme J. qu'elle ne doit pas tirer sur les sondes ;

• sonde de néphrostomie :
– surveiller débit, aspect et quantité des urines ;
– veiller au pansement de la sonde de néphrostomie : occlusif, absence de sang et d'urines ;

• sonde vésicale : surveiller débit et quantité des urines.

Face au tableau infectieux :

• température à prendre avant chaque hémoculture (14 h, 15 h et 16 h) ;
• à 14 h : pose d'une voie veineuse périphérique avec asepsie avec cathéter court, 1re hémoculture envoyée au laboratoire ;
• 2 autres hémocultures à réaliser avant la mise en place des antibiotiques : à 15 h et 16 h ;
• aseptie lors des prélèvements directs ;
• identification des flacons et transport rapide au laboratoire.

Répartition et mise en place du traitement intraveineux :

• mise en place de la perfusion de BIONOLYTE ® à 14 h :
– 500 mL de 14 h à 2 h ;
– 500 mL de 2 h à 14 h ;
• ECBU (à réaliser avant la mise en place des antibiotiques) :
– prélever les urines sur la sonde vésicale (en provenance du rein gauche) ;
– prélever les urines sur la sonde de néphrostomie (en provenance du rein droit) ;
– prélèvements aseptiques ;
– identification des flacons ;
– descente au laboratoire ;
• traitement antibiotique :
– pose du CLAFORAN ® :
  - de 16 h à 16 h 30 ;
  - de 4 h à 4 h 30 ;
– pose du CIFLOX ® :
  - de 18 h à 18 h 30 ;
  - de 6 h à 6 h 30.

Surveillance de la perfusion :

• point d'injection, bon retour veineux, débit des perfusions ;
• surveillance de la survenue d'incident ou d'accident liés aux antibiotiques (ex. : allergies).

Surveillance pouls, tension et diurèse

À 13 h, 17 h et 21 h.

Soins d'hygiène

Une aide sera apportée à Mme J. pour tous les soins qu'elle ne peut effectuer toute seule.

Transmissions

Transmissions à l'équipe de nuit en fin de journée.

3 Hémocultures

Définition

Une hémoculture est la mise en culture du sang sur des milieux appropriés (aérobie et anaérobie) afin de permettre l'identification de bactéries ou levures.

Principes à respecter :

• prélèvement à réaliser de préférence au moment d'un pic thermique ou d'un frisson ;
• 3 prélèvements à 1 heure d'intervalle, à effectuer avant la mise en route du traitement antibiotique, soit avant 16 h ;
• asepsie rigoureuse : gants stériles, désinfection cutanée selon protocole du service ;
• quantité suffisante (5 à 10 mL) ;
• bon de laboratoire : identification du malade, date, heure, température, type de traitement ;
• transport rapide au laboratoire.

4 Texte de loi

Il s'agit du décret du 15 mars 1993 relatif aux actes professionnels et à l'exercice de la profession d'infirmier :

• ECBU : article 4, recueil aseptique des urines, prescription médicale ;
• aide et soutien psychologique : article 3, rôle propre ;
• pose de voie veineuse périphérique : article 4, mise en place d'un cathéter court sur prescription médicale.

5 Accidents possibles au cours d'une transfusion

Les accidents pouvant apparaître au cours d'une transfusion sont :

• un accident immunologique ;
• un choc infectieux.

Il faut demander à Mme J. de signaler toutes sensations anormales, et rechercher les signes suivants :

• réaction fébrile ;
• rash cutané ;
• sensation de malaise ;
• collapsus ;
• nausées, vomissements, douleurs abdominales, diarrhées ;
• douleurs lombaires ;
• urines rosées.

6 Intérêt et surveillance de la sonde de néphrostomie

La sonde de néphrostomie est une sonde posée par voie percutanée dans le bassinet pour permettre au rein d'effectuer sa fonction biologique malgré un obstacle situé en aval (ici, tumeur de la vessie). Elle est fixée à la peau par des fils non résorbables.

La surveillance est la suivante :

- perméabilité de la sonde : diurèse ;
- fuite d'urines, aspect (hémorragique, trouble), odeur ;
- obstacle externe tel que coudure sur la tubulure ;
- apparition d'un hématome ;
- pansement ;
- risque d'infection.

7 Conseils à donner à Mme J. concernant sa sonde vésicale

Mme J. porte cette sonde vésicale depuis 12 jours :

- problèmes mécaniques :
  - ne pas tirer sur la sonde qui est maintenue par un ballonnet (risque de traumatisme) ;
  - appeler l'infirmière si sensation de poids et/ou douleur dans le bas du ventre (signent l'obstruction de la sonde) ;
  - sac collecteur d'urines toujours placé à un niveau inférieur à la vessie ;
- problèmes aseptiques :
  - appel de l'infirmière pour la toilette du méat urinaire : elle sera effectuée avec des compresses stériles + antiseptique ;
  - quand Mme J. va à la selle, qu'elle ne souille pas sa sonde ;
  - ne pas essayer de désadapter le sac collecteur d'urines.

8 Résultats des ECBU : présence de pyocyanique dans les urines

➡ Infection nosocomiale

La présence de pyocyanique dans les urines prélevées sur la sonde vésicale peut être déclarée infection nosocomiale. En effet, une infection nosocomiale est une infection contractée dans un établissement de soins :

- qui affecte la personne hospitalisée du fait de son admission à l'hôpital ou des soins qu'elle y a reçus (Mme J. est à J12 de son hospitalisation) ;
- se déclarant au plus tôt 48 h après l'admission (J12) ;
- qui n'était ni présente, ni en incubation au moment de l'admission (apyrétique) ;
- cliniquement et/ou microbiologiquement reconnaissable (ECBU stérile à l'entrée, ECBU avec pyocyanique à J12).

➡ Missions du CLIN :

- surveillance :
  - organise et coordonne une surveillance continue des malades et des locaux (dépistage quotidien des IN, prélèvements systématiques de surface, enquêtes d'incidence et de prévalence...) ;
  - définit des méthodes et indicateurs permettant l'identification, l'analyse et le suivi infectieux nosocomiaux ;
- prévention : élabore et met en œuvre des recommandations de bonnes pratiques en hygiène (protocoles). Il est consulté lors d'achat du matériel, programmation de travaux, etc.
- information et formation :
  - dans le cadre de la formation continue (AS, IDE, personnels de ménage, de cuisine, d'entretien) ;
  - dans le cadre de la formation initiale en IFSI.

→ Urologie – Néphrologie
Néphrectomie gauche élargie par lombotomie – Adénocarcinome de parenchyme rénal

Monsieur P., 75 ans, 90 kg, 1,70 m, habite avec son épouse dans un village situé à 20 km du centre hospitalier.
C'est un retraité actif et sociable, toujours prêt à rendre service au voisinage.
Au cours de sa vie professionnelle (représentant en produits pharmaceutiques), il était amené à effectuer de nombreux déplacements avec des horaires de travail et de repos totalement irréguliers. Il déjeunait dans des restaurants. Aujourd'hui, il privilégie la vie calme avec son épouse.
Il continue à lire des revues professionnelles et s'est mis au jardinage, activité qu'il mène à un rythme mesuré.
Il se rend 2 fois par semaine au supermarché de la ville où il accompagne sa femme qui ne conduit pas.
Le couple a une fille qui vit dans le bourg voisin. Celle-ci fait de fréquentes visites à ses parents.
M. P. est assuré social et cotise à une mutuelle qui prend en charge le forfait hospitalier.

Histoire de la maladie
M. P. consulte régulièrement son médecin de famille pour le suivi :
- d'une hypertension artérielle primitive ;
- d'un adénome de la prostate décelé il y a deux ans.

Il se plaint :
- de mictions impérieuses « avec fuites » ;
- de la nécessité de se lever 5 fois par nuit pour uriner.

Malgré le respect scrupuleux de la prescription (XATRAL ®), les troubles mictionnels augmentent. Le médecin traitant adresse M. P. à un chirurgien spécialisé en urologie.

L'interrogatoire révèle les antécédents de M. P :
- chirurgicaux :
  – hernie inguinale,
  – appendicectomie ;
- médicaux :
  – hypertension artérielle,
  – troubles du rythme : traités par RÉNITEC ®, CIPRALAN ® et SECTRAL ®, et pose d'un stimulateur cardiaque il y a 4 ans, vérifié il y a 2 mois.

L'examen clinique montre :
- des troubles mictionnels : miction lente, sans pression ;
- des fosses lombaires libres ;
- un adénome prostatique augmenté de volume au toucher rectal ;
- pas d'hématurie ;
- tension artérielle : 150/80 mm de mercure.

Les examens biologiques pratiqués sont normaux, en particulier :
- l'urée ;
- la créatinine ;
- le ionogramme sanguin ;
- l'antigène spécifique de la prostate (PSA) ;
- l'acétonurie ;
- l'albuminurie ;
- l'examen cytobactériologique des urines.

Examens complémentaires :
- l'électrocardiogramme et le fond d'œil sont normaux ;
- le cliché thoracique met en évidence une légère hypertrophie ventriculaire gauche ;
- l'échographie abdomino-pelvienne :
  – montre :
    - l'adénome prostatique, dont le poids est évalué à 30 g,
    - un résidu postmictionnel de 50 mL,
  – découvre : une tumeur rénale gauche ;
- le scanner confirme le diagnostic de tumeur rénale gauche et indique le bon fonctionnement du rein droit.

Le chirurgien a informé M. et Mme P. qu'il suspecte une tumeur maligne ; tous deux sont stupéfaits. Mme P. pleure, M. P. demande la date de l'intervention.

M. P., venu initialement consulter pour un bilan prostatique, est opéré le 13 novembre 1999 d'une néphrectomie gauche élargie par lombotomie, sous anesthésie générale.

Vous êtes infirmier(ère) dans le service d'urologie, vous travaillez de 9 h à 17 h et vous vous occupez de M. P., qui en est à J3 d'une néphrectomie gauche élargie, avec ablation de la surrénale gauche.
Vous notez que M. P. est porteur :
- d'une voie veineuse centrale ;
- d'une sonde urinaire reliée à un sac collecteur ;
- de deux drainages aspiratifs de Redon à gauche (dans la loge de la néphrectomie) ;
- d'un drainage aspiratif de Redon à droite (dans le plan sous-cutané) ;
- d'un pansement simple de lombotomie.

Les transmissions infirmières précisent que M. P. :

- a arraché la sonde gastrique dans la soirée de J0, le médecin a estimé qu'il n'était pas nécessaire de la remettre ;
- M. P. fait seul sa toilette du visage, installé en position demi-assise dans son lit ;
- est levé au fauteuil matin et soir, durant la réfection du lit ;
- a des gaz ;
- dit à plusieurs reprises avoir des nausées et se sentir barbouillé ;
- accepte cependant de se réalimenter mais avec la crainte de ne pas le supporter ;
- a des difficultés pour cracher : se sent mieux après l'intervention du kinésithérapeute ;
- a demandé au chirurgien et aux infirmières les résultats de l'examen d'anatomie-pathologie ;
- le chirurgien l'informe qu'il ne les a pas encore mais que l'examen des prélèvements, effectué en extemporané au cours de l'intervention, permet de dire que les ganglions péri et préaortiques ne sont pas atteints et qu'il n'y a pas d'anomalie de la surrénale gauche. « Alors j'ai toutes mes chances, n'est-ce pas docteur ? » ;
- ne se plaint pas de douleurs ;
- se dit fatigué : « C'est probablement normal après une telle intervention » ;
- dort peu, est à l'écoute du moindre bruit ;
- dit qu'il est conscient de la gravité du diagnostic, mais que, par principe, il ne veut pas « baisser les bras sans s'être battu » ;
- a eu la visite de son épouse et de sa fille qui l'informent de l'arrivée de ses petits-enfants pour mardi après-midi. Elles transmettent les vœux de rétablissement des voisins ;
- sous prétexte d'aller demander un vase, Mme P. est venue à la salle de soins pour avoir l'avis des infirmières sur l'état de santé de son mari. Elle a ajouté : « Que va-t-il se passer, nous ne nous attendions pas à ça, nous étions si bien. »

Ce matin :

- a marché avec les aides-soignantes jusqu'au cabinet de toilette ;
- a fait sa toilette du visage et s'est rasé ;
- a mis son appareil dentaire « pour être plus présentable » ;
- les aides-soignantes ont fait la toilette intime de M. P., ont noté une peau saine aux points d'appui et l'ont aidé à mettre son pyjama personnel ;
- pulsations : 78 battements/min ;
- tension artérielle : 170/100 mmHg ;
- température : 37,6 °C ;
- Redon gauche n° 1 : des traces ;
- Redon gauche n° 2 : 160 mL ;
- Redon droit : 40 mL ;
- diurèse des 24 heures : 1 300 mL ;
- les examens biologiques (hémogramme, ionogramme, coagulation) sont normaux sauf les globules blancs : 14 200/mm^3.

Vous prenez connaissance du dossier médical :
Le résultat de l'examen d'anatomie-pathologie pratiqué en extemporané au cours de l'intervention est : adénocarcinome à cellules claires du parenchyme rénal grade II.
Depuis l'intervention, vous notez que M. P. est traité par :

- soluté polyionique glucosé à 5 % : 2 L/24 h ;
- morphine 10 mg : 3 ampoules par 24 heures ;
- LOXEN® 10 mg : 2 ampoules par 24 heures ;
- PIPÉRILLINE® 4 g : 3 flacons par 24 heures ;
- RANIPLEX® : 1 flacon le matin ;
- FRAXIPARINE® : 0,3 mL/24 h.

Le médecin a également prescrit :

- des séances de kinésithérapie respiratoire ;
- depuis hier matin :
  - des bas de contention,
  - le 1er lever,
  - la réalimentation liquide.

À J3, le 16 novembre 1999, à votre prise de service, les prescriptions médicales pour 24 heures sont les suivantes :

- par la voie veineuse centrale : soluté polyionique glucosé 5 % : 1 litre ;
- en dérivation sur la voie centrale :
  - arrêt de la morphine,
  - relais par PRO-DAFALGAN® 2 g et SPASFON® : 4 ampoules, à diluer dans 100 mL de soluté isotonique, à passer en 30 min et à renouveler toutes les 6 h ;
  - arrêt du LOXEN®,
  - arrêt de la PIPÉRILLINE®,
  - arrêt du RANIPLEX® ;
- en sous-cutané : FRAXIPARINE®, 0,3 mL à 16 heures ;
- par voie orale, reprise du traitement habituel de M. P. :
  - SECTRAL® 200 mg : 1/2 comprimé le matin,
  - RENITEC® 5 mg : 1 comprimé le soir,
  - CIPRALAN® 130 mg : 1/2 comprimé matin et soir,
  - XATRAL LP® 5 mg : 1 comprimé matin et soir,

– TÉMESTA® 1 mg : 1 comprimé le soir ;
- ablation du drain de Redon gauche n° 1 et ablation de la sonde urinaire, avec mise en culture ;
- refaire le pansement de la lombotomie ;
- élargir la réalimentation ;
- continuer la pause de bas de contention ;
- augmenter le périmètre de marche ;
- continuer la kinésithérapie respiratoire, 2 fois par 24 heures.

Questions

1 *Rédigez l'analyse de la situation de soins en établissant les liaisons significatives entre les données du texte et vos connaissances.* (30 points)

2 *Formulez les problèmes de santé : problèmes traités en collaboration et/ou diagnostics infirmiers.* (10 points)

3 *Rédigez le projet de soins pour les 24 prochaines heures.* (20 points)

Glossaire

• RENITEC®	• Inhibiteur de l'enzyme de conversion de l'angiotensine (IEC). – Antihypertenseur.	• Comprimés 5 mg.
• CIPRALAN®	• Antiarythmique.	• Comprimés enrobés sécables 130 mg.
• SECTRAL®	• ß-bloquant. – Antihypertenseur. – Antiangoreux. – Antiarythmique.	• Comprimés enrobés 200 mg.
• Morphine	• Antalgique.	• Ampoules 10 mg.
• LOXEN®	• Inhibiteur calcique. – Antihypertenseur.	• Ampoules 10 mg.
• PIPÉRILLINE®	• Pénicilline. – Antibiotique.	• Flacons poudre pour solution injectable 4 g.
• RANIPLEX®	• Anti-H2. • Anti-ulcéreux.	• Ampoules 50 mg.
• PRO-DAFALGAN®	• Proparacétamol. – Antalgique. – Antipyrétique.	• Flacons poudre pour solution injectable et perfusion IV : 2 g.
• SPASFON®	• Antispasmodique non anticholinergique.	• Ampoules 4 mL.
• XATRAL®	• Traitement de l'hypertrophie bénigne de la prostate.	• Comprimés enrobés LP 5 mg.
• TEMESTA®	• Benzodiazépine. – Anxiolytique.	• Comprimés sécables 1 mg.
• FRAXIPARINE®	• Héparine de bas poids moléculaire. – Anticoagulant.	• Solution sous-cutanée 2 850 UI : 0,3 mL.

Réponses

1 Analyse

Les faits

M. P. est atteint d'un cancer du rein gauche : le cancer est une prolifération anarchique de cellules anormales. Le cancer du rein est souvent tardif : les signes d'alerte sont des hématuries indolores ou des symptômes révélés par une métastase.
M. P. ne présente pas ces signes cliniques : le diagnostic, fortuit, est fait tôt.
Le pronostic est donc d'autant plus favorable que le résultat de l'examen extemporané ne montre pas d'atteinte des ganglions, ni de la surrénale ;
M. P. a un adénome de la prostate : c'est une tumeur bénigne chez l'homme après 55 ans qui se développe aux dépens des glandes péri-urétérales. Elle constitue un obstacle et entraîne un phénomène de lutte de la vessie.
L'adénome de la prostate se manifeste par une pollakiurie, c'est-à-dire des mictions fréquentes avec des émissions de faibles quantités d'urine, à prédominance nocturne. Ces signes correspondent à ceux décrits par M. P.
Le chirurgien a traité la pathologie la plus urgente : le cancer du rein. L'évolution de l'adénome reste à surveiller ;
M. P. est hypertendu et il a un stimulateur cardiaque : l'hypertension de M. P. est primitive, elle résulte de l'augmentation généralisée de la résistance à la circulation dans les vaisseaux périphériques.
L'hypertension artérielle se caractérise par une élévation permanente des chiffres tensionnels mesurés en position assise ou couchée après 10 minutes de repos. Il est convenu de dire qu'il y a hypertension artérielle quand la pression systolique est supérieure à 160 mm de Hg et la pression diastolique supérieure à 95 mmHg.
Le médecin, pour stabiliser la tension de M. P., a associé 3 anti-hypertenseurs de classes différentes qui vont aussi réduire les risques vasculaires.
Le cliché thoracique montre une légère hypertrophie ventriculaire gauche en rapport avec l'hypertension artérielle.
Le rein joue un rôle important dans la régulation de la pression artérielle, par ses fonctions excrétrices et endocrines.
Un stimulateur cardiaque (pacemaker) est un appareil miniaturisé, implanté sous les muscles pectoraux relié au cœur par des sondes. Il sert à maintenir une fréquence et un rythme cardiaques acceptables.

Les circonstances de la pose du diagnostic

Le diagnostic est posé au décours de l'échographie abdomino-pelvienne et du scanner.
Grâce au scanner et aux résultats biologiques, qui ne montrent pas d'insuffisance rénale, le chirurgien s'est assuré avant l'opération que le rein droit était fonctionnel.

Le traitement réalisé

La néphrectomie gauche élargie est l'ablation chirurgicale d'un rein, de la glande surrénale, associée à un curage ganglionnaire latéro-aortique.
L'incision est proche du diaphragme notamment pour le rein gauche qui est situé plus haut que le rein droit :

- en postopératoire immédiat, il est nécessaire de rechercher les signes qui mettent en évidence un pneumothorax dû à une effraction pleurale ;
- la respiration est douloureuse et peut porter M. P. à respirer de façon superficielle ;
- le chirurgien a donc prescrit l'intervention du kinésithérapeute, qui indiquera à M. P. comment faire des inspirations profondes et l'aidera à expectorer.

Le péritoine n'est pas ouvert, ce qui favorisera une réalimentation rapide.
La modification des prescriptions entraîne une surveillance accrue de :

- la douleur : M. P. dit à plusieurs reprises avoir envie de vomir et se sentir barbouillé. Ces nausées sont probablement dues aux effets secondaires de la morphine et c'est vraisemblablement pour les éviter que le médecin modifie le traitement. Il prescrit d'autres antalgiques pour empêcher la réapparition de la douleur ;
- la tension artérielle et les pulsations : relais par voie orale du traitement intraveineux ;
- la température : arrêt de la PIPÉRILLINE® ;
- l'élimination urinaire : ablation de la sonde urinaire avec présence d'un adénome prostatique ;
- le transit : reprise alimentaire ; M. P. a eu des gaz, ce qui témoigne de la reprise du transit.

Conséquences psychologiques et ressources de M. P.

Son épouse est très présente et attentionnée. Le couple a le soutien de l'ensemble du réseau familial et celui du voisinage.

M. P. semble maître de lui, décidé à agir, et posséder une force intérieure. On comprend le choc qu'ont pu ressentir M. P. et sa femme à l'annonce de la suspicion du cancer du rein, alors qu'ils venaient pour entendre les résultats d'un bilan de l'adénome de la prostate.
Le diagnostic de cancer de M. P. peut bouleverser la vie du couple qui menait une vie calme, entouré de leur famille et voisins.
Mme P. veut cacher ses craintes à son époux et trouve un prétexte pour voir l'infirmière en dehors de la présence de son mari.
M. P. a le souci de garder une apparence physique agréable. Son aspect soigné peut influer positivement sur son moral.
Par ailleurs, le fait que M. P. continue à lire des revues professionnelles témoigne d'un état intellectuel favorable à l'intégration des informations sur le traitement de son cancer. Il cherche à s'informer par son questionnement.
M. P. est autonome : l'infirmière le rassurera en expliquant qu'il pourra continuer ses activités habituelles en les aménageant.
Le couple n'a pas de soucis financiers liés à l'intervention : M. P. est assuré social et cotise à une mutuelle qui prend en charge le forfait hospitalier. De plus, le K opératoire étant supérieur à 50, les frais d'hospitalisation sont couverts à 100 % par la Sécurité sociale.

2 Problèmes de santé

➡ **Problèmes en collaboration ou complications potentielles :**

- risque d'élimination urinaire insatisfaisante : ablation de la sonde vésicale et présence de l'adénome de la prostate ;
- risque de douleurs :
  – modification du traitement antalgique,
  – douleurs musculaires dues à la position au cours de l'intervention,
  – douleurs à l'inspiration ;
- risque infectieux, en lien avec l'intervention :
  – plaie au niveau de la lombotomie et drains de Redon,
  – voie veineuse centrale,
  – sonde vésicale ;
- risque thrombo-embolique :
  – dû à la mobilité temporairement réduite,
  – risque d'embols suite à l'arrêt momentané du traitement des troubles du rythme ;
- risque d'encombrement pulmonaire :
  – difficultés à expectorer dues à la douleur,
  – possible respiration artificielle due à la douleur lors de l'inspiration ;
- risque de modification de la tension artérielle : relais par voie orale du traitement intraveineux ;
- risque d'altération momentanée de la nutrition :
  – M. P. est perfusé,
  – reprise du transit et de l'alimentation.

➡ **Diagnostics infirmiers :**

- anxiété :
  – reliée à l'incertitude face à l'état de santé actuel et au pronostic,
  – se manifestant par :
    - un sommeil perturbé : « … est à l'écoute du moindre bruit »,
    - les dires de M. P., formulés sur le mode interrogatif : « Alors, j'ai toutes mes chances, n'est-ce pas docteur ? »,
    - les dires de Mme P. qui risquent d'augmenter l'anxiété de M. P. : « Qu'est-ce qui va se passer ? »,
    - le questionnement de M. P. sur le résultat de l'examen d'anatomopathologie ;
- altération de la mobilité physique :
  – reliée à l'intervention et l'appareillage, se manifestant par une diminution de l'autonomie avec :
    - incapacité partielle d'effectuer ses soins d'hygiène,
    - incapacité partielle de se vêtir,
    - incapacité partielle de se lever et de se coucher ;
  – reliée à la fatigue : se manifestant par les dires de M. P.

3 Projet de soins

a. Buts, actions, moyens d'évaluation en relation avec les problèmes en collaboration ou complications potentielles

➡ **Risque de rétention ou fuites urinaires :**

- buts :
  – favoriser l'élimination urinaire,
  – dépister les troubles de la miction ;
- actions :
  – appliquer la prescription médicale,
  – ablation de la sonde vésicale et mise en culture,
  – faire prendre le comprimé de XATRAL ®,

– vérifier que M. P. n'a pas de globe vésical, ni de fuites urinaires après l'ablation de la sonde,
– noter la quantité et l'aspect des urines,
– mettre l'urinal à proximité de M. P., surtout la nuit (petites mictions nocturnes dues à l'adénome prostatique),
– demander à M. P. de signaler toute gêne à type de brûlures ou de douleurs lors des mictions,
– aider M. P. à changer de pyjama s'il est souillé,
– aider M. P. à se lever pour uriner,
– proposer des boissons ;
• évaluation : M. P. urine volontairement et de façon satisfaisante (ni fuites, ni globe).

Risque de douleur :
• but : éviter et contrôler la survenue d'une douleur ;
• actions :
– être à l'écoute de M. P.,
– appliquer le traitement antalgique :
  - arrêt de la morphine et relais par PRO-DAFALGAN ® (2 g) et SPASFON ® (4 ampoules), à diluer dans 100 mL de soluté salé isotonique à passer en 30 min toutes les 6 h, en dérivation sur la voie centrale,
  - le SPASFON ® est disponible en ampoules de 4 mL. Le volume total de SPASFON ® à injecter est donc : $4 \times 4 = 16$ mL. Le PRO-DAFALGAN ® est à diluer dans 10 mL de solvant. Le volume total à perfuser est donc de $100 + 16 + 10 = 126$ mL, soit 126×20 gouttes puisque 1 mL = 20 gouttes,
  - le débit est donc : $\frac{20 \times 126}{30} = 84$ gouttes par minute,
– surveiller l'évolution de la douleur au moyen d'une échelle d'évaluation,
– observer le comportement de M. P. (faciès, position),
– aider M. P. à trouver une position antalgique et confortable,
– mobiliser avec prudence et faire suivre l'appareillage,
– transmettre les informations au médecin ;
• évaluation : noter les dires de M. P. et les résultats notés sur l'échelle afin de vérifier si le changement de traitement a des conséquences sur le ressenti douloureux.

Risque infectieux :
• but : éviter/dépister l'apparition d'une infection ;
• actions : respecter scrupuleusement le lavage des mains et les règles d'asepsie lors :
– du pansement :
  - du cathéter,
  - de la lombotomie,
  - des drains de Redon droit et gauche,
– de l'ablation du drain de Redon gauche n° 1 ;
• évaluation :
– la plaie, les pansements de sortie des Redon et le pansement d'introduction du cathéter sont propres et ne présentent pas de signes inflammatoires ou infectieux,
– observation de la courbe thermique, ce jour : 37,6 °C,
– la numération des globules blancs se régularise,
– résultats de la mise en culture du drain et de la sonde vésicale.

Risque thrombo-embolique :
• but : éviter et dépister la phlébite, l'embolie pulmonaire ;
• actions :
– injecter la FRAXIPARINE ®,
– noter le pouls et la température,
– palper et inspecter les mollets à la recherche de douleur, induration, chaleur,
– vérifier qu'il n'y a pas de douleur à la dorsiflexion du pied,
– vérifier qu'il n'y a pas d'effet secondaire du traitement,
– éduquer M. P. à la nécessité du port des bas de contention,
– aider et inciter M. P. à se mobiliser, à marcher.
• évaluation :
– pas de signes apparents de phlébite,
– pas de dissociation pouls, température,
– pas de saignements : épistaxis, gingivorragie, quantité de sang dans les flacons de Redon, pansements et faciès.

Risque d'encombrement pulmonaire :
• but : favoriser la respiration ;
• actions :
– réaliser les prescriptions : kinésithérapie respiratoire,
– travailler en collaboration avec le kinésithérapeute :
  - il expliquera et fera faire à M. P. des exercices de respiration profonde et des séances de toux contrôlée,

- prévoir avec lui une organisation rationnelle : exercices de toux, séances de repos, prises de repas,
– évaluer ce que M. P. a compris sur la nécessité d'expectorer, sur la méthode à mettre en œuvre pour effectuer des respirations profondes sans douleur,
– compléter si nécessaire par une démarche éducative à la toux ;
• évaluation :
– M. P. dit qu'il se sent mieux après les séances de kinésithérapie,
– observer l'amplitude des mouvements respiratoires,
– observer l'absence de gêne respiratoire.

➡ Risque de modification de la tension artérielle et des troubles du rythme :

• but : maintenir la tension artérielle stable et satisfaisante lors du relais par voie orale du traitement intraveineux ;
• actions :
– appliquer les prescriptions :
- arrêt du LOXEN®,
- faire prendre RENITEC® : 1 comprimé le soir,
- faire prendre CIPRALAN® : 1/2 comprimé matin et soir,
- faire prendre SECTRAL® : 1/2 comprimé le matin,
– prendre pouls et tension,
– vérifier qu'il n'y a pas d'effets secondaires,
– vérifier les connaissances de M. P. sur la prise à vie de son traitement antihypertenseur,
– transmettre les informations au médecin ;
• évaluation : le pouls et la tension restent stables.

➡ Risque d'altération momentanée de la nutrition :

• buts :
– éviter la perturbation hydroélectrolytique et la déshydratation,
– assurer la reprise alimentaire par voie orale ;
• actions en lien avec les apports hydroélectrolytiques :
– application des prescriptions :
- par la voie veineuse centrale : 1 L ou 1 000 mL ou encore 1 000 × 20 gouttes (1 mL = 20 gouttes) de soluté polyionique à 5 % par 24 heures ou 24 × 60 min,
- le débit de la perfusion est donc :

$$\frac{1\,000 \times 20}{60 \times 24} = 13{,}88$$, soit 14 gouttes par minute par excès,

– demander à M. P. de garder ses urines,
– faire un bilan entrées-sorties,
– communiquer le résultat au médecin ;
• actions en lien avec la réalimentation :
– s'assurer que M. P. est confortablement installé en position demi-assise pour prendre son repas,
– s'assurer que M. P. supporte la réalimentation,
– noter les selles et éviter la constipation (la douleur ne permet pas à M. P. de pousser),
– aider M. P. à se rendre aux toilettes ;
• évaluation : elle portera sur les éléments suivants :
– les signes de déshydratation,
– le bilan entrées/sorties,
– le transit.

b. Objectifs, actions, moyens d'évaluation en relation avec les diagnostics infirmiers

➡ Anxiété :

• objectif : M. P. exprime son anxiété ;
• actions :
– prendre le temps d'écouter attentivement M. P.,
– l'aider à parler de sa peur et ses préoccupations,
– reformuler afin de savoir ce qu'il sait de sa maladie et réajuster si nécessaire en concertation avec le médecin,
– parler lentement et calmement,
– répondre aux questions avec précision et clarté, y compris à celles de Mme P. (« Qu'est-ce qui va se passer ? »), dont la propre anxiété pourrait influer négativement sur le moral de son époux,
– communiquer de la compréhension et de l'empathie par une présence tranquille, par le toucher,
– favoriser l'endormissement, proposer une tisane, éteindre les lumières,
– expliquer l'origine des bruits,
– assurer le suivi et la cohérence du projet de soins de l'équipe concernant M. P. par des transmissions claires, complètes, précises,
– favoriser la présence de l'entourage ;
• évaluation : elle se fera sur l'évolution des dires et du comportement de M. P.

Altération de la mobilité physique :

- objectif : M. P. retrouvera progressivement son autonomie ;
- actions :
  - aider M. P. à se lever, à marcher et à réaliser les gestes quotidiens,
  - l'installer confortablement pour faire sa toilette, ou prendre son repas,
  - mettre à portée de sa main le téléphone, la sonnette,
  - l'encourager et souligner ses progrès ;
- évaluation : sa capacité à se mouvoir évolue favorablement de jour en jour en fonction de l'ablation progressive de l'appareillage.

Vous êtes infirmier(ère) en service de néphrologie et prenez en charge dans votre secteur M. P., insuffisant rénal chronique (IRC), hospitalisé le 6 juin 2000 pour la mise en place d'un cathéter de dialyse péritonéale.

M. P., retraité, est affilié à la Caisse primaire d'assurance maladie et à une mutuelle.
Âgé de 68 ans, il mesure 1,68 m et pèse 81 kg. Marié, il vit avec son épouse dans une maison individuelle. Son fils et sa fille sont également mariés et il a deux petits-enfants.
Malgré son âge et son lourd passé médical, M. P. est un homme très dynamique. Pendant les congés scolaires et le mercredi, il s'occupe régulièrement de ses deux petits-fils, respectivement âgés de 8 et 10 ans. Il pratique de nombreuses activités en leur compagnie : promenade, pêche, bricolage.

Antécédents médicaux et chirurgicaux :
- un diabète de type 2 (non insulinodépendant) depuis 1980, associé à :
  - une hypercholestérolémie,
  - une artérite des membres inférieurs stade II,
  - une hypertension artérielle ;
- un pontage fémoral en 1996 ;
- un infarctus du myocarde en 1997.

Histoire de la maladie
Depuis 1996, l'état de santé de M. P. nécessite un suivi médical mensuel en raison des différents traitements instaurés.
En 1998, son médecin traitant l'adresse à un néphrologue qui confirme le diagnostic d'IRC sur néphropathie diabétique hypertensive.
Jusqu'en janvier 2000, l'IRC n'avait évolué que très progressivement, M. P. se sentait bien et son état général était resté satisfaisant.
À partir de la mi-février 2000, suite à un épisode de surinfection bronchique, de petits signes de décompensation rénale sont apparus : quelques crampes, du prurit, des troubles digestifs, une asthénie.
Malgré tout, le patient conserve un appétit correct, un poids et une pression artérielle (PA) stables. Il n'y a pas de stase pulmonaire, ni d'œdèmes des membres inférieurs.
Mi-mai, M. P. passe de 81 à 83 kg et sa PA de 15/9 à 16/10 cmHg. Suite au résultat de la clairance à la créatinine, soit 10,7 mL/min (N : 80 à 120 mL/min), le néphrologue propose la préparation à la dialyse.
En raison de ses antécédents cardio-vasculaires et en accord avec M. P., la méthode de traitement par dialyse péritonéale continue ambulatoire (DPCA) est retenue. Son hospitalisation est prévue le 6 juin 2000. En attendant, sont instaurés :
- un régime sans sel (3 g/jour) ;
- une restriction hydrique à 1,5 L/24 h ;
- 2 cp de LASILIX® 40 mg (diurétique) : 1 cp le matin, 1 cp le midi.

À son admission, M. P. se plaint d'une fatigue intense, d'un essoufflement.
Le bilan préopératoire pratiqué, radiographie pulmonaire et électrocardiogramme (ECG), est sans particularité.
Le bilan sanguin montre :
- une anémie ;
- une augmentation de l'urée et de la créatinine ;
- une hyperglycémie ;
- une hyperkaliémie ;
- une hyperphosphorémie ;
- une hypocalcémie ;
- une hypercholestérolémie avec hypertriglycéridémie.

Les frottis de nez pratiqués sont négatifs.
Au vu des résultats de la numération, le médecin prescrit une injection d'érythropoïétine (4 000 UI/semaine) par voie sous-cutanée le mardi matin.
La pose du cathéter péritonéal a lieu le 7 juin sous anesthésie générale. Les suites postopératoires sont normales.

À J1 ce jour (8 juin)
Les paramètres à 7 heures sont les suivants :
- température : 37,8 °C ;
- pulsations : 65/min ;
- PA : 17/9 cmHg ;
- diurèse : 1 000 cc/24 h ;
- poids : 80,5 kg ;
- drainage de Redon : 80 cc ;
- glycémie capillaire : 1,90 g/L (10,6 mmol/L) ;
- transit intestinal : M. P. a eu des gaz.

À 8 h, le 1er lever se passe bien. M. P. fait sa toilette avec aide au lavabo. Comme il ne se plaint pas de douleurs, il est installé dans un fauteuil.
Le pansement abdominal est fermé hermétiquement et englobe le cathéter péritonéal qui est obturé par une compresse imprégnée de BÉTADINE®.
À 10 h, M. P. se plaint de malaise, de vertiges, de sueurs. Le patient est recouché. Les paramètres relevés sont les suivants :
- PA : 11/9 cmHg ;

- pulsations : 78/min ;
- glycémie : 1,05 g/L (5,8 mmol/L).

Le médecin prescrit la prise de la pression artérielle toutes les 4 heures.

Protocole médical mis en place à partir de J1 (8 juin) :

- J1 :
– reprise de la boisson avec une restriction hydrique à 1 L/24 h,
– réalimentation légère le soir,
– régime sans sel (3 g/jour) et régime diabétique (200 g de glucides),
– FOZITEC ® 10 mg (antihypertenseur) : 1 cp le matin,
– ALPRESS ® 2,5 mg (antihypertenseur) : 1 cp le matin,
– DIAFUSOR ® transdermique (anti-angoreux) : 5 mg le matin,
– LOVENOX ® : 40 mg en sous-cutané à 20 h,
– perfusion de 500 mL de soluté glucosé à 5 % branchée à 8 h sur un cathéter court,
– PRO-DAFALGAN ® (paracétamol) : 3 × 2 g en perfusion IV dans 100 mL de soluté glucosé à 5 % à passer en 20 min à 8 h, 16 h, 24 h,
– ACTRAPID ® (insuline ordinaire) : selon protocole,
– diurèse à relever à 7 h,
– poids : 1 fois par jour à 7 h,
– glycémies capillaires : à 7 h, 11 h, 17 h, 0 h et en cas de malaise,
– drainage de Redon : surveillance 2 fois par jour (8 h, 20 h) ;
- J3 :
– ablation du drainage de Redon,
– bilan de contrôle ;
- J4 : sortie ;
- J8 :
– consultation de contrôle,
– réfection du pansement avec ablation de fils,
– frottis de nez et d'émergence du cathéter péritonéal ;
- J15 :
– réhospitalisation,
– début de la DPCA à raison de 4 poches de 2 L de dialysat isotonique à 15 g de glucose par litre.

Ces dernières semaines, suite à l'aggravation de son état clinique, nécessitant la DPCA, M. P. s'inquiète beaucoup des répercussions de la maladie et des contraintes du traitement.
Il se sent très diminué sur le plan physique en raison de la fatigue et de l'essoufflement. De plus, il relève que son état ne s'est pas amélioré et ceci malgré le respect du traitement médicamenteux, du régime restrictif en sel et en apport hydrique qu'il a commencé mi-mai : « Je ne pourrai plus bricoler chez mes enfants alors qu'ils comptent sur moi. »
Malgré les informations apportées par l'équipe médicale concernant l'amélioration prochaine de son état grâce au traitement d'érythropoïétine et au démarrage de la DPCA dans une quinzaine de jours, il craint que son « état n'empire ». Il se pose des questions sur la possibilité de poursuivre les activités familiales organisées : « J'ai l'impression que je ne vais plus servir à rien. »

Questions

1 *Mécanisme physiologique de l'IRC.*
Expliquez le mécanisme physiopathologique de l'IRC sur néphropathie diabétique. (3 points)

2 *DPCA : définition et méthode.*
Définissez et expliquez la méthode de dialyse péritonéale continue ambulatoire (DPCA). (3 points)

3 *DPCA et hémodialyse.*
Expliquez pourquoi la méthode de DPCA est plus indiquée que l'hémodialyse dans la situation de M. P. sur le plan médical, social, familial. (8 points)

4 *Évolution de l'IRC.*
Relevez dans la situation de M. P. les signes cliniques qui confirment l'évolution de l'IRC vers le stade terminal.
Pour chacun des signes, expliquez le mécanisme physiopathologique.
Présentez votre réponse sous forme de tableau (signes cliniques présents, physiopathologie). (6 points)

5 *Éléments de surveillance quotidienne.*
Citez et expliquez les quatre éléments, en rapport avec l'hydratation, que M. P. surveillera quotidiennement lorsqu'il pratiquera la DPCA. (4 points)

6 *Risque infectieux.*
Le risque infectieux est un des risques majeurs du traitement par DPCA à domicile. Énoncez-en les facteurs favorisants. (4 points)

7 *Actions et surveillance infirmières à mettre en œuvre.*
Vous prenez en charge M. P. à J1. Pour les risques suivants :
- *infection,*
- *déséquilibre hydro-électrolytique et acidose,*
- *hypo et hypertension,*
- *hypo et hyperglycémie,*
- *douleurs,*

énoncez les actions et la surveillance à mettre en œuvre. Présentez votre réponse sous forme de tableau : risques, actions et surveillance. (18 points)

8 *Régime glucidique.*
Au regard des problèmes de santé et du mode de dialyse choisi, expliquez l'importance pour M. P. de respecter le régime prescrit à 200 g de glucides (hydrates de carbone). (2 points)

9 *Doses et débits.*
Calculez la quantité de glucose administrée par 24 h à M. P. par la voie parentérale.
Calculez le débit en gouttes/minute de la perfusion de PRO-DAFALGAN®. (3 points)

10 *Régime alimentaire.*
M. P. présente des pathologies et des résultats biologiques perturbés qui lui imposent un régime sévère.
Dans le tableau ci-dessous, associez les chiffres aux lettres correspondantes.
Reportez vos réponses sur la copie.

Aliments – Boissons	*Conditions*
1. Cabillaud. *2. Jambon fumé.* *3. Banane.* *4. Pâtes.* *5. Chocolat.* *6. Escalope de veau.* *7. Beurre.* *8. Carottes.* *9. Haricots verts.* *10. Pomme(s) cuite(s).* *11. Jus de raisin.* *12. Lait.*	*A) Aliments déconseillés.* *B) Permis en quantité normale.* *C) Permis en quantité limitée.*

(3 points)

11 *Actions à mettre en œuvre.*
Face au discours de M. P., énoncez et argumentez les actions à mettre en œuvre. (6 points)

Réponses

1 Mécanisme physiologique de l'IRC

Le diabète entraîne à la longue une altération des petits vaisseaux, artérioles, capillaires.
Dans le cadre de l'IRC, il s'agit plus particulièrement de l'épaississement de la membrane basale des capillaires glomérulaires, d'où apparition progressive d'IRC avec association d'une hypertension artérielle.

2 DPCA : définition et méthode

La DPCA est une méthode d'épuration extrarénale utilisée comme traitement substitutif dans l'IRC. Elle utilise la membrane semi-perméable du péritoine comme surface d'échange entre : le sang contenu dans les vaisseaux de la séreuse péritonéale et le dialysat introduit, soit 2 litres de solution composée essentiellement de glucose, dans la cavité péritonéale, par l'intermédiaire d'un cathéter placé dans le péritoine et laissé en place à demeure. La dialyse péritonéale continue ambulatoire (DPCA) s'effectue de façon continue sur 24 h.
Le dialysat est laissé en contact du péritoine pour permettre l'ultrafiltration et les échanges des petites molécules. Cette méthode nécessite un changement de la solution de dialysat toutes les 4 à 6 heures.

3 DPCA et hémodialyse

➡ Sur le plan médical

La DPCA est une méthode beaucoup moins agressive sur le plan physiologique que l'hémodialyse car l'épuration se fait en continu sur les 24 heures.
Elle permet de maintenir :
- une stabilité hémodynamique ;
- un meilleur contrôle de la pression artérielle et de l'anémie ;
- la fonction rénale résiduelle.

Elle préserve également :
- l'appareil cardio-vasculaire ;
- les abords vasculaires.

Dans le cas de M. P., c'est un avantage au regard de ses diverses pathologies :
- diabète ;
- infarctus du myocarde ;
- artérite ;
- HTA.

Sur le plan social

C'est une technique beaucoup moins chère car elle est faite à domicile et ne nécessite pas une hospitalisation de jour.

Le patient peut pratiquer la technique lui-même car elle est simple, l'apprentissage est rapide ; si besoin le patient peut faire appel à une infirmière libérale.

L'AURAL (Association pour l'utilisation du rein artificiel en Alsace) reverse une indemnité aux personnes prenant complètement en charge les manipulations techniques.

Sur le plan familial

Le patient peut effectuer la technique à son domicile, ce qui lui évite de passer 2 à 3 séances par semaine, en centre de dialyse.

Il garde une certaine autonomie, car les changements de poche ne nécessitent qu'une demi-heure. Lorsqu'il maîtrise la technique, il peut gérer ses horaires, en fonction des nécessités, de ses activités ou contraintes familiales tout en gardant le contrôle de la qualité de l'épuration, ce qui est intéressant pour M. P. qui s'occupe beaucoup de ses petits-enfants.

Cette méthode entraîne moins de fatigue car la dialyse est en continu ; elle permettra donc à M. P. de rester actif près de ses petits-enfants mais aussi pour les petits travaux à effectuer chez ses enfants, même s'il doit à l'avenir éviter de porter des charges importantes (cathéter abdominal).

De plus, la participation de M. P. à cette méthode entraîne pour lui, très soucieux de son estime de soi, une revalorisation.

4 Évolution de l'IRC

Signes cliniques présents	Physiopathologie
• Crampes. • Troubles digestifs.	• Dans l'IRC, le rein n'assure plus sa fonction d'épuration, de filtration, de sécrétion. Il survient donc un déséquilibre hydroélectrolytique : sodium, potassium, calcium, phosphore ; une augmentation des taux d'urée et de créatinine ; un risque d'acidose.
• Fatigue intense, asthénie, essoufflement.	• Dans l'IRC, la fonction endocrine est diminuée car un nombre important de néphrons sont détruits. Un déficit de synthèse de l'érythropoïétine entraîne une anémie plus importante et constante qui se traduit par la fatigue et l'essoufflement.
• Prurit.	• Dans l'IRC, il y a une hyperphosphorémie qui se manifeste par des démangeaisons.
• HTA (de 15/9 à 16/10 cm de Hg).	• Liée à la néphropathie diabétique : diminution du débit de filtration glomérulaire et rétention hydro-sodée (hyperhydratation).
• Poids (2 kg à 3 kg).	• Liée à la rétention hydrosodée consécutive à l'altération de la fonction exocrine, d'où hyperhydratation.

5 Éléments de surveillance quotidienne

• Poids. • PA.	• Un poids et une PA stables traduisent une ultrafiltration adéquate. Le poids d'un patient sous DPCA ne doit pas dépasser de plus d'un kilo/jour son poids sec fixé par le médecin. Le poids sec correspond au poids de base estimé par le médecin comme étant le poids de référence. L'augmentation de poids et de PA traduit un risque d'hyperhydratation. La baisse de poids et de PA traduit un risque de déshydratation.

• Œdèmes. • Diurèse résiduelle.	• L'apparition d'œdème confirme une augmentation de la rétention hydrosodée du patient. L'ultrafiltration du patient n'est pas suffisante. À chaque changement de poche, le patient doit peser la poche après le drainage pour vérifier la quantité d'eau perdue par la dialyse. Le décompte des volumes, ajouté à la diurèse résiduelle, lui permet de faire le bilan des sorties. Cela en rapport avec la pesée journalière.

6 Risque infectieux

Les facteurs favorisants une infection lors du traitement par DPCA à domicile sont les suivants :
- erreurs de manipulations (ouverture du circuit de dialyse, ou prolongateur ou poche) ;
- poche défectueuse ;
- matériel périmé ;
- manque de précautions au niveau des règles d'hygiène et d'asepsie :
  - lavage des mains,
  - port du masque,
  - manipulations sur le circuit,
  - réfection du pansement,
  - hygiène de l'environnement,
  - hygiène corporelle et vestimentaire.

7 Actions et surveillance infirmières à mettre en œuvre

Risques	Actions	Surveillance
• Risque infectieux au niveau :	• Dépister les signes d'infection. • Noter tous les éléments de surveillance.	• Constantes : T°, frissons, sueurs, douleurs, plaintes.
– de la plaie opératoire ;	• Renforcer le pansement abdominal si besoin.	• Pansement hermétique et sec.
– du cathéter péritonéal ;		• Cathéter englobé dans le pansement.
– du drainage de Redon ;	• Informer le patient du risque de déconnexion lors du lever, des transferts, de la toilette.	• Aspect, quantité de l'écoulement à 8 h et 20 h. • Pansement : – fixation ; – connexion.
– de l'accès veineux, cathéter court.	• Manipuler avec asepsie.	• Aspect du point de ponction et du trajet veineux. • Pansement hermétique et sec.
• Déséquilibre hydro-électrolytique et acidose	• Administrer la perfusion d'entretien : glucosé à 5 %, 500 mL/24 h, branché à 8 h. • Donner la boisson autorisée par la restriction hydrique, soit 1 L/24 h. • Respecter le régime léger sans sel : potage, dessert si pas de vomissement. • Dépister les signes de surcharge/IRC. • Noter les observations sur la feuille de surveillance.	• Débit de la perfusion. • Bilan des entrées et sorties. • PA, œdèmes, respiration. • Poids. • Diurèse. • Drain de Redon. • Pertes insensibles.

Risques	Actions	Surveillance
• Hypo ou hypertension artérielle.	• Administrer le traitement : FOZITEC ® 10 mg, 1 cp le matin, ALPRESS ® 2,5 mg, 1 cp le matin. • Lever progressif. • Noter les éléments de surveillance. • Dépister les effets indésirables des traitements.	• PA par 4 heures, avant le lever et au cours du lever. • Efficacité du traitement.
• Douleurs.	• PRO-DAFALGAN ®, à administrer selon la prescription. • Dépister les effets indésirables. • Aider M. P. lors des levers. • Être à l'écoute des plaintes. • Lui montrer comment maintenir sa plaie opératoire abdominale lors du lever et des transferts.	• Débit de la perfusion. • Efficacité du traitement.
• Hypo ou hyperglycémie.	• Glycémies capillaires selon prescription. • Injection sous-cutanée insuline ACTRAPID ® selon protocole médical. • Repas à 200 g de glucose : noter ce qu'il a mangé le soir. • Demander à M. P. de signaler toute sensation de malaise. • Être à l'écoute.	• Signes d'hypoglycémie.

8 Régime glucidique

M. P. associe plusieurs pathologies où il est important d'obtenir un bon équilibre métabolique :

- diabète ;
- artérite des membres inférieurs ;
- hypertriglycéridémie.

Lors d'une DPCA, les poches de dialysat prescrites à M. P. contiennent 15 g de glucose par litre. Pendant la période de stase, une partie du glucose contenu dans les poches est réabsorbée par l'organisme, ce qui entraîne une augmentation de la glycémie.

9 Doses et débits

Quantité de glucose administrée :

- perfusion de 500 mL de glucosé à 5 %, 1 fois :

$\frac{5 \times 500}{100} = 25$ g ;

- perfusion de 100 mL de glucosé à 5 %, 3 fois :

$\frac{5 \times 300}{100} = 15$ g ;

- total : 25 + 15 = 40 g de glucose ;

ou $[(500 \times 1) + (100 \times 3)] \times \frac{5}{100} = 40$ g.

Débit de la perfusion de PRO-DAFALGAN ® :

100 mL $\times$ 20 gouttes/20 min $= \frac{2\,000}{20}$

= 100 gouttes/min.

10 Régime alimentaire

1. Cabillaud : B.
2. Jambon fumé : A.
3. Banane : A.
4. Pâtes : C.
5. Chocolat : A.
6. Escalope de veau : B.
7. Beurre : A.
8. Carottes : C.
9. Haricots verts : B.
10. Pomme(s) cuite(s) : C.
11. Jus de raisin : A.
12. Lait : C.

(A : aliment déconseillé ; B : aliment permis en quantité normale ; C : aliment permis en quantité limitée.)

11 Actions à mettre en œuvre

Actions :

- écoute active pour permettre à M. P. :
  – d'exprimer ses sentiments,

– de préciser ses craintes, ses perceptions et représentations de la maladie, du passage à la chronicité, du traitement par DPCA,
– d'accepter ses sentiments même négatifs ;
• l'informer, faire intervenir le médecin pour reprendre les informations concernant sa pathologie ;
• identifier ses ressources personnelles, familiales ;
• identifier ses possibilités d'autonomie ;
• lui expliquer sa participation active à la DPCA et les activités qu'il pourra encore pratiquer en précisant dans quelles conditions ;
• l'assurer d'une formation et d'un accompagnement lors de la mise en place de la DPCA (réhospitalisation à J15) ;
• l'informer de l'existence d'une association et du soutien qu'elle peut apporter ;
• lui proposer de rencontrer un autre patient en DPCA ;
• associer la famille à cette démarche de mise en confiance ;
• lui signaler le relais possible par une infirmière à domicile, le cas échéant, pour la prise en charge de la DPCA.

➡ **Argumentation**

Permettre à M. P. de faire face aux changements qu'entraînent ses problèmes de santé (passage à la chronicité, nouveau traitement).

10

Neurologie

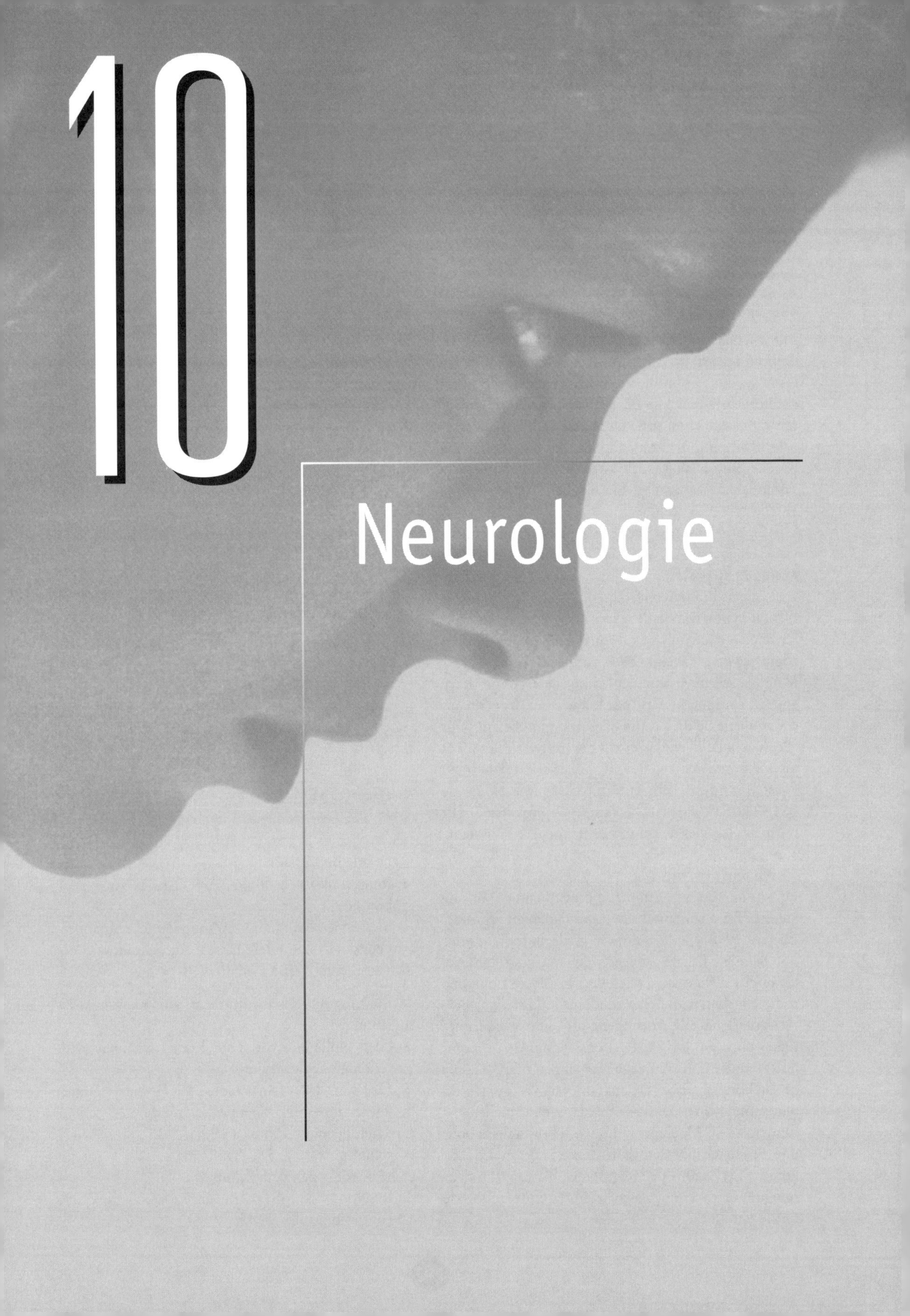

Infirmier(ère), vous travaillez ce jour de 7 h à 15 h au service de neurologie. Vous prenez en charge Mme Z., atteinte d'une sclérose en plaques évoluant sur le mode rémittent.

Présentation de la patiente

Mme Z., 33 ans, est mariée et mère d'une fille de 6 ans. Elle occupait jusqu'en 1999 un emploi de serveuse dans un restaurant. Après un arrêt de travail prolongé, elle a été mise en invalidité et bénéficie de l'allocation adulte handicapé. Elle est affiliée à la Caisse d'assurance maladie et est prise en charge à 100 %.

Elle habite une maison individuelle, les chambres à coucher sont à l'étage. Elle aime beaucoup jardiner et s'occuper de sa famille. Elle souhaite un deuxième enfant.

Elle est très entourée par ses parents qui lui rendent visite régulièrement. Son mari est souvent absent en raison de sa profession ; elle se retrouve seule à faire face à la vie quotidienne.

Depuis la progression de la maladie, Mme Z. est limitée dans ses activités et a du mal à l'accepter. Elle est angoissée pour l'avenir et surtout pour sa fille.

Mme Z. se sent mieux depuis qu'elle a perdu 10 kg après un régime prescrit par le médecin. Cependant, elle souhaite perdre encore 8 kg. Il est important pour elle de se maquiller, d'aller chez le coiffeur. Elle va à la piscine régulièrement quand son état le lui permet. C'est pourquoi, elle ne fait ses injections de BÊTAFÉRON ® que dans la région péri-ombilicale. Elle porte des lentilles de contact pour corriger sa myopie.

Histoire de la maladie

Lors de sa grossesse, Mme Z. a présenté un épisode de paresthésies à la main droite, spontanément régressif.

En avril 1998, elle consulte son médecin traitant pour une paralysie faciale gauche et des vertiges rotatoires. Celui-ci l'adresse au service de neurologie pour une recherche étiologique. Les résultats des différents examens pratiqués (IRM : imagerie par résonance magnétique, ponction lombaire…) permettent de supposer une première poussée de sclérose en plaques. Au cours de son hospitalisation, la paralysie et les vertiges régressent spontanément et disparaissent sans séquelles.

En octobre 1998, elle est à nouveau hospitalisée pour une deuxième poussée. L'IRM cérébrale montre de nombreuses lésions de la substance blanche. Le neurologue diagnostique une sclérose en plaques de forme rémittente.

En août 1999, Mme Z. est hospitalisée pour une troisième poussée. Des difficultés à la marche imposent l'usage d'une canne. Étant donné sa grande fatigabilité, une demande de travailleuse familiale à domicile est accordée par la Cotorep. Le neurologue l'incite à perdre du poids et à suivre un régime hypocalorique (1,63 m/78 kg).

En octobre 2000, suite à 3 hospitalisations successives pour poussées à 3 mois d'intervalle, le neurologue instaure un traitement par BÊTAFÉRON ® (immunomodulateur). Pour éviter une grossesse, déconseillée lors de ce traitement, un stérilet est posé à Mme Z.

Depuis, l'état de Mme Z. n'a nécessité aucune hospitalisation. Le traitement semble efficace, elle le supporte bien. Elle fait elle-même les injections de BÊTAFÉRON ® en sous-cutané les jours impairs.

Situation à l'admission

Mme Z. est réhospitalisée, depuis hier à 16 h, pour une nouvelle poussée. Il s'agit de la 7e hospitalisation dans la même unité.

À l'observation clinique, le médecin relève les éléments suivants :

- paresthésies des 4 membres à type d'engourdissement dans les mains, surtout à droite, et des douleurs dans les cuisses depuis 2 jours ;
- gêne motrice, à prédominance droite, au niveau des mains ;
- ataxie ;
- troubles mictionnels, à type de mictions impérieuses, depuis 2 jours ;
- fatigue importante ;
- rougeur cutanée douloureuse dans la zone péri-ombilicale ;
- persistance d'un handicap fonctionnel se manifestant par des troubles de la marche, de l'équilibre et des difficultés à monter les escaliers.

Les prescriptions médicales à l'admission sont les suivantes :

- bilan biologique, dont un ECBU (examen cytobactériologique des urines) ;
- SOLUMÉDROL ® (corticoïde) : 1 g IV dans 250 mL de soluté glucosé à 5 %, à passer en 3 heures, ce jour à 18 h et pendant 2 jours à 10 h ;
- soluté glucosé à 5 % : 500 mL par 24 h sur un cathéter court pendant 3 jours ;
- RIVOTRIL ® (anti-convulsivant à visée antalgique) : 10 gouttes buvables à 20 h ;

- DIFFU-K® (chlorure de potassium) : 1 gélule à 8 h et 18 h ;
- PHOSPHALUGEL® (anti-acide) : 1 sachet après les repas ;
- BÊTAFÉRON® (immunomodulateur) : 0,25 mg en injection sous-cutanée à 20 h, les jours impairs ;
- régime sans sel et hypocalorique ;
- kinésithérapie : 1 séance par jour à 14 h ;
- surveillance : tension artérielle, température, pulsations à 8 h et 18 h ;
- pesée à 8 h ;
- diurèse.

Ce jour, sont notés :
- poids : 68 kg ;
- taille : 1,63 m ;
- température : 38,2 °C ;
- PA : 90/60 mmHg ;
- pulsations : 92/min.

Éléments du dossier de soins :
- alimentation : elle a très peu mangé au repas du soir. Elle présente des difficultés pour tenir ses couverts et surtout pour couper sa viande, car elle est droitière. Elle refuse toute aide ;
- sommeil-élimination : souvent réveillée pour uriner, et trop fatiguée pour se déplacer, elle a accepté le bassin. Cependant, à 6 heures, l'alèse a été changée, car Mme Z. a uriné dans le lit ;
- hygiène : elle souhaite prendre une douche très rapidement, ce matin, mais elle n'y arrive pas toute seule et a peur de tomber ;
- traitement : a bien supporté la perfusion de SOLUMÉDROL® ;
- réactions face à la situation : Mme Z. semble abattue. Elle est déçue, car le traitement n'est pas aussi efficace qu'elle le croyait. Elle se plaint d'être à nouveau hospitalisée. Elle veut arrêter le BÊTAFÉRON® car elle ne voit plus l'intérêt de le poursuivre. Mme Z. est très inquiète par rapport à son état : elle a très mal dans les cuisses, a peur de devenir incontinente. Elle est très gênée d'avoir mouillé son lit : « Combien de temps va durer cette poussée ? Y aura-t-il des séquelles ? » ;
- communication : sa mère lui téléphone tous les jours pour lui donner des nouvelles de sa fille qu'elle garde.

L'équipe soignante émet l'hypothèse de « sentiment d'impuissance »[1] et valide le diagnostic infirmier d'« incapacité partielle de se prendre en charge au niveau de l'alimentation, des soins d'hygiène, de se vêtir et de soigner son apparence »[1].

Le retour à domicile est envisagé dès l'atténuation, voire la disparition des symptômes.

Questions

1 *Expliquez le mécanisme physiopathologique de la sclérose en plaques. Définissez la poussée de sclérose en plaques.* (4 points)

2 *Définissez les termes suivants :*
- *ataxie ;*
- *paresthésies.* (3 points)

3 *Citez et justifiez les actions à mettre en œuvre après une ponction lombaire :*
- *dans l'installation et la surveillance générale du patient ;*
- *pour les tubes de prélèvement.* (7 points)

4 *Pour Mme Z., expliquez le but des prescriptions médicales suivantes :*
- *SOLUMÉDROL® ;*
- *DIFFU-K® ;*
- *PHOSPHALUGEL® ;*
- *régime sans sel.* (4 points)

5 *Calculez le débit en gouttes/minute des perfusions. Faites apparaître votre raisonnement.* (3 points)

6 *Énoncez et argumentez les actions de soins et de surveillance que vous mettez en œuvre ce jour, de 7 h à 15 h, auprès de Mme Z., pour les problèmes suivants :*
- *poussée de sclérose en plaques ;*
- *fatigue ;*
- *risque infectieux.*

Présentez votre réponse sous forme de tableau. (8 points)

7 *Énoncez et argumentez les actions que vous mettez en œuvre ce jour auprès de Mme Z. de 7 h à 15 h pour le diagnostic infirmier validé.*
Présentez votre réponse sous forme de tableau. (6 points)

1. Définitions (d'après Carpenito LJ, *Manuel de diagnostics infirmiers*, 5e édition, Inter-Éditions) :
- sentiment d'impuissance : situation où une personne ou un groupe a l'impression de n'avoir aucun pouvoir sur certains événements ou certaines situations, ce qui affecte sa vision de l'avenir, ses ambitions et son mode de vie ;
- incapacité partielle ou totale de se prendre en charge : situation où une personne a de la difficulté à accomplir chacune des activités de la vie quotidienne en raison d'un déficit moteur ou cognitif.

8 *Dans la perspective de son retour à domicile, énoncez et argumentez les conseils d'hygiène de vie et de l'environnement que vous rappellerez à Mme Z. Présentez votre réponse sous forme de tableau.* (10 points)

9 *Décrivez la démarche éducative – objectifs et actions – auprès de Mme Z. pour éviter la rougeur cutanée douloureuse dans la zone péri-ombilicale.* (8 points)

10 *Recherchez dans la situation de Mme Z. les éléments qui ont permis à l'équipe soignante de suggérer l'hypothèse du diagnostic infirmier : sentiment d'impuissance.* (3 points)

11 *Énoncez deux missions de la Cotorep (Commission technique d'orientation et de reclassement professionnel).* (2 points)

12 *Justifiez et expliquez la prise en charge à 100 % par la CPAM, pour Mme Z.* (2 points)

Réponses

1 Mécanisme physiopathologique de la sclérose en plaques et définition de la poussée de sclérose en plaques

➡ Mécanisme

La sclérose en plaques est une maladie inflammatoire démyélinisante spécifique du système nerveux central. Il s'agit de la destruction progressive des gaines de myéline, qui ralentit la conduction nerveuse. Ce sont des atteintes disséminées dans la substance blanche du système nerveux central. Par la suite, lorsque l'inflammation diminue, la propagation de l'influx nerveux s'améliore mais demeure ralentie. La myéline se répare partiellement.

➡ Définition

La poussée de sclérose en plaques se définit par la survenue de symptômes neurologiques nouveaux durant plus de 24 heures.

2 Définitions

➡ Ataxie : incoordination des mouvements.

➡ Paresthésies : sensations anormales, douloureuses ou non, variées : fourmillement, engourdissement, picotement, constriction localisée, ruissellement de liquide.

3 Actions à mettre en œuvre après une ponction lombaire

➡ Installation et surveillance générale :

- installer le patient en décubitus à plat pendant 1 à 2 heures environ pour éviter la fuite du liquide céphalo-rachidien (LCR) par la brèche cutanée et méningée ;
- puis installer le patient en décubitus dorsal à plat pendant 12 heures environ : repos strict au lit ; la position assise et l'orthostatisme favorisent l'apparition des céphalées et du syndrome post-PL ;
- faire boire le patient pour renouveler rapidement le LCR et prévenir les céphalées. Mettre à disposition de la boisson et une longue paille souple. Le patient est couché à plat ;
- surveiller : tension artérielle, pulsations, état de conscience ;
- repérer les modifications éventuelles, révélatrices d'une complication ;
- signaler les douleurs pour les traiter ;
- surveiller l'apparition d'hématome, d'inflammation au niveau du point de ponction.

➡ Tubes de prélèvement :

- les tubes de prélèvement contenant le LCR doivent être transportés immédiatement vers les différents laboratoires ; tout retard peut modifier la composition du liquide ;
- le LCR est sensible aux différences de température. Maintenir le tube à température constante (selon les usages : coton cardé, réfrigérateur).

4 But des prescriptions médicales :

- SOLUMÉDROL® : par son action anti-inflammatoire, raccourcit la poussée de sclérose en plaques tant dans la durée que dans l'intensité ;
- DIFFU-K® : prévient l'hypokaliémie pouvant être induite par le traitement corticoïde ;
- PHOSPHALUGEL® : anti-acide, prévient les manifestations douloureuses gastriques pouvant être induites par le traitement corticoïde ;
- régime sans sel : prévient la rétention hydrosodée pouvant être induite par le traitement corticoïde.

5 Débit des perfusions

➡ SOLUMÉDROL® :

- 250 mL en 3 h ;
- 250 mL × 20 = 5 000 gouttes (1 mL = 20 gouttes) ;

- $\frac{5\,000}{3 \times 60}$ = 27,77, soit 28 gouttes par minute par excès.

Soluté glucosé à 5 % :

- 500 mL/24 h ;
- 500 mL × 20 = 10 000 gouttes ;
- $\frac{10\,000}{24 \times 60}$ = 6,94, soit 7 gouttes par minute par excès.

6 Actions de soins et de surveillance à mettre en œuvre ce jour, de 7 h à 15 h

Problèmes	Actions	Argumentation
• Poussée de sclérose en plaques.	• Administrer le traitement médicamenteux : – SOLUMÉDROL® à 10 h ; – DIFFU-K® à 8 h ; – PHOSPHALUGEL® après les repas.	• Non-aggravation et/ou régression des signes : troubles fonctionnels, douleur. • Prévention de l'hypokaliémie. • Prévention des gastralgies.
	• Être à l'écoute de Mme Z.	• Évaluation : – efficacité du traitement ; – absence d'effets indésirables.
	• Appliquer la prescription médicale : régime sans sel. • Surveiller l'apparition d'œdèmes aux membres inférieurs. • Peser Mme Z à 8 h.	• Prévention et surveillance de la rétention hydrosodée.
	• Planifier la séance de kinésithérapie à 14 h.	• Renforcement de la marche. • Diminution du handicap fonctionnel.
	• Prendre pulsations, température, tension artérielle à 8 h.	• Surveillance de l'état général.
• Fatigue.	• Prévoir des périodes de repos.	• Insuffisance de sommeil. • Conservation et renforcement de son énergie. • Récupération de l'effort.
	• Aider à la mobilisation.	• Présence de troubles de l'équilibre et de la marche.
• Risque infectieux.	• Contrôler la température. • Vérifier l'abord veineux et l'état veineux. • Surveiller la zone péri-ombilicale. • Surveiller la diurèse. • S'informer du résultat de l'ECBU.	• Effraction cutanée par pose de KT court. • Présence d'une rougeur. • Dépistage d'un globe vésical. • Confirmation ou infirmation d'une infection urinaire.

7 Actions à mettre en œuvre ce jour, de 7 h à 15 h, pour le diagnostic infirmier validé

Problèmes	Actions	Argumentation
• Incapacité partielle de s'alimenter.	• Proposer de l'aide, malgré son refus. • Couper la viande, faire les tartines, ouvrir les emballages. • Proposer des couverts adaptés. • Lui dire de « bloquer » les coudes au corps. • Réchauffer le plat si nécessaire. • L'aider à s'installer à table. • Lui mettre tout à disposition.	• Incoordination des mouvements. Ataxie. • Paresthésies des mains. • Temps de repas rallongé.
• Incapacité partielle d'effectuer ses soins d'hygiène.	• L'aider à prendre sa douche. • Proposer un tabouret. • Prévoir un tapis antidérapant. • La laisser faire. • Évaluer l'état cutané. • Lui mettre à disposition la brosse à dents et le peigne.	• Troubles de l'équilibre. • Peur de tomber. • Maintien de l'autonomie.
• Incapacité partielle de se vêtir et de soigner son apparence.	• L'aider à s'habiller. • Lui proposer de l'aider à mettre ses lentilles, à se maquiller. • Lui proposer une séance chez le coiffeur, selon les possibilités.	• Maintien de son image corporelle.

8 Conseils d'hygiène de vie et de l'environnement

Conseils	Argumentation
Gestion de l'énergie • Rester active sans excès. • Pas d'efforts excessifs. • Limiter la station debout prolongée. • Piscine possible en l'absence de problèmes urinaires. • Faire des exercices. • Se ménager des périodes de repos. • Faire la sieste. • Se relaxer. • Planifier les activités. • Organiser la prise en charge de l'enfant : trajet scolaire, cantine… • Programmer les « gros travaux » en plusieurs étapes. • Revoir les tâches de la travailleuse familiale.	• Fatigabilité. • Limitation des efforts. • Risque d'aggravation des signes.
Loisirs • Pas d'exposition au soleil : se protéger par un chapeau, rester à l'ombre. • Pas d'exercices ni d'efforts violents : attention au jardinage.	• Les variations de la température corporelle peuvent entraîner une poussée.

Conseils	Argumentation
Habillement • Chaussures antidérapantes. • Vêtements amples faciles à mettre et à enfiler, de préférence en coton, légers.	• Marche avec une canne, troubles de l'équilibre : persistance d'un handicap fonctionnel. • Mictions impérieuses. • Liberté de mouvements. • Absorption de la transpiration.
Alimentation • Peut continuer son régime hypocalorique sous contrôle médical. Attention : fatigabilité, asthénie. • Boire régulièrement : au moins 1,5 L	• Maintien d'une bonne hydratation et diurèse. • Diminution du risque infectieux, facteur déclenchant d'une nouvelle poussée.
Hygiène • Pas de bains trop chauds ni trop froids : privilégier les douches. • Éviter les effractions cutanées.	• Augmentation ou diminution de la température corporelle : exacerbation des déficits neurologiques. • Augmentation du risque infectieux.
Connaissance • Rappeler l'existence d'aides techniques dans les domaines : déambulation, marche, alimentation, hygiène. • Lui conseiller d'avoir une paire de lunettes en plus des lentilles.	• Facilitation de la vie au quotidien. • Maintien de l'autonomie.
Aménagement du domicile • Si possible WC et chambre à coucher au rez-de-chaussée. • Endroit de repos immédiatement accessible.	• Marche avec une canne. • Troubles de l'équilibre. • Difficulté à monter les escaliers.
Aménagement de l'environnement • Sol plat, pas d'obstacles. • Pas de sols glissants. • Tapis antidérapants.	• Risque de chute.

9 Démarche éducative concernant la rougeur cutanée douloureuse dans la zone péri-ombilicale

Objectif général

Mme Z. fera ses injections en toute sécurité.

Objectif n° 1

Mme Z. continuera à faire elle-même ses injections sous-cutanées de BÊTAFÉRON ®.

Actions :

• vérifier les connaissances théoriques et pratiques par rapport à l'injection sous-cutanée ;
• faire faire l'injection par Mme Z. et évaluer le respect des règles d'hygiène et d'asepsie pendant la préparation et l'injection ;
• réajuster si nécessaire.

Objectif n° 2

Mme Z. variera les points d'injection du BÊTAFÉRON ®.

Actions :

• faire le point sur les connaissances relatives aux modalités d'injection du BÊTAFÉRON ® ;
• vérifier la connaissance de Mme Z. par rapport à l'origine de la rougeur et de la douleur de la zone péri-ombilicale ;
• lui réexpliquer la nécessité de varier les sites d'injection pour éviter les répercussions cutanées : rougeur, douleur, nécrose. Elle ne doit plus utiliser la zone péri-ombilicale jusqu'à la disparition complète de la rougeur douloureuse ;
• lui dire qu'il y aura moins de réactions locales si elle varie les sites d'injections. Entre 2 injections

au même endroit, il se passera assez de temps pour ne pas développer de réaction cutanée visible, et elle pourra continuer de se mettre en maillot de bain. Le BÊTAFÉRON ® entraîne une pigmentation cutanée locale qui disparaît spontanément ;
- lui proposer de faire intervenir ponctuellement une infirmière à domicile pour élargir la rotation des sites d'injection, pour les zones qu'elle ne peut pas atteindre (face arrière des bras, siège) ;
- lui rappeler l'importance de la tenue du carnet de suivi : noter à chaque injection le site utilisé et les éventuelles réactions constatées.

10 Éléments permettant de suggérer l'hypothèse du diagnostic infirmier : sentiment d'impuissance :
- il s'agit de la 7e hospitalisation ;
- Mme Z. semble abattue ;
- elle est déçue par le traitement et veut l'arrêter ;
- elle a peur de devenir incontinente, d'avoir des séquelles ;
- elle a des difficultés à accepter la limitation de ses activités ;
- elle est angoissée pour l'avenir et pour sa fille ;
- elle est seule pour faire face à la vie quotidienne ;
- une 2e grossesse est déconseillée ;
- effets indésirables du BÊTAFÉRON ® : syndrome dépressif, anxiété, instabilité émotionnelle...

11 Missions de la Cotorep :
- évaluation du degré d'aptitude au travail ;
- orientation et reclassement ;
- évaluation du taux d'invalidité ;
- attribution de certaines prestations :
  - allocation aux adultes handicapés (AAH) ;
  - allocation compensatrice ;
  - allocation logement ;
  - carte d'invalidité ;
- décision d'admission en établissement spécialisé (MAS : maison d'accueil spécialisée ; FAHG : foyer d'adultes handicapés graves).

12 Prise en charge par la CPAM

La sclérose en plaques figure dans la liste des 30 affections de longue durée (ALD).

Mme Z. est prise en charge à 100 %, pour les soins et frais en rapport avec la sclérose en plaques (hospitalisation, soins médicaux, pharmacie...) uniquement.

Mme N., âgée de 35 ans, est amenée par les pompiers aux urgences, à 12 h, après un malaise sans perte de connaissance. Elle est accompagnée de son mari.

Histoire de la maladie

Alors que Mme N. était assise dans un fauteuil, elle a présenté un trouble de l'élocution et un déficit moteur de son côté droit.

M. N. précise que sa femme suit un traitement par PRÉVISCAN ® (3/4 cp/j), qu'elle a arrêté il y a 15 jours, car « elle n'a pas eu le temps de renouveler l'ordonnance », « elle est trop préoccupée en ce moment car il va y avoir des licenciements à son travail ».

Antécédents :

- chirurgicaux :
  - 1978 : remplacement de la valve mitrale par bioprothèse après un rhumatisme articulaire aigu,
  - 1990 : remplacement de la bioprothèse par une prothèse mécanique de St Jude ;
- médicaux : fibrillation auriculaire connue et non traitée.

Mode de vie

Mme N. est droitière, mesure 1,70 m et pèse 65 kg. Elle a 2 enfants (12 et 8 ans).

Elle est agent d'entretien dans une entreprise de nettoyage. Elle fume 5 à 6 cigarettes/jour depuis 10 ans.

Elle habite un appartement en rez-de-chaussée dans une ville située à 100 km, et était de passage dans la région.

Mme N. est prise en charge à 100 % par la Sécurité sociale au titre d'une valvulopathie grave.

Examen clinique :

- hémiplégie à prédominance brachio-faciale droite ;
- trouble de la sensibilité droite ;
- hémianopsie latérale homonyme droite ;
- aphasie avec de gros troubles de la compréhension ;
- désorientation temporo-spatiale et confusion ;
- auscultation : pulsations = 107/min, bruits du cœur irréguliers ;
- pression artérielle : 12/7 cm de Hg ;
- globe vésical.

Examens complémentaires :

- réalisés aux urgences :
  - TP : 91 %,
  - plaquettes,
  - TCA,
  - ionogramme sanguin,
  - scanner crânien : normal,
  - électrocardiogramme : arythmie ;
- à prévoir :
  - échographie trans-œsophagienne,
  - Doppler cervical.

Diagnostic

Accident vasculaire cérébral ischémique sylvien gauche sur trouble du rythme et valve cardiaque non anticoagulée.

Une sonde urinaire est posée aux urgences. Elle permet l'évacuation de 600 mL d'urine ; elle est laissée à demeure.

Après l'établissement du diagnostic, Mme N. est transférée en service de neurologie à 14 h.

Vous êtes infirmier(ère) dans ce service de 13 h à 21 h, et vous prenez en charge Mme N.

Prescriptions médicales :

- bilan neurologique toutes les 2 heures ;
- pose d'une voie d'abord veineuse avec 500 mL de G 5 %/24 h + 2 g NaCl/L + 1 g KCl/L. Vous disposez d'ampoules de NaCl de 10 mL à 20 % et d'ampoules de KCl de 10 mL à 10 % ;
- héparine (anticoagulant) à la seringue auto-pousseuse : 1 000 UI/h (flacon de 5 mL à 5 000 UI/mL) ;
- TCA dans 4 h ; résultat voulu entre 2,5 et 3,5 fois le témoin :
  - si TCA < 2,5 × témoin : héparine, 1 100 UI/h,
  - si TCA > 3,5 × témoin : héparine, 900 UI/h ;
- CÉDILANIDE ® (digitalique) : 1 ampoule en IV lente à renouveler dans 2 heures si le pouls est supérieur à 100 puis 1 ampoule toutes les 8 heures ;
- mise sous scope et surveillance des pulsations toutes les 2 heures ;
- surveillance de la pression artérielle et de la diurèse ;
- récupérer les résultats du ionogramme et des plaquettes.

Questions

1 *En vous appuyant sur les éléments significatifs du texte, et sur vos connaissances, analysez la situation de Mme N.*

Cette analyse écrite doit montrer votre compréhension de la situation par les liens que vous établissez entre les aspects suivants :

- *physiopathologie ;*

- *antécédents ;*
- *examens complémentaires ;*
- *traitements ;*
- *comportement.*

À partir de cette analyse, identifiez les problèmes réels et/ou potentiels (que ceux-ci soient d'ordre médical ou relevant du rôle propre). (20 points)

2 *Au regard des problèmes énoncés, déterminez les objectifs et les actions à mettre en place sur votre quart de travail (NB : faire apparaître les calculs).* (20 points)

3 *Citez 3 soins pouvant être réalisés en collaboration avec des aides-soignantes.*
Argumentez la réponse. (6 points)

4 *À J3, le médecin prescrit :*
- *ablation de la sonde vésicale ;*
- *reprise du PRÉVISCAN® en relais à l'héparine :*
  - *1 cp de PRÉVISCAN®/jour ; TP et INR dans 2 jours puis tous les jours,*
  - *poursuite de l'héparine et des TCA selon protocole,*
  - *l'héparine sera arrêtée à J6.*

Quels sont les soins à mettre en œuvre pour l'ablation de la sonde ?
Expliquez la prescription du relais héparine/PRÉVISCAN®. (10 points)

5 *À J9, Mme N. a progressivement récupéré sur le plan moteur et retrouvé son autonomie (se lève, fait sa toilette, mange seule).*
L'orthophoniste, à l'issue de la rééducation, note qu'il n'existe plus de troubles de la compréhension, que la lecture et le récit écrit sont corrects. Il ne persiste qu'une dysorthographie et une dyscalculie qui préexistaient à l'AVC (Mme N. a été scolarisée jusqu'en 3e).
Mme N. cependant semble triste et fatiguée, est peu communicative avec l'équipe, s'occupe uniquement à regarder la télévision et sort peu de sa chambre.
La sortie est décidée par le médecin pour après-demain.
Comment préparer cette sortie avec Mme N. en fonction de son état ? (4 points)

Réponses

1 Analyse

Physiopathologie

Les AVC sont la 3e cause de mortalité en France, ils concernent 145 personnes/100 000 et laissent souvent de très lourdes séquelles. Il s'agit donc d'une situation d'urgence à prendre en charge très rapidement.

Mme N. présente un AVC ischémique sylvien gauche.

Il s'agit de l'obstruction de l'artère sylvienne par un caillot sanguin. Cette obstruction entraîne une baisse du débit sanguin dans l'artère donc une ischémie du territoire concerné.

Cette ischémie peut évoluer vers le ramollissement puis la nécrose du tissu cérébral.

Cliniquement, elle se traduit par des déficits moteurs, sensitifs et des fonctions supérieures dans le territoire irrigué par l'artère sylvienne gauche.

Signes présentés par Mme N. :

- une hémiplégie droite : déficit moteur du côté droit révélant un accident de l'hémisphère cérébral gauche puisque les fibres motrices croisent au niveau du bulbe rachidien. L'installation brutale est évocatrice d'un accident vasculaire cérébral ;
- un déficit sensitif droit ou hypoesthésie pour les mêmes raisons : les fibres sensitives croisent, pour la plupart, dans le bulbe ;
- une hémianopsie latérale homonyme droite : elle a perdu la vision des deux hémichamps visuels droits par lésion des voies optiques après le chiasma ;
- une aphasie : la fonction du langage, classée dans les fonctions supérieures, est perturbée par une atteinte de l'aire du langage (aire de Broca) située dans le lobe frontal et le lobe temporal de l'hémisphère dominant (gauche pour Mme N., qui est droitière). La malade est, le plus souvent, consciente de son état et le vit difficilement : l'aphasie entraîne un risque d'isolement ;
- une confusion et désorientation dans l'espace et le temps, troubles des fonctions supérieures, liés également aux difficultés de compréhension ;
- un globe vésical : l'agression du système nerveux central par l'AVC entraîne une perturbation de la fonction vésico-sphinctérienne à type de rétention urinaire.

Antécédents

L'origine de cette ischémie peut s'expliquer par les antécédents de Mme N. :

- la fibrillation auriculaire est responsable d'une mauvaise contractilité cardiaque. Celle-ci a favorisé une stagnation générant un caillot. Ce caillot a pu migrer dans la grande circulation et aller obstruer l'artère sylvienne ;
- la présence d'une prothèse de Saint-Jude (valve mécanique mitrale), non anticoagulée, a favorisé la constitution d'un thrombus ayant pu migrer ensuite. Ce type de valve, contrairement à la bioprothèse initialement posée en 1978, présente l'avantage d'une durée de vie plus longue mais l'inconvénient d'un risque emboligène plus important, imposant un traitement anticoagulant à vie. Cette prothèse valvulaire a été mise en place à la suite de l'insuffisance mitrale consécutive à un rhumatisme articulaire aigu (RAA) ;
- le RAA est une complication d'une infection à streptocoques de la sphère ORL (angine le plus souvent). Il atteint l'adolescent et l'adulte jeune (Mme N. avait 14 ans quand la valve a été remplacée). La lésion cardiaque est due à un processus inflammatoire survenant à distance du foyer et après un intervalle libre de quelques jours à quelques semaines. Le RAA est devenu une pathologie assez rare du fait de la prise en charge efficace par les antibiotiques des infections ORL.

Examens :

- le scanner : examen radiologique non invasif, permet la visualisation d'un organe par enregistrement de coupes successives. Il est réalisé pour localiser la lésion, évaluer son étendue et en mesurer le volume. Il permet également le diagnostic différentiel entre une hémorragie cérébrale et une ischémie cérébrale ;
- le Doppler : permet l'étude du flux sanguin par ultrasons au niveau des gros troncs artériels. Il permet de déceler la présence d'obstacle à la circulation du flux sanguin. Pour Mme N. : vérifier l'absence de sténose et/ou d'embol carotidien ;
- l'ECG : enregistrement de l'activité électrique du cœur. Pour Mme N. : diagnostic de l'arythmie cardiaque par fibrillation auriculaire et appréciation du rythme cardiaque ;
- TP : le résultat confirme que Mme N. n'est pas anticoagulée ;
- l'écho-transœsophagienne : utilise les ultrasons pour visualiser les différentes structures cardiaques et les gros vaisseaux par introduction d'une sonde dans l'œsophage en regard du cœur. Pour Mme N. : visualisation de la valve mitrale et des cavités cardiaques, recherche d'un thrombus dans l'oreillette gauche ou au niveau de la valve et d'un éventuel dysfonctionnement de celle-ci.

Prescriptions :

- bilan neurologique ou score de Glasgow : afin de dépister toute aggravation de la vigilance, du déficit moteur et sensitif et de l'aphasie et d'évaluer les récupérations :
  - conscience, orientation dans le temps et l'espace, compréhension des ordres simples,
  - réponses verbales aux questions,
  - mobilité spontanée, en réponse aux stimulations,
  - tonus musculaire,
  - sensibilité,
  - pupilles : réactivité, isocorie,
  - ouverture des yeux ;
- héparine à la seringue auto-pousseuse : anticoagulant pour prévenir toute récidive d'embolie. L'héparine est choisie car elle a une efficacité immédiate ;
- TCA : pour vérifier l'efficacité de l'héparine et ajuster si besoin le dosage. Il doit être égal à 2 à 3 fois le temps du témoin. L'efficacité de l'héparine se mesure 4 heures après le début de son administration ;
- CÉDILANIDE®. A la propriété des digitaliques : ralentit, renforce et régularise le rythme cardiaque. Pour Mme N. : est prescrite dans le but de réduire ou tout du moins ralentir la fibrillation auriculaire ;
- surveillance du pouls au scope : efficacité de la CÉDILANIDE® et dépistage d'une éventuelle bradycardie en cas de surdosage ;
- sonde vésicale : pour évacuer le globe vésical et dans un second temps prévenir les risques liés à une éventuelle incontinence ;
- perfusion de G 5 % : pour avoir une voie d'abord veineuse permettant ensuite le passage du traitement héparinique. Cette voie d'abord serait également utile en cas d'aggravation ;
- surveillance de la TA : une hypotension artérielle serait dommageable à la vascularisation cérébrale ;
- surveillance de la température : dépistage d'une infection liée aux portes d'entrée (voie d'abord veineuse, sonde vésicale, prothèse valvulaire) ;

- plaquettes : référence avant la mise en route du traitement par héparine (risque de thrombopénie) ;
- ionogramme : permet d'avoir une référence avant la pose de la perfusion. Importance de la kaliémie dans les troubles du rythme cardiaque. En cas d'hypokaliémie, risque de majoration des effets secondaires de la CÉDILANIDE® (bradycardie).

Comportements

L'AVC de Mme N. nécessite une hospitalisation. Mme N. est jeune, mère de famille, en activité professionnelle et elle habite loin. Cette situation peut poser des problèmes d'organisation familiale (possibilité de visite, garde des enfants...).

L'accident de Mme N. semble lié, pour une part, à la non-observance du traitement du fait de préoccupations professionnelles dont il faudra tenir compte pour adapter les conseils éducatifs à la sortie.

Sur le plan financier, Mme N. sera prise en charge à 100 % : cette hospitalisation est en lien avec la valvulopathie prise en charge à 100 % dans le cadre des affections de longue durée. Le forfait journalier de 75 F reste à sa charge (sauf si une mutuelle le prend en charge).

Problèmes :

- Mme N. présente une hémiplégie et une désorientation temporo-spatiale qui entraînent :
  - une perte d'autonomie,
  - des risques liés à l'alitement :
    - altération de l'état cutané,
    - thrombo-embolie,
  - des risques de troubles de la déglutition,
  - des risques de positions vicieuses des membres droits, voire de rétractions,
  - des risques de perturbations de l'image de soi si la situation perdure ;
- Mme N. présente une aphasie qui rend difficiles les échanges et peut générer une anxiété ;
- Mme N. présente un risque de récidive de son AVC ;
- Mme N. a présenté une rétention urinaire nécessitant la pose d'une sonde à demeure ;
- Mme N. présente un risque infectieux lié aux matériels.

2 Objectifs – Actions

Hémiplégie et désorientation

Objectif 1

Compenser la perte d'autonomie de Mme N.

Actions

Prise en charge de l'installation :

- accueillir Mme N. dans l'unité ;
- organiser le transfert bard/lit avec aide et en respectant la pudeur ;
- aider au déshabillage ;
- prévoir l'aide :
  - à la toilette (le lendemain),
  - à la mobilisation dans le lit,
  - aux repas ;
- mettre à disposition la sonnette du côté gauche ;
- poser des barrières de lit par sécurité.

Objectif 2

Prévenir et dépister les risques liés à l'alitement.

Actions :

- état cutané :
  - installer Mme N. sur un matelas anti-escarres,
  - organiser, selon le protocole du service, des changements de positions et des massages des points d'appui,
  - assurer une hygiène rigoureuse du siège,
  - vérifier que l'alèse de coton est bien tendue,
  - hydrater correctement Mme N. (actuellement par la perfusion), surveiller les signes de déshydratation (pli cutané, muqueuses sèches),
  - surveiller et noter régulièrement l'état cutané des points d'appui : rougeur, phlyctène, nécrose... ;
- thrombo-embolie :
  - surélever légèrement les pieds du lit,
  - le traitement anticoagulant de l'AVC sera également préventif d'une phlébite dès qu'il sera efficace,
  - rechercher les signes de phlébite : douleur du mollet, rougeur, chaleur, œdème, perte de ballottement, dissociation pouls/température.

Objectif 3

Dépister et prévenir les fausses routes.

Actions :

- rester présent lors de la 1re absorption *per os* ;
- surveiller l'apparition de toux après l'absorption des liquides surtout ;
- éventuellement, prévoir d'administrer de l'eau gélifiée ;
- donner une alimentation semi-liquide ou par petites bouchées ;
- s'assurer de la bonne compréhension de ces consignes par l'équipe et la famille ;
- installer le matériel d'aspiration murale, vérifier son fonctionnement, avoir différentes sondes à disposition.

Objectif 4
Prévenir les risques de positions vicieuses des membres.
Actions :
- caler pied et jambe droits avec des oreillers en position de fonction pour éviter l'équin ;
- mettre un arceau pour éviter le poids des couvertures sur le pied paralysé ;
- installer le bras droit sur un oreiller surélevé pour favoriser le retour veineux et limiter l'œdème (ôter bagues et bracelets du côté paralysé) ;
- prévenir le kinésithérapeute pour qu'il commence une rééducation passive pour éviter les rétractions tendineuses.

Objectif 5
Aider Mme N. à garder une image positive d'elle-même.
Actions :
- lui expliquer, simplement et sans la culpabiliser ce qui s'est passé ;
- dire tout ce que l'on fait ou va faire (soins, examens...) en application de la charte des droits du malade : droits à une information claire et compréhensible ;
- préciser de quelles parties de son corps on s'occupe ;
- l'entourer d'objets familiers (vêtements, photos, fleurs...) ;
- l'encourager à participer aux soins (hygiène, rééducation, alimentation...) ;
- lui transmettre les appels téléphoniques reçus pour elle ;
- lui indiquer le jour et l'heure et mettre de façon visible calendrier et pendule.

Aphasie

Objectif
Permettre une communication avec Mme N. et prévenir l'anxiété liée à l'aphasie.
Actions :
- lui parler en se mettant face à elle ou plutôt à gauche (elle ne voit pas dans le champ visuel droit) ;
- être clair dans ce qu'on dit sans « crier » ;
- parler avec des phrases courtes ;
- s'assurer de sa compréhension (réponse par gestes ou clignements de paupières) ;
- éviter trop de questions qui l'obligeraient à répondre et risqueraient de l'inquiéter si elle ne peut le faire ;
- prévoir une ardoise magique pour laisser Mme N. s'exprimer ;
- encourager ses essais et efforts ;
- contacter l'orthophoniste pour envisager rapidement la rééducation ;
- prévoir une identification (bracelet, étiquettes...) quand Mme N. sort du service pour les examens.

Risque de récidive

Objectif 1
Évaluer l'état neurologique de Mme N.
Actions :
- réaliser, toutes les 2 heures, le score de Glasgow :
  – questions sur le jour, le lieu...
  – stimulations par pincement pour évaluer la mobilité réponse,
  – évaluation de la sensibilité par piqûre ou éther,
  – surveillance de la réactivité pupillaire à la lampe de poche ;
- noter les résultats ;
- prévenir le médecin à l'apparition de toute aggravation ;
- expliquer à Mme N. et à son mari l'objectif de ces gestes qui peuvent sembler très agressifs ;
- prendre la TA de Mme N. toutes les 2 h et signaler une TA supérieure à 14 ou inférieure à 9.

Objectif 2
Prévenir une récidive d'embolie.
Actions :
- poser la perfusion de G 5 % et électrolytes au bras gauche pour éviter de majorer le risque d'œdème en cas d'extravasation :
  – 2 g de NaCl par litre, soit 1 g pour 500 mL,
  – 1 ampoule de 10 mL à 20 % contient 2 g de NaCl. On ajoute donc 5 mL de NaCl pour 500 mL de G 5 %,
  – 1 g de KCl par litre soit 0,5 g pour 500 mL,
  – 1 ampoule de 10 mL à 10 % contient 1 g de KCl. On ajoute donc 5 mL de KCl pour 500 mL de G 5 %,
  – il faut donc passer 500 + 5 + 5 = 510 mL ou 510 × 20 gouttes (1 mL = 20 gouttes) en 24 h ou 24 × 60 min. Le débit est donc : $\frac{510 \times 20}{24 \times 60}$ = 7 gouttes par minute par excès ;
- surveiller le point d'injection, le retour veineux et le bon débit ;
- administrer l'héparine prescrite en la branchant sur un robinet à 3 voies :
  – pour 12 h : 12 000 UI,
  – on dispose de flacons de 5 mL à 5 000 UI/mL,
  – il faut donc prélever $\frac{1 \times 12\,000}{5\,000}$ = 2,4 mL

d'héparine, auxquels on ajoute 24 – 2,4 = 21,6 mL de sérum glucosé à 5 % pour compléter la seringue à 24 mL,
- le débit est donc réglé à 2 mL/h à la seringue auto-pousseuse ;
- réaliser le TCA à 18 h si l'héparine a été posée à 14 h :
  - prélever du côté opposé à la perfusion,
  - noter le traitement administré sur la demande d'examen,
  - acheminer rapidement au laboratoire,
  - récupérer le résultat,
  - réajuster le traitement en fonction de la prescription.

Objectif 3

Permettre le retour à un rythme cardiaque non emboligène.

Actions :
- administrer la CÉDILANIDE ® prescrite en IV lente ;
- surveiller le pouls au scope toutes les 2 heures ;
- réaliser l'ECG prescrit et le transmettre au médecin.

Objectif 4

Participer au diagnostic de l'atteinte neurologique de Mme N.

Actions :
- récupérer les examens sanguins (plaquettes, ionogramme) et transmettre les résultats au médecin ;
- prendre les rendez-vous pour Doppler et échotransœsophagienne ;
- informer la malade et son mari des dates de rendez-vous (organisation des visites) et des conditions de réalisation de ces examens (l'échotransœsophagienne notamment peut impressionner) ;
- organiser les transports aux examens ;
- faire remplir les demandes à joindre au dossier.

➡ Rétention urinaire

Objectif

Compenser l'absence de diurèse spontanée.

Actions :
- surveiller le bon fonctionnement de la sonde et l'absence de coudure ;
- surveiller la diurèse toutes les 4 heures : pose d'un bocal ;
- surveiller l'aspect des urines à la recherche d'une hématurie (après la reprise du traitement anticoagulant).

➡ Infection

Objectif

Prévenir et dépister toute infection.

Actions :
- se laver les mains avant et après chaque soin ;
- respecter les protocoles et règles d'hygiène et d'asepsie pour poser les matériels (sonde, cathéter) ;
- surveiller la température toutes les 2 heures et signaler si elle est supérieure à 37,8 °C ;
- surveiller toute aggravation de l'état général : sueur, frissons, teint gris faisant évoquer une septicémie ;
- surveiller l'aspect du point d'injection de la perfusion (ni rougeur, ni chaleur, ni induration) ;
- surveiller l'aspect du méat urinaire (ni écoulement, ni rougeur, ni douleur) ;
- surveiller l'aspect des urines : si troubles ou malodorantes, réaliser une recherche de leucocytes et nitrites à la bandelette.

3 Soins pouvant être pratiqués avec ou par l'aide-soignante :

- aide à l'installation de Mme N. : l'infirmière est là pour faire connaissance avec la personne et évaluer son état. L'article 3 du décret cite comme étant du rôle propre : « Installation en rapport avec la pathologie ». Ce soin du rôle propre peut donc être réalisé avec l'aide-soignante, qui a reçu une formation quant au confort, à la pudeur... ;
- surveillance de l'état cutané : « Prévention et soin d'escarre » font partie du rôle propre de l'infirmière. Elle doit rester au courant de la situation de chaque malade dans ce domaine. La formation des aides-soignantes les prépare à la surveillance cutanée et aux préventions d'escarre. Elle peut donc en alternance ou avec l'infirmière assurer ce soin ;
- alimentation : après avoir évalué les capacités de déglutition de Mme N. et donné des consignes précises à l'aide-soignante, l'infirmière peut lui déléguer ce soin du rôle propre ; les méthodes et la surveillance de l'alimentation sont au programme de formation des aides-soignantes.

4 Ablation de la sonde et relais héparine-PRÉVISCAN ®

➡ Ablation de la sonde :
- prévenir Mme N. de l'ablation de sa sonde ;
- prévoir le matériel pour toilette génitale ;

- réaliser un ECBU si prescrit ;
- donner à boire à Mme N. ;
- réaliser la toilette génitale. Ôter la sonde et noter l'heure ;
- surveiller l'apparition de la 1re miction, noter l'heure et la quantité émise ;
- évaluer la difficulté éventuelle à uriner, les douleurs ;
- noter chaque miction suivante, le volume et l'heure ;
- dépister l'apparition d'une rétention urinaire : globe vésical, douleur ; prévenir le médecin dans ce cas ;
- transmettre ce soin par écrit et prévenir l'équipe de la surveillance en cours.

Relais héparine-PRÉVISCAN®

L'héparine a une action anticoagulante rapide et qui cessera rapidement à l'arrêt. Le PRÉVISCAN® (anti-vit. K) a un début d'efficacité au bout de 72 h.

L'héparine est donc maintenue à une dose efficace (surveillance par le TCA) jusqu'à ce que le PRÉVISCAN® anticoagule correctement Mme N.

On évalue l'efficacité du PRÉVISCAN® par le dosage du TP et de l'INR :

- sans traitement : TP = 100 % ; INR = 1 ;
- avec traitement : l'INR augmente quand le TP diminue ;
- efficacité du traitement : INR = 2 ou 3 ; TP = entre 25 et 40 %.

5 Préparation de la sortie de Mme N.

L'attitude de Mme N. peut être due à l'angoisse engendrée par son AVC, à la culpabilité liée à la non-observance du traitement, à ses soucis professionnels, à l'inquiétude pour ses enfants...

Il faut donc adapter les conseils et consignes et faire en sorte que Mme N. redevienne capable de se prendre en charge en ce qui concerne son état de santé.

Pour ce faire :

- informer Mme N. et son mari de la date de la sortie ;
- vérifier auprès de Mme N. ses connaissances par rapport à sa maladie et à son traitement anticoagulant ;
- réajuster si besoin et insister sur l'importance de la prise régulière du PRÉVISCAN® sans aucun arrêt et à la posologie prescrite ;
- s'assurer que Mme N. est bien porteuse d'une carte spécifiant ce traitement et le suivi des examens biologiques ;
- rappeler à Mme N. les précautions à prendre :
  - faire attention à la manipulation des objets tranchants,
  - signaler au médecin tout saignement anormal,
  - prévenir dentiste, gynécologue, chirurgien,
  - éviter infiltrations et injections intramusculaires,
- donner et relire avec Mme N. les ordonnances de PRÉVISCAN® et celle du prochain prélèvement TP-INR ;
- selon la prescription médicale, donner à Mme N. l'arrêt de travail à envoyer à son employeur et, dans les 48 heures, à la caisse de Sécurité sociale ;
- conseiller à Mme N. de revoir son médecin traitant et/ou son cardiologue pour le suivi de son traitement ;
- demander à Mme N. ou son mari s'ils ont rempli la fiche du livret d'accueil exprimant leurs commentaires sur cette hospitalisation.

Vous travaillez ce jour de 7 h à 15 h 30 en service de neurologie.
Ce service dispose d'une équipe soignante pluridisciplinaire avec : médecins, infirmier(ère)s, aide-soignant(e)s, kinésithérapeute, orthophoniste, ergothérapeute, diététicienne, neuropsychologue... à laquelle se joint une assistante sociale.
Dans le secteur de soins dont vous vous occupez, se trouve Mme A., 42 ans, hospitalisée dans une chambre seule depuis 15 jours pour hémiplégie droite.

Situation sociale et profil

Mme A. est mariée, sans enfant, et vit avec son mari. Son mari est très proche d'elle et lui rend visite tous les jours.
Mme A. est « chargée de relation » dans une agence publicitaire depuis deux ans.
Habituellement, Mme A. est une personne dynamique, ayant de nombreuses activités, volontaire et confiante en elle-même, aimant assumer des responsabilités tant dans sa vie personnelle que professionnelle.
C'est une personne soignée, soucieuse de son image corporelle, pratiquant la gymnastique et la musculation.

Antécédents médico-chirurgicaux

Mme A. n'a pas eu d'atteinte notable jusqu'à ce jour. En revanche, elle fume depuis de nombreuses années avec des épisodes d'arrêt. Depuis 6 mois, elle a repris une consommation de 10 à 15 cigarettes par jour.
Depuis 10 mois, elle est sous contraception orale (œstroprogestatif), arrêtée actuellement.

Histoire de la maladie

Alors qu'elle rentrait de son travail et qu'elle conversait avec son mari, Mme A. a ressenti un malaise et, brutalement, a présenté des difficultés à parler ; son visage s'est quelque peu déformé, elle bavait légèrement.
Se rendant compte du malaise, son mari l'a immédiatement soutenue et allongée : tout son côté droit semblait flasque.
Il a immédiatement appelé le SAMU et son transport à l'hôpital en service d'urgences a été effectué rapidement.
Mme A. présentait, entre autres, une hypertension artérielle non connue à ce jour.
Dans le cadre de la prise en charge immédiate, des examens complémentaires dont un scanner cérébral, un écho-Doppler des vaisseaux du cou et transcrâniens ont permis de poser le diagnostic « d'accident vasculaire cérébral ischémique » (infarctus du territoire de l'artère cérébrale moyenne : artère sylvienne).
Mme A. a été transférée pour traitement en service de neurologie.

État actuel

Mme A. a beaucoup maigri alors qu'elle n'avait pas d'excès pondéral.
Elle présente un déficit moteur du côté droit, notamment :

- au niveau du membre supérieur, l'épaule a tendance à pendre, le bras tend à se mettre en adduction et rotation externe tandis que le coude et le poignet se placent en flexion ;
- au niveau du membre inférieur, la hanche a tendance à se mettre en rotation externe, le genou en flexion, tandis que le pied tend à tourner vers l'extérieur en flexion plantaire.

Mme A. est levée chaque jour au fauteuil. Elle débute sa récupération mais elle a besoin d'aide pour tous les soins quotidiens (elle est droitière).
Lors de sa toilette, elle a du mal à se regarder dans la glace et pleure en se voyant. Elle choisit cependant ses vêtements mais manifeste de la tristesse.
De même, elle exprime une sorte de mécontentement et d'abattement pour tout ce qu'elle n'arrive pas à faire toute seule : « Je n'arrive même pas à me débrouiller seule pour des choses aussi simples... Depuis que je suis dans cet état, il me faut toujours votre aide ou celle de mon mari, alors qu'il n'a pas que cela à faire... »
En effet, M. A. participe aux soins. Il se montre patient et encourageant avec sa femme. Néanmoins, il regrette de ne pas pouvoir faire autant qu'il le voudrait : « Je suis très pris entre mon travail... l'hôpital... la maison... depuis 15 jours notre vie est tellement perturbée... c'est ma femme qui s'occupait du quotidien... »
Mme A. s'exprime avec quelques difficultés oralement (elle a notamment une dysarthrie) et par écrit, mais elle comprend et arrive à se faire comprendre.
Elle présente quelques troubles de la déglutition avec tendance aux fausses routes (elle a eu une alimentation par sonde gastrique).
Depuis 3 jours, une réalimentation orale est tentée avec : aliments mixés hyperprotidiques et hypercaloriques, eau gélifiée, compléments nutritifs épaissis à

10 heures et à 16 heures (crèmes épaissies et enrichies – Nutricrémal –, dont Mme A. choisit les parfums).
Mme A. n'a pas de problème pour ce qui est de son élimination urinaire et fécale si ce n'est qu'il faut l'aider matériellement.
Dans la journée, elle regarde un peu la télévision et feuillette quelques revues.
La nuit, elle dort correctement mais sous traitement depuis son hospitalisation.

Son traitement est le suivant :

- LOXEN ® 20 mg *per os* (inhibiteur calcique, antihypertenseur) : 1 comprimé matin, midi, soir ;
- TRANXÈNE ® 10 mg (benzodiazépine-anxiolytique) : 1 gélule le soir ;
- FRAGMINE ® 5 000 UI : 0,2 mL en sous-cutané à 9 heures ;
- perfusion intraveineuse sur 24 heures (1,5 L de soluté glucosé à 5 % avec 4 g de chlorure de sodium et 2 g de chlorure de potassium par litre (préparation à partir d'ampoules de 20 mL à 20 % de chlorure de sodium et de 10 mL à 10 % de chlorure de potassium).

La perfusion est à changer à 8 heures (Mme A. est porteuse d'un cathéter intraveineux périphérique au niveau de l'avant-bras gauche).
À cela s'ajoutent :

- de la kinésithérapie : une séance matin et soir ;
- de la rééducation avec l'orthophoniste : une séance par jour.

Surveillance :

- pression artérielle : toutes les 3 heures (de 7 h à 21 h) ;
- diurèse des 24 heures (de 8 h à 8 h) ;
- bilan sanguin prescrit ce jour avec :
  - taux de plaquettes,
  - protidémie,
  - glycémie,
  - ionogramme.

Transmissions

Vous apprenez que :

- les chiffres tensionnels de Mme A. sont assez stables avec une pression artérielle à 150/80 mmHg lors de la dernière surveillance ;
- Mme A. a passé une nuit calme ;
- M. A. souhaiterait avoir des renseignements complémentaires en ce qui concerne l'état actuel de sa femme, les perspectives d'évolution et de prise en charge au niveau des soins.

Questions

1 *Identifiez les problèmes de la situation de soins de Mme A.*

2 *Proposez un projet de soins pour les 48 heures à venir à partir de votre prise de service.*
Pour chacune de ces étapes, argumentez.
(Le raisonnement et le calcul de débit doivent apparaître.)

Réponses

1 Identification et argumentation des problèmes

La soudaineté de l'accident vasculaire cérébral et la gravité du handicap lié à l'hémiplégie droite chez une personne de 42 ans, droitière, en pleine activité, en pleine possession de ses moyens et jusque-là sans problème de santé notable constituent les fondements de la problématique inhérente à la situation de Mme A.

Problème médical

Le problème qui est à la base de cette situation est l'accident vasculaire cérébral ischémique.
Il s'agit d'une perturbation de l'irrigation sanguine du cerveau par oblitération, dans le cas de Mme A., au niveau de l'artère cérébrale moyenne (artère sylvienne) provoquant une ischémie tissulaire et un déficit neurologique, d'où la symptomatologie de Mme A. apparue soudainement il y a 15 jours et ayant nécessité une prise en charge d'urgence.
Par ailleurs, c'est cette même symptomatologie qui a orienté les examens complémentaires pour poser le diagnostic :

- scanner cérébral (examen tomodensitométrique qui permet d'obtenir des images précises en coupe du cerveau mettant en évidence la zone atteinte sous forme d'hypodensité ;
- écho-Doppler des vaisseaux du cou et transcrâniens : examen utilisant les ultrasons pour détecter les éventuels obstacles au niveau de l'artère carotide interne et de ses branches cérébrales, notamment artère cérébrale moyenne).

Le problème médical est donc lié à cette atteinte vasculaire avec prise en compte des facteurs de risques : notamment l'hypertension artérielle, qui peut toujours faire courir un risque de récidive

voire d'aggravation à Mme A. Actuellement, la pression artérielle semble stabilisée sous traitement : LOXEN ® (anti-hypertenseur) mais un autre risque apparaît (à type d'effet secondaire du traitement), qui est celui d'hypotension, pouvant entraîner une atteinte cérébrale par manque d'irrigation tissulaire.
Il est donc important de maintenir une certaine tension artérielle pour une irrigation cérébrale correcte.
À cela s'ajoutent d'autres facteurs de risques : le tabagisme de Mme A. et la contraception orale (même s'ils sont arrêtés depuis l'hospitalisation de Mme A. : leurs effets perdurent au-delà de 15 jours). Cela nécessitera une information voire une éducation infirmière auprès de Mme A. mais pour les 48 heures à venir la priorité est à d'autres niveaux.

➡ Problèmes en collaboration et problèmes infirmiers

La problématique de la situation de soins de Mme A. se situe donc autour de trois grands axes intimement liés, à savoir :

- l'atteinte physique, avec :
  - les déficiences actuelles liées à l'hémiplégie droite : il s'agit de la paralysie de l'hémicorps droit caractérisée par des troubles moteurs, sensitifs, suite à un déficit neurologique de la commande centrale dû à l'accident vasculaire cérébral. Les troubles sont controlatéraux à la lésion cérébrale. D'où pour Mme A. :
    - le déficit au niveau des membres supérieur et inférieur droits : atteinte de la zone motrice située à gauche),
    - les troubles de la déglutition : par atteinte de la commande nerveuse centrale,
    - les difficultés d'expression orale avec dysarthrie (difficulté pour articuler),
  - le risque de complications généré par le handicap et pouvant l'aggraver : attitudes vicieuses, atteintes cutanées, troubles thrombo-emboliques...
  - le risque de séquelles : en fonction de l'évolution de l'hémiplégie droite (qui est variable selon chaque personne en fonction du potentiel de récupération, de l'impact de la rééducation) ;
- l'atteinte psycho-affective, avec traumatisme émotionnel et difficulté du vécu (en raison de la soudaineté et de la gravité de l'accident vasculaire cérébral et de l'hémiplégie) ;
- l'atteinte sociale, avec perturbations au niveau familial (retentissements sur son mari), perturbation dans le projet de vie (personnel et professionnel...) et risque de retentissement sur l'avenir.

Mme A. étant chargée de relation dans une agence publicitaire, la persistance d'un handicap moteur, de troubles du langage... peuvent compromettre son emploi. Il est cependant trop tôt actuellement pour envisager cet avenir, Mme A. n'en étant qu'au début de sa récupération.
Cette argumentation nous amène à la formulation des problèmes suivants :

➡ Problèmes en collaboration

Problèmes réels :

- déficit moteur et sensitif (hémiplégie droite, Mme A. étant droitière) : altération de la mobilité physique liée à l'accident vasculaire cérébral, se manifestant par un handicap physique et fonctionnel au niveau des membres supérieur et inférieur droits, sachant que Mme A. est droitière ;
- troubles de la déglutition, tendance de fausse route : incapacité partielle d'avaler, liée à l'accident vasculaire cérébral, se manifestant par des troubles de la déglutition avec tendance de fausse route ;
- dysarthrie, difficulté d'expression orale et écrite : altération de la communication (verbale et écrite), liée à l'accident vasculaire cérébral et à la dysarthrie, se manifestant par quelques difficultés à s'exprimer oralement et par écrit (renforcées par l'atteinte du bras droit).

Problèmes potentiels :

- complications potentielles motrices au niveau des membres supérieur et inférieur droits :
  - risque d'algodystrophie, de subluxation au niveau de l'épaule droite, de syndrome main-épaule (douleur de l'épaule et œdème généralisé de la main),
  - risque d'attitude vicieuse au niveau du membre inférieur droit, d'équinisme du pied,
  - ces deux risques sont liés :
    - au fait que le contrôle des muscles volontaires est inhibé en raison de l'atteinte des neurones moteurs supérieurs suite à l'accident vasculaire cérébral,
    - à toute malposition des membres atteints lors d'installation de Mme A. au lit, au fauteuil, lors de transfert,
    - à tout traumatisme, étirement de l'épaule lors des mobilisations ;

- début de la phase de récupération : risque de contractures au niveau des membres atteints, lié à la réapparition de réflexes ostéo-tendineux qui accroissent le tonus musculaire ;
- mobilité réduite, amaigrissement :
  - risque de complications thrombo-emboliques à type de phlébite, embolie pulmonaire, lié à la mobilité réduite favorisant la stase vasculaire au niveau des membres inférieurs,
  - risque d'atteinte cutanée : risque d'escarres au niveau des points d'appui lié à l'hémiplégie, à la mobilité réduite, à l'amaigrissement.
- risques d'effets secondaires liés au traitement surtout pour le LOXEN ® :
  - chute tensionnelle, tachycardie avec le LOXEN ®... mais aussi bouffées vasomotrices, céphalées, œdèmes des membres inférieurs,
  - thrombopénie avec la FRAGMINE ®... mais aussi petits saignements,
  - peu de risque actuellement pour Mme A. avec le TRANXÈNE ® (traitée depuis peu... dose peu forte).

Problèmes infirmiers :

- incapacité partielle pour les auto-soins : incapacité partielle de se laver, de se vêtir et se dévêtir, d'éliminer seule, liée à l'hémiplégie droite et renforcée par le fait que Mme A. est droitière, se manifestant par un besoin d'aide pour tous les soins quotidiens.
- difficultés à se regarder dans la glace, pleurs, tristesse à choisir ses vêtements : perturbation de l'image corporelle liée à l'hémiplégie et au fait qu'elle est habituellement soucieuse de son image corporelle (elle est soignée, elle entretient son corps), se manifestant par une difficulté à se regarder dans la glace, par des pleurs en se voyant, par une tristesse lorsqu'elle choisit ses vêtements ;
- mécontentement et abattement pour tout ce qu'elle n'arrive pas à faire seule, verbalisation : sentiment d'impuissance lié à l'hémiplégie, se manifestant par une sorte de mécontentement et d'abattement de la part de Mme A. pour tout ce qu'elle n'arrive pas à faire toute seule avec verbalisation : « Je n'arrive même pas à me débrouiller seule pour des choses aussi simples... Depuis que je suis dans cet état, il me faut toujours votre aide... » ;

(Ces deux derniers problèmes peuvent être des problèmes en collaboration (avec neuropsychologue selon le besoin et le désir de Mme A.)

- perturbation de la vie familiale : Mme A. gérait le quotidien. Perturbation de la dynamique familiale liée à l'accident vasculaire cérébral, à l'hémiplégie, à l'hospitalisation, se manifestant par un regret de M. A. de ne pouvoir s'occuper de sa femme autant qu'il le voudrait, et une verbalisation : « Je suis très pris entre mon travail... l'hôpital... la maison... depuis 15 jours notre vie est tellement perturbée... c'est ma femme qui gérait le quotidien ; se manifestant aussi par une verbalisation de Mme A. : « Il me faut l'aide de mon mari alors qu'il n'a pas que cela à faire... ».

2 Proposition et argumentation du projet de soins

Le projet de soins va tenir compte :

- des problèmes identifiés ;
- des limites liées à la situation ;
- des ressources.

De Mme A.

Profil physique et comportemental :

- Mme A. est une personne habituellement dynamique, volontaire, confiante en elle-même, aimant assumer des responsabilités tant dans sa vie personnelle que professionnelle ;
- elle pratiquait la gymnastique et la musculation ;
- ces aspects traduisent un certain tonus physique et de caractère pouvant être aidant si le sentiment d'impuissance ne prend pas le dessus.

Potentiel actuel :

- Mme A. démarre un début de récupération, ce qui est positif pour envisager une progression et une évolution favorable ;
- Mme A. a conservé un potentiel cognitif (elle comprend et arrive à se faire comprendre), une certaine lucidité quant à son état. Cela peut permettre un travail d'accompagnement relationnel ;
- Mme A. a conservé une capacité à faire des choix (elle choisit ses vêtements, les parfums des compléments nutritifs), vraisemblablement à une participation aux soins (car il est indiqué « elle a besoin d'aide »...), une capacité à s'occuper (elle regarde un peu la télévision, feuillette quelques revues)... ce qui témoigne d'un certain potentiel vital.

Présence et aide de son mari

Son mari est très proche d'elle, il l'a suivie et prise en charge depuis le moment de l'accident vasculaire cérébral, il lui rend visite tous les jours, il participe aux soins, il se montre patient et encourageant avec sa femme. Il se présente donc comme une personne ressource aidante à intégrer dans le projet de soins (sachant qu'il y a des limites : M. A. ne peut pas faire autant qu'il voudrait, il est très pris entre son travail, l'hôpital, la maison).

➡ **Du service de soins**

Le service offre un potentiel de personnels soignants qualifiés avec une spécificité, adaptée et complémentaire pour une prise en charge couvrant les multiples facettes de l'état de Mme A.

La stratégie de mise en place du projet va reposer sur :

- un consensus d'équipe pluridisciplinaire ;
- une collaboration et une complémentarité de prise en charge au niveau des soins ;
- une intégration et une participation de Mme A. et de son mari.

Sur un plan global, pour les 48 heures à venir, les objectifs sont :

- que Mme A. reçoive le traitement prescrit et la surveillance qui en découle ;
- que Mme A. progresse dans la récupération d'un potentiel physique et fonctionnel au niveau des membres inférieur et supérieur droits, lui permettant d'augmenter sa mobilité pour répondre à ses besoins ;
- que Mme A. soit satisfaite par rapport à ses besoins quotidiens (se laver, se vêtir, éliminer...) ;
- que Mme A. puisse s'alimenter oralement sans fausse route et de manière suffisante en quantité et en qualité pour répondre à ses besoins ;
- que Mme A. puisse s'exprimer oralement et/ou par écrit selon son besoin et malgré ses difficultés ;
- que Mme A. puisse progresser dans la gestion de ses émotions en ce qui concerne son image corporelle, le sentiment d'impuissance ;
- que Mme A. n'ait pas de complications :
  - motrices, au niveau des membres inférieur et supérieurs droits (à type d'algodystrophie, de subluxation de l'épaule, de syndrome main-épaule, d'attitudes vicieuses, de contractures...),
  - thrombo-emboliques (à type de phlébite, d'embolie pulmonaire),
  - cutanées (à type d'escarres) ;
- que Mme A. puisse gérer avec son mari la perturbation actuelle, dans leur vie familiale, créée par la maladie et l'hospitalisation.

Actions à mettre en place :

- surveillance de l'état de Mme A., des paramètres, dont la pression artérielle toutes les 3 heures :
  - se rendre auprès de Mme A., évaluer son état,
  - se présenter à elle, lui demander comment elle se sent, favoriser son expression, relation sécurisante,
  - lui expliquer ce qu'on va lui faire,
  - contrôler les paramètres, les noter, comparer l'évolution sur la feuille de surveillance :
    - pression artérielle : à la recherche d'une éventuelle hypertension (à partir de 160/90 mmHg) qui exposerait Mme A. à des risques de complications (notamment au niveau cérébral avec risque d'accident vasculaire, rupture d'artères...) ; d'une éventuelle baisse (en dessous de 150-140 mmHg pour la maxima et de 80-70 mmHg pour la minima), voire d'une hypotension liée au LOXEN ® qui exposerait Mme A. à des risques de déficience circulatoire cérébrale, à des risques d'ischémie cérébrale. Cette surveillance se poursuivra toutes les 3 heures (soit 7 h, 10 h, 13 h, 16 h, 19 h, 21 h),
    - pulsations : à la recherche d'une éventuelle tachycardie (effet secondaire du LOXEN ®),
    - température : à la recherche d'une éventuelle augmentation (dissociation pouls-température pouvant être en lien avec une phlébite...),
    - respiration : à la recherche d'éventuels encombrements (risque de pneumopathie par fausses routes...), d'éventuelle dyspnée... compromettant une bonne oxygénation du sang et un apport satisfaisant aux tissus (notamment organes nobles comme le cerveau),
  - observer l'état de Mme A. : son faciès, ses réactions, à la recherche de signes qui, associés aux modifications des paramètres, traduiraient une complication (recherche de céphalées, troubles visuels, en lien avec une hypertension artérielle, malaise, en lien avec une hypotension artérielle, recherche de céphalées, bouffées vasomotrices, effets secondaires du LOXEN ®,
  - transmettre sans attendre au médecin toute anomalie avec risques de complications ;
- prescription du bilan sanguin :
  - effectuer le bilan sanguin prescrit par le médecin :
    - Mme A. est à jeun pour la glycémie (recherche d'éventuelle augmentation en lien

avec un diabète sous-jacent facteur de risque pour les artères...),
- taux de plaquettes à la recherche d'une thrombopénie liée à la FRAGMINE ®. Il s'agit là de la surveillance biologique inhérente aux anticoagulants de bas poids moléculaire type FRAGMINE ®... La recherche du taux de plaquettes permet également au médecin de réajuster le traitement anticoagulant pour une efficacité sans risque,
- protidémie : à la recherche d'une diminution du taux en lien avec l'amaigrissement (et pouvant potentialiser les risques d'atteintes cutanées : escarres...),
- ionogramme : à la recherche d'éventuelles modifications des taux ioniques (notamment sodium et potassium) perturbant l'équilibre hydroélectrolytique et entraînant des risques de complications (risque de déshydratation...). Le ionogramme permet au médecin de réajuster la perfusion intraveineuse (bilan des entrées et des sorties...),
– pour ce prélèvement sanguin, des critères sont à respecter : hygiène, asepsie et port de gants de protection, prélèvement au bras gauche en raison de l'hémiplégie droite, ne pas hémolyser le prélèvement pour le ionogramme : ne pas secouer le tube, prélèvement avec un temps de garrot court voire absent...
– les bons d'examens doivent être remplis et signés par le médecin avec mention pour le taux de plaquettes : du traitement par FRAGMINE ® avec la dose, l'heure de la dernière injection ;
• traitement à base de LOXEN ®, perfusion intraveineuse : mettre en place le traitement prescrit par le médecin et assurer la surveillance :
– administrer le LOXEN ® 20 mg : 1 cp matin, midi et soir avant chaque petit déjeuner ou repas. Aider Mme A. pour la prise (cette forme de comprimé de LOXEN ® peut éventuellement être écrasée pour une prise avec eau gélifiée),
– surveiller l'efficacité, traduite par une pression artérielle inférieure à 160/90 mmHg et par une stabilisation des chiffres, cela sans produire d'effets secondaires à type d'hypotension (traitement efficace pour Mme A. actuellement, qui a une tension artérielle à 150/80 mmHg et assez stable),
– surveiller les effets secondaires (précédemment mentionnés),
– changer la perfusion intraveineuse à 8 heures : 1,5 L de glucosé à 5 % sur 24 heures soit 1 L sur une durée de 16 heures et 500 mL sur une durée de 8 heures,
– pour éviter de réveiller Mme A. la nuit lors du changement de perfusion, la répartition peut se faire de la manière suivante : 500 mL de glucosé de 8 h à 16 h et 1 L de glucosé isotonique de 16 h à 8 h demain,
– la préparation se fait avec :
- 500 mL de glucosé à 5 % + 2 g de chlorure de sodium (1/2 ampoule de 20 mL à 20 %) +1 g de chlorure de potassium (1 ampoule de 10 mL à 10 %), soit un volume total de 520 mL en 8 h,
- 1 L de glucosé + 4 g de chlorure de sodium (1 ampoule de 20 mL à 20 %) + 2 g de chlorure de potassium (2 ampoules de 10 mL à 10 %), soit un volume total de 1 040 mL en 16 h,
– débit :
- il faut passer les 520 mL, soit 520 × 20 gouttes (1 mL = 20 gouttes) en 8 h (8 × 60 min). Le débit est donc : $\frac{520 \times 20}{8 \times 60}$ = 21,60, soit 22 gouttes/min, par excès,
- la 2e perfusion qui doit passer un volume double (1 040 mL) en 2 fois plus de temps (16 h) aura donc le même débit,
– identifier le flacon au nom de Mme A. et noter le contenu, le débit, l'heure de pose (8 heures) et d'arrêt (16 heures ou 8 heures selon le flacon),
– la préparation et la pose se font avec hygiène, asepsie, sécurité (respect des doses, tubulure correctement purgée),
– vérifier le cathéter veineux : mise en place, point d'entrée (recherche de suintement, rougeur, douleur, œdème...), trajet veineux (recherche d'inflammation),
– vérifier le retour veineux,
– régler le débit,
– préciser à Mme A. l'heure d'arrêt de la perfusion en cours et du prochain changement de perfusion,
– l'informer pour qu'elle sonne en cas de problème,
– exercer une surveillance régulière de la perfusion. Noter le soin,
– dans la matinée, récupérer les résultats du ionogramme et les transmettre au médecin ;
• surveillance de la diurèse :
– mesurer la diurèse à 8 heures,

- noter le résultat sur la feuille de surveillance,
- la comptabiliser dans le bilan des entrées et des sorties,
- aider Mme A. pour uriner à 8 heures. Respecter l'intimité. Lui préciser de continuer à garder ses urines ;

• réalimentation orale :
- poursuivre la réalimentation orale de Mme A.,
- proposer un petit déjeuner à Mme A. Respecter la prescription : hyperprotidique, hypercalorique, mixé ou épaissi – prescription de trois repas + deux collations à 10 heures et 16 heures,
- tenir compte des goûts et choix de Mme A.,
- aider Mme A. pour l'installation mais l'encourager à manger seule (faciliter cela avec le choix d'ustensiles pratiques : assiette creuse à large bord, cuillère à manche ergonomique adapté, set antidérapant sous l'assiette, sous le verre, verre avec bec verseur...),
- prévenir, surveiller les risques de fausse route,
- noter ce qu'elle a mangé sur fiche de surveillance nutritionnelle,
- établir une fiche de boissons, les comptabiliser dans le bilan des entrées et des sorties... Solliciter Mme A. pour qu'elle boive souvent mais en petite quantité sous forme d'eau gélifiée pour éviter les fausses routes,
- surveiller le poids. Surveiller le transit, l'élimination,
- surveiller l'état d'hydratation (pli cutané...),
- collaborer avec la diététicienne pour le choix des menus, l'équilibre nutritionnel,
- récupérer les résultats du bilan sanguin : taux de protides, glycémie et les transmettre au médecin ;

• soins d'hygiène et de confort, travail sur l'image corporelle :
- assurer une aide pour les soins d'hygiène et de confort et prévenir les risques d'escarres,
- encourager la participation et l'autonomie de Mme A. (décision-choix),
- travailler sur l'image corporelle,
- travail avec l'aide-soignante,
- toilette de préférence au lavabo,
- aider pour lever et installer Mme A. avec précaution en raison de l'hémiplégie et de la perfusion, des risques tensionnels,
- amener Mme A. à progresser dans sa participation. Lui laisser faire tout ce qu'elle peut,
- surveiller l'état de la peau (intégrité, recherche de rougeur),
- masser les points d'appui. Bien sécher sa peau,
- aider Mme A. à se vêtir : commencer à mettre les vêtements du côté paralysé (mobilisation avec précaution du bras et de la jambe droite, ne pas exercer de tension sur l'épaule...). Préférer les vêtements amples, faciles à mettre, des chaussures stables... mais laisser le choix à Mme A.,
- encourager l'aspect esthétique pour valoriser son image corporelle (soigner sa tenue, proposer du maquillage, s'appliquer sur la coiffure...). Lui donner du soutien lorsqu'elle se regarde dans la glace, prioriser le positif et mettre en valeur les possibilités pour soigner son image... mais être attentive, à l'écoute, l'amener à s'exprimer, verbaliser son ressenti pour cibler l'aide à apporter ;

• mobilisation, rééducation des membres atteints :
- favoriser la mobilisation des membres atteints,
- prévenir les complications (algodystrophie, subluxation, syndrome épaule-main), les attitudes vicieuses, les contractures,
- prévenir les complications thrombo-emboliques ;

• prévention des attitudes vicieuses, des contractures :
- séance de kinésithérapie deux fois par jour (rééducation),
- travail en collaboration avec le kinésithérapeute pour la mobilisation des membres atteints (poursuite d'exercice de mobilisation active-passive),
- techniques de manutention pour installer, transférer Mme A. : ne jamais tirer sur le bras, l'épaule, le membre paralysé mais au contraire le protéger,
- mise en place d'un projet de prise en charge avec suivi et surveillance (fiche d'évolution de l'état de Mme A. en fonction des différents stades : actuellement équilibre au fauteuil, puis équilibre debout, marche soutenue, puis marche seule. Ce projet vise à la faire progresser le plus possible pour une récupération la plus complète possible (Mme A. démarrant la phase de récupération, tous les efforts doivent donc être faits car c'est dans cette phase que va se jouer sa récupération...). Il s'agit de :
- faire un bilan avec elle de son état (ce qu'elle fait... ce qu'elle peut faire...),

- l'informer de nos intentions,
- échanger avec elle et négocier les objectifs ciblés et réalistes pour la faire progresser. Ces objectifs se feront par paliers pour ne pas la fatiguer ni la décourager, mais au contraire positiver et lui donner du support,
- lui donner des conseils (par rapport à son installation...) et lui montrer comment s'y prendre (utilisation des ses ressources...),
- la laisser faire et l'encourager,
- évaluer et réajuster,
- pour l'installation au fauteuil :
  . lui apprendre la position d'équilibre (utilisation de coussin pour se caler...),
  . lui apprendre l'installation du membre supérieur (toujours soutenu, soit en écharpe, soit avant-bras reposant sur un coussin pour éviter toute tension sur l'épaule, pour éviter l'œdème de la main...),
  . lui apprendre l'installation du membre inférieur pour éviter les contractures et attitudes vicieuses (caler la hanche, reposer le pied à angle droit sur un repose-pieds de hauteur contrôlée pour éviter tout risque d'hyperflexion de la hanche...),
- pour l'installation dans le lit :
  . utilisation d'un arceau pour éviter le poids des couvertures et prévenir l'équinisme du pied,
  . lui recommander de caler sa hanche pour éviter la rotation externe, d'utiliser un support pour le bras (coussin...) pour éviter l'œdème de la main et éventuellement une attelle de repos pour maintenir poignet et main en position fonctionnelle,
  . lui montrer comment se servir de son côté valide pour mobiliser son côté atteint,

– il est important de :
  - veiller au confort de Mme A. : rechercher toute douleur, contracture, œdème, attitude vicieuse,
  - veiller au changement de position pour éviter la compression des points d'appui. Établir une fiche de surveillance,
– M. A. pourra tout à fait participer au projet comme personne ressource,
– une surveillance est mise en place pour :
  - évaluer les résultats,
  - réajuster si besoin ou poursuivre la progression en accord avec Mme A. ;

• prévenir les complications thrombo-emboliques :
– effectuer l'injection de FRAGMINE ® 5 000 UI : 0,2 mL en sous-cutané à 9 heures. Surveiller le point d'injection (hématome, lipodystrophie...), rechercher de petits saignements (gingivorragie, épistaxis...),
– récupérer les résultats du taux de plaquettes (les transmettre au médecin),
– rechercher des signes de phlébite (perte du ballottement du mollet, douleur du mollet à la dorsi-flexion du pied, œdème, rougeur, lacis veineux superficiel, avec dissociation pouls-température...) ;

• faciliter la communication verbale, l'expression du ressenti, du vécu : faciliter l'expression de Mme A. et mettre en place un accompagnement sur deux niveaux :
– communication verbale-langage-écriture :
  - travail de rééducation avec l'orthophoniste (une séance par jour),
  - collaboration infirmière-orthophoniste,
  - écoute, disponibilité, encouragement vis-à-vis de Mme A.,
  - ambiance calme pour communiquer,
  - laisser du temps à Mme A., éviter de la faire répéter mais l'aider à clarifier le message, reformuler, avoir une attitude de respect (ne pas faire semblant d'avoir compris si ce n'est pas le cas...),
– expression de son vécu-ressenti :
  - travail en collaboration avec neuro-psychologue, si Mme A. le désire,
  - travailler la valorisation et la confiance en soi pour l'aider compte tenu de son sentiment d'impuissance et de la perturbation de l'image corporelle,
  - créer un climat de confiance, faciliter l'expression des émotions, décoder le traumatisme, mettre en place une relation d'aide,
  - un soutien et un accompagnement peuvent être également envisagés auprès de son mari s'il le souhaite pour lui apporter un support dans cette situation où il se situe comme personne ressource avec ses limites cependant... ;

• faciliter un équilibre activité-repos propice au bien-être de Mme A., à sa rééducation et à sa récupération :
– administrer une gélule de TRANXÈNE ® 10 mg le soir,

– respecter son sommeil (ne pas la déranger la nuit...),
– favoriser des temps de repos dans la journée : indispensable pour la rééducation et pour la récupération physique et psychique,
– encourager Mme A. et faciliter les moyens de distraction en fonction des goûts et désirs de Mme A. et des possibilités du service, lui proposer de rencontrer l'ergothérapeute,
– faciliter les visites si Mme A. le désire ;

• questionnement et demande d'information de la part de son mari :
– répondre à la demande de son mari,
– créer un climat calme, de confiance, propice à l'échange,
– faciliter l'expression de M. A. pour déterminer sa demande réelle mais également ses éventuelles difficultés voire inquiétudes face à la situation présente,
– lui indiquer qu'il est trop tôt pour envisager l'évolution de l'état de sa femme mais actuellement elle démarre une récupération, ce qui est positif. Lui indiquer que c'est durant cette phase qu'elle peut le plus récupérer, d'où l'importance d'un projet de soins en équipe pluridisciplinaire, structuré et progressif,
– lui expliquer le projet de soins envisagé et l'inclure dans ce projet,
– lui proposer de rencontrer le médecin qui s'occupe de Mme A. (et éventuellement selon son besoin le mettre en contact avec les autres soignants partenaires du projet dans une prise en charge spécifique... voire lui proposer de rencontrer l'assistante sociale pour l'aider à gérer certains aspects de la situation sur le plan social...).

Évaluation et transmissions

Avant de quitter le service à 15 h 30, il est important d'effectuer des transmissions écrites et orales pour une continuité des soins dans la prise en charge de Mme A. :

• évaluation des résultats en regard des objectifs suite aux actions mises en place : capacités, réactions, participation de Mme A. et stade de progression ;

• actions envisagées pour la continuité du projet auprès de Mme A. ;

• suivi suite à la demande de M. A.

Récidive d'accident vasculaire cérébral (AVC) avec déficit gauche et syndrome fébrile associé

Vous travaillez dans l'unité de neurologie le 1er février 2000 de 6 heures à 14 heures. Vous prenez en charge M. H., arrivé la veille par mutation de l'unité de neuro-réanimation. Vous faites équipe avec une aide-soignante.

Fiche d'identification

Service : Neurologie.
Nom – Prénoms : M. H. Jean.
Date de naissance : 26.5.1921.
Adresse : Saint-Jean-de-Védas (34).
Assuré : prise en charge à 100 % (affection longue durée) + Mutuelle des artisans.
Profession : restaurateur retraité.
Situation familiale : marié.
Arrivée dans le service : 31 janvier 2000 à 15 h 30 par mutation de l'unité de neuro-réanimation.
Motif d'hospitalisation : récidive d'un accident vasculaire cérébral (AVC) survenu en 1994, avec déficit gauche et syndrome fébrile associé.
Antécédents :

- diabète insulino-dépendant (DID) depuis 1969 ;
- hypertension artérielle (HTA) depuis 1975 ;
- AVC en 1994 ;
- infarctus du myocarde en 1987 et 1996.

Allergies : aucune connue à ce jour.

● *Recueil de données*

M. H. – 31.1.2000 – 15 h 30

RECUEIL DE DONNÉES À L'ENTRÉE					
	1. Respirer	**2. Boire et manger**	**3. Éliminer**	**4. Se mouvoir**	**5. Dormir et se reposer**
	• Fréquence respiratoire à 22/minute.	• Pas de trouble de déglutition. • 1,72 m, 86 kg.	• Sonde vésicale n° 16 depuis le 29.1 (mise en place en neuro-réanimation, système clos). • Absence de selles depuis son entrée (29.1.2000).	• Hémiplégie gauche. • Droitier.	
	6. Se vêtir et se dévêtir	**7. Maintenir sa température**	**8. Être propre et protéger ses téguments**	**9. Éviter les dangers**	**10. Communiquer**
	• Non autonome.	• 38,2 °C.	• Aucune lésion cutanée. • Se lave seul le visage et le torse.	• Antécédents de chute.	• Pas d'aphasie. • Porte des lunettes. • Déficit unilatéral du champ visuel gauche. • Personne consciente.
	11. Agir selon ses croyances et ses valeurs	**12. S'occuper en vue de se réaliser**	**13. Loisirs**	**14. Apprendre**	
			• Mots croisés.		
			Observations complémentaires • Sa femme est présente.		

Observations médicales

Dates	Médecin	Observations médicales
• 29.1.2000	• Docteur B.	• M. H. arrive aux urgences amené par le SAMU le 29.1.2000. • À son arrivée, il présente : – un déficit important de l'hémicorps gauche ; – une hyperthermie à 39,8 °C ; – un état nauséeux ; – une légère confusion dans les propos ; – une polypnée superficielle, avec râles crépitants à droite ; – tension artérielle : 18/8 cm de Hg – pulsations : 122/min ; – glycémie capillaire : 3 g/L ; – cétonurie +++ ; – hypokaliémie à 2,9 mmol/L ; – les gaz du sang faits en urgence montrent un pH < 7,30 et les bicarbonates < 15 mmol/L. • Devant ce tableau d'AVC récidivant, compliqué d'acido-cétose diabétique et d'une pneumopathie droite, il est décidé de muter M. H. dans l'unité de neuro-réanimation.
• 31.1.2000	• Docteur C.	• Pendant son séjour en neuro-réanimation, le traitement mis en place a permis de : – traiter l'acido-cétose ; – améliorer l'état respiratoire de M. H. • Ce jour à 15 h 30, M. H. est transféré dans l'unité de neurologie. • Il est constaté : – un déficit de l'hémicorps gauche pour lequel la rééducation est débutée (marche, prévention de l'ankylose), accompagné d'un déficit de la sensibilité tactile du membre supérieur gauche ; – une hémianopsie latérale homonyme gauche (HLH).

Prescriptions médicales

Date	Nom et signature du prescripteur	Traitements
31.1.2000 à 15 h 30	Dr C.	• CIFLOX ® 200 (antibiotique) : poche de 100 mL en 30 min à 12 h et 24 h, en IV (intraveineux). • AUGMENTIN ® (antibiotique) : 1 g dans 100 mL de sérum salé à 0,9 % en 30 min 3 fois/24 heures (8 h, 16 h, 24 h) en IV. • Oxygène nasal : 3 L/min par sonde nasale. • PRO-DAFALGAN ® (antipyrétique) : 2 g dans l00 mL de sérum glucosé à 5 % en 30 min à 8 h, 16 h, 24 h en IV. • AMLOR ® 5 mg (antihypertenseur et antiangineux) : 1 comprimé le matin. • CORDARONE ® (antiarythmique) : 1 comprimé le matin. • DISCOTRINE ® (antiangineux) : 10 mg par patch : l/jour. • LASILIX ® (diurétique) : 1 comprimé 40 mg le matin, 1 comprimé 20 mg le midi. • FRAGMINE ® (héparine bas poids moléculaire) : 5 000 unités à 8 h et 20 h, en S/C (sous-cutané). • Glycémie capillaire toutes les 4 heures dès 16 heures.

Date	Nom et signature du prescripteur	Traitements
		• Protocole insuline : – ACTRAPID® S/C, en fonction du protocole suivant : - glycémie capillaire > 2,5 : 15 unités, - 1,7 < glycémie capillaire < 2,5 : 10 unités, - 1,3 < glycémie capillaire < 1,7 : 5 unités, - glycémie capillaire < 1,3 : zéro unité ; – régime diabétique : 150 g d'hydrates de carbone. • Sur voie veineuse périphérique : PLASMALYTE® glucosé 5 %, 3 L/24 h à 16 h, 24 h, 8 h avec 3 g de KCl par litre (ampoules de 20 mL à 20 %). • Mettre au fauteuil dès aujourd'hui. • Bilan pour le 1.2.2000 à 9 h : – ionogramme sanguin ; – gaz du sang ; – numération formule sanguine (NFS) ; – plaquettes. • Sans prescription différente les traitements prescrits le 31.1.2000 sont à poursuivre les jours suivants.

Transmissions infirmières

Date	Cible	Données Actions Résultats	Nom	Fonction
• 31.1.2000	• Conscience	• D : discours cohérent, participe aux soins.	M.P.	IDE
à 17 h 30	• Comportement	• D : Mme H. a sonné, son mari a voulu se recoucher seul et, dit-elle, a montré de l'agressivité à son égard. M. H. accepte difficilement notre aide pour le recoucher. • A : barrières mises en place.	M.P.	IDE
• Nuit du 31.1.2000	• Sommeil	• D : a bien dormi.	J.S.	IDE

Questions

1 *Citez les deux catégories d'accident vasculaire cérébral et expliquez la physiopathologie de chacune d'elles.* (3 points)

2 *Énoncez les signes cliniques observables chez une personne atteinte :*
- *d'un accident vasculaire cérébral droit ;*
- *d'un accident vasculaire cérébral gauche.*

Présentation de la réponse au moyen d'un tableau selon le modèle suivant :

Signes cliniques AVC gauche	*Signes cliniques AVC droit*

(4 points)

3 *Citez quatre cas dans lesquels un patient hospitalisé peut bénéficier de l'exonération du ticket modérateur.* (2 points)

4 *Dans les pays développés l'hypertension artérielle devient un problème majeur de santé publique : expliquez pourquoi.* (3 points)

5 *Citez les signes cliniques et biologiques caractéristiques de l'acido-cétose diabétique.* (4,5 points)

6 *Annotez les schémas suivants :* (3,5 points)

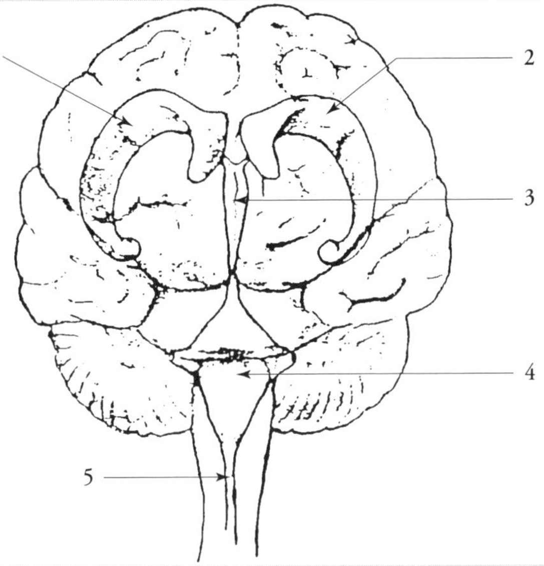

Configuration intérieure du cerveau : coupe frontale

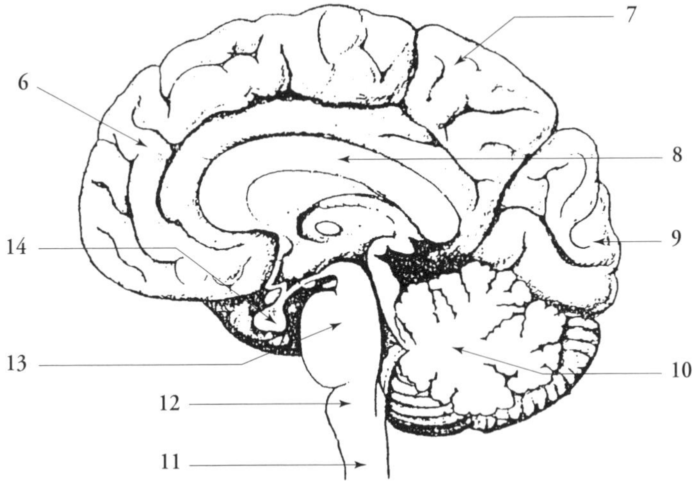

Configuration intérieure du cerveau : coupe sagittale

7 *En lien avec la situation médicale, identifiez les problèmes réels et potentiels de ce jour.*
Citez et justifiez les soins et surveillances à mettre en place (présentation possible sous forme de tableau, les calculs de dose sont attendus). (26 points)

8 *Parmi les hypothèses de diagnostics infirmiers suivantes :*

- *« Atteinte à l'intégrité de la peau » ;*
- *« Risque d'infection » ;*
- *« Risque de traumatisme (chute) » ;*
- *« Altération de la communication verbale » :*

– *désignez celle qui est la plus pertinente,*
– *énumérez les éléments qui justifient ce choix,*
– *développez le plan de soins adéquat (objectifs et actions).* (14 points)

Réponses

1 Accident vasculaire cérébral

Les deux catégories d'accident vasculaire cérébral sont les suivantes :

- AVC ischémique ;
- AVC hémorragique.

Leur physiopathologie est la suivante :

- AVC ischémique : thrombose du vaisseau par plaques d'athérome ou embolie (souvent d'origine cardiaque) entraînant une anoxie du tissu cérébral en aval ;
- AVC hémorragique : une hypertension artérielle ou malformation vasculaire (anévrisme) entraînant une microangiopathie, une rupture du vaisseau provoquant un saignement intracrânien.

2 Signes cliniques

Signes cliniques AVC gauche	Signes cliniques AVC droit
Paralysie ± de l'hémicorps droit	Paralysie ± de l'hémicorps gauche
Paralysie faciale droite	Paralysie faciale gauche
Déficit sensitif ± associé droit	Déficit sensitif ± associé gauche
Hémianopsie latérale homonyme droite	Hémianopsie latérale homonyme gauche
Aphasie	Perturbation de la perception spatiale, de soi (anosognosie, hémisomatognosie)

3 Exonération du ticket modérateur

Un patient hospitalisé peut bénéficier de l'exonération du ticket modérateur dans les cas suivants :

- actes affectés d'un coefficient égal ou supérieur à K50 ;
- hospitalisation de plus de 30 jours à partir du 31e jour ;
- affections inscrites sur la liste des maladies longues et coûteuses (pour ce qui concerne la maladie seulement) ou ALD 30 ;
- bénéficiaires du RMI ou CMU carte santé ;
- les femmes enceintes (pendant les quatre derniers mois de grossesse) ;
- les nouveau-nés (hospitalisés pendant une durée de 30 jours après la naissance) ;
- diagnostic et traitement de la stérilité (pour une durée limitée) ;
- les accidentés du travail et les titulaires d'une rente d'accident du travail ;
- les titulaires d'une pension d'invalidité ;
- certains examens d'investigation coûteux.

4 Hypertension artérielle dans les pays développés

Dans les pays développés une alimentation trop riche en sucre et en matières grasses, donc hypercalorique, ainsi que la sédentarité sont la cause d'obésité, d'hypercholestérolémie, d'athérosclérose, qui favorisent une hypertension artérielle.
On estime à 30 % le nombre de personnes de plus de 50 ans qui présentent une hypertension artérielle.
Souvent asymptomatique pendant plusieurs années, cette hypertension est la principale cause de l'insuffisance cardiaque, des maladies vasculaires, de l'insuffisance rénale et des AVC.
Elle est donc à l'origine d'une augmentation importante de la morbidité et de la mortalité.

5 Signes cliniques et biologiques caractéristiques de l'acido-cétose diabétique

➡ **Signes cliniques :**

- polyurie, polydipsie ;
- déshydradation ± altération de la conscience ;
- amaigrissement ;
- polypnée ;
- haleine « pomme reinette » ;
- fièvre.

➡ **Signes biologiques :**

- importante glycosurie ;
- importante cétonurie ;
- glycémie capillaire > 3 g/L ;
- gaz du sang : pH < 7,30 ;
- bicarbonates < 25 mmol/L ;
- augmentation de l'hématocrite, augmentation de la protidémie.

6 Schémas

➡ **Configuration intérieure du cerveau : coupe frontale**

Les cavités ventriculaires

1. Ventricule latéral droit.
2. Ventricule latéral gauche.

3. 3e ventricule.
4. 4e ventricule.
5. Canal de l'épendyme.

➡ **Configuration intérieure du cerveau : coupe sagittale**

6. Lobe frontal.
7. Lobe pariétal.
8. Corps calleux.
9. Lobe occipital.
10. Cervelet.
11. Moelle épinière.
12. Bulbe rachidien.
13. Pont ou protubérance annulaire.
14. Hypophyse.

7 Problèmes réels et potentiels de M. H. ce jour

➡ **Problème neurologique (récidive d'AVC)**

Bien que l'état neurologique de M. H. soit stabilisé, le risque de récidive demeure, compte tenu de ses antécédents : AVC récidivant, HTA, diabète, athéromatose.

Actions	Justifications
• Soins d'hygiène : – proposer le bassin. En fonction des résultats, prévenir le médecin ; – aide à la toilette au lit en favorisant l'autonomie puis mise au fauteuil en veillant à se placer sur son côté droit ; – prévention escarre 2 fois/équipe + Cliniplot ; – au lit comme au fauteuil, veiller à bien positionner le côté gauche : - bras surélevé sur oreiller main ouverte, - jambe gauche à 90 ° au fauteuil.	• Absence de selles depuis 2 jours, favorisée par l'hémiplégie. • M. H. est droitier. Il se lave seul le visage et le torse. • Surcharge pondérale + hémiplégie + anosognosie + hyperthermie. • Prévention des positions vicieuses, de l'œdème réactionnel, de la phlébite, des escarres, de l'embolie pulmonaire.
• Mobilisation : – pas de traction du côté gauche ; – encourager M. H. à utiliser la potence et les barrières pour se mobiliser ; – prévenir l'équinisme ; – au lit : maintenir la position demi-assise ainsi que la jambe gauche en rectitude ; – collaborer avec le kinésithérapeute afin de relayer ses actions.	• Prévention de l'algoneurodystrophie, de l'ankylose et des déformations.
• Alimentation : – installation au fauteuil pour petit déjeuner et/ou repas de midi ; – préparer les aliments et expliquer à Mme H. comment disposer les aliments sur le plateau.	• Hémianopsie latérale homonyme gauche (HLH gauche).

➡ **Problème infectieux**

Pneumopathie droite à J2 avec température à 38,2 °C ce jour et risque de majoration lié aux différentes portes d'entrée : la sonde vésicale et la voie périphérique.

Actions	Justifications
• Poursuite du traitement antibiotique : – AUGMENTIN ® : 1 g dans 100 mL de sérum salé à 0,9 % à 8 h en 30 min = 67 gouttes/minute ; – CIFLOX ® 200 dans 100 mL de sérum salé à 0,9 % à 12 h en 30 min = 67 gouttes/minute ; – dépister tout signe d'allergie et de troubles digestifs ; – PLASMALYTE ® glucosé 5 % : 1 L + 3 g KCl à 8 h soit 15 mL de KCl ; débit : 42 gouttes/minute.	• Calcul du débit : – AUGMENTIN ® : 100 mL ou 100 × 20 gouttes en 30 min, soit un débit de $\frac{100 \times 20}{30} = 66{,}66$, soit 67 gouttes par minute par excès ; – CIFLOX ® : 100 mL (100 × 20 gouttes) en 30 min. Soit le même débit que l'AUGMENTIN ® = 67 gouttes par minute par excès ; – PLASMALYTE ® : 1 000 mL de glucosé + 15 mL de KCl = 1 015 mL, soit 1 015 × 20 gouttes, en 8 h (8 × 60 min). Le débit est donc : $\frac{1\,015 \times 20}{8 \times 60} = 42{,}29$, soit 42 gouttes par minute par défaut.
• Pose des flacons avec asepsie et vérification : – retour veineux ; – aspect du point de ponction ; – aspect du membre perfusé.	• Prévenir et dépister toute extension de l'infection.
• Soins de sonde vésicale : – vidange de la poche avec asepsie ; – (hygiène de la sonde, du méat vers l'extrémité distale) ; – ne jamais déconnecter car système clos ;	
• PRO-DAFALGAN ® : 2 g dans 100 mL de glucosé 5 % en 30 min à 8 h = 67 gouttes/minute.	
• Prise température et pulsations à 7 h et 12 h.	• Évaluation de l'efficacité du traitement.
• Oxygénothérapie : 3 L/min : – surveillance débit ; – surveillance de l'intégrité du système (niveau d'eau dans barboteur, fixation non blessante sur le nez) ; – vérifier bon positionnement de sonde (repère) ; – surveillance de la coloration péribuccale et des ongles (rosés si bonne saturation en O_2) ;	
• Éviter de perfuser du côté hémiplégique (gauche).	
• Effectuer prélèvements sanguins : NFS + plaquettes.	• Évaluation des composants sanguins avant la mise en route du traitement antibiotique.
• Effectuer les gaz du sang après l'interruption de l'oxygène pendant 30 minutes dès 8 h 30.	• Pour obtenir un résultat fiable.
• Soins de confort en lien avec température élevée.	• Éviter les macérations liées à l'hyperthermie et au surpoids.

Problème lié au diabète

L'acido-cétose est résolue. Une surveillance rapprochée s'impose.

Actions	Justifications
• Glycémie capillaire : 8, 12 h et application du protocole d'ACTRAPID® en fonction du résultat. • Respect du régime diabétique : 150 g hydrates de carbone.	
• Surveillance diurèse.	• Dépister une polyurie qui, liée à l'augmentation de la glycémie capillaire, pourrait montrer un retour de l'acido-cétose. • Éviter le déséquilibre diabétique.

Problème cardiaque (antécédents d'infarctus et hypertension artérielle)

Actions	Justifications
• AMLOR® : 5 mg à 8 h.	• Prévention d'une douleur angineuse et de troubles du rythme.
• DISCOTRINE®, 10 mg par patch à 8 h : – retirer l'ancien ; – laver et sécher la peau ; – changer de place (torse) ; – dater le patch. • CORDARONE®, 1 comprimé à 8 h : pulsations à 8 h, 12 h.	
• LASILIX®, 1 comprimé 40 mg à 8 h : – surveillance TA couché/debout, 8 h, 12 h et avant toute mise au fauteuil ; – surveillance de la courbe de diurèse ; – surveillance des signes de déshydratation (pli cutané, langue sèche) ; – effectuer le ionogramme sanguin.	• Diminution du volume sanguin pour réduire l'hypertension artérielle. • Contrôle de la kaliémie pour éviter toute répercussion cardiaque.
• FRAGMINE®, 5 000 unités à 8 h par voie sous-cutanée : – dépister tout type de saignement ; – surveiller l'aspect des mollets, dépister toute douleur à la dorsiflexion du pied ; – surveiller la dissociation de la courbe température/pouls.	• Prévention des thromboses veineuses.

8 Diagnostics infirmiers

Parmi les hypothèses de diagnostics infirmiers proposées, la plus pertinente est : « Risque de traumatisme ».

Les éléments qui justifient ce choix sont les suivants :

- antécédents de chute ;
- souhaite se recoucher seul et accepte difficilement l'aide de l'équipe (*cf.* transmissions du 31.1 à 17 h 30) ;
- déficit hémicorps gauche accompagné d'un déficit de la sensibilité tactile du membre supérieur gauche ;
- nécessité de lunettes ;
- hémianopsie latérale homonyme gauche.

Plan de soins

Objectifs	Actions
• M. H. ne se mettra pas en danger durant son hospitalisation. • M. H. prendra conscience de l'incapacité de son hémicorps gauche et identifiera les risques encourus. • M. H. adoptera un comportement adapté à son handicap.	• Se placer dans la partie intacte du champ visuel de M. H. pour lui parler. • Encourager M. H. à porter ses lunettes et à demander de l'aide pour se lever (sonnette à droite). • Table de nuit + objets usuels à sa vue (à droite et à proximité). • Lui apprendre à tourner la tête vers la gauche pour compenser la perte de vision. • Lui apprendre à se mobiliser en fonction de son handicap en utilisant les moyens à sa disposition (barrière, potence, bras de fauteuil). • Utiliser des chaussures fermées lors de la mise au fauteuil. • Éduquer sa femme par rapport à toutes ces mesures de sécurité, lui dire de vérifier la température de l'eau lors de la toilette. • Mme H. doit prévenir l'équipe de son absence afin d'exercer une surveillance accrue. • En fonction de son état de conscience et de la présence ou absence de sa femme, organiser la surveillance de M. H. en collaboration avec l'aide-soignante du secteur. Assurer s'il y a lieu la sécurité de M. H. en adaptant un moyen de contention.

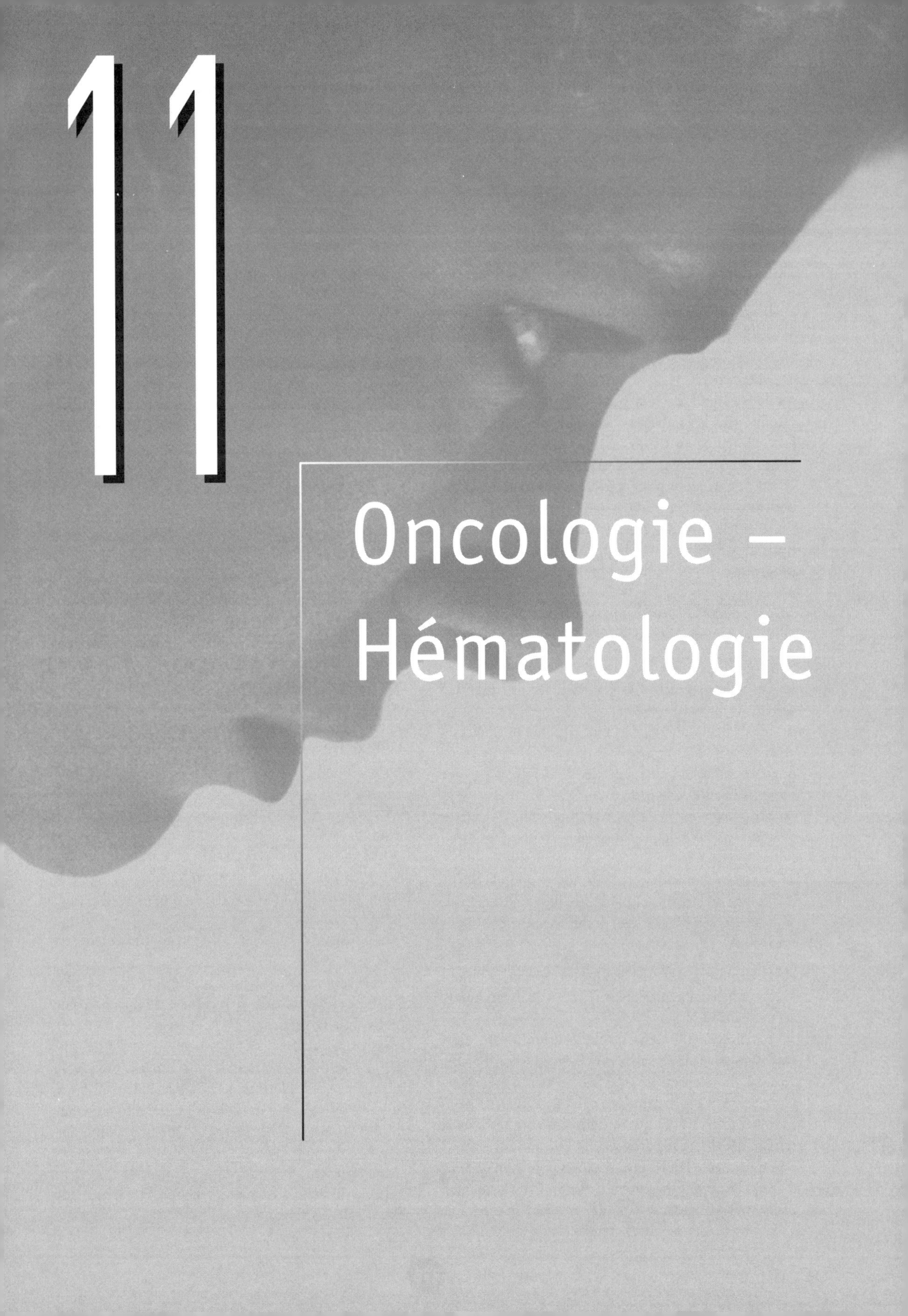

11

Oncologie – Hématologie

Vous êtes infirmier(ère) en service de médecine et vous travaillez le 14 novembre 2000 de 12 h à 20 h.
Ce jour, vous accueillez :
- M. D., attendu pour une cure de chimiothérapie anticancéreuse ;
- Mme J., qui rentre pour une transfusion sanguine.

Monsieur D.
M. D., 73 ans, 1,81 m pour 70 kg, électricien à la retraite, vit à la campagne avec son épouse. Il sort peu, joue de temps en temps aux cartes avec ses voisins, aime beaucoup regarder les jeux télévisés. Son épouse, 69 ans, est dynamique et active. Ses trois enfants et ses petits-enfants résident dans le midi de la France.
En juin 1998, M. D. est hospitalisé pour un bilan de fièvre avec tachycardie et dyspnée d'effort d'installation progressive. En un mois, son poids était passé de 70 à 64 kg.
M. D. a arrêté le tabac depuis 4 ans. Sa consommation tabagique antérieure était évaluée à 55 paquets-années depuis l'âge de 18 ans.

Les bilans prescrits et les résultats des examens étaient les suivants :
- bilans hématologique et biochimique normaux ;
- radiographie thoracique : montre un aspect de pneumopathie lobaire supérieure droite avec une hypertrophie du hile droit ;
- fibroscopie bronchique avec prélèvements cyto et anatomo-pathologiques : mise en évidence d'un carcinome à petites cellules ;
- scanner thoracique : syndrome tumoral hilaire droit, avec adénopathies médiastinales ;
- scanner cérébral, scintigraphie osseuse : résultats normaux.

Le diagnostic porté à l'époque est : carcinome bronchique microcellulaire lobaire supérieur droit étendu au médiastin.
Le diagnostic et les choix thérapeutiques sont alors expliqués par le médecin, en présence de son épouse, à M. D.
Les transmissions infirmières dans le dossier de soins indiquent que M. D. pose beaucoup de questions et semble décidé « à se battre ».
Son traitement était le suivant : après pose d'un système d'accès veineux implantable (chambre implantable), réalisation de trois cycles de radio-chimiothérapie concomitante suivis de deux cures de chimiothérapie exclusive.
M. D. supportait mal les effets secondaires du traitement, mais se disait prêt, acceptant « d'en payer le prix ».
Son épouse, durant le traitement, lui a été d'une aide discrète et efficace.

À l'issue de ce traitement, la rémission semble complète.
Il est néanmoins suivi régulièrement en consultation pour surveillance carcinologique et héparinisation du système d'accès veineux implantable.
M. D. a bon appétit, il pèse 70 kg. Son état général est tout à fait satisfaisant.

Le 6 novembre 2000, lors d'une radiographie pulmonaire systématique, une opacité ronde du champ pulmonaire gauche est découverte.
Dans un premier temps, la fibroscopie bronchique et le scanner thoracique montrent une probable récidive métastasique, non opérable. Le médecin l'en informe.
Il est décidé de reprendre une chimiothérapie.
La première cure sera commencée le 14 novembre 2000. Le bilan complémentaire sera programmé à la fin de la première cure.

Le 14 novembre 2000, vous accueillez M. D. à 13 h.
Lors de l'entretien d'accueil, M. D. semble triste. Il a été surpris par l'annonce de sa rechute car il se sent en bonne forme. Il n'a pas maigri, il mange de bon appétit, ne tousse pas.
Il ne souhaite pas la présence de son épouse durant son traitement.
Le décès récent de leur petit-fils pèse dans leur relation et il ne désire pas que sa rechute soit une nouvelle épreuve à faire supporter à son épouse.
Il semble se confier plus facilement au personnel soignant : « Je ne veux pas que mon épouse me revoie dans cet état-là… Nous avons perdu brutalement notre petit-fils récemment, cela a été assez difficile pour elle… Je m'en suis déjà sorti mais j'ai l'impression que ça va être dur cette fois-ci… »

Les résultats des examens sanguins biologiques de ce jour sont les suivants :

	Résultats de M. D.	Résultats normaux
Hématies	$4{,}5 \times 10^{12}$/L	
Leucocytes	$6{,}4 \times 10^{9}$/L	
Hémoglobine	12,5 g/100 mL	
Hématocrite	37,7 %	
Plaquettes	253×10^{9}/L	
Polynucléaires neutrophiles	68,3 %	40 à 75 %
Polynucléaires éosinophiles	5 %	1 à 5 %
Polynucléaires basophiles	0,3 %	< 1 %
Lymphocytes	14,1 %	20 à 45 %
Monocytes	12,3 %	2 à 10 %
Vitesse de sédimentation	1re heure : 28 mm	

Les résultats biologiques sont normaux pour : ionogramme sanguin, transaminases, phosphatases alcalines, gamma-GT, bilirubine totale et directe, glycémie, urémie, créatinémie, protidémie.

● Le protocole des 3 jours de cure de chimiothérapie antimitotique à débuter ce jour à 14 heures en intraveineux sur le système d'accès veineux implantable (toujours utilisable) est le suivant :

Date	Jour	Médicament	Posologie	Dilution	Durée d'administration
14.11.2000	J1	• Voie d'abord : sérum glucosé 5 % (SG 5 %).	• 250 mL.		
		• Kitryl ®.	• 1 ampoule (1/2 heure avant les autres produits).	• Intraveineux direct (IVD).	• 30 s.
		• Paraplatine ®.	• 410 mg.	• G 5 % : 250 mL.	• 1 heure en dérivation.
		• Rincer la veine.			• 10 min.
		• Étoposide ®.	• 190 mg.	• NaCl 0,9 % 500 mL.	• 1 heure en dérivation.
		• Rincer la veine.			• 10 min.
15.11.2000	J2	• Voie d'abord : SG 5 %.	• 250 mL.		
		• Plitican ®.	• 1 ampoule (1/2 heure avant les autres produits).	• G 5 % : 50 mL.	• 20 min en dérivation.
		• Étoposide ®.	• 190 mg.	• NaCl 0,9 % : 500 mL.	• 1 heure en dérivation.
		• Rincer la veine.			• 10 min.

Date	Jour	Médicament	Posologie	Dilution	Durée d'administration
16.11.2000	J3	• Voie d'abord : SG 5 %.	• 250 mL.		
		• PLITICAN ®.	• 1 ampoule.	• G 5 % : 50 mL.	• 20 min en dérivation.
		• ÉTOPOSIDE ®.	• 190 mg.	• NaCl 0,9 % : 500 mL.	• 1 heure en dérivation.
		• Rincer la veine.			• 10 min.

Vous disposez de :
• PLITICAN ® (anti-émétique) : ampoules de 2 mL ;
• KITRYL ® (anti-émétique) : ampoules de 3 mL dosées à 3 mg ;
• PARAPLATINE ® (cytotoxique) : flacons de 450 mg pour 45 mL (la solution diluée se conserve 8 heures) ;
• ÉTOPOSIDE ® (cytotoxique) : ampoules de 100 mg pour 5 mL, utilisation extemporanée.

Madame J.

Madame J., 90 ans, habite en maison de retraite depuis 2 ans. C'est une ancienne agricultrice.
Elle est porteuse d'un lymphome malin non hodgkinien connu depuis juillet 1998, pour lequel il avait été décidé une abstention thérapeutique, compte tenu de l'âge et de l'absence d'altération de l'état général de cette patiente. Mme J. participe volontiers aux activités proposées au sein de la maison de retraite (jeux de cartes, petits travaux manuels, gymnastique, mots croisés…). Son médecin traitant effectue une surveillance clinique chaque mois et une surveillance biologique tous les deux mois.
Elle est adressée par son médecin traitant ce jour pour une hémoglobine à 6,8 g/100 mL pour laquelle une transfusion de deux culots érythrocytaires déleucocytés phénotypés est prescrite.
Mme J. est transfusée pour la première fois.

Questions

1 *Analysez la situation de M. D. depuis le mois de juin 2000 à ce jour, le 14 novembre 2000.*
L'analyse doit faire apparaître les éléments suivants :
• *les liens entre les éléments significatifs ;*
• *l'intérêt des examens et des traitements.* (20 points)

2 *Identifiez les problèmes réels et/ou potentiels de M. D., le 14 novembre 2000, de 13 h à 20 h.* (5 points)

3 *En regard de chaque problème identifié, détaillez les interventions infirmières de 13 h à 20 h.* (15 points)

4 *Vous préparez la chimiothérapie suivant le protocole ci-dessus.*
Planifiez les traitements de ce jour (début du traitement à 14 h).
Faites apparaître le calcul des doses et des débits pour le PARAPLATINE ® et l'ÉTOPOSIDE ® en millilitres par heure et en gouttes par minute. (8 points)

5 *L'article 5 du décret du 15 mars 1993 relatif aux actes professionnels et à l'exercice de la profession d'infirmier(ère) vous autorise, sous certaines conditions, la perfusion de produits d'origine humaine.*
Citez ces conditions. (4 points)

6 *Vous encadrez une étudiante en soins infirmiers de troisième année qui a reçu un enseignement théorique sur les transfusions sanguines mais qui n'a jamais assisté à une pose de culots érythrocytaires déleucocytés :*
• *décrivez votre démarche pédagogique (méthode) auprès de l'étudiante en soins infirmiers ;*
• *donnez les informations transmises à Mme J. concernant les signes évocateurs d'une complication liée à la transfusion sanguine.* (8 points)

Réponses

1 Analyse de la situation de M. D.

M. D. a fumé 55 paquets-années : dépassement important de la zone de risque de cancer qui est de 25 paquets-années. L'arrêt du tabac n'a pas empêché la survenue du cancer.
Il présente des signes cliniques évocateurs d'une pathologie maligne : hyperthermie inexpliquée,

perte de poids rapide de 6 kg, anomalies radiographiques pulmonaires.
Plusieurs bilans sont réalisés :
- bilan à visée étiologique : bilan hématologique et biochimique, radiographie pulmonaire ;
- bilan à visée diagnostique : fibroscopie bronchique avec prélèvements divers ;
- bilan d'extension à la recherche de métastases :
  – situées dans le médiastin : scanner thoracique ;
  – hépatiques : échographie abdominale ;
  – cérébrales : scanner cérébral ;
  – osseuses : scintigraphie osseuse.

Au total, M. D. a un carcinome localisé sans métastases.
L'efficacité du traitement est potentialisée par l'association de la radiothérapie et de la chimiothérapie afin de réduire le volume de la tumeur et d'améliorer la symptomatologie respiratoire.
Un système d'accès veineux implantable est posé en raison du nombre multiple de cures prévues : préserve le capital veineux périphérique, confort et sécurité pour le soigné et le soignant.
La connaissance de la maladie et de son mode de prise en charge est un facteur favorisant pour l'acceptation du diagnostic et la participation au traitement. Sa femme est une personne ressource.
Les traitements sont efficaces. Sa rémission pendant 17 mois est objectivée par un état général satisfaisant, une reprise de poids.
La rémission n'équivalant pas à une guérison, M. D. doit être vu régulièrement en consultation pour dépister des signes précurseurs de rechute.
En novembre 2000, M. D. a un bilan systématique de contrôle qui montre une opacité pulmonaire. L'exploration par la fibroscopie bronchique permet par des prélèvements et leur analyse anatomo-pathologique le diagnostic de récidive.
Le scanner thoracique permet de visualiser l'extension locale du processus cancéreux.
La normalité du bilan biologique atteste de l'absence de répercussion actuelle sur l'état général de M. D. :
- absence d'anémie, référence avant la mise en route d'un cycle de chimiothérapies ;
- polynucléaires et plaquettes normaux, mais risque aplasique dû à la chimiothérapie.

Un bilan d'évaluation avant la mise en route d'une première cure de chimiothérapie en fonction des risques liés aux médicaments utilisés est réalisé :
- risque d'aplasie médullaire : numération-formule sanguine et plaquettes ;
- risque d'atteinte hépatique : transaminases, phosphatases alcalines, gamma-GT, bilirubine totale et directe, protidémie ;
- risque d'atteinte rénale : urée, créatinine ;
- évaluation de l'équilibre hydro-électrolytique avant hydratation durant la chimiothérapie et prévention des désordres liés aux vomissements chimio-induits : ionogramme sanguin ;
- risque de déséquilibre glycémique en lien avec l'apport de glucosé pendant la chimiothérapie ou le jeûne alimentaire induit par les nausées et vomissements : glycémie ;
- bilan inflammatoire de référence en lien avec le processus cancéreux : vitesse de sédimentation (VS), protéine C réactive (CRP), antigène carcino-embryonnaire (ACE) (marqueur tumoral).

La chimiothérapie va permettre de réduire le volume tumoral et d'en limiter l'extension et ses conséquences (infectieuses, inflammatoires, douleur…).
M. D. choisit d'assumer seul la rechute de son cancer, la peine occasionnée par le décès de son petit-fils, ainsi que la mise en route d'un nouveau traitement de chimiothérapie.
M. D. semble cependant manifester l'envie de parler de ses soucis non pas à sa femme mais au personnel.

2 Problèmes réels et/ou potentiels de M. D.

➡ **Peur :** crainte reliée à une source identifiable que la personne peut confirmer, liée à son devenir incertain.

➡ **Difficulté de s'adapter à un changement dans l'état de santé :** liée à l'annonce brusque de la rechute de son état et du décès de son petit-fils.

➡ **Chagrin, douleur psychologique :** liés à la perte de son petit-fils, se manifestant par une relation altérée avec sa femme et une mise à l'écart de celle-ci lors de la mise en route du traitement, par un isolement de M. D.

➡ **Risques liés aux effets secondaires de la chimiothérapie à ce jour :**
- nausées, vomissements, perte d'appétit ;
- alopécie ;
- extravasation.

3 Interventions infirmières

➡ **Peur, chagrin et douleur psychologique :**
- parler de la situation et de la façon dont il la comprend ;

- observer les réactions verbales et non verbales ;
- noter les signes de déni ou de dépression ;
- appliquer les techniques d'écoute active lorsque le patient parle de ses inquiétudes ou de son chagrin ;
- inventorier les ressources internes et externes dont le patient peut disposer : connaissances des stratégies d'adaptation efficaces utilisées auparavant, personnes clés capables de fournir un soutien… ;
- recueillir des données sur la dynamique familiale ;
- accorder au patient la possibilité de poser des questions et y répondre avec franchise. Accepter les sentiments de peur, de douleur, de chagrin ou de désespoir et donner au patient la permission de les exprimer librement ou au moment opportun. Accepter le point de vue du patient sur la situation ;
- expliquer les interventions en tenant compte de la capacité de compréhension du patient et de ce qu'il est capable de supporter. Il ne faut pas oublier que le patient ne veut pas nécessairement tout savoir ;
- recueillir des informations complémentaires auprès des autres membres de l'équipe et consigner le tout dans le dossier de soins.

➡ **Incapacité de s'adapter à un changement dans l'état de santé :**

- évaluer le degré de changement dans l'état de santé ;
- déterminer les facteurs favorisants liés à l'incapacité de s'adapter à un changement dans l'état de santé (écouter le point de vue du patient concernant les facteurs favorisants de son problème de santé actuel, recueillir des informations complémentaires auprès de l'entourage de M. D.) ;
- commencer à aider le patient à mieux s'adapter au changement ;
- utiliser les techniques de communication thérapeutique : écoute active, acceptation inconditionnelle, silence, emploi du « je »… ;
- recueillir des informations complémentaires auprès des autres membres de l'équipe et consigner le tout dans le dossier de soins.

➡ **Risques liés aux effets secondaires de la chimiothérapie :**

- nausées, vomissements et inappétence :
  - administration du KITRYL ® ;
  - prévoir réniformes, mouchoirs, nécessaire pour rinçages et soins de bouche ;
  - se renseigner sur ses goûts alimentaires, appel de la diététicienne ;
  - repas froids de préférence pour éviter les odeurs ;
  - favoriser les boissons gazeuses qui limitent les nausées ;
  - fractionner les repas ;
  - se reposer après les repas ;
  - respirer profondément à la survenue des nausées ;
  - boire en dehors des repas pour limiter la distension gastrique ;
  - ne pas se forcer à manger, manger lentement ;
  - évaluer la prise alimentaire quotidiennement (quantité, qualité, volume hydrique) ;
  - quantifier les pertes digestives ;
  - surveiller les risques liés aux vomissements : déshydratation, perte de poids et dénutrition (troubles de la conscience, pesée, protidémie, ionogramme sanguin) ;
- alopécie :
  - informations sur la chute de l'ensemble du système pileux et sur la réversibilité de l'alopécie dès l'arrêt du traitement ;
  - proposition de prothèse capillaire si besoin ;
  - entretien du cuir chevelu avec produits doux ;
- extravasation :
  - s'assurer du bon positionnement de l'aiguille d'Huber (retour veineux) ;
  - absence de douleur et de gonflement au point d'injection ;
  - injection préalable de sérum glucosé avant la chimiothérapie ;
  - expliquer au patient l'importance de signaler immédiatement tout problème.

L'infirmière recueillera des informations complémentaires auprès des autres membres de l'équipe et consignera le tout dans le dossier de soins.

Elle effectuera des transmissions à l'équipe et sur le dossier de soins de l'ensemble des informations.

4 Planification du traitement

Horaires	Traitements	Doses et débits
• 14 h.	• Pose du SG 5 %.	
• 14 h 15.	• KITRYL ® et PARAPLATINE ®.	• 410 mg de PARAPLATINE ® (ou 41 mL) dans 250 mL de SG 5 % : – soit 250 + 41 = 291 mL ou 291 × 20 gouttes (1 mL = 20 gouttes) en 1 h ; – soit un débit de 291 mL/h ; – soit : $\frac{291 \times 20}{60}$ = 97 gouttes/min.
• 15 h 15 à 15 h 25.	• Rinçage de la veine.	
• 15 h 25.	• ÉTOPOSIDE ®.	• 190 mg d'ÉTOPOSIDE ® (ou $5 \times \frac{190}{100}$ = 9,5 mL dans 500 mL de NaCl à 0,9 % : – soit un volume total de 509,5 mL ou 509,5 × 20 gouttes (1 mL = 20 l) en 1 h (60 min) ; – soit un débit de 509,5 mL/h ou 509,5 × 20 gouttes (1 mL = 20 gttes) en 1 h (60 min) ; – soit un débit de 509,5 mL/h ou : $\frac{209,5 \times 20}{60}$ = 16,65, soit 17 gouttes par minute par excès.
• 16 h 25 à 16 h 35.	• Rinçage de la veine.	

5 Perfusion de produits d'origine humaine

L'infirmier(ère) est habilité(e) à accomplir sur prescription médicale écrite, qualitative et quantitative, datée et signée, à condition qu'un médecin puisse intervenir à tout moment, les injections et perfusions de produits d'origine humaine nécessitant, préalablement à leur réalisation, un contrôle de compatibilité obligatoire effectué par l'infirmier(ère).

6 Encadrement d'une étudiante :

• identification du niveau de connaissances de l'étudiante en soins infirmiers ;

• apports théoriques supplémentaires si besoin ;

• réalisation sous contrôle de l'infirmière qui reste responsable des procédures de transfusion ;

• explications simples et adaptées au niveau de compréhension de Mme J. ;

• lui demander de signaler :

- sensation de malaise violent et prolongé, d'angoisse ;
- chaleur de la face, agitation, sensation de froid ;
- douleurs lombaires, abdominales et thoraciques ;
- nausées, vomissements, diarrhées abondantes et fétides ;
- céphalées avec ou sans troubles sensoriels ;
- prurit ;
- fourmillements dans les doigts et autour des lèvres ;
- dyspnée ;
- frissons violents et prolongés, fièvre, sueurs, extrémités froides ;
- douleur, gonflement au point d'injection.

Cancer bronchique microcellulaire avec métastases osseuses

Monsieur Nicolas est admis le 7 avril 2000 en service de pneumologie pour sa première cure de chimiothérapie suite à la découverte récente d'un cancer bronchique.
Infirmier(ère) DE dans ce service, vous travaillez le 12 avril 2000 de 6 h 45 à 14 h et êtes chargé(e) des soins auprès de ce patient.

Présentation de la situation de M. Nicolas

M. Nicolas est âgé de 47 ans. Il est marié, père de 2 enfants de 9 et 11 ans et exerce la profession d'agent d'entretien dans le service municipal de son village.
Dans ses antécédents, on note un tabagisme à 2 paquets de cigarettes de tabac brun sans filtre par jour depuis l'âge de 18 ans. Il a arrêté sa consommation de tabac en 1996.
M. Nicolas est une personne dynamique, au contact facile, engagé dans la vie associative de son village. Il aime lire son journal quotidien et faire des mots croisés. Ses horaires de travail lui permettent de prendre en charge ses enfants après l'école et le mercredi après-midi.

Histoire de la maladie

Le 15 mars 2000, M. Nicolas consulte son médecin traitant pour un syndrome fébrile accompagné :
- d'une toux traînante ;
- de douleurs de l'hémithorax gauche ;
- d'expectorations hémoptoïques.

La radiographie pulmonaire montre une opacité suspecte, qui motive une consultation en service de pneumologie.
Un bilan est réalisé en unité de soins ambulatoires.
Les examens effectués sont les suivants :
- une tomodensitométrie thoracique ;
- une fibroscopie bronchique avec biopsie ;
- une épreuve fonctionnelle respiratoire ;
- un bilan sanguin, dont une gazométrie artérielle et un dosage des marqueurs tumoraux ;
- une scintigraphie osseuse.

À l'issue de ce bilan, le 30 mars 2000, le diagnostic de carcinome microcellulaire bronchique du lobe supérieur gauche avec localisations secondaires osseuses multiples est posé par l'équipe médicale.
Le traitement envisagé est une polychimiothérapie anticancéreuse, à raison de 6 cures.
La première sera réalisée au service de pneumologie en unité d'hospitalisation conventionnelle et les suivantes sont programmées en unité d'hospitalisation de jour.
Le médecin informe M. Nicolas et son épouse du diagnostic de cancer bronchique du lobe supérieur gauche avec métastases osseuses. Le traitement par chimiothérapie est accepté par le patient.
Le médecin du service propose à M. Nicolas de faire une demande afin que sa pathologie soit reconnue comme affection de longue durée.

Situation actuelle

M. Nicolas est admis le 7 avril 2000 au service de pneumologie.
Le traitement par chimiothérapie anticancéreuse a débuté le 8 avril.
L'abord vasculaire est réalisé par un cathéter court posé au bras gauche.
Un rendez-vous est fixé le 28 avril 2000 en hôpital de jour pour la pose d'un cathéter à chambre implantable et la 2e cure de chimiothérapie.
La sortie de M. Nicolas est fixée au 13 avril, au terme de sa 1re cure.

Prescriptions médicales à compter du 8 avril 2000 :
- protocole de chimiothérapie *(voir annexe)* ;
- EFFÉRALGAN CODÉINÉ ® (antalgique) : 3 × 2 cp/j (au maximum 4 × 2 cp/j) ;
- BIPROFÉNID ® 150 mg (anti-inflammatoire non stéroïdien) : 2 × 1 cp/j ;
- MOPRAL ® (anti-ulcéreux) : 1 gél./j ;
- évaluation de la douleur 3 fois par jour à l'aide de l'échelle visuelle analogique (EVA) ;
- surveillance de la diurèse ;
- surveillance des paramètres : pouls, tension artérielle, température, 2 fois par jour.

PROTOCOLE DE CHIMIOTHÉRAPIE

Nom : M. Nicolas
Âge : 47 ans

Poids : 79 kg
Taille :176 cm

Surface corporelle : 1,95 m^2

Signature du médecin :

J1 = J21

		J1 8/4	J2 9/4	J3 10/4	J4 11/4	J5 12/4
• HYCAMTIN ® 2,45 mg Dans 125 mL sérum physiologique en 30 min (1,25 mg/m^2). 125 mL sérum physiologique en rinçage après l'HYCAMTIN ®.	• Propriété : cytostatique. • Présentation : flacons de poudre pour usage parentéral de 4 mg à diluer avec 4 mL de solvant. • Toxicités principales : – hématologique ; – digestive (nausées, vomissements) ; – alopécie partielle ou totale.	X	X	X	X	X
• CISPLATYL ® 100 mg dans 500 mL sérum physiologique en 2 h (50 mg/m^2) à passer à l'abri de la lumière.	• Propriété : cytostatique. • Présentation : solution injectable, flacons de : – 10 mg-20 mL ; – 25 mg-50 mL ; – 50 mg-100 mL. • Toxicités principales : – rénale ; – digestive (nausées, vomissements immédiats pouvant persister 1 semaine) ; – hématologique ; – auditive.					X
• ZOPHREN ® 4 mg dans 50 mL SG 5 % en 15 min à débuter 30 min avant les cytostatiques.	• Propriété : antiémétique. • Présentation : flacons de 4 mg-2 mL.	X	X	X	X	X
• Sérum glucosé 5 % 1 000 mL + 3 g KCl + 1 g sulfate magnésium en 3 h, 3 fois, à débuter 3 h avant les cytostatiques.	• Hydratation.					X
• Bilans sanguins : – à J1 et J15 ; – à J8.	• NFS, plaquettes, ionogramme sanguin, bilan rénal et hépatique. • NFS, plaquettes.					

Dossier de soins infirmiers en date du 10 avril 2000

- Respiration
  - Pas de dyspnée.
  - Fréquence respiratoire à 16.
  - Absence d'expectorations hémoptoïques.
- Alimentation
  - Pas de préférence alimentaire.
  - Appétit conservé.
  - Ni nausées, ni vomissements.
- Douleur
  - Se plaint de douleurs lombaires irradiant dans la fesse droite, accentuées lors des déplacements.
- Sommeil et repos
  - Dort peu depuis son admission.
  - A des difficultés pour se reposer pendant la journée.
- Occupation
  - Depuis son admission, n'a pas d'activités : ni lecture, ni mots croisés.
  - Reste dans sa chambre.
- Communication
  - Ne cherche pas le dialogue avec les soignants lors des soins et ne répond pas à leurs sollicitations.
  - Son épouse qui lui rend visite quotidiennement constate les mêmes difficultés de communication et s'en inquiète.
    M. Nicolas ne pose aucune question concernant sa situation et le diagnostic ni à l'équipe médicale, ni à l'équipe soignante.
  - Paraît tendu.

Données infirmières du 12 avril 2000

L'équipe de nuit signale que M. Nicolas a très peu dormi et qu'il a sonné toutes les 3 heures.

Il s'est plaint d'importantes douleurs à la hanche droite à 6 h (EVA = 8).

Les 2 comprimés D'EFFÉRALGAN CODÉINÉ® programmés pour 8 h ont été administrés à 6 h 30.

Paramètres à 8 h :

- pouls : 72/minute ;
- TA : 13/7 ;
- T° : 37,3 °C.

Suite à l'injection du Cisplatyl®, M. Nicolas présente des nausées et des vomissements et s'en inquiète.

Il se sent fatigué et s'interroge sur son retour à domicile prévu demain.

Par ailleurs, il manifeste de l'inquiétude lorsqu'on aborde la question du cathéter à chambre implantable.

Son épouse viendra le chercher demain après-midi après la visite du médecin.

Une prescription de PRIMPÉRAN® (anti-émétique) et d'antalgiques est à remettre au patient à sa sortie avec le rendez-vous à l'hôpital de jour et les ordonnances pour les bilans sanguins.

Questions

1 *Relevez dans la situation le facteur pouvant être à l'origine du cancer bronchique de M. Nicolas.*
Argumentez votre réponse. (3 points)

2 *Sachant qu'une fibroscopie bronchique a été réalisée en unité de soins ambulatoires dans le cadre du bilan chez M. Nicolas en mars 2000 :*

a. *Énoncez les objectifs de cette fibroscopie bronchique.*

b. *Citez les éléments de surveillance, les actions infirmières à mettre en œuvre avant et après cet examen complémentaire.*
Argumentez chacune de vos réponses. (7 points)

3 *Énoncez et argumentez les précautions à prendre avant et pendant la préparation des médicaments cytostatiques.* (6 points)

4 *Effectuez les calculs de dose et de débit en gouttes par minute pour l'HYCAMTIN® et le CISPLATYL®.*
Le raisonnement doit apparaître. (4 points)

5 **a.** *Dans le cadre du rôle propre, décrivez les actions à mener lors de l'évaluation de la douleur chez M. Nicolas.*

b. *Définissez et décrivez l'échelle visuelle analogique (EVA).* (7 points)

6 *En date du 12 avril 2000, l'équipe infirmière pose le diagnostic infirmier d'anxiété : sentiment de malaise (d'appréhension, individuel... d'origine généralement indéterminée ou inconnue, se manifestant par une activation du système nerveux autonome)*[1].

a. *Relevez dans le texte les manifestations et les facteurs favorisants présentés par M. Nicolas.*

b. *Élaborez un plan d'actions à ce jour (objectifs, actions).*
Présentez la réponse sous forme de tableau. (6 points)

1. Définition des diagnostics infirmiers : *cf.* Carpenito, 5e édition.

7 *Au regard du traitement administré pendant son hospitalisation et en fonction des manifestations présentées par M. Nicolas le 12 avril 2000 :*

a. *Identifiez les risques encourus par ce patient lors de son retour à domicile.*
Pour chacun d'eux, énoncez et expliquez les facteurs favorisants.

b. *Énoncez pour chaque risque les informations données au patient.*
Présentez la réponse sous forme de tableau.

(15 points)

8 **a.** *Définissez un cathéter à chambre implantable et précisez son intérêt.*

b. *Face à l'inquiétude de M. Nicolas concernant la pose de ce cathéter, citez les explications qui lui sont données afin d'en faciliter l'acceptation.*

(8 points)

9 **a.** *Indiquez pourquoi M. Nicolas pourrait bénéficier du classement de sa pathologie en affection de longue durée (ALD).*

b. *Dans l'hypothèse probable d'un avis favorable du service médical de la Caisse primaire d'assurance maladie, citez et expliquez les avantages liés à l'octroi de l'ALD pour M. Nicolas.* (4 points)

Réponses

1 Facteur pouvant être à l'origine du cancer bronchique de M. Nicolas

Le tabagisme est le facteur pouvant être à l'origine du cancer bronchique de M. Nicolas.
Le risque est lié à :

- la précocité de la consommation de cigarettes (18 ans) ;
- la durée d'exposition tabagique longue (24 années) ;
- la consommation quotidienne importante de cigarettes (2 paquets par jour), le risque augmentant avec le nombre de cigarettes ;
- le type de tabac consommé (tabac brun) ;
- le type de cigarettes (sans filtre).

2 Fibroscopie bronchique : objectifs et actions infirmières

a. Objectifs de la fibroscopie bronchique :

- confirmation du diagnostic de cancer bronchique ;
- à l'examen direct, elle permet de visualiser la tumeur, de la localiser et d'apprécier la possibilité d'une exérèse chirurgicale ;
- le prélèvement par biopsie permet d'établir le diagnostic histologique.

b. Actions infirmières

➡ **Avant l'examen (la veille) :**

Soins infirmiers	Argumentation
• Informer le patient de l'horaire et de la date de l'examen et lui donner des explications simples sur son déroulement.	• Permet au patient de verbaliser ses craintes et ses angoisses possibles (le rassurer). • Meilleure collaboration du patient.
• Préciser au patient qu'il lui faut être à jeun au moins 6 h avant l'examen et 2 h après, et le vérifier.	• L'examen peut s'effectuer dans de bonnes conditions. • Éviter les effets secondaires liés à l'anesthésie locale (nausées, vomissements).
• Dossier médical complet.	• Bonnes conditions de l'examen. • Bilan coagulation et NFS en raison des risques d'hémorragie liés à la biopsie. • Allergies.

Après l'examen

Soins infirmiers	Argumentation
• Réinstaller le patient dans sa chambre (confort, sonnette).	• Repos et confort du patient.
• Rassurer le patient si nécessaire.	
• Mesurer et noter les constantes (TA, pouls, fréquence respiratoire...).	• Liés à l'anesthésie locale et au geste : risque de lipothymie, d'hémorragie, de dyspnée.
• Observer le patient.	• Dépister une cyanose, agitation, confusion liées à la dyspnée et au geste technique de l'examen.
• Surveiller l'apparition d'hémoptysie.	• Liée à la biopsie, risque hémorragique.
• Surveiller l'apparition des réflexes de toux.	• Arrêt des effets de l'anesthésie locale.
• Veiller à ce que M. Nicolas reste à jeun pendant 2 h au moins.	
• Sur prescription médicale, radiographie du thorax, face + profil.	• Dépister un éventuel pneumothorax et/ou hémothorax suite à la biopsie.

3 Préparation des cytostatiques : précautions à prendre

Avant la préparation :

• vérifier la prescription médicale afin d'éviter toute erreur. Elle doit être écrite, datée et signée par le médecin. Elle doit comporter :
- les nom et prénom du patient,
- le nom commercial écrit en toutes lettres du (des) médicament(s),
- la posologie journalière,
- les modalités d'administration,
- les traitements associés ;

• vérifier la prescription au regard de la surface corporelle du patient et des données concernant les médicaments précis (dans le Vidal®, par exemple) pour éviter une erreur liée au surdosage.

Pendant la préparation :

• respecter les principes d'administration (dilutions, solutés à utiliser...) ;

• éviter tout risque de dissémination des produits dans l'environnement et se protéger de tout risque de projection ou d'inhalation des cytostatiques :
- préparer les cytostatiques dans un local réservé à cet usage, calme et isolé, sans courant d'air, si possible sous une hotte à flux laminaire,
- respecter les règles de protection vestimentaire :
  - charlotte,
  - masque à usage unique,
  - lunettes de protection enveloppantes,
  - blouse à manches longues resserrées aux poignets,
  - gants à usage unique,
- éliminer les déchets dans un conteneur à large ouverture, à incinérer.

4 Calculs des doses et des débits

HYCAMTIN®

L'HYCAMTIN® se présente sous la forme d'un flacon de 4 mg de poudre à diluer dans 4 mL de solvant, c'est-à-dire, après préparation, sous la forme d'une solution dosée à 1 mg par millilitre. La prescription est de 2,45 mg : il faut donc prélever 2,45 mL de la solution d'HYCAMTIN®.
Ces 2,45 mL sont à verser dans 125 mL de sérum physiologique. Le volume total de perfusion est donc : 125 + 2,45 = 127,45 mL, ou 127,45 × 20 gouttes car 1 mL = 20 gouttes.
La perfusion est à passer en 30 min. Son débit est donc de :

$$\frac{127{,}45 \times 20}{30} = 84{,}96, \text{ soit } 85 \text{ gouttes par}$$

minute, par excès.

CISPLATYL®

La prescription est de 50 mg/m^2, dilués dans 500 mL de sérum physiologique, à passer en 2 h. Compte tenu de la surface corporelle du patient (1,95 m^2), la quantité de CISPLATYL® à injecter est : 50 × 1,95, soit 100 mg par excès.

Le CISPLATYL ® se présente, notamment, sous la forme de flacons de 50 mg de produit à diluer dans 100 mL d'eau distillée. On utilise donc 2 flacons de 50 mg, soit un volume de CISPLATYL ® de 200 mL.

Le volume total à perfuser est donc de : 500 + 200 = 700 mL ou 700 × 20 gouttes (1 mL = 20 gouttes). Le débit de cette perfusion de 2 h ou 2 × 60 minutes est donc : $\frac{700 \times 20}{2 \times 60} = 116{,}66$, soit 117 gouttes par minute par excès.

On peut interpréter la prescription d'une façon différente, à savoir que le volume total de la perfusion de CISPLATYL ® est de 500 mL : après la dilution du CISPLATYL ® dans les 200 mL d'eau distillée stérile pour préparations injectables, on verse cette solution dans une poche de 500 mL de sérum physiologique, de laquelle on a extrait 200 mL.

Cette poche d'un volume total de 500 mL est à passer en 2 h. Le débit de la perfusion est alors : $\frac{500 \times 20}{2 \times 60} = 83{,}33$, soit 83 gouttes par minute par défaut.

Cette façon de procéder a l'avantage d'éviter une surcharge en liquide du patient et de ne nécessiter qu'une seule poche de 500 mL pour la perfusion.

5 Douleur

a. Actions infirmières lors de l'évaluation de la douleur :

- entendre ce que dit le patient au sujet de sa douleur ;
- interroger le patient sur :
  - d'éventuels facteurs déclenchants,
  - le délai d'action des médicaments,
  - le temps d'action des médicaments,
  - la qualité de sédation (partielle, totale) ;
- noter : la description que fait le malade de sa douleur et les informations données en réponse aux questions posées ;
- observer les expressions corporelles, gestuelles... Rechercher les indicateurs non verbaux : grimaces, plaintes, pleurs, cris, position de repli, position de protection, agressivité, irritabilité... ;
- évaluer la douleur à l'aide de l'échelle visuelle analogique (EVA) en utilisant toujours le même outil et en expliquant bien son utilisation au patient.

b. EVA : définition et description

L'échelle visuelle analogique est un outil d'évaluation de la douleur par lequel le patient cote lui-même l'intensité de sa douleur.

Il s'agit d'une réglette à 2 faces :

- la face soignant est graduée de 0 à 10 cm, en millimètres ;
- la face patient est neutre. Elle comporte les inscriptions suivantes :
  - à son extrémité gauche : « absence de douleur »,
  - à son extrémité droite :
    - soit « douleur maximale »,
    - soit « douleur maximale imaginable »,
    - soit « douleur extrême ».

6 Anxiété du patient

a. Manifestations et facteurs favorisants présentés par le patient

Manifestations :

- dort peu, a sonné toutes les 3 h ;
- n'arrive pas à se reposer pendant la journée ;
- repli sur soi, communique peu avec son entourage ;
- peu de dialogue avec le personnel soignant, ne pose pas de questions ;
- reste dans sa chambre ;
- pas d'activités ;
- se sent fatigué ;
- semble tendu ;
- se dit inquiet.

Facteurs favorisants :

- hospitalisation ;
- annonce récente du diagnostic de cancer bronchique ;
- chimiothérapie (traitement lourd, effets indésirables) ;
- perspective du retour à domicile et organisation de la prise en charge de ses enfants.

b. Plan de soins

Objectifs	Actions
• Permettre à M. Nicolas de verbaliser ses inquiétudes et de formuler des questions.	• Évaluer son degré d'anxiété. • Lui expliquer les soins, les traitements. • L'encourager à verbaliser son ressenti et à poser des questions. • Accepter les temps de silence tout en restant à l'écoute de M. Nicolas. • Instaurer une relation de confiance. • Répondre à ses questions dans la mesure du possible, réexpliquer ce qui n'a pas été compris. • Transmettre les interrogations et les observations au médecin.
• Permettre à M. Nicolas de trouver des stratégies d'adaptation pour son retour à domicile.	• L'informer de la suite du traitement : dates de rendez-vous, soins, surveillance. • L'encourager à réfléchir à ses habitudes de vie pour l'amener à trouver des stratégies d'adaptation (loisirs, engagement social, vie familiale...). • Assurer le relais avec l'entourage : épouse... • Proposer une éventuelle aide psychologique. • Prévoir une fiche de liaison pour l'hôpital de jour afin d'évaluer l'anxiété du patient lors de la prochaine cure. • L'informer de la possibilité de contacter le service en cas de difficulté.

7 Risques encourus par le patient au regard de son traitement et informations apportées

a. Risques :

• risque infectieux, lié à la toxicité hématologique de l'Hycamtin ® et du Cisplatyl ®, qui provoque une diminution des globules blancs et en particulier des polynucléaires neutrophiles responsables des défenses immunitaires. Cette diminution survient en général 1 à 2 semaines après le traitement ;

• risque de nausées et vomissements, lié à la toxicité digestive du Cisplatyl ®, qui peut perdurer une semaine ;

• risque d'alopécie totale ou partielle, lié à la toxicité de l'Hycamtin ®, qui survient en général 3 semaines après le traitement ;

• risque de majoration de la fatigue, lié à la pathologie, au traitement, à l'anxiété avec troubles du sommeil de M. Nicolas ;

• risque de persistance de la douleur, favorisé par le contexte d'anxiété ;

• risque d'insuffisance rénale, lié à la toxicité néphrologique du Cisplatyl ® et à la déshydratation résultant des nausées et vomissements.

b. Informations données au patient

• Risque infectieux	• Expliquer à M. Nicolas pourquoi ce risque existe et à quoi il est lié (toxicité hématologique des cytostatiques). • L'informer des précautions à prendre pour éviter ce risque : – se laver les mains au savon après être allé à la selle, avant les repas ; – douche quotidienne au savon ; – éviter le contact de personnes ayant des infections ou porteuses de maladie contagieuse ; – être vigilant par rapport aux enfants (maladies infantiles) ; – éviter la foule.

	• Le convaincre d'être attentif à tout signe d'infection et de prévenir le médecin si : – T° > 38 °C : surveillance de la température si chaleur ou frissons ; – signe d'appel d'une infection (toux, infection locale, brûlures mictionnelles, par exemple) ; – ne pas faire d'automédication si T° > 38 °C. • L'informer de la nécessité de réaliser les bilans sanguins prescrits (NFS) qui permettent de surveiller la numération des globules blancs.
• Risque de nausées et vomissements	• Expliquer à M. Nicolas que les nausées et vomissements sont liés à la chimiothérapie. • Lui recommander de prendre le traitement (Primpéran®) conformément à la prescription médicale, d'en évaluer l'efficacité et de consulter en cas d'inefficacité du traitement. • Lui donner des conseils diététiques qui permettent de diminuer les nausées-vomissements : – éviter les aliments chauds (leur odeur peut stimuler le réflexe nauséeux) et préférer repas froids ou tièdes ; – éviter les repas gras, les aliments à goût fort, les aliments sucrés ; – manger des repas fractionnés et légers, lentement, dans le calme ; – boire des boissons gazeuses (ex. : coca-cola) et froides. Éviter de boire pendant les repas ; – se reposer après les repas ; – éviter les odeurs fortes (parfums...).
• Risque de majoration de la fatigue	• Informer M. Nicolas que la fatigue est un symptôme fréquent dans sa pathologie et son traitement. • Lui conseiller de planifier des temps de repos en gardant des activités physiques et de loisirs. • Établir des priorités en faisant ce qui est indispensable et ce qui est important pour lui (par exemple s'occuper de ses enfants). • Déléguer les tâches difficiles. • Utiliser des méthodes permettant de lutter contre l'anxiété et le stress.
• Risque d'alopécie	• Informer M. Nicolas qu'une alopécie (perte partielle ou totale des cheveux et poils) pourrait survenir dans un délai d'environ 3 semaines, ce risque étant lié au traitement (Hycamtin®). • Préciser que l'alopécie n'est pas certaine et qu'elle est toujours provisoire (repousse des cheveux à la fin du traitement par chimiothérapie). • Donner des conseils de soins capillaires non agressifs : – utiliser des shampooings doux ; – éviter l'utilisation de sèche-cheveux. • Préciser que si une alopécie survient, M. Nicolas pourra bénéficier de la prescription d'une prothèse capillaire (perruque) remboursée partiellement par la Sécurité sociale (nécessite une demande d'entente préalable). • L'informer de la possibilité de porter casquette, chapeau... selon sa préférence.

• Risque de persistance de la douleur	• Informer le patient de la prescription d'antalgiques et de la nécessité de poursuivre le traitement à domicile conformément à la prescription. • Lui expliquer la nécessité d'évaluer l'efficacité du traitement antalgique pour éventuellement réajuster le traitement lors de la prochaine consultation avec le médecin (ou plus tôt si douleurs importantes).
• Risque d'insuffisance rénale	• Lui expliquer ce risque lié au CISPLATYL®. • Lui conseiller de lutter contre les nausées et vomissements, de bien s'hydrater, de réaliser les bilans sanguins comme prévu et d'éviter l'automédication.

8 Cathéter à chambre implantable

a. Définition et intérêt

Le cathéter à chambre implantable est un dispositif composé d'un petit réservoir (la chambre) recouvert d'une membrane en silicone et d'un cathéter souple, qui sera introduit dans une veine (sous-clavière ou jugulaire le plus souvent).
L'intérêt de la mise en place de ce cathéter à chambre implantable est de faciliter l'injection des cytostatiques en préservant le capital veineux.
Ce dispositif est implanté de façon permanente dans l'organisme, ce qui permet de disposer d'un abord veineux fiable et confortable.
Il pourra être laissé en place pendant toute la durée du traitement et sera retiré lorsque M. Nicolas n'en aura plus besoin.

b. Explications à donner au patient :

- demander à M. Nicolas ce qui l'inquiète ;
- décrire le cathéter à chambre implantable et expliquer son intérêt à M. Nicolas ;
- l'informer que le cathéter à chambre implantable contribue à une meilleure qualité de vie. Il est posé sous anesthésie locale par une brève intervention ;
- il ne perturbe pas les habitudes de vie : manière de s'habiller, activité ;
- il permet de prendre des bains, des douches.

9 Affection de longue durée (ALD)

a. Raison de l'attribution

M. Nicolas est atteint d'un cancer bronchique, qui est une tumeur maligne faisant partie de la liste des 30 affections de longue durée.

b. Avantages

M. Nicolas bénéficiera de l'exonération du ticket modérateur, ce qui signifie une prise en charge à 100 % pour tous les soins relatifs au cancer bronchique.
Dans ce cas, il n'avancera aucun frais pour :

- les soins médicaux ;
- l'hospitalisation de jour ;
- les examens de laboratoire ;
- les frais pharmaceutiques,

prévus dans le cadre de son traitement.

M. G., 65 ans, est adressé au service de consultations de pneumologie par son médecin traitant car il présente depuis environ 3 semaines :

- une perte de poids de 6 kg ;
- une anorexie et une asthénie importantes ;
- une recrudescence de sa bronchite chronique avec toux et expectoration matinale ;
- une majoration de sa dyspnée à l'effort ;
- une hémoptysie apparue récemment ;
- des adénopathies sus-claviculaires ;
- une opacité suspecte médiastino-hilo-pulmonaire droite à la radio pulmonaire.

Une fibroscopie-biopsie bronchique réalisée lors de la consultation met en évidence une masse bourgeonnante obstruant une bronche segmentaire de la bronche lobaire supérieure droite.
Les résultats anatomo-pathologiques du prélèvement bronchique révéleront par la suite un carcinome bronchique à petites cellules.

M. G. est retraité soudeur sur métaux à la SNCF. Il est marié, sa femme est sans profession. Ils ont une fille de 30 ans et une petite fille de quelques mois.
Dans ses antécédents, sont notés :

- un tabagisme évalué à 40 paquets-années ;
- un éthylisme non reconnu par M. G.

Questions

1 *Citez et justifiez les éléments de surveillance infirmière que vous effectuez auprès de M. G. après sa fibroscopie bronchique.* (2 points)

2 *Annotez le schéma de l'appareil respiratoire suivant.* (1,5 point)

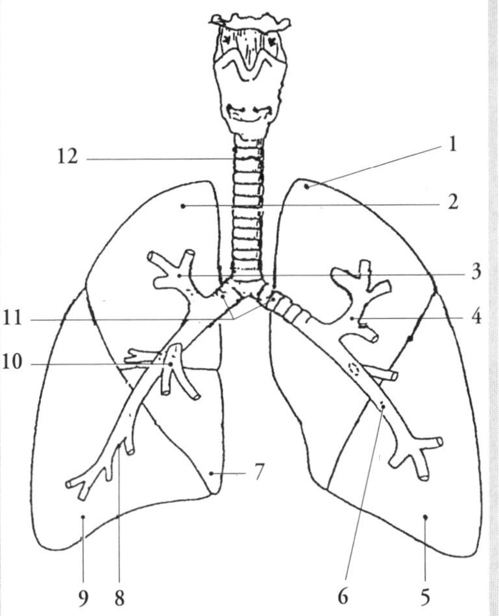

Schéma de l'appareil respiratoire

3 *La bronchite chronique se caractérise par une toux et une expectoration durant plusieurs mois de l'année et évoluant pendant plusieurs années. Expliquez le rôle du tabac dans l'apparition de ces deux symptômes.* (3,5 points)

4 *Donnez la définition des termes suivants :*

- *anorexie ;*
- *asthénie ;*
- *toux ;*
- *expectoration ;*
- *hémoptysie ;*
- *dyspnée.* (3 points)

Au vu de ces résultats, M. G. est hospitalisé en pneumologie. À son arrivée, il est très fatigué, il présente une dyspnée importante et son teint est grisâtre.
Il se plaint d'une douleur lombo-sacrée. Le médecin prescrit :

- un bilan radiologique, comprenant :
  - scanner thoraco-abdominal et cérébral,
  - échographie abdominale,
  - scintigraphie osseuse,
  - radiographie du rachis dorso-lombaire (face et profil) ;
- un bilan biologique sanguin, comprenant entre autres examens une numération-formule sanguine/plaquettes ;
- des épreuves fonctionnelles respiratoires avec gaz du sang.

5 *Dans la situation de M. G., expliquez l'intérêt :*

- *du bilan radiologique ;*
- *des épreuves fonctionnelles respiratoires avec dosage des gaz du sang.* (6 points)

6 *Citez les résultats normaux des constantes biologiques suivantes :*
- *hématies ;*
- *leucocytes ;*
- *hémoglobine ;*
- *hématocrite ;*
- *plaquettes ;*
- *gaz du sang :*
  - *pH,*
  - *$PaCO_2$,*
  - *PaO_2,*
  - *saturation en oxygène,*
  - *réserve alcaline.* (5 points)

Une chimiothérapie sur 3 jours est prescrite, un cathéter court intraveineux (IV) est posé.
Les prescriptions sont :
- ADRIAMYCINE ® (antinéoplasique) : 70 mg à passer en 30 minutes en intraveineux dans 100 mL de soluté glucosé à 5 % (G5 %). Présentation : flacons de 10 mg + 5 mL de solvant, flacons de 50 mg + 25 mL de solvant ;
- ENDOXAN ® (antinéoplasique) : 1 400 mg à passer en intraveineux direct. Présentation : flacons de 100 mg + 5 mL de solvant, flacons de 500 mg + 25 mL de solvant ;
- VÉPÉSIDE ® (antinéoplasique) : 120 mg à passer en 1 heure en intraveineux dans 250 mL de glucosé à 5 %. Présentation : ampoules à 100 mg de 5 mL ;
- CISPLATYL ® (antinéoplasique) : 45 mg à passer en 45 minutes en intraveineux dans 250 mL de sérum physiologique. Présentation : flacons de 10 mg + 10 mL de solvant, flacons de 25 mg + 25 mL de solvant ;
- une réhydratation, qui comprend :
  - 1 000 mL de glucosé 5 %,
  - 2 g de chlorure de sodium (NaCl),
  - 3 g de chlorure de potassium (KCl),
  - 1,5 g de chlorure de magnésium (Mg),
  - 1 g de chlorure de calcium (CaCl),

à passer en intraveineux en 2 heures. Présentation : sérum glucosé à 5 % = 1 flacon de 1 000 mL ; NaCl = ampoules de 10 mL à 20 % ; KCl = ampoules de 10 mL à 10 % ; Mg = ampoules de 10 mL à 15 % ; CaCl = ampoules de 10 mL à 10 %.

7 *Calculez les doses utilisées et les débits des produits suivants :*
- *ADRIAMYCINE ® ;*
- *VÉPÉSIDE ® ;*
- *sérum glucosé 5 % + électrolytes.*

(Faire apparaître les calculs pour chacune des réponses. Toute erreur de calcul ou omission entraîne zéro à la question.) (6 points)

À l'annonce du diagnostic de cancer par le pneumologue, M. G. a les larmes aux yeux et dit : « Ah ! je me doutais bien que c'était grave, pour que l'on me fasse tous ces examens ! » Dans les jours qui suivent, il repose les mêmes questions au sujet de son traitement et de son avenir.
Ce matin, il doit recevoir sa première cure de chimiothérapie vers 9 heures. Vous lui apportez son petit déjeuner et vous constatez qu'il transpire beaucoup, qu'il ne s'est pas encore levé, qu'il a les yeux cernés.
Il vous dit qu'il n'a pas la force de se raser et se demande comment il va faire pour manger tout ça et s'il pourra encore se promener dans le couloir avec sa perfusion.

8 *Compte tenu de toutes les données que vous possédez, vous émettez les hypothèses de diagnostics infirmiers suivantes :*
- *anxiété (vague sentiment de malaise, d'origine généralement indéterminée ou inconnue) ;*
- *intolérance à l'activité (manque d'énergie physique ou psychique qui empêche le patient de poursuivre de façon soutenue les activités de la vie quotidienne et de les terminer) ;*
- *perturbation des habitudes de sommeil (dérèglement des heures de sommeil qui incommode le patient ou l'empêche d'avoir le mode de vie qu'il désire).*

Argumentez chaque hypothèse en précisant les données sur lesquelles vous vous appuyez et celles à rechercher pour confirmer ces diagnostics. (7 points)

Au cours du séjour hospitalier, l'état psychologique de M. G. se dégrade et alerte sa famille et l'équipe.
Il communique de moins en moins ; il est très triste, pleure ; lorsqu'il accepte de quitter cet isolement, M. G. dit qu'il est responsable de son état actuel : « C'est ma faute, je fume depuis si longtemps… ma famille va se retrouver avec des problèmes matériels importants et c'est à cause de moi. »
Il ne se préoccupe plus de sa petite-fille qu'il adorait, qu'il aimait garder. Il semble résigné face à l'avenir, dit qu'il « n'en a plus pour très longtemps ». L'entourage a beaucoup de difficultés pour lui faire accepter les lourds traitements prévus.

Un psychiatre consulté pose le diagnostic de dépression réactionnelle grave nécessitant une prise en charge et une surveillance immédiates.
M. G. n'accepte pas l'idée de se soigner. Le médecin, devant le risque vital pour le patient, en accord avec Mme G., préconise une hospitalisation sur demande d'un tiers en service de psychiatrie.

9 *En utilisant les données relatives à M. G., énoncez les éléments de diagnostic d'une dépression réactionnelle.* (3,5 points)

10 **a.** *Justifiez le choix d'une hospitalisation sur demande d'un tiers pour M. G.* (1 point)
b. *Citez les formalités à remplir à l'entrée de M. G. en service spécialisé.* (3,5 points)

À son arrivée en service de psychiatrie, M. G. est reçu par un psychiatre et un infirmier pour un premier entretien. Il réitère ses idées noires : pessimisme concernant l'avenir, sentiment de responsabilité dans le déclenchement de la maladie, tristesse très importante, non-envie de continuer à se battre. Pour traiter cet état dépressif, tenant compte des bilans réalisés en service de soins généraux et après un électro-encéphalogramme au résultat normal, le médecin prescrit un traitement antidépresseur et anxiolytique à mettre en place le plus rapidement possible :

- VIVALAN® 100 mg (antidépresseur), ampoules injectables : 1 ampoule à passer dans une perfusion intraveineuse de 250 mL de sérum glucosé isotonique en 3 heures, le matin. Cette dose sera augmentée de 1 ampoule/jour jusqu'à 4 ampoules/jour ; durée du traitement : 15 jours ;
- LEXOMIL® (anxiolytique), comprimés baguette : 1/4 le matin, 1/4 le midi, 1/2 le soir.

11 *Compte tenu de l'état psychologique de M. G., argumentez la prise en charge infirmière à réaliser immédiatement et dans les premiers jours d'hospitalisation.* (10 points)

L'équipe soignante a posé entre autres diagnostics :

- perturbation de l'estime de soi liée à une vulnérabilité personnelle face à une nouvelle situation :
  - définition ANADI : sentiments négatifs face à soi-même pouvant s'exprimer directement ou indirectement,
  - les données recueillies affirmant ce diagnostic sont : M. G. se dit incapable de faire face aux événements. Il redit sans cesse sa culpabilité dans la survenue de son cancer, il néglige ses soins personnels : toilette, rasage, vêture ;
- perte d'espoir liée à la connaissance d'une maladie grave à pronostic sombre :
  - définition ANADI : état subjectif dans lequel une personne ne voit que peu ou pas de solutions ou de choix personnels valables et est incapable de mobiliser ses forces pour son propre compte,
  - les données recueillies sont : M. G. est passif, subissant ce qui lui arrive, il se laisse soigner sans intérêt particulier, parfois même refuse les soins proposés disant qu'ils sont inutiles. Il est pessimiste en l'avenir, il se détache effectivement des personnes dont il était très proche : femme, petite-fille.

12 *Afin d'aider M. G. dans la résolution de ces deux problèmes et, en accord avec lui :*
- *formulez des objectifs de soins ;*
- *proposez des actions personnalisées.* (8 points)

Réponses

1 Surveillance infirmière auprès de M. G. après sa fibroscopie bronchique :

- contrôler l'état hémodynamique du patient pour dépister tout signe de choc ou d'hémorragie, par la mesure de la fréquence cardiaque (prise du pouls), de la pression artérielle et de la fréquence respiratoire. Observer et noter l'état de coloration du patient pour surveiller son oxygénation ;
- dépister toute hémoptysie (présence de sang dans les crachats) par l'examen des crachats du patient. Lui donner un crachoir dès la fin de l'examen ;
- éviter les fausses routes, lui rappeler d'attendre deux heures avant de boire ou de manger. Contrôler qu'il n'y ait ni boisson, ni aliment à la portée de M. G. ;
- demander à M. G de ne pas se lever au cours des deux prochaines heures afin d'éviter les risques de chute par hypotension orthostatique ou malaise vagal.

2 Schéma des poumons

1. Lobe supérieur gauche.
2. Lobe supérieur droit.
3. Bronche lobaire supérieure droite.
4. Bronche lobaire supérieure gauche.

5. Lobe inférieur gauche.
6. Bronche lobaire inférieure gauche.
7. Lobe moyen.
8. Bronche lobaire inférieure droite.
9. Lobe inférieur droit.
10. Bronche lobaire moyenne.
11. Bronches principales droite et gauche.
12. Trachée.

3 Bronchite chronique (toux et expectoration) et tabagisme

La consommation de tabac (plus de 20 cigarettes par jour) est à l'origine de bronchite chronique chez un fumeur sur deux.

La combustion de la cigarette provoque une augmentation de la température de l'air aspiré. Cet air est, en outre, chargé de goudrons. Ces deux phénomènes entraînent des micro-lésions, des dépôts à l'intérieur de l'ensemble de l'arbre bronchique, à l'origine de phénomènes inflammatoires. Pour se protéger, les cellules pulmonaires sécrètent un mucus à l'origine de la toux.

Le phénomène s'auto-entretient.

4 Définitions

➡ **Anorexie :** perte de l'appétit entraînant une diminution voire un arrêt de l'alimentation. Les causes peuvent être d'ordre physique ou psychologique.

➡ **Asthénie :** état de fatigue générale intense, ne cédant pas avec le repos.

➡ **Toux :** expiration brutale, volontaire ou non, de l'air contenu dans les poumons. Elle peut être sèche (non productive) ou grasse (productive).

➡ **Expectoration :** ce qui est craché lorsque le patient tousse et qui correspond à des sécrétions bronchiques.

➡ **Hémoptysie :** rejet par la bouche d'une quantité plus ou moins importante de sang rouge en provenance des poumons.

➡ **Dyspnée :** difficultés à respirer.

5 Intérêt du bilan radiologique et des épreuves fonctionnelles respiratoires avec dosage des gaz du sang

➡ **Intérêt du bilan radiologique**

Il permet de faire le bilan d'extension tumorale à la recherche de métastases. Il s'inscrit dans le cadre d'un bilan préthérapeutique. Le carcinome bronchique à petites cellules est caractérisé par un envahissement lymphatique et l'apparition rapide de métastases.

Le scanner thoraco-abdominal et cérébral est effectué pour rechercher des métastases car le cancer pulmonaire essaime volontiers aux os, au foie et au cerveau. Le bilan radiologique donne des renseignements précieux pour classer le cancer selon la classification internationale TNM (*Tumor* : tumeur, *Node* : ganglion, *Metastase* : métastase) et orienter le choix thérapeutique.

➡ **Intérêt des épreuves fonctionnelles respiratoires**

Elles permettent d'évaluer la capacité thoracique de M. G. et de dépister une contre-indication à la chirurgie qui peut être pratiquée dans le cas de cancer pulmonaire à petites cellules très localisé.

➡ **Intérêt du dosage des gaz du sang**

Il permet d'évaluer la qualité des échanges gazeux au repos et à l'effort.

6 Constantes biologiques

Les résultats normaux des constantes biologiques sont les suivants :

- hématies :
  – hommes : $(5 \pm 0{,}5)10^{12}$/L (ou $5 \pm 0{,}5$ T*/L),
  – femmes : $(4{,}5 \pm 0{,}5)10^{12}$/L (ou $4{,}5 \pm 0{,}5$ T*/L) ;
- leucocytes : $(7 \pm 3)10^{9}$/L (ou 7 ± 3 G*/L) ;
- hémoglobine :
  – hommes : 13 à 17 g/dL,
  – femmes : 11,5 à 15 g/dL ;
- hématocrite :
  – hommes : $0{,}47 \pm 0{,}07$ %,
  – femmes : $0{,}42 \pm 0{,}05$ % ;
- plaquettes : 150 à 400.10^{9}/L ;
- gaz du sang :
  – pH : 7,37,
  – $PaCO_2$: 37 à 43 mmHg, soit 4,9 à 5,7 kPa (kilopascal),
  – PaO_2 : 76 à 100 mmHg, soit 11,3 à 13,3 kPa,
  – saturation en oxygène : 92 à 99 %,
  – réserve alcaline : 23 à 33 mEq/L.

* Le Système international d'unités défini lors de la conférence générale des poids et mesures précise que les lettres majuscules T (téra) et G (giga) sont des préfixes qui, placés devant une unité, la multiplient respectivement par 10^{12} = 1 million de millions ou 1 billion et 10^{9} = 1 milliard. Ils ne doivent donc jamais être employés seuls dans ce cas. En effet, les lettres majuscules T et G employées seules sont respectivement les symboles du Tesla (densité de flux magnétique dans le système SI) et du Gauss (densité de flux magnétique dans le système CGS). Nous avons néanmoins utilisé l'écriture T/L, au même titre que 10^{12}/L, car cet usage prohibé est courant en biologie.

7 Calcul des doses et des débits

Adriamycine ®

Pour obtenir les 70 mg prescrits, on prend un flacon de 50 mg à diluer dans 25 mL de solvant, et 2 flacons de 10 mg à diluer chacun dans 5 mL de solvant. On obtient 50 + 10 + 10, soit 70 mg de produit et 25 + 5 + 5 = 35 mL de solvant, à mettre dans une poche de 100 mL de sérum glucosé à 5 %.

Le volume total à perfuser est donc de 100 + 35 = 135 mL, soit, puisque 1 mL = 20 gouttes : 135 × 20 gouttes.

Le temps de la perfusion est de 60 min. Le débit est donc de : $\frac{135 \times 20}{60}$ = 45 gouttes par minute.

Vépéside ®

Une ampoule de 5 mL contient 100 mg de produit. Pour obtenir 120 mg de produit il faut donc prendre un volume de Vépéside ® de $\frac{5 \times 120}{100}$ = 6 mL, soit une ampoule entière (5 mL) et 1 mL du contenu d'une seconde ampoule.

Ces 6 mL de Vépéside ® sont injectés dans 250 mL de sérum glucosé à 5 % ; le volume total à perfuser est donc de 250 + 6 = 256 mL, soit 256 × 20 gouttes (1 mL = 20 gouttes).

La durée de la perfusion est égale à 1 h (60 min), et le débit est donc : $\frac{256 \times 20}{60}$ = 85,33,

soit 85 gouttes par minute par défaut.

Sérum glucosé

Une solution à x % d'un produit contient x g de ce produit pour 100 mL de cette solution.

Donc, pour obtenir 2 g de NaCl à partir d'une solution à 20 % (qui contient donc 20 g de NaCl par 100 mL), il faut prendre 10 mL de cette solution (1 ampoule).

Pour obtenir 3 g de KCl à partir d'une solution à 10 % (qui contient donc 10 g de KCl par 100 mL), il faut prendre 30 mL de cette solution (3 ampoules).

Pour obtenir 1,5 g de MgCl à partir d'une solution à 15 % (qui contient donc 15 g de MgCl par 100 mL), il faut prendre 10 mL de cette solution (1 ampoule).

Pour obtenir 1 g de CaCl à partir d'une solution à 10 % (qui contient donc 10 g de CaCl par 100 mL), il faut prendre 10 mL de cette solution (1 ampoule).

Ces électrolytes sont à diluer dans 1 L (1 000 mL) de sérum glucosé à 5 %. Le volume total à perfuser est donc : 1 000 + 10 (NaCl) + 30 (KCl) + 10 (MgCl) + 10 (CaCl) = 1 060 mL, ou 1 060 × 20 gouttes puisque 1 mL = 20 gouttes.

La durée de la perfusion est de 2 h (2 × 60 min).

Le débit est donc : $\frac{1\,060 \times 20}{2 \times 60}$ = 176,66,

soit 177 gouttes par minute par excès.

8 Hypothèses de diagnostics infirmiers

Anxiété

Vague sentiment de malaise, d'origine généralement indéterminée ou inconnue, liée à l'annonce de son diagnostic de cancer pulmonaire mettant en jeu son pronostic vital, et qui se manifeste par ses dires : « Je me doutais bien que c'était grave, pour que l'on me fasse tous ces examens. » ; il pose les mêmes questions en ce qui concerne son traitement et son devenir et par son attitude : « Il ne s'est pas encore levé, il transpire beaucoup, il a les yeux cernés ».

Ici, nous avons assez d'informations pour confirmer ce diagnostic.

Intolérance à l'activité

Manque d'énergie physique ou psychique qui empêche le patient de poursuivre de façon soutenue les activités de la vie quotidienne et de les terminer, liée à une faiblesse générale (« il est très fatigué », « il dit qu'il n'a pas la force de se raser et se demande comment il va faire pour manger tout ça et s'il pourra encore se promener dans le couloir avec sa perfusion ») et à une dyspnée importante manifestée par ses dires et son teint grisâtre.

Pour confirmer ce diagnostic, il faudrait encore évaluer le niveau d'intolérance à l'activité de M. G. selon les niveaux définis par Gordon :

- niveau I : peut marcher d'un pas normal sur une surface plane aussi longtemps qu'il le désire ; peut monter un étage ou plus, mais est alors plus essoufflé que la normale ;
- niveau II : peut marcher une distance de 15 mètres sur une surface plane sans problème ; peut monter un étage lentement sans s'arrêter ;
- niveau III : ne peut marcher plus de 15 mètres sur une surface plane sans devoir s'arrêter : est incapable de monter un étage sans s'arrêter ;
- niveau IV : dyspnée et fatigue au repos.

Perturbation des habitudes de sommeil

Dérèglement des heures de sommeil qui incommode le patient ou l'empêche d'avoir le mode de vie qu'il désire, lié au stress psychologique que M. G. subit du fait de son anxiété, sa dépression réactionnelle, et qui se manifeste par « yeux cernés », « il ne s'est pas encore levé ».

Pour confirmer ce diagnostic, il faudrait encore évaluer auprès de M. G. quelles étaient ses habitudes de sommeil avant qu'il ne soit malade : heure du coucher, rituel particulier avant de s'endormir, nombre d'heures de sommeil, s'il avait l'habitude de se réveiller pour aller uriner, s'il prenait un médicament pour l'aider à dormir...

9 Éléments de diagnostic d'une dépression réactionnelle

Une dépression réactionnelle est caractérisée par une humeur dépressive et un ralentissement de la personne associés à différents symptômes somatiques.

Ainsi, M. G. a une humeur dépressive par la vision pessimiste qu'il a de lui-même, une autodévalorisation, il se culpabilise : « C'est ma faute, je fume depuis si longtemps... ma famille va se retrouver avec des problèmes matériels importants et c'est à cause de moi. » On retrouve une instabilité des affects : « il est triste, pleure », une perte d'intérêt affectif : « il ne se préoccupe plus de sa petite-fille qu'il adorait, qu'il aimait garder ». Il a des idées suicidaires déguisées en « n'acceptant pas l'idée de se soigner ».

Au niveau de son ralentissement, on retrouve un ralentissement moteur prouvé par la rareté des mouvements, une grande asthénie (« n'a pas la force de se raser »), un ralentissement intellectuel prouvé par le fait qu'il communique de moins en moins, qu'il s'isole.

Au niveau des symptômes somatiques, on retrouve des troubles du sommeil, des troubles divers à type d'hypersudation, d'anorexie.

10 Hospitalisation sur demande d'un tiers (HDT)

L'hospitalisation à la demande d'un tiers (HDT), sur avis médical, est justifiée pour M. G. car ses troubles mentaux liés à sa dépression réactionnelle rendent impossible son consentement aux soins, mettant ainsi enjeu son pronostic vital.

Les articles L. 326 et suivants du Code de la santé publique précisent les conditions de l'hospitalisation des malades mentaux sans leur consentement.

Pour hospitaliser un malade sans son consentement, à la demande d'un tiers, trois conditions précisées par l'article L. 333 doivent être réunies :

- les troubles rendent impossible le consentement ;
- l'état du patient impose des soins immédiats ;
- ces soins doivent être l'objet d'une surveillance constante en milieu hospitalier.

Les pièces suivantes doivent être réunies *avant* l'hospitalisation :

- une demande d'admission manuscrite rédigée par un membre de la famille, de l'entourage, ou par une personne susceptible d'agir dans l'intérêt du patient, un soignant, par exemple, à condition qu'il n'exerce pas dans l'établissement d'accueil ;
- deux certificats médicaux concordants, datant de moins de 15 jours et attestant que les conditions précitées sont remplies. Le premier certificat doit être signé par un médecin n'exerçant pas dans l'établissement d'accueil, le second peut être signé, éventuellement, par un médecin psychiatre de cet établissement.

À l'arrivée de M. G., le directeur de l'établissement doit, avant l'admission de M. G., vérifier la conformité des pièces fournies ainsi que l'identité du demandeur et de M. G. Il doit transmettre aussitôt les pièces au préfet et à la commission départementale des hospitalisations psychiatriques (CDPH).

Un psychiatre de l'établissement (différent de celui qui a signé le dit second certificat médical) doit rédiger, dans les 24 heures, un nouveau certificat médical concluant à la nécessité de maintenir ou non l'hospitalisation sur demande d'un tiers. Ce certificat est généralement appelé « certificat des 24 heures ».

Les autres formalités à remplir sont les formalités « classiques » lors de toute hospitalisation (attestation de Sécurité sociale, de mutuelle, inventaire des effets personnels de M. G., etc.).

11 Prise en charge infirmière immédiate

Compte tenu de l'état psychologique de M. G., la prise en charge infirmière à réaliser immédiatement et dans les premiers jours d'hospitalisation est la prise en charge de la crise individuelle que vit M. G., afin de préserver son intégrité physique. L'infirmière doit être attentive aux gestes, aux paroles qu'elle pourra observer afin de mieux appréhender comment la crise que traverse M. G. peut influer sur sa vie et son entourage. C'est un travail indispensable qui passe par la parole et la bienveillance à son égard. L'infirmière assure un climat de calme, de confiance, administre les prescriptions médicales, contrôle leurs effets sur le patient et assure sa surveillance permanente. Elle montre au patient que sa parole est entendue et comprise. Elle lui explique calmement et clairement sa pathologie, la nature, le but et le déroulement des soins ; elle lui permet d'exprimer ce qu'il ressent, ses angoisses, sa colère, etc.

12 Objectifs de soins et actions personnalisées

Perturbation de l'estime de soi :

- objectif de soins : M. G. prend conscience de ce qui le pousse à se déprécier ;
- actions :
  - situer M. G., avec son manque d'estime de lui-même, aujourd'hui, par ses dires, son attitude,
  - définir avec lui l'estime qu'il a de lui habituellement sur les plans biologique, psychologique et social,
  - inviter M. G. à exprimer en quoi il se sent actuellement menacé dans sa personnalité,
  - faire prendre conscience à M. G. qu'il peut être encore décideur dans sa vie personnelle, familiale, sociale, dans son traitement,
  - repérer les attitudes, les propos négatifs qu'il peut émettre,
  - permettre à M. G. de faire référence à des moments difficiles de sa vie et comment il y a fait face.

Perte d'espoir :

- objectif de soins :
  - M. G. verbalise ses sentiments,
  - il réalise ses auto-soins et les activités de la vie quotidienne en se fixant des objectifs à court terme ;
- actions :
  - évaluer les ressources de M. G., son profil, ainsi que celui de la personne ressource de sa famille ou de son entourage,
  - encourager M. G. à exprimer ses sentiments et à les explorer. Corriger ses idées fausses,
  - établir une relation de confiance et d'écoute avec M. G.,
  - expliquer les soins à M. G., lui demander son avis et en tenir compte,
  - aider M. G. à se fixer des objectifs réalisables à court terme,
  - l'encourager lors de l'accomplissement des actes de la vie quotidienne et le féliciter après la réalisation de ces actes,
  - encourager M. G. à augmenter ses dépenses physiques en tenant compte de sa dyspnée,
  - proposer à M. G. de rencontrer d'autres patients atteints de cancer pulmonaire, faisant partie d'associations ou non, de rencontrer le psychiatre du service.

Lymphome à développement pariétal thoracique et scapulaire

M. X., 78 ans, est entré dans le service de médecine interne pour surinfection pulmonaire, asthénie et amaigrissement de 4 kg en 1 mois.

Ce malade est porteur d'un lymphome à développement pariétal thoracique et scapulaire droit, traité par corticothérapie au long cours.
Son état général actuel ne lui permet pas de bénéficier d'une cure de chimiothérapie. On note des localisations pulmonaires bibasales, une vitesse de sédimentation (VS) à 70 min la 1re heure et à 100 min la 2e heure.
La *C-reactive protein* (CRP) est à 180 mg/litre.
De plus, ce patient présentait à son arrivée une anémie, corrigée depuis par la mise en place de 6 culots globulaires.

À ce jour (J4), M. X. nécessite une aide pour la toilette, se plaint à la mobilisation, a le faciès crispé. Il se réveille plusieurs fois au cours de la nuit, ne trouve pas de position qui lui convienne. Sa fréquence respiratoire est de 22/min. Il présente une toux fréquente et productive. Ses apports hydriques sont inférieurs à 500 mL/jour ; il présente par ailleurs un pli cutané et une sécheresse buccale.
Sa tension artérielle est de 11/6 cm de Hg, la température est à 37,8 °C, le pouls à 84/min, la diurèse est de 1 200 mL sur 24 h, la glycémie capillaire est à 1,80 g à 8 heures.

Le traitement prescrit à 8 heures est le suivant :
- SOLUMÉDROL ® (corticoïde) : 80 mg à 8 h par voie intraveineuse (IV) ;
- CIFLOX ® (antibiotique) : 1 g × 2 à 8 h et 20 h en IV ;
- CLAFORAN ® (antibiotique) : 1 g × 2 à 8 h et 20 h en IV ;
- MOPRAL ® (anti-ulcéreux) : 1 gélule à 8 h ;
- perfusion : 1,5 L glucosé 5 % par 24 heures avec 4 g NaCl/L (1 ampoule = 10 mL =1 g) et 2 g KCl/L (1 ampoule = 10 mL = 1 g) ;
- TEMGÉSIC ® (antalgique) : 1 ampoule × 2 à 8 h et 20 h par voie sous-cutanée (SC) ;
- LOVÉNOX ® 40 mg (anticoagulant) : 1 ampoule à 8 h en SC.
- IMOVANE ® (hypnotique) : 1 cp au coucher ;
- oxygénothérapie : 3 L/min (en discontinu) ;
- glycémie capillaire 3 fois par jour, avec protocole d'insuline ACTRAPID ® par voie sous-cutanée :
  – si supérieure à 2 g : 4 unités,
  – si supérieure à 2,5 g : 6 unités,
  – si supérieure à 3 g : 8 unités,
  – si supérieure à 4 g : 10 unités ;
- régime alimentaire à élaborer avec la diététicienne ;
- CÉTORNAN ® (adjuvant de la nutrition) : 2 sachets par jour.

Questions

1 *Donnez les éléments de surveillance à mettre en place pendant la transfusion sanguine.*

2 *Citez les précautions de manipulation à prendre par l'infirmière lors de la préparation du traitement de chimiothérapie.*

3 *Citez et argumentez (étiologies et signes) les problèmes à traiter en collaboration que présente M. X. ce jour.*
Présentez les actions et surveillances infirmières (réponse attendue sous forme de tableau).
(Faire apparaître les calculs.)

Réponses

1 Eléments de surveillance à mettre en place pendant la transfusion sanguine :
- surveiller attentivement le malade :
  – pouls,
  – tension artérielle,
  – température,
  – diurèse,
  – comportement,
  – fréquence respiratoire ;
- noter les réactions même minimes :
  – douleurs lombaires,
  – frissons,
  – nausées,
  – éruptions cutanées,
  – dyspnée ;
- les signaler au médecin prescripteur qui avertira le correspondant de l'hémovigilance par une fiche d'incident transfusionnel dans les 8 heures ;
- surveiller la perfusion : débit lent pour les premiers 50 mL, moins de 30 gouttes/min.

2 Précautions à prendre par l'infirmière lors de la préparation du traitement de chimiothérapie :

- avant la manipulation des produits, l'infirmière doit respecter certaines règles vestimentaires afin de se protéger de tout risque de projection de produit cytotoxique. Elle doit porter :
  – une charlotte ;
  – un masque jetable ;
  – une paire de lunettes de protection ;
  – une blouse à manches longues et aux poignets serrés ;
  – une paire de gants ;
- la préparation doit toujours se faire dans un local calme, propre, sans courants d'air, si possible sous une hotte à flux laminaire, afin d'éviter la dissémination des particules et protéger les préparations de toute contamination ;
- les règles d'asepsie doivent être rigoureuses ;
- il faut respecter les précautions d'utilisation des différents produits (par exemple certains produits doivent être à l'abri de la lumière) ;
- pour la préparation, utilisation de compresses bétadinées ou iodées : éviter toute projection, formation d'aérosol, purge en toute sécurité ;
- protection du plan de travail ;
- élimination des déchets.

3 Problèmes à traiter, actions et surveillance infirmières

Problème	Traitements – Examens	Actions – Surveillance infirmière	Évaluation
• Syndrome inflammatoire : – lié au lymphome ; – se manifestant par une augmentation de la VS et CRP.	• SOLUMÉDROL® : 80 mg en IV à 8 h.	• Surveillance du traitement : – surveillance clinique : présence de ganglions, coloration des téguments (faciès) ; – surveillance biologique : contrôle VS, CRP sur prescription médicale. • Surveillance des effets secondaires de la corticothérapie : troubles digestifs, ulcère, troubles glycémiques, rétention hydrosodée (présence d'œdèmes), troubles oculaires (glaucome), troubles neuropsychiques, état cutané. • Demander la collaboration d'une diététicienne : pour établir un régime hyposodé.	• Glycémie : 1,80 g à 8 h.
• Altération de l'état général : – lié à la pathologie tumorale ; – se manifestant par un amaigrissement (4 kg en 1 mois), une asthénie.	• CÉTORNAN® : 2 sachets par jour.	• Surveillance clinique : – poids ; – alimentation ; – hydratation ; – état cutané (prévention d'escarres). • Donner le CÉTORNAN® dans un grand verre d'eau pendant le repas de midi et du soir. • Demander à la diététicienne d'établir un régime riche en protéines.	• TA : 11/6 cm de Hg.

Problème	Traitements – Examens	Actions – Surveillance infirmière	Évaluation
• Déshydratation : – liée à des apports hydriques insuffisants ; – se manifestant par un pli cutané, une sécheresse buccale.	• Perfusion : 1,5 L glucosé 5 % avec 4 g NaCl + 2 g KCl par litre en 24 h.	• Mise en place de la perfusion : – 8 h à 24 h : 1 litre glucosé 5 % + 4 g NaCl (40 mL) + 2 g KCl (20 mL) ; – 24 h à 8 h : 500 mL glucosé 5 % + 2 g NaCl (20 mL) + 1 g KCl (10 mL) ; – le volume total à passer en 24 h (24 × 60 min) est de 1 500 mL de G 5 % et (40 + 20 + 20 + 10) soit 90 mL d'électrolytes, soit 1 590 mL ou 1 590 × 20 gouttes (1 mL = 20 gouttes) ; – le débit est donc : $\frac{1\,590 \times 20}{24 \times 60}$ = 22,08, soit 22 gouttes/min par défaut ; – si on ne tient pas compte du volume des électrolytes, le débit est : $\frac{1\,500 \times 20}{24 \times 60} = 20,83$, soit 21 gouttes/min par excès. • Surveillance locale du cathéter : – vérifier le retour veineux ; – vérifier le point de ponction (rougeur, absence d'œdème ou diffusion) ; – surveillance du débit de la perfusion. • Surveillance clinique : TA, diurèse. • Recherche des signes de déshydratation : pli cutané, globe oculaire, sécheresse buccale : faire boire, fiche de surveillance hydrique. • Recherche des signes de surcharge : augmentation de la TA, œdèmes des membres inférieurs, difficultés respiratoires. • Surveillance biologique : ionogramme sanguin et urinaire sur prescription médicale.	• TA : 11/6 cm de Hg. • Diurèse : 1 200 mL.

Problème	Traitements – Examens	Actions – Surveillance infirmière	Évaluation
• Infection pulmonaire : – liée à la pathologie, favorisée par la corticothérapie au long cours (baisse des défenses immunitaires) ; – se manifestant par une fébricule à 37,8 °C, une toux, une difficulté respiratoire.	• CIFLOX®: 1 g en IV à 8 h et 20 h. • CLAFORAN®: 1 g en IV à 8 h et 20 h. • Oxygénothérapie : 3 L/min en discontinu.	• Surveillance de l'efficacité de l'antibiothérapie : prise de la température. • Surveillance des effets secondaires : réactions allergiques, troubles digestifs, candidose buccale. • Surveillance clinique : – du bon maintien en place de la sonde ou des lunettes, du niveau d'eau de l'humidificateur ; – respect de la position demi-assise ; – surveiller la fréquence respiratoire, l'encombrement, la toux, la coloration des téguments et expectorats ; • Surveillance biologique : NFS, gazométrie sur prescription médicale.	• T° : 37,8 °C. • Fréquence respiratoire : 22/min.
• Douleur : – liée à la pathologie et à l'état général ; – se manifestant par des plaintes à la mobilisation, un faciès crispé, ne trouve pas la position qui lui convient.	• TEMGÉSIC®: 1 ampoule à 8 h et 20 h en sous-cutané.	• Surveillance de l'efficacité du traitement : surveillance clinique, faciès, comportement, agitation. • Utiliser l'échelle EVA afin de mieux évaluer la douleur et de permettre un réajustement du traitement. • Surveillance des effets secondaires : – respiration (dépression respiratoire) ; – constipation. • Soins de nursing : être attentif aux mobilisations.	
• Insomnie : – liée à la douleur ; – se manifestant par des réveils fréquents.	• IMOVANE®: 1 cp au coucher.	• Surveillance des effets thérapeutiques : qualité du sommeil et de l'éveil (somnolence dans la journée). • Surveillance des effets secondaires : respiration (troubles respiratoires).	

Problème	Traitements – Examens	Actions – Surveillance infirmière	Évaluation
• Risque thrombo-embolique : lié à la pathologie, à l'altération de l'état général et à la mobilité réduite.	• LOVÉNOX ® : 40 mg en SC à 8 h.	• Surveillance de l'efficacité du traitement : absence de signes de phlébite (T°, chaleur, rougeur, douleur du mollet à la dorsiflexion). • Surveillance biologique : NFS sur prescription médicale à la recherche d'une thrombopénie. • Surveillance des effets secondaires : recherche de micro-hémorragies (ecchymoses, hématuries, épistaxis).	
• Risque d'ulcère gastrique : lié au traitement par SOLUMÉDROL ® et au stress. *(Ce risque peut être noté dans la surveillance de la corticothérapie.)*	• MOPRAL ® : 1 gélule à 8 h.	• Surveillance de l'efficacité : absence de douleurs gastriques, de saignements digestifs (hématémèse, rectorragies, méléna). • Surveillance des effets secondaires : éruptions cutanées, prurit.	
• Trouble de l'équilibre glycémique : lié à la corticothérapie.	• Glycémies capillaires. • Protocole d'ACTRAPID ® : – si > 2 g : 4 unités ; – si > 2,5 g : 6 unités ; – si > 3 g : 8 unités ; – si > 4 g : 10 unités. • Régime alimentaire (diététicienne).	• Réaliser la glycémie capillaire. • Surveillance locale des points d'injection : varier les points d'injection pour éviter les lipodystrophies. • Surveiller l'alimentation : mettre en place la feuille d'ingestat. • Surveiller les risques d'hypoglycémie : sueur, apathie, bradycardie. • Surveiller les risques d'hyperglycémie : polydipsie, somnolence.	• Glycémie : 1,80 g à 8 h. • Pas d'insuline à 8 h.

M. L., 65 ans, veuf, retraité de la fonction publique, musicien et chanteur, ancien fumeur, est hospitalisé pour une suspicion de cancer du larynx.
Il est adressé par son médecin traitant qui le suit déjà depuis 3 ans pour une dysphonie croissante, améliorée jusqu'à maintenant par des séances d'orthophonie. En fait cette dysphonie s'est aggravée, devenant persistante depuis trois mois à la suite du décès de sa compagne.
M. L. ne présente pas de dysphagie, ni de douleur, ni de dyspnée.
Dans ses antécédents, on apprend que M. L. s'est arrêté de fumer il y a 25 ans, il fumait alors 25 cigarettes par jour.

À son arrivée dans le service, le bilan préopératoire suivant est prescrit :
- bilan biologique :
  - ionogramme sanguin,
  - numération-formule sanguine,
  - groupage sanguin et recherche d'anticorps irréguliers,
  - taux de prothrombine,
  - temps de céphaline activée,
  - sérologie des hépatites virales :
    - anticorps anti-Hbc,
    - antigène HbS ;
- bilan radiologique :
  - radiographie pulmonaire,
  - scanner cervico-thoracique ;
- électrocardiogramme ;
- examens endoscopiques sous anesthésie générale :
  - laryngoscopie avec biopsies multiples,
  - bronchoscopie,
  - œsophagoscopie.

Le résultat des biopsies confirme le diagnostic de carcinome épidermoïde T2, N0 bourgeonnant, localisé aux 2/3 antérieurs des cordes vocales droite et gauche et étendu à la commissure antérieure.
Une laryngectomie partielle est décidée, intervention dite de Tucker[1].

Le jour de l'intervention, M. L. revient du bloc opératoire avec :
- une canule de Shiley n° 8 à ballonnet sur trachéotomie sous-isthmique ;
- un pansement transverse du cou ;
- un drain type Redon cervical droit en aspiration ;
- une sonde naso-gastrique en siphonnage ;
- un cathéter veineux périphérique.

Les prescriptions sont les suivantes :
- nébulisation sur la trachéotomie en permanence ;
- aérosols 3 fois par jour avec PIVALONE NÉOMYCINE ® (anti-inflammatoire stéroïdien), associé à un antibiotique et une ampoule de sérum physiologique ;
- soluté glucosé 5 %, 2000 mL en 17 heures avec :
  - 4 g de chlorure de potassium, ampoules de 10 mL à 10 %,
  - 6 g de chlorure de sodium, ampoules de 20 mL à 20 %,
  - CERNEVIT ® (polyvitamines), 1 flacon, poudre à diluer dans 5 mL d'eau pour préparation injectable,
  - NONAN ® (oligoéléments), 1 flacon de 40 mL,
  - AZANTAC ® (anti-ulcéreux), 2 ampoules de 2 mL,
  - GLUCONATE DE CALCIUM ®, 1 ampoule de 10 mL ;
- IVELIP ® 20 % (émulsion lipidique), 1 flacon de 250 mL en 3 heures ;
- NUTRILAMINE ® 12, soluté protéique, 1 flacon de 500 mL en 4 heures ;
- PRO-DAFALGAN ® (proparacétamol), antalgique, 2 g toutes les 6 heures dans 125 mL de soluté glucosé à 5 % en 15 minutes ;
- PROFENID ® (anti-inflammatoire non stéroïdien), 100 mg toutes les 8 heures dans 125 mL de soluté glucosé à 5 % en 20 minutes ;
- NUBAIN ® (dérivé morphinique), antalgique, une ampoule de 20 mg par voie intraveineuse lente toutes les 6 heures, en cas de douleurs ;
- AUGMENTIN ® (amoxicilline), antibiotique, 1 g 3 fois par 24 heures par voie intraveineuse lente ;
- reprise de l'alimentation à J2 par la sonde naso-gastrique.

À J2 l'équipe retient pour M. L. les problèmes de santé suivants :
- risque de douleur ;
- risque d'obstruction respiratoire ;
- altération de la communication verbale.

1. Laryngectomie antérieure avec ablation des 2/3 antérieurs du cartilage thyroïde et des 2/3 antérieurs de chaque corde vocale. C'est une intervention conservatrice de la voix.

Questions

1 *Prélèvement sanguin pour détermination du groupe.*

a. *Dans le cadre de la circulaire du 17 mai 1985 relative à la prévention des accidents transfusionnels et des accidents d'allo-immunisation et dans le respect des précautions universelles recommandées face aux infections transmissibles par voie sanguine, énoncez les règles impératives à respecter pour effectuer un prélèvement sanguin, en vue d'un groupage.* (3 points)

b. *Le bilan prétransfusionnel comporte une recherche d'anticorps irréguliers (ACI).*
Expliquez l'intérêt de cet examen et citez le délai maximal de validité. (1 point)

2 *La charte du patient hospitalisé, annexée à la circulaire ministérielle n° 95-22 du 6 mai 1995 relative aux droits des patients hospitalisés, stipule dans son article 4 : « Un acte médical ne peut être pratiqué qu'avec le consentement libre et éclairé du patient. »*
Expliquez ce qu'implique cette affirmation.
Rédigez votre réponse en 10 lignes au maximum.
(4 points)

3 *Expliquez l'intérêt de chacun des examens suivants :*
- *laryngoscopie avec biopsies ;*
- *bronchoscopie ;*
- *œsophagoscopie ;*
- *scanner cervico-thoracique.* (4 points)

4 *Expliquez la prise en charge des frais d'hospitalisation de M. L.*

5 *Préparation de la perfusion de soluté glucosé à 5 %.*
Calculez le nombre d'ampoules de chlorure de potassium et de chlorure de sodium nécessaires.
Calculez le débit de cette perfusion en gouttes par minute.
Faites apparaître votre raisonnement et vos calculs.
(4 points)

6 **a.** *Expliquez l'utilité de la sonde naso-gastrique pour M. L. à partir de J2.*
b. *Indiquez les critères qui déterminent l'ablation de la sonde naso-gastrique.* (3 points)

7 *Au regard de chacun des problèmes de santé de M. L. retenus par l'équipe à J2, énoncez les actions de soins à mettre en place.* (13 points)

Réponses

1 Prélèvement sanguin pour détermination du groupe

a. Règles à respecter pour effectuer un prélèvement sanguin, en vue d'un groupage :
- en salle de soins :
– remplir le bon d'examen après consultation de la prescription médicale :
  - identité du patient : nom, prénoms, date de naissance, sexe, adresse,
  - date et lieu du prélèvement,
  - renseignements cliniques succincts,
– prendre les étiquettes du patient,
– prévoir gants, conteneur à aiguilles usagées ;
- au lit du patient, par la même infirmière :
– demander au patient son identité : nom, prénoms, date de naissance. Vérifier l'exactitude des informations portées sur les étiquettes du patient,
– effectuer le prélèvement,
– placer les étiquettes sur les tubes en précisant la date de prélèvement et vérifier la concordance entre les renseignements portés sur les tubes et ceux portés sur le bon d'examens,
– noter sur le bon d'examen les nom, qualité et signature du préleveur.

b. Recherche d'anticorps irréguliers
Cette recherche permet d'identifier la présence éventuelle d'anticorps irréguliers en vue de choisir le sang le plus compatible possible en cas de transfusion.
Le délai maximal de validité est de 72 heures.

2 Droits des patients hospitalisés

La charte du patient hospitalisé, annexée à la circulaire ministérielle n° 95-22 du 6 mai 1995 relative aux droits des patients hospitalisés, stipule dans son article 4 : « Un acte médical ne peut être pratiqué qu'avec le consentement libre et éclairé du patient. »
Le patient doit être capable de donner son accord.

Consentement libre

Le patient est libre de choisir, d'accepter ou non le traitement en fonction des informations reçues, sans pression ni contrainte.

Consentement éclairé

Information du patient sur sa pathologie, les traitements et leurs conséquences.
Réponses claires, précises, justes, aux questions du patient.
Cela implique que le malade doit avoir eu suffisamment d'éléments explicatifs pour consentir ou non aux soins.

3 Intérêt des examens prescrits

La laryngoscopie permet de visualiser le larynx et de pratiquer des biopsies dont l'analyse confirmera le diagnostic.
La bronchoscopie et l'œsophagoscopie permettent de préciser l'extension éventuelle des lésions au niveau bronchique ou œsophagien, le niveau et l'étendue des lésions.
Le scanner cervico-thoracique précise l'extension des lésions au niveau laryngé, la présence d'adénopathies cervicales et recherche la présence de métastases pulmonaires.
Tous ces examens permettent de poser une indication opératoire et le type d'intervention.

4 Frais d'hospitalisation

M. L. est pris en charge à 100 % car son intervention est un acte coté K supérieur à 50. M. L. gardera à sa charge les frais de forfait journalier sauf s'il cotise à une mutuelle qui prend en charge ou lui rembourse ces frais.

5 Perfusion

Les ampoules de KCl sont de 10 mL dosées à 10 %, donc il y a 10 g de KCl dans 100 mL et 1 g dans 10 mL. Pour obtenir les 4 g de KCl prescrits, il faut 4 ampoules de 10 mL, c'est-à-dire 40 mL.
Les ampoules de NaCl sont de 20 mL dosées à 20 %, il y a 20 g de NaCl dans 100 mL, 2 g dans 10 mL et 4 g dans 20 mL. Pour obtenir les 6 g de NaCl prescrits, il faut donc 1 ampoule et demie de NaCl, c'est-à-dire 30 mL.
Il faut rajouter 5 mL de CERNEVIT®, 40 mL de NONAN®, 4 mL d'AZANTAC®, 10 mL de GLUCONATE DE CALCIUM®.

Le volume total à perfuser est donc de : 2 000 + 40 + 30 + 5 + 40 + 4 + 10 = 2 129 mL, soit 2 129 × 20 gouttes (1 mL = 20 gouttes).
Cette perfusion est à passer en 17 h (17 × 60 min). Son débit est donc de : $\frac{2\,129 \times 20}{17 \times 60}$ = 41,74, soit 42 gouttes/min par excès.

6 Sonde naso-gastrique

a. Intérêt pour M. L. à partir de J2

La sonde naso-gastrique permet la réalimentation du patient par voie entérale car, suite à l'intervention, il y a un risque important de troubles de la déglutition dus à une mauvaise mobilité pharyngée. Elle favorise la cicatrisation des sutures trachéo-œsophagiennes en supprimant le passage des aliments.

b. Ablation de la sonde naso-gastrique

Réflexe de déglutition présent et absence de fistule sont les critères qui déterminent l'ablation de la sonde naso-gastrique.

7 Problèmes de M. L. : actions de soins à mettre en place

Risque de douleur :

- observer le faciès et les réactions de M. L. ;
- l'inviter à exprimer sa douleur et lui donner les moyens de communiquer ;
- formuler des questions simples ;
- reformuler ce qui est exprimé par le patient ;
- évaluer la douleur de M. L. à l'aide d'une échelle d'évaluation ;
- appliquer la prescription de PRO-DAFALGAN® et de NUBAIN® ;
- surveiller les effets secondaires du traitement, qui sont pour le NUBAIN® la constipation, les nausées et vomissements, la somnolence, la sécheresse de la bouche ;
- évaluer l'efficacité du traitement ;
- transmettre et collaborer avec l'équipe pluridisciplinaire ;
- mettre en œuvre les actions du rôle propre pour le soulager (toucher-massage, position antalgique).

Risque d'obstruction respiratoire :

- vérifier que la nébulisation continue est bien en place sur la trachéotomie ;
- effectuer les aérosols de PIVALONE NÉOMYCINE® 3 fois par jour ;

- administrer le PROFÉNID ®, 100 mg toutes les 8 heures dans 125 mL de soluté glucosé à 5 % en 20 minutes ;
- surveiller les effets secondaires du PROFÉNID ®, qui sont essentiellement des douleurs gastriques, nausées et vomissements ;
- s'assurer du maintien de la liberté des voies aériennes :
  – vérifier que la canule est bien en place et son maintien par la lacette,
  – vérifier sa perméabilité,
  – entretenir la canule interne plusieurs fois par jour, avec écouvillon, savon liquide, eau stérile, sécher avec compresses stériles et remettre en place. Changer la lacette,
  – aspirer et observer les sécrétions pour éviter l'obstruction de la canule, aussi souvent que nécessaire,
  – installer le patient en position demi-assise pour faciliter sa respiration,
  – évaluer la fréquence respiratoire,
  – dépister une éventuelle dyspnée, cyanose.

➡ **Altération de la communication verbale :**
- poser des questions simples auxquelles le patient peut répondre par oui ou par non ;
- lui rappeler qu'il pourra reparler après l'ablation de la canule ;
- lui donner une ardoise pour qu'il puisse écrire ;
- tenter de comprendre son langage non verbal ;
- lui dire de ne pas s'affoler, de parler lentement pour que l'on puisse lire sur ses lèvres ;
- montrer que l'on est disponible ;
- lui laisser la sonnette à proximité ;
- être attentif à ses manifestations d'angoisse.

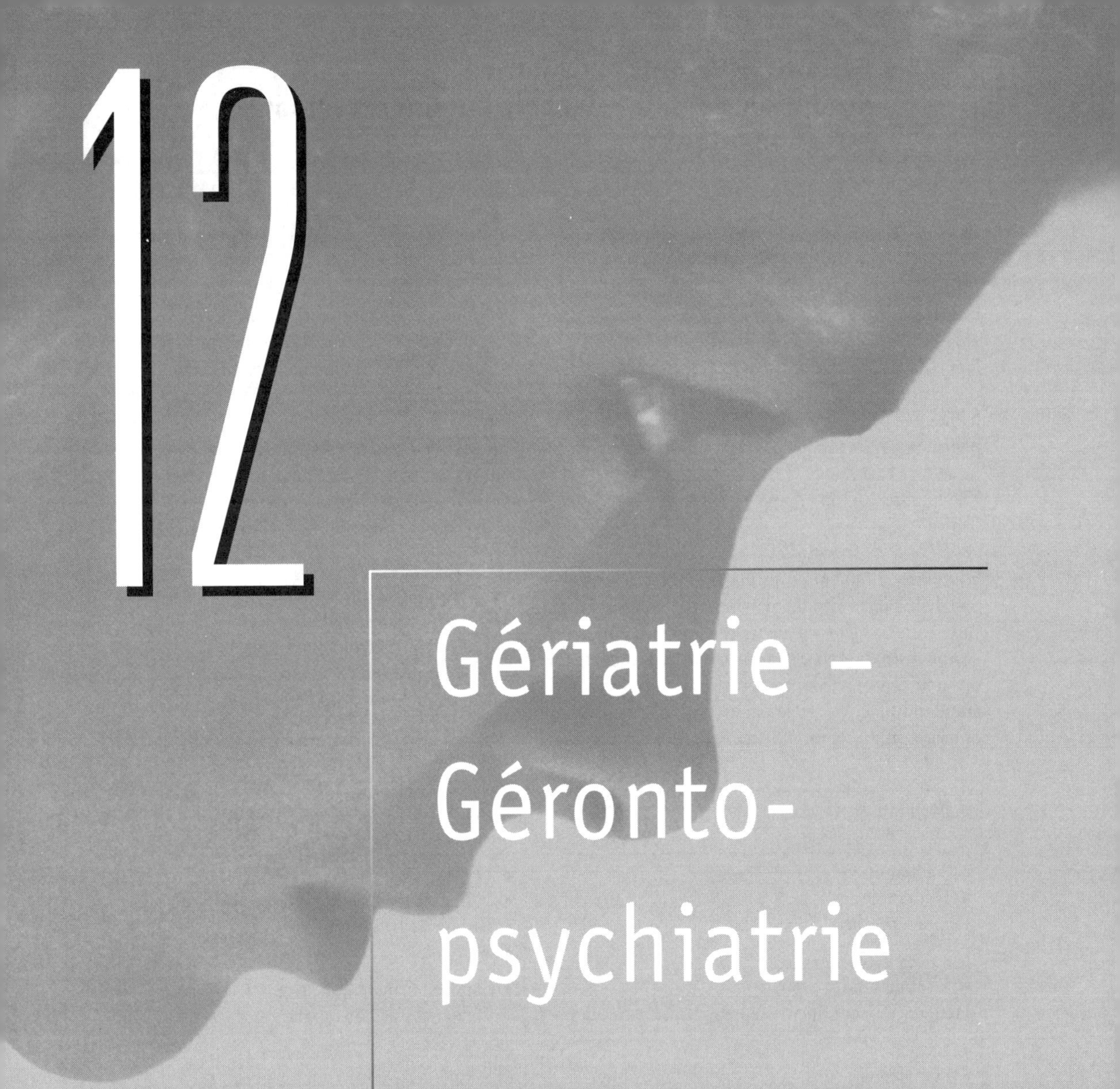

12

Gériatrie – Géronto-psychiatrie

46 → Gériatrie – Gérontopsychiatrie
Confusion mentale – Diabète insulinorequérant – Infection urinaire

Ce mercredi, 12 avril 2000, vous travaillez en service de gérontopsychiatrie de 6 h 30 à 14 h 30.
Infirmier(ère), vous vous occupez de madame Xavier, transférée du service de neurologie pour suite de soins et attente de placement ou d'un retour à domicile.
Mme Xavier, 74 ans, veuve depuis quelques années, est très entourée par ses deux enfants. Son fils, 38 ans, habite avec elle, sa fille de 45 ans loge sur le même palier. Son fils s'occupe des repas et du régime diabétique de Mme Xavier.
Elle mesure 1,67 m et pèse 57 kg.

Histoire de la maladie

Fin février 2000, après un malaise, est diagnostiquée une hémiplégie droite massive avec aphasie faisant suite à un accident vasculaire cérébral ischémique.
Hospitalisée en service de neurologie, elle récupère une certaine motricité de son bras droit, mais garde de grandes difficultés à la verticalisation. Elle se plaint de douleurs au bras droit : les examens révèlent une algodystrophie. Le port d'une écharpe et des antalgiques sont prescrits.
De plus, elle présente une alternance d'épisodes d'incontinence urinaire et de rétention réflexe.
Depuis mi-mars, Mme Xavier présente des troubles du comportement. Sa fille raconte que cette dernière :

- « ne se rappelle pas la visite de ses enfants, alors qu'elle se souvient très bien de ses amies de jeunesse ;
- se met à pleurer, devient agressive sans raisons ;
- ne sait plus où elle range ses affaires ;
- refuse de se lever certains jours. »

Le médecin suspecte une confusion mentale.

Antécédents :

- diabète insulino-requérant depuis 1995 ;
- hypertension artérielle ;
- hypercholestérolémie depuis 1989.

Elle est transférée en service de géronto-psychiatrie le 31 mars 2000 en fin d'après-midi.

Fiche de liaison infirmière le 31 mars 2000

• Respiration	• Pas de difficultés. Pas d'encombrement, respire bien.
• Alimentation • Hydratation Régime, prothèse, appétit...	• Diabétique. • Pas de dents, pas de prothèse : viande hachée. • Risque de fausse route. • Aide totale.
• Élimination Fréquence, incontinence, appareillage, habitudes...	• Sondage urinaire évacuateur 1 fois par jour. • Tendance à la constipation.
• Hygiène • Habillement Degré d'autonomie, aide d'un tiers...	• Aide partielle à l'habillement. • Refuse de se laver certains jours.
• Mobilisation Degré d'autonomie, aide d'un tiers ou technique.	• Fauteuil roulant : aide pour les transferts et les déplacements.
• Communication Langue, orientation, confusion, humeur, vue, toucher, odorat...	• Parle français, s'exprime avec difficulté depuis quelques jours. • Triste, angoissée. • Désorientée dans le temps et l'espace, épisodique ment.
• Sommeil	• Se réveille fréquemment durant la nuit. • Dort quelquefois l'après-midi.

Éléments d'observation en gérontopsychiatrie : dossier de soins

- 1/4 : Mme Xavier est mutique, le regard figé. « Où suis-je ? », répète-t-elle inlassablement.
- 2/4 :
  - Mme Xavier s'exprime peu, reste de longs moments silencieuse, les yeux dans le vague ;
  - se plaint d'avoir mal ;
  - « Je veux rentrer chez moi, c'est le printemps, il y a du travail dans mon jardin ! », dit-elle ;
  - a été vue par le médecin du service qui a diagnostiqué la confusion mentale et un état dépressif.
- 3/4 (nuit) :
  - Mme Xavier a eu un sommeil agité ;
  - a crié : « Quelqu'un veut voler mon argent ! Il est caché dans ma chambre ! » ;
  - très angoissée. S'est endormie vers 2 h.
- 4/4 :
  - ne reconnaît pas le personnel soignant ;
  - a beaucoup de difficultés pour s'alimenter, mâchonne les aliments, boit très peu au repas (1/2 verre d'eau) ;
  - a eu cet après-midi la visite de sa fille, semble ne pas la reconnaître.
- 5/4 :
  - température : 38,5 °C ;
  - tension artérielle : 12/7 cm de Hg ;
  - pouls : 90/min ;
  - Mme Xavier est restée alitée ce matin, fatiguée. A très peu mangé au petit déjeuner : une demi-biscotte beurrée et environ 4 cuillères à soupe de café au lait ;
  - marmonne à petite voix des propos incompréhensibles ;
  - un ECBU (examen cytobactériologique des urines) a été réalisé ce matin, car suspicion d'infection urinaire.
- 6/4 :
  - nuit : Mme Xavier est réveillée plusieurs fois. Dit entendre et voir des personnes qui se moquent d'elle. Veut quitter le service... A fini par retrouver le sommeil vers 4 h ;
  - Mme Xavier a été installée dans son fauteuil roulant cet après-midi.
  - invective, injurie monsieur Y : « Je vous ai reconnu, c'est vous le voleur ! » ;
  - s'est endormie, a été couchée à 15 h 30.
- 7/4 :
  - Mme Xavier interpelle Marie, l'aide-soignante, croyant reconnaître sa fille ;
  - au contact de Marie, Mme Xavier semble plus calme. « Je suis heureuse que tu sois là », lui a-t-elle dit ;
  - au repas de midi, Mme Xavier a été victime d'une « fausse route ». Nous avons réussi à la faire déglutir. Affolée, elle nous a injuriés et a griffé Gaëtan, l'infirmier, à la joue. Redevenue calme, elle a pris le dessert que lui a donné Marie ;
  - visite de sa fille cet après-midi. Celle-ci nous a fait part de son inquiétude quant au rétablissement de sa maman : « Croyez-vous qu'elle va guérir ? Va-t-elle pouvoir retourner chez elle ? » ;
  - confirmation de l'infection urinaire.
- 8/4 :
  - toilette au lit ce matin. Mme Xavier est apathique. A beaucoup de difficultés à esquisser des mouvements pour l'habillage. Gestes désordonnés ;
  - attention ! Rougeur au talon gauche.
- 9/4 : le fils et la fille de Mme Xavier sont venus lui rendre visite, lui ont apporté du linge personnel et un album de photos. Ils sont partis désabusés, leur maman ne reconnaissant rien de ce qu'ils lui montraient.
- 10/4 :
  - persiste à vouloir ôter ses vêtements. Nécessité de la rhabiller plusieurs fois dans la matinée ;
  - est incapable de retrouver sa chambre. A tiré les cheveux de Mlle A. qui se proposait de l'aider à se déplacer. Se plaint toujours d'avoir mal.
- 11/4 :
  - Mme Xavier a eu un bain ce matin. Semble détendue, plus calme. A pris une collation à 10 h : compote ;
  - la fille de Mme Xavier nous a fait part de son mécontentement : « Vous ne vous occupez pas correctement de ma mère ! Son chemisier est taché et puis, de toute façon, elle ne va pas mieux, bien au contraire. »
- 12/04 :
  - nuit : Mme Xavier a dormi toute la nuit ;
  - paramètres à 8 h :
    - température : 38,2 °C,
    - pouls : 84/min,
    - tension artérielle : 14/8 cm de Hg,
    - diurèse : 800 mL,
    - glycémie capillaire : 2,5 g/L.

Prescriptions médicales :

- AUGMENTIN ® 500 mg (antibiotique) : 3 × 1 cp/jour ;
- OFLOCET ® 200 mg (antibiotique) : 2 × 1 cp/jour ;
- LAROXYL ® (antidépresseur) : XV gouttes à 20 heures ;
- LOPRIL ® 25 mg (anti-hypertenseur) : 2 × 1/2 cp/jour ;

- LOVENOX® 20 mg (anti-coagulant) : 1 injection sous-cutanée à 20 h ;
- INSULATARD® (insuline) : 16 UI en sous-cutané à 8 h, 10 UI en sous-cutané à 18 h ;
- NORMACOL® (laxatif) : 1 sachet le matin, les jours impairs ;
- DAFALGAN® 500 mg (antalgique) : 1 gélule en présence de douleurs (3/jour au maximum) ;
- TIAPRIDAL® 9 (neuroleptique) : 1 injection si état d'agitation ;
- régime diabétique à 160 g d'hydrates de carbone ;
- kinésithérapie : 2 fois par semaine pour rééducation, mardi et jeudi ;
- sondage urinaire évacuateur l fois/jour, le matin ;
- glycémie capillaire 3 fois/jour avant les repas ;
- surveillance de la tension artérielle 2 fois/jour.

Questions

1 *En fonction des problèmes de santé que présente Mme Xavier, citez les étiologies possibles de sa confusion mentale.* (7 points)

2 *Citez les signes psychiques de la confusion mentale de Mme Xavier.*
Illustrez-les par des éléments relevés dans l'observation. (10 points)

3 *Au regard des diagnostics médicaux suivants :*
- *confusion mentale,*
- *diabète insulino-requérant,*
- *infection urinaire,*
- *hypertension artérielle,*

énoncez et argumentez les actions à mettre en œuvre ce jour de 6 h 30 à 14 h 30.
(Présentation sous forme de tableau.) (8 points)

4 *Citez les problèmes en lien avec la dépendance de Mme Xavier.*
Pour chacun d'eux, énoncez et argumentez les actions à mettre en œuvre ce jour de 6 h 30 à 14 h 30. (Présentation sous forme de tableau.) (10 points)

5 *Explicitez le rôle du soignant auprès de la famille de Mme Xavier.* (6 points)

6 *En vous référant à vos connaissances en physiopathologie, expliquez la survenue d'une hémiplégie avec aphasie chez Mme Xavier.* (5 points)

7 *Définissez l'insuline. Citez ses actions sur le métabolisme des glucides.* (4 points)

8 *Énoncez et argumentez les éléments de surveillance clinique que nécessite Mme Xavier en rapport avec son traitement par insuline.* (6 points)

9 *Citez les mesures qui permettent d'éviter les infections nosocomiales dues à la pratique du sondage vésical.* (4 points)

Réponses

1 Étiologies possibles de la confusion mentale de Mme Xavier :
- l'accident vasculo-cérébral ;
- la suspicion de déshydratation ;
- la fièvre ;
- le choc affectif intense (vécu de l'hospitalisation...) peut prédisposer, exacerber le syndrome confusionnel ;
- la suspicion d'un diabète déséquilibré ;
- l'infection urinaire ;
- l'état dépressif ;
- la confusion induite par certains médicaments (OFLOCET®, LAROXYL®) ;
- la douleur ;
- la rétention urinaire.

N.B. L'hypertension artérielle ne doit pas figurer dans la réponse, les chiffres étant normaux.

2 Signes psychiques de la confusion mentale de Mme Xavier :
- obnubilation, bradypsychie, apathie : mutique, regard figé, s'exprime peu, yeux dans le vague... ;
- agitation psychomotrice : elle se déshabille, sommeil agité... ;
- agressivité : invective, injurie, griffe... ;
- délire, hallucinations auditives et visuelles, fausses reconnaissances : dit entendre et voir des personnes qui se moquent, vol d'argent, prend l'aide-soignante pour sa fille ;
- insomnie rebelle : se réveille plusieurs fois, s'endort tardivement ;
- troubles mnésiques : ne reconnaît ni sa fille, ni les photos de famille ;
- désorientation temporo-spatiale : se croit au printemps ;
- angoisse, anxiété : affolée...

3 Actions à mettre en œuvre en fonction des diagnostics médicaux

Diagnostics médicaux	Actions	Argumentation
• Confusion mentale : – désorientation temporo-spatiale ;	• Se présenter, indiquer l'heure, le jour, dire ce que l'on va faire, ce que l'on fait. • Mme Xavier pense que c'est le printemps : ne pas souligner l'erreur, trouver des éléments positifs dans son discours (par exemple : son intérêt pour le jardinage). • Valoriser le propos autant que possible.	• Ancrer dans la réalité. • Donner des repères dans le temps, l'espace, dans et par les procédures. • Renarcissiser.
– troubles mnésiques ;	• Faire preuve de patience. • Rappeler les événements et son histoire personnelle. • Ne pas insister sur les éléments erronés.	• Ne pas enraciner Mme Xavier dans ses difficultés.
– obnubilation ;	• Ne pas confronter Mme Xavier à des choix difficiles, lui poser des questions simples. • Appuyer la parole par le geste. • Proposer à Mme Xavier des informations simples qui lui permettent de saisir le sens de l'échange.	• Ne pas augmenter son agitation, son angoisse.
– délire ; – hallucinations ;	• Éclairer la chambre de Mme Xavier. • Mettre les barrières au lit de Mme Xavier la nuit. • Apprécier le vécu délirant : les thèmes abordés, la conviction, l'adhésion. • Ne pas laisser à Mme Xavier des objets dangereux : flacons, ceintures...	• Éviter, atténuer le vécu onirique (délire, hallucinations). • Diminuer le risque de chute. • Diminuer l'angoisse, l'agitation. • Permettre d'ajuster la prise en charge. • Protéger Mme Xavier et autrui.
– anxiété ;	• En repérer les signes, le contexte dans lequel ils surviennent. • En évaluer l'intensité. • Sécuriser Mme Xavier en proposant des soignants référents. • « Ritualiser » la prise en charge. • Avoir une attitude professionnelle soignante. • Parler de cette anxiété en équipe, avec le médecin.	• Diminuer l'anxiété et l'insomnie.
– agressivité (violence).	• Surveiller Mme Xavier. • Rassurer le groupe des personnes soignées après les passages à l'acte de Mme Xavier (insultes...). • Rassurer Mme Xavier, la conduire dans un endroit calme (par exemple : sa chambre). • Faire l'injection de TIAPRIDAL® prescrit, si l'agitation ne peut être contenue. • Éviter la contention.	• Diminuer l'agitation, la confusion.

Diagnostics médicaux	Actions	Argumentation
• Diabète insulino-requérant.	• Insuline INSULATARD ® : 16 UI à 8 h. • Glycémie capillaire avant le petit déjeuner et le déjeuner. • Régime à 160 g d'hydrates de carbone. • Informer le médecin du résultat perturbé de la glycémie capillaire.	• Éviter l'hypo ou l'hyper-glycémie.
• Infection urinaire.	• Assurer une bonne hydratation. • Administrer les antibiotiques : – 1 cp d'AUGMENTIN ® à 8 h et 12 h ; – 1 cp d'OFLOCET ® à 8 h. • Surveiller les effets indésirables. • Toilette minutieuse. • Surveiller les urines.	• Juguler l'infection.
• Hypertension artérielle.	• 1/2 cp de LOPRIL ® à 8 h. • Prise de la tension artérielle.	• Stabiliser la tension artérielle.

4 Problèmes de dépendance de Mme Xavier, actions à mettre en œuvre

Problèmes	Actions	Argumentation
• Incapacité de se prendre en charge : – alimentation ;	• S'informer des habitudes alimentaires de Mme Xavier. • Vérifier la prise alimentaire. • Fractionner les repas. • Peser, faire la courbe pondérale. • Réaliser le bilan des « entrées-sorties ».	• Équilibrer son diabète. • Éviter l'amaigrissement et la dénutrition.
– hydratation ;	• Dépister les signes de déshydratation. • Donner de l'eau gélifiée autant que possible. • Noter sur une feuille de boisson.	• Réduire les « fausses routes ». • Assurer l'équilibre hydro-électrolytique. • Lutter contre l'agitation de Mme Xavier.
– élimination ;	• Surveiller la diurèse : aspect des urines, quantité, et noter sur la fiche des paramètres. • Surveiller le transit : donner le NORMACOL ® ce jour. • Effectuer le sondage urinaire.	• Prévenir la constipation. • Éviter le « globe vésical ».
– habillement ;	• Aider. • Vêtements personnels amples et légers. Changes aussi fréquents que nécessaire. • Encourager les praxies de l'habillage. • Initier le plus possible des gestes mais ne pas insister.	• Assurer son confort et prévenir les rougeurs. • Favoriser la récupération des gestes moteurs.

Problèmes	Actions	Argumentation
– toilette ;	• Aider en fonction de l'état de Mme Xavier. • Privilégier le bain. • Surveiller l'état cutané.	• Procurer plaisir et détente. • Favoriser la relation.
– escarres.	• Mettre en place un support d'aide à la prévention d'escarres. • Surélever les pieds.	• Éviter l'aggravation.

5 Rôle du soignant auprès de la famille de Mme Xavier

La famille est très affectée par la situation de Mme Xavier :

- expliquer le traitement mis en place : les effets attendus et indésirables possibles ;
- expliquer les soins et les buts recherchés ;
- favoriser l'expression de l'inquiétude et des sentiments de la famille de Mme Xavier ;
- leur ménager un espace de soins auprès de Mme Xavier (participation éventuelle aux repas...) ;
- les solliciter pour le recueil de données, connaître les habitudes de vie de Mme Xavier ;
- prévoir avec la famille et le médecin traitant les modalités de retour et les aides éventuelles ;
- rassurer quant au suivi à terme de Mme Xavier : présence de l'équipe, les relais possibles, les soutiens ;
- valoriser et reconnaître les interventions des membres de la famille pour lutter contre leurs sentiments d'impuissance et de culpabilité.

6 Hémiplégie avec aphasie

L'hémiplégie avec aphasie survient à la suite de la formation d'une plaque d'athérome favorisée par le diabète et l'hypercholestérolémie, la libération d'un embol entraînant l'obstruction d'une artère cérébrale, d'où une ischémie du territoire concerné.

Dans le cas de Mme Xavier, la lésion se situe dans l'hémisphère gauche : les fibres du faisceau pyramidal se croisant au niveau du bulbe, il en résulte une hémiplégie droite.

Le centre du langage se situe dans l'hémisphère gauche, d'où l'apparition d'une aphasie.

7 Insuline : définition et action

L'insuline est une hormone hypoglycémiante sécrétée par les cellules bêta des îlots de Langerhans du pancréas.

Elle favorise la pénétration et l'utilisation du glucose dans les cellules adipeuses et musculaires, le stockage du glucose sous forme de glycogène dans le foie et dans les muscles, et le stockage du glucose sous forme de graisse dans le tissu adipeux.

Elle diminue la glycogénolyse et la néoglycogenèse.

8 Surveillance du traitement par insuline

➡ **Dépister l'hypoglycémie :**

- observer le faciès : pâleur, sueurs ;
- tremblement des membres supérieurs.

(Les troubles de conscience, confusion, agitation, agressivité, ne sont pas des critères fiables chez Mme Xavier.)

➡ **Dépister l'hyperglycémie :** soif intense, pollakiurie, somnolence, haleine cétonique, dyspnée.

9 Infections nosocomiales

Les mesures qui permettent d'éviter les infections nosocomiales dues à la pratique du sondage vésical sont les suivantes :

- lavage antiseptique des mains du personnel soignant ;
- toilette intime avant le sondage ;
- nettoyage soigneux et antisepsie de la région urogénitale et du méat urinaire ;
- il faut aussi faire boire suffisamment la patiente.

Vous êtes infirmière en service de chirurgie orthopédique. Le 22 novembre, vous travaillez de 14 h à 22 h et vous prenez en charge Mme D. Marie-Berthe, âgée de 82 ans, veuve depuis 10 ans, hospitalisée pour une fracture du col du fémur droit suite à une chute à son domicile.

Le 21 novembre, à 14 h, Mme D. a été retrouvée à son domicile gisant sur le sol dans son cabinet de toilettes par sa fille unique qui a l'habitude de lui rendre une visite journalière. Appelé en urgence, le médecin traitant fait hospitaliser immédiatement Mme D. La lettre d'admission stipule qu'elle présente :

- une impotence fonctionnelle et un raccourcissement du membre inférieur droit ;
- une douleur vive ;
- une incapacité de donner l'heure approximative et les circonstances de sa chute.

Le service d'urgences qui accueille Mme D. réalise un bilan radiologique qui confirme le diagnostic de fracture du col du fémur droit.

Le bilan biologique :

- hématies 4 200 000/mm^3 ;
- leucocytes 4 700/mm^3 ;
- hémoglobine 11 g/dL ;
- hématocrite 37 % ;
- plaquettes 150 000/mm^3 ;
- glycémie 5 mmol/L (N : 3,9 à 5,8 mmol/L) ;
- urée 8,66 mmol/L (N : 2,5 -7,5 mmol/L) ;
- créatinine 120 µmol/L (N : 45 à 100 µmol/L) ;
- natrémie 150 mmol/L (N : 135 à 145 mmol/L) ;
- kaliémie 3,6 mmol/L (N : 3,5 à 5,2 mmol/L) ;
- bicarbonates 23 mmol/L (N : 22 à 29 mmol/L) ;
- protéines 90 g/L (N : 64 à 83 g/L) ;
- électrocardiogramme normal.

L'examen clinique révèle :

- une désorientation temporo-spatiale modérée ;
- une perplexité anxieuse ;
- une obnubilation de la conscience ;
- une hypotonie des globes oculaires ;
- la présence d'un pli cutané et une sécheresse des creux axillaires ;
- une sécheresse des muqueuses, en particulier au niveau du sillon gingivo-jugal ;
- une hypotension modérée à 9-7 ;
- une température à 37, 6 °C.

Les antécédents médicaux :

- une hypertension artérielle traitée par LASILIX ® 20 mg/jour ;
- une ostéoporose connue depuis 20 ans.

Les résultats biologiques sont compatibles avec une déshydratation globale modérée. Mme D. est transférée dans votre service de chirurgie à 19 h 30 avec les prescriptions suivantes :

- par voie veineuse périphérique :
  - 1,5 L de soluté glucosé isotonique pour 12 h,
  - 3 g de NaCl,
  - 1,5 g de KCl,
  - 2 g de PRO-DAFALGAN ® (antalgique) 2 fois/12 h dans 100 mL de soluté glucosé isotonique à passer en 30 min ;
- par injection intraveineuse directe : ORBÉNINE ® (antibiotique) 2 g à 20 h.

Compte tenu de l'état de Mme D., la décision d'une intervention chirurgicale sous rachianesthésie avec mise en place d'une prothèse totale de hanche est programmée pour le 22 novembre à 8 h.

La fiche de transmissions précise que Mme D. a été rapidement soulagée par le traitement antalgique. Bien que l'état de désorientation de cette patiente semble s'améliorer, des barrières de protection sont posées, ce qui rassure sa fille qui est venue lui rendre visite.

L'anesthésiste consulté prescrit en urgence :

- radio pulmonaire ;
- groupe sanguin, Rhésus, et recherche d'agglutinines irrégulières ;
- taux de prothrombine ;
- temps de céphaline activée.

Les résultats étant satisfaisants Mme D. est laissée à jeun.

Le 22 novembre à 14 h, Mme D. revient de la salle de réveil. Elle est porteuse d'une perfusion d'attente, d'un pansement, d'un drain de Redon.

Le traitement suivant est prescrit :

- 2 L de soluté glucosé isotonique sur 24 h avec :
  - 4 g de NaCl (vous disposez d'amp. de 20 mL à 20 %),
  - 2 g de KCl (vous disposez d'amp. de 10 mL à 10 %) ;
- PRO-DAFALGAN ® 2 g, 3 fois/24 h dans 100 mL de soluté glucosé isotonique à passer en 30 min ;
- PROFÉNID ® 100 mg, 2 fois/24 h, dans 50 mL de soluté glucosé isotonique à passer en 20 min ;
- LOVENOX ® 20 mg en injection sous-cutanée, 1 fois/24 h ;
- surveillance : pouls, PA, diurèse ;

- 1er lever dans 24 heures avec appui ;
- radio de contrôle.

Du recueil de données réalisé au service des urgences, vous obtenez les éléments suivants :

- Mme D., institutrice à la retraite, mesure 1,55 m et pèse 48 kg. Elle réside dans une maison sans étage avec tout le confort ;
- sa fille a précisé qu'entre la chute et l'arrivée du médecin traitant, il ne s'est pas écoulé plus de 1 h ;
- c'est une personne dynamique, indépendante, qui entretient seule son domicile et a l'habitude de faire de longues promenades journalières avec son chien.

À J2, le médecin prescrit l'arrêt des perfusions, l'ablation du drain de Redon et la réalimentation par voie orale.
Mme D. semble plus présente dans sa relation avec le personnel soignant. Elle est capable d'expliquer pourquoi elle a été hospitalisée et comprend qu'elle va devoir prendre des précautions en ce qui concerne sa mobilité physique et parle de sa rééducation.

À J4, sa fille lui rend visite à 13 h. Elle se rend compte que sa mère n'a pas mangé et ne manifeste aucune joie à son arrivée. Entre de nombreux soupirs et en fermant les yeux, sa mère lui dit : « Je ne peux pas remarcher. »
Les infirmières ont noté sur la fiche de transmissions : « Mme D. ne collabore plus aux soins, s'exprime très peu, répond à peine aux questions, est apathique et repliée sur elle-même. » Sur le plan somatique les données mettent en évidence une évolution tout à fait favorable de l'état de santé de Mme D., confirmée par le médecin. L'infirmière de nuit a noté dans les transmissions les propos de Mme D. : « J'ai le sentiment de ne rien maîtriser du tout et que mes progrès ne dépendent pas de moi. »

Le 22 novembre, dès le retour de Mme D. dans le service, les diagnostics infirmiers suivants sont retenus :
a. altération de la mobilité physique ;
b. incapacité totale de se laver et d'effectuer ses soins d'hygiène ;
c. incapacité totale de se vêtir et de soigner son apparence ;
d. incapacité totale d'utiliser les toilettes ;
e. risque d'accident.
À J4, compte tenu de tous les éléments 2 hypothèses de diagnostics infirmiers sont émises :

- sentiment d'impuissance (impression que ses actes sont sans effet. Sentiment d'être désarmé devant une situation courante ou un événement soudain) ;
- perturbation situationnelle de l'estime de soi (jugement défavorable de soi en réaction à une perte ou à un changement chez une personne qui avait auparavant une image positive d'elle-même).

À J8, sur le dossier de soins infirmiers de Mme D., apparaissent les éléments suivants :
« … communique beaucoup plus facilement avec le personnel, participe à ses soins, impatiente de rentrer à son domicile… » Sa fille a prévenu l'équipe soignante qu'elle continuera à rendre visite à sa mère, mais que sa charge de travail dans l'entreprise agricole de son mari ne lui permettra pas d'être plus disponible.

Questions

1 *Annotez le schéma en reportant sur la copie le numéro et le nom correspondant.*

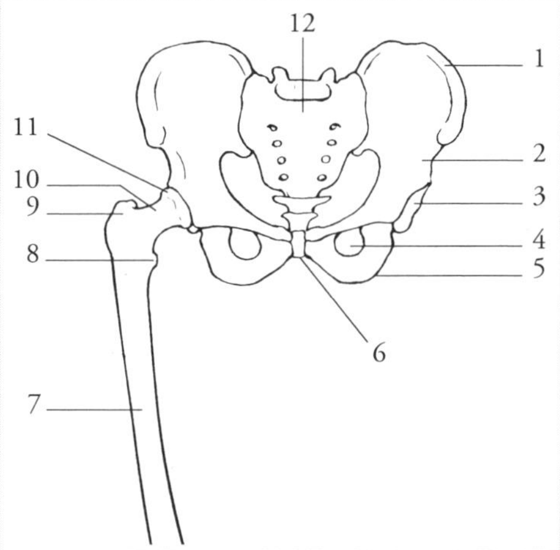

(– 0,5 point pour toute erreur ou omission.)
(3 points)

2 *Expliquez les causes possibles de la fracture du fémur de Mme D.* (2 points)

3 *Mme D. présente une déshydratation globale modérée. Classez les signes cliniques et biologiques présentés par cette patiente en faveur d'une déshydratation extracellulaire d'une part et, d'autre part, en faveur d'une déshydratation intracellulaire ?*
(3 points)

4 **a.** *Expliquez l'intérêt des examens des 21 et 22 novembre et analysez leur signification.*
b. *Expliquez l'intérêt des autres prescriptions des 21 et 22 novembre.* (12 points)

5 *Le 22 novembre à J0 : identifiez les complications potentielles liées à l'intervention chirurgicale et à l'anesthésie.*
Expliquez les actions de soins et de surveillance que vous mettez en œuvre. (12 points)

6 *Planifiez le traitement (le calcul des doses et des débits est attendu).* (5 points)

7 *En regard de l'état confusionnel de Mme D., de son admission à J2 :*
a. *Relevez les signes cliniques de cette confusion.*
b. *Argumentez les facteurs étiologiques qui semblent expliquer cet état.*
c. *Expliquez les actions infirmières à mettre en œuvre.* (7,5 points)

8 *Expliquez les précautions à prendre lors du 1er lever de Mme D. qui est prévu à J1.* (2,5 points)

9 **a.** *Relevez les facteurs favorisants qui ont permis d'affirmer le 1er diagnostic (a).*
b. *Expliquez les conditions légales du travail de collaboration avec l'aide-soignante.*
c. *En regard des diagnostics infirmiers b, c, d et e, vous travaillez en collaboration avec une jeune aide-soignante. Énoncez et précisez les soins et les conseils à respecter pour dispenser des soins adaptés et personnalisés à Mme D.* (7 points)

10 *Argumentez les hypothèses de diagnostics (précisez les données sur lesquelles elles peuvent s'appuyer et éventuellement celles à rechercher pour infirmer ou confirmer chaque diagnostic).* (2 points)

11 *Citez 8 conseils d'hygiène de vie à donner à Mme D., porteuse d'une prothèse totale de hanche, avant sa sortie de l'hôpital.* (2 points)

12 *Mme D. souhaite rentrer chez elle, sa sortie est prévue au 14e jour avec la prescription de 2 séances de kinésithérapie par semaine pendant 1 mois. Argumentez les aides dont peut bénéficier Mme D.* (2 points)

Réponses

1 Schéma du bassin et de la partie supérieure du fémur.

1. Crête iliaque.
2. Fosse iliaque.
3. Cavité cotyloïde.
4. Trou obturateur.
5. Ischion.
6. Symphyse pubienne.
7. Diaphyse fémorale.
8. Petit trochanter.
9. Grand trochanter.
10. Col anatomique.
11. Tête fémorale.
12. Sacrum.

2 Causes possibles de la fracture du fémur de Mme D. :

- l'ostéoporose postménopausique et/ou sénile (Mme D. a 82 ans) ;
- la désorientation temporo-spatiale.

3 Signes de déshydratation extracellulaire chez Mme D. :

- hypotonie des globes oculaires ;
- présence d'un pli cutané et sécheresse des creux axillaires ;
- hypotension artérielle ;
- urée, créatininémie, natrémie, protéinémie augmentées.

➡ **Signes de déshydratation intracellulaire :**

- obnubilation ;
- sécheresse des muqueuses.

4 Intérêt des prescriptions et des examens

➡ **Journée du 21 novembre :**

- perfusion et électrolytes : compenser la déshydratation globale par un apport d'eau et d'électrolytes ;
- PRO-DAFALGAN ® : antalgique permettant de soulager la douleur due à la fracture qui n'est pas encore réduite et fixée ;
- ORBÉNINE ® : antibiothérapie administrée de façon préventive en préopératoire ;
- radio pulmonaire : recherche d'un foyer pulmonaire chez une personne de 82 ans devant être opérée ;

- groupe sanguin, Rhésus, recherche d'agglutinines irrégulières : transfusion sanguine per- ou postopératoire toujours possible avec ce type d'intervention ;
- taux de prothrombine et temps de céphaline activée : dépister des troubles de la coagulation avant l'intervention.

Journée du 22 novembre :

- perfusion et électrolytes : remplissage hydroélectrolytique ;
- PRO-DAFALGAN ® : antalgique permettant de soulager la douleur postopératoire ;
- PROFÉNID ® : anti-inflammatoire non stéroïdien utilisé ici comme co-analgésique avec le PRO-DAFALGAN ® pour diminuer la douleur postopératoire ;
- LOVENOX ® : héparine de bas poids moléculaire (anticoagulant) utilisée en prévention des troubles thrombo-emboliques fréquents après une intervention orthopédique sur le membre inférieur suivie d'un alitement ;
- surveillance pouls, pression artérielle, diurèse : recherche de signes d'hypotension, de tachycardie et d'une rétention urinaire ;
- 1er lever dans 24 h avec appui : favoriser l'autonomie et la mobilisation de la patiente, éviter les risques de complications de décubitus (escarre, phlébite, encombrement bronchique) ;
- radio de contrôle : vérifier la bonne position de la prothèse.

5 Complications potentielles liées à l'intervention et à l'anesthésie et actions infirmières

Luxation de la prothèse par de mauvaises manipulations :

- installer Mme D. confortablement : caler le membre opéré (rotule au zénith) avec une botte anti-rotation, et un coussin entre les jambes, installer un arceau pour éviter le poids des couvertures et un trapèze pour faciliter les manipulations ;
- pour tourner Mme D. dans son lit, le faire toujours du côté sain en conservant le coussin entre les jambes ;
- demander à Mme D. de ne pas croiser les jambes dans son lit et de ne pas retirer le coussin entre ses jambes.

Hématome et œdème postopératoire :

- surélever les pieds du lit ;
- vessie de glace sur le pansement dans les premières heures ;
- vérifier l'efficacité du drainage aspiratif qui doit être étanche et sous vide.

Hémorragie par défaut d'hémostase, troubles de la coagulation ou lâchage des sutures :

- dépister au niveau du drain de Redon : quantité rapidement supérieure à 300 mL avec liquide rouge et concentré ;
- dépister au niveau du pansement : suintement et tache sur le sparadrap ;
- dépister au niveau des constantes : hypotension et tachycardie.

Rétention urinaire ou anurie : possible après une anesthésie loco-régionale : contrôler l'absence de globe vésical et la reprise de la diurèse.

Complications de décubitus :

- thrombose veineuse : mobiliser les orteils et la cheville, mettre des bas de contention (sur prescription) dès le premier lever, injecter le LOVENOX ® à 14 h ;
- escarres : prévoir un matelas anti-escarre, effectuer des changements de position, vérifier les points d'appui lors de la toilette (absence de rougeur ou de phlyctène).

6 Planification du traitement

Soluté glucosé isotonique :

- 1 flacon de 1 L + 2 g de NaCl et 1 g de KCl toutes les 12 h, soit à 14 h → 2 h, 2 h →14 h ;
- NaCl : 20 mL à 20 % soit 4 g de NaCl par ampoule ;
- KCl : 10 mL à 10 % soit 1 g de KCl par ampoule ;
- par flacon de 1 000 mL il faut : 2 g de NaCl soit 10 mL (la moitié d'une ampoule) et 1 g de KCl soit 10 mL (1 ampoule),
- 1 000 mL + 10 mL (NaCl) + 10 mL (KCl) = 1 020 mL ;
- 1 020 × 20 = 20 400 gouttes ;
- 12 h × 60 = 720 min ;
- débit : 20 400 : 720 = 28,33 soit 28 gouttes/min (par défaut) ;
- ou 1 020 : 12 = 85 mL/h.

PRO-DAFALGAN ® :

- 2 g toutes les 8 h dans 100 mL de glucosé isotonique soit 14 h → 14 h 30, 22 h → 22 h 30, 6 h → 6 h 30 ;
- débit : 100 × 20 = 2 000 : 30 = 66,66 gouttes soit 67 gouttes/min (par excès).

➡ **Profénid ® :**
- 100 mg toutes les 12 h dans 50 mL de glucosé isotonique soit 14 h → 14 h 20, 2 h → 2 h 20 ;
- débit : 50 × 20 = 1 000 : 20 = 50 gouttes/min.

➡ **Lovenox ® :** 20 mg en injection sous-cutanée à 14 h.

7 **a. Signes classiques de la confusion chez Mme D. :**
- désorientation ;
- perplexité ;
- obnubilation.

b. Facteurs étiologiques de la confusion :
- difficulté d'adaptation dans un milieu inconnu ;
- perte de ses repères ;
- déshydratation.

c. Actions infirmières :
- sécuriser Mme D. en lui donnant des repères ;
- lui préciser où elle est, ce qui lui arrive ;
- se présenter et présenter le service ;
- lui montrer comment fonctionne la sonnette, le téléphone… ;
- surveiller le débit de la perfusion et faire boire Mme D. pour diminuer les effets de la déshydratation.

8 **Précautions lors du 1er lever de Mme D.**

➡ **Pour éviter les risques d'hypotension orthostatique :**
- asseoir Mme D. au bord du lit avant de la verticaliser et prendre sa pression artérielle ;
- surveiller ses réactions lors du lever afin de dépister un malaise ;
- lui faire faire quelques pas dans sa chambre puis l'asseoir dans un fauteuil et installer la jambe opérée sur un tabouret.

➡ **Pour éviter les risques de luxation de la prothèse :**
- glisser la patiente au bord du lit, du côté opéré ;
- faire glisser et pivoter les deux jambes ensemble hors du lit puis asseoir la patiente.

9 **a. Facteurs favorisants permettant d'affirmer le diagnostic d'altération de la mobilité physique :** prothèse totale de hanche, drain de Redon, perfusion, 1er lever dans 24 h.

b. Conditions légales de travail en collaboration avec l'aide-soignante

Elles s'exercent conformément aux dispositions de l'article 2 du décret n° 93-345 du 15 mars 1993 relatif aux actes professionnels et à l'exercice de la profession d'infirmier selon lesquelles : « relèvent du rôle propre de l'infirmier, les soins infirmiers liés aux fonctions d'entretien et de continuité de la vie visant à compenser partiellement ou totalement un manque ou une diminution d'autonomie d'une personne ou d'un groupe de personnes… Lorsque ces soins sont dispensés dans un établissement ou un service à domicile ou à caractère sanitaire, social ou médico-social, l'infirmier peut, sous sa responsabilité, les assurer avec la collaboration d'aides-soignants qu'il encadre et dans la limite de la compétence reconnue à ces derniers du fait de leur formation. La collaboration porte donc sur les actes du rôle propre de l'infirmière.

c. Soins et conseils à l'aide-soignante : apporter de l'aide en tenant compte des capacités de Mme D. :
- lors des repas : installer la patiente, préparer le plateau, couper les aliments, verser la boisson dans le verre ;
- lors de la toilette : lui préparer ses affaires de toilette, l'aider à se laver et à se vêtir, réaliser des préventions d'escarre ;
- lors du lever et des déplacements : deux personnes sont nécessaires pour sécuriser Mme D. Utiliser les ressources du service pour effectuer les soins de manière ergonomique.

10 **Argumentation des hypothèses de diagnostic infirmier**

➡ **Sentiment d'impuissance :** changement dans son comportement : elle est repliée sur elle-même, ne communique plus, ne participe plus aux soins, est apathique, soupire et ne mange plus.

➡ **Perturbation situationnelle de l'estime de soi :**
- sentiment négatif face à elle-même comme l'incompétence à marcher (« je ne peux pas marcher ») ;
- sentiment d'être incapable de faire face aux événements : « J'ai le sentiment de ne rien maîtriser du tout et que mes progrès ne dépendent pas de moi. »

Manifestations à rechercher :
- sentiment de honte ou de culpabilité ;
- autodépréciation.

11 Conseils d'hygiène de vie à donner à Mme D. avant sa sortie :

- dépister toute infection (urinaire, cutanée, ORL, etc.), faire un contrôle dentaire tous les ans ;
- refuser toute injection dans la fesse du côté opéré ;
- prévenir d'urgence le chirurgien devant une hanche chaude et douloureuse ;
- conserver un oreiller entre les jambes pour dormir ;
- préférer les douches aux bains et prévoir un tapis antidérapant, s'asseoir pour se laver les pieds en utilisant une éponge avec un long manche ;
- faire installer un surélévateur sur les toilettes ;
- préférer les sièges et les fauteuils hauts ;
- préférer les chaussures basses, à talon large et confortable, sans lacets et les enfiler en s'aidant d'un chausse-pieds à long manche ;
- pour marcher utiliser une canne anglaise pendant 30 à 45 jours ;
- pour monter un escalier, avancer le membre non opéré en premier. Pour descendre, avancer le membre opéré en premier. Monter ou descendre marche par marche en s'aidant d'une canne et de la rampe ;
- pour ramasser un objet à terre, fléchir la jambe saine et pencher le corps en avant ou utiliser une pince ramasse-objet télescopique ;
- certains mouvements sont à proscrire : croiser les jambes, s'accroupir, se pencher en avant, pivoter brusquement sur une jambe.

12 Aides dont peut bénéficier Mme D. :

- aide-ménagère ;
- service de repas à domicile ;
- service de soins à domicile (infirmière, aide-soignante, kinésithérapeute) ;
- service de téléalarme permettant d'appeler, en cas de besoin, les voisins, la famille, les pompiers ou la police.

Mme L., 73 ans, est hospitalisée le 1er septembre 1999 en service de rhumatologie pour une poussée aiguë de polyarthrite rhumatoïde.
Elle a déjà connu depuis 2 ans de nombreux séjours en rhumatologie pour poussées successives avec aggravation de l'invalidité. En effet, en février 1995, Mme L. présente des douleurs diffuses au niveau des articulations périphériques. Souffrant d'arthrose au niveau des hanches depuis plusieurs années, ainsi que d'ostéoporose, elle ne consulte pas d'emblée son médecin traitant, pensant que ces nouvelles douleurs sont liées à ses antécédents.

En février 1996, elle présente une asthénie intense et, à nouveau, des douleurs invalidantes au niveau des mains et des poignets. Son médecin décide de l'hospitaliser pour un bilan approfondi. Le diagnostic de polyarthrite rhumatoïde est posé.
À son arrivée dans l'unité, le 1er septembre 1999, Mme L. se plaint de douleurs intenses au niveau des mains, des poignets, des coudes et des épaules. Par ailleurs, son genou droit est particulièrement inflammatoire et empêche la marche. Elle ne peut absolument pas se mobiliser jusqu'à une heure tardive dans la matinée.
Cette dame mesure 1,65 m pour 48 kg. Célibataire, sans enfant, elle réside dans un foyer logement depuis 1995. Très sociable, elle participe activement à la vie de la structure.
Dans l'unité de rhumatologie, elle est connue pour son amabilité et sa capacité à affronter les difficultés liées à sa pathologie. Actuellement, son état clinique la rend dépendante pour les soins quotidiens.

À son arrivée dans l'unité, le 1er septembre, son traitement est poursuivi :
- CORTANCYL ® (corticoïde, cp à 5 mg) : 10 mg per os/24 h ;
- ACADIONE ® (D-Pénicillamine, antirhumatismal à action lente, cp à 250 mg) : 1 g/24 h ;
- CACIT ® (D3-1000, calcium + vitamine D) : 1 sachet/24 h.

Il est ajouté du DI-ANTALVIC ® (antalgique, dextropropoxyphène + paracétamol) : 6 gélules/24 h (2 gélules toutes les 8 h).
Le bilan suivant est réalisé :
- numération-formule plaquettes (NFP) ;
- vitesse de sédimentation (VS) ;
- taux de prothrombine (TP) ;
- temps de céphaline activée (TCA) ;
- fibrinogène ;
- ionogramme sanguin, azotémie, créatininémie ;
- calcémie/phosphorémie ;
- calciurie/phosphaturie ;
- albuminurie ;
- C réactive protéine (CRP) ;
- radiographies face et profil des mains, poignets, coudes, épaules, genoux, chevilles ;
- électrocardiogramme.

Face à l'intensité du syndrome inflammatoire, le 2 septembre, le médecin prescrit :
- SOLUMÉDROL ® 250 mg IV : 1 bolus/jour, au pousse-seringue électrique en 4 h pendant 4 jours après contrôle du ionogramme sanguin à 6 h le 3 septembre (flacons à 120 mg et 20 mg, flacon + ampoule de solvant = 2 mL) :
+ glycémie capillaire 1 fois/24 h,
+ pression artérielle 2 fois/24 h,
+ arrêt du CORTANCYL ® ;
- CYTOTEC ® (antiulcéreux) : 1 cp matin et soir ;
- régime pauvre en sel, sans sucres rapides (prise en charge par la diététicienne) ;
- bas de contention.

Les résultats de l'ensemble du bilan traduisent une nette aggravation de la maladie. Mme L. souffre toujours intensément.

Le 6 septembre, le traitement par ACADIONE ® est remplacé par du MÉTHOTREXATE ® (antinéoplasique cytostatique). Le traitement par DI-ANTALVIC ® est suspendu et remplacé par MOSCONTIN ®, 20 mg/jour (8 h-20 h) (cp à 10 mg, sulfate de morphine). Le médecin prescrit également du DUPHALAC ®, 2 sachets/jour (laxatif osmotique).
Le soir même, Mme L. bénéficie d'une infiltration de corticoïdes au niveau de l'articulation du genou droit.

Au cours de votre prise en charge, vous observez que sa peau est sèche, très fine, fragile. Elle vous dit également qu'au moindre choc, sa peau est lésée ; pour cela, elle ne souhaite pas porter les bas de contention. De plus, lors de la toilette, elle prend de nombreuses précautions et choisit des vêtements confortables. Par ailleurs, elle vous dit que lors de cette hospitalisation, elle réalise l'aggravation de sa maladie. Malgré l'observance des traitements, elle se sent découragée face à l'évolution de sa polyarthrite rhumatoïde et l'intensité des douleurs. Elle dit : « Actuellement, je ne peux même plus marcher. Vais-je encore être capable de continuer mes activités et de rester autonome au sein du foyer logement ? Les médecins vont-ils me proposer un traitement efficace ? »

L'infiltration articulaire se révèle efficace : le 10 septembre, Mme L. peut à nouveau marcher et se mobiliser sans douleur. Le médecin prescrit le port d'orthèse au niveau des mains chaque nuit, de la kinésithérapie motrice et des séances d'ergothérapie.

Mme L. vous questionne au sujet de sa sortie et de la poursuite de ces dernières prescriptions.

Questions

1 *Définissez la polyarthrite rhumatoïde en précisant ses caractéristiques, les principaux signes cliniques et son évolution.* (4 points)

2 *Pour les propositions suivantes, associez chiffre et lettre et recopiez sur votre copie vos associations chiffre/lettre.*

1. Diarthrose	*a. Symphyse pubienne*
2. Amphiarthrose	*b. Genou*
3. Énarthrose	*c. Épaule*

(1,5 point)

3 *Définissez ostéoporose, arthrodèse, synoviorthèse, orthèse.* (2 points)

4 *À son arrivée dans l'unité, Mme L. présente des douleurs intenses au niveau de différentes articulations. Distinguez et expliquez la douleur mécanique et la douleur inflammatoire.* (2 points)

5 *Citez et définissez l'expression utilisée pour caractériser la mobilisation difficile de Mme L. jusqu'à une heure tardive dans la matinée.* (2 points)

6 *Parmi les examens sanguins prescrits, indiquez ceux qui identifient spécifiquement le syndrome inflammatoire.*
(Toute erreur entraîne 0 à la question.) (1 point)

7 **a.** *Expliquez et argumentez l'intérêt de la prescription de SOLUMÉDROL® en bolus.*

b. *Vous prenez en charge l'administration du SOLUMÉDROL® en bolus de madame L.*
Expliquez le raisonnement et les calculs que vous effectuez lors de la reconstitution poudre-solvant de ce produit, sachant que vous disposez d'ampoules de sérum physiologique à 10 mL, et que le protocole du service prévoit une dilution à 48 mL.

c. *Énoncez le débit à afficher sur le pousse-seringue électrique.* (4 points)

8 **a.** *Expliquez la différence entre traitement de fond et traitement symptomatique.*

b. *Classez les thérapeutiques prescrites à madame L. en traitement de fond et en traitement symptomatique. Argumentez vos réponses compte tenu de l'état de santé de madame L.* (7 points)

9 **a.** *Donnez la définition de l'infiltration articulaire.*

b. *Expliquez son intérêt dans la situation actuelle de madame L.*

c. *Citez le risque majeur consécutif à l'infiltration articulaire.* (2,5 points)

10 *En fonction des données du texte et de l'analyse des prescriptions d'antalgiques, situez Mme L. dans le schéma thérapeutique de la douleur proposé par l'OMS.* (3 points)

11 *Pour la journée du 6 septembre, sur le poste de travail de 6 h 30 à 14 h 30 :*

a. *Identifiez les problèmes conjoints ou complications potentielles découlant de la maladie ou du traitement de Mme L.*

b. *Reliez chaque problème conjoint (ou complication potentielle) aux prescriptions médicales correspondantes et argumentez leur intérêt.*

c. *Déduisez les actions et surveillances infirmières à mettre en œuvre en regard de ces prescriptions.*

d. *Complétez la prise en charge par des actions du rôle propre.*

(Rédigez l'ensemble de la réponse sous forme de tableau.) (18 points)

12 *Après discussion en équipe le 6 septembre, les diagnostics infirmiers suivants sont posés :*

- *risque d'atteinte à l'intégrité de la peau*[1] *;*
- *sentiment d'impuissance relié à l'évolution de sa maladie chronique*[2].

1. et **2.** Selon Doenges et Moorhouse, *Diagnostics infirmiers et interventions, Guide pratique* :
- risque d'atteinte à l'intégrité de la peau : risque de lésion cutanée ;
- sentiment d'impuissance : impression que ses actes seront sans effet. Sentiment d'être désarmé devant une situation courante ou un événement soudain.

a. *Relevez les informations du texte vous permettant d'identifier ces deux diagnostics infirmiers (caractéristiques, et/ou facteurs favorisants).*

b. *L'équipe pose les objectifs suivants :*

- *que Mme L. soit indemne de toute lésion cutanée durant son hospitalisation ;*
- *que Mme L. soit capable d'identifier de façon objective ses capacités actuelles d'ici sa sortie.*

Énoncez et argumentez 4 actions infirmières relevant du rôle propre pour atteindre chacun de ces deux objectifs. (8 points)

13 **a.** *Expliquez l'intérêt de ces trois dernières prescriptions chez Mme L. à ce stade de sa maladie.*

b. *Dans le cadre de votre rôle propre, proposez à Mme L. des conseils destinés à faciliter sa vie quotidienne et à limiter les complications de sa polyarthrite rhumatoïde.* (6 points)

14 *Mme L. relève du régime général de la Sécurité sociale. Expliquez la prise en charge de ses frais d'hospitalisation.* (2 points)

Réponses

1 **Définition de la polyarthrite rhumatoïde**

La polyarthrite rhumatoïde est une maladie inflammatoire chronique, affectant les diarthroses (articulations munies d'une synoviale). L'atteinte articulaire souvent bilatérale et symétrique est destructrice et déformante.

L'origine reste encore inconnue, mais l'on retrouve très souvent des auto-anticorps ou facteurs rhumatoïdes et parfois des antigènes d'histocompatibilité.

➡ **Signes cliniques :**

- douleur articulaire de type inflammatoire. Elle peut toucher toutes les articulations, mais principalement celles des mains (interphalangiennes proximales et métacarpophalangiennes) ;
- gonflement des articulations dû à la synovite ;
- déformation des mains (coup de vent cubital…) ou des pieds (hallus valgus).

➡ **Évolution**

La polyarthrite évolue par poussées successives entrecoupées de périodes de rémission.

2 1 B : diarthrose – genou.
2 A : amphiarthrose – symphyse pubienne.
3 C : énarthrose – épaule.

3 **Définitions :**

- ostéoporose : ostéopathie métabolique, caractérisée par une diminution de la masse osseuse ;
- arthrodèse : fixation définitive d'une articulation réalisant une ankylose ;
- synoviorthèse : injection dans une articulation d'un produit détruisant le pannus synovial. On utilise l'acide osmique ou des produits isotopiques ;
- orthèse : appareillage destiné à corriger l'altération morphologique d'un membre ou la déficience d'une fonction. Les orthèses des doigts permettent d'éviter les positions vicieuses.

4 **Distinction entre douleur mécanique et douleur inflammatoire**

Une douleur mécanique est une douleur qui survient à l'effort, aggravée par l'usage ou la mise en charge (utilisation de l'articulation). Elle est plus intense en fin de journée et elle est calmée par le repos.

Une douleur inflammatoire est une douleur à prédominance nocturne, insomniante, non calmée par le repos et nécessitant un dérouillage matinal plus ou moins long.

5 **Expression utilisée pour caractériser la mobilisation difficile de Mme L.**

Le dérouillage matinal explique les efforts de décontraction et de mouvements que sont obligés de réaliser les patients au lever avant de pouvoir utiliser leurs articulations.

6 **Examens sanguins identifiant spécifiquement le syndrome inflammatoire :**

- C réactive protéine ;
- fibrinogène ;
- vitesse de sédimentation.

7 **a. Intérêt de la prescription de SOLUMÉDROL ® en bolus**

Le bolus permet d'injecter par voie veineuse une forte dose de corticoïde sur un temps limité (ici 250 mg de SOLUMÉDROL ® en 4 h pendant 4 jours). Il permet de diminuer rapidement l'inflammation.

b. Calcul de dose

Il faut 2 flacons de 120 mg, soit 4 mL + la moitié du flacon de 20 mg, soit 1 mL, 250 mg de SOLUMÉDROL ® = 5 mL.
5 mL de SOLUMÉDROL ® + 43 mL de sérum physiologique (4 ampoules de 10 mL + 3 mL d'une autre ampoule) = une seringue de 48 mL.
Il sera cependant nécessaire de rajouter 2 mL de sérum physiologique pour la purge de la tubulure, lors de la pose de la perfusion.

c. Débit :

48 : 4 = 12 mL/h.

8 **a. Différence entre traitement de fond et traitement symptomatique**

L'objectif du traitement de fond est de ralentir la progression de la maladie (destruction de l'articulation). Ce sont des thérapeutiques au long cours (sur plusieurs années) dont l'action sur les signes est en général retardée (plusieurs mois).
Le traitement symptomatique est instauré pour calmer la douleur et diminuer l'inflammation.

b. Classement des thérapeutiques entre traitement de fond et traitement symptomatique

➡ **Traitement de fond** : ACADIONE ®, MÉTHOTREXATE ®.

➡ **Traitement symptomatique** : CORTANCYL ®, DI-ANTALVIC ®, SOLUMÉDROL ®, MOSCONTIN ®.

9 **a. Définition de l'infiltration articulaire**

Une infiltration articulaire est l'introduction dans une articulation d'un produit (ici des corticoïdes) par l'intermédiaire d'une aiguille.

b. Intérêt de l'infiltration articulaire

Les infiltrations permettent de diminuer l'inflammation locale, et donc de soulager le patient, mais elles ne peuvent être répétées trop souvent.

c. Risque majeur consécutif à l'infiltration articulaire

L'infection réalisant une arthrite iatrogène.

10 **Schéma thérapeutique de la douleur proposé par l'OMS – situation de Mme L. :**

- DI-ANTALVIC ® Palier II, analgésique central (opioïde faible) ;
- MOSCOTIN ® Palier III, analgésique central majeur (opioïde fort).

11 **Problèmes – Prescriptions – Actions et surveillances infirmières le 6 septembre de 6 h 30 à 14 h 30**

Complications potentielles	Prescriptions médicales	Actions et surveillances infirmières
• Œdème et prise de poids dû aux corticoïdes.	• Régime pauvre en sel.	• Courbe de poids 2 fois/semaine. • Dépistage des œdèmes aux membres inférieurs. • Pression artérielle 2 fois/jour.
• Hyperglycémie due aux corticoïdes.	• Régime sans sucres rapides. • Glycémie capillaire 1 fois/jour. • Prise en charge diététique.	• Apprentissage par la patiente de la réalisation de sa glycémie capillaire chaque jour avant le repas de midi. • Lui expliquer ce que sont les sucres rapides (bonbon, chocolat…).
• Constipation due au MOSCONTIN ®.	• DUPHALAC ® (laxatif osmotique) 2 sachets/jour.	• Surveiller l'apparition de diarrhée, de ballonnements. • Vérifier que Mme L. n'est pas constipée.

Complications potentielles	Prescriptions médicales	Actions et surveillances infirmières
• Ulcère digestif dû aux corticoïdes.	• CYTOTEC ® (antiulcéreux) 1 cp 2 fois/jour après le repas.	• Surveiller l'apparition de selles noires, de nausées ou de gêne abdominale.
• Troubles thrombo-emboliques dus à l'immobilisation causée par la douleur.	• Bas de contention au lever.	• Expliquer à la patiente l'intérêt des bas de contention et trouver avec elle une paire qui lui convienne.
• Infection due à l'infiltration et au SOLUMÉDROL ® intraveineux.		• Courbe de température 2 fois/jour. • Asepsie stricte au niveau des soins.
• Déminéralisation due aux doses élevées de corticoïdes chez une patiente qui présente déjà une ostéoporose.	• CACIT D3-1000 ® (calcium + vitamine D) 1 sachet/jour.	• Régime riche en calcium (1 200 mg par jour). • Prévenir les chutes en installant un environnement sécurisant et ergonomique.

12 **a. Éléments permettant d'identifier les diagnostics infirmiers :** risque d'atteinte à l'intégrité de la peau et sentiment d'impuissance relié à l'évolution de la maladie chronique.

➡ **Risque d'atteinte à l'intégrité de la peau :** sa peau est sèche, très fine et fragile, elle est lésée au moindre choc et oblige Mme L. à prendre le maximum de précautions lors de la toilette. Les corticoïdes sont un facteur favorisant car ils induisent une hypoprotidémie avec fragilité cutanée.

➡ **Sentiment d'impuissance lié à l'évolution de sa maladie chronique :** Mme L. est inquiète, parle d'aggravation de sa maladie et se sent découragée face à l'évolution. Elle se sent diminuée physiquement (« je ne peux même plus marcher ») et pense qu'elle ne pourra plus être autonome et rester au foyer logement.

b. Actions infirmières permettant d'atteindre les objectifs liés aux deux diagnostics infirmiers :
- évaluer avec Mme L. ses capacités et ses limites actuelles ;
- la faire participer aux soins et encourager ce qu'elle peut faire seule ;
- apprécier les connaissances de Mme L. sur sa maladie et sur le traitement ;
- installer un matelas anti-escarre ;
- adapter l'environnement de la chambre afin que Mme L. ne se blesse pas ;
- donner à Mme L. un savon doux non asséchant et lui demander de bien sécher sa peau délicatement après la toilette ;
- s'assurer que les draps sont sans plis ni miettes.

➡ **Évaluation :** inspecter régulièrement la peau et noter les régions où la peau est fragile et lésée, faire des préventions d'escarre.

13 **a. Intérêt des trois dernières prescriptions de Mme L. :**
- MÉTHOTREXATE ® (antinéoplasique cytostatique) : il inhibe la synthèse des acides nucléiques. Il est réservé aux formes graves résistantes aux autres traitements (ici échec de l'ACADIONE ®) ;
- MOSCONTIN ®(sulfate de morphine) : c'est un analgésique majeur indispensable pour calmer les douleurs rebelles aux antalgiques non opiacés (ici échec du DI-ANTALVIC ®) ;
- infiltration de corticoïde dans le genou : l'injection d'un anti-inflammatoire directement au niveau du genou va soulager Mme L. et lui permettre de retrouver une certaine autonomie, en particulier la marche.

b. Conseils pour faciliter la vie quotidienne et limiter les complications :

- ne pas arrêter son traitement sans avis médical ;
- utiliser des vêtements amples et sans boutons ;
- adopter des chaussures confortables à ouverture large et fermées par des bandes auto-adhésives. Consulter un pédicure podologue ;
- utiliser pour la cuisine, des poignées universelles, des casseroles avec deux anses, des gobelets à bec verseur, des couverts à manches compensés ;
- donner à Mme L. le numéro de téléphone de l'association des polyarthritiques.

14 Prise en charge des frais d'hospitalisation de Mme L.

La polyarthrite rhumatoïde est une maladie chronique exonérant du ticket modérateur.
Les frais d'hospitalisation sont donc pris en charge à 100 % par la Sécurité sociale hormis le forfait journalier qui peut toutefois être pris en charge par la mutuelle.

Vous exercez en qualité d'infirmière diplômée d'État dans une unité d'un centre hospitalier spécialisé. Mme X. âgée de 79 ans, vivant avec sa fille unique, a été admise au centre hospitalier spécialisé en service ouvert à la demande d'un tiers représenté par l'assistante sociale de son quartier. Elle est hospitalisée avec sa fille dans le service où vous travaillez.

Mme X. est une personne de 1,55 m, d'un poids de 50 kg environ, cheveux blancs, la mimique n'est pas triste, elle est coquette.

Elle présente depuis quelques mois une démence sénile de type Alzheimer qui s'est aggravée brusquement depuis 1 mois, date de l'hospitalisation de son époux dans un service de cardiologie.

On note des troubles mnésiques antérogrades, une conservation de la mnésie rétrograde. Elle se souvient de son nom, sait écrire.

Sa fille, Mlle X., a elle aussi été hospitalisée car elle nécessite une prise en charge : elle est âgée de 40 ans, présente une débilité mentale moyenne avec une immaturité affective importante et une grande dépendance affective vis-à-vis de sa mère. Elle a cependant une relative autonomie, mais vit de manière très symbiotique avec Mme X. Elle est donc accueillie dans l'unité pour répondre à une urgence sur le plan social. Il sera envisagé une orientation par la COTOREP pour une admission en centre d'aide par le travail. Dans l'immédiat, elle reste hospitalisée dans le service. Vous savez par le médecin traitant qu'elle dessine beaucoup, regarde la télévision, aime sortir. Elle est calme, gentille, a un discours cohérent. En revanche, elle pleure souvent car elle a peur que sa mère la quitte.

Son traitement se résume à la prise de :

- IMOVANE ® 7,5 mg (zopiclone, hypnotique) 1/2 cp le soir ;
- ALEPSAL ® 50 mg (phénobarbital, antiépileptique) 2 cp au coucher.

Mme X., elle, s'habitue mal au pavillon, cherche sans arrêt à fuguer ; elle est très confuse, ne se préoccupe plus de sa fille, n'a plus aucun sens de la réalité présente. Elle parle de ses parents « ils vont être très inquiets ». Tous les soirs, elle présente des crises d'angoisse à l'idée qu'ils vont s'inquiéter de son absence. Elle reconnaît sa fille en tant que membre de la famille, mais ne la situe pas « c'est ma sœur, c'est ma belle-sœur... ».

Elle s'alimente normalement, mais sa conscience s'effrite de plus en plus, elle déambule dans l'unité sans but. Il lui est impossible de fixer son attention. On note une incontinence nocturne totale. Elle présente une désorientation temporo-spatiale importante et cherche sans cesse quelqu'un à qui tenir le bras.

Une demande de mise sous tutelle est requise par le praticien hospitalier de l'unité.

Le traitement de Mme X. se compose de :

- ROHYPNOL ® 1 mg (benzodiazépine, hypnotique) 1/2 cp au coucher ;
- NOOTROPYL ® 800 mg (piracétam, oxygénateur cérébral) 1 cp le matin ;
- ATARAX ® 25 mg (anxiolytique) : 1 cp le matin, 1 cp le soir.

Il vous est demandé de réaliser un mini mental-test auprès de cette patiente cet après-midi.

Dans l'unité, la prise en charge des patients inclut des activités qui pourront être proposées à Mme X. et à sa fille :

- les ateliers « dessin » et « jeux de ballon » sont indiqués pour Mlle X. Le premier consiste à lui faire réaliser un dessin de son choix, pour le second l'infirmière prend en charge 3 patients qui jouent entre eux au ballon ;
- l'atelier « mémoire », proposé à Mme X., comporte des jeux de société...

Ce jour vous prenez plus particulièrement en charge ces deux patientes durant votre temps de travail de 14 h à 22 h.

Questions

1 *Analysez la situation et dégagez les problèmes présentés.* (30 points)

2 *Proposez le projet de soins à mettre en place pendant votre temps de travail.* (30 points)

Réponses

1 Analyse

Mme X. est atteinte d'une démence sénile de type Alzheimer. Le syndrome démentiel est un état d'affaiblissement intellectuel global, acquis, progressif et d'évolution chronique. Elle est dite sénile car elle est survenue après l'âge de 65 ans (contrairement à la maladie d'Alzheimer diagnostiquée avant 65 ans qui est une démence présénile). Elle correspond à un processus dégénératif, plus fréquent chez la femme, se compose d'une phase de début souvent insidieux et d'une phase d'état durant laquelle le tableau démentiel est alors rendu particulier par l'existence d'un certain nombre de caractères en faveur du diagnostic que l'on reconnaît chez Mme X. :

- des troubles de la mémoire des faits récents, alors que la mémoire des faits anciens est encore conservée. Le mini mental-test lui est prescrit. C'est un exercice à questions multiples qui permet d'évaluer les capacités de la patiente : orientation, mémoire, attention, calcul mental, langage, activité motrice. Il sera réalisé à différentes périodes afin de porter une estimation par rapport à l'évolution de la pathologie, mais sa fiabilité dépend beaucoup des conditions de réalisation du test ;
- une désorientation temporo-spatiale (dans le temps et dans l'espace) : elle ne s'oriente pas dans le service et erre. D'ailleurs, elle cherche à être guidée dans ses déplacements ce qui peut dénoter une anxiété de se sentir perdue ;
- un trouble de l'attention : elle est distractible et présente aussi un déficit acquis de l'intelligence associé à un appauvrissement de la mémoire. De plus, on note un processus de fausses reconnaissances (vis-à-vis de sa fille), une incapacité à s'adapter à une situation nouvelle et réelle (n'a plus aucun sens de la réalité présente) ;
- l'anxiété est présente, surtout marquée le soir ce qui est fréquent dans ce type de pathologie, liée à une perte des repères et, dans le cas de Mme X., à une incapacité de comprendre la réalité. Elle comble ce manque en alimentant son activité fabulatrice orientée vers le passé (inquiète que ses parents soient soucieux de son absence) ;
- on ne note pas, en revanche, de composante dépressive, ni d'altération de l'apparence (personne coquette) ;
- on note aussi un facteur aggravant cette pathologie : il s'agit de l'hospitalisation de son époux qui a dû représenter un choc affectif pour cette patiente. On sait aussi que bien souvent le conjoint masque le déficit du patient en réalisant ou en l'aidant dans les actes et décisions de la vie quotidienne. On peut donc supposer que l'absence de M. X a permis de mettre en évidence la perte d'autonomie de son épouse. De plus sa propre hospitalisation entraîne une perte des repères et donc un accès confusionnel ;
- devant l'altération des facultés mentales de Mme X., une mise sous tutelle est demandée par le médecin : c'est une mesure de protection juridique qui comporte une représentation de la personne dans l'exercice des droits civils et civiques. Le certificat médical stipulant les faits et l'altération mentale de la patiente est adressé au juge des tutelles qui peut prendre éventuellement des mesures d'investigation avant de faire parvenir la demande au procureur de la République. On sait que cette patiente est déjà hospitalisée à la demande d'un tiers : la nécessité de l'hospitalisation a été révélée par l'assistante sociale du quartier ; la demande est en revanche formulée après avis médical. Il faut deux certificats médicaux rédigés par deux médecins : l'un étant généralement le médecin traitant et l'autre un médecin psychiatre du centre hospitalier spécialisé.

Un traitement médicamenteux lui est prescrit :

- ROHYPNOL ®, 1/2 cp au coucher, indiqué contre les insomnies ;
- le NOOTROPYL ® est proposé pour améliorer certains symptômes du déficit intellectuel pathologique du sujet âgé (troubles de l'attention, mémoire) en renforçant la résistance cérébrale à l'hypoxie ;
- l'ATARAX ® agit sur les manifestations mineures de l'anxiété.

Ce traitement médicamenteux est palliatif, symptomatique, mais n'est malheureusement pas curatif.

On note aussi pour cette patiente une incontinence urinaire totale la nuit, en lien avec sa pathologie en raison des troubles cognitifs, accentuée par la désorientation spatiale.

Compte tenu de l'évolution irréversible du syndrome démentiel et de l'impossibilité pour Mme X. de bénéficier d'un maintien au domicile, sa prise en charge au long court est à envisager dans le service.

La situation est différente pour sa fille qui est hospitalisée car elle ne peut se suffire seule. Elle présente en effet une débilité mentale moyenne. Il s'agit d'un déficit des capacités intellectuelles significativement inférieures à la moyenne (quotient intellectuel compris entre 30 et 49) et une limitation significative du fonctionnement adaptatif dans les domaines suivants :

- communication (Mlle X. a néanmoins une acquisition du langage puisqu'elle a un discours cohérent) ;
- autonomie (cette patiente n'est que partiellement autonome) ;
- activité domestique limitée ;
- attitudes sociales et interpersonnelles (elle est calme, gentille mais très dépendante affectivement de sa mère) ;
- domaine du travail : elle n'a bénéficié d'aucun apprentissage ;
- domaine des loisirs : Mlle X. apprécie de regarder la télévision, de se promener, de dessiner.

Le quotient intellectuel a une valeur relative car sa stabilité peut être mise en cause et la personnalité globale du sujet doit être prise en compte. La psychanalyse a permis de comprendre que le retard mental est une manifestation d'une perturbation globale de la personnalité et accorde une grande importance aux conditions affectives dans lesquelles la personne évolue. En fait, la psychométrie (QI) permet d'évaluer l'efficience intellectuelle disponible, mais l'approche et la conception dynamiques de l'insuffisance mentale font considérer que cet état est accessible à une prise en charge précoce qui permet de faire évoluer positivement la personne, bien qu'il faille accepter les limites fixées par l'état d'arriération mentale. Mlle X. présente actuellement des facteurs en faveur d'une évolution favorable, mais aussi des circonstances en sa défaveur :

- facteurs favorisants : elle est autonome, communique convenablement, a des loisirs, est agréable dans son comportement social ;
- facteurs défavorisants :
  - elle n'a bénéficié d'aucune formation qui aurait pu tirer le meilleur parti possible de ses potentialités par une stimulation adéquate,
  - on note aussi des conditions affectives particulières puisque Mme X. fonctionne de manière symbiotique avec sa fille : cette situation conditionne une inhibition d'origine affective du fait d'une fixation excessive à la mère. Un autre inconvénient réside dans le fait que Mme X. est maintenant vieillissante, malade et incapable de s'occuper de sa fille : cette dernière subit donc un traumatisme affectif important qui peut déstabiliser l'équilibre toujours précaire chez une insuffisante mentale.

Cela nécessite donc une prise en charge adaptée, sécurisante dans l'unité, mais aussi de prévoir son avenir :

- une prise en charge par la COTOREP est demandée : cette commission technique d'orientation et de reclassement professionnel est mise en place dans chaque département pour coordonner l'ensemble des mesures en faveur des personnes handicapées adultes afin de permettre :
  - la reconnaissance du travailleur handicapé,
  - l'orientation de la personne (en CAT pour Mlle X.),
  - l'attribution de l'allocation aux adultes handicapés et, éventuellement, l'allocation de logement social ainsi que la carte d'invalidité ;
- une demande de prise en charge en centre d'aide par le travail est formulée ; cet établissement est proposé aux adultes qui, du fait de leur handicap, ne peuvent être intégrés ni en milieu ordinaire de travail, ni en atelier protégé. Le financement de ce type de structure est assuré par l'État. Mlle X. pourra suivre un apprentissage au travail (adapté à sa compréhension) en tenant compte de ses goûts, et pour lequel elle sera rémunérée. Elle bénéficiera d'un rythme de vie proche du fonctionnement social habituel (journées de travail en semaine avec des horaires, des vacances…). L'intérêt est de favoriser une meilleure intégration sociale par le biais d'un travail rémunéré, gratifiant et qui lui permet aussi de vivre au sein d'un groupe social.

Mlle X. reçoit un traitement médicamenteux :

- IMOVANE ® indiqué dans les insomnies (occasionnelle, transitoire ou chronique) ;
- ALEPSAL ® agissant contre l'épilepsie.

À ce jour, il s'agit de prendre en charge ces deux patientes en tenant compte de leur pathologie et de leur devenir, mais aussi des liens affectifs qui les unissent.

2 Projet de soins à ce jour

a. Projet de soins pour Mme X.

Il est possible de formuler la problématique suivante.

➡ Problème en collaboration : déficit cognitif

Il est lié au syndrome démentiel de type Alzheimer se manifestant par des troubles mnésiques, des fausses reconnaissances, un trouble de l'attention et une désorientation temporo-spatiale.

Objectifs :
- maintenir les capacités restantes ;
- restaurer celles qui sont déficitaires.

Actions :
- par rapport aux troubles mnésiques et de l'attention et en regard de la désorientation temporo-spatiale :
  - quotidiennement : lui remémorer la date et le lieu (de manière auditive et visuelle, à réaliser au cours de la journée de travail, à intervalles réguliers),
  - stimuler sa mémoire lors de la relation soignant-soigné en lui faisant évoquer des faits anciens et en parlant avec elle des événements récents,
  - l'orienter dans l'espace en lui montrant les lieux, en utilisant des repères muraux (images), la guider dans ses déplacements,
  - l'accompagner dans les gestes de la vie quotidienne : l'aider, la stimuler, mais ne pas faire à sa place. Assurer son hygiène corporelle, notamment en début de nuit (incontinence urinaire nocturne). Réaliser des transmissions à 22 h à l'équipe de nuit,
  - la faire participer aux ateliers mémoire : les objectifs sont de stimuler la mémoire, de travailler par rapport à la désorientation, de maintenir, voire d'améliorer la capacité de concentration. La notion de plaisir pour Mme X. à mener cette activité est aussi à considérer (situer cette intervention infirmière à 15 h) ;
- par rapport aux fausses reconnaissances :
  - la recadrer par rapport à la réalité autant de fois que nécessaire, avec tact pour ne pas accentuer son anxiété,
  - être un médiateur et faciliter les échanges avec sa fille : être vigilant à surveiller les attitudes et réactions de chacune compte tenu de leurs pathologies respectives ;
- vérifier l'efficacité du traitement thérapeutique : NOOTROPYL ® 800 mg, 1 cp pris ce matin. Les effets secondaires à dépister sont une asthénie, une baisse de la vigilance, une amnésie antérograde, une agressivité, une agitation, une irritabilité.

➡ Problème en collaboration : risque de fugue

Il est lié au syndrome démentiel, notamment à la désorientation spatiale.

Objectifs :
- qu'elle ne fugue pas ;
- qu'elle ne se fatigue pas à déambuler.

Actions :
- l'unité n'est pas un service fermé, donc, surveiller ses déplacements (bien en faire la transmission à l'ensemble de l'équipe soignante) ;
- veiller à ce qu'elle ait sur elle un papier indiquant son identité et son service d'accueil, mais que cela reste discret (ne pas afficher sur le vêtement) ;
- la conduire lors de ses déplacements afin qu'elle prenne connaissance des lieux ;
- veiller à lui ménager des temps de repos afin qu'elle ne s'épuise pas à déambuler : allonger la durée du repas, aménager des activités qui la maintiennent assise le plus longtemps possible ;
- lui fournir une alimentation qualitativement et quantitativement adaptée à ses dépenses énergétiques et la peser régulièrement. Donc lui donner une collation à 16 h, vérifier la prise du repas du soir ;
- dépister tout signe de fatigue : traits tirés, marche difficile, attitude voûtée...

➡ Problème en collaboration : anxiété

Elle est liée au syndrome confusionnel et, plus précisément, à sa perte du sens de la réalité se manifestant par la verbalisation de craintes infondées (vis-à-vis de ses parents).

Objectif : la resituer dans la réalité avec tact.

Actions :
- être à son écoute, la sécuriser : elle a très probablement besoin d'être rassurée par rapport au bouleversement que représente son hospitalisation, celle de sa fille et de son mari ;
- lors des activités mémoire, la valoriser et veiller à ne pas la mettre en situation d'échec qui aggraverait son anxiété ;
- cet après-midi, elle doit réaliser l'exercice du mini mental-test : veiller à ce qu'elle ne ressente pas l'exercice comme une épreuve qui la mette en difficulté. Cela nécessite une relation soignant-soigné adaptée : lui expliquer les consignes calmement. Employer des phrases courtes, un vocabulaire simple. Ne pas hésiter à répéter ce qu'elle ne comprend pas. La féliciter lorsqu'elle réussit sans pour autant l'infantiliser. Le test peut être réalisé avant l'activité mémoire à 14 h ;
- veiller à ce qu'elle se repose convenablement la nuit malgré son incontinence urinaire nocturne qui nécessite des soins de nursing. Le soir, l'amener aux toilettes avant le coucher et lui mettre

une protection urinaire pour la nuit. Parler avec elle, être attentif et répondre aux angoisses qu'elle formule le soir afin de la rassurer au mieux ;

- veiller à ce qu'elle soit bien installée pour la nuit et que les veilleuses restent allumées ;
- administrer au coucher le traitement médicamenteux, à savoir le ROHYPNOL ®. Il faut savoir qu'il présente des effets secondaires à type d'asthénie, de baisse de la vigilance et d'amnésie antérograde chez la personne âgée. Dépister aussi tout signe d'agitation, d'irritabilité, voire d'agressivité. Lui donner aussi le comprimé d'ATARAX ® 25 mg qui peut entraîner des effets secondaires transitoires à type de constipation, d'excitation, de sécheresse buccale et de confusion, notamment chez la personne âgée.

Toutes les interventions et observations infirmières seront transmises : oralement à l'équipe soignante, au personnel de nuit et seront écrites sur le dossier de soins de Mme X.

b. Projet de soins pour Mlle X.

La problématique identifiée est la suivante.

➡ Problème en collaboration : perturbation dans les habitudes de vie

Cette perturbation est liée à l'hospitalisation et se manifeste par la crainte que sa mère la quitte.

Objectifs :

- qu'elle comprenne cette nouvelle situation ;
- qu'elle ne régresse pas (compte tenu de sa pathologie) ;
- qu'elle retrouve un équilibre affectif.

Actions :

- favoriser la relation avec sa mère (en lien avec les interventions mises en place auprès de Mme X.) ;
- lui faire prendre conscience progressivement du changement de situation ;
- être à son écoute, répondre à ses craintes, la rassurer avec honnêteté (sa mère ne reviendra probablement pas au domicile) ;
- maintenir ses acquis en la faisant participer aux ateliers en ayant pour souci qu'elle les réalise avec plaisir ;
- l'atelier peinture lui permet de conserver ses capacités. C'est un moyen d'entrer en relation avec elle afin qu'elle s'exprime avec confiance. Lui procurer le sentiment de stabilité affective dont elle a besoin. Cet atelier peut être réalisé à 17 h 30 ;
- l'atelier jeux de ballon répond à 3 types d'objectifs :
  - objectifs moteurs avec l'acquisition des réflexes, l'appréciation des trajectoires, le développement de l'anticipation,
  - objectifs cognitifs par la découverte du jeu, de la notion de plaisir à jouer avec d'autres personnes,
  - objectifs socio-affectifs : jouer collectivement, développer l'entraide, acquérir la confiance en soi, favoriser la communication tout en respectant les règles du jeu. Cet atelier peut être réalisé à 16 h 30 avant l'atelier peinture.

Ces activités servent à donner des repères, des limites favorisant la structuration mentale, l'évolution vers la maturation. Elles favorisent une atmosphère sécurisante, d'acceptation, d'affection, en veillant à ne pas entamer une relation de maternage. C'est un moyen de maintenir et de développer l'autonomie, de rompre l'isolement, de diminuer l'angoisse ;

- administrer le traitement médicamenteux :
  - l'IMOVANE ®, 1/2 cp au coucher qui nécessite de dépister des effets secondaires (peu probables à cette dose) à type d'asthénie, de troubles du comportement et de la conscience,
  - l'ALEPSAL ®, à la dose de 2 cp au coucher peut aussi entraîner des effets indésirables : somnolence diurne, réveil difficile, troubles de l'humeur. Pour Mlle X., il faut savoir que la prise de ce traitement antiépileptique diminue l'efficacité d'une contraception œstro-progestative orale qui pourrait être envisagée compte tenu maintenant de sa vie en collectivité.

Toutes les interventions infirmières ainsi que les modifications du comportement de cette patiente doivent être transmises oralement et par écrit. Le projet de vie pour Mlle X. doit être discuté en équipe et nécessite un échange, une prise en compte et en considération du ressenti et des souhaits de cette patiente.

➡ Problème du devenir

Il existe pour Mlle X. un problème de devenir lié à son hospitalisation.

En effet, le service n'est pas adapté aux besoins de cette patiente. Sa prise en charge dans un centre d'aide par le travail est envisagée.

Aussi, l'infirmière doit préparer Mlle X. à ce changement de vie : cela nécessite de l'informer progressivement en tenant compte de ses capacités de compréhension et de sa réaction.
Il est nécessaire d'être à son écoute, de répondre à ses questions et d'essayer de lui faire comprendre le bien-fondé de cette décision (on peut échanger avec elle, par exemple lors de l'atelier peinture).

Par ailleurs, il faut la rassurer sur sa relation avec sa mère à qui elle pourra rendre visite et avec laquelle elle restera en correspondance. Il en sera de même avec son père.
Même si le devenir de Mlle X. représente pour elle une possibilité d'évoluer, de se sociabiliser, il ne faut pas non plus rompre une relation familiale qui, jusqu'à présent, lui avait assuré un certain équilibre.

Notes

13

Urgences – Réanimation – Transfusion sanguine

→ Urgences – Réanimation – Transfusion sanguine
Surveillance postopératoire après laparotomie exploratrice (blessure abdominale par arme blanche)

Infirmier(ère) aux urgences, vous travaillez ce jour de 21 h à 7 h dans l'unité d'hospitalisation de courte durée (service porte), qui dispose de 2 lits de soins intensifs.
Vous accueillez à 22 h M. G. pour surveillance postopératoire après laparotomie exploratrice. M. G. a été admis en urgence en fin d'après-midi, suite à une blessure abdominale par arme blanche.

M. G. est âgé de 27 ans, célibataire, sans activité professionnelle. Aujourd'hui, alors qu'il tentait de séparer deux jeunes qui se battaient, il a reçu un coup de couteau à lame effilée d'environ 30 cm.

Pris en charge par le SMUR, il a été orienté dès son arrivée à l'hôpital vers le bloc opératoire.
L'exploration de la plaie sous anesthésie locale a montré qu'il s'agissait d'une lésion pénétrante ; une laparotomie sous anesthésie générale a été immédiatement pratiquée. Elle a révélé une plaie du sigmoïde. Le chirurgien a suturé l'intestin sous couvert d'une colostomie iliaque gauche de décharge. La paroi abdominale a été refermée sur un drain de Redon.

À son arrivée dans le service, M. G. est porteur :

- d'une voie périphérique avec 500 mL d'Elohès ® ;
- d'un pansement abdominal ;
- d'un drain de Redon ;
- d'une colostomie gauche appareillée ;
- d'une sonde naso-gastrique en déclive ;
- d'une sonde urinaire.

Le programme de réanimation prescrit par le médecin-réanimateur est le suivant :

- **2 L de sérum glucosé à 10 %** avec 4 g de NaCl et 6 g de KCl ;
- antibiothérapie :
  - Augmentin ® : 1 g × 3/24 h en IV à la seringue électrique en 30 minutes ;
  - Flagyl ® (antibiotique nitro-imidazolé) : 500 mg en perfusette IV × 3/jour ;
- antalgique : Nubain ®, 60 mg /24 h à passer en seringue électrique au débit de 2 mL/h (ampoules de 2 mL dosées à 20 mg).

Ce programme est à débuter à 22 h 30 (après passage d'Elohès) jusqu'à 19 h le lendemain. Il est complété par :

- oxygénothérapie : 3 L/min ;
- ECG ;
- radio pulmonaire ;
- mise sous scope ;
- examens biologiques : numération-formule sanguine, plaquettes, créatinémie, glycémie, ionogramme et urée sanguins.

À 0 heure, vous recevez les résultats du bilan sanguin : la NFS fait ressortir une hémoglobine à 6 g/100 mL, des plaquettes à 120 000/mm^3.

À l'examen clinique, vous vous apercevez que M. G. a les extrémités froides, qu'il est légèrement obnubilé. Vous notez par ailleurs :

- PA : 60/30 mmHg ;
- pouls : 180/min ;
- diurèse : 100 cc ;
- Redon : 200 cc.

Vous prévenez le réanimateur qui prescrit 2 culots globulaires à passer immédiatement.

Questions

1 a. *Définissez les sigles suivants : SAMU, SMUR.*
b. *Indiquez les missions du SAMU.* (4 points)

2 a. *Expliquez en quoi une lésion abdominale par arme blanche est une urgence chirurgicale.* (7 points)
b. *Quel est le risque principal encouru par ce patient ? Pourquoi ?* (4 points)

3 *L'étudiant en soins infirmiers de 2e année en stage dans le service n'a jamais vu de drain de Redon. Vous lui expliquez le principe et la surveillance.* (4 points)

4 *Détaillez les actions menées pendant la première heure pour l'accueil, l'installation et la surveillance de M. G.* (12 points)

5 *En regard de chacune des prescriptions soulignées dans le texte, explicitez l'intérêt de chacune d'elles et développez les actions à mettre en œuvre. Présentez votre réponse sous forme de tableau, faites apparaître vos calculs.* (11 points)

6 *Devant le tableau d'aggravation, quelle hypothèse de diagnostic formulez-vous ?* (6 points)

7 **a.** *Expliquez votre démarche de la prescription à la pose des culots globulaires.*
b. *Quelle est la conduite à tenir en cas d'incident/accident transfusionnel ?* (12 points)

Réponses

1 SAMU et SMUR

a. Définitions :
- SAMU : service d'aide médicale urgente ;
- SMUR : service mobile d'urgence et de réanimation.

b. Missions du SAMU
Les missions du SAMU sont :
- réception permanente et gestion des appels médicaux urgents ;
- mise en œuvre de moyens médicaux adaptés à la nature des appels dans le délai le plus rapide ;
- détermination des places disponibles dans un établissement adapté à l'état du patient, dans le respect du libre choix, et suivi de son admission ;
- participation à la mise en œuvre des plans ORSEC et des plans d'urgence ;
- participation à la couverture médicale des grands rassemblements ;
- participation aux tâches d'éducation sanitaire de prévention, de recherche et de formation continue.

2 Lésion abdominale par arme blanche

a. Urgence chirurgicale
Une lésion abdominale par arme blanche est une urgence chirurgicale, car il existe :
- un risque de lésion d'un organe creux ;
- un risque de lésion de vaisseaux ;
- un risque septique.

b. Risque principal encouru par le patient
Il s'agit du risque de péritonite : il existe une lésion du sigmoïde, donc septique (matière fécale).

3 Drain de Redon

➡ **Principe**
Il s'agit d'un drain superficiel aspiratif sous vide.

➡ **But :**
- ramener les sécrétions des alentours de la plaie ;
- éviter la collection et l'hématome ;
- permettre une meilleure cicatrisation.

➡ **Surveillance :**
- qualité et quantité des sécrétions recueillies, 2 à 3 fois par jour, selon quantité et état du patient (à noter dans le dossier de soins) ;
- drain et tubulure non coudés et non bouchés, réservoir en déclive ;
- manipulation avec asepsie lors des changements (intérieur stérile) ;
- flacon toujours sous vide.

4 Accueil, installation et surveillance de M. G. :

- l'installer à plat ;
- le rassurer, lui dire où il se trouve ;
- vérifier sa température ; le réchauffer si nécessaire avec une couverture supplémentaire ou une couverture de survie ;
- le mettre sous scope, vérifier le pouls, le rythme cardiaque ;
- préparer le système d'oxygénothérapie (humidificateur : eau stérile) :
  - brancher l'O_2 et vérifier le débit à 3 L/min ;
  - vérifier la fréquence et l'amplitude respiratoire ;
  - observer la coloration des téguments ;
- surveiller l'état de conscience :
  - réponse à des ordres simples ;
  - ouvre les yeux à la demande ;
  - est-il calme ou agité ?
- vérifier la voie veineuse périphérique :
  - le pansement est bien étanche ;
  - bien fixé ;
  - le point de ponction non enflammé ;
  - la veine non indurée ;
- mettre en déclive la sonde naso-gastrique reliée à une poche ; noter la quantité et l'aspect du liquide à l'arrivée dans le service et régulièrement par la suite ;
- vérifier la sonde urinaire :
  - le sac à urine est en déclive ;
  - noter la quantité et l'aspect des urines à l'arrivée dans le service, et régulièrement par la suite ;
- vérifier et surveiller le pansement abdominal :
  - est-il étanche ?
  - est-il souillé ?
  - est-il hémorragique ?
- vérifier la poche de stomie :
  - étanchéité ;

– contenu, aspect ;
- vérifier le Redon et noter :
– déclive ;
– pansement, étanchéité ;
– vide ;
– quantité et qualité du liquide ;
- prélèvement de sang en vue des examens biologiques :
– préparer les bons de labo ;
– s'assurer du bon acheminement des tubes vers le labo ;
- ECG : faire tracé, montrer au médecin ;
- demander la radio pulmonaire dans le service ; s'assurer que l'examen est réalisé ;
- mise en route de la réanimation prescrite pour 22 h 30.

5 Intérêt des prescriptions et actions infirmières

Thérapeutiques	Mise en œuvre	Surveillance	Effets secondaires
• 2 L glucosé à 10 % + 4 g NaCl et 6 g KCl à passer de 22 h 30 à 19 h le lendemain : – glucosé à 10 % : pour pallier le jeûne imposé au patient ; – électrolytes : pour compenser les pertes.	• Vérifier la prescription, la date de péremption, l'emballage. • Répartition : – 2 L à passer en 20 h 30 ; – soit 1 L en 10 h 15, avec 2 g KCl et 3 g NaCl ; – soit 1 000 mL en 615 min ; – $1\,000 \times 20 = 20\,000$ gouttes en 615 min ; – soit en 1 min : $\frac{20\,000}{615} = 32{,}5$; – soit 32 gouttes/min par défaut ou 33 gouttes/min par excès. • Préparation : asepsie ++.	• Point de ponction. • Réflexe. • Débit. • Douleur, rougeur. • Diurèse : bilan des entrées et des sorties.	
• AUGMENTIN ® (antibiotique), 1 g × 3/24 h : pour lutter contre l'infection postopératoire.	• Vérifier : date de péremption, dose. • Répartition : toutes les 8 h, soit 22 h 30, 6 h 30, 14 h 30. • Préparation : – 1 flacon de 1 g à diluer dans 20 mL de solvant, à passer en 30 min ; – soit un débit de 40 mL/h ; – asepsie ++.	• Point de ponction. • Débit. • Diffusion. • Température.	• Allergie : manifestations cutanées, nausées, vomissements.
• FLAGYL ® (antibiotique), 500 mg × 3/jour : pour lutter contre l'infection postopératoire.	• Vérifier : dose, date de péremption, emballage. • Répartition : toutes les 8 h, soit 22 h 30, 6 h 30, 14 h 30.	• Point de ponction. • Débit. • Diffusion. • Température.	• Nausées, vomissements, crampes épigastriques.
• NUBAIN ® (antalgique), 60 mg/24 h : pour lutter contre la douleur postopératoire.	• Vérifier : date de péremption, prescription, dose. • Préparation : – ampoules de 2 mL dosées à 20 mg, soit 3 ampoules pour 60 mg ; – pour un débit de 2 mL/h, il faut 48 mL dans la seringue électrique, soit 6 mL de NUBAIN ® + 42 mL d'eau pour préparation injectable ; – asepsie ++.	• Point de ponction. • Reflux. • Débit. • Efficacité du traitement. • Conscience.	

6 Hypothèse de diagnostic infirmier

Diminution du débit cardiaque lié à un déficit liquidien par perte sanguine (plaie par arme blanche).

7 Transfusion

a. Démarche à suivre de la prescription à la pose des culots globulaires

Pour la demande de produit :

- si ce n'est déjà fait, pratiquer un prélèvement en vue d'une deuxième détermination du groupe sanguin, à joindre à la demande de culots globulaires ;
- si possible, joindre également la carte de groupe sanguin du patient ou sa photocopie ;
- vérifier si la demande de produit sanguin remplie par le médecin est complète ;
- veiller à prévenir le patient ou, le cas échéant, sa famille de la nécessité de la transfusion et du dépistage sérologique prétransfusionnel.

Après réception :

- vérifier que l'unité de distribution a délivré la fiche transfusionnelle mise à jour, le double de la demande de produit sanguin, la fiche de traçabilité ;
- réaliser un test ultime au lit du patient ;
- surveiller le patient afin de déceler l'apparition précoce de signes cliniques anormaux ;
- attester de la pose de la transfusion sur la fiche de traçabilité.

b. Conduite à tenir en cas d'incident/accident transfusionnel :

- arrêter la transfusion en maintenant sa voie veineuse (en perfusant du sérum physiologique ou du glucosé) ;
- prévenir immédiatement le médecin transfuseur et le correspondant d'hémovigilance de l'établissement (qui précisera la conduite à tenir en fonction du type de réaction) ;
- ne pas enlever le perfuseur de la poche en cours de transfusion, ne pas prélever dans la poche ;
- effectuer au moins 2 prélèvements sanguins en vue de 2 hémocultures pour le laboratoire bactériologique ;
- prévoir 1 tube sec pour examen spécifique suivant l'accident ;
- envoyer la poche avec la tubulure soit au laboratoire, soit à l'établissement de transfusion sanguine.

Monsieur B., âgé de 58 ans, est admis dans le service de réanimation médicale le 1er avril 2000. Il présente un tableau de détresse respiratoire aiguë avec :

- une cyanose des extrémités ;
- une polypnée à 35 mouvements par minute ;
- des sueurs ;
- un état d'agitation ;
- un pouls à 140 battements par min ;
- une pression artérielle à 160/90 mmHg ;
- une température à 39,2° C ;
- des sécrétions trachéales purulentes.

Il souffre depuis plusieurs années d'une insuffisance respiratoire chronique.
Il a fumé 40 paquets/année.

Depuis 5 ans, M. B. est trachéotomisé et ventilé par intermittence au domicile. Jusqu'à ce jour, il prenait en charge ses soins avec l'aide de sa femme.
M. B. est père de 4 enfants âgés de 13 à 20 ans. Il est instituteur, en longue maladie depuis 5 ans. Il est régulièrement hospitalisé dans le service de réanimation médicale pour des épisodes de décompensation respiratoire aiguë.

À l'auscultation, le médecin perçoit un encombrement bronchique. Il prescrit des examens complémentaires, dont les résultats sont les suivants :

- gaz du sang :
  - pH : 7,35,
  - PaO_2 : 70 mmHg,
  - $PaCO_2$: 55 mmHg,
  - SaO_2 : 88 %,
  - HCO_3 : 38 mmol/L ;
- NFS-plaquettes :
  - globules rouges : 5 700 000/mm^3 »,
  - globules blancs : 20 000/mm^3 dont 90 % de polynucléaires neutrophiles,
  - hématocrite : 45 %,
  - hémoglobine : 15 g/dL,
  - plaquettes : 150 000/mm^3 ;
- radiographie pulmonaire : opacité des deux champs pulmonaires ;
- hémoculture faite ;
- prélèvement bronchique distal protégé : présence d'un germe à Gram+ ;
- la bandelette urinaire ne montre aucune anomalie.

Le diagnostic médical retenu est : pneumopathie bilatérale.

Les prescriptions sont les suivantes :

- ventilation artificielle en mode spontané avec une aide inspiratoire à 15 cm d'eau, FiO_2 à 50 % ;
- perfusion périphérique : PLASMALYTE ® G 5 % : 1 500 mL par 24 heures avec une ampoule de 500 mg de vitamine B1, une ampoule de 250 mg de vitamine B6 et un flacon de polyvitamines ;
- AUGMENTIN ® (antibiotique) : l g 4 fois par jour en IV à diluer dans une poche de 50 mL de sérum physiologique et à passer en 30 min ;
- FRAGMINE ® (héparine de bas poids moléculaire) : 2 500 UI 1 fois par jour en sous-cutanée ;
- NUTRISON ENERGIE PLUS ® (alimentation entérale par sonde naso-gastrique) : 2 000 kcal dans 1 500 mL en continu sur 24 heures ;
- kinésithérapie mobilisatrice et respiratoire 2 fois par jour ;
- surveillance de la saturation en oxygène par oxymètre de pouls en continu ;
- **hémocultures** (3) si la température est > 38,5 °C ou < 36° C ;
- **gaz du sang** de contrôle.

Vous êtes infirmière dans le service de réanimation médicale et polyvalente pour adultes. Le 2 avril, vous travaillez de 8 heures à 20 heures, en binôme avec une aide-soignante et dispensez les soins à M. B.
Vous recueillez les éléments suivants :

- M. B. est fatigué et présente un amaigrissement de 5 kg depuis sa dernière hospitalisation, il y a un mois. À ce jour, il pèse 55 kg pour 1,70 m ;
- lors de la toilette, M. B. manifeste des gestes d'indifférence. Il ne collabore plus aux soins de trachéotomie et se laisse soigner passivement contrairement aux hospitalisations précédentes ;
- pendant les visites, M. B. garde les yeux fermés et montre un manque d'intérêt vis-à-vis de ses proches ;
- Mme B. semble lasse, désespérée et épuisée moralement face à l'état de santé de son mari. Elle craint l'apparition de complications cutanées, ce qui est déjà arrivé lors d'une hospitalisation précédente. Elle s'inquiète beaucoup pour l'avenir. Elle n'a plus le temps de s'occuper de ses enfants ni d'elle-même. Elle ne voit plus ses amies.

Questions

1 *En vous appuyant sur le diagnostic médical, sur les éléments cités dans le texte et sur vos connaissances, dégagez le ou les problèmes réels et/ou potentiels de M. B. le 2 avril 2000.*
Parmi ces problèmes devront apparaître la formulation de deux hypothèses de diagnostics infirmiers pour M. B. et/ou sa famille sous forme de PFS (problème, facteurs favorisants, signes) ou PES (problème, étiologie, signes).
Consignes : l'argumentation des problèmes est attendue, signes, cause(s) ou facteurs favorisants et les éventuelles conséquences. (18 points)

2 *En regard de chacune des prescriptions médicales écrites en caractères gras dans le texte :*
- *explicitez l'intérêt de chacune d'entre elles ;*
- *citez les actions à mettre en œuvre et les éléments de surveillance.*

Consignes :
- *les résultats normaux des gaz du sang sont attendus ;*
- *les calculs de dose du NUTRISON® et de l'AUGMENTIN®, la mise en œuvre de la pose de la sonde gastrique ne sont pas attendus.* (10 points)

3 **a.** *Calculez le débit en gouttes par minute de la perfusion de PLASMALYTE® G 5 % sans tenir compte du volume ajouté des vitamines.*
b. *Calculez le nombre de kcal/mL du NUTRISON ENERGIE PLUS®.*
Consignes :
- *le raisonnement mathématique doit apparaître pour tous les calculs ;*
- *toute absence de raisonnement ou erreur de calcul entraînent 0 à la question.* (6 points)

4 **a.** *Définissez : trachéotomie.*
b. *Citez et justifiez les éléments de surveillance liés à la trachéotomie de M. B.*
c. *Indiquez les soins infirmiers à mettre en œuvre.* (4 points)

Réponses

1 Problèmes réels et/ou potentiels de M. B.

➡ **Problèmes somatiques :**

- décompensation respiratoire aiguë chez un insuffisant respiratoire chronique :
  – cause : pneumopathie bilatérale à germe Gram +,
  – signes :
    - cyanose des extrémités,
    - polypnée à 35 mouvements par minute,
    - agitation,
    - sueurs,
    - tachycardie à 140 battements par minute,
    - hypoxémie et hypercapnie aux résultats des gaz de sang,
  – conséquences : risque d'encéphalopathie respiratoire (coma) et risque d'insuffisance cardiaque ;
- pneumopathie bilatérale à Gram + :
  – causes : infection chez un insuffisant respiratoire chronique trachéotomisé et ventilé par intermittence à domicile,
  – signes :
    - hyperthermie à 39,2° C,
    - sécrétions trachéales purulentes avec encombrement bronchique,
    - opacité des champs pulmonaires à la radiographie du thorax,
    - hyperleucocytose : 20 000 globules blancs/mm^3 dont 90 % de polynucléaires neutrophiles,
    - présence d'un germe Gram + au prélèvement distal protégé bronchique,
  – conséquences :
    - risque de septicémie, risque de choc infectieux,
    - altération de l'état général (fatigue, chute de poids).

(Ces deux problèmes peuvent être traités en un seul.)

➡ **Problème psychologique :**

- désintérêt pour ses soins et vis-à-vis de son entourage ;
- signe : perte d'espoir.

➡ **Problèmes potentiels :**

- risque d'évolution vers un cœur pulmonaire chronique (insuffisance cardiaque droite) chez un patient insuffisant respiratoire chronique ;

• risque de complications de décubitus :
– cutanées (antécédent d'escarres lors de la précédente hospitalisation),
– thrombo-emboliques ;
• majoration des risques d'infections nosocomiales : ventilation assistée, sonde naso-gastrique, cathéter périphérique.

Hypothèses de diagnostics infirmiers

• perte d'espoir :
– facteurs favorisants :
 - dégradation de l'état de santé,
 - trachéotomie au long cours,
– signes :
 - passivité lors des soins,
 - manque de collaboration aux soins de trachéotomie,
 - manque d'intérêt pour les proches,
 - garde les yeux clos pendant leurs visites ;
• déficit nutritionnel :
– lié à :
 - l'aggravation de l'état de santé,
 - la répétition des infections,
 - la perte d'espoir,
– se manifestant par :
 - une perte de poids de 5 kg en un mois,
 - un rapport poids-taille faible : 55 kg/ 1,70 m ;
• risque de défaillance dans l'exercice du rôle de l'aidant naturel (sa famille) :
– facteurs de risque :
 - gravité et évolution imprévisible de la maladie,
 - lassitude, désespoir et épuisement moral de l'épouse,
 - inquiétude pour l'avenir,
 - manque de temps pour elle-même et ses enfants ;
• risque de syndrome d'immobilité :
– facteurs favorisants :
 - amaigrissement de 5 kg en 1 mois,
 - alitement et mobilité réduite,
 - antécédents de complications cutanées lors d'une précédente hospitalisation,
 - fatigue,
 - hyperthermie ;
• risque de perturbation de la dynamique familiale.

2 Prescriptions médicales, intérêt, mise en œuvre et surveillance

Avant chaque soin, l'infirmier(ère) :
• vérifie la prescription médicale (datée, signée, écrite, qualitative et quantitative) ;
• respecte les règles d'hygiène et d'asepsie ;
• utilise des gants pour prévenir le risque d'exposition au sang ;
• vérifie les dates de péremption du matériel et des produits utilisés ;
• informe le patient et recherche sa collaboration ;
• assure la transmission orale et écrite des informations pertinentes.

Prescriptions médicales	Mise en œuvre	Surveillance
• AUGMENTIN ® 1 g 4 fois par jour par voie intraveineuse à diluer dans une poche de 50 mL de sérum physiologique et à passer en 30 min. Traiter la pneumopathie à germe Gram +	• Planifier sur 24 heures, 1 g toutes les 6 heures. • Préparer le produit. • Calculer le débit. • Vérifier l'efficacité de la voie veineuse (reflux, perméabilité, étanchéité). • Mettre en route la perfusion sur robinet (rampe ou robinet à 3 voies).	• Efficacité : – diminution de la température ; – diminution des sécrétions bronchiques, qui deviennent claires et fluides ; – normalisation de la fréquence respiratoire (stabilisation des pulsations cardiaques) ; – disparition des sueurs ; – les clichés thoraciques ne montrent plus d'opacification ; – normalisation en NFS (GB) et gaz du sang. • Surveillance du débit de la perfusion de l'ATB. • Surveillance locale du point de ponction (rougeur, chaleur, douleur, pansement occlusif et sec).

Prescriptions médicales	Mise en œuvre	Surveillance
		• Apparition des effets secondaires : – troubles digestifs (nausées, vomissements, diarrhées) ; – signes d'allergie cutanée ou choc anaphylactique, œdème de Quincke.
• FRAGMINE ® Anticoagulant (HBPM) 2 500 UI 1 fois par jour par voie sous-cutanée. Prévention des troubles thrombo-emboliques liés à l'alitement de M. B.	• Planifier l'injection. • Réaliser l'injection en variant les points d'injection.	• Pas de risque de saignement en doses préventives. • Surveillance de l'apparition des signes de phlébite (mollets douloureux avec induration, chaleur, rougeur et diminution du ballottement, dissociation du pouls et de la température). • Sur prescription médicale : NFS-plaquettes à la recherche d'une thrombopénie.
• NUTRISON ENERGIE PLUS ® 2 000 kcal/1 500 mL, en continu sur 24 heures. Alimentation entérale. Assurer une alimentation riche en glucides, lipides, protides et sels minéraux. Limiter la perte de poids.	• Vérifier le fonctionnement et le bon positionnement de la sonde naso-gastrique (injection d'air et auscultation du bruit aérique avec le stéthoscope). • S'assurer que la radiographie de contrôle a été faite et vue par le médecin. • Planifier les flacons sur 24 heures. • Calculer le débit.	• Surveillance du débit. • Faire le bilan des entrées et sorties. • Peser le malade et établir une courbe de poids. • Surveiller l'apparition de signes de déshydratation (pli cutané, sécheresse des muqueuses et sensation de soif). • Effets secondaires : apparition de diarrhées, nausées, vomissements et météorisme abdominal.
• Hémoculture Ssi température > 38,5 °C ou < 36 °C. Rechercher un germe et établir un antibiogramme ou dépister une septicémie.	• Prélever les hémocultures de préférence au moment des pics thermiques et/ou frissons. • Prélever en utilisant du matériel adapté (flacons aérobie et anaérobie) en préservant le capital veineux. • Remplir le bon au nom du patient en notant l'heure, la date, le numéro de l'hémoculture, la température et le traitement antibiotique. • Acheminer rapidement au laboratoire, sinon, mettre en étuve.	• Surveillance du point de ponction. • Récupérer les résultats et les montrer au médecin.

Prescriptions médicales	Mise en œuvre	Surveillance
• Gaz du sang Évaluer les échanges gazeux et contrôler l'efficacité de la ventilation mécanique (hématose et équilibre acido-basique).	• S'assurer qu'un médecin puisse intervenir à tout moment. • Veiller à ce que le patient soit bien adapté à son ventilateur. • Réaliser le prélèvement en utilisant du matériel adapté (seringue héparinée). • Prélever en artériel. • Remplir le bon au nom du patient en notant la date, l'heure, la température et les constantes de ventilation. • Faire acheminer immédiatement et rapidement au laboratoire, ou mettre dans la glace. • Comprimer manuellement jusqu'à l'arrêt du saignement.	• Surveillance du point de ponction à la recherche d'hématome. • Récupérer les résultats et les montrer au médecin. • Résultats normaux : – pH : 7,38 à 7,42 ; – PaO_2 : 80 à 100 mmHg ; – $PaCO_2$: 35 à 40 mmHg ; – HCO_3 : 22 à 26 mmol/L ; – saturation en $O_2 \geq 95$ %.

3 Calculs

a. Débit de la perfusion de PLASMALYTE ®

Il faut passer 1 500 mL ou 1 500 × 20 gouttes (1 mL = 20 gouttes) en 24 h ou 60 × 24 min.

Le débit de la perfusion est donc : $\frac{1\,500 \times 20}{60 \times 24}$

= 20,83, soit 21 gouttes par minute par excès.

b. Pouvoir calorique de NUTRISON ENERGIE PLUS ®

Le Nutrison apporte 2 000 kcal par 1 500 mL, soit $\frac{2\,000}{1\,500} = 1{,}33$ kcal/mL.

4 Trachéotomie

a. Définition

Une trachéotomie est une ouverture de la face antérieure de la trachée pour mettre en place une canule trachéale sans modification des structures anatomiques.

b. Éléments de surveillance :

• fonction respiratoire : amplitude, rythme, agitation, cyanose pour dépister la présence de bouchons muqueux qui obstrueraient la canule (vérification de la pression du ballonnet, selon le type de canule pour éviter les fuites) ;

• état cutané local à la recherche d'inflammation ou d'irritation ;

• température : hyperthermie pouvant signifier une infection.

c. Soins infirmiers :

• contrôle de la fréquence respiratoire ;

• aspiration des sécrétions dès que nécessaire, après instillation trachéale (changement de la sonde à chaque aspiration) ;

• soins locaux :

– nettoyage de l'orifice de trachéotomie,

– change de la canule (ou chemise),

– change du cordonnet,

– réfection du pansement ;

• les aspirations et les soins locaux se font de manière aseptique.

Mme L., 45 ans, est hospitalisée le 8 février 1999 dans le service où vous travaillez, pour brûlures importantes, consécutives à la mauvaise utilisation d'un barbecue.
Les brûlures sont localisées au niveau des oreilles, du bas du visage, du cou, à la face antérieure du thorax, à la partie supérieure de l'abdomen, aux faces internes et externes des bras, aux poignets et à la main gauche.
Au total, la surface brûlée est estimée à environ 25 % dont 6 à 8 % au 3e degré, prédominant au cou et au thorax.

Dès son arrivée dans le service, et compte tenu de la gravité de son état, la prise en charge de Mme L. est la suivante :
- intubation et mise sous ventilation assistée ;
- pose d'une sonde urinaire, d'une sonde gastrique ;
- pose d'un cathéter central par voie fémorale avec réanimation hydro-électrolitique ;
- mise en place d'un traitement chirurgical (incisions de décharge pour éviter les compressions) ;
- pansements stériles ;
- antibiothérapie ;
- mise en isolement protecteur ;
- bilan des entrées et des sorties ;
- surveillance des constantes, et surveillance monitorée ;
- prise en charge par un kinésithérapeute.

Durant les 3 premières semaines de son hospitalisation, Mme L. est sédatée pour faciliter la ventilation assistée. Son mari téléphone de façon irrégulière pour « savoir si elle est réveillée », mais ne s'informe pas de la gravité ni de l'évolution de son état.

Le 20 février une amie lui rend visite. Elle nous apprend que le couple est au chômage depuis plusieurs années, qu'il a de gros problèmes financiers, que M. L. est éthylique chronique et que Mme L. boit de façon exagérée depuis 2 ans. Ils ont un fils de 10 ans qui a été placé dans une famille d'accueil depuis l'hospitalisation de sa mère.
La sédation est levée progressivement à partir du 23 février et Mme L. est extubée le 26.
Durant 24 heures elle tient des propos incohérents puis semble progressivement prendre conscience de son état. Elle dit ne plus se souvenir de l'accident. Elle demande qu'on appelle son mari, mais celui-ci dit ne pas vouloir venir « si c'est pour pleurer sur son sort ».
Le 27 février, les pansements sont refaits sous anesthésie générale et des culots globulaires sont prévus le lendemain pour compenser les pertes sanguines liées à l'intervention.
Le 28 février le traitement de Mme L. est le suivant :
- soluté glucosé 10 %, 1 L/24 h de 8 h à 8 h, avec :
  – NaCl : 6 g (ampoules de 10 mL dosées à 20 %),
  – KCl : 3 g (ampoules de 10 mL, dosées à 20 %),
  – NONAN ® : 1 flacon de 40 mL (oligo-éléments),
  – HYDROSOL ® polyvitaminé : 1 amp. de 2 mL (vitamines) ;
- TRIVÉ 1000 ® : 1 L/24 h ;
- FRAXIPARINE ® (anticoagulant) : 0,3 mL à 20 h ;
- TAZOCILLINE ® (antibiotique) : 4 g × 3, flacons de 20 mL prêts à l'emploi à passer en 30 min dans 100 mL de soluté glucosé à 5 % ;
- NÉTROMYCINE ® (antibiotique) : 250 mg à 12 h à passer dans 100 mL de glucosé à 5 % (amp. de 1,5 mL dosées à 150 mg) ;
- MYOLASTAN ® (myorelaxant) : 1 cp × 3
- NOZINAN ® (neuroleptique) : 1 cp à 25 mg × 3 ;
- MORPHINE ® injectable (stupéfiant) : 1 mg/h en seringue électrique (amp. dosée à 1 cg) ;
- DÉBRIDAT ® (antispasmodique) : 1 amp. × 3 en injection intraveineuse directe ;
- DREEP ® hyperprotidique (alimentation entérale) : 500 mL en 8 h ;
- 3 culots globulaires ;
- rééducation passive et active ;
- bilan sanguin :
  – gaz du sang - ionogramme - CRP,
  – protidémie - agglutinines irrégulières,
  – numération-formule sanguine après la transfusion ;
- ionogramme urinaire ;
- radio de thorax ;
- surveillance du pouls, de la pression artérielle, et de la température, toutes les 3 h ;
- 3 hémocultures si température > à 38, 5 °C ou < à 36 °C.

Ce même jour, durant la toilette, Mme L. demande à se regarder dans un miroir, ce qui lui est refusé. Elle pleure et vous demande de « ne pas la regarder ». Plus tard, elle s'inquiète de ce qu'il faudra faire afin de « cacher tout ça ».

Questions

1 *Vous prenez en charge Mme. L. le 28 février 1999. Compte tenu des données du texte, analysez la situation de Mme L. à ce jour.* (9 points)

2 *Expliquez l'intérêt de chacune des prescriptions pour la journée du 28 février, leur mise en œuvre et la surveillance infirmière qui en découle. (Faites apparaître vos calculs.)* (15 points)

3 *Parmi les problèmes de santé présentés par Mme L., l'équipe en retient deux : anxiété et perturbation de l'image corporelle.*
Pour chacun d'eux, formulez le diagnostic infirmier, les objectifs poursuivis, les actions mises en œuvre et les critères d'évaluation. (15 points)

4 *Reportez sur votre copie les noms correspondants aux numéros du schéma d'une coupe histologique de la peau.*

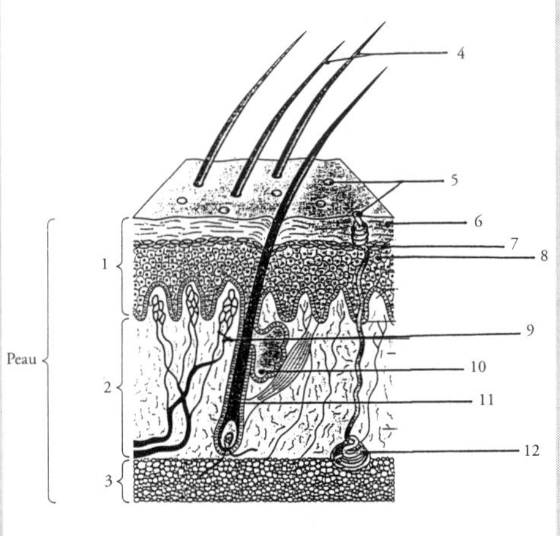

Citez et expliquez les différents rôles de la peau. (8 points)

5 *Lors de la vérification du culot globulaire par la méthode de Beth-Vincent, vous obtenez les résultats suivants :*

	Sérum anti-B	Sérum anti-A	Sérum anti-A + B
Mme L.	+++	0	+++
Concentré globulaire	+++	0	+++

+++ : agglutination ; 0 : pas d'agglutination

Commentez ces résultats.
Expliquez le principe du contrôle prétransfusionnel par la méthode de Beth-Vincent et sa réalisation.
Le bilan transfusionnel comporte la recherche d'agglutinines irrégulières.
Expliquez l'intérêt de cet examen. (13 points)

Réponses

1 Analyse de la situation de Mme L. le 28 février

Madame L., 45 ans, a été hospitalisée pour brûlures importantes le 8 février 1999 suite à une mauvaise utilisation d'un barbecue. La surface brûlée est estimée à 25 % de la surface corporelle dont 6 à 8 % au 3e degré prédominant au cou et au thorax. Les brûlures sont localisées au bas du visage jusqu'à la partie haute de l'abdomen y compris les bras, les poignets et la main gauche. Dès son arrivée, et compte tenu de la gravité de son état Mme L. a été intubée, mise sous ventilations assistée et sédatée pendant 3 semaines. Elle a bénéficié des soins suivants :

- d'un isolement protecteur, d'une antibiothérapie, de pansements stériles ;
- d'un traitement chirurgical à type d'incisions de décharge pour éviter les compressions ;
- d'une prise en charge par le kinésithérapeute pour éviter les rétractions, les positions vicieuses et les complications liées au décubitus (escarre, encombrement bronchique) ;
- d'une réanimation hydro-électrolytique par l'intermédiaire d'un cathéter central par voie fémorale. La pose d'une sonde urinaire permet de comptabiliser le volume d'urines émises et de le prendre en compte dans le bilan des entrées et des sorties ;
- d'une surveillance monitorée et d'une prise des constantes (pouls, PA, température).

Au plan familial et social

- le mari téléphone de manière irrégulière pour savoir si Mme L. est réveillée, mais ne s'informe ni de la gravité ni de l'évolution de son état ;
- une amie du couple, venue rendre visite à Mme L., apprend à l'équipe de soins que le couple est au chômage et rencontre de ce fait des problèmes financiers. M. L. est alcoolique chronique tandis que Mme L. boit de façon exagérée depuis 2 ans. Leur fils âgé de 10 ans a été placé dans une famille d'accueil depuis l'hospitalisation de sa mère.

La sédation a été levée progressivement et Mme L. a été extubée le 26 février. Elle ne se souvient plus de l'accident et réclame son mari. Celui-ci dit ne pas vouloir venir « si c'est pour pleurer sur son sort ».

Le 27 février, les pansements sont effectués sous anesthésie générale et des culots globulaires sont prévus pour le 28 février pour compenser les pertes sanguines liées à l'intervention.

Le 28 février le traitement est le suivant :

- réanimation hydrique :
  - glucosé 10 %, 1 L/24 h de 8 h à 8 h, avec :
    . 6 g de NaCl (amp. de 10 mL dosée à 20 %),
    . 3 g de KCl (amp. de 10 mL, dosée à 20 %),
    . 1 flacon de 40 mL de NONAN ® (oligo-éléments),
    . 1 amp. de 2 mL d'HYDROSOL POLYVITAMINÉ ® (vitamines).

L'efficacité de la réanimation sera contrôlée par l'ionogramme sanguin et urinaire, les gaz du sang, la CRP et la protidémie ;

- couverture antibiotique pour éviter l'infection
  - TAZOCILLINE ® (antibiotique), 4 g × 3, flacons de 20 mL à passer en 30 min dans 100 mL de soluté glucosé à 5 %,
  - NÉTROMYCINE ® (antibiotique), 250 mg à 12 h à passer dans 100 mL de soluté glucosé à 5 % (amp. de 1,5 mL dosée à 150 mg).

L'efficacité des antibiotiques sera contrôlée toutes les 3 h par l'absence de fièvre. En cas de T° > à 38, 5 °C ou < à 36 °C, 3 hémocultures seront pratiquées ;

- apports nutritionnels : la patiente est supplémentée par :
  - TRIVÉ ® 1000 : 1 L/24 h, passé par voie parentérale (émulsion lipido-protéo-glucidique),
  - DREEP ® (hyperprotidique) : 500 mL à passer en 8 h par voie entérale ;
- compensation sanguine : Mme L. reçoit ce jour 3 culots globulaires, après recherche des agglutines irrégulières, pour compenser les pertes liées à l'intervention sous anesthésie générale. La numération-formule permettra d'évaluer l'efficacité des culots globulaires ;
- surveillance des constantes : la prise du pouls et de la pression artérielle toutes les 3 h renseigne sur l'état hémodynamique de la patiente. L'élévation de la température et un pouls plus rapide que la normale peuvent alerter et faire rechercher une éventuelle infection.

Au plan psychologique, Mme L. demande à se regarder dans un miroir ce qui lui est refusé. Ce refus occasionne des pleurs et la demande « de ne pas être regardée ». Plus tard, elle s'inquiète de savoir ce qu'il faudra faire afin de « cacher tout ça ».

2 Intérêt des prescriptions – Mise en œuvre – Surveillance

Intérêt des prescriptions	Mise en œuvre	Surveillance
TRIVÉ ® (émulsion lipido-protéo-glucidique, 1 000 Cal/L) en perfusion.	• Perfusion à débit constant et régulier par l'intermédiaire du cathéter central. Respecter une asepsie rigoureuse lors des soins et des manipulations du cathéter.	• Surveillance quotidienne : cathéter, température, poids, état général, glycosurie, ionogramme urinaire et plasmatique, urée sanguine et urinaire sur prescription médicale. • Surveiller l'efficacité : prise de poids. • Incidents : liés au cathétérisme (infectieux, notamment), troubles hydro-électrolytiques et acido-basiques (rétention hydrosodée fréquente avec prise de poids, hypokaliémie, acidose métabolique hyperchlorémique. • Troubles liés à l'apport de lipides (surcharge lipidique avec somnolence, asthénie, fièvre, douleurs abdominales, ictère).

Intérêt des prescriptions	Mise en œuvre	Surveillance
FRAXIPARINE ® (héparine de bas poids moléculaire). Anticoagulant : traitement préventif des thromboses veineuses chez une personne alitée et fatiguée.	• Injection par voie sous-cutanée. • Varier les points d'injection. • Les ecchymoses seront d'autant moins importantes que l'aiguille aura été enfoncée avec douceur et le liquide injecté lentement.	• Surveillance régulière : plaquettes. • Surveiller l'apparition d'hémorragies (saignement des gencives, veines et hématomes).
TAZOCILLINE ® associée à un aminoside dans les infections sévères.	• Perfusion intraveineuse : 4 g × 3 flacons de 20 mL à passer en 30 min dans 100 mL de glucosé à 5 %.	
NÉTROMYCINE ® (antibiotique à spectre d'action étroite) : agit sur les bactéries Gram négatif. Aminoside : action bactéricide.	• Perfusion intraveineuse : 250 mg à passer dans 100 mL de glucosé à 5 % à midi.	• Surveiller une éventuelle réaction allergique ou des troubles digestifs à type de vomissements, diarrhée, nausées.
MYOLASTAN ® (myorelaxant ayant aussi une action sédative, anxiolytique et anticonvulsivante).	• 1 comprimé trois fois par jour (toutes les 8 heures).	• Effets indésirables : somnolence, difficultés de concentration, hypotonie, sensation ébrieuse. • Phénomènes d'adaptation ou de tolérance avec risque de dépendance. • Possibilité d'hypersécrétion bronchique régressant à l'arrêt de la prise du traitement. • Réactions cutanées allergiques.
NOZINAN ® (neuroleptique ayant des effets antipsychotiques, antiémétisants et sédatifs).	• 1 comprimé trois fois par jour (toutes les 8 heures).	• Effets indésirables : psychiques (sédation, indifférence affective, état dépressif), neurologiques (dyskinésies précoces), endocriniens (prise de poids), hypotension orthostatique.
Morphine injectable (stupéfiant). Analgésique central représentant le traitement de référence des douleurs rebelles.	• Injection par voie intramusculaire ou sous-cutanée : 1 mg par heure en seringue électrique (ampoule dosée à 1 cg). • Respecter la procédure (stupéfiant enfermé dans une armoire fermée à clé : enregistrer le nom du prescripteur, la posologie prescrite, le	• Effets indésirables : la morphine déprime les centres respiratoires et de la toux, augmente le tonus des sphincters musculaires lisses. • Surveiller : constipation, nausées, vomissements, dépression respiratoire, sédation, manisfestations dysphoriques, confusion mentale, vertiges, hypotension orthostatique. Possibilité de choc anaphylactique.

Intérêt des prescriptions	Mise en œuvre	Surveillance
	mode d'administration, le nom du soignant, l'heure de l'injection. • Ampoule vide dans l'armoire en fin d'injection).	
DÉBRIDAT ® (antispamodique musculotrope, à action directe au niveau des fibres musculaires lisses du tube digestif).	• 1 ampoule, 3 fois par jour, en injection intraveineuse directe lente (3 à 5 minutes).	• Rares effets secondaires indésirables (troubles digestifs mineurs, réactions cutanées allergiques).
DREEP ® (hyperprotidique). Nutrition entérale à débit continu pour réaliser par voie digestive des apports nutritionnels élevés.	• Respecter une asepsie rigoureuse lors des manipulations et de l'administration pour éviter les pullulations microbiennes.	• Surveiller l'apparition de diarrhées (fréquentes) dues généralement à un débit irrégulier, de vomissements (rares) dus à une position défectueuse de la sonde. • Contrôle régulier de la position de la sonde. • Surveiller : état clinique, glycosurie, poids, glycémie, NFS, ionogramme plasmatique et urinaire, urée sanguine et urinaire, taux de prothrombine.
Culots globulaires.	• Réduire l'anémie de la patiente.	• Efficacité : augmentation du taux d'hémoglobine. • Dépister : douleurs lombaires, frissons, signes d'un accident hémolytique.
Hémoculture : prélèvement aseptique de sang veineux pour ensemencement sur des milieux de culture choisis de façon à mettre en évidence la présence de germes pathogènes.	• Au moment où la T ° est > à 38,5 °C ou < à 36 °C et particulièrement au moment d'un pic fébrile ou d'un frisson, noter l'heure du prélèvement, son rang dans la série de 3, le traitement antibiotique et la T ° du malade sur la fiche de laboratoire.	• Veiller à récupérer les résultats et à les communiquer immédiatement au médecin.
Rééducation passive et active pour éviter l'ankylose des articulations et les thromboses.	• Rééducation active par le kiné, passive sur indications du kiné – contraction des mollets (rotule remontée), rotations douces des poignets - pieds à angle droit.	• Encourager la patiente à pratiquer quelques mouvements plusieurs fois dans la journée ; lui en expliquer l'intérêt.

3 Problèmes de santé

Anxiété

Sentiment de malaise lié à l'ignorance des conséquences esthétiques de ses brûlures se manifestant par une demande de se regarder dans le miroir, des pleurs quand cela lui est refusé, puis une demande de ne pas être « regardée ».

Anxiété renforcée en raison d'un réseau de soutien familial défaillant : Mme L. demande que l'on appelle son mari, mais celui-ci répond qu'il ne veut pas venir « si c'est pour pleurer sur son sort ».

Objectifs : résultats escomptés par le patient.

Critères d'évaluation :

- Mme L. se sent moins anxieuse ;
- Mme L. exprime son anxiété ;
- Mme L. est consciente des raisons de son anxiété ;
- Mme L. se sert efficacement des ressources et des réseaux de soutien à sa disposition.

Actions infirmières :

- évaluer le niveau d'anxiété :
  – inventorier les éléments qui peuvent favoriser l'anxiété (maladie dépressive chez les alcooliques, déséquilibre métabolique, anémie chez une personne qui se nourrit sûrement mal du fait de ses problèmes financiers),
  – interroger délicatement le patient sur sa perception de la gravité de la situation actuelle ;
- aider le patient à discerner ses sentiments et à faire face à ses problèmes :
  – faire preuve d'empathie et d'une acceptation inconditionnelle,
  – être disponible pour écouter le patient et lui parler,
  – rassurer le patient de manière réaliste et lui fournir des informations exactes sur la situation actuelle. Exemple : les brûlures les plus profondes prédominent au cou et au thorax, les cicatrices peuvent être cachées plus facilement que sur le visage qui, lui, n'est pas brûlé au 3e degré. Main droite intacte,
  – convaincre le mari de Mme L. que sa présence auprès de Mme L. peut être bénéfique pour diminuer son anxiété.

Perturbation de l'image corporelle

Changement dans la façon dont Mme L. perçoit son image corporelle lié aux importantes brûlures subies, se manifestant par ses réactions et ses dires : « Elle pleure et demande de ne pas la regarder » et par son inquiétude de savoir ce qu'il faudra faire pour « cacher tout ça ».

Objectifs : résultats escomptés pour le patient.

Critères d'évaluation :

- Mme L. s'adapte à sa nouvelle image corporelle, diminuant ainsi son anxiété ;
- Mme L. s'accepte dans cette situation sans perdre l'estime de soi.

Actions infirmières :

- discuter avec Mme L. du sens qu'elle accorde au changement (altération de l'apparence) ;
- observer les interactions de Mme L. avec son mari (renforcement des perturbations de l'image corporelle ? ou avantages secondaires empêchant de progresser ?) ;
- déterminer la capacité d'adaptation de la patiente :
  – enregistrer les progrès de Mme L. par rapport à son niveau actuel d'adaptation,
  – relever les commentaires et les réactions de Mme L. face à sa situation ;
  – noter l'usage de l'alcool susceptible d'entraîner une difficulté d'adaptation au changement ;
- aider Mme L. et son mari à accepter ou à régler les problèmes de concept de soi liés à l'image corporelle :
  – adopter une attitude compréhensive à l'égard de Mme L.,
  – créer un climat de confiance,
  – rendre visite à la patiente le plus souvent possible pour lui montrer qu'elle est digne d'intérêt.

4 Schéma d'une coupe histologique de peau.

1. Épiderme.
2. Derme.
3. Tissu conjonctif sous-cutané.
4. Poils.
5. Orifice d'une glande sudoripare.
6. Couche cornée.
7. Couche granuleuse.
8. Couche de cellules à épine.
9. Vaisseaux sanguins.
10. Glande sébacée.
11. Follicule pileux.
12. Glande sudoripare.

Rôle de la peau :

- rôle protecteur (protection contre les agents microbiens, le soleil, le froid) ;

- rôle sensoriel (3 types de sensations perçues : sensations tactiles, douloureuses, thermiques) ;
- rôle sécréteur (la peau sécrète la sueur par les glandes sudoripares) ;
- rôle de la sécrétion sudorale :
  - élimination de substances toxiques,
  - rôle dans la thermorégulation : la sueur a un rôle essentiel dans la défense de l'organisme contre l'élévation de la température, dans sa lutte contre la chaleur) ;
- rôle dans la synthèse de la vitamine D (action des ultra-violets) ;
- rôle dans l'absorption des substances grasses (les zones cutanées les plus absorbantes se situent au niveau des orifices glandulaires et des poils).

5 CUPT : commentaire des résultats

1. Les réactions d'agglutination sont identiques sur le sang de Mme L. et le concentré globulaire.
2. L'agglutination observée sur le sang de Mme L. et du concentré globulaire en présence des sérums-tests contenant l'anticorps anti-B atteste la présence de l'antigène B à la surface des hématies du receveur et du donneur.

L'absence d'agglutination avec le sérum-test contenant l'anticorps anti-A atteste l'absence de l'antigène A à la surface des hématies du receveur et du donneur.

Madame L. est donc du groupe B, le concentré globulaire également, ce sera donc une transfusion isogroupe.

Principe du CUPT (contrôle ultime prétransfusionnel) par la méthode de Beth-Vincent

Il s'agit de la recherche du ou des antigènes du système ABO à la surface des hématies du patient et du concentré globulaire à transfuser à partir de sérum-test contenant des anticorps connus. La présence d'une agglutination atteste la présence de l'antigène correspondant.

Réalisation :

- déposer 3 gouttes de sang du patient sur un support :
  - sur la première de ces gouttes, déposer une goutte de sérum-test anti-B,
  - sur la deuxième de ces gouttes, déposer une goutte de sérum-test anti-A,
  - sur la troisième de ces gouttes, déposer une goutte de sérum-test anti-A + anti-B ;
- mélanger le sérum-test et la goutte de sang à l'aide d'un agitateur (qui est essuyé après chaque manipulation) ;
- procéder de la même manière pour le concentré globulaire ;
- « chalouper » le support pour bien mettre en évidence les réactions d'agglutination ;
- comparer : les réactions doivent être identiques sur le sang du patient et sur le sang du culot à transfuser.

Intérêt de la recherche d'agglutinines irrégulières

Assurer la sécurité transfusionnelle immunologique par la recherche d'anticorps dirigés contre les antigènes de groupe sanguin en dehors de l'antigène A et de l'antigène B.

Ces anticorps sont de deux types :

- soit ils apparaissent après une transfusion ou après une grossesse bébé Rh+ mère Rh-, ce sont des anticorps immuns les plus dangereux ;
- soit ils apparaissent en dehors de toute transfusion, ce sont des anticorps naturels.

Assurer la sécurité immunologique de la grossesse : certains anticorps peuvent être responsables de la maladie hémolytique du nouveau-né.

Le délai entre la recherche d'agglutinines irrégulières et la transfusion sanguine ne doit pas excéder 3 jours.

Présentation du sujet

Infirmière dans le service de réanimation, vous avez la responsabilité dans votre secteur de Mme C., 39 ans, mutée du service des urgences le 30 janvier 1999, où elle avait été admise pour tentative de suicide (TS) médicamenteuse sur un état dépressif connu et suivi.

Documents proposés :

- présentation de la situation aux urgences ;
- présentation de la situation en réanimation ;
- éléments de la biographie de Mme C. ;
- histoire des troubles psychiatriques de Mme C. ;
- arbre décisionnel.

Présentation de la situation aux urgences

Prise en charge à son domicile par le SMUR, Mme C., âgée de 39 ans, a été admise dans le service des urgences le 30 janvier, pour une intoxication médicamenteuse volontaire.

Elle était accompagnée de son époux qui présentait une intoxication éthylique aiguë et ne pouvait, de ce fait, fournir des renseignements complémentaires.

Elle présentait à l'entrée un coma réactif à la stimulation (stade 1). Le score de Glasgow était de 9 à l'arrivée ; sa pression artérielle à 9-6, son pouls à 110, la glycémie capillaire à 0,91 g/L. La prise probable des médicaments a eu lieu environ 4 à 5 h avant son hospitalisation.

La conduite thérapeutique a été la suivante :

- voie veineuse périphérique et pose de 500 mL de RINGER LACTATE® ;
- lavage gastrique de 15 L qui s'est révélé non productif ;
- bilan ionique sanguin + NFS (numération-formule sanguine) + bilan de coagulation + alcoolémie + recherche de toxiques dans les urines qui s'est avérée positive aux benzodiazépines et aux antidépresseurs ;
- oxygénothérapie 2 L/min au masque ;
- ECG ;
- radio des poumons après lavage gastrique.

Une décision de mutation dans le service de réanimation s'était alors imposée pour surveillance et traitement en raison de l'état neurologique de Mme C.

Présentation de la situation en réanimation

Mme C. était donc arrivée à 10 h dans le service de réanimation où la prescription médicale suivante avait été mise en route pour 24 h et renouvelée à J2 :

- soluté glucosé à 10 % 2 litres (soluté de réhydratation) avec :
  - + 3 g de chlorure de potassium – amp. de 10 mL à 10 %,
  - + 6 g de chlorure de sodium – amp. de 20 mL à 20 %,
  - + 2 g de chlorure de calcium – amp. de 10 mL à 10 % ;
- RINGER LACTATE® 2 L (soluté rééquilibrant ionique), en dérivation et en continu, flacon de 500 mL ;
- MANNITOL® 10 % 500 mL (diurétique – anti-œdémateux) par voie veineuse en dérivation pendant 6 h ;
- FRAXIPARINE® (anticoagulant) 0,3 mL en injection sous-cutanée ;
- O_2 4 L/min par sonde nasale en continu ;
- Surveillance :
  - électrocardiogramme en continu,
  - oxymétrie de pouls toutes les heures à J1 et toutes les 2 h à J2,
  - bilan ionique sanguin renouvelé à J2.

Prévoir une consultation psychiatrique en fonction de l'état de conscience.

Les deux jours suivants, l'évolution sous diurèse osmotique neutre avait été simple permettant un retour à la conscience normale à J2. Le premier lever avait eu lieu à J2 ainsi que la reprise alimentaire.

La consultation de psychiatrie a eu lieu ce jour, le 1er février, soit à J3. Le médecin psychiatre a retenu en accord avec elle une hospitalisation en soins continus en psychiatrie dès le lendemain.

Vous prenez alors connaissance du dossier de Mme C. relatif à ses précédentes hospitalisations dans le service de psychiatrie, qui comporte les éléments de sa biographie et l'histoire de ses troubles.

Éléments de la biographie de Mme C.

Mme C. est née le 4 janvier 1959 en Alsace ; elle est mariée depuis 17 ans, et a 3 filles âgées de 15 ans, 10 ans et 2 ans.

Elle est arrivée dans le Midi pour son travail, s'y est mariée et installée. Elle se sent loin de sa famille, de ses racines.

La naissance de sa dernière fille en 1996 était non désirée. Celle-ci était porteuse à la naissance d'une anomalie cardiaque congénitale, à l'heure actuelle corrigée.

Cuisinière dans une maison de retraite pendant 15 ans, Mme C. a eu des difficultés à assumer sa charge de travail familiale et professionnelle ainsi que ses problèmes de santé. Elle a donc demandé un congé parental quelques mois après la naissance de sa 3e fille. Mme C. regrette à l'heure actuelle de ne plus travailler, elle ne se sent pas valorisée dans son rôle de femme au foyer, elle a peur de ne plus assumer son rôle de mère correctement.

Elle déplore la perte des relations qu'elle avait avec ses collègues de travail. Elle exprime son incapacité à affronter la situation et à assumer l'exigence de ses rôles. Elle se plaint par ailleurs de ses difficultés conjugales et décrit son mari comme une personne impulsive et alcoolique sur qui elle ne peut absolument pas compter.

Histoire des troubles psychiatriques de Mme C.

Le début des troubles se situe en février 1997. Mme C. avait présenté un état anxio-dépressif grave et avait fait une première tentative de suicide. Une hospitalisation avait eu lieu.

Un traitement par ANAFRANIL® (antidépresseur) avait été efficace à ce moment-là.

En 1998, deuxième tentative de suicide et nouvelle hospitalisation. Elle avait été traitée par ANAFRANIL® (antidépresseur), XANAX® 25 (anxiolytique benzodiazépine), NOCTRAM® (hypnotique benzodiazépine). Un suivi par l'équipe de secteur avait été nécessaire.

Mme C. était toujours en difficulté dans la gestion de la quotidienneté, signalait toujours le même sentiment d'incapacité, regrettait la perte de ses contacts sociaux et ne voyait pas comment sortir de sa situation, sans pour autant solliciter de l'aide.

Après une période d'amélioration l'équipe avait noté une baisse dans la prise en charge de ses auto-soins.

Questions

1 *Le score de Glasgow :*

- *quelle est son utilité dans l'examen médical et dans votre pratique professionnelle ?*
- *quels critères apprécie-t-on ?* (3 points)

2 *L'état de Mme C. sans traitement aurait évolué vers une situation d'« urgence vitale ». Après avoir défini « urgence vitale », dites quelles sont les fonctions à préserver et citez les manœuvres de réanimation à mettre en œuvre en milieu hospitalier.* (4 points)

3 *En situation d'urgence et en l'absence de médecin, l'infirmière « doit intervenir ».*

Sur quel texte légal et sur quel article (donnez l'essentiel de son contenu), vous appuyez-vous pour justifier cette affirmation ? (3 points)

4 *Citez au moins 5 signes caractérisant un syndrome dépressif.* (3 points

5 *La psychiatrie de secteur :*

- *quel est le texte législatif de référence ?*
- *définissez le secteur ;*
- *donnez-en les principes fondamentaux ;*
- *citez au moins 3 structures hospitalières et extra-hospitalières du secteur psychiatrique.* (3 points)

6 *Quel est l'effet pervers d'un traitement psychotrope pris en ambulatoire chez une personne présentant un syndrome dépressif ?*

Expliquez.

Quel est le risque encouru ? (4 points)

7 *Citez et argumentez les problèmes à traiter en collaboration que les équipes ont eu à gérer dès l'arrivée de Mme C. aux urgences et jusqu'à J3. Faites les liens et expliquez la prescription médicale.* (20 points)

8 *Quelle est la planification que vous avez utilisée pendant les premières 48 h en réanimation (prescription médicale médicamenteuse uniquement). Faites apparaître vos calculs.* (5 points)

9 *Si vous deviez prendre en charge Mme C. dans le service de psychiatrie, quel diagnostic infirmier retiendriez-vous à partir de l'arbre décisionnel proposé ci-après ?*

Argumentez les raisons de ce choix et précisez pourquoi vous ne retiendriez pas les autres diagnostics infirmiers. (15 points)

Arbre décisionnel

Le malade doit modifier son comportement, ses habitudes face à une situation de vie

Diagnostic n° 1	Diagnostic n° 2	Diagnostic n° 3
Avec notion de *désir* d'améliorer son niveau de santé.	Avec verbalisation de *difficultés* à modifier son comportement.	Avec notion d'*incapacité* de modifier son mode de vie ou ses comportements.
1. Désir de mieux maîtriser ses pratiques en matière de santé. 2. Inquiétude quant aux effets de son milieu actuel sur sa santé. 3. Manque de connaissances sur les comportements propices à la santé.	1. Difficulté à utiliser des techniques de résolution de problème. 2. Verbalisation d'incapacité à faire face à la situation, à demander de l'aide. 3. Incapacité à résoudre ses problèmes. 4. Incapacité à satisfaire les besoins de base. 5. Dégradation de la participation sociale.	1. Refus d'accepter le changement dans l'état de santé. 2. Incapacité à chercher des solutions aux problèmes ou à fixer des objectifs. 3. Aucun désir d'autonomie. 4. Incapacité à envisager l'avenir.
La recherche d'un meilleur niveau de santé	**Stratégie d'adaptation individuelle inefficace**	**Incapacité à s'adapter à un changement dans l'état de santé**

Réponses

1 Le score de Glasgow :

- permet d'apprécier la profondeur du coma ;
- permet d'apprécier l'évolution du coma.

➡ **Critères appréciés :**

- l'ouverture des yeux ;
- la réponse verbale ;
- la réponse motrice.

2 Notion d'urgence vitale

Dans une urgence vitale le pronostic vital est en jeu à court terme :

- les fonctions cardio-circulatoire et/ou respiratoire sont défaillantes ;
- les moyens à mettre en œuvre ont pour objectif de préserver les organes vitaux (cœur – cerveau) :

– dégager les voies aériennes supérieures,
– subluxer le maxillaire inférieur,
– mettre en place une canule de Guedel,
– O_2 au masque à 10 ou 12 L/min pouvant être remplacé par une intubation trachéale avec, si besoin, mise sous respirateur artificiel,
– massage cardiaque externe si nécessaire,
– abord veineux périphérique et/ou central.

3 En situation d'urgence et en l'absence de médecin, l'infirmière « doit intervenir ».

Selon le décret du 15 mars 1993 relatif aux actes professionnels et à l'exercice de la profession d'infirmier.

➡ **1er cas :** Selon l'article 8 :

- reconnaître la situation d'urgence ;
- mettre en œuvre des protocoles avec leurs caractéristiques (mise en œuvre d'actes conservatoires jusqu'à intervention du médecin) ;

- compte rendu circonstancié remis au médecin.

➡ **2e cas :**
- reconnaître la situation d'urgence ;
- pratiquer les actes conservatoires en attendant l'intervention du médecin ;
- faire un compte rendu circonstancié.

4 Signes caractérisant un syndrome dépressif

Les symptômes suivants sont présents depuis une durée d'au moins 2 semaines et représentent un changement par rapport au fonctionnement antérieur :
- humeur dépressive observée pratiquement toute la journée ;
- perte des centres d'intérêt habituels et des plaisirs qui y sont liés ;
- perte d'appétit ou au contraire augmentation de l'appétit avec répercussion sur le poids ;
- insomnie ou hypersomnie pratiquement quotidienne ;
- ralentissement psychomoteur ou subagitation ;
- asthénie avec perte majeure d'énergie ;
- sentiment d'indignité ou de culpabilité inapproprié ;
- difficulté à penser, à se concentrer ;
- idées noires, idées suicidaires, voire projet de suicide élaboré.

5 Psychiatrie de secteur

Texte législatif de référence : circulaire du 14 mars 1960 :
- le secteur psychiatrique se définit par la mise à disposition d'une communauté géodémographique d'un service public de protection en santé mentale ;
- ses principes fondamentaux :
  – refus de la ségrégation du malade mental,
  – continuité des soins et responsabilité en continu par une équipe de secteur pluridisciplinaire,
  – traiter à un stade précoce ;
- structures intra-hospitalières :
  – soins continus :
    - urgences,
    - resocialisation,
  – hospitalisation de jour, de nuit ;
- structures extra-hospitalières :
  – centre médico-psychologique (CMP),
  – hôpital de jour,
  – appartement thérapeutique,
  – accueil familial thérapeutique,
  – centre d'accueil thérapeutique à temps partiel (CATTP).

6 Effet pervers d'un traitement psychotrope pris en ambulatoire chez une personne présentant un syndrome dépressif :
- suivi ambulatoire : le traitement risque d'être autogéré avec possibilité de stockage ;
- levée de l'inhibition (sans remontée de l'humeur) ;
- risque encouru : tentative de suicide par prise massive des psychotropes.

7 Problèmes à traiter en collaboration que les équipes ont eu à gérer dès l'arrivée de Mme C. aux urgences et jusqu'à J3 :
- risque d'inhalation du contenu gastrique durant le lavage d'estomac et pendant les heures qui suivent, lié à l'altération de la conscience et à la diminution du réflexe nauséeux compte tenu de la présence du tube de lavage gastrique : radio de contrôle des poumons après lavage ;
- risque d'aggravation du coma lors des 12 premières heures, lié à l'absorption médicamenteuse (lavage non productif) pouvant se manifester par une baisse de la réactivité, une dépression respiratoire, un trouble hémodynamique :
  – lavage gastrique : retirer de l'estomac les produits toxiques restants pour limiter l'absorption,
  – diurèse osmotique : accélérer l'élimination du produit toxique,
  – réactivité aux stimuli ;
- risque de décompensation des fonctions vitales :
  – remplissage vasculaire pour maintenir l'équilibre hémodynamique : PA, pouls,
  – ECG,
  – O_2 : pour maintenir l'oxygénation tissulaire,
  – oxymétrie de pouls : pour contrôler l'oxygénation tissulaire ;
- risque de déséquilibre hydro-électrolytique lié au jeûne et à la diurèse osmotique (48 h) :
  – perfusion IV avec électrolytes,
  – bilan sanguin ionique à J2 ;
- risque de récidive lié à l'état dépressif actuel et à ses antécédents psychiatriques à partir du réveil et jusqu'à l'efficacité de la prise en charge spécifique en psychiatrie ;

• risque peu élevé de maladie thrombo-embolique lié à l'immobilisation pendant au moins 2 jours : FRAXIPARINE® à faible dose.

8 Planification

Planification					
10 h	1 L G 10 % + 1,5 g ClK + 3 g ClNa + 1 g Ca	10 h	RINGER LACTATE® 500 mL	10 h	MANNITOL® 500 mL 10 %
		16 h	RINGER LACTATE® 500 mL FRAXIPARINE® 0,3 mL S/C à situer à n'importe quel moment (sauf la nuit)		
22 h	1 L G 10 % + 1,5 g ClK + 3 g ClNa + 1 g Ca	22 h	RINGER LACTATE® 500 mL		
		4 h	RINGER LACTATE® 500 mL		
10 h		10 h			

Calculs :

• 3 g ClK/24 h (10 mL à 10 %) soit 1 g par amp. de 10 mL. Dans 1 L, il faut 1,5 g de ClK = 1 ampoule 1/2 ;

• 6 g ClNa/24 h (20 mL à 20 %) soit 4 g par amp. de 20 mL. Dans 1 L, il faut 3 g de ClNa,

soit $\frac{20 \times 3}{4}$ soit 15 mL de ClNa,

donc 3/4 d'une amp. ;

• 2 g Ca/24 h (10 mL à 10 %) soit 1 g par amp. Dans 1 L il faut 1 g soit une ampoule par L.

Débits :

• 1 L glucose 10 % + ClK + ClNa + Ca en 12 h. (1 mL = 20 gouttes ; 12 h = 720 min)

soit débit : $\frac{20\,000}{720}$ soit 27,7 ; 28 gouttes/min par excès.

• RINGER LACTATE® 500 mL en 6 h. (6 h = 360 min)

Débit : $\frac{500}{360}$ soit 27,7 ; 28 gouttes/min par excès.

• MANNITOL® 500 mL en 6 h

Débit : $\frac{500}{360}$ soit 27,7 ; 28 gouttes/min par excès.

9 Déductions grâce à l'arbre décisionnel

➡ **Diagnostic n°1 :** la manifestation n° 2 serait possible, mais elle ne verbalise pas cette inquiétude. Pas d'élément argumentant les manifestations 1 et 3.

➡ **Diagnostic n°2 :**

• difficulté à utiliser des techniques de résolution des problèmes ;
• verbalisation d'incapacité à faire face à la situation, à demander de l'aide ;
• incapacité à résoudre ses problèmes ;
• incapacité à satisfaire les besoins de base ;
• dégradation de la participation sociale.

NB : Les cinq manifestations sont présentes. Les éléments argumentant ces manifestations sont à repérer dans sa biographie ainsi que dans l'histoire de ses troubles.

➡ **Diagnostic n°3 :** manifestation n° 2 présente. Les tentatives de suicide répétitives montrent la persistance du syndrome dépressif et son incapacité à chercher des solutions à ses problèmes.

En conclusion : le diagnostic infirmier n° 2 est à retenir devant la présence de signes majeurs.

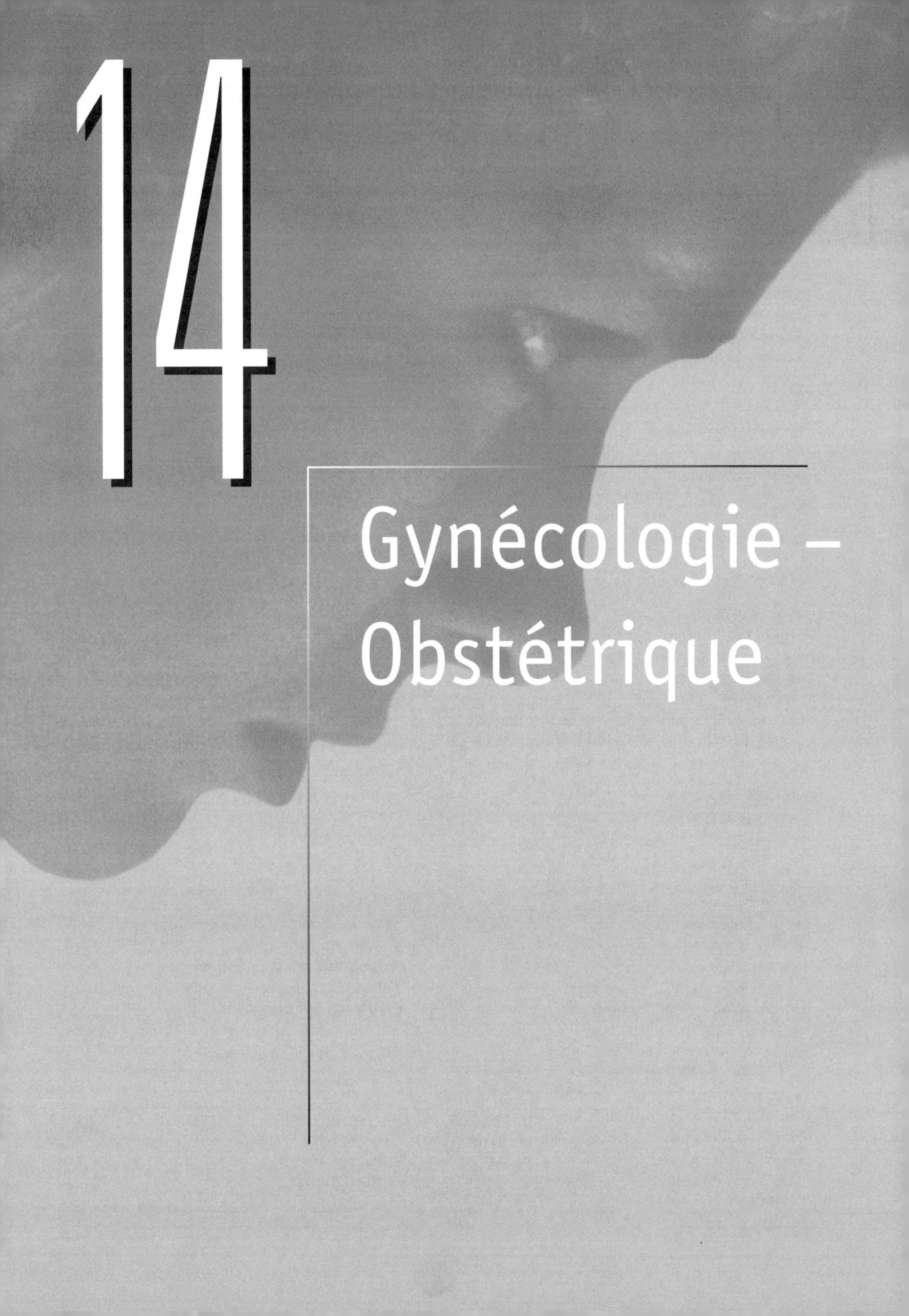

14

Gynécologie – Obstétrique

Vous êtes infirmière en unité de chirurgie gynécologique et vous travaillez ce jour de 6 h 30 à 14 h 30. Vous devez prendre en charge Mme D.

Présentation de la patiente

Âgée de 28 ans, Mme D., mariée, sans enfants, est vendeuse dans un grand magasin.

Assurée sociale, elle est prise en charge pour une affection longue durée. Elle possède une mutuelle.

Antécédents :

- 4 fausses couches spontanées (en janvier et octobre 1998 et en avril et décembre 1999), sans cause identifiée ;
- salpingite en juin 2000 ;
- anémie traitée pendant 18 mois jusqu'en septembre 2000 par TARDYFÉRON ® (sulfate ferreux) ;
- diabète de type I, découvert en 1992 et bien équilibré, traité par ACTRAPID ® (insuline d'action rapide) et MIXTARD ® (insuline d'action intermédiaire).

Anamnèse

Mme D. a été hospitalisée cette nuit à 23 h, en urgence, au terme de 7 semaines d'aménorrhée (un test de grossesse pratiqué 2 semaines auparavant s'était révélé positif) pour algies pelviennes hypogastriques. Celles-ci sont apparues de manière brutale et très intense hier, dans la soirée. Par ailleurs, Mme D. souffre de métrorragies modérées depuis 7 jours.

Évolution aux urgences

L'examen clinique a révélé un abdomen souple.

Le toucher vaginal a retrouvé :

- un utérus peu augmenté de volume ;
- un cul-de-sac gauche très douloureux, sans masse perçue évidente ;
- un Douglas sensible.

L'échographie du contenu utérin et des annexes, par voie endovaginale, a montré :

- une image de pseudosac utérin ;
- une masse latéro-utérine gauche.

Le dosage sanguin de bêta-HCG et de progestérone, réalisé en urgence, a donné les résultats suivants :

- bêta-HCG : 2 912 mUI/mL ;
- progestérone : 7,8 ng/mL (normes : phase folliculaire : 0,1 à 1,3 ng/mL, phase lutéale : 0,28 à 3 ng/mL).

Face à l'ensemble de ces éléments, une cœlioscopie sous anesthésie générale est envisagée pour suspicion de grossesse extra-utérine.

Les prescriptions médicales sont les suivantes :

- laisser à jeun ;
- faire un bilan sanguin préopératoire : groupe Rhésus, recherche d'agglutinines irrégulières (RAI), numération globulaire, plaquettes, taux de prothrombine, temps de céphaline activée, glycémie ;
- préparer le champ opératoire.

Mme D. parle facilement mais paraît assez tendue. Elle était heureuse d'être enceinte, parle de ses fausses couches et appréhende l'intervention. Elle nous apprend qu'elle a bien effectué la dernière injection d'insuline (MIXTARD ® : 15 UI à 20 h) avant de quitter son domicile et que la prochaine injection sera à réaliser à 7 h 30 (ACTRAPID ® : 8 UI).

Elle mesure 1,65 m et pèse 55 kg.

La prise des constantes à 1 heure du matin nous indique les paramètres suivants :

- température : 37,4 °C ;
- pouls : 86/min ;
- tension artérielle : 10,5/5 cmHg.

Le bilan sanguin réalisé en urgence donne les résultats suivants :

- groupage Rhésus (2e détermination) : O Rh– ;
- RAI : négative ;
- hématies : 4,26 Tera/L ;
- hémoglobine : 8,1 mmol/L ;
- leucocytes : 8,8 Giga/L ;
- plaquettes : 256 Giga/L ;
- TP : 87 % ;
- TCA : 35,3 s (témoin : 30 s) ;
- glycémie : 8,1 mmol/L.

Au bloc opératoire

La cœlioscopie a été réalisée sans incident, sous anesthésie générale.

Elle a permis :

- la confirmation du diagnostic de grossesse extra-utérine ampullaire gauche ;
- le traitement par salpingotomie gauche ;
- l'observation d'adhérences pelviennes, en faveur d'une salpingite chronique.

La sonde urinaire, posée en début d'intervention, a été retirée à la fin de la cœlioscopie.

Dans l'unité de chirurgie

Mme D. a été transférée de la salle de réveil à 6 h 15.

Elle est porteuse :

- d'une perfusion installée sur un cathéter court à l'avant-bras gauche ;
- d'une seringue auto-pousseuse d'insuline (ACTRAPID ®), reliée à un cathéter court au poignet droit ;

• de trois pansements au niveau des incisions de la cœlioscopie.
En arrivant dans le service ce matin, vous prenez connaissance des prescriptions de l'anesthésiste ainsi que des transmissions de votre collègue de nuit, qui a installé Mme D. dans sa chambre et réalisé le premier bilan de retour de bloc.

Prescriptions médicales :
• surveiller :
– état de conscience, pouls, TA toutes les 30 min pendant 3 h puis toutes les heures pendant 6 h ;
– diurèse toutes les 2 h ;
– glycémie capillaire toutes les 2 h ;
• continuer l'hydratation en cours : 1,5 L de glucosé à 5 %, avec 4 g de NaCl/L, 2 g de KCl/L, 1 g de gluconate de calcium/L, à passer en 24 h ;
• protocole antalgique comprenant :
– PROFÉNID ® (anti-inflammatoire non stéroïdien) : 50 mg 4 fois/jour IV ;
– PRO-DAFALGAN ® (analgésique antipyrétique) : 2 g 4 fois/jour IV ;
– NUBAIN ® (analgésique-morphinique) : 1/2 ampoule à 20 mg 3 fois/jour IV (si l'évaluation de la douleur avec l'échelle visuelle analogique est > 3) ; (chaque produit sera dilué dans 50 cc de glucosé à 5 % et administré en 30 min) ;
• LOVENOX ® (héparine de bas poids moléculaire) : 0,4 mL/24 h en sous-cutané, à commencer dès ce matin ;
• MOPRAL ® (antisécrétoire gastrique) : 20 mg 1 fois/jour en IV directe lente ;
• OFLOCET ® (antibiotique de la famille des fluoroquinolones) : 200 mg 1 fois/jour, soit 1 flacon de 40 mL à passer en 30 min ;
• AUGMENTIN ® (antibiotique de la famille des bêtalactamines) : 1 g 3 fois/jour, à diluer dans 50 cc de sérum physiologique et à passer en 30 min ;
• gammaglobulines anti-D : 1 dose IM ce matin ;
• ACTRAPID ® (insuline rapide) : seringue dosée à 40 unités d'insuline pour une quantité totale de 40 mL. Suivre pendant 24 heures le protocole suivant :
– dextro ≥20 mmol/L : 10 UI/h ;
– 16 ≥ dextro < 20 mmol/L : 6 UI/h ;
– 13 ≥ dextro < 16 mmol/lL : 4 UI/h ;
– 10 ≥ dextro < 13 mmol/L : 3 UI/h ;
– 6 ≥ dextro < 10 mmol/L : 2 UI/h ;
– 4 ≥ dextro < 6 mmol/L : 1 UI/h ;
– dextro < 4 mmol/L : arrêt de la SAP et contacter le médecin anesthésiste en urgence ;
• peut boire vers 12 h, repas léger le soir ;
• vérifier à J1 : numération globulaire, plaquettes, glycémie et bandelette urinaire.

Transmissions de votre collègue :
• « Mme D. souffrait, lors de son retour. Elle a déjà eu le 1er flacon de NUBAIN ® en salle de réveil. Le PRO-DAFALGAN ® est en cours. Elle m'a demandé "ce qu'on lui avait fait" mais s'est assoupie avant la fin de mes explications » ;
• pouls : 84/min ;
• tension artérielle : 10/6 cmHg à 6 h 15 ;
• dextro : 9,5 mmol/L.

Questions

1 *En vous appuyant sur les éléments significatifs du texte et sur vos connaissances, analysez la situation de Mme D. depuis son entrée aux urgences.*
Cette analyse doit montrer votre compréhension de la situation par les liens que vous établissez entre les aspects suivants :
• *épidémiologie ;*
• *physiopathologie ;*
• *antécédents ;*
• *signes cliniques ;*
• *examens complémentaires ;*
• *traitements ;*
• *transmissions ;*
• *comportement de la patiente.* (15 points)

2 *À partir de cette analyse, identifiez, en les hiérarchisant, les problèmes réels et/ou potentiels que présente Mme D. lors de votre arrivée dans l'unité de soins, ce matin.* (5 points)

3 *Au regard des problèmes énoncés, déterminez les objectifs de soins et les actions à mettre en œuvre durant votre quart de travail.*
NB. Vous ferez apparaître vos calculs concernant :
• *la vitesse à laquelle doit être réglée la seringue auto-pousseuse d'insuline, à 6 h 30 ;*
• *le débit de la perfusion d'hydratation en gouttes/minute (sans tenir compte des électrolytes) ;*
• *le débit de la perfusion de PRO-DAFALGAN ®, en gouttes/minute (sachant que vous disposez de flacons de poudre dosés à 1 g et d'ampoules de solvant de 5 mL) ;*
• *le volume d'ACTRAPID ® et de sérum physiologique nécessaire à la préparation d'une nouvelle seringue à adapter à la seringue auto-pousseuse (sachant que vous disposez d'ACTRAPID ® dosé à 100 unités).* (20 points)

Réponses

1 Analyse de la situation de Mme D. à son arrivée

Mme D., mariée, sans enfants, a été hospitalisée en urgence, cette nuit, pour suspicion de grossesse extra-utérine. Une cœlioscopie à visée diagnostique et thérapeutique vient d'être réalisée.
Par ailleurs, Mme D. est diabétique de type I.
L'analyse de la situation de Madame D. portera sur :
- la grossesse extra-utérine de Mme D. ;
- le diabète de type I et ses conséquences sur la grossesse et l'intervention chirurgicale.

Aux urgences

La grossesse extra-utérine est une grossesse qui se développe en dehors de l'utérus, que cela soit au niveau des trompes, du col utérin, de l'abdomen ou des ovaires. Dans le cas de Mme D., cette grossesse se situe au niveau de la trompe (c'est la localisation la plus fréquente). La grossesse extra-utérine est une urgence chirurgicale.

Épidémiologie

Cette affection gynécologique touche 1 à 2 % des femmes enceintes. Les principaux facteurs de risque sont :
- les antécédents d'infections gynécologiques (50 % des femmes présentant une grossesse extra-utérine (GEU) ont des antécédents de salpingite, c'est-à-dire une inflammation de la trompe) ;
- le mode de contraception (dispositif intra-utérin) ;
- tout geste chirurgical de la zone pelvienne ;
- les antécédents obstétricaux (GEU, interruption de grossesse, procréation médicalement assistée...) ;
- le tabagisme, au moment de la conception.

Mme D. a effectivement présenté une salpingite en juin 2000 qui a pu favoriser la survenue de cette grossesse extra-utérine.

Physiopathologie

Normalement, l'ovule est fécondé dans la trompe de Fallope. L'œuf migre en 5 jours et se nide dans la muqueuse utérine ; 98 % des GEU se développent dans la trompe de Fallope. Dans le cas de Mme D., l'œuf a fait sa nidation au niveau de l'ampoule de la trompe gauche (65 % des GEU sont ampullaires).
Les autres nidations possibles se situent au niveau de l'isthme, du pavillon ou du segment interstitiel. Les nidations dans la trompe peuvent être dues à des anomalies de migration liées à la salpingite chronique (Mme D. a effectivement ce type d'antécédent).
Sans traitement, la GEU ampullaire peut aboutir à un avortement tubo-abdominal.

Antécédents

En dehors de la salpingite évoquée plus haut, nous relevons que Mme D. est diabétique de type I.
Le diabète de type I est le résultat d'une impossibilité pour le pancréas de sécréter l'insuline (hormone hypoglycémiante), indispensable à la pénétration du glucose dans les cellules.
Cette pathologie est caractérisée :
- par des signes cliniques : asthénie, amaigrissement, polyurie, polydypsie ;
- par des signes biologiques :
  - hyperglycémie liée à l'absence d'insuline : le glucose reste dans le sang (glycémie à jeun > 7 mmol/L) ;
  - glycosurie (les possibilités de réabsorption rénale du glucose sont dépassées) ;
  - cétonurie.

Elle peut être responsable de complications dégénératives.
Le diabète de type I se traite par insuline.
Dans la situation de Mme D., le diabète a été découvert il y a 8 ans et est bien équilibré. Mme D. semble autonome vis-à-vis de son traitement (elle a effectué la dernière injection d'insuline MIXTARD ® avant de venir aux urgences). En revanche, la grossesse est un élément de déséquilibre du diabète.
En effet, au premier trimestre de la grossesse, la filtration rénale du sucre est modifiée (baisse du seuil rénal : glycosurie) et les éventuels vomissements peuvent engendrer une tendance à l'hypoglycémie. Au-delà du premier trimestre, le facteur le plus important est l'hyperglycémie maternelle, qui entraîne une hyperglycémie fœtale et, par conséquent, un hyperinsulinisme fœtal à l'origine de complications.
Les complications des grossesses survenant chez une femme antérieurement diabétique sont principalement :
- des avortements spontanés précoces (le diabète explique donc peut-être les 4 fausses couches de Mme D. en 1998 et 1999) et ces fausses couches sont peut-être à l'origine de l'anémie traitée par TARDYFÉRON ® ;

- une augmentation des malformations du fœtus ;
- une macrosomie ;
- un hydramnios ;
- une mort fœtale *in utero.*

Nous ignorons si le traitement de Mme D. a été modifié en début de grossesse mais les complications à craindre, dans sa situation, sont surtout liées au contexte :

- le stress lié à l'intervention et à la crainte de la perte de son enfant peut engendrer une hyperglycémie ;
- le jeûne nécessaire à l'intervention (si celle-ci devait se prolonger) peut entraîner une hypoglycémie ;
- le diabète augmente la sensibilité aux infections. Si le diabète est déséquilibré, le risque infectieux est plus important et l'infection plus sévère ;
- l'intervention elle-même.

Signes cliniques

Dans 90 % des cas, la femme présente une douleur pelvienne, abdominale basse, une aménorrhée dans 70 % des cas, des métrorragies dans 50 % des cas, associées souvent à des signes de grossesse : nausées, tension mammaire, syncopes, lypothymies.

Dans la situation de Mme D., nous retrouvons : « les algies pelviennes hypogastriques » ainsi que des « métrorragies modérées depuis 7 jours ». Mais Mme D. ne se plaint pas d'autre signe caractéristique de la grossesse.

Habituellement, l'examen clinique montre :

- une défense hypogastrique ;
- au spéculum : des métrorragies ;
- au toucher vaginal : une douleur dans l'un des culs-de-sac avec une masse palpée du même côté que la douleur et parfois un « cri de Douglas » (douleur à la palpation du cul-de-sac de Douglas) ;
- un utérus peu augmenté de volume.

Mme D. présente donc un tableau clinique classique de GEU.

Examens complémentaires :

- à visée diagnostique :
  – de façon générale :
    - l'examen essentiel est le dosage des ß-HCG qui permet de confirmer le diagnostic de grossesse ;
    - le dosage de la progestérone permet de vérifier la qualité de l'ovulation ;
  – dans la situation de Mme D. : ces dosages hormonaux ne servent pas à confirmer le diagnostic puisque le test de grossesse s'est révélé positif, 2 semaines auparavant (une grossesse est confirmée si ß-HCG > 5 MUI/mL) ; ils permettent de vérifier que Mme D. ne fait pas de fausse couche. En effet, dans les grossesses normales, le taux plasmatique de ß-HCG augmente de façon exponentielle du 10ᵉ jour de gestation jusqu'à 5 semaines d'aménorrhée, le temps moyen de doublement est d'environ 48 h. Une évolution faible du taux est en faveur d'une GEU et une diminution est en faveur d'une grossesse arrêtée. Les résultats sanguins de Mme D. ne sont pas en faveur de cette dernière hypothèse ;
  – l'échographie endovaginale (examen radiologique utilisant les ultrasons) permet d'affirmer la présence ou l'absence d'un vrai sac ovulatoire, et de préciser les caractères de l'image latéro-utérine. L'échographie réalisée auprès de Mme D. montre bien la présence d'un pseudosac utérin ainsi qu'une masse latéro-utérine gauche mais ne visualise pas d'embryon ;
  – en résumé, ces examens complémentaires associés à l'examen clinique ont permis d'envisager le diagnostic de grossesse extra-utérine ;
- bilan préopératoire (le bilan sanguin prescrit a pour but de vérifier que l'intervention peut se dérouler dans de bonnes conditions) :
  – groupe-Rhésus, recherche d'agglutinines irrégulières : Mme D. va être opérée ; il est donc nécessaire de connaître son groupe sanguin et de dépister la présence d'anticorps irréguliers anti-érythrocytaires au cas où une transfusion serait nécessaire. La recherche de RAI s'est révélée négative, ce qui est une sécurité face aux accidents hémolytiques possibles lors d'une transfusion sanguine. Dans le cas de Mme D., le Rhésus est négatif, ce qui justifiera après l'intervention l'injection de gamma-globulines anti-D, afin de prévenir le risque d'incompatibilité fœto-maternelle ;
  – numération globulaire, plaquettes :
    - les taux d'hématies et d'hémoglobine de Mme D. sont corrects, dans la limite inférieure (normes : hématies = 4 à 5,5 Tera/L, hémoglobine = 7 à 10 mmol/L). Ce contrôle a pour objectif de vérifier si Mme D. souffre toujours d'anémie (traitée les mois précédents par du fer : TARDYFÉRON®).

L'intervention peut être sanglante et aggraver cet état ;
- le taux de leucocytes vérifie l'absence d'infection (taux de leucocytes élevé), ce qui n'est pas le cas de Mme D. : son taux correspond aux chiffres normaux (normes : 4 à 10 Giga/L). Cela est en corrélation avec l'absence de température (37,2 °C) de Mme D. ;
- le taux de plaquettes est lui aussi normal (normes : 150 à 400 Giga/L) ; il vérifie que Mme D. ne présente pas de risque hémorragique majoré ;

– taux de prothrombine, temps de céphaline activée : ces deux examens explorent la coagulation, en vue de l'intervention. Les résultats de Mme D. sont corrects et permettent d'envisager l'intervention de façon normale (normes : TP = 80 à 100 %, TCA = ± 15 % par rapport au témoin) ;
– glycémie : ce dosage se justifie par le terrain diabétique de Mme D. Il permet d'apprécier si Mme D. présente un risque immédiat d'hypoglycémie ou d'hyperglycémie et d'envisager un traitement préventif le cas échéant. Le taux normal de glycémie est compris entre 4 et 6 mmol/L ; il convient toutefois de moduler l'interprétation de ce résultat, en raison de l'état de grossesse de Mme D.

Traitements

Le traitement de la GEU dépend du stade de développement de la grossesse, du lieu d'implantation de cette grossesse, de l'état général de la trompe de Fallope et de l'état général de la femme.
On distingue 4 types de traitement :
• l'abstention : surveillance clinique et biologique de l'involution de la grossesse ;
• le traitement médical : par injection de MÉTHOTREXATE ® ;
• la laparotomie : ouverture de la paroi abdominale médiane ou avec incision transversale en sus-pubien (incision de Pfannenstiel), en cas d'urgence hémodynamique ;
• le traitement chirurgical par cœlioscopie (dans 70 % des cas) :
– non conservateur par salpingectomie ;
– conservateur par salpingotomie, ce qui est le cas de Mme D. (le choix de cette technique peut s'expliquer par l'état de la trompe et l'âge de Mme D. : 28 ans).

➡ Au bloc opératoire

La cœlioscopie est une endoscopie permettant l'examen des organes pelviens et abdominaux dans la cavité abdominale. La méthode consiste à créer un pneumopéritoine puis à introduire un appareil optique dans la cavité abdominale. Elle est à la fois diagnostique et thérapeutique. C'est un acte chirurgical réalisé sous anesthésie générale.
L'introduction d'air dans l'organisme entraîne une douleur située tout d'abord au niveau abdominal puis, dans les heures qui suivent, au niveau scapulaire.
La salpingotomie est l'incision de la trompe afin d'extraire l'œuf et le caillot.
Mme D. sera donc exposée à la fois aux complications liées à l'anesthésie générale ainsi qu'aux complications liées à l'intervention.
La sonde urinaire a été posée au bloc opératoire afin de :
• permettre sa pose dans des conditions d'asepsie optimales ;
• faciliter l'intervention (vessie vide) ;
• prévenir une perforation urinaire.
Elle a été retirée en fin d'intervention afin de prévenir toute complication infectieuse.

➡ En service de chirurgie

Surveillance en retour de bloc opératoire

La surveillance prescrite a pour objectif de :
• vérifier le bon réveil de Mme D. (état de conscience) ;
• dépister une éventuelle complication liée à l'acte chirurgical (en particulier la survenue éventuelle d'une hémorragie, par la surveillance du pouls et de la tension artérielle, à la recherche d'un pouls filant et d'une hypotension artérielle) ;
• prévenir une décompensation du diabète de Mme D. par la surveillance de la glycémie capillaire, qui permettra de dépister une hypoglycémie ou une hyperglycémie et d'adapter le traitement par insuline.
La surveillance de la diurèse en postopératoire permet de :
• dépister :
– une rétention urinaire postanesthésique ;
– une lésion urinaire se manifestant par des urines teintées de sang ;
– une glycosurie, par bandelette urinaire, si besoin ;
• faire le bilan des entrées et des sorties (afin de vérifier si le volume perfusé est suffisant).

Traitements :

- la perfusion de glucosé à 5 % avec électrolytes a pour but d'hydrater Mme D. (à jeun depuis la veille au soir) et d'avoir un accès veineux rapide, en particulier pour les antalgiques et les antibiotiques ;
- le protocole antalgique permet de traiter la douleur induite par l'incision chirurgicale et la cœlioscopie. L'association de plusieurs antalgiques permet une synergie d'action. Le NUBAIN ® et le PRO-DAFALGAN ® sont classés dans les antalgiques de palier II et le PROFÉNID est non seulement un antalgique mais aussi un anti-inflammatoire qui agit localement sur les tissus ;
- les antibiotiques (OFLOCET ® + AUGMENTIN ®) permettent de traiter la salpingite chronique (décelée à la cœlioscopie). Dans la situation de Mme D., le risque infectieux est majoré, étant donné le terrain diabétique (donc plus sensible aux infections) ;
- les gamma-globulines anti-D sont prescrites car Mme D. est de Rhésus négatif : elle est susceptible, lors de sa grossesse, de développer des anticorps contre le sang de son fœtus si celui-ci est Rhésus positif. Ce traitement, prescrit de façon systématique aux femmes Rhésus négatif, protégera les futures grossesses de Mme D. ;
- le MOPRAL ® permet de :
  - prévenir l'ulcère de stress chez une patiente inquiète quant à son intervention ;
  - prévenir un ulcère engendré par les effets secondaires des anti-inflammatoires (PROFÉNID ®) ;
- le LOVENOX ® prévient les complications thrombo-emboliques : celles-ci peuvent être favorisées par la situation de l'intervention chirurgicale (intervention sur le petit bassin richement vascularisé) et par l'alitement d'au moins 24 h ;
- l'ACTRAPID ®, insuline à action rapide, est administrée en IV, par l'intermédiaire d'une seringue auto-pousseuse, en remplacement de l'insuline que Mme D. reçoit habituellement en sous-cutané. Le protocole permet de prévenir une décompensation du diabète de Mme D. par l'adaptation régulière des besoins en insuline de Mme D. en fonction du taux de glycémie capillaire (afin de pallier le jeûne postopératoire).

Transmissions :

- Mme D. est toujours douloureuse, malgré la pose du premier flacon de NUBAIN ® ;
- Mme D. s'est assoupie, ce qui semble normal après une anesthésie générale ; toutefois, une surveillance étroite est nécessaire ;
- le relevé des constantes (pouls et tension artérielle) ne signe pas de problème majeur immédiat (ex. : hémorragie), en référence aux constantes prises avant l'intervention ;
- la glycémie capillaire effectuée en retour de bloc montre une hyperglycémie, compatible avec l'état général de Mme D.

Comportement de Mme D.

Aux urgences, Mme D. est communicative (avant l'intervention, elle parle facilement, alors qu'elle est douloureuse, sait nous fournir les renseignements sur le traitement de son diabète...). Elle semble comprendre la gravité de la situation, parle de ses fausses couches antérieures et perçoit que cette nouvelle grossesse est compromise. Cette situation la rend triste et la confronte de nouveau au deuil d'une grossesse.

Au-delà de ce traumatisme psychologique, Mme D. est inquiète quant à l'avenir : au retour de bloc, elle demande des explications sur la nature de l'intervention. Des explications sur le caractère conservateur de l'intervention seront à renouveler, lorsqu'elle sera mieux réveillée.

2 Problèmes réels et potentiels de Mme D.

À l'issue de cette analyse, les problèmes présentés ce matin par Mme D. sont :

- problèmes réels :
  - la douleur liée à la cœlioscopie et à la salpingotomie ;
  - la perte provisoire d'autonomie liée à l'alitement ;
  - le traumatisme psychologique lié à la perte de son enfant ;
  - l'incompatibilité fœto-maternelle ;
- problèmes potentiels :
  - les risques liés à l'anesthésie générale :
    - risque de choc cardio-vasculaire ;
    - risque de complications respiratoires ;
    - risque d'hypothermie ;
    - risque de rétention urinaire ;
  - les risques liés à l'intervention chirurgicale :
    - risque hémorragique ;
    - risque infectieux ;
  - le risque de décompensation du diabète ;
  - le risque de complications thrombo-emboliques ;
  - le risque de survenue d'un ulcère gastrique.

3 Objectifs de soins et actions à mettre en œuvre

Problèmes réels	Objectifs	Actions
• Mme D. est douloureuse.	• Limiter la douleur en évitant de la majorer lors des actes infirmiers.	• Mobilisation douce en tenant compte des différents matériels (perfusion, seringue auto-pousseuse). • Mettre un coussin sous les genoux de Mme D. pour soulager la douleur due au pneumopéritoine.
	• Traiter la douleur pour soulager Mme D.	• Administrer les antalgiques : – vérifier le bon fonctionnement de la perfusion de PRO-DAFALGAN ® en cours (recherche de retour veineux, surveillance locale de l'abord veineux : absence de rougeur, chaleur au point de ponction, absence d'extravasation, vérification du débit) ; – calcul du débit de la perfusion de PRO-DAFALGAN ® : - la perfusion est composée de : 50 mL de glucosé + (2 × 5 mL) de PRO-DAFALGAN ® = 60 mL ; - 60 mL → 30 minutes ; - 1 mL = 20 gouttes ; - $x = \frac{60 \times 20 \text{ gouttes}}{30 \text{ min}} = 40$ gouttes/minute ; – puis préparer et administrer la perfusion de PROFÉNID ® (surveillance identique) ; – évaluer l'efficacité de ces traitements : - par l'observation des mimiques et des plaintes de Mme D. ; - par l'utilisation de l'EVA (échelle visuelle analogique) ; – si EVA > 3 : préparer et administrer la perfusion de NUBAIN ® ; – surveillance des effets secondaires : - PRO-DAFALGAN ® : douleur sur le trajet veineux, allergie sous forme de rashs cutanés ; - PROFÉNID ® : manifestations gastro-intestinales (nausées, vomissements, diarrhées) + douleurs gastriques ; - NUBAIN ® : apparition de signes de somnolence, de vertiges, de céphalées, de nausées.
• Mme D. est dépendante de l'équipe soignante.	• Pallier cette dépendance.	• Assurer des soins d'hygiène et de confort : – proposer une toilette au lit ; – assurer la réfection du lit ; – proposer des soins de bouche (si elle souffre de sécheresse buccale) ou des compresses humidifiées pour humecter les lèvres ; – réaliser une toilette génitale et changer les garnitures. • Mettre à proximité de son lit la sonnette et tout ce dont elle peut avoir besoin (ex. : téléphone, verre d'eau après 12 h…).
• Mme D. présente un traumatisme psychologique, en lien avec l'arrêt de grossesse.	• Assurer une relation de soutien psychologique.	• Lorsqu'elle sera réveillée et réceptive, la rassurer et lui ré-expliquer l'intervention qu'elle vient de subir en lui rappelant que la trompe est préservée.

Problèmes réels	Objectifs	Actions
		• L'aider à verbaliser : – sa peine par rapport à la grossesse qui était désirée ; – ses craintes par rapport à une grossesse future. • Prendre soin d'elle.
• Mme D. est susceptible de développer une incompatibilité fœto-maternelle.	• Protéger les futures grossesses de Mme D., qui est Rhésus négatif.	• Injection de gamma-globulines anti-D en intramusculaire, avant la 1re injection de LOVENOX®. • Masser.

Problèmes potentiels	Objectifs	Actions
• Risques liés à l'anesthésie générale.	• Prévenir et dépister les risques suivants : – un état de choc ; – une détresse ; respiratoire – l'hypothermie ; – une rétention urinaire.	 • Surveiller l'état de la peau, à la recherche de pâleur, froideur des extrémités, marbrures sur les cuisses. • Prendre la TA, à la recherche d'une hypotension. • Prendre le pouls, à la recherche d'une tachycardie, d'un pouls filant. • Dépister l'apparition de polypnée et de sueurs froides, troubles de la conscience. • Surveiller : – l'amplitude et la fréquence respiratoire ; – l'absence de cyanose et d'encombrement bronchique ; – l'absence d'agitation (hypoxie ou hypercapnie) ; – l'absence de sueurs (hypercapnie). • Surveiller la température et l'apparition de frissons. • Rajouter une couverture si température basse. • Surveiller et noter la 1re miction. • Surveiller la diurèse.
	• Permettre la bonne élimination des drogues anesthésiques.	• Poursuivre l'administration de la perfusion de glucosé à 5 % et en assurer la surveillance (identique à celle du PRO-DAFALGAN®). Calcul de débit de la perfusion d'hydratation : – 1,500 L → 24 heures ; – 1 mL = 20 gouttes ; – 1 h = 60 minutes ; – $x = \frac{1\,500 \text{ mL} \times 20}{24 \times 60} = 20{,}8$; – soit 21 gouttes/minute par excès.
• Risques liés à l'intervention : – risque hémorragique ;	• Prévenir et dépister le risque hémorragique.	• Effectuer la même surveillance que celle visant à prévenir un état de choc (pouls, tension artérielle…). • Observer les pansements de cœlioscopie, à la recherche de taches de sang. • Observer quantitativement les pertes sanguines dans les protections hygiéniques. • Observer la couleur des urines (teintées de sang ?). • Programmer la numération globulaire avec plaquettes à jeun à J1.

Problèmes potentiels	Objectifs	Actions
– risque infectieux ;	• Éviter l'apparition d'une infection.	• Respecter et contrôler les règles d'hygiène (lavage des mains avant et après chaque soin) et d'asepsie rigoureuse. • Respecter les protocoles de lutte contre les infections nosocomiales. • Préparer et administrer les antibiotiques : OFLOCET ® (1 fois/24 h) et AUGMENTIN ® (3 fois/24 h) dans du sérum physiologique : – surveillance de la perfusion ; – surveillance de l'efficacité du traitement (pas de fièvre) ; – surveillance de l'innocuité du traitement : - OFLOCET ® : troubles digestifs, manifestations cutanées allergiques, douleurs musculaires ou articulaires, céphalées, troubles de la vision ; - AUGMENTIN ® : troubles digestifs, manifestations allergiques, éruptions cutanées.
	• Dépister sa survenue éventuelle.	• Vérifier la température à la recherche d'une hyperthermie ou d'une hypothermie (si germe Gram–). • Vérifier les points de ponction des cathéters courts, à la recherche d'une lymphangite. • Vérifier si écoulement, odeur suspecte au niveau des pansements de cœlioscopie. • Vérifier la qualité des pertes vaginales (odeur, consistance, couleur verdâtre ou blanchâtre). • Observer l'aspect des urines à la recherche de dépôt, d'une odeur et/ou d'une couleur suspecte. • Faire une bandelette urinaire (présence de nitrites leucocytes ?).
• Risque de décompensation du diabète.	• Assurer l'équilibre du diabète de Mme D.	• Adapter les besoins en insuline de Mme D : – surveiller la glycémie capillaire toutes les 2 heures (respecter scrupuleusement la technique de la glycémie capillaire afin d'en garantir la fiabilité) ; – en fonction des résultats de glycémie capillaire, administrer l'ACTRAPID ® en intraveineuse par la seringue auto-pousseuse, en adaptant la vitesse, selon le protocole prescrit : - à 6 h 30, la glycémie capillaire est de 9,5 mmol/L ; - selon le protocole, il faut injecter 2 UI/h ; - or la seringue en cours est de 40 UI d'insuline pour 40 mL de quantité totale, soit : 1 UI/mL d'insuline ; - donc la vitesse à laquelle doit être réglée la seringue sera : 2 mL/h. • Contrôler le bon fonctionnement de la seringue auto-pousseuse ; • Préparer la prochaine seringue à adapter à la seringue auto-pousseuse de la façon suivante : – 1 mL d'ACTRAPID ® = 100 UI d'ACTRAPID ® ; – la seringue est dosée à 40 UI d'ACTRAPID ®, soit 1 mL × 40 UI/100 UI = 0,4 mL d'ACTRAPID ® ;

Problèmes potentiels	Objectifs	Actions
		– la quantité totale est de 40 mL, donc la quantité de sérum physiologique sera de : 40 mL – 0,4 mL = 39,6 mL. • Lors de la surveillance de la diurèse, faire une bandelette urinaire à la recherche de glycosurie et de cétonurie. • Dépister les signes d'hypoglycémie : sueurs abondantes, malaise, changement de comportement, troubles de la vision. • Commander un repas « diabétique » pour le soir. • Programmer la glycémie à jeun à J1.
• Risque de complication thrombo-embolique.	• Prévenir la survenue d'un accident thrombo-embolique.	• Mobilisation passive des jambes. • 1er lever en début d'après-midi. • Injection de LOVENOX® (0,4 mL en sous-cutané ce matin) et surveillance de l'apparition des effets secondaires à type de : – phénomènes allergiques locaux ou généraux ; – petits hématomes aux points d'injection ; – thrombopénie (d'où la surveillance des plaquettes).
	• Dépister une phlébite.	• Recherche des signes de phlébite : – douleur dans le mollet ; – douleur à la dorsiflexion du pied (signe de Homans) ; – diminution du ballottement du mollet ; – augmentation de la chaleur locale ; – rougeur sur le trajet veineux ; – présence d'un petit œdème sus-malléolaire ; – dissociation pouls/température.
• Risque de survenue d'un ulcère gastrique.	• Prévenir la survenue d'un ulcère.	• Préparer et administrer lentement l'intraveineuse de MOPRAL® ce matin. • Surveiller l'efficacité du traitement (non-apparition de douleur gastrique). • Surveiller la non-apparition d'effets secondaires à type de nausées, céphalées, vertiges, éruption cutanée.

Mlle J., 21 ans, étudiante en faculté de psychologie, enceinte de 6 semaines, est hospitalisée ce matin, pour interruption volontaire de grossesse.
Elle ne présente aucun antécédent médical, gynécologique ou chirurgical, à l'exception d'un tabagisme (elle fume 5 cigarettes par jour actuellement).
Mlle J. prenait la pilule (TRINORDIOL ® : œstroprogestatif combiné « minidosé », triphasique) et la supportait tout à fait bien, mais l'oubli d'un seul comprimé a provoqué sa situation actuelle.

Après la prise de CYTOTEC ® (prostaglandine) : 2 cps la veille et 2 cps le matin de l'IVG, une aspiration endo-utérine est envisagée, sous anesthésie générale.
L'intervention s'étant déroulée sans incident, Mlle J. souhaite rentrer chez elle cet après-midi. Une amie doit venir la chercher, et une ordonnance de TRINORDIOL ® lui sera remise, lors de sa sortie.

Questions

1 *En vous référant à la législation française en vigueur sur l'interruption volontaire de grossesse :*
- *précisez la date limite de l'interruption volontaire de grossesse ;*
- *citez les démarches obligatoires à effectuer avant l'intervention.* (6 points)

2 *Quelles informations et quels conseils donnerez-vous à Mlle J. lors de sa sortie ?* (8 points)

3 *Quelles séquelles peuvent apparaître après une interruption volontaire de grossesse ?* (6 points)

Réponses

1 Date limite de l'IVG et démarches obligatoires

La date limite de l'IVG est : avant la fin de la 10e semaine de grossesse (c'est-à-dire avant la 12e semaine d'aménorrhée).
Les démarches obligatoires à effectuer sont les suivantes :
- consultation médicale :
  – confirmation du diagnostic ;
  – remise du dossier-guide ;
  – information des risques médicaux/IVG ;
- consultation psychosociale dans un centre agréé (ex. : service social, centre de planification) :
  – entretien ;
  – attestation de consultation ;
- confirmation écrite de la femme après l'expiration d'un délai d'une semaine (délai de réflexion) suivant sa première demande, à remettre au médecin qui pratiquera l'IVG.

2 Informations et conseils

Les conseils et informations à donner à la sortie de Mlle J. concerneront :
- la conduite à tenir les jours suivant l'interruption volontaire de grossesse :
  – l'informer sur l'évolution des suites de l'IVG :
    - métrorragies pendant 3 à 5 jours ;
    - douleur parfois (dans ce cas, prendre un antalgique non antipyrétique) ;
    - fièvre possible (surveiller la température pendant quelques jours) ;
  – lui dire de consulter le médecin en cas de persistance ou d'aggravation de ces signes :
    - douleurs persistantes ;
    - élévation de température ;
    - métrorragies importantes (> 6 jours), qui peuvent signer un échec de la méthode utilisée ;
  – lui déconseiller :
    - les injections vaginales ;
    - le port de tampons vaginaux jusqu'aux prochaines règles ;
    - les rapports sexuels pendant 10 jours ;
  – lui proposer des adresses pour une aide éventuelle (assistante sociale, psychologue…) ;
- la conduite à tenir vis-à-vis de son ordonnance de TRINORDIOL ® :
  – lui conseiller de ne pas fumer (précaution d'emploi vis-à-vis des œstroprogestatifs) ;
  – lui rappeler la surveillance nécessaire de ce traitement :
    - examen clinique tous les ans ;
    - contrôle biologique (glycémie, cholestérol, triglycérides) tous les 2 ans ;
    - frottis cervical tous les 3 ans ;
  – lui suggérer de trouver un moyen pratique pour ne plus oublier de prendre un seul comprimé ;
  – lui parler des nouvelles pilules (« pilule du lendemain »), en vente libre en pharmacie, à envisager dans l'hypothèse d'un nouvel oubli de comprimé.

3 Séquelles éventuelles d'une IVG

Les séquelles physiques sont rares :

- stérilité liée à l'infection ou aux adhérences ;
- grossesse extra-utérine ;
- béance du col (risque de fausse couche).

En revanche, le traumatisme psychologique ne doit pas être négligé ; il peut se traduire par :

- un sentiment de culpabilité ;
- une ambivalence vis-à-vis de la perte de l'enfant ;
- la douleur de la séparation ;
- le deuil de la grossesse ;
- un refus de grossesse ultérieure ;
- une interrogation entre le désir d'être enceinte et celui d'être mère.

Extraction fœtale par césarienne (décollement placentaire traumatique avec formation d'hématome rétroplacentaire)

Vous êtes infirmier(ère) dans un service hospitalier de gynécologie obstétrique. Ce jour, vous travaillez en équipe avec une aide-soignante de 8 h à 16 h.
L'axe principal du projet de service repose sur le lien mère-enfant. Dans le but d'améliorer la qualité de cet accompagnement, le personnel est formé à la relation d'aide et a développé de nombreux réseaux relationnels avec les services de néonatalogie et de pédiatrie du centre hospitalier (horaires de visites personnalisés, possibilité d'allaitement maternel, visite des professionnels aux mères).

À 9 h 30, le service des urgences vous annonce l'arrivée dans le service de Mme R., 30 ans, enceinte de 7 mois et demi, soit 33 semaines d'aménorrhée, en état de choc, suite à un accident de la voie publique (choc latéral entre deux véhicules en centre-ville). Elle conduisait son véhicule et portait sa ceinture de sécurité. Elle n'est pas responsable de la collision.

À l'arrivée aux urgences, Mme R. présentait :
- des douleurs abdominales avec spasmes ;
- des saignements vaginaux modérés ;
- une asthénie ;
- une pâleur ;
- des ecchymoses sur les genoux et l'épaule gauche avec marque de la ceinture de sécurité ;
- une douleur thoracique.

Les constantes indiquaient :
- pression artérielle : 9/4 cm de mercure (habituellement : 12/8 cmHg) ;
- pouls : 110 pulsations/minute (habituellement : 90 pulsations/minute) ;
- température : 36,7 °C ;
- saturation en oxygène : 92 % ;
- glycémie capillaire : 0,95 g/litre.

Les résultats des examens complémentaires réalisés dès son arrivée étaient les suivants :
- présence d'un rythme sinusal à l'électrocardiogramme ;
- numération-formule sanguine (NFS) :
  - globules rouges : 2,8 millions/mm^3 ;
  - globules blancs : 11 000/mm^3 ;
  - plaquettes : 130 000/mm^3 ;
  - hématocrite : 21,5 % ;
  - hémoglobine : 7 g/100 mL ;
- ionogramme sanguin :
  - sodium : 138 mmol/L ;
  - potassium : 3,5 mmol/L ;
  - chlore : 135 mmol/L (normale : 95 à 105 mmol/L) ;
  - protides : 60 g/L (normale : 60 à 80 g/L) ;
- taux de prothrombine (TP) : 85 % ;
- temps de céphaline activée (TCA) :
  - malade : 29 secondes ;
  - témoin : 31 secondes ;
- fibrinogène : 7 mmol/L (normale : 5,9 à 11,7 mmol/L) ;
- albuminémie : 32 g/L (normale : 32 à 55 g/L) ;
- groupe O Rhésus négatif, Kell négatif (les deux déterminations sont faites) ;
- recherche d'agglutinines irrégulières : négative ;
- bandelette urinaire :
  - protides : +++ ;
  - leucocytes : +++ ;
  - hématies : +++.

Après la pose d'une sonde vésicale, un prélèvement pour examen cytobactériologique des urines a été réalisé et acheminé au laboratoire.

Les examens cliniques du médecin des urgences, du chirurgien viscéral, du réanimateur, du gynécologue ainsi que l'échographie ont permis de diagnostiquer un décollement placentaire traumatique avec formation d'un hématome rétroplacentaire et éliminent toute autre lésion traumatique associée.
La décision d'une extraction fœtale par césarienne en urgence est prise.

Mme R. est suivie pour sa grossesse par le médecin gynécologue du service. La lecture du dossier obstétrical nous donne les renseignements suivants :
- Mme R. est institutrice, actuellement en congé maternité ;
- elle est nullipare, nulligeste ;
- elle pesait 60 kg pour 1,60 m avant sa grossesse ;
- elle a reçu un traitement pour induire l'ovulation, car elle n'arrivait pas à être enceinte alors qu'un désir d'enfant était manifesté depuis 2 ans ;
- elle est vaccinée contre la rubéole, la sérologie de la toxoplasmose était positive avant la grossesse ;
- elle participe aux cours de préparation à la naissance proposés par les sages-femmes du service ainsi qu'aux séances en piscine ;
- elle souhaite allaiter son enfant ;
- son mari, avocat, est actuellement en déplacement professionnel à 800 km ;
- ses parents habitent à 10 km du centre hospitalier et ont été prévenus par le médecin du SMUR. Ils seront là à partir de 12 heures.

Quand vous accompagnez Mme R. au bloc opératoire, à 10 h 30, elle pleure et s'inquiète pour son bébé : « Qu'est-ce qui va se passer ?... Mon mari n'est pas là, j'ai peur... Qu'est-ce que je dois faire ?... Je ne voulais pas de césarienne, je ne voulais pas ça, je voulais avoir mon bébé pour Noël, pas maintenant... Je ne sais pas si c'est une fille ou un garçon... si je meurs, quelqu'un doit le prénommer... » Elle vous confie les deux prénoms, gardés secrets par elle et son mari : Mathias ou Albane.

À 12 h 30, Mme R. revient de la salle de réveil. Elle a eu une anesthésie générale.
On note :
- pression artérielle : 12/7 cmHg ;
- pouls : 90 pulsations/minute ;
- température : 37 °C ;
- saturation en oxygène : 96 % avec 2 litres d'oxygène ;
- diurèse : 100 mL (urines troubles non hématuriques).

Elle a une plaie horizontale suturée par un fil intradermique et recouverte d'un pansement compressif. Un drain aspiratif type Uni-Redon sous-aponévrotique a donné 20 mL.

Sa fille, Albane, pèse 2,250 kg. Elle est de groupe sanguin A, Rhésus positif.
Elle a été immédiatement prise en charge par le pédiatre et l'équipe de néonatologie du centre hospitalier.
Elle est placée en incubateur, ventilée et perfusée. Le pronostic vital est réservé pour 48 heures.

Les prescriptions médicales sont les suivantes :
- surveillance de la pression artérielle, du pouls, de la saturation en oxygène toutes les heures jusqu'à 20 h ;
- à jeun strict jusqu'à l'émission de gaz ;
- SYNTOCINON® (ocytocique) : 10 UI à passer au pousse-seringue électrique pendant 6 heures puis voir avec le médecin (5 UI = 1 mL, à diluer avec du NaCl à 0,9 %) ;
- MÉFOXIN® (céphalosporine) : 2 g/24 heures, à raison de 1 g matin et soir (lyophilisat à diluer dans 50 mL de NaCl à 0,9 % à passer en 30 minutes) ;
- glucosé 5 % : 2 litres/24 heures, avec 2 g de NaCl et 1 g de KCl par litre (vous disposez d'ampoules de NaCl de 10 mL à 10 % et de KCl de 10 mL à 10 %) ;
- PRO-DAFALGAN® (proparacétamol, antalgique) : 2 g × 4/24 heures (lyophilisat à diluer dans 100 mL de glucosé à 5 %, à passer en 30 minutes, à débuter dans 2 heures) ;
- PROFÉNID® (anti-inflammatoire non stéroïdien) : 1 suppositoire par jour à 20 h ;
- FRAXIPARINE® (héparine de bas poids moléculaire) : 1 injection de 0,4 mL en sous-cutané à 8 h ;
- transfusion de 2 culots globulaires à poser le plus rapidement possible à raison d'un culot pendant 2 heures (chaque culot = 250 mL) ; le prélèvement en vue des sérologies a été réalisé en préopératoire ;
- sérum anti-D en intraveineux ce jour et prévoir contrôle des agglutinines irrégulières dans 48 heures ;
- ablation de la sonde urinaire demain à 9 h, puis premier lever ;
- arrêt de l'oxygénothérapie si la saturation est supérieure ou égale à 97 % ;
- évaluer la douleur ;
- commander un tire-lait afin de commencer cet après-midi, à raison de 3 à 4 fois/24 heures, selon son réveil. Il est possible de garder au réfrigérateur le colostrum et de le faire parvenir à Albane ;
- contrôle demain matin : numération-formule sanguine et ionogramme sanguin.

Depuis son retour, Mme R. pleure en silence et garde les yeux fermés. Son visage est tendu. Elle demande des nouvelles de sa fille.
Ses parents sont arrivés. La mère de Mme R. s'est renseignée pour les visites en néonatologie.
La puéricultrice a téléphoné pour savoir à quel moment elle pouvait venir voir Mme R.
Son mari a téléphoné dans le service pour dire qu'il sera là vers minuit.

Questions

1 *Identifiez les problèmes posés par la situation de Mme R.*

2 *Proposez un projet de soins pour Mme R. de 12 h 30 à 20 h. Argumentez vos réponses. (Vous ferez apparaître vos calculs.)*

Réponses

1 Analyse de la situation et identification des problèmes de Mme R.

Présentation synthétique de la situation

Mme R., mariée, 30 ans, est arrivée dans le service de gynécologie obstétrique ce jour à 9 h 30. Elle a été victime d'un accident de voiture alors qu'elle est enceinte de 7 mois et demi. Comme elle est institutrice, en congé maternité, tous les soins seront pris en charge à 100 %.

Mme R. est en état de choc à son arrivée. L'examen clinique complété de l'échographie révèle un décollement placentaire traumatique avec formation d'un hématome rétroplacentaire. Il a été décidé de pratiquer en urgence une extraction de l'enfant par césarienne.

Période préopératoire

Mme R. présentait une inquiétude en préopératoire alors que son mari, en déplacement à 800 km, arrivera vers minuit. Ses parents, prévenus, sont arrivés à 12 heures.

Il s'agit du premier enfant de Mme R. Cet enfant désiré, prématuré, a été orienté en néonatologie. Le pronostic est réservé pendant 48 heures, ce qui peut majorer l'inquiétude de Mme R.

Les problèmes que présente ou risque de présenter Mme R. sont directement liés à l'intervention réalisée en urgence. Mme R. présentait un décollement placentaire avec la formation d'un hématome rétroplacentaire. De plus, elle présente une incompatibilité fœto-maternelle.

Hématome rétroplacentaire :

- définition : c'est un accident aigu paroxystique. Il s'agit du décollement prématuré du placenta normalement inséré. Un hématome se forme entre le placenta et l'utérus dans la zone de clivage ;
- facteur favorisant : cet état trouve son origine dans le traumatisme dû à l'accident de voiture, éventuellement à la compression engendrée par la ceinture de sécurité ;
- évolution possible :
  - complications fœtales : accouchement prématuré, mort fœtale *in utero* ;
  - complications maternelles : état de choc lié à l'hypovolémie, oligoanurie, troubles de l'hémostase secondaire à la consommation locale des facteurs de la coagulation (CIVD, fibrinolyse), apoplexie utéro-placentaire (lésions hémorragiques qui diffusent plus ou moins à tout l'appareil génital).

État de choc

Dans le cas de Mme R., l'hémorragie et le traumatisme ont provoqué un état de choc, confirmé par :

- une chute de la tension artérielle (9/4 au lieu de 12/8) ;
- une augmentation des pulsations : 110 au lieu de 90/min ;
- une légère hypoxie, avec une SaO_2 à 92 % au lieu de 98-100 % ;
- une pâleur.

Au bilan sanguin, on note :

- une chute des globules rouges : 2,8 millions/mm^3 au lieu de 4,2 à 5,4 millions/mm^3 ;
- une chute des plaquettes : 130 000/mm^3 au lieu de 150 à 400 000/mm^3 ;
- une baisse de l'hématocrite : 21,5 % au lieu de 37 à 45 % ;
- une baisse de l'hémoglobine : 7 g/100 mL au lieu de 12 à 16 g/100 mL.

À cet état de choc s'associe un début de troubles de l'hémostase, avec un taux de prothrombine diminué (85 % au lieu de 100 %) et une baisse du fibrinogène (limite inférieure).

Par ailleurs, le reste du bilan ne montre pas de perturbations. Le taux d'albumine est tout à fait normal.

En revanche, l'examen des urines à la bandelette révèle une infection urinaire qui sera sûrement confirmée par l'ECBU qui mettra le germe en évidence et fournira un antibiogramme.

L'électrocardiogramme reflète un fonctionnement tout à fait normal d'un point de vue cardiaque car le rythme est sinusal.

Traitement chirurgical

Dans cette situation, il est urgent de pratiquer une extraction fœtale par césarienne même s'il s'agit d'un accouchement prématuré (7 mois et demi au lieu de 9 mois), sachant que de toute façon il y a des risques pour l'enfant.

Cette intervention n'a pu s'envisager qu'après une correction de l'état de choc de la mère.

Peur

Mme R. exprimait la peur de mourir. En effet, elle éprouvait de la crainte pour sa santé et celle de son enfant, en lien avec le déroulement de l'accouchement :

- définition : cet état était en lien avec l'accident et ses conséquences possibles pour l'enfant ;
- causes :
  - l'isolement momentané (en sachant que ses parents seront là à 12 h et que son mari arrivera dans la nuit) ;
  - le pronostic encouru pour la mère et l'enfant ;
  - le vécu obstétrical : en effet, Mme R. a eu du mal à avoir cet enfant, c'est un traitement par stimulation ovarienne qui lui a permis d'être enceinte et l'enfant est désiré ;
  - l'état de choc : l'angoisse augmente l'état de choc, qui lui-même accentue l'angoisse ;
- manifestations :
  - des questions : « Qu'est-ce qui va se passer ?...

Mon mari n'est pas là, j'ai peur… Qu'est-ce que je dois faire ? » ;
- des propos inquiets ;
- une révolte ;
- des pleurs ;
- une agitation ;

• prise en charge relationnelle : la prise en charge relationnelle effectuée en préopératoire devra se poursuivre en postopératoire.

(Possibilité d'accepter le terme d'anxiété au lieu de peur.)

Période postopératoire

Risque hémorragique :

• Mme R. risque de présenter une hémorragie pouvant aggraver l'anémie préopératoire liée à la baisse des facteurs de coagulation, à l'évacuation de l'hématome rétroplacentaire, à la césarienne. Cette hémorragie serait alors responsable d'un nouvel état de choc ;

• intérêt du traitement : ce risque nécessite la surveillance du drainage aspiratif mis en place pendant l'intervention pour évacuer les sécrétions de la plaie, des écoulements utérins, la surveillance des paramètres ainsi que la mise en œuvre de l'ocytocique pour assurer une bonne rétraction de l'utérus et la mise en place de la transfusion sanguine.

Risque hypovolémique

Le risque d'hypovolémie est lié à l'état de choc en préopératoire, à l'intervention chirurgicale, au jeûne strict, et nécessite la mise en place d'une hydratation avec des ions.

Risque de douleur :

• définition : la douleur se définit comme la sensation d'origine périphérique, partant de la peau, des os, des muscles, perçue par le cortex mais dont l'intensité, les caractères, la perception sont modulés par des niveaux inférieurs du système nerveux central ;

• facteurs favorisants :
- plaie opératoire ;
- traumatismes dus à l'accident de la voie publique (ecchymose épaule, genoux, douleur thoracique) ;
- tranchées utérines ;
- présence de gaz intestinaux ;

• actions : nécessite un antalgique et un anti-inflammatoire, ainsi qu'une surveillance adaptée.

Infection urinaire et risque infectieux

L'infection urinaire est liée à des modifications morphologiques et dynamiques des uretères et à la compression par l'utérus gravide qui se manifestait avant la césarienne par la présence de nombreux leucocytes dans les urines. À cette infection urinaire s'ajoute un risque infectieux lié à la césarienne.

Il y a donc nécessité de mettre en place un traitement par antibiotique.

Risque de troubles thrombo-emboliques

À type de phlébite, ou d'embolie pulmonaire, ce risque est lié à une intervention sur le petit bassin et à la présence d'un hématome dans une zone richement vascularisée.

Il nécessite un traitement anticoagulant préventif et une mobilisation précoce pour éviter la stase veineuse.

Risque d'une incompatibilité fœto-maternelle

Il s'agit d'une immunisation acquise succédant à la pénétration dans l'organisme maternel, de Rhésus négatif, des hématies fœtales de Rhésus positif qui franchissent la barrière placentaire, d'autant plus qu'il s'agit d'une césarienne. Ces hématies sont phagocytées par le système réticulo-endothélial de la mère, ce qui libère des sites antigéniques Rh.

Les lymphocytes maternels sécrètent des anticorps. Lors d'une deuxième grossesse, avec un fœtus Rhésus positif, il y aura une formation plus importante d'anticorps maternels que l'on retrouvera dans le sang : les agglutinines irrégulières. Les anticorps maternels traversent le placenta et se fixent sur les hématies Rhésus + du fœtus et les détruisent (libérant l'hémoglobine et donnant de la bilirubine toxique).

Afin de prévenir ce risque vital, une injection de gammaglobulines spécifiques anti-D doit être réalisée (dans un délai de 72 heures) ; ici, après la césarienne, afin de détruire les hématies fœtales avant la mise en route des réactions immunologiques.

Le contrôle permettra de vérifier l'efficacité du sérum et de savoir s'il faut refaire une nouvelle injection ou non.

Risque de troubles du transit

Lié à l'anesthésie générale, ce risque est à surveiller d'autant plus que, chez la femme enceinte, le transit est souvent ralenti.

Incapacité partielle d'effectuer ses soins d'hygiène

Lié à une difficulté pour se mouvoir, au traumatisme, à l'intervention récente, ce problème se manifeste par une incapacité à réaliser sa toilette, les soins de bouche…

Risque de perturbation de la dynamique familiale
Il existe un risque de dysfonctionnement au sein d'une famille qui habituellement fonctionne efficacement, mais qui peut se trouver perturbée par la naissance d'un enfant exposé à des risques. La situation de crise causée par la naissance d'un enfant prématuré et donc fragile, la surcharge d'émotion et de fatigue, l'incertitude quant au devenir de l'enfant, la séparation mère-enfant sont autant de facteurs qui peuvent induire ce problème. Cela va nécessiter un accompagnement de la mère, du couple et la mobilisation des ressources : la famille est présente.

2 Projet de soins

➡ **Premiers gestes :**

- installer Mme R. ;
- brancher les différents appareils ;
- vérifier que les tubulures ne tirent pas, qu'elles ne sont pas coudées ;
- prendre connaissance des prescriptions médicales et des dernières constantes.

➡ **Risque hémorragique pouvant aggraver l'anémie préopératoire :**

- objectif 1 : prévenir tout état de choc et corriger l'anémie préopératoire ;
- actions :
  – surveillance des paramètres (pouls, PA, SaO_2) toutes les heures, les noter (et ce jusqu'à 20 h) ;
  – surveiller l'état du pansement compressif (compression, coloration) ;
  – surveiller la qualité du drainage de Redon :
    - aspect des sécrétions (en postopératoire immédiat, elles seront rouges puis, peu à peu, elles vont s'éclaircir pour devenir séro-sanglantes) ;
    - quantité aspirée (si trop importante, prévenir le chirurgien) ;
    - vérifier l'intégrité de la tubulure ;
    - prévenir Mme R. qu'elle ne doit pas tirer dessus et lui expliquer l'intérêt de cette aspiration (éviter la formation d'un hématome de paroi et favoriser la cicatrisation) ;
    - changer le flacon dès qu'il sera trop plein ou lorsque le vide sera absent (témoin doit être collabé ou ailettes écartées) avec asepsie et en clampant la tubulure avant de changer de flacon ;
  – vérifier l'aspect des urines et la quantité (doit être en relation avec les entrées) ;
  – surveiller les signes cliniques : aspect du visage, pâleur, sensation de froid ;
  – mettre en place la transfusion sanguine :
    - commander les deux culots globulaires dès son retour du bloc avec l'ordonnance du médecin et la carte de groupage (deux déterminations) ;
    - vérifier le résultat des RAI ;
    - informer la patiente de la transfusion ;
    - vérification des culots globulaires : aspect, couleur ;
    - contrôle de la concordance entre le sang de Mme R. et les données portées sur la fiche nominative des culots ;
    - réaliser le contrôle ultime au lit de Mme R. (pour déceler une incompatibilité entre le donneur et le receveur dans le système ABO et éviter une hémolyse aiguë). Les réactions doivent être identiques entre receveur et donneur pour un même test. Les résultats seront inscrits dans le dossier transfusionnel du malade. La carte sera gardée 48 heures dans un emballage plastifié (contamination) ;
    - poser une autre voie veineuse ;
    - purger la tubulure (sans filtre) et brancher ;
    - régler le débit : 250 mL à passer en 2 heures (1 mL = 15 gouttes), donc $\frac{250 \times 15}{60 \times 2} = 31{,}25$, soit 31 gouttes/min par défaut ;
    - vérifier l'absence d'effets indésirables : frissons, douleurs lombaires, réactions allergiques : urticaire, dyspnée, nausées, vomissements, syndrome hémorragique, choc ;
    - surveiller la pression artérielle ;
  – prévoir pour le lendemain une numération-formule sanguine (faire bon) ;
- objectif 2 : permettre une meilleure involution utérine avec la mise en place de l'ocytocique ;
- actions :
  – mise en place de SYNTOCINON ®, 10 UI au pousse-seringue électrique pendant 6 heures :
    - 5 UI = 1 mL, donc 10 UI = 2 mL ;
    - 2 mL de SYNTOCINON ® sont dilués dans 10 mL de NaCl à 9 ‰, soit un volume de 12 mL à passer en 6 heures ;
    - le débit est donc de 2 mL/h ;
  – surveiller l'aspect des lochies (écoulements vaginaux) : en postopératoire immédiat, elles seront rouges. En apprécier l'abondance et l'odeur ;

– travailler en collaboration avec la sage-femme. Celle-ci pourra mesurer l'involution utérine par palpation ;
• évaluation :
– absence de chute de tension artérielle et accélération du pouls ;
– non-abondance des sécrétions : Redon, lochies, pansement ;
– absence d'effets secondaires en lien avec la transfusion ;
– augmentation des chiffres de la NFS.

➡ Risque d'hypovolémie et déséquilibre hydro-électrolytique :
• objectif : que Mme R. ne présente pas ces risques ;
• actions :
– mettre en place la perfusion de glucosé à 5 % : 2 L/24 h dès 13 h, soit 1 L de 13 h à 1 h, qui sera renouvelé à 1 h jusqu'à 13 h ;
– mettre dans 1 litre de glucosé : 2 g de NaCl, soit 2 ampoules de 10 mL, et 1 g de KCl, soit 1 ampoule de 10 mL ;
– débit : $\frac{1\,000 \text{ mL} \times 20}{12 \times 60} = 27{,}77$, soit 28 gouttes/min par excès ;
(NB : on ajoute 30 mL, soit un volume < 10 % du total : on peut donc ne pas en tenir compte dans le calcul, mais le faire n'est pas une erreur ; le débit calculé est alors = 28,6, soit 29 gouttes/min par excès.)
– vérifier l'état d'hydratation :
 - faire tirer la langue : aspect de la muqueuse ;
 - diurèse (ne doit pas être supérieure aux apports) ;
– faire une feuille du bilan d'entrées et sorties ;
– faire les soins de bouche ;
– prévoir pour le lendemain un ionogramme sanguin ;
• évaluation :
– ses muqueuses seront humides et rosées ;
– les chiffres tensionnels se maintiendront ;
– Mme R. ne se plaindra pas d'avoir soif.

➡ Risque de douleur :
• objectif : Mme R. ne souffrira pas ;
• actions :
– administrer le PRO-DAFALGAN ® à 15 h :
 - 2 g à diluer dans 100 mL de G5 % à passer en 30 min ;
 - débit = $\frac{100 \times 20}{30} = 66{,}66$;
 - soit 67 gouttes/min par excès ;
– programmer les autres perfusions à 21 h, 3 h, 9 h ;
– mesurer à l'aide de l'échelle EVA sa douleur. Si elle augmente malgré le traitement, prévenir le médecin ;
– donner 1 suppositoire de PROFÉNID ® le soir à 20 h ;
• évaluation : évaluer sa douleur sur son comportement, les traits de son visage, ses dires.

➡ Infection urinaire et risque infectieux :
• objectif : traiter l'infection existante et éviter l'apparition de toute autre infection ;
• actions :
– programmer le traitement antibiotique et réaliser le premier à 20 h ; le 2e sera administré à 8 h le lendemain :
 - 1 g de MÉFOXIN ® à diluer dans 50 mL de NaCl à 9 ‰ à passer en 30 minutes ;
 - débit = $\frac{50 \times 20}{30} = 33{,}33$;
 - soit 33 gouttes/min par défaut ;
– prendre la température à 15 h, à 18 h, puis 2 fois par jour s'il n'y a pas de problèmes ;
– vérifier l'aspect des urines ;
– réaliser les soins avec asepsie (poser une rampe au niveau du cathéter pour éviter des manipulations à ce niveau) ;
– faire des soins de sonde selon le protocole ;
– surveiller le point de ponction au niveau du cathéter.

➡ Risque de troubles thrombo-emboliques :
• objectif : éviter leur apparition ;
• actions :
– programmer l'injection de FRAXIPARINE ® : 0,4 mL pour le lendemain 8 h ;
– être attentif à l'apparition d'une douleur au niveau des mollets, à la dorsi-flexion des pieds, à leur chaleur ;
– lui demander de mobiliser ses jambes dans le lit si elle le peut ;
– surélever les pieds du lit pour favoriser la circulation veineuse ;
• évaluation :
– absence de dissociation pouls-température ;
– les mollets seront souples, de même chaleur et non douloureux.

➡ Risque d'incompatibilité fœto-maternelle :
• objectif : prévenir ce risque pour les grossesses futures ;

- actions :
- – injecter sérum anti-D dans le cathéter (rampe) ;
- – vérifier l'absence de manifestations générales ;
- – prévoir un contrôle d'agglutinines irrégulières dans 48 h ;
- – expliquer à Mme R. l'intérêt de cette injection ;
- – insister sur la notion d'absence de risque pour son enfant à ce jour.

➡ **Risque de troubles du transit :**
- objectif : prévenir l'apparition de ce risque ;
- actions :
- – surveiller l'apparition des premiers gaz et des premières selles ;
- – dès que le médecin le prescrira, la faire boire ;
- évaluation :
- – gaz émis dans la soirée, la nuit ;
- – premières selles au plus tard à J2 après une césarienne (dans le cas contraire, il faudra voir avec la sage-femme).

➡ **Incapacité partielle d'effectuer les soins d'hygiène :**
- objectif : lui permettre de se sentir confortable ;
- actions :
- – dans l'après-midi, la mobiliser avec douceur dans son lit avec l'aide de l'aide-soignante ;
- – lui faire un massage doux des points d'appui ;
- – changer son lit si nécessaire ;
- – réaliser une toilette périnéale ;
- – lui proposer un soin de bouche ;
- évaluation : Mme R. se sentira bien physiquement.

➡ **Risque de perturbation de la dynamique familiale :**
- objectif : Mme R. comprendra la situation présente, pourra partager ses craintes avec ses parents, l'équipe soignante et plus tard avec son mari. M. et Mme R. se soutiendront mutuellement ;
- actions :
- – créer un climat d'intimité, de façon à permettre à Mme R. et à ses parents de discuter entre eux ;
- – inviter Mme R. à exprimer ses émotions ;
- – évaluer son degré de compréhension de la situation et la perception qu'elle en a ;
- – lui demander à quel moment elle souhaite rencontrer l'infirmière puéricultrice, car celle-ci a téléphoné et est prête à venir la voir ; le but de cette visite est de répondre à ses questions, afin de l'aider à mieux comprendre et essayer de dissiper les malentendus s'ils existent ;
- – voir s'il est possible de lui fournir une photo de son enfant si elle le désire ;
- – afin de favoriser le rapprochement mère-enfant par l'allaitement, lui proposer en fin d'après-midi de tirer son lait, en lui expliquant les qualités du colostrum, ainsi que l'intérêt de tirer très tôt son lait : la montée laiteuse sera d'autant plus rapide ; expliquer que ce lait sera conservé et délivré à son enfant en fonction de ses besoins ;
- – renseigner Mme R. sur les soins d'hygiène à prodiguer au niveau des mamelons avant la tétée (nettoyage à l'eau claire) et la nécessité de bien les sécher ensuite ;
- – rester auprès de Mme R. la 1re fois, voir avec elle si elle préfère que ses parents sortent de la chambre ;
- – l'encourager et réajuster si nécessaire ;
- – évaluer l'état psychologique des grands-parents afin qu'ils ne renforcent pas l'inquiétude de Mme R. ;
- – prévenir le service de réanimation néonatale que M. R. arrivera vers minuit. Voir avec eux s'il sera possible qu'il voit Albane ;
- évaluation : Mme R. se sentira plus détendue et en confiance.

➡ **Transmissions :**
- transmettre l'évolution de Mme R. (paramètres, saignements...) ;
- insister sur son état psychologique en précisant que M. R. doit arriver dans la nuit (il voudra peut-être rester près de sa femme, lui prévoir un lit) ;
- donner les quelques indications de santé concernant l'enfant ;
- préciser :
- – ablation sonde urinaire demain matin ;
- – à jeun strict jusqu'aux premiers gaz ;
- – premier lever demain ;
- – mise en place du « tire-lait ».

Vous êtes infirmière en service de gynécologie et vous prenez en charge Mme Z, 51 ans, au premier jour postopératoire. Elle est entrée il y a deux jours pour une hystérectomie sub-totale avec annexectomie bilatérale.

Vous êtes en poste de 13 à 21 heures. L'équipe dont vous faites partie comprend :
- un agent des services hospitaliers ;
- une aide-soignante ;
- une infirmière ;
- un(e) étudiant(e) en soins infirmiers de 3e année.

Mme Z, dont le mari est chef d'équipe dans une entreprise, travaille dans un collège où elle est surveillante. Elle a 2 enfants de 25 et 17 ans ; le plus jeune poursuit ses études. Assurée sociale, elle bénéficie d'une mutuelle.
Elle pèse 95 kg pour 1,60 m, porte une prothèse dentaire et des lunettes.

Dans ses antécédents médicaux et chirurgicaux, nous retrouvons :
- une préménopause installée depuis 18 mois ;
- une tumeur maligne du sein droit opérée en 1998, traitée par TAMOFÈNE ® (tamoxifène ; antiœstrogène) 20 mg : 1 comprimé par jour, le matin ;
- une endométriose de l'utérus et des ovaires ;
- une hypertension artérielle traitée par FLUDEX LP ® (indapamide à libération prolongée ; antihypertenseur, diurétique) 1,5 mg : 1 comprimé par jour, le matin ;
- des vertiges, traités par :
  - VASTAREL ® (trimétazidine) 20 mg : 3 comprimés par jour à prendre au moment des repas ;
  - LECTIL ® 8 mg (bêtahistine) : 2 comprimés (1 le matin, 1 le soir) à prendre au milieu des repas.

Mme Z. a été adressée en consultation de gynécologie il y a 6 jours par son médecin traitant pour une suspicion de kyste de l'ovaire gauche comprimant l'uretère et provoquant de violentes douleurs.
L'examen gynécologique et l'échographie abdomino-pelvienne ont confirmé la présence d'un syndrome obstructif pyélo-urétéral gauche et d'un gros kyste ovarien.
Le médecin gynécologue a prescrit une recherche de CA 125 (antigène glycoprotéique utilisé pour le dépistage et la surveillance des cancers ovariens) et a programmé une laparotomie avec examen extemporané.

Mme Z est donc entrée dans le service la veille de son intervention à 16 h.
Elle est arrivée avec un bilan préopératoire normal :
- numération-formule sanguine ;
- plaquettes, taux de prothrombine, temps de céphaline activée ;
- recherche d'agglutinines irrégulières, carte de groupe sanguin ;
- radio pulmonaire ;
- électrocardiogramme ;
- consultation préanesthésique.

Selon le protocole du service, elle a reçu une irrigation vaginale et un lavement évacuateur type NORMACOL ®, puis une douche bétadinée.

Mme Z. se dit de nature anxieuse, elle s'exprime sur sa peur de l'intervention et du diagnostic, pose des questions ; espère dormir mais refuse de prendre un somnifère.
La nuit s'est bien passée ; cependant, le matin de l'intervention, elle pleure beaucoup, a peur.
La préparation locale, la douche bétadinée et l'irrigation vaginale sont faites à 8 heures.
Elle reçoit une prémédication intramusculaire d'HYPNOVEL ® (midazolam) 15 mg et ATROPINE ® 0,75 mg.

L'intervention est pratiquée sous anesthésie générale, associée à une anesthésie péridurale thoracique.
Partie au bloc opératoire à 10 heures, elle revient dans le service à 15 heures avec :
- un pansement abdominal sur suture de laparotomie fermée par des agrafes ;
- une perfusion de 500 mL de RINGER ® sur un abord périphérique gauche ;
- une seringue électrique sur cathéter péridural ;
- une sonde urinaire : les urines sont claires.

Son état est satisfaisant ; elle somnole beaucoup mais est consciente. Elle ne se plaint pas. Ses constantes à 15 h 30 sont les suivantes :
- pression artérielle : 120/60 mm Hg ;
- pulsations : 82/min ;
- température : 36,1 °C.

Les prescriptions pour 48 heures sont les suivantes :
- repos au lit ;
- 2 litres de polyonique à 10 % en 24 heures à poser à 16 heures, après le RINGER ® ; composition du polyonique pour 1 litre : soluté glucosé à 10 % comprenant 4 g de chlorure de sodium et 2 g de chlorure de potassium ;

- seringue électrique sur cathéter péridural :
  - RAPIFEN ® (alfentanil, analgésique central) : 5 000 µg ;
  - CATAPRESSAN ® (clonidine, anti-hypertenseur) : 150 µg pour potentialiser les effets des anesthésiques locaux ;
  - NAROPÉINE ® (ropivacaïne, anesthésique local) : 32 mL, 2 mg/mL ;
  - PRO-DAFALGAN ® (pro-paracétamol) : 2 g dans 100 mL de soluté à passer en 30 min 4 fois par 24 heures (14 h, 20 h, 2 h, 8 h) ;
- LOVENOX ® 40 (énoxaparine sodique, héparine de bas poids moléculaire) : une injection par jour à 20 h ;
- dès le retour des gaz : donner le traitement personnel (TAMOFÈNE ®, FLUDEX ® LP, VASTAREL ® et LECTIL ®) et autoriser les boissons.

À 18 h puis à 19 h, Mme Z. présente des vomissements, notamment de bile ; il est alors prescrit une injection intraveineuse de PRIMPÉRAN ® (métochloramide) : 1 ampoule de 10 mg à injecter par voie intraveineuse à renouveler toutes les 8 heures si besoin.

À 20 h, la patiente reçoit son injection sous-cutanée de LOVENOX ®, la perfusion de PRO-DAFALGAN ® est réinstallée. Mme Z. présente une rougeur au talon droit. Les vomissements sont calmés.
Les constantes sont :
- pression artérielle : 126/83 mmHg ;
- pulsations : 107/min.

Les urines sont claires ; le pansement est propre.
La nuit, elle dort peu, se plaint de douleurs dorsales, est gênée par ses émissions de gaz, s'inquiète du résultat de l'intervention.

Ce jour (premier jour postopératoire), le médecin l'informe des résultats suivants :
- l'examen anatomopathologique effectué au bloc opératoire ne révèle pas l'existence de tumeur ;
- les CA 125 sont normaux.

Mme Z. pose beaucoup de questions dès que vous entrez dans la chambre.

En fonction de son état, un premier lever pourra être effectué au deuxième jour postopératoire, après l'ablation du cathéter péridural.
Elle se plaint toujours de douleur à la mobilisation ; le résultat de l'EVA (échelle analogique visuelle) est à 3/10.
La sonde urinaire ne pose pas de problème particulier.
Une feuille de surveillance des points d'appui et des massages (à faire 6 fois par jour) a été mise en place.
Ce matin et ce midi, elle a bu un demi-verre d'eau.
Elle se plaint de douleurs dorsales, dit qu'elle ne supporte plus de rester allongée.
Les constantes de ce matin sont :
- pression artérielle : 115/65 mm Hg ;
- pulsations : 84/min ;
- température : 37,4 °C.

Questions

En vous appuyant sur les informations citées dans le texte concernant Mme Z. et sur l'ensemble de vos connaissances.

1 *Faites l'analyse de la situation.*

2 *Dégagez les problèmes réels et/ou potentiels, identifiez les objectifs et les actions en envisageant l'évaluation durant votre temps de travail.*

3 *Envisagez cette prise en charge à moyen terme jusqu'à la sortie.*
Vous effectuerez les calculs de débit des perfusions de PRO-DAFALGAN ® et de polyionique en mentionnant votre raisonnement.
Vous argumenterez l'ensemble de vos réponses.

Réponses

1 Analyse de la situation

Éléments du texte	Éléments d'argumentation
• Mme Z., 51 ans. • Hystérectomie sub-totale avec annexectomie bilatérale.	• Ablation de l'utérus avec conservation du col utérin. • Ablation des ovaires et des trompes. • Cette intervention va entraîner une ménopause chirurgicale. • Elle est liée à une endométriose de l'utérus et des ovaires, un kyste de l'ovaire, un syndrome obstructif pyélo-urétéral gauche.

Éléments du texte	Éléments d'argumentation
• Préménopause.	• Éducation à faire.
• Syndrome obstructif pyélo-urétéral gauche et gros kyste ovarien provoquant de violentes douleurs.	• Confirmés par examen gynécologique et échographie abdomino-pelvienne qui ont entraîné la consultation médicale. • Traités à domicile par SPASFON ®, DI-ANTALVIC ®, PROFÉNID ®.
• Antécédents : – nature anxieuse ; – tumeur maligne du sein droit toujours traitée par TAMOXIFÈNE ® ; – hyperpression artérielle traitée par FLUDEX ®.	 • Entraîne une peur de l'intervention et du diagnostic ainsi que des pleurs juste avant l'intervention et la nuit de J0 à J1. • Entraîne la prescription de CA 125 et de l'examen extemporané lors de la laparotomie à la recherche d'une tumeur secondaire. • Actuellement pression artérielle normale (120/60 mm Hg) ; cependant reste à surveiller.
• Vertiges traités par VASTAREL ® et LECTIL ®.	• Surveillance accrue lors du premier lever.
• 95 kg pour 1,60 m.	• Surcharge pondérale à prendre en compte, par rapport à sa pression artérielle, à la surveillance de l'état cutané.
• Mariée, 2 enfants de 25 et 17 ans.	• Réseau de soutien. • Peut-être inquiétude face à l'avenir : 2e enfant encore jeune, faisant des études.
• Prise en charge à 100 %.	• K > à 50.
• Mutuelle.	• Prise en charge du forfait journalier ?
• Laparotomie avec examen extemporané.	• Ouverture abdominale exploratoire dans un 1er temps ; diagnostic dans un 2e temps grâce à l'examen extemporané (étude anatomo-pathologique faite sur-le-champ).
• Est arrivée la veille de son intervention. • Bilan préopératoire : – numération formule sanguine ; – TP, TCA, plaquettes ; – recherche d'agglutinines irrégulières ; – carte de groupe sanguin ; – électrocardiogramme ; – radio pulmonaire.	 • Bilan de référence. • Permet d'avoir un reflet du nombre de globules rouges, globules blancs, hémoglobine… • Permettent d'avoir un reflet de la coagulation : intervention sanglante sur le petit bassin. • A été opérée de sa tumeur en 1998 ; peut-être a-t-elle été transfusée ? • Nécessité d'avoir des RAI datant de moins de 3 jours. • 2 déterminations sont obligatoires avant toute intervention. • Examen systématique dans le bilan préopératoire permettant de contrôler le fonctionnement cardiaque. • Antécédents d'hyperpression. • Âge. • Permet de contrôler l'état pulmonaire à la recherche d'une éventuelle métastase pulmonaire. • Fait partie du bilan systématique préopératoire.

Éléments du texte	Éléments d'argumentation
• Consultation préanesthésique.	• Rencontre avec le médecin anesthésiste obligatoire avant toute intervention.
• Irrigation vaginale : NORMACOL ® et douche bétadinée.	• Préparation locale et générale faite avant ce type d'intervention (protocole de service).
• Anesthésie générale.	• Due au type d'intervention.
• Anesthésie péridurale thoracique avec RAPIFEN ®, CATAPRESSAN ® et NAROPÉINE ®.	• Anesthésie loco-régionale. Permet une analgésie per et postopératoire. • À J1, il faudra penser à faire changer la seringue électrique par l'IADE puisque les manipulations sur le cathéter péridural ne sont pas des actes infirmiers (article 7 du décret du 15 mars 1993).
• Pansement abdominal sur suture de laparotomie.	• À surveiller d'autant plus que Mme Z. a un certain embonpoint.
• Abord veineux : – perfusion de 500 mL de RINGER ® ; – polyionique.	• Abord veineux nécessaire pour pallier les pertes hydro-électrolytiques péri-opératoires. • Relais de la perfusion de RINGER ® : hydratation car pas d'alimentation pour le moment.
• Sonde urinaire.	• Surveillance de la diurèse, de l'aspect des urines : actuellement les urines sont claires. • Bilan entrées/sorties.
• Son état est satisfaisant.	• Consciente. • Pas de douleur. • Somnole beaucoup. • Constantes (TA, pouls, température) normales. • Surveillance postopératoire à faire régulièrement.
• Repos au lit.	• Dû à l'intervention et à l'anesthésie générale. • Il nous faudra vérifier l'état cutané, d'autant plus qu'elle présente déjà une rougeur au talon droit.
• LOVENOX ®.	• Intervention sur petit bassin. • Repos au lit.
• PRO-DAFALGAN ® : 2 g × 4.	• Antalgique, pour lutter contre la douleur.
• PRIMPÉRAN ® IV.	• A présenté des vomissements, notamment de bile. • Vomissements calmés à 20 h.
• La nuit, se plaint de douleurs dorsales.	• Dues aux gaz ? à la position dans le lit ?
• Émission de gaz.	• Boisson autorisée ; cependant a très peu bu ce matin et ce midi (J1). • Il faut penser à planifier le traitement personnel.
• Ce jour : – le médecin répond à ses inquiétudes ; – se plaint toujours de douleur à la mobilisation et de douleurs dorsales ; – dit qu'elle ne supporte plus de rester allongée ; – une toilette complète a été faite.	• L'examen anatomo-pathologique et les CA 125 sont normaux. • 1er lever prescrit pour demain. • Résultat EVA : 3. • Feuille de surveillance des points d'appui et massages (6 fois/jour). • 1er jour postopératoire : demain la toilette sera à adapter à l'état de la patiente.

2 Problèmes – Objectifs – Actions – Évaluation

Problèmes prioritaires :

- douleur :
– liée à l'intervention, à sa position dans le lit, au fait qu'elle ne supporte plus de rester allongée ;
– se manifestant par des plaintes, un résultat à l'échelle visuelle analogique à 3 ;
– objectifs :
  - la douleur de madame Z sera calmée ;
  - Mme Z exprimera la diminution, ou l'absence, de sa douleur ;
– actions :
  - continuer l'évaluation de la douleur ;
  - noter les plaintes ;
  - faire préciser type et siège de la douleur ;
  - préparer et poser la perfusion de PRO-DAFALGAN® à 14 et 20 h : 2 g dans 100 mL ou 100 × 20 gouttes (1 mL = 20 gouttes) de sérum physiologique en 30 min, soit un débit de $\frac{100 \times 20}{30} = 2\,000/30 = 66{,}6$, soit 67 gouttes/min par excès ;
  - manipuler le PRO-DAFALGAN® selon les recommandations : port de gants ou utilisation d'un site de transfert spécifique car risque d'allergie ;
  - évaluer l'efficacité du produit : si inefficace, revoir la prescription avec le médecin ;
  - utiliser des petits moyens (massages, vessie de glace sur prescription…) ;
  - si Mme Z a besoin de tousser : lui expliquer qu'il lui faut s'asseoir confortablement, respirer calmement, exercer une pression sur la cicatrice à l'aide de ses mains ou d'un oreiller ;
  - l'encourager à trouver une position antalgique satisfaisante ;
  - surveiller l'apparition/la non-apparition des effets indésirables des thérapeutiques ;
  - par rapport au cathéter péridural :
    . contrôler le bon fonctionnement du pousse-seringue, le débit ;
    . prévenir l'IADE avant la fin de la seringue ;
    . surveiller le cathéter péridural (point de ponction, état local) ;
    . signaler toute anomalie à l'anesthésiste ;
    . surveiller l'apparition/la non-apparition de troubles sensitivo-moteurs ;
    . contrôler la pression artérielle régulièrement ;
    . continuer de noter sur la feuille de surveillance ;
    . faire des transmissions écrites et orales ;
– indicateurs d'évaluation :
  - présence ou non de douleur (à ce jour, EVA : 3) ;
  - disparition des plaintes ;
  - pas d'effets indésirables notables ;
  - les antalgiques sont bien donnés aux heures prévues ;

- risque thrombo-embolique (phlébite, embolie pulmonaire) :
– lié au repos au lit, à la corpulence de la patiente, à son intervention sur le petit bassin ;
– objectif : dépister tout signe clinique anormal au plus vite ;
– actions :
  - surveiller :
    . l'état des mollets : noter si douleur, rougeur, chaleur, si signe de Homans (douleur à la dorsiflexion) ;
    . les constantes (pouls, température), à la recherche d'une dissociation caractéristique de la phlébite ;
  - surveiller l'état respiratoire, à la recherche d'une dyspnée, d'une douleur thoracique ;
  - dépister les manifestations d'angoisse ;
  - stimuler Mme Z à se mobiliser dans son lit ;
  - lever précoce à J2, sur prescription, après l'ablation du cathéter péridural ;
  - planifier et injecter le LOVENOX® à 20 h ;
  - dépister les saignements éventuels ;
  - prévenir Mme Z des risques (minimes) ;
  - sur prescription, planifier un prélèvement pour numération des plaquettes ;
– indicateurs d'évaluation :
  - les mollets sont d'apparence normale ;
  - pas de douleur ;
  - les courbes de température et de pulsations ne montrent pas d'anomalie ;

- peur :
– liée au diagnostic possible, à l'avenir ;
– se manifestant par des questions ;
– objectif :
  - Mme Z exprimera la diminution, voire la disparition, de sa peur ;
  - elle sera rassurée ;
– actions :
  - explorer ce qui peut sous-tendre la peur de Mme Z ;
  - l'aider à verbaliser ses craintes ;

  - évaluer ses connaissances ;
  - évaluer le niveau de compréhension de Mme Z concernant les informations données par le médecin ;
  - réajuster avec elle si besoin ;
  - être disponible ;
  - être à l'écoute ;
- indicateurs d'évaluation :
  - Mme Z est moins, voire plus du tout anxieuse ;
  - elle détient suffisamment d'informations validées et comprises ;

• atteinte à l'intégrité de la peau :
- liée au repos strict au lit, à la surcharge pondérale ;
- se manifestant par une rougeur du talon droit ;
- objectifs :
  - la rougeur au niveau du talon droit diminuera ;
  - l'état cutané sera maintenu ;
- actions :
  - remplir la feuille de surveillance des points d'appui ;
  - massage 6 fois/jour ;
  - changements de position réguliers ;
  - faire faire des mouvements de kiné passive ;
  - faire asseoir au bord du lit (puisque le 1er lever a lieu demain) mais surveiller car risque d'hypotension orthostatique ;
  - matelas anti-escarres ;
  - faire boire, inciter Mme Z à boire ;
- indicateurs d'évaluation :
  - amélioration ou non du talon ;
  - état cutané sain ;
  - quantité de boisson suffisante ou non.

➡ **Problèmes secondaires :**

• risque de non-reprise du transit intestinal, de constipation :
- lié à l'intervention sur le petit bassin, au repos au lit, aux antalgiques ;
- objectif : Mme Z retrouvera un transit intestinal normal dans un délai raisonnable de 2 à 3 jours ;
- actions :
  - stimuler Mme Z à la mobilisation passive ;
  - la stimuler à boire des liquides, notamment des jus de fruits, régulièrement et en quantité suffisante ;
  - noter ;
  - effectuer le premier lever, sur prescription ;
  - lors de la reprise de l'alimentation, voir avec la diététicienne pour des repas adaptés ;
  - noter la première selle ;
  - voir si besoin avec le médecin pour prescription ;
- indicateur d'évaluation : reprise ou non du transit dans des délais « normaux » ;

• risque infectieux :
- lié à l'abord veineux, au cathéter péridural, à la laparotomie, à la sonde urinaire ;
- objectif : dépister tout signe d'infection le plus rapidement possible ;
- actions :
  - surveiller la température ;
  - éventuellement faire feuille de surveillance ;
  - pratiquer un lavage des mains soigneux avant tout soin ;
  - surveiller l'état local de l'abord veineux périphérique ;
  - dépister rougeur, douleur, diffusion du produit ;
  - si besoin repiquer la patiente avec précautions d'asepsie ++ ;
  - préparer les perfusions avec asepsie ;
  - surveiller l'état local du cathéter péridural ;
  - surveiller l'état du pansement ; n'y toucher que sur prescription médicale ;
  - éviter les manipulations sur la sonde urinaire : ne pas ouvrir le système clos ;
  - faire une petite toilette soignée ;
  - surveiller l'aspect des urines ;
- indicateurs d'évaluation :
  - température normale : 37,4 °C ;
  - abord veineux : état local satisfaisant ;
  - cathéter péridural : état local satisfaisant ;
  - sonde urinaire : urines claires, pas de douleur particulière ;

• risque de déséquilibre hydro-électrolytique :
- lié à une alimentation interrompue du fait de l'intervention ;
- objectif : maintenir l'équilibre hydro-électrolytique ;
- actions :
  - contrôler la prescription ;
  - préparer la poche, contrôler la date de péremption ;
  - poser le litre de polyionique à 16 h ;
  - calculer et régler le débit : le volume à perfuser est de 1 L, soit 1 000 mL ou 1 000 × 20 gouttes (1 mL = 20 gouttes). Le temps de la perfusion est de 12 h, soit 12 × 60 min.

Le débit de la perfusion est donc :

$\frac{100 \times 20}{12 \times 60}$ = 27,77, soit 28 gouttes/min par excès ;

- contrôler l'état local ;
- faire le retour veineux (?) ;
- s'assurer de la planification du 2e litre ;
- planifier un ionogramme selon prescription ;

– indicateurs d'évaluation :
- Mme Z ne présente pas de signe de déshydratation ;
- les perfusions sont administrées en quantité et en temps voulus ;

• risque de lâchage de suture :

– lié à l'intervention sur la paroi abdominale, à la masse corporelle de Mme Z ;

– objectif :
- dépister une désunion de la plaie ;
- éviter le lâchage de suture ;

– actions :
- apprendre à Mme Z à se tenir la paroi abdominale pour tousser ;
- lui donner des conseils sur la façon de se lever et de se recoucher (pour les jours suivants) ;
- dépister douleur abdominale particulière ;
- si doute, défaire le pansement pour une observation locale ;

– indicateur d'évaluation : plaie propre, non désunie.

3 Prise en charge à moyen terme :

• se renseigner et informer Mme Z sur la durée probable de l'hospitalisation, la réfection du pansement, l'ablation des agrafes ;

• donner quelques recommandations à Mme Z pour le retour chez elle :

– éviter le port de charges lourdes ;
– éviter les efforts physiques importants ;
– éviter les gros travaux ménagers ;
– éviter les bains pendant 3 à 4 semaines ; préférer les douches en séchant bien la cicatrice ;

• lui expliquer qu'elle aura un arrêt de travail à l'issue duquel elle reverra le chirurgien ou son médecin traitant ;

• répondre à ses questions, ou faire intervenir le médecin, par rapport à ses questions d'ordre privé (vie sexuelle…).

Adénocarcinome de l'utérus – Métastases ganglionnaires et hépatiques – Anémie

Infirmier(ère) dans le service de chirurgie, vous travaillez de 6 heures à 14 heures. Vous recevez Mme Z., 58 ans, mariée, mère de deux enfants de 18 et 24 ans. Elle est gérante d'un commerce d'alimentation.

Ménopausée depuis l'âge de 54 ans, Mme Z. présente depuis deux mois des métrorragies abondantes et indolores. Un bilan gynécologique est réalisé ; il comprend une échographie pelvi-abdominale et une biopsie de l'endomètre. Le diagnostic d'adénocarcinome de l'utérus est posé.

Le bilan complémentaire réalisé au regard des résultats comprend :
- un scanner abdomino-pelvien ;
- une urographie intraveineuse ;
- une radiographie pulmonaire.

Une hystérectomie avec annexectomie, sous anesthésie générale, est prévue à 10 heures. Une consultation préanesthésique et un bilan biologique sont demandés.
Mme et M. Z. connaissent le diagnostic.

L'équipe chirurgicale prescrit :
- la veille :
  - un lavement avec NORMACOL ®,
  - une irrigation vaginale à la BÉTADINE ® gynécologique (antiseptique),
  - un repas léger le soir puis Mme Z. doit rester à jeun ;
- le matin :
  - 2 heures avant l'intervention, une deuxième irrigation vaginale à la BÉTADINE ® gynécologique,
  - 1 heure avant l'intervention, une prémédication avec HYPNOVEL ® : 1 ampoule de 1 mL = 5 mg, *per os* sur un sucre,
  - en salle d'opération, une dépilation.

Questions

1 *Définissez :*
- *métrorragie ;*
- *adénocarcinome de l'utérus ;*
- *hystérectomie avec annexectomie.*

2 *Expliquez le principe et le but chez Mme Z. de :*
- *l'échographie ;*
- *la biopsie.*

3 *Identifiez le but de chaque examen du bilan complémentaire réalisé.*

4 *Donnez le nom de chacun des éléments anatomiques (numérotés de 1 à 8) des organes génitaux féminins du schéma suivant :*

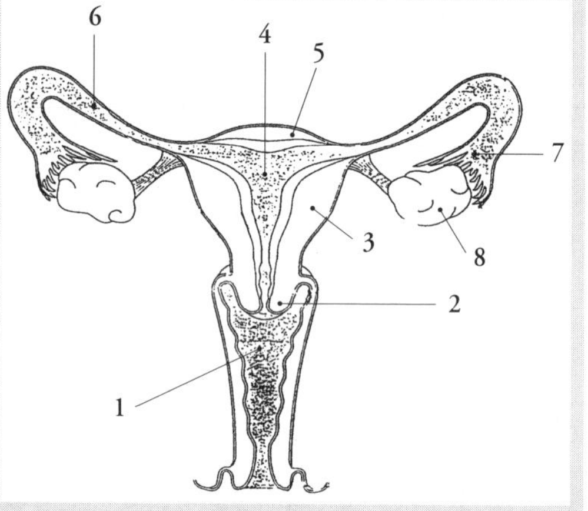

Schéma de l'appareil génital féminin

5 *Citez les objectifs de la prise en charge de Mme Z., la veille et le matin de l'intervention. Pour chacun d'eux, énoncer les actions infirmières correspondantes.*

Mme Z. est restée hospitalisée une semaine et les suites opératoires se sont déroulées sans complication. Plusieurs mois après l'acte chirurgical, Mme Z. présente des métastases ganglionnaires et hépatiques qui ont conduit l'équipe médicale à mettre en place la stratégie thérapeutique suivante :
- pose d'un montage d'accès vasculaire implantable (chambre implantable) ;
- six cures de chimiothérapie à intervalle de trois semaines ($J_1 = J_{21}$).

Le protocole de chimiothérapie indique :
- avant chaque cure, effectuer :
  - numération-formule sanguine,
  - électrocardiogramme,
  - marqueurs Ca 125 ;
- $J_1 = J_{21}$, soit :
  - soluté glucosé 5 % : 500 mL pour la durée de la chimiothérapie,
  - KYTRIL ® (antiémétique) avant de commencer les antimitotiques : 1 ampoule de 3 mg, dans une

perfusion de 100 mL de glucosé à 5 %, à passer en 15 minutes en dérivation,

- ENDOXAN ® (cytotoxique) : 900 mg à diluer dans une seringue de 60 mL et à injecter en intraveineux lent en 10 minutes en dérivation (flacon de 500 mg – solvant de 25 mL),
- ADRIBLASTINE ® (cytotoxique) : 72 mg à diluer dans une seringue de 60 mL et à injecter en intraveineux lent en 10 minutes en dérivation (flacon de 50 mg – solvant de 25 mL),
- soluté polyionique : 2 litres sur 6 heures (hyperhydratation avant l'injection de CISPLATINE ®) ; surveiller la diurèse,
- SOLUMÉDROL ® (corticoïde – action antiémétique) : 120 mg en intraveineux direct avant l'injection de CISPLATINE ® (flacon de 120 mg – solvant 2 mL),
- CISPLATINE ® (cytotoxique) : 140 mg à diluer dans 500 mL de chlorure de sodium à 9 ‰, à passer en 2 h 30 à l'abri de la lumière (flacon de 50 mg – solvant de 50 mL).

● Mme Z. manifeste une bonne tolérance de la chimiothérapie ; les métastases ganglionnaires disparaissent, les métastases hépatiques diminuent, son état général s'améliore.
Mais, après la quatrième cure, Mme Z. est hospitalisée dans ce même service pour anémie avec une hémoglobine à 7 g pour 100 mL, une asthénie et une tachycardie à 100 par minute. À l'arrivée, Mme Z. paraît anxieuse, elle se plaint de nausées et dit : « Je ne supporte plus ce traitement. »
Très lasse, elle dit souffrir d'insomnies et manger peu. Depuis l'annonce du diagnostic de cancer, Mme Z. ne parle ni de sa maladie, ni de son intervention chirurgicale. Elle redoute les traitements, pose peu de questions à l'équipe soignante.
Le médecin effectue une prescription de trois concentrés globulaires à passer à raison d'une poche par jour. Mme Z. est du groupe AB Rhésus positif.
Mme Z. repartira chez elle d'ici 3 jours, si le taux d'hémoglobine est satisfaisant.

6 **a.** *Décrivez le montage d'accès vasculaire implantable.*
b. *Citez ses buts dans la situation de Mme Z.*

7 *Argumentez les précautions à prendre lors de l'utilisation du montage d'accès vasculaire implantable.*

8 *Calculez :*
a. *Les volumes en millilitres d'ADRIBLASTINE ® et de CISPLATINE ® à injecter.*
b. *Le débit du KYTRIL ®.*
Faites apparaître le raisonnement.

9 *Identifiez quatre effets toxiques provoqués par la chimiothérapie prescrite à Mme Z. et, pour chacun d'eux, citer les éléments de surveillance clinique et/ou biologique. Présenter la réponse sous forme de tableau.*

10 *Expliquez la relation physiopathologique entre l'anémie, l'asthénie et la tachycardie.*

11 *Parmi les quatre cartes de contrôle prétransfusionnel ultime (I, II, III, IV) jointes en annexe :*
a. *Indiquez celle qui appartient à Mme Z.*
b. *Argumentez la réponse à partir de l'observation, sur la carte choisie, des résultats obtenus.*

12 *Analysez la situation de Mme Z. lors de cette dernière hospitalisation. À partir des problèmes identifiés, déduisez les actions infirmières correspondantes.*

Réponses

1 Définitions

➡ **Métrorragies :** saignements en provenance de l'utérus, survenant en dehors de la période menstruelle des règles.

➡ **Adénocarcinome de l'utérus :** cancer glandulaire, hormonodépendant, se développant aux dépens de la muqueuse utérine (endomètre), avec une fréquence prépondérante en période post-ménopausique.

➡ **Hystérectomie avec annexectomie :** ablation chirurgicale de l'utérus (dans ce cas corps et col) et des annexes, c'est-à-dire des trompes de Fallope et des ovaires.

2 Principe et but de l'échographie et de la biopsie

➡ **Échographie :**

- principe : émission d'impulsions d'ondes ultrasonores (au moyen d'une sonde constituée d'un cristal piézo-électrique) qui se propagent dans les tissus vivants et se réfléchissent partiellement sur chaque surface séparant deux structures anato-

Annexe
Cartes de contrôle prétransfusionnel ultime

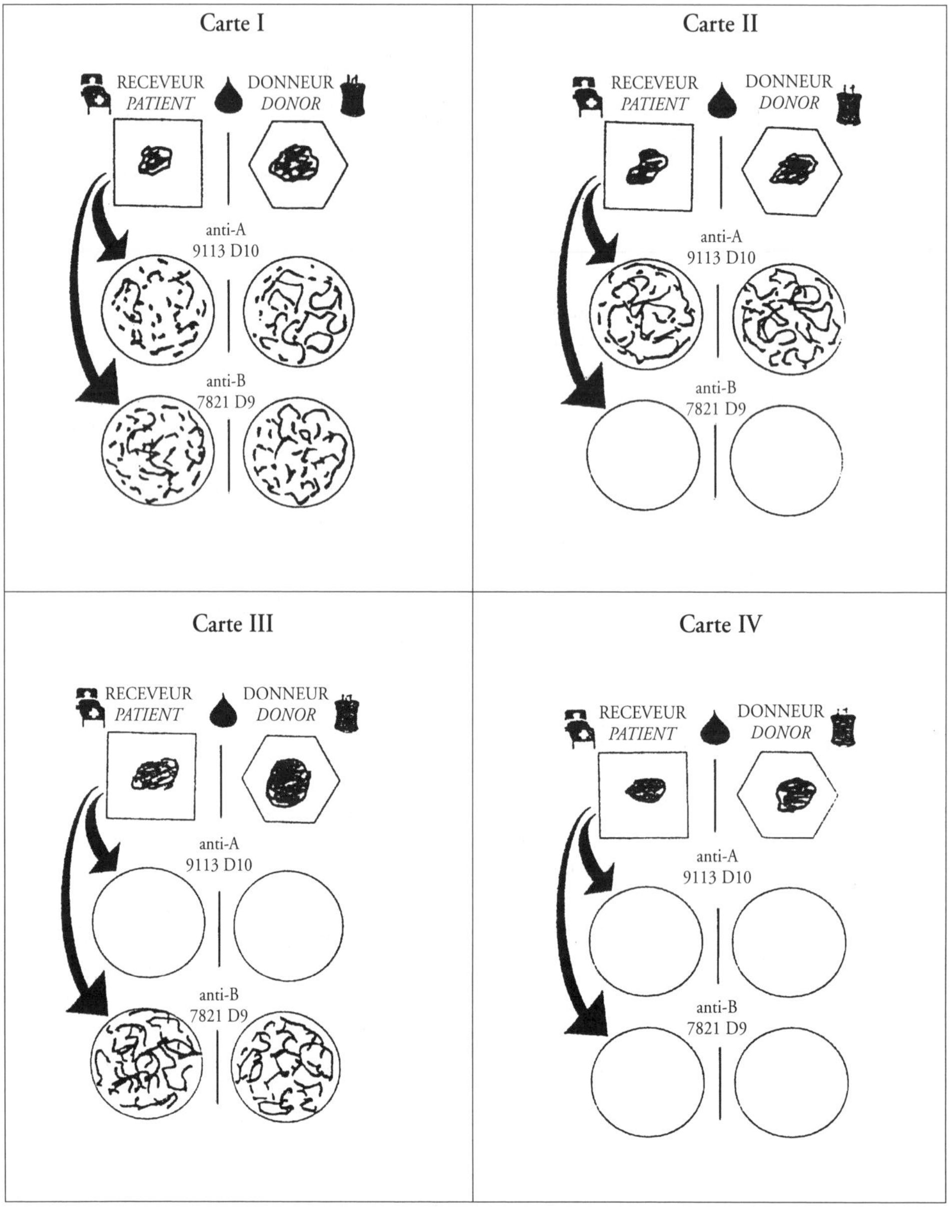

Agglutination : 

Absence d'agglutination : 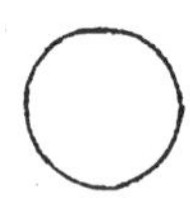

miques différentes ; transformation des échos reçus par la sonde, sous forme d'une image visible sur un oscilloscope cathodique ;
- but dans le cas de Mme Z. : valeurs diagnostique et pronostique. Mettre en évidence l'existence d'une tumeur : en préciser le siège, les dimensions, et la nature solide ou liquide ; en apprécier l'extension locale au myomètre.

➡ **Biopsie de l'endomètre :**
- principe : prélèvement *in situ*, dirigé sous hystéroscopie ou par curetage biopsique, d'un ou de plusieurs fragments de muqueuse utérine, en vue d'un examen histologique (étude des tissus au microscope) au laboratoire d'anatomopathologie ;
- but dans le cas de Mme Z. : confirmer la nature cancéreuse de la tumeur et en préciser le type et le grade histopronostique pour orienter les choix thérapeutiques. La biopsie est le seul examen de certitude diagnostique.

3 But de chaque examen du bilan complémentaire réalisé

➡ **Scanner abdomino-pelvien :** apprécier le degré d'envahissement du myomètre, rechercher une atteinte de l'isthme et de l'endocol (évolution péjorative car risque de propagation lymphatique), un envahissement ganglionnaire, voire une extension aux paramètres pelviens et aux annexes et, à distance, une atteinte métastatique du foie.

➡ **Urographie intraveineuse :** rechercher un retentissement sur l'appareil urinaire, notamment une déviation et/ou une compression des uretères, en cas d'extension extra-utérine au niveau du pelvis.

➡ **Radiographie pulmonaire :** dépister de possibles métastases pulmonaires.

4 Légende du schéma des organes génitaux féminins

1. Vagin.
2. Col utérin.
3. Corps utérin.
4. Cavité utérine.
5. Fond utérin ou fundus.
6. Trompe de Fallope.
7. Pavillon tubaire.
8. Ovaire.

5 Objectifs de la prise en charge de Mme Z. et actions infirmières correspondantes, la veille et le matin de l'intervention

➡ **Assurer à Mme Z. un environnement propice au meilleur confort psychologique possible jusqu'à son départ au bloc opératoire :**
- prodiguer à Mme Z. un accueil chaleureux et personnalisé, lui présenter le service et les membres de l'équipe qui la prendront en charge durant son séjour ;
- offrir une écoute attentive à l'expression de ses émotions, de ses attentes et de ses préoccupations, et répondre de façon adaptée à ses questions et à ses besoins ;
- si Mme Z. souhaite la présence de son mari et/ou de ses enfants, organiser les soins de manière à faciliter cette présence et à respecter autant que possible leur intimité ;
- apporter une présence rassurante aussi souvent que nécessaire tout en maintenant autour de Mme Z. un climat paisible favorisant son repos, veiller notamment à ce qu'elle puisse dormir au calme la nuit précédant l'intervention (avec accord du médecin, donner un sédatif léger le soir si besoin) ;
- une heure avant l'intervention, effectuer la prémédication prescrite par l'anesthésiste en faisant absorber à Mme Z. une ampoule d'HYPNOVEL ® (sédatif-hypnotique) sur un sucre, lui en expliquer le but et les effets.

➡ **Préparer Mme Z. à l'intervention dans des conditions optimales d'hygiène et de sécurité :**
- la veille de l'intervention :
  – dès l'arrivée de Mme Z., contrôler son dossier médical pour s'assurer que l'on est bien en possession de tous les résultats des examens du bilan complémentaire, de la carte de groupe sanguin comportant un double contrôle et une recherche d'agglutinines irrégulières, et de l'autorisation d'opérer signée par Mme Z.,
  – évaluer son état général et, lorsqu'elle est installée dans sa chambre au repos, faire un premier contrôle des constantes : pouls, pression artérielle et température,
  – effectuer rapidement les prélèvements veineux pour le bilan biologique prescrit et, au retour des résultats, en faire une lecture analytique afin de détecter toute anomalie à porter immédiatement à la connaissance du médecin sans attendre,

– prendre le rendez-vous de consultation préanesthésique, s'assurer de sa réalisation effective et prendre connaissance des prescriptions qui en résultent,
– poursuivre le contrôle des constantes une fois par équipe et, si Mme Z. saigne, évaluer l'importance des métrorragies et leur retentissement ; consigner ces observations dans le dossier de soins et transmettre au médecin si besoin,
– en fin de journée : donner à Mme Z. un flacon unidose de NORMACOL® en lui en indiquant le mode d'utilisation pour procéder au lavement évacuateur ; selon protocole du service, lui faire prendre une douche à la BÉTADINE® moussante (si elle porte du vernis à ongles lui demander de l'enlever) et effectuer avec asepsie l'irrigation vaginale à la BÉTADINE® gynécologique,
– après le repas léger du soir, lui expliquer qu'elle devra observer un jeûne strict et ne plus boire à partir de minuit ; si elle est fumeuse, lui préciser qu'elle devra également s'abstenir de fumer ;
• le matin de l'intervention :
– contrôle du pouls, de la pression artérielle et de la température au réveil,
– à 8 heures, effectuer une deuxième irrigation vaginale à la BÉTADINE® gynécologique et prévenir Mme Z. qu'une dépilation par tondeuse à usage unique sera pratiquée au bloc opératoire,
– si elle porte des bijoux, les lui faire retirer et lui proposer de les déposer en lieu sûr (au coffre de l'hôpital ou dans le service si possibilité), lui demander de prendre une douche antiseptique à la BÉTADINE® moussante puis lui faire revêtir la tenue de bloc opératoire,
– une heure avant l'intervention, après la prise d'HYPNOVEL®, informer Mme Z. qu'elle ne devra plus se lever pour éviter les risques de chute liés à l'état somnolent ; vérifier qu'elle n'est pas porteuse d'une prothèse dentaire amovible et, le cas échéant, lui demander de l'enlever pour éviter tout incident lors de l'intubation,
– juste avant le départ au bloc opératoire, effectuer un dernier relevé des constantes, pulsations cardiaques et pression artérielle, afin d'avoir une base de référence pour la surveillance postopératoire.

6 Description du montage d'accès vasculaire implantable et buts dans la situation de Mme Z.

a. Description du site implantable

Le montage d'accès vasculaire, implanté chirurgicalement sous la peau, est constitué de deux parties :
• la chambre métallique est fixée par sutures aux muscles sous-jacents ; elle présente à sa partie supérieure une membrane (ou septum) à travers laquelle s'effectuent les prélèvements (si cathétérisme veineux) et les injections ;
• le cathéter part de la chambre à laquelle il est solidement amarré par un système de verrouillage et va dans un vaisseau (une veine dans le cas de Mme Z., mais ce peut être une artère).

b. Buts dans la situation de Mme Z.

Maintenir en permanence un abord veineux central d'accès facile par voie transcutanée, pour effectuer les six cures de chimiothérapie et les prélèvements veineux répétitifs destinés aux bilans de suivi du traitement :
• permet de préserver le capital veineux de Mme Z. en évitant la ponction itérative des veines périphériques pour les examens ; lors des traitements, pallie le risque d'extravasation de produits toxiques dans les tissus voisins de veines fragilisées ;
• à condition de respecter strictement les consignes d'asepsie lors des manipulations, réduit considérablement le risque d'infection nosocomiale inhérent au port d'un cathéter veineux central à émergence cutanée ;
• améliore le confort de la malade entre les cures, dès lors que l'aiguille est retirée en fin de chaque traitement et qu'aucun dispositif externe ne vient entraver sa liberté de mouvement.

7 Argumentation des précautions à prendre lors de l'utilisation du montage d'accès vasculaire implantable :

• nécessité de rester en système clos et de respecter rigoureusement les règles d'asepsie lors des manipulations, pour éviter le risque infectieux inhérent à l'accès direct à la circulation veineuse centrale par le cathéter, implanté le plus souvent dans la veine sous-clavière (débouche dans l'oreillette droite) :
– utilisation d'aiguilles courbes munies d'un prolongateur et d'ailettes de fixation pour éviter

les risques de mobilisation accidentelle et de désadaptation du système ; limiter ou regrouper les manipulations, retirer l'aiguille en fin de cure de chimiothérapie et, en cas d'utilisation prolongée, changer la ligne principale, les tubulures et les robinets toutes les 72 heures,

- protéger le site de ponction par un pansement occlusif transparent semi-perméable (permet une meilleure surveillance cutanée) ou non tissé, qui peut rester en place durant 7 jours sauf s'il est décollé ou souillé,
- pour tout geste invasif (ponction de la chambre et réfection du pansement) : lavage des mains avec un savon antiseptique, port de gants stériles et d'un masque, masque pour la malade afin d'éliminer le risque de contamination aéroportée,
- double antisepsie de la peau avec le même antiseptique, en respectant le délai de contact, avant tout geste invasif,
- lavage simple des mains et utilisation de compresses stériles imbibées d'antiseptique pour les manipulations du système (robinets et tubulures) à distance du point de ponction ;

• respect des procédures d'utilisation du système pour maintenir son intégrité et sa perméabilité, et surveillance pour prévenir les risques de rupture du cathéter et d'embolisation du système cave supérieur :

- lors des ponctions dans la chambre implantable, la maintenir entre deux doigts pendant que l'on pique et maintenir l'aiguille perpendiculaire à la membrane pour éviter d'endommager celle-ci,
- dépister un éventuel pincement du cathéter dans l'espace costo-claviculaire, susceptible de l'endommager et de provoquer sa rupture, sur le signe suivant : nécessité de mobiliser ou de soulever le bras de la malade pour assurer une perfusion stable ; le cas échéant en avertir le médecin qui prescrira une exploration radiologique si besoin,
- après transfusion, ou en cas de dépôt ou de reflux de sang, la tubulure doit être changée immédiatement,
- entre les perfusions de différents solutés, et après prélèvement veineux, rincer la chambre implantable avec 5 à 10 mL de sérum physiologique,
- pour la fermeture de ligne, en fin de traitement, procéder à un rinçage-héparinisation avec 5 mL d'HÉPARINE®,
- en cas d'obstruction du système, éviter les manœuvres de surpression lors des tentatives de désobstruction (risque de fissure ou de fracture du cathéter) ; préférer les manœuvres par aspiration avec une seringue de 10 mL ou plus (jamais inférieure à 10 mL).

8 Calcul des volumes à injecter d'ADRIBLASTINE® et de CISPLATINE®, et du débit de la perfusion de KYTRIL®

a. Volumes des produits de chimiothérapie à injecter :

➡ **ADRIBLASTINE® :**

• 72 mg à diluer dans 60 mL ;
• flacon de 50 mg, solvant de 25 mL ;
• 50 mg pour 25 mL ;
• 72 mg pour x mL ;
• $50x = 72 \times 25$, donc $x = \frac{72 \times 25}{50} = 36$ mL ;
• il faut donc utiliser 36 mL d'ADRIBLASTINE® reconstituée avec le solvant et ajouter dans la seringue 60 – 36 = 24 mL de soluté de chlorure de sodium isotonique ou de soluté glucosé à 5 %.

➡ **CISPLATINE® :**

• 140 mg à diluer dans 500 mL de chlorure de sodium isotonique ;
• flacon de 50 mg, solvant de 50 mL ;
• soit 1 mg de produit actif pour 1 mL de solvant ;
• pour obtenir 140 mg de CISPLATINE® dans la perfusion, il faudra utiliser 140 mL de produit reconstitué avec le solvant.

b. Débit en gouttes/minute de la perfusion de KYTRIL® :

• 1 ampoule de 3 mg dans une perfusion de 100 mL de glucosé à 5 %, à passer en 15 minutes ;
• 1 mL = 20 gouttes ;
• 100 mL = 2 000 gouttes ;
• débit = $\frac{2\,000}{15}$ = 133,33 gouttes, soit 133 gouttes/min par défaut.

9 Effets toxiques de la chimiothérapie et éléments de surveillance clinique et/ou biologique

	Toxicité commune aux 3 produits	Surveillance clinique	Surveillance biologique
	• Hématologique : anémie, leucopénie, thrombopénie.	• Dépister les saignements (épistaxis, gingivorragie, pétéchies, hématome, point de piqûre...). • Surveiller toute porte d'entrée potentielle à l'infection (site de perfusion, sphère ORL...). • Température, frissons.	• NFS et numération des plaquettes avant chaque cure.
	• Digestive : nausées, vomissements, stomatite avec ADRIBLASTINE ® et ENDOXAN ®, possible augmentation des enzymes hépatiques avec CISPLATINE ®.	• Faire les traitements préventifs (KYTRIL ® et SOLUMÉDROL ®) avant injections, et dépister nausées et vomissements pendant et après les injections. • Surveiller l'état de la muqueuse buccale.	• Dosages des transaminases, phosphatases alcalines, gamma-GT.
	• Alopécie (ENDOXAN ® et surtout ADRIBLASTINE ®).		
	Toxicité propre à chaque produit	**Surveillance clinique**	**Surveillance biologique**
ADRIBLASTINE ®	• Cardiaque (toxicité cumulative) : troubles du rythme, modifications de l'ECG, possible accident aigu au cours de l'injection ou dans les heures qui suivent.	• Bilan cardiaque avant le début du traitement. • ECG avant le début du traitement et avant chaque cure. • En cours de perfusion et pendant les heures suivantes : surveiller la fréquence cardiaque et dépister malaise et douleurs thoraciques.	• Enzymes cardiaques avant le début du traitement.
CISPLATINE ®	• Rénale (toxicité cumulative, partiellement réversible).	• Pesée. • Surveiller la diurèse (volume en rapport avec l'hyperhydratation commencée 24 h avant la première injection et poursuivie durant le traitement) et dépister l'apparition d'œdèmes.	• Avant et en cours de traitement : créatinémie et/ou clairance de la créatinine, dosage de l'urée plasmatique, ionogrammes sanguin et urinaire, magnésémie, calcémie.
	• Neurologique : neuropathies périphériques après 4 à 7 mois de traitement.	• Examen neurologique avant le début du traitement. • Dépister paresthésies et douleurs, notamment au niveau des membres inférieurs.	

	Toxicité propre à chaque produit	Surveillance clinique	Surveillance biologique
	• Auditive (toxicité cumulative et irréversible).	• Audiogramme avant le début du traitement puis toutes les 3 à 4 cures. • Dépister bourdonnements d'oreilles et perte auditive (hautes fréquences).	
	• Possibles réactions anaphylactiques dans les minutes qui suivent l'injection.	• Dépister : baisse de la pression artérielle, tachycardie, œdème facial, dyspnée...	
ENDOXAN ®	• Risque de cystite hémorragique.	• Surveiller l'aspect des urines (hématurie ?) et dépister douleur ou brûlures à la miction.	• NFS et examen d'urines avec bandelette réactive (recherche de sang).

10 Relation physiopathologique entre l'anémie, l'asthénie et la tachycardie

L'anémie (ici arégénérative, d'origine médullaire) se définit par une carence en hémoglobine, dans le cas présent due à un défaut de production des globules rouges ; le mode de transport de l'oxygène aux tissus humains étant tributaire de sa liaison à l'hémoglobine, cette carence en hémoglobine induit une hypoxie tissulaire, notamment au niveau des muscles, responsable de l'asthénie. L'organisme tente de compenser par une augmentation du débit sanguin, d'où une augmentation de la fréquence cardiaque qui se traduit par une tachycardie.

11 Contrôle prétransfusionnel

a. La carte de contrôle prétransfusionnel n° 1 est celle qui correspond au groupe AB de Mme Z.

b. Argumentation

Sur cette carte on observe une réaction d'agglutination lors de la mise en contact du sang de Mme Z. d'une part, et des hématies du donneur (culot globulaire) d'autre part, avec :

- le sérum test contenant l'anticorps anti-A, ce qui confirme la présence d'antigènes A à la surface des hématies testées ;
- le sérum test contenant des anticorps anti-B, ce qui confirme la présence d'antigènes B à la surface des hématies testées.

Dans le système ABO, le groupe AB se définit par la présence d'antigènes A et B à la surface des hématies.

12 Analyse de la situation de Mme Z. lors de l'hospitalisation après la 4e cure de chimiothérapie, et actions infirmières correspondantes

Malgré une réponse favorable de la maladie cancéreuse au traitement institué, et une amélioration de son état général, Mme Z. présente un état anxieux à son arrivée. L'asthénie consécutive à l'anémie et les nausées dont elle se plaint renforcent sa perte de confiance et sa crainte du traitement qu'elle dit ne plus supporter ; l'asthénie physique entretient l'asthénie psychique.

On note par ailleurs :

- un comportement de fuite et de repli sur soi depuis l'annonce du diagnostic ; elle ne parle ni de sa maladie ni de son intervention, et pose peu de questions à l'équipe soignante ;
- des signes pouvant être imputables aux effets secondaires du traitement ou traduire un état dépressif : insomnie et anorexie.

Ses paroles : « Je ne supporte plus ce traitement » peuvent aussi, dans ce contexte, être entendues comme un refus de le poursuivre.

➡ **Hypothèses de diagnostics infirmiers pouvant être acceptées, selon l'argumentation :** fatigue, perturbation des habitudes de sommeil, anxiété, peur (des effets secondaires du traitement, de la maladie, voire de mourir), stratégies d'adaptation individuelles inefficaces, perte d'espoir.

➡ **Actions infirmières**

Elles viseront à :

- compenser l'anémie de Mme Z. par la transfusion d'un culot globulaire par jour durant 3 jours consécutifs, en respectant les règles de sécurité : contrôle ultime prétransfusionnel avant la pose de chaque culot, surveillance du débit de la perfusion et surveillance clinique de Mme Z. en début de transfusion pour dépister tout signe d'intolérance ou d'accident transfusionnel (frissons, pâleur, céphalées, agitation, chute de la pression artérielle...) ; évaluer le bénéfice du traitement sur les contrôles quotidiens de la NFS et la régression des signes cliniques : asthénie et tachycardie ;

- objectiver les signes dont Mme Z. se plaint, et contribuer à en cerner l'étiologie :
  - assurer des conditions propices au repos de Mme Z., et évaluer la durée et la qualité de son sommeil ainsi que son état de fatigue au réveil,
  - si nausées, noter leur fréquence et leurs circonstances d'apparition, rechercher des liens de causalité (persistance de l'effet induit par les injections d'ADRIBLASTINE ®, d'ENDOXAN ® et de CISPLATINE ® lors de la dernière cure ?),
  - proposer à Mme Z. une alimentation répondant à ses goûts pour améliorer son appétit, évaluer les quantités absorbées et observer son comportement lors des repas (dégoût des aliments, stomatite douloureuse ou refus de s'alimenter ?),
  - transmettre le bilan de ces observations au médecin pour un ajustement des prescriptions si nécessaire (antiémétiques, bains de bouche, sédatifs, anxiolytiques...) ;
- établir un climat de confiance pour favoriser le dialogue et inciter Mme Z. à exprimer ce qu'elle ressent ; instituer une relation d'aide et lui signifier que toutes ses réactions sont recevables, qu'elle peut s'autoriser à extérioriser de la peur, de la colère ou du chagrin si cela peut lui être salutaire. L'engager à partager également ses émotions avec son mari qui peut lui apporter du soutien. Lui redonner de l'espoir et l'aider à mobiliser son énergie combative contre la maladie en lui présentant les effets positifs du traitement sur son évolution, et en lui rappelant si besoin le caractère transitoire et curable de l'anémie responsable de sa fatigue actuelle, de la perte d'appétit, des nausées et des troubles du sommeil ;
- si un état dépressif semble se confirmer et dépasse le champ de compétence infirmière, envisager après consensus de l'équipe et avec l'accord de Mme Z. une prise en charge thérapeutique par un psychologue.

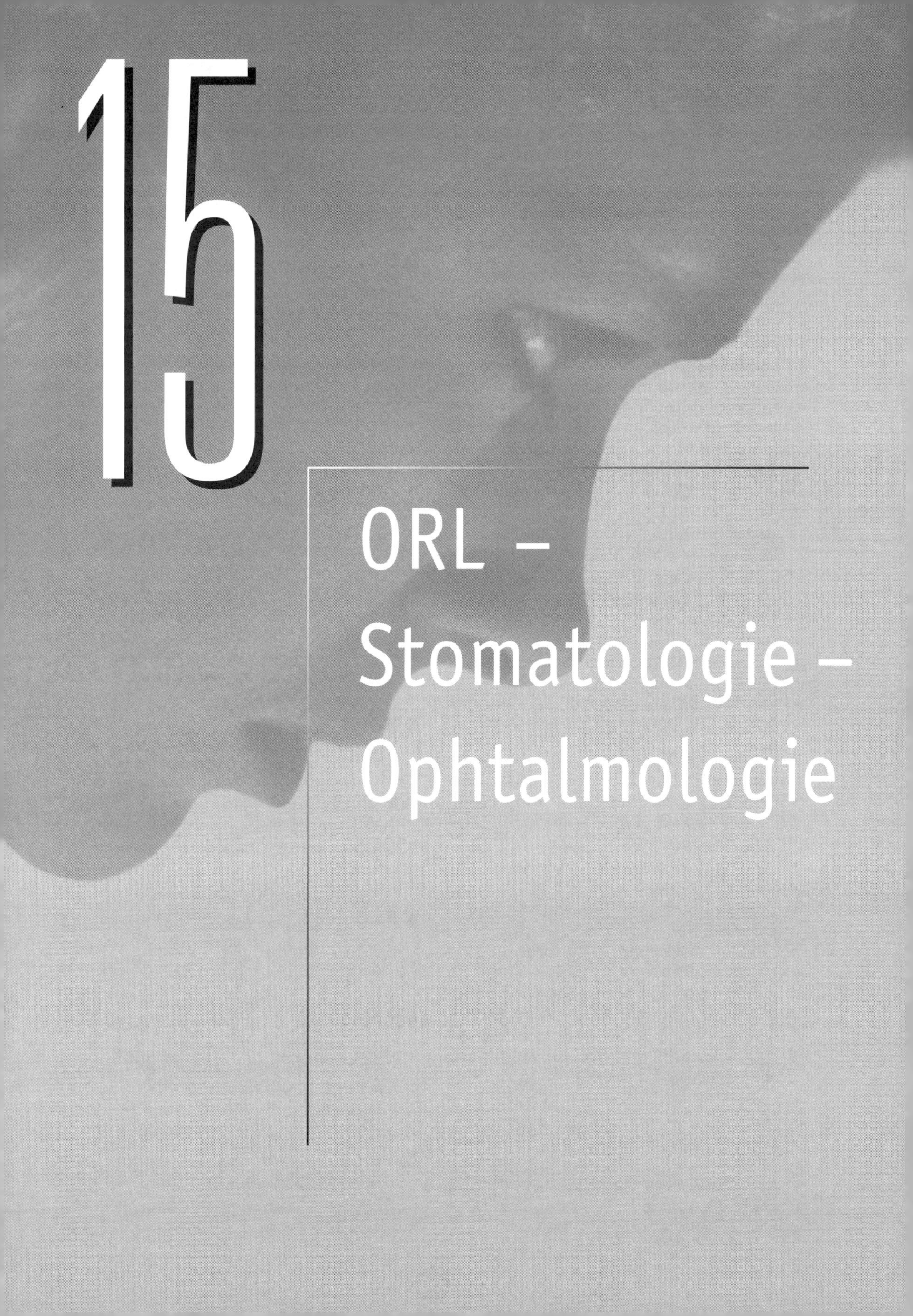

15

ORL – Stomatologie – Ophtalmologie

Zona ophtalmique

Vous procédez à l'entrée de Mme A., âgée de 81 ans, qui est hospitalisée ce jour à 9 h dans le service, accompagnée par son mari. Elle a été envoyée à l'hôpital par son médecin traitant pour présomption de zona ophtalmique à l'œil gauche.
Depuis 4 jours, Mme A. se plaint de vives douleurs et de rougeur au niveau de l'œil et de la partie gauche du crâne et du visage.
Mme A. vit avec son mari, âgé de 80 ans, dans un appartement situé au rez-de-chaussée. Ils sont autonomes, Mme A. s'occupe seule de son intérieur. Ils font partie d'un club du 3ᵉ âge et participent toutes les semaines aux activités proposées. Ils vont régulièrement voir leur fille qui habite dans la région parisienne.
Le médecin traitant a décidé l'hospitalisation car la douleur ressentie par Mme A. est très intense et M. et Mme A. manifestent une grande inquiétude. Par ailleurs, Mme A. présente un début de cataracte de l'œil droit.
Habituellement, Mme A. porte des lunettes, qu'elle a du mal à supporter actuellement à cause des lésions zostériennes au niveau du nez.
À l'entrée, le médecin note la présence de vésicules cornéennes.

Un bilan sanguin est effectué et le traitement suivant est instauré :

- ZOVIRAX® 500 mg (antiviral) : 1 flacon à diluer dans 100 mL de NaCl à 0,9 % (à passer en 1 h) 3 fois par jour ;
- ZOVIRAX® 3 % (pommade ophtalmique) : 5 fois par jour, en alternance de 7 h à 19 h avec TOBREX® (collyre antibiotique) : 1 goutte 6 fois par jour (dans l'œil gauche) ;
- BÉTADINE® dermique 10 % (antiseptique) : 2 applications par jour.

Le médecin prescrit également une mesure de protection septique et la surveillance de la température.
À J4, Mme A. va mieux, la douleur a quasiment disparu, la sortie est décidée pour le lendemain, avec comme prescription :

- TOBREX® (collyre antibiotique) : 1 goutte 3 fois par jour pendant 10 jours (dans l'œil gauche) ;
- ZÉLITREX® (antiviral) : 2 comprimés 3 fois par jour pendant 7 jours.

M. et Mme A. se montrent inquiets à l'idée du retour à domicile, M. A. craignant de ne pouvoir instiller le collyre à sa femme.

Questions

1 *Annotez le schéma de l'œil ci-dessous (reportez sur votre copie les numéros suivis des annotations correspondantes).* (2 points)

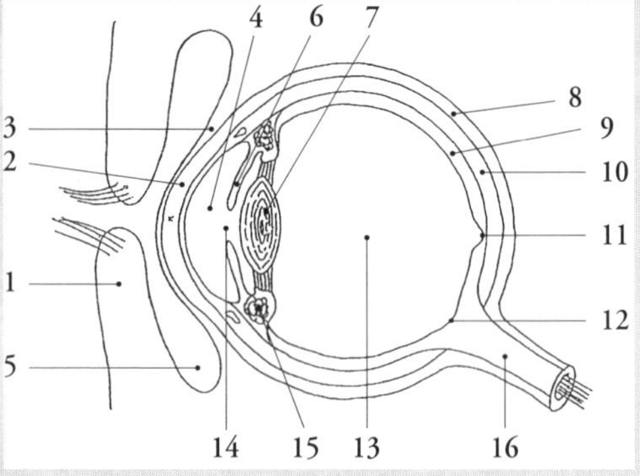

Schéma de l'œil

2 *Donnez la définition du zona et expliquez la physiopathologie du zona ophtalmique.* (3 points)

3 *Donnez la définition de la cataracte et expliquez-en les conséquences.* (1 point)

4 *Sachant que vous travaillez de 6 h à 14 h 30, énoncez les actions de soins que vous mettrez en place jusqu'à votre relève le jour de l'entrée de Mme A.* (4,5 points)

5 *Le médecin prescrit une mesure de protection septique ; comment procédez-vous pour son application ?* (2,5 points)

6 *Planifiez par ordre chronologique le traitement médicamenteux de Mme A. sur les 24 premières heures d'hospitalisation. Indiquez le débit de la perfusion (faire apparaître le calcul – toute erreur entraînera la note de 0 sur 1 point).* (3 points)

7 *Comment procéderez-vous pour que Mme A. puisse rentrer chez elle sereinement ?*
Précisez les conseils et les explications que vous donnerez à Mme et M. A. (3 points)

8 *À quelle catégorie d'actes appartiennent les soins relevant des articles 3 et 4 du décret n° 93-345 du 15 mars 1993 ? En vous rapportant à la situation de Mme A., vous citerez une action de soin illustrant chacun de ces articles.* (1 point)

Réponses

1 Schéma de l'œil

1. Paupière.
2. Cornée.
3. Conjonctive.
4. Humeur aqueuse.
5. Cul-de-sac conjonctival.
6. Iris.
7. Cristallin.
8. Sclérotique.
9. Rétine.
10. Choroïde.
11. Macula (ou fovéa ou tache jaune).
12. Papille.
13. Corps vitré.
14. Pupille.
15. Corps ciliaire.
16. Nerf optique.

2 Définition du zona et physiopathologie du zona ophtalmique

Le zona est une pathologie infectieuse qui provient de la manifestation de récurrence de la varicelle, se manifestant chez le sujet adulte, âgé ou immunodéprimé.

Après la varicelle, le virus ne quitte pas l'organisme, et à la suite d'un événement (stress, fatigue), il se réactive. Ce virus à tropisme nerveux affecte la racine nerveuse, et la région cutanée concernée par la racine nerveuse du nerf optique présente des signes de zona.

3 Définition et conséquences de la cataracte

La cataracte est une opacification du cristallin.

Les conséquences de la cataracte sont les suivantes :

- baisse de la vue surtout de loin ;
- éblouissement à la lumière.

4 Actions de soins mises en place le jour de l'entrée de Mme A.

Les actions de soins à mettre en place jusqu'à la relève (14 h 30) le jour de l'entrée de Mme A. sont les suivantes :

- accueil, installation :
  - présentation des locaux en prenant le temps (chambre, cabinet de toilette, fonctionnement de la sonnette) car Mme A. a des difficultés à voir, et elle est âgée ;
  - aide à l'installation (valise, objets de toilette…) ;
  - expliquer les règles de la protection septique à Mme A. et à son entourage ;
- application des prescriptions médicales et surveillance :
  - préparation de la perfusion ;
  - pose du cathéter court ;
  - bilan d'entrée ;
  - pose de la perfusion (surveillance point de ponction, retour veineux, débit) ;
  - surveillance de la température (risque de surinfection des lésions) ;
  - surveillance des effets secondaires (allergie, démangeaisons) ;
  - application de la pommade ophtalmique, du collyre, de la BÉTADINE ® ;
  - respect des horaires ;
  - contrôle de l'efficacité ;
  - évaluation de la douleur ;
  - mesure de protection septique ;
- écouter, rassurer :
  - Mme A. est anxieuse ainsi que son mari, il faut expliquer les différents soins (collyre, pommade ophtalmique, perfusion de ZOVIRAX ®, application de BÉTADINE ®) ;
  - Mme A. est douloureuse : importance d'expliquer, de rassurer sur la prise en charge de ce problème ;
  - s'assurer du choix du repas ;
  - aider éventuellement (couper la viande, ouvrir opercules) en raison des problèmes visuels de Mme A.

5 Mesure de protection septique

La mesure de protection septique prescrite est appliquée en respectant les règles suivantes :

- technique aseptique pour les soins locaux de l'œil ;

- installer le matériel de soin dans la chambre (collyre, pommade, compresse ou coton stérile, DACRYOSÉRUM®, BÉTADINE®, gants à usage unique) ;
- lavage de mains simple à l'entrée, antiseptique à la sortie ;
- double emballage des pansements sales ;
- décontamination immédiate des instruments souillés.

6 Planification du traitement médicamenteux de Mme A. pendant les 24 premières heures de son hospitalisation :

- tous les traitements sont programmés :
  - perfusion de ZOVIRAX® ;
  - TOBREX® (collyre) ;
  - BÉTADINE® dermique 10 % ;
  - ZOVIRAX® (pommade ophtalmique) ;
- la posologie est respectée :
  - 6 instillations de collyre TOBREX® dans l'œil gauche ;
  - 5 applications de pommade ophtalmique ZOVIRAX® à 3 % ;
  - 3 perfusions de ZOVIRAX® : 500 mg dans 100 mL de NaCl à 0,9 % ;
  - 2 applications locales de BÉTADINE® dermique à 10 % ;
- le temps entre chaque application des traitements est adapté ;
- la présentation est claire ;
- le débit de la perfusion est le suivant :
  - 100 mL en 1 heure ou 100 × 20 gouttes (1 mL = 20 gouttes) en 60 min ;
  - soit un débit de $\frac{100 \times 20}{60} = 33{,}33$, soit 33 gouttes/min par défaut.

7 Conseils et explications donnés à la patiente lors de son départ

Pour que Mme A. puisse rentrer chez elle sereinement, il convient de la rassurer et de rassurer également son mari. Il faut lui fournir les explications suivantes :

- quant au mode de conservation du collyre :
  - se conserve 15 jours une fois ouvert (mettre la date d'ouverture sur le flacon) ;
  - le flacon ne doit pas être gardé et réutilisé ;
- quant à la méthode d'instillation du collyre :
  - lavage de main avant le soin ;
  - lever la tête légèrement ;
  - maintenir l'œil grand ouvert ;
  - faire tomber une goutte de collyre dans le coin de l'œil (externe) sans toucher l'œil avec le flacon ;
- quant au respect des horaires d'instillation du collyre et de la durée du traitement :
  - 3 fois par jour, par exemple : 8 h, 14 h, 20 h ;
  - pendant 10 jours ;
- quant au respect du traitement oral : 2 comprimés avant chaque repas (matin, midi, soir) pendant 7 jours ;
- quant à la surveillance locale de l'œil (douleur, rougeur).

Il faut lui faire comprendre qu'il faut absolument s'adresser à son médecin traitant en cas de problème. Il faut aussi effectuer une démonstration de l'instillation de collyre à M. A., lui faire effectuer ce soin et répéter cet exercice jusqu'à ce qu'il le fasse avec dextérité et confiance.

8 Soins relevant des articles 3 et 4 du décret n° 93-345 du 15 mars 1993

L'article 3 du décret n° 93-345 concerne les soins relevant du rôle propre, et l'article 4 de ce même décret concerne les soins relevant du rôle sur prescription médicale (hors présence du médecin).

Mlle D., 22 ans, travaillant dans l'audiovisuel est une adepte de soirées disco, de natation et de plongée sous-marine (un stage de perfectionnement est planifié prochainement en Nouvelle-Calédonie).

Dans ses antécédents, on note des otites et des rhinites à répétition depuis plusieurs années, un arrêt du tabac depuis 1 an.
Mlle D. a consulté pour une otorrhée mucopurulente de l'oreille gauche avec une hypoacousie devenant très gênante.
L'otoscopie ayant précisé une perforation du tympan ainsi qu'une lyse de l'enclume, une tympanoplastie a été pratiquée il y a 3 jours.
La sortie de Mlle D. est prévue à J8.

Question

Compte tenu des données ci-dessus, quels seront les conseils que vous donnerez à Mlle D. afin qu'elle garde le bénéfice de sa tympanoplastie. Justifiez vos réponses. (4 points)

Réponse

Conseils à donner à Mlle D. pour conserver sa tympanoplastie :

- éviter les ambiances sonores (soirées disco, etc.) ;
- éviter les substances irritantes (fumées, tabac — Mlle D. ne fume plus, mais elle est adepte des soirées disco enfumées).

Justification : la nicotine, par ses propriétés vasoconstrictives, entraîne un risque de spasme au niveau de l'artère auditive.

- éviter l'eau dans les oreilles, proscrire la piscine ;
- soigner les rhinites par des désinfections nasales ;
- consulter régulièrement le dentiste pour prévenir les caries dentaires.

Justification : risque infectieux.

- ne pas avoir recours à l'automédication.

Justification : certains médicaments sont ototoxiques.

- éviter les variations de pression ; attendre entre 6 mois et 1 an pour entreprendre un voyage en avion, et donc annuler son voyage en Nouvelle-Calédonie ; pour la même raison, pas de plongée sous-marine : risque de barotraumatisme.

Justification : inciter Mlle D. à protéger son audition.

Cancer du pharynx et du larynx

M. C., 62 ans, veuf, résidant en maison de retraite, a été admis pour une pharyngo-laryngectomie totale avec curage ganglionnaire bilatéral.

Depuis quelques années, M. C. présente une altération de son état physique et mental.

Questions

1 *Différenciez les termes suivants :*
- *sénilité ;*
- *sénescence.* (0,5 point)

2 *Citez les deux projets relatifs à l'humanisation des institutions gériatriques (circulaire de février 1986).* (0,5 point)

3 *Citez les cinq cartilages du larynx.* (1 point)

4 *Compte tenu de vos connaissances en physiopathologie concernant l'intervention qu'a subie M. C. :*
- *citez les complications physiques spécifiques que M. C. est susceptible de présenter à court terme et à moyen terme et justifiez-les ;*
- *face à chacune de ces complications, citez deux actions infirmières de dépistage.* (5 points)

5 *Ultérieurement, le médecin décide d'entreprendre une radiothérapie externe chez M. C. pour traiter le syndrome tumoral et prévenir les métastases.*

a. *Définissez le syndrome tumoral et la métastase.*

b. *Expliquez la différence existant entre une radiothérapie externe et une curiethérapie à source scellée.* (3 points)

Réponses

1 Différenciation des termes

➡ **Sénilité :** aboutissement du vieillissement pathologique (au niveau psychomorphophysique). État de déficience anormale. Désadaptation.

➡ **Sénescence :** ensemble des modifications (morphophysiologiques, psychologiques) consécutives au vieillissement ; usure normale liée à l'âge.

2 Citation de deux projets relatifs à l'humanisation des institutions gériatriques

- Projet de vie.
- Projet de soin.

3 Cinq cartilages du larynx

- 1 thyroïde.
- 1 cricoïde.
- 1 épiglotte.
- 2 aryténoïdes.

4 Complications physiques spécifiques à court terme et à moyen terme et actions infirmières

Réponse page suivante.

5 a. Définitions

➡ **Syndrome tumoral :** c'est un ensemble de mitoses anormales. Ces cellules deviennent anarchiques, prolifèrent sans tenir compte des besoins de l'organisme et s'attaquent aux tissus voisins : notion de malignité.

➡ **Métastase :** c'est une cellule qui a quitté la tumeur principale et qui va se localiser dans un autre organe.

b. Différences entre radiothérapie externe et curiethérapie

➡ **Radiothérapie externe :** la source ionisante est en dehors de l'organisme.

➡ **Curiethérapie :** la source ionisante se situe dans l'organisme (cavité naturelle ou à l'intérieur d'une tumeur).

Complications physiques spécifiques	Justifications	Actions infirmières de dépistage
• Hémorragiques.	• Lâchage de suture ou rupture vasculaire dans un territoire très vascularisé par les jugulaires et les carotides. • Curage ganglionnaire bilatéral.	• Prise des constantes : pouls, pression artérielle. • Observation du pansement. • Observation du comportement du patient (agitation, anxiété). • Observation de l'aspect du patient. • Évaluation quantitative et qualificative des drains de Redon.
• Respiratoires ou bronchiques.	• Encombrement bronchique par un bouchon muqueux ou un caillot. • Obstruction de la canule (après une pharyngolaryngectomie totale il y a toujours mise en place d'une canule au niveau de la trachéotomie).	• Observation du comportement du patient (angoisse, calme). • Surveillance de la fréquence respiratoire. • Observation des sécrétions (aspect).
• Gonflement du cou.	• Hématome au niveau cervical ou œdème cervical.	• Observation du cou. • Écoute des plaintes (sensation d'étouffement).
• Pharyngostomie (fistule pharyngée).	• Lâchage de la suture pharyngée dû à l'hyper-salivation ou à l'infection d'un hématome. • M. C. présente une altération de son état.	• Observation de l'orifice de la stomie (salive). • Écoute des plaintes (douleur à la déglu tition).
• Infectieuses.	• Mauvais état général du patient en préopératoire, faute d'asepsie lors des soins.	• Prise de la température, du pouls. • Observation du patient : frissons, etc. • Observation de l'aspect du pansement.

Carcinome épidermoïde du larynx

M. R., 52 ans, divorcé, sans enfant, mesure 1,70 m, pèse 56 kg. Il porte une barbe fournie, il est maçon, au chômage depuis 5 ans. Il est depuis 2 mois au RMI.

Il vit seul et reçoit tous les mois la visite de sa sœur aînée.

Ce mois-ci, elle le trouve très amaigri. Outre sa consommation journalière de vin (1,5 L), il dit se nourrir essentiellement de flans et compotes car il éprouve des difficultés à déglutir. Il fume toujours (1 paquet et demi par jour) et, depuis le mois dernier, sa voix est devenue rauque. Devant ce tableau, sa sœur l'accompagne chez son médecin traitant. Des ganglions cervicaux sont retrouvés à l'examen clinique et M.R. est adressé dans le service ORL de l'hôpital pour bilan diagnostique.

Il prescrit :

- un bilan biologique complet avec marqueurs tumoraux ;
- une échographie cervicale et hépatique ;
- une laryngoscopie avec prélèvement biopsique ;
- un transit œso-gastro-duodénal.

À l'issue de ces examens, le diagnostic est posé : carcinome épidermoïde des trois étages du larynx.

M. R. est informé par le médecin qu'une laryngectomie totale, avec curage ganglionnaire bilatéral est prévue le 10 novembre.

Il semble résigné et ne réagit pas à cette annonce.

Dans l'après-midi, il s'agite, les infirmiers signalent à l'interne de garde un comportement confus, M. R. dit avoir peur « d'animaux cachés sous son lit ».

L'interne diagnostique un pré-*delirium tremens* et prescrit :

- DROLEPTAN® (neuroleptique) : 1 ampoule IM ;
- 6 L de POLYIONIQUE®/24 h en perfusion,

+ BÉCILAN® 250 mg : 3 flacons/24 h,
+ BÉNERVA® 500 mg : 1 flacon/24 h,
(ces deux prescriptions à répartir dans les perfusions)
+ TRANXÈNE® 50 (benzodiazépine) : 3 flacons/24 h, en flash de glucosé 5 %.

L'intervention est différée de 3 jours.

M. R. revient du bloc opératoire dans votre service le 14 novembre.

Il est porteur :

- d'une perfusion au bras gauche dont le programme est le suivant :
  - 4 L de POLYIONIQUE®/24 h,
    + 20 mL HYDROSOL POLYVITAMINÉ®/24 h (association polyvitaminée),
    + NUBAIN® : 10 mg IVD toutes les 6 h (analgésique central),
  - CIFLOX® 200 mg (antibiotique) en flash 2 fois/24 h,
  - 4 ampoules de TIAPRIDAL® de 100 mg par 24 h réparties dans chaque flacon de POLYIONIQUE® ;
- d'une canule de trachéostomie souple en PVC ;
- d'un drain de Redon sus-claviculaire gauche ;
- d'un pansement absorbant cervical pour 24 h ;
- d'une sonde nasogastrique posée en peropératoire, qui permettra de l'alimenter pendant 10 jours ;
- d'un aérosol brumisateur de sérum physiologique mis en place dans sa chambre.

Aujourd'hui, le 19 novembre, postopératoire, vous avez en charge dans votre service M. R.

Il n'a plus de drain de Redon. La plaie cervicale est régénérative, sèche et non douloureuse. Il n'est plus perfusé. Les antibiotiques ont été arrêtés. Son traitement est le suivant :

- RENUTRYL® (alimentation entérale) : 6 boîtes/24 h, et du sérum physiologique : 1 L/24 h, à la nutripompe ;
- BÉCILAN® 250 mg (vitamine B6) : 2 comprimés ;
- BÉNERVA® 500 mg (vitamine B1) : 2 comprimés ;
- TIAPRIDAL® 100 mg : 2 comprimés.

Ces trois médications seront écrasées dans un peu d'eau.

L'aérosolthérapie est toujours poursuivie. Sa toux est inefficace. Il nécessite de fréquentes aspirations des sécrétions bronchiques et une réfection biquotidienne du pansement.

Il pèse 52 kg. Sa température corporelle est de 37 °C. Lors des soins, il communique au moyen d'une ardoise pour les choses essentielles, mais se décourage vite lorsqu'il n'arrive pas à exprimer ses pensées. Malgré les explications de l'équipe, il a écrit ce matin : « Vais-je reparler un jour ? »

Il refuse de regarder sa plaie et son visage imberbe, dans un miroir.

Il continue à fumer, malgré l'interdiction médicale et réglementaire.

Il ne répond pas aux sollicitations de l'équipe pour la participation aux soins, mais ne comprend pas l'intérêt de recevoir la visite d'un ancien trachéotomisé, proposée ce jour. Un placement en maison de repos est envisagé ; sa sortie est prévue dans 10 jours.

Questions

1 **a.** *Faites l'analyse de la situation de M. R. le 19 novembre.*
b. *Déduisez-en 4 diagnostics infirmiers.* (21 points)

2 *Définissez et justifiez les différents examens biologiques et radiologiques demandés en préopératoire.* (6 points)

3 *Quelles sont les complications éventuelles de la laryngectomie totale en postopératoire immédiat. Au regard de chaque complication, citez les éléments de surveillance infirmière pour le dépistage précoce et à moyen terme de la complication.* (10 points)

4 *Quelles différences y a-t-il entre une trachéotomie et une trachéostomie :*
- *au niveau anatomo-physiologique ;*
- *au niveau de la prise en charge infirmière lors du changement de canule, du point de vue technique ;*
- *du point de vue législatif ?* (6 points)

5 *Vous êtes infirmier dans le service, vous êtes responsable de l'encadrement d'une étudiante de 1re année. Elle vous demande de pratiquer elle-même un changement de canule.*
Expliquez les différentes étapes de la démarche éducative que vous allez mettre en place auprès de cette étudiante. (4 points)

6 *M. R. continue à fumer malgré l'interdiction médicale et réglementaire.*
Définissez la prévention et ses différents niveaux. Citez au moins une mesure concernant le tabac pour chacun d'eux. (4,5 points)

7 *Compte tenu de « l'altération de la communication verbale », l'objectif étant de permettre à M. R. de maintenir une communication efficace, citez les moyens qui peuvent lui être proposés.* (2 points)

8 *En vous référant au décret du 15 mars 1993, classez les actes ou soins infirmiers suivants en fonction des articles, en précisant l'intitulé de ces articles. Notez, pour chacun, la lettre correspondante.*
a. *Changement de sonde d'alimentation gastrique.*
b. *Surveillance et ablation des systèmes de drainage et de tamponnement.*
c. *Administration en aérosol de produits non médicamenteux.*
d. *Aspiration des sécrétions d'un patient qu'il soit ou non intubé ou trachéotomisé.*
e. *Pose d'une sonde gastrique en vue d'une alimentation gastrique.*
f. *Maintien de la liberté des voies aériennes supérieures.*
g. *Encadrement des stagiaires en formation.*
h. *Pulvérisation médicamenteuse.*
i. *Soins et surveillance des patients en assistance nutritive entérale ou parentérale.*
j. *Administration en aérosol de produits médicamenteux.* (6,5 points)

Réponses

1 **a. Analyse de la situation de M. R.**

➡ Analyse sociale et familiale :
- 52 ans, divorcé sans enfant → isolement social ;
- chômeur depuis 5 ans → chômage de longue durée entraînant des problèmes financiers et un désœuvrement ;
- touche depuis 2 mois le RMI (revenu minimum d'insertion), qui :
  - lui permet d'avoir le minimum vital ;
  - lui ouvre des droits à l'allocation pour le logement (APL) ;
  - lui permet d'avoir une couverture sociale ;
  - lui offre un contrat d'insertion par lequel il est tenu de se réinsérer dans la vie sociale (le problème est qu'il a 52 ans) ;
- visite de sa sœur une fois par mois → « personne ressource », lui apportant un réconfort.

➡ Analyse médicale :
- histoire de la maladie :
  - diagnostic médical : carcinome épidermoïde des trois étages de larynx ;
  - définition : tumeur maligne développée à partir d'un tissu épithélial ;
- facteurs de risque : terrain alcoolo-tabagique avec retentissement sur la sphère ORL ;
- signes précurseurs :
  - dysphasie entraînant un déficit alimentaire qui s'objective par un amaigrissement récent entraînant un rapport staturopondéral déficitaire ;
  - dysphonie due à l'atteinte des cordes vocales ;
- signes cliniques associés : les ganglions cervicaux signent l'extension par essaimage régional

par voie lymphatique, ils agissent comme des filtres ;
- intervention :
- laryngectomie totale : exérèse de la totalité du larynx ayant pour conséquence :
  - l'interruption de la filière respiratoire, d'où la présence d'une trachéostomie définitive ;
  - la suppression de l'organe vocal ;
- et curage ganglionnaire bilatéral : il s'agit d'une intervention élargie comprenant l'exérèse des ganglions cervicaux ;
- évolution :
- la plaie cervicale régénérative sèche non douloureuse : cet élément signe une évolution favorable de la circulation ;
- il n'a plus de drain de Redon, il n'est plus perfusé → apports suffisants par la sonde gastrique ; il est porteur d'une sonde nasogastrique : pour permettre une cicatrisation de la plaie pharyngée, il ne doit pas s'alimenter par les voies naturelles ; cicatrisation complète aux environs du 10e jour ;
- traitement :
- RENUTRYL ® et sérum physiologique : apport équivalent à 3 000 calories, équilibré en nutriments essentiels et hydratation suffisante, le tout pour suppléer aux besoins accrus de M. R. (convalescence, dénutrition et cicatrisation) ; la nutripompe permet un apport continu régulier facilitant l'assimilation et évitant le syndrome de chasse ;
- Vitamines B6 et B1 (BÉCILAN ® et BÉNERVA ®) : pour combler les déficits vitaminiques liés à son terrain alcoolique et éviter les complications neurologiques ;
- TIAPRIDAL ® : pour éviter l'agitation due au sevrage d'alcool et éviter la rechute d'un prédelirium tremens ;
- aérosolthérapie : pour fluidifier les sécrétions bronchiques et éviter les bouchons muqueux qui pourraient obstruer l'orifice de la trachéostomie ;
- aspirations bronchiques fréquentes car les sécrétions sont abondantes ;
- réfection biquotidienne du pansement, pour maintenir la plaie opératoire dans des conditions favorables de cicatrisation.

b. Bilan infirmier.

- M. R., amaigri, ayant subi une laryngectomie totale il y a 9 jours, a des difficultés à communiquer. Il est encombré, soucieux de son devenir, il se décourage vite, et se trouve dans un processus réactionnel face à son handicap.
- Diagnostics infirmiers :
- altération de la communication verbale liée à un obstacle physique : l'ablation des cordes vocales et la trachéostomie entraînent une incapacité de parler ;
- dégagement inefficace des voies respiratoires lié aux sécrétions trachéobronchiques abondantes, se manifestant par un écoulement permanent des sécrétions bronchiques et une incapacité de les évacuer seul ;
- perturbation de l'image corporelle liée à une trachéostomie récente ayant nécessité, outre la mutilation physique (ablation des cordes vocales), la perte de sa barbe, se manifestant par une réaction verbale (« Vais-je reparler un jour ? ») et non verbale (refuse de se regarder dans un miroir) ;
- manque de connaissances lié à un manque d'expérience face à la situation et à un manque d'intérêt à apprendre, se manifestant par un comportement inopportun (continue à fumer) ; incapacité de suivre les directives reçues (il ne répond pas aux sollicitations), etc.
- Autres diagnostics infirmiers :
- déni non constructif lié à la découverte récente d'une maladie grave se manifestant par la minimisation des symptômes (« Vais-je reparler un jour ? ») et la négation des symptômes (tabac et parole) ;
- risque élevé d'infection lié à l'intervention (shunt des voies aériennes supérieures) ;
- incapacité de s'adapter à un changement dans l'état de santé lié à une invalidité exigeant une modification du mode de vie se manifestant par un refus d'accepter un changement (continue à fumer) ;
- stratégies d'adaptation individuelle inefficaces liées à une crise situationnelle et une vulnérabilité se manifestant par un comportement destructeur envers lui-même (surconsommation de tabac) et une incapacité à demander de l'aide (refus des anciens trachéotomisés).

2 Définition et justification des différents examens

➡ **Bilan biologique complet :** examen des liquides biologiques en laboratoire permettant de

confirmer le diagnostic pressenti à l'examen clinique médical et d'apprécier le retentissement sur l'état général.
Marqueurs tumoraux : indices immunologiques spécifiques pour affirmer le diagnostic de cancer.

➡ **Échographie cervicale et hépatique :** examen non invasif qui par le biais d'ultrasons permet d'explorer un organe ou une région du corps : ici à la recherche de métastases locorégionales et hépatiques pour vérifier l'étendue des lésions.

➡ **Laryngoscopie avec prélèvement biopsique :** endoscopie laryngée par les voies naturelles permettant la visualisation directe du larynx pour repérer la tumeur et son étendue et permettant la biopsie (prélèvement d'un fragment de la tumeur) pour déterminer le type histologique.

➡ **Transit œso-gastro-duodénal :** examen radiologique utilisant un produit opaque aux rayons X ingéré par le patient qui permet d'apprécier la qualité anatomocinétique du transit à la recherche d'un envahissement tumoral.

3 Dépistage des complications précoces et surveillance infirmière

➡ **Œdème cervical.**
Surveillance : observation locorégionale : faciès, coloration, agitation, douleur, pansement.

➡ **Hémorragie.**
Surveillance :
- pouls à la recherche d'une tachycardie ;
- pression artérielle à la recherche d'une hypotension ;
- fréquence respiratoire à la recherche d'une polypnée ;
- pâleur témoin d'une hémorragie ;
- agitation témoin d'un mal-être ;
- surveillance de l'écoulement de sang par les drains de Redon, par le pansement ou la canule.

➡ **Encombrement par bouchon muqueux ou caillot.**
Surveillance : signes d'asphyxie : dyspnée, pâleur ou rougeur ou cyanose et agitation.

➡ **Lâchage des sutures.**
Surveillance :
- toux ;
- risque d'ulcération au niveau de la canule ;
- fistule pharyngée.

➡ **Risque infectieux et inflammatoire à moyen terme.**
Surveillance :
- fièvre, frissons, tachycardie ;
- agitation et/ou apathie ;
- écoulement purulent ;
- douleur au niveau de la plaie.

4 Différences entre trachéotomie et trachéostomie

➡ **La trachéotomie :** c'est une brèche réalisée dans la trachée sans modification des structures anatomiques (la respiration se fait par l'orifice trachéal mais aussi par les voies aériennes supérieures).

➡ **La trachéostomie :** c'est l'abouchement chirurgical définitif de la trachée à la peau (la respiration se fait exclusivement par l'orifice de trachéostomie).

➡ **Technique :** pour la trachéotomie, l'utilisation de deux canules est nécessaire car, sans canule, l'orifice se referme rapidement (en moins de 1 heure la diminution du diamètre est sensible) et, si l'orifice reste sans canule plus de 5 min, les difficultés de remise en place risquent d'être importantes ; il faut donc toujours préparer la nouvelle canule avant d'enlever la précédente, alors que pour la trachéostomie, sans canule, l'orifice ne se referme pas, une seule canule suffit donc et elle peut être nettoyée sans se presser.

➡ **Législatif :** en fonction de l'article du décret du 15 mars 1993, l'infirmier est habilité sur prescription médicale à effectuer les soins et surveillance d'un patient intubé ou trachéotomisé, mais le premier changement de canule de trachéotomie doit être effectué par un médecin.

5 Différentes étapes de la démarche éducative auprès de l'étudiante

➡ **Recueil et analyse des données (vérification des prérequis) :** faire s'exprimer l'élève sur ce qu'elle a retenu du cours, questions éventuelles.

➡ **Objectifs :** avant la fin du stage, l'élève doit être capable de réaliser les changements de canule en respectant les différents critères de qualité :
- efficacité ;
- asepsie ;
- organisation ;
- économie ;

- sécurité ;
- confort.

Actions (moyens-méthode), encadrement par l'infirmière :
- démonstration ;
- exercices pratiques pour l'élève encadrée par l'infirmière ;
- évaluation, réajustement : après plusieurs exercices pratiques encadrés par l'infirmière, celle-ci réajuste puis, quand l'objectif est atteint, décide quand l'étudiante peut faire ce type de soin seule.

6 Définition de la prévention et de ses différents niveaux

Définition : ensemble de moyens techniques, individuels et collectifs, visant à éviter ou réduire le nombre et la gravité des maladies ou accidents.

Prévention primaire : se situe avant le stade de la maladie et doit empêcher sa survenue, elle est axée sur la prophylaxie et la lutte contre les fléaux. Exemples : campagnes éducatives antitabac, affichage et information à l'école.

Prévention secondaire : vise à enrayer l'évolution et la propagation d'une maladie, à en diminuer la prévalence et la virulence au moment où le risque est majeur. Exemples : dépistage précoce des cancers chez les personnes à risque, recommandations sur les paquets de cigarettes.

Prévention tertiaire : a pour objet de favoriser la réinsertion sociale et professionnelle après la maladie. Exemple : technique de gestion du stress.

7 Moyens palliant l'altération de la communication verbale

Orthophonie (voix œsophagienne), langage des signes, ardoise magique, ordinateur, association d'anciens trachéotomisés.

8 En référence au décret n° 93-345 du 15 mars 1993

a, c, d, f, i. Art. 3. Dans le cadre de son rôle propre, l'infirmier accomplit les actes ou dispense les soins suivants, visant notamment à assurer le confort du patient et comprenant en tant que besoin son éducation et celle de son entourage.

b, e, h, j. Art. 4. L'infirmier est habilité à accomplir sur prescription médicale qui, sauf urgence, doit être écrite, qualitative et quantitative, datée et signée, les actes ou soins suivants.

g. Art. 9. Selon le secteur d'activité où il exerce, et en fonction des besoins de santé identifiés, l'infirmier propose, organise ou participe à des actions.

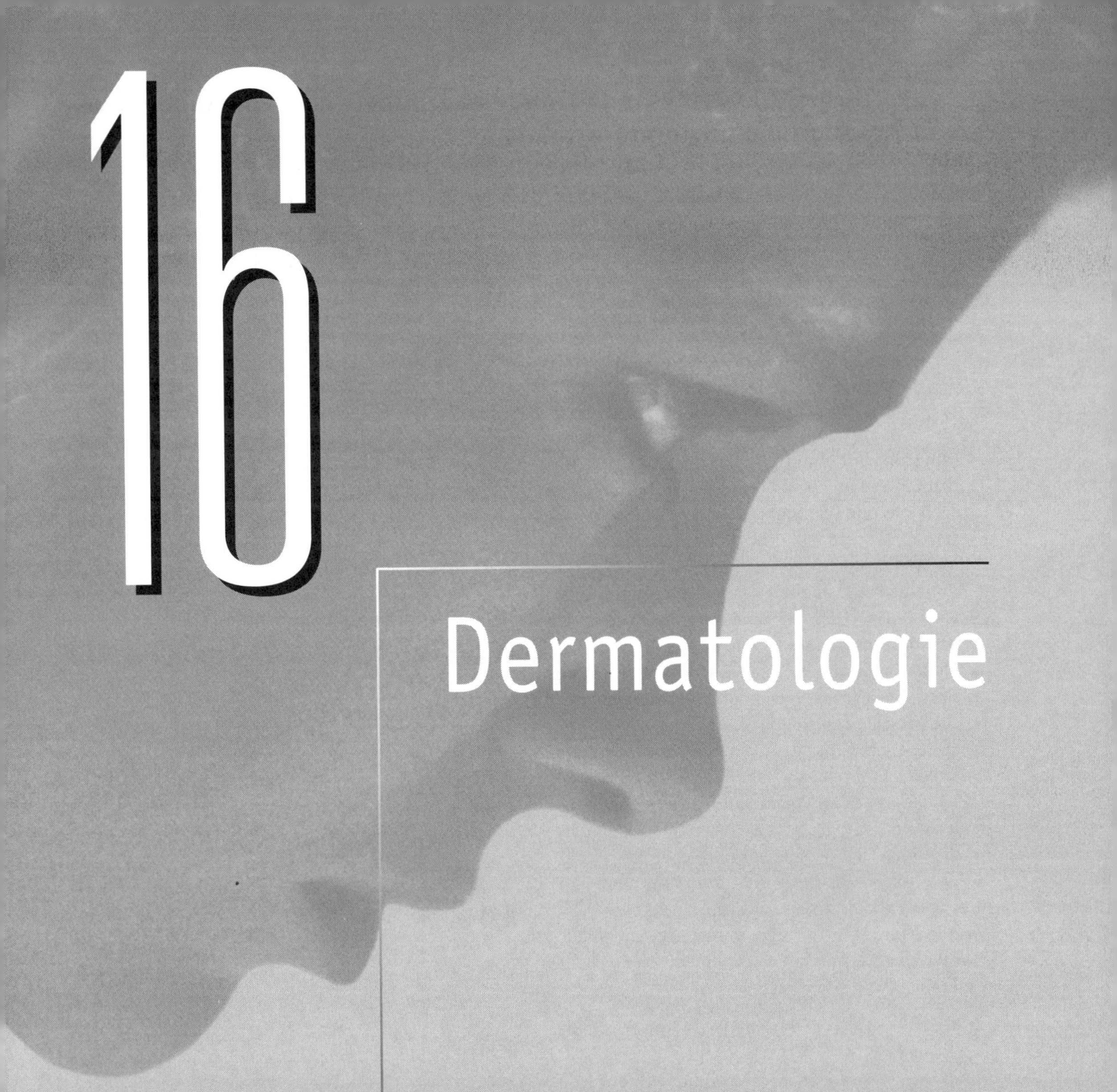

16 Dermatologie

Thrombose veineuse profonde et érysipèle chez une diabétique porteuse d'une urétérostomie

Mme D. Lucie, 64 ans, adressée par son médecin traitant, est admise à 8 h en médecine pour suspicion d'une thrombose veineuse profonde du membre inférieur droit.
Elle présente une douleur au niveau du mollet droit évoluant depuis 2 jours. Sa jambe est érythémateuse et œdématiée.

Mme D. a de nombreux antécédents :

- diabète depuis 20 ans traité par insuline depuis 2 ans, 2 injections par jour :
  - UMULINE ® Profil 20 (20 % d'insuline rapide et 80 % d'insuline intermédiaire) : 30 UI par voie sous-cutanée le matin ;
  - UMULINE ® NPH (insuline intermédiaire) : 9 UI par voie sous-cutanée le soir ;
- obésité majeure (121 kg pour 1,55 m) liée à des troubles psychogènes du comportement alimentaire ;
- elle présente cependant un équilibre glycémique satisfaisant (rares épisodes d'hypoglycémie, glycémies moyennes à 1,75 g/L, soit 7,5 mmol/L) ; une infirmière effectue les contrôles glycémiques ainsi que ses injections à domicile ;
- carcinome utérin opéré et irradié en 1993 ;
- cystectomie réalisée en 1994 suite à une complication de la radiothérapie pelvienne.

Depuis, Mme D. est porteuse d'urétérostomies bilatérales (les soins de stomie sont également pris en charge par l'infirmière à domicile).

Mme D. vit avec son mari, ils ont 3 enfants, 7 petits-enfants, qu'ils voient souvent.
Après interrogatoire et examen clinique, le médecin pose le diagnostic de thrombose veineuse profonde et d'érysipèle au niveau du mollet droit.

Les prescriptions sont les suivantes :

- voie veineuse périphérique : soluté glucosé à 5 %, 500 mL/24 h ;
- CLAMOXYL ® (amoxicilline ; antibiotique de la famille des β-lactamines) : 1 g 3 fois par jour, à passer dans 100 mL de soluté glucosé à 5 % en 30 min en dérivation (10 h, 18 h, 2 h) ;
- repos strict au lit, lever interdit ;
- radiographie pulmonaire au lit ;
- électrocardiogramme ;
- LOVENOX ® (énoxaparine ; héparine de bas poids moléculaire) : 100 mg 2 fois par jour par voie sous-cutanée à 9 h et 21 h ;
- écho-Doppler des membres inférieurs ;
- régime diabétique : 1 500 KCal par jour avec 150 g d'hydrates de carbone (ne pas prendre en compte l'apport parentéral).

Vous effectuez le recueil de données joint en annexe.

Questions

1 *À partir de la situation décrite et du recueil de données joint en annexe, citez les actions infirmières relevant de votre rôle propre mises en œuvre auprès de Mme D. le jour de son admission (vous exclurez de votre réponse les démarches administratives, les prises médicamenteuses et la surveillance de leurs effets).*
(Structurez votre réponse d'après les besoins fondamentaux.) (6,5 points)

2 *Quelles seront vos actions infirmières et votre surveillance en regard des traitements par* LOVENOX ® *et insuline à partir du 2e jour d'hospitalisation de Mme D. ?* (5,5 points)

3 *Citez 4 signes cliniques pouvant évoquer une hypoglycémie (seuls les 4 premiers cités seront pris en compte).* (2 points)

4 *Comparez les signes cliniques de l'érysipèle et de la phlébite. Vous pouvez présenter votre réponse sous forme de tableau.* (6 points)

Annexe

Recueil de données de Mme D.
Motif d'hospitalisation : Mme D. est arrivée à 8 h ce matin pour suspicion de thrombose veineuse profonde et érysipèle.

Besoins fondamentaux

Besoins	C	M	P	Observations
• Respirer.			X	• Mme D. est dyspnéique au repos. Ne supporte pas d'être installée à plat. Angoissée.
• Boire et manger.			X	• Diabétique sous 2 injections d'insuline. Boit eau et jus de fruit. Ne suit pas son régime à domicile (gâteaux, confiture, etc.).
• Éliminer.			X	• Urétérostomie bilatérale : supports changés hier à domicile par l'infirmière libérale, sondes changées il y a 15 jours. Urines claires. Selles normales (1 fois par jour).
• Se mouvoir.			X	• Obésité importante (1,55 m, 121 kg).
• Dormir, se reposer.	X			• Dit très bien dormir partout, même à l'hôpital.
• Se vêtir, être propre.		X		• Mme D. est très soignée.
• Maintenir sa température.			X	• T° : 38,5 °C.
• Éviter les dangers.		X		• Veut se lever si besoin d'aller à la selle.
• Communiquer.	X			• Mme D. communique très facilement. A de nombreux amis.
• Se divertir.		X		• Aime lire et regarder la télévision.
• S'occuper, se réaliser.	X			• En retraite depuis 4 ans. Aime voyager avec ses amis.
• Apprendre.		X		• Connaît ses nombreux antécédents médicaux. Ne respecte pas toujours les consignes.
• Agir selon ses croyances.		X		• Croyante et pratiquante.

C : conservé ; M : menacé ; P : perturbé.

Réponses

1 Actions infirmières relevant du rôle propre

Besoins fondamentaux	Actions
• Besoin de respirer.	• Installer Mme D. en position semi-assise. • Surveiller son rythme respiratoire (risque d'embolie pulmonaire). • La rassurer, dédramatiser la situation.
• Besoin de boire et de manger.	• Commander des repas diabétiques. • Planifier des glycémies capillaires : adapter la fréquence à l'équilibre, aux protocoles du service (au moins, prévoir : à jeun, avant midi et le soir). • Proposer de faire le point ultérieurement avec Mme D. sur son régime (acquisitions par rapport au diabète). • Assurer une hydratation suffisante.

Besoins fondamentaux	Actions
• Besoin d'éliminer.	• Vidanger régulièrement les poches dans la journée en respectant les mesures d'asepsie. • Prévoir d'adapter un sac aux poches de stomie pour la nuit. • Détecter les fuites urinaires au niveau du support cutané. • Surveiller la diurèse. • Surveiller le transit (risque de constipation lié à l'alitement).
• Besoin de se mouvoir.	• Tout mettre à sa disposition. • Surveiller les constantes hémodynamiques (pression artérielle, pulsations). • Donner la sonnette. • Expliquer à Mme D. qu'elle ne doit pas se lever.
• Besoin de dormir et de se reposer.	• Lui permettre de garder la même qualité de sommeil.
• Besoin de se vêtir, être propre.	• Apporter une aide car elle doit rester alitée.
• Maintenir sa température.	• Contrôler la température (car érysipèle, thrombose).
• Éviter les dangers.	• Expliquer que le lever n'est pas possible. • Masser les points d'appui en prévention des escarres. • Prévenir le risque infectieux par rapport à la perfusion : – débit ; – point de ponction ; – manipulation intraveineuse directe. • Examiner les pieds de Mme D. (complications diabète).
• Besoin de communiquer.	• Éviter de la déranger lors des visites de ses amis.
• Besoin de se divertir.	• Proposer la télévision, de la lecture.
• Besoin d'apprendre.	• Lui expliquer les nouveaux traitements et les examens prescrits.
• Agir selon ses croyances.	• Proposer un entretien avec un représentant du culte.

2 Actions infirmières et surveillance en regard des traitements par LOVENOX® et insuline

➡ **LOVENOX® :**

- respecter les heures d'administration ;
- respecter la posologie d'injection : 100 mg en injection sous-cutanée ;
- faire attention aux sites d'injection : à distance des urétérostomies, cuisses de préférence ;
- varier les sites d'injection (risque d'hématome) ;
- surveiller le risque hémorragique ;
- noter les signes observables :
  - surveiller les urines (hématurie) ;
  - surveiller l'appareil digestif (selles : méléna) ;
  - surveiller les muqueuses buccale et nasale (gingivorragies, épistaxis) ;
  - surveiller la pâleur ;
  - surveiller les constantes (pression artérielle, pulsations) ;
- évaluer l'efficacité du traitement :
  - baisse de la tension du mollet, de la douleur ;
  - dépister les signes d'embolie pulmonaire.

➡ **Insuline :**

- faire les injections sous-cutanées aux heures prévues ;
- respecter la prescription ;
- varier les sites d'injection (cuisse, bras, dos, etc.) pour éviter les lipodystrophies ;
- ne pas choisir l'abdomen comme site d'injection (urétérostomies) ;
- contrôler les glycémies capillaires régulièrement ;
- transmettre les glycémies pour adaptation des doses ;

- les noter dans le carnet de suivi ;
- dépister les signes d'hypoglycémie ;
- voir si Mme D. reconnaît ces signes et sait les signaler ;
- toujours prévoir un repas après l'injection.

3 Signes cliniques pouvant évoquer une hypoglycémie

Les signes cliniques pouvant évoquer une hypoglycémie sont les suivants :

- sueurs ;
- sensation de malaise ;
- tremblement ;
- phosphènes ;
- perte de connaissance ;
- tachycardie ;
- troubles du comportement ;
- faim douloureuse…

4 Comparaison des signes cliniques de l'érysipèle et de la phlébite

Signes cliniques	Érysipèle	Phlébite
• Signes locaux.	• Placard rouge, chaud, induré, douloureux, plus ou moins bien limité. • Température élevée (39-40 °C).	• Mollet tendu, œdématié, plus ou moins rouge. • Diminution du ballottement du mollet. • Douleur à la dorsiflexion. • Chaleur. • Température subnormale (dissociation pouls-température).
• Signes loco-régionaux.	• Lymphangite et/ou adénopathie satellite.	

→ Dermatologie
Troubles trophiques de type ulcéreux liés à une artérite d'un membre inférieur

Mme L., 75 ans, retraitée, mariée, a 4 enfants et 7 petits-enfants très proches d'elle sur le plan affectif. Elle est hospitalisée le 10 octobre 1996 en service de chirurgie vasculaire d'un centre hospitalier universitaire pour troubles trophiques du membre inférieur droit, de type ulcéreux.

Dans ses antécédents, on retrouve :
- hypertension artérielle depuis 30 ans, traitée ;
- troubles du rythme auriculaire, traités ;
- artérite des membres inférieurs stade IV ;
- prothèse totale de la hanche gauche depuis 3 ans ;
- sympathectomie droite en 1994 ;
- pontage fémoro-poplité droit en 1996 ;
- tabagisme ancien (arrêt depuis 10 ans) ;
- surcharge pondérale.

Son traitement de fond est le suivant :
- MÉDIATENSYL® 60 mg (vasodilatateur) : 1 gélule 2 fois par 24 h (8 h, 18 h) ;
- FONZYLANE® 150 mg (vasodilatateur) : 1 comprimé 2 fois par 24 h (8 h, 18 h) ;
- CORDARONE® 200 mg (antiarythmique) : 1 comprimé par 24 h à 8 h, 5 jours sur 7 (sauf samedi et dimanche) ;
- AMLOR® 5 mg (antihypertenseur) : 2 comprimés par 24 h en 1 seule prise à 8 h ;
- KORETIC® 20 mg (antihypertenseur) : 1 comprimé par 24 h à 8 h.

Histoire de la maladie : du 10 octobre au 20 décembre 1996

Mme L. bénéficie de soins locaux, de détersion chirurgicale et d'une homogreffe sans résultats.

L'observation infirmière relève qu'à partir du 11 décembre, le pied droit est violacé, froid et œdématié. La décision d'une amputation est alors prise, malgré les réticences de Mme L. et de sa famille. L'intervention est prévue le 27 décembre sous rachianesthésie. Un bilan biologique complémentaire est effectué.

Les résultats sont les suivants :
- hémogramme :
  - globules rouges : 4,4 millions/mm^3 ;
  - globules blancs : 16 000/mm^3 ;
  - hématocrite : 33,6 % ;
  - hémoglobine : 11,9 g/100 mL ;
  - plaquettes : 350 000/mm^3 ;
- bilan électrolytique :
  - sodium : 138 mmol/L ;
  - potassium : 2,9 mmol/L ;
  - chlore : 92 mmol/L ;
  - protéines totales : 63 g/L ;
  - urée : 2,5 mmol/L ;
  - créatinine : 89 µmol/L ;
  - glucose : 5,5 mmol/L.

Le 27 décembre, jour de l'intervention

La prémédication intramusculaire prescrite est :
- ATARAX® 100 mg (antihistaminique et sédatif) : 1 ampoule ;
- DOLOSAL® (analgésique central) : 1 ampoule ;
- ATROPINE® 0,5 mg (protecteur des manifestations vagales) : 1 ampoule.

Le chirurgien procède à l'amputation de la jambe droite jusqu'au tiers supérieur de la cuisse.

J0

Au retour du bloc opératoire, vous prenez connaissance des consignes et des prescriptions médicales suivantes :
- consignes :
  - surveillance du pouls, de la pression artérielle et de la diurèse ;
  - lever interdit ce jour ;
  - boisson et alimentation autorisées ;
- prescriptions médicales :
  - réhydratation : 1,5 L de sérum glucosé à 5 % par voie veineuse périphérique, avec 4 g de KCl + 1 g de NaCl par 24 h ;
  - PRO-DAFALGAN® : 2 g dans 125 mL de soluté glucosé à 5 % 2 fois par 24 h, à alterner avec DI-ANTALVIC® *per os* (antalgique) : 2 gélules 2 fois par 24 h ;
  - poursuite du traitement antérieur.

Les suites opératoires sont satisfaisantes, mais dans la nuit, Mme L. présente un épisode de larmes lorsqu'elle prend conscience de son amputation.

À J1

Les prescriptions médicales du jour sont les suivantes :
- bilan électrolytique sanguin ;
- numération-formule sanguine, plaquettes ;
- AUGMENTIN® (antibiotique) : 2 g *per os* par 24 h ;
- FRAGMINE® (héparine de bas poids moléculaire) : 2 500 UI en injection sous-cutanée à 8 h ;
- arrêt de la réhydratation ;
- mise au fauteuil autorisée.

À J3

Modification du traitement avec arrêt du PRO-DAFALGAN® et du DI-ANTALVIC®, qui sont remplacés par du TÉGRÉTOL® 200 mg : 1 comprimé × 2 (à visée antalgique) à 8 h et 20 h.

Les observations infirmières mettent en évidence des pleurs fréquents et une humeur de plus en plus triste chez Mme L.

Le premier pansement est fait et sera renouvelé tous les jours avec le protocole suivant : vaseline stérile et vaseline tulle.

De J4 à J8

Les transmissions infirmières soulignent l'évolution défavorable de la plaie.

À J9

La plaie présente un écoulement purulent, ce qui implique une modification du traitement antibiotique, à savoir :

- arrêt de l'AUGMENTIN® ;
- CLAFORAN® : 1 g en injection intraveineuse dans 125 mL de sérum glucosé à 5 % 2 fois par 24 h (6 h, 18 h) ;
- VANCOMYCINE® : 1 g en injection intraveineuse dans 125 mL de sérum glucosé à 5 % 2 fois par 24 h (12 h, 14 h).

Ceci est à poursuivre pendant 10 jours.

Mme L. se replie de plus en plus sur elle-même et ne collabore pas du tout aux soins. Elle tourne systématiquement la tête et pleure au moment du pansement. Son visage crispé semble traduire sa souffrance.

À J12

À la demande concertée de Mme L. et de sa famille, et devant l'évolution favorable de la plaie, celle-ci est transférée dans un hôpital périphérique proche de son domicile. Vous établissez une fiche de liaison à l'intention de l'équipe soignante.

Questions

1 **a.** *Citez les différents stades de l'évolution de l'artérite des membres inférieurs. Pour chacun d'eux, donnez les principales manifestations cliniques.* (1 point)

b. *Expliquez l'intérêt de la sympathectomie droite.* (2 points)

c. *Annotez le schéma suivant (réseau artériel du membre inférieur).*
(0 si moins de 4 éléments justes.) (2 points)

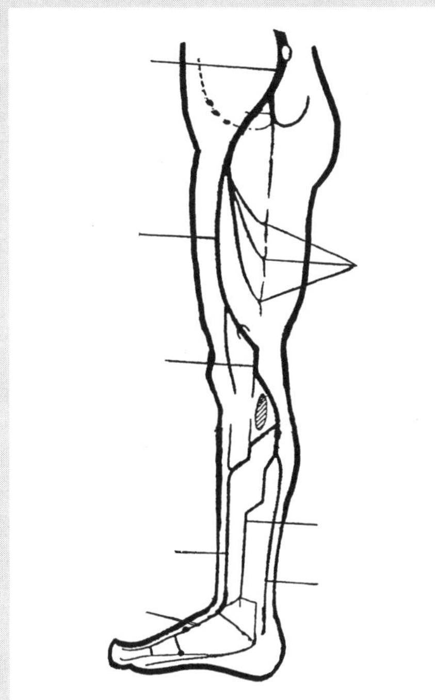

2 *Relevez, dans le recueil de données, les facteurs de risque de survenue d'une artérite.* (1,5 point)

3 *Relevez, dans le bilan biologique de Mme L., les résultats perturbés.* (2 points)

4 **a.** *Citez la liste pharmaceutique à laquelle appartient le DOLOSAL®.* (1 point)

b. *Précisez le rôle infirmier dans l'utilisation de ce médicament en milieu hospitalier.* (4 points)

5 *Expliquez l'intérêt de chacune des consignes données à J0.* (4 points)

6 *Sachant que vous disposez d'ampoules de KCl de 10 mL à 10 % et de NaCl de 10 mL à 20 % :*

- *calculez, en mL, la quantité de KCl et de NaCl à prélever ;*
- *calculez le débit de la perfusion sur 24 h ;*
- *planifiez la réhydratation sur les 24 h (début à 12 h).*

Faites apparaître la totalité de vos calculs.
(Toute erreur de raisonnement ou de calcul entraîne 0 ; question non traitée = – 2.) (5,5 points)

7 *Énoncez les éléments de surveillance clinique et biologique de la FRAGMINE® concernant :*
- *l'efficacité ;*
- *les effets secondaires.* (4 points)

8 *En utilisant le tableau de l'annexe 1 :*
- *planifiez les soins infirmiers de Mme L. de 7 h à 12 h à J9 ;* (2 points)
- *argumentez vos choix d'organisation.* (4 points)

9 *Vous encadrez une étudiante en soins infirmiers en fin de 1re année. Quelle démarche pédagogique allez-vous mettre en place pour l'associer aux soins de Mme L. ? Énoncez les différentes étapes de cette démarche.* (5 points)

10 *L'équipe soignante identifie ce jour (J9) 2 diagnostics infirmiers :*
- *« Deuil » : réaction humaine naturelle (psychologique et physiologique) d'une personne ou d'une famille à une perte réelle ou ressentie (personne, objet, fonction, statut, relation) ;*
- *« Perturbation de l'image corporelle » : situation où la façon dont une personne perçoit son corps est perturbée ou risque de l'être.*

Relevez, dans le recueil de données, les éléments qui valident ces diagnostics infirmiers.
(Source : L. J. Carpenito, Manuel de diagnostics infirmiers, 5e édition.) (3 points)

11 *Parmi les 8 actions infirmières proposées ci-après, citez la ou les propositions à ne pas retenir. Justifiez votre réponse. (Reportez sur votre copie le ou les numéros correspondant aux propositions inadéquates.)* (6 points)
1 – Observer la réaction des proches à la perte. Fournir des informations.
2 – Accueillir ouvertement les sentiments exprimés par Mme L.
3 – Évaluer le ressentiment à la perte pour Mme L. et ses proches.
4 – Aider la famille à s'adapter.
5 – Banaliser les sentiments exprimés.
6 – Accepter le recours au déni et le refus de participer aux soins.
7 – Écourter les temps d'intimité pour l'empêcher de pleurer.
8 – Inciter Mme L. à regarder progressivement et à toucher la partie atteinte.

12 *Différenciez les notions de « schéma corporel » et d'« image corporelle ».* (4 points)

13 *Complétez, dans le cadre du transfert à J12, la fiche de liaison fournie en annexe 2.* (9 points)

Annexe 1

Horaires	Soins	Argumentation
7 h		
8 h		
9 h		
10 h		
11 h		
12 h		

Annexe 2

Fiche de liaison infirmière
• En provenance du service de :
• Identification de la personne :
• Antécédents significatifs :
• Résumé de l'hospitalisation :
• Thérapeutique suivie à ce jour :
• Soins infirmiers :
Date

Réponses

1 **a. Stades d'évolution de l'artérite**

Stade I : abolition des pouls.
Stade II : claudication à la marche.
Stade III : douleur de décubitus.
Stade IV : signes trophiques.

b. Intérêt de la sympathectomie

La section du nerf sympathique au niveau lombaire entraîne une vasodilatation du réseau artériel dépendant de cette branche et augmente la perfusion artérielle de la région concernée.

c. Légendes du schéma

1. Iliaque primaire ; **2.** Fémorale superficielle ; **3.** Poplitée ; **4.** Tibiale antérieure ; **5.** Pédieuse ; **6.** Tibiale postérieure ; **7.** et **8.** Perforantes.

2 **Facteurs de risque de survenue d'une artérite**

Dans le cas de Mme L. :
- hypertension artérielle ;
- tabagisme ;
- surcharge pondérale.

3 **Résultats perturbés dans le bilan biologique de Mme L.**

➡ **Globules blancs :** élevés = hyperleucocytose.

➡ **Potassium :** abaissé = hypokaliémie.

4 **a. Liste pharmaceutique à laquelle appartient le DOLOSAL ®**

Le DOLOSAL ® appartient à la liste des stupéfiants.

b. Modalités d'utilisation

Le rôle infirmier dans le cas d'une utilisation de ce médicament consiste à :
- vérifier que la prescription médicale comporte :
  - l'identité du patient ;
  - la posologie ;
  - la voie d'administration ;
  - la date ;
  - la signature et le nom du médecin ;
- prendre l'ampoule dans l'armoire des stupéfiants fermée à clef ;
- remplir le tableau du relevé nominatif d'administration des stupéfiants en respectant les consignes ;

• remettre l'ampoule vide, pour le renouvellement du stock, dans l'armoire des stupéfiants fermée à clef.

5 Intérêt des consignes données après l'intervention

Mme L. a subi une rachianesthésie ; il convient donc, en postopératoire, de surveiller :
• le pouls et la pression artérielle, car il y a risque d'hypovolémie, de choc, d'autant que Mme L. est connue pour hypertension et troubles du rythme ;
• la diurèse, car il y a risque de globe vésical ;
• qu'elle ne soit pas levée ce jour, car il y a des risques de vertiges et de céphalées liés à l'injection dans l'espace sous-arachnoïdien ;
• la reprise de l'alimentation, car la rachianesthésie n'entraîne pas de troubles de la conscience, de la déglutition, ni d'arrêt du transit.

6 Calculs de doses, de débit, et planification de la réhydratation

➡ **Quantité de KCl :**
• 100 mL = 10 g ;
• 10 mL = 1 g ;
• la prescription étant de 4 g, il faut 4 ampoules, soit 40 mL.

➡ **Quantité de NaCl :**
• 100 mL = 20 g ;
• 10 mL = 2 g ;
• la prescription étant de 1 g, il faut 1/2 ampoule, soit 5 mL.

➡ **Débit de la perfusion :**
• 1,5 L + 40 mL KCl + 5 mL NaCl = 1 545 mL ;
• 1 545 mL × 20 = 30 900 gouttes (24 h = 1 440 min) ;
• débit = 30 900/1 440, soit 21,45 gouttes/min, soit 21 ou 22 gouttes/min.
(La réponse peut être acceptée avec 1 500 mL, soit 21 gouttes.)

➡ **Planification de réhydratation :** la réhydratation comprenant 1,5 L, c'est-à-dire 3 flacons de 500 mL/24 h : chaque flacon passera en 8 h (exemple : changement de flacon à 8 h - 16 h - 24 h).

7 Éléments de surveillance clinique et biologique de la FRAGMINE ®

➡ **Surveillance de l'efficacité :**
• clinique : pas de signes d'apparition de phlébite, rougeur, chaleur, œdème, douleur, perte du ballottement du mollet, dissociation pouls/température ;
• biologique : dosage anti-Xa.

➡ **Surveillance des effets secondaires :**
• clinique : signes hémorragiques mineurs (plaie, épistaxis, gingivorragie, etc.) ;
• biologique : dosage des plaquettes.

8 Planification des soins infirmiers de Mme L. à J9

Horaires	Soins	Argumentation
7 h	• Prise des constantes : pouls, pression artérielle, température. • Aide à l'installation pour le petit déjeuner.	• Constantes avant toute mobilisation.
8 h	• Traitement *per os* : – MÉDIATENSYL ® 60 mg : 1 gél. ; – FONZYLANE ® 150 mg : 1 cp ; – CORDARONE ® 200 mg : 1 cp (jour de semaine) ; – AMLOR ® 5 mg : 2 cp ; – KORETIC ® 20 mg : 1 cp ; – TÉGRÉTOL ® 200 mg : 1 cp. • FRAGMINE ® SC.	• Traitement avec le petit déjeuner (selon prescription médicale). • Prescription médicale.
9 h	• Toilette. • Réfection du lit.	• Obligatoirement avant le pansement et dans le respect des règles d'hygiène.

Horaires	Soins	Argumentation
10 h	• Réfection du pansement.	• Pansement réalisé au lit pour le confort soigné-soignant et pour la qualité du soin.
11 h	• Mise au fauteuil. • Installation pour le repas.	• Prévention des complications de décubitus.
12 h	• VANCOMYCINE ® IV : 1 g dans 125 mL de sérum glucosé à 5 %.	• À ne pas faire coïncider avec le repas.

9 Étapes de la démarche pédagogique auprès d'une étudiante en fin de 1re année

➡ **Étape 1 :** évaluation des prérequis.

➡ **Étape 2 :** vérification de la compréhension de la situation de soin et des objectifs poursuivis.

➡ **Étape 3 :** identification des soins qu'elle peut réaliser seule et ceux qui nécessitent un encadrement.

➡ **Étape 4 :** encadrement.

➡ **Étape 5 :** contrôle des soins effectués seule.

➡ **Étape 6 :** évaluation et réajustement.

10 Éléments validant les diagnostics infirmiers

➡ **Deuil :**

- pleurs fréquents ;
- repliée sur elle-même ;
- visage crispé ;
- humeur de plus en plus triste ;
- épisode de larmes.

➡ **Perturbation de l'image corporelle :**

- « tourne la tête et pleure au moment du pansement » ;
- réticences à l'amputation ;
- épisode de larmes.

11 Actions infirmières à ne pas retenir

« Banaliser les sentiments exprimés » (5) et « écourter les temps d'intimité » (7) ne permettent pas une expression des sentiments de Mme L. L'expression devrait lui permettre de franchir de façon adaptée cette étape dans l'acceptation de sa nouvelle image corporelle et du processus de deuil.

12 Différenciation des notions de « schéma corporel » et d'« image corporelle »

➡ **Schéma corporel :** c'est la perception objective commune à tous.

➡ **Image corporelle :** c'est la perception subjective qui repose sur le vécu de chacun.

13 Fiche de liaison complétée

Fiche de liaison infirmière
• **En provenance du service de :** Chirurgie vasculaire CHRU
• **Identification de la personne :** Mme L., 75 ans, mariée, 4 enfants et 7 petits-enfants très présents.
• **Antécédents significatifs :** hypertension artérielle, troubles du rythme auriculaire, artérite (sympathectomie droite en 1994), prothèse totale de la hanche gauche depuis 3 ans, tabagisme (arrêt depuis 10 ans), et surcharge pondérale.
• **Résumé de l'hospitalisation :** – entrée le 10/10/96 pour troubles trophiques du membre inférieur droit sur terrain artéritique stade IV ; – amputation du membre inférieur droit le 27/12/96, malgré l'opposition de Mme L. et de sa famille ; – suites opératoires : . épisode infectieux local amélioré par le changement d'antibiotiques depuis 4 jours ; . pleurs et humeur triste persistante.

Fiche de liaison infirmière
• **Thérapeutique suivie à ce jour :** – *per os* : . MÉDIATENSYL ® 60 mg : 1 gél. × 2/24 h (8 h, 18 h) ; . FONZYLANE ® 150 mg : 1 cp × 2/24 h (8 h, 18 h) ; . CORDARONE ® 200 mg : 1 cp à 8 h (sauf samedi et dimanche) ; . AMLOR ® 5 mg : 2 cp à 8 h ; . KORETIC ® 20 mg : 1 cp à 8 h ; . TÉGRÉTOL ® 200 mg : 1 cp × 2/24 h (8 h, 20 h) ; – traitement injectable : . FRAGMINE ® en injection sous-cutanée : 2 500 UI à 8 h ; . CLAFORAN ® : 1 g × 2/24 h (6 h, 18 h) ; . VANCOMYCINE ® : 1 g × 2/24 h (12 h, 14 h). • **Soins infirmiers :** – pansement quotidien : vaseline stérile + vaseline tulle ; – aide à la toilette et installation pour le repas ; mise au fauteuil 2 fois par jour avec aide ; – surveillance biquotidienne des constantes : pouls, pression artérielle, température ; – diagnostics : . 2 diagnostics posés : « deuil » et « perturbation de l'image corporelle » ; . actions proposées : écoute et soutien avec aide de la famille très présente (le transfert est à leur demande), poursuite de l'accompagnement de Mme L. dans son acceptation de sa nouvelle image corporelle. **Date :** 08/01/97

Mise en page : Axel Micro

Achevé d'imprimer en août 2008
sur les presses de l'imprimerie Euradius
Dépôt légal : juillet 2003
Imprimé aux Pays-Bas